Alfred Pfoser, Béla Rásky, Hermann Schlösser
Maskeraden

Alfred Pfoser,
Béla Rásky,
Hermann Schlösser

Maskeraden

Eine Kulturgeschichte des Austrofaschismus

Residenz Verlag

© 2024 Residenz Verlag GmbH
Salzburg – Wien

Bibliografische Information der Deutschen Nationalbibliothek
Die Deutsche Nationalbibliothek verzeichnet diese Publikation in
der Deutschen Nationalbibliografie; detaillierte bibliografische Daten
sind im Internet über http://dnb.dnb.de abrufbar.

www.residenzverlag.com

Alle Rechte, insbesondere das des auszugsweisen Abdrucks
und das der fotomechanischen Wiedergabe, vorbehalten.

Umschlaggestaltung: BoutiqueBrutal.com
Typografische Gestaltung, Satz: Lanz, Wien
Lektorat: Eva-Maria Kronsteiner
Gesamtherstellung: Florjančič, Maribor

ISBN 978 3 7017 3613 3

Inhalt

Einleitung ... 9

8. März 1933: Die Ausschaltung des Parlaments
Die Intellektuellen und die Zerstörung der Demokratie ... 15

22. April 1933: Mussolinis *Hundert Tage* im Burgtheater
Kulturdiplomatie als Veredelung des Pakts mit dem ›Duce‹ ... 21

30. April 1933: Ludwig Hirschfeld über die Krise des Mittelstands
Der Herr ohne Beschäftigung ... 27

10. Mai 1933: Bücherverbrennung in Deutschland
Zwischen allen Stühlen: Emigrant:innen in Österreich ... 34

17. August 1933: Max Reinhardts *Faust*-Inszenierung in der Felsenreitschule
Salzburger Festspiele – zweimal knapp an der Absage vorbei ... 40

7. November 1933: *O du mein Österreich* im Wiener Stadttheater
Sehnsucht nach Habsburg, von Hubert Marischka bis Joseph Roth ... 47

9. Jänner 1934: Die Uraufführung von Ernst Kreneks Oper *Karl V.* wird hintertrieben
Reichsträume – Heimwehrrealitäten ... 53

27. Jänner 1934: Aufhebung der Lustbarkeitssteuer für alle Bühnen
Die Privattheater im SOS-Modus ... 59

Ab Februar 1934: Das Ende der Arbeiterkultur
Die Säuberungen in den Arbeiterbüchereien ... 65

18. Februar 1934: Hausdurchsuchung auf dem Kapuzinerberg
Stefan Zweig verlegt seinen Hauptwohnsitz nach London ... 72

18. Februar 1934: Der Autor von *Bambi* über die Februarkämpfe
Felix Salten und die Spaltung des österreichischen PEN-Clubs ... 78

25. März 1934: Karl Schönherrs *Passionsspiel* im Burgtheater
Die erste Bühne des Landes – ganz auf Linie ... 84

1. Mai 1934: Das Konkordat tritt in Kraft
Das Eherechtswirrwarr ... 91

1. Mai 1934: *Tag der Jugend* im Wiener Prater
Unzeitgemäße Huldigungen, krause Geschichtsstunden und bestellter Jubel ... 98

7. Juni 1934: Dramatische Niederlage Österreichs bei der Fußball-WM in Italien
Ruhmloser Abschied ... 104

2. Juli 1934: Das neue Staatswappen
Im Widerstreit der Zeichen ... 111

Ende Juli 1934: Warum die *Fackel* nicht erscheint
Als sich Karl Kraus Dollfuß zum Helden erkor ... 117

8. August 1934: Gedenkfeier für Engelbert Dollfuß
Sinngebungen des Todes ... 123

20. August 1934: Verkehrsunfall von Arturo Toscanini
Ein geteiltes Land: Rechts- oder Linksfahren? 130

15. September 1934: Der Parallelklassenerlass des Wiener Schulrates
Das Kreuz mit (oder: in) der Schule 135

27. September 1934: Österreichische Erstaufführung von Willi Forsts *Maskerade*
Lokalkolorit mit Weltgeltung 140

29. September 1934: Weihe der Dollfuß-Seipel-Gedächtniskirche
Ecclesia triumphans (et aedificans) 147

30. Oktober 1934: Gründung der *Österreichischen Sport- und Turnfront*
Die Sportbegeisterung 151

6. November 1934: Uraufführung von Carl Zuckmayers *Der Schelm von Bergen*
Ritterspiel im Burgtheater 157

Dezember 1934: Clemens Krauss verlässt Wien
Schuschnigg und der Glanz der Hochkultur 164

26. Jänner 1935: Der erste Wiener Opernball
Renaissance der Hautevolee 171

5. Februar 1935: Der Prince of Wales trifft zu einem Schiurlaub in Kitzbühel ein
Der österreichische Fremdenverkehr nach der Tausend-Mark-Sperre 178

2. Juni 1935: Der Kult um den Mönch Marco d'Aviano
Das Kreuz von Cattaro 185

21. Juni 1935: Robert Musil vor dem *Internationalen Schriftstellerkongress* in Paris
Verloren in der österreichischen »Kulturpolitikskultur« 191

13. Juli 1935: Aufhebung der Habsburgergesetze
»Eine schwärende Wunde wird geschlossen« 197

3. August 1935: Eröffnung der Großglockner-Hochalpenstraße
Spielwiese für passionierte Automobilisten 203

12. September 1935: Premiere von *Endstation*
Die filmische Entproletarisierung eines Wiener Straßenbahners 210

17. Oktober 1935: Baubeginn des neuen RAVAG-Funkhauses
»Der Äther wich der Landluft« 216

6. März 1936: Präsentation des *Steyr-Babys*
Zögerliche Motorisierung 221

6. Mai 1936: Uraufführung von Jura Soyfers *Der Weltuntergang*
Kleinbühnen mit beschränkter Freiheit 227

6. Mai 1936: Sigmund Freuds 80. Geburtstag
Thomas Mann feiert Sigmund Freud und überlegt, Österreicher zu werden 233

10. Mai 1936: Muttertag
Keine Kinder für den ›Ständestaat‹ 240

Mai 1936: Schuschnigg oder Starhemberg
Anton Kuh als politischer Kommentator 247

22. Juni 1936: Moritz Schlick wird erschossen
Mord an einem Philosophen 253

11. Juli 1936: Juliabkommen
Der erwartete Aufschwung will nicht kommen 260

29. Juli 1936: Das olympische Feuer auf Zwischenstopp in Wien
Hitlers Spiele in Garmisch-Partenkirchen und Berlin 1936 266

1. September 1936: Neueröffnung des Theaters an der Wien
Wie einst im Mai 273

19. September 1936: Beginn des Prozesses gegen Josefine Luner
Elias Canetti und die Psychopathologie des Austrofaschismus 280

29. Oktober 1936: Errichtung der Pressekammer
Pressefreiheit – aber »geläutert« 287

2. Dezember 1936: *Fräulein Else* im Theater in der Josefstadt
Der Auftritt des Kaspar Brandhofer 293

14. Dezember 1936: Eröffnung des Auditorium Maximum
Die Trias von Staat, Kirche und Universität 299

22. Dezember 1936: Gründung des *Bundes der deutschen Schriftsteller Österreichs*
Der langsame Anschluss der österreichischen Literatur ans Deutsche Reich 303

14. Mai 1937: Eröffnung der Oskar-Kokoschka-Ausstellung in Wien
Ein Abgesang auf die österreichische Kunst 309

10. Juni 1937: Oswald Haerdtls Österreich-Pavillons auf der Pariser Weltausstellung
»Unser schönes Österreich baut auf!« 315

August 1937: Krach bei den Salzburger Festspielen
Toscanini will eine Entscheidung 321

1. September 1937: Ausstellung der Entwürfe für ein Denkmal Kaiser Franz Josephs
»... zu ewigem Erinnern an Österreichs Kaiser« 328

6. Oktober 1937: *In einer Nacht* von Franz Werfel im Theater in der Josefstadt
Dichtung von der Hohen Warte 334

18. November 1937: Präsentation des Films *Der Pfarrer von Kirchfeld*
Ein letzter Anlauf für den unabhängigen österreichischen Film 341

19. November 1937: Streik der Studierenden an der Wiener Universität
Ein kurzer Hoffnungsschimmer 347

17. Dezember 1937: Rede von Jakob Ehrlich in der *Wiener Bürgerschaft*
Schleichender Antisemitismus 353

21. Jänner 1938: Volksbegehren für die Rettung des alten Wien
»Fünf edle Häuser bitten um Gnade ...« 359

11. März 1938: Tragisches Finale
Drei (fast) zeitgenössische Wahrnehmungen 365

Endnoten 373

Abkürzungen der in den Texten häufigsten Presseorgane und
wissenschaftlichen Zeitschriften 413

Danksagungen 415

Personenregister 417

Einleitung

Maskerade – so hieß der Film mit Paula Wessely in der Hauptrolle, der im Jahr 1934 der österreichischen Kinoindustrie einen internationalen Sensationserfolg verschaffte. *Maskeraden* – so nennen wir auch unsere Kulturgeschichte des Austrofaschismus, die sich mit den Verkleidungen und Drapierungen des repressiven österreichischen Polizeistaates zwischen 1933 und 1938 befasst. Den Maskeraden fiel in allen faschistischen Diktaturen eine tragende Rolle zu: Die Macht zeigte sich in theatralischen Auftritten, die Propaganda inszenierte kollektive Mythen und ›vaterländische‹ Erinnerungen. Auch der Austrofaschismus bediente sich mit mehr oder weniger Geschick der demonstrativen Pracht- und Machtentfaltung. Sie sollte die fehlende Unterstützung in der Bevölkerung wettmachen und die Exklusion von der politischen Teilhabe verschleiern. Zu den Stützen, auf die der Austrofaschismus dabei setzte, gehörten ›die Religion, die Geschichte‹ und vor allem ›die Kultur‹, die im Mittelpunkt dieses Buches steht. Ein Meisterstück der Theatralität war der Deutsche Katholikentag im September 1933, bei dem Engelbert Dollfuß, kostümiert in der Uniform des Tiroler Kaiserjägers, den ›christlich-autoritären Ständestaat‹ ankündigte und das Ende des Parlamentarismus ausrief.

Die Kirche – traditionell ein Machtfaktor in der festlichen Ausgestaltung des Lebens – beteiligte sich willig an der Neuordnung, weil sie sich mehr Einfluss auf das Leben der Gläubigen und ein Ende der republikanischen Säkularisierung versprach. Gemeinsame Auftritte von Dollfuß und Kardinal Innitzer erweckten den Eindruck einer Verschmelzung von Regierung und Kirche. Wallfahrten wurden zu Staatsaktionen und beschworen das göttliche Einverständnis mit dem politischen Projekt.

Auch ein erheblicher Teil des bürgerlichen Kulturlebens fügte sich in den politischen Rahmen des Dollfuß/Schuschnigg-Regimes ein. Der Wiener Film und der bürgerlich-städtische Theaterbetrieb waren gerade zu der Zeit, als Dollfuß nach und nach in die Rolle des autoritären Führers schlüpfte, von einer mächtigen Strömung der Habsburg-Nostalgie befallen. Das ließ sich instrumentalisieren. Hubert Marischka, der bekannte

Regisseur von Operetten und Revuen, reklamierte gar im Programmheft des Militärspektakels *O du mein Österreich* für sich, dass seine Form des Theaters der Politik den Weg gewiesen habe. Das Absingen der Kaiserhymne und die Wiederbelebung der alten Uniformen sei zuerst auf der Bühne passiert: »Nicht ich gehe mit der Konjunktur, sondern das Werk, das ich auf die Bühne stelle, soll dem zum vaterländischen Geist erwachsenen österreichischen Bewußtsein die weitere Konjunktur erleichtern.«

Im Unterschied dazu hielten sich die künstlerisch gelungenen Aufführungen bei den Salzburger Festspielen, in der Wiener Staatsoper oder im Konzertbetrieb von unmittelbarer Propaganda fern. Dennoch erfüllte auch diese hochkulturelle Distanz zur Aktualität einen politischen Zweck: Sie diente der Feier Österreichs als Hort einer ›höheren‹, ›besseren‹ deutschen Kultur, und damit als Kampfansage gegen das ›barbarische‹ ›Dritte Reich‹. Mit der Indienstnahme des Theatergenies Max Reinhardt oder der Stardirigenten Arturo Toscanini und Bruno Walter sollte dem westlichen Ausland und dem heimischen Bürgertum vermittelt werden, Österreich sei ein freier, liberaler Staat.

Ab März 1933 – nach der Ausschaltung des Parlaments als Ort der Kompromisse zwischen antagonistischen Interessen – ging in der Politik alles Schlag auf Schlag. Diejenigen, die sich bis dahin im Nationalrat, in den Landtagen, Gemeinde- oder Betriebsräten verbal bekämpft, aber auch um Kompromisse gerungen und Gesetze beschlossen hatten, waren, zum Teil durchaus nicht ungewollt, in einen Strudel der Gewalt geraten. Innerhalb kürzester Zeit hatten Dollfuß und sein Bündnis aus Christlichsozialen und Heimwehr Entscheidungen gefällt, die keinen Weg zurück erlaubten. Die mächtige Sozialdemokratie mit ihrer breiten Sub- und Alternativkultur fand gegen diese Spirale der Eskalation kein Gegenrezept. Ihre Politik des Zurückweichens endete schließlich im Februar 1934 in Exekutionen, Demütigung, Niederlage und Verbot. Die sozialen und politischen Errungenschaften der Republik waren in der Folge rasch beseitigt – und die österreichische Variante des Faschismus etabliert.

Die Verkündung der neuen Verfassung am 1. Mai 1934 wurde als großes Theaterstück inszeniert. Die Verwendung der Begriffe für das 1934 geschaffene Herrschaftssystem war Teil eines semantischen Verwirrspiels. Je nach Adressaten wurden innerhalb des Regimes unterschiedliche Sprechweisen praktiziert. Bundeskanzler Dollfuß gab die Parole aus, dass in Österreich erstmals ein Staat nach den Vorgaben der päpstlichen Enzyklika *Quadragesimo anno* realisiert werde. Der Vizekanzler bezeichnete die neue Ordnung als »Austrofaschismus«, der mit österreichischen Besonderheiten dem italienischen Beispiel nachgebaut werde. Hinter der Maske eines verfassungsmäßigen, postrepublikanischen, vermeintlich gottgewollten ›Bundesstaates Österreich‹ mit seiner Preisung von Kultur, Vergangenheit und Religion verbargen sich Rechtlosigkeit und politische Verfolgung: Angeblich herrschte Pressefreiheit, tatsächlich wurden oppositionelle Organe und Stimmen ausgeschaltet; im Namen der katholischen Soziallehre wurde brutaler Sozialabbau betrieben. Die glanzvolle Fassade der universellen Hochkultur und Weltoffenheit versteckte häufig Mittelmaß und Provinzialität; trotz formaler staatsbürgerlicher Gleichheit wurde alles Nichtkatholische ausgegrenzt. Auch wenn es – im großen Unterschied zu NS-Deutschland – keine staatlich angeordnete systematische Verfolgung von Jüdinnen und Juden gab, machte sich doch ein schleichender, allerorts präsenter, stillschweigend akzeptierter Antisemitismus breit.

Wirklich konsolidieren konnte sich die Diktatur jedoch nicht einmal kurzzeitig, sie stolperte von einer Misere in die nächste. Es gab keine Entspannung oder Beruhigung, sondern nur Krise in Permanenz. Die Schwäche des Regimes zeigte sich paradigmatisch im kulturellen Feld. Auch wenn der Austrofaschismus in vielen Bereichen eine weitgehende Hegemonie erlangen konnte, sollte es ihm nie gelingen, der gesamten Gesellschaft eine einheitliche Kulturpolitik aufzuoktroyieren und sie dadurch an sich zu binden. Übrig blieben Grauzonen, die sich – etwa in den durchaus beliebten Kabarettbühnen – als gefährdete Freiräume nutzen ließen. Unmittelbar nach dem März 1938 sollte sich jedoch herausstellen, wie stark das Kulturleben bereits nationalsozialistisch unterwandert war, als große Teile des kulturellen Establishments nicht nur aus ökonomischen Opportunitätsgründen ihre Loyalität zum ›Dritten Reich‹ bekundeten.

Maskeraden skizziert unter Berücksichtigung vorliegender Forschungsarbeiten eine Momentaufnahme des Kultur- und Kunstbetriebs, der Alltagskultur, der Institutionen und der führenden Exponent:innen. Ausgehend von jeweils einem tagesaktuellen Ereignis beschreiben die einzelnen

Beiträge divergierende Facetten des Literatur- und Theaterlebens der Zeit, die Musik- und Unterhaltungskultur, den Versuch, einen von NS-Deutschland unabhängigen österreichischen Film zu schaffen, den Medienwandel, die Propaganda in der staatlich kontrollierten RAVAG, modernistische Tendenzen in der Architektur, die Sport- und Fußballbegeisterung, den Ausbau einer Verkehrsinfrastruktur oder das Wiederaufleben eines elitären Gesellschaftslebens. Der Staat gefiel sich in der Rolle des Förderers des Fremdenverkehrs, was sich etwa in zwei groß gefeierten Projekten, der Eröffnung der Großglockner-Hochalpenstraße und der Wiener Höhenstraße, manifestierte. Die 57 Artikel lassen erahnen, wie das scheinbar Widersprüchliche der unterschiedlichen Lebenswirklichkeiten zusammenpasste oder zumindest: wie es nebeneinander bestehen konnte. Sie sind Mosaiksteine, die kein komplettes Gesamtbild ergeben können, weil Puzzleteilchen fehlen müssen.

In den Monaten vor dem März 1938 bröckelte schließlich das System an allen Ecken und Enden: Was einige als Perspektive für eine Demokratisierung des Systems sahen, als Aufbruchsstimmung wahrnahmen, als Möglichkeit, den Nationalsozialismus im letzten Moment doch noch abzuwehren, erlebten andere als das nahende Fiasko, aus dem es kein Entrinnen gab. Sie bezahlten nun dafür, dass sie sich schon lange vorher in aller Stille mit dem System als dem ›geringeren Übel‹ arrangiert hatten. Diese Floskel wurde bereits 1933 vielfach von Intellektuellen als Fundament der Erwartung verwendet, dass mit einer autoritären Führung die Katastrophe einer drohenden Machtübernahme des Nationalsozialismus effizienter verhindert werden könnte: Auch dies ein Grund für das Schweigen, das Arrangement vieler Intellektueller, den Rückzug ins Private, ins Gesellschaftsleben, in die hehre Kunst, die zu keiner offenen Stellungnahme verpflichtete. Wachsamere wussten mit dieser Feststellung wenig anzufangen, sie sei eben nur »eine Weisheit für Schweigende. Der Redende hat das Übel zu nennen, das kleinere noch bedingungsloser als das größere«, hielt Anton Kuh in einem fiktiven Schreiben *An einen Kraus-Jünger* in weiser Voraussicht fest. Auch die Figur der Agnes Muth in Lili Körbers *Eine Österreicherin erlebt den Anschluß* konnte diesem Argument nur entgegenhalten, dass »das berühmte kleinere Übel« nur die Überleitung zu dem größeren sei.

Das Ringen zwischen der österreichischen Variante des Faschismus und dem übermächtigen Nationalsozialismus sollte fünf Jahre dauern.

Wie es endete, ist Geschichte. Endlose Maskeraden verhüllten die politische Schwäche, die ökonomische und soziale Misere des Regimes: durch diese Gemengelage, Schlampigkeit und Unvermögen zwar gemäßigt, blieb es immer noch eine brutale Diktatur, ein Polizei- und kein Rechtsstaat. Auch die Spitzenvertreter des Regimes sollten einen hohen Preis für ihre Inkonsequenz in der Bekämpfung des Nationalsozialismus zahlen. Ihre Weigerung, auch nur den kleinsten Willen zur Versöhnung mit der Linken zu zeigen und ihren tiefen Hass auf die Demokratie und die Republik zu überwinden, führte in der Gründungsphase des Austrofaschismus zur Ermordung des Bundeskanzlers – und nach dem 12. März 1938 schließlich zu Drangsalierung, Kaltstellung, Gefängnis, Konzentrationslager und unfreiwilliger Emigration.

8. März 1933

Die Ausschaltung des Parlaments

Die Intellektuellen und die Zerstörung der Demokratie

Wo waren die intellektuellen Verteidiger:innen der Demokratie, wo der Aufschrei, als im Österreich des Jahres 1933 das Parlament und der Verfassungsgerichtshof ausgeschaltet, als das Demonstrationsrecht sistiert und die bürgerlich-liberalen Grundrechte, die Pressefreiheit und das Zensurverbot abgeschafft wurden?

Während das nationalsozialistische Treiben in Österreich bei den liberalen Eliten gebannt beobachtet und in der Folge das energische Eingreifen der Dollfuß-Regierung (Verbot der NSDAP, Gerichtsprozesse gegen Terrortäter, Internierung von auffälligen Nationalsozialist:innen usw.) mit Applaus begleitet wurde, verfolgte die Regierung die Strategie, die nationalsozialistische Gefahr zu nutzen, um Österreich in einen autoritären Staat zu verwandeln. Der Regierung gelang es, ihr Narrativ von der »Selbstausschaltung des Parlaments« gegen die Gegner:innen zu behaupten, die Notverordnungen als notwendige Maßnahmen in der aktuellen politischen Krise zu klassifizieren und in ihrer Dimension zu verharmlosen. Die sukzessive Eliminierung der größten Oppositionspartei und der Gewerkschaften ging gewissermaßen nebenbei über die Bühne. Die Proteste in den liberalen bürgerlichen Zeitungen hielten sich in Grenzen. Anders als im ›Dritten Reich‹ war das Kulturleben nach der Ausschaltung des Parlaments kaum von Repressionen betroffen.

Bereits im Mai 1933 wurde die Dollfuß-Regierung aufgrund ihrer Entschlossenheit im Kampf gegen den »roten und braunen Sozialismus«[1] in der *Neuen Freien Presse* gewürdigt. In den »Tagen der politischen Verwilderung, des wirtschaftlichen Notstandes, der maßlos gesteigerten parteipolitischen Feindseligkeiten«[2] habe sich Dollfuß über das Parlament und die Verfassung hinwegsetzen und einen »Notapparat an Stelle des parlamentarischen Mechanismus«[3] schaffen müssen, der der Not der Zeit geschuldet sei: »Wenn [...] ein Staat, ein Volk in äußerste Gefahr gerät, wenn eine unheimliche Springflut alle Fundamente der Demokratie [zu] zerstören droht, dann obliegt den leitenden Staatsmännern unter Umständen harte und schmerzliche Pflicht, zur Vermeidung des gewaltigen Übels die Zuflucht zur Anwendung eines kleineren Übels zu nehmen.«[4] Schwang Mitte Mai 1933 noch Skepsis mit, so war das Lob zur Jahreswende 1933/34 bereits uneingeschränkt. Dollfuß wurde anlässlich seiner Neujahrsansprache als tatkräftiger, charismatischer, populärer Führer gepriesen, der wichtige wirtschaftliche Reformen angestoßen und den Staat konsequent unter seine Führung gestellt habe.[5]

Man kann der *Neuen Freien Presse*, dem Zentralorgan des österreichischen Liberalismus, nicht vorwerfen, dass sie nicht sehr ausführlich über die Brutalität, den Terror, die antijüdische Fronde und die taktischen Winkelzüge des nationalsozialistischen Regimes berichtet hätte. Gleichzeitig gab es immer wieder Artikel und Kommentare, die die Erwartung aussprachen, dass das Regime bloß anfangs eine Maske der Gewalt und Rücksichtslosigkeit trage, die mittelfristig der wirtschaftlichen Vernunft und dem utilitaristischen Argument« weichen müsse. Einmal gefestigt, würde die Regierung sich mäßigen und auf Gegner:innen und Skeptiker:innen zugehen und sich in der antisemitischen Propaganda mäßigen. Viele glaubten, und zwar im gesamten politischen Spektrum, dass sich eine nationalsozialistische Regierung nicht mehr als einige Monate halten könne, bis die politischen und wirtschaftlichen Schwierigkeiten ihr Regime zum Zusammenbruch brächten.

Die Kommunikationspolitik der Dollfuß-Regierung war höchst erfolgreich. Sie suggerierte dem liberalen Mainstream erfolgreich, dass der Parlamentarismus abgewirtschaftet wäre, weil das allgemeine Wahlrecht seinen Beitrag geleistet hätte, den totalitären NS-Staat zu etablieren. Indem der Austrofaschismus vorgaukelte, die Bürger:innen höchst effektiv gegen den Nationalsozialismus zu schützen, fand er explizite wie indirekte Unterstützung. Lediglich die Entschiedenheit einer autoritären Regierung könne, so wurde glaubhaft gemacht, die Nationalsozialist:innen erfolgreich aufhalten. Nicht nur bei Karl Kraus fiel diese Version auf fruchtbaren Boden, viele andere Intellektuelle hielten still und dachten sich Ähnliches, während Kraus seine Liebe zu Dollfuß öffentlich machte. Freilich muss man auch erwähnen, dass nicht alle liberalen Intellektuellen (etwa Anton Kuh) in diesen Chor der Demokratie-Verachtung einstimmten.

1918 wurde die republikanische Staatsform noch von Karl Kraus und vielen anderen Intellektuellen als Türöffner einer neuen Zeit begrüßt, jedoch wurde dieser Optimismus sichtlich durch die Permanenz der Wirtschaftskrisen aufgezehrt. Die parlamentarische Demokratie musste sich den Vorwurf gefallen lassen, notwendige Anforderungen für krisengeschüttelte Zeiten nicht zu erbringen. Selbst Stefan Zweig schloss sich diesem Trend an. Nach den deutschen Reichstagswahlen 1930, als die Nationalsozialist:innen und Kommunist:innen an Stimmen (besonders bei den jungen Wähler:innen) stark hinzugewannen, meinte er, dass das Votum »eine sehr berechtigte und sehr notwendige, eine vielleicht gefährliche, aber doch unaufhaltsame Explosion einer kollektiven Enttäuschung von Millionen über das Tempo der Politik«[6] sei. Die Jugend habe »die Langsamkeit und Feigheit der Entscheidungen«[7], die Zeit des »öden Deliberierens, Verzögern[s] und Verheuchelns«[8] satt. »Mit den alten Methoden der Kommissionen und Ausschüsse und Delegationen und Bankette«[9] die großen Probleme der Zeit anzugehen, habe wenige Fortschritte ergeben. Klaus Mann erwiderte scharf auf die neu erwachte Liebe zur Radikalität: »Mir scheint, die Jüngeren finden, daß das Tempo der Älteren noch zu langsam zu einer Katastrophe führte. Sie wollen sie schneller haben, ihre geliebte Katastrophe und die ›Materialschlacht‹, von der ihre Philosophen hysterisch schwärmen.«[10]

Jedes nur denkbare (und im Einzelnen zum Teil durchaus berechtigte) Argument wurde von liberalen Intellektuellen herangezogen, um die Demokratie zu delegitimieren. Je nach Temperament artikulierten sich die Abwertungen in unterschiedlichen Lautstärken und Analyseformaten. Die Sicht auf die Dollfuß/Schuschnigg-Regime differierte erheblich, selbst wenn man den Befund vom ›kleineren Übel‹ teilte. Robert Musil war enttäuscht vom richtungslosen Durcheinander der wechselnden Koalitionen, Joseph Roth träumte sich zurück in die Habsburgermonarchie und den ›Ständestaat‹, Franz Werfel und Felix Salten ließen sich für öffentliche Kundgebungen zugunsten des Regimes einspannen, Ludwig Hirschfeld fand die Lustbarkeitssteuer als Symbol für das repressive Steuersystem ungerecht.

Es herrschte in Österreich die lange Tradition, dass liberale Schriftsteller:innen und Intellektuelle das Parlament mit einer Portion Ekel und Verachtung bedachten. Vor allem die Parteien waren ihnen suspekt. Ihr Innenleben, die Rekrutierung, die Wahlkämpfe, die Fehden, die taktischen Manöver, die populistischen Parolen, die Kompromisse, die Korruption, die Skandale, die Militärverbände, das Auseinanderklaffen von Rhetorik und realem Handeln, die ›relative Moral‹ wurde als Zumutung empfunden. Das Parlament als höchstes demokratisches Organ war bereits in der Monarchie suspekt, nicht nur, weil Debatten dort dann und wann in Raufereien ausarteten. Dass dieses Parlament nun in der Republik das oberste Organ, ›der neue Kaiser‹, sein sollte, ließ die Begeisterung für die Republik und das allgemeine Wahlrecht von vornherein leiden.

Arthur Schnitzler, der (wie wir aus den Tagebüchern wissen) in der Ersten Republik meist sozialdemokratisch wählte und 1921 rund um die Aufführung des *Reigen* im Mittelpunkt eines großen politischen Skandals stand,[11] hatte bereits in der Monarchie in zwei Schlüsselwerken das Feld der Politik untersucht und seinen Skeptizismus – oder deutlicher gesagt: seine Verachtung – für das demokratische Prozedere formuliert. Österreich sei, so heißt es im Roman *Der Weg ins Freie* (1908), das »Land der sozialen Unaufrichtigkeiten«[12]. Parteien, erzählt uns der Schriftsteller Heinrich Bermann, seien Gebilde, »wo ein verwirrendes Ineinanderspiel von Tücke, Beschränktheit, Brutalität«[13] herrsche. Kleine Anlässe, wie im *Professor Bernhardi* (1912), reichen aus, um eine Spirale der ideologischen Zuweisungen auszulösen und antisemitische Gruppenbildungen einzuleiten, die alle Grundsätze des Respekts, der fairen Behandlung und der Objektivität über den Haufen werfen. Sprache würde, so Schnitzler, als Spielmaterial missbraucht, Freundschaft und Anerkennung gerieten zur beliebig manövrierbaren Masse. Jede Entscheidung konnte bei Bedarf zur hochnotpeinlichen Staatsaffäre werden und im nächsten Moment wieder bedeutungslos sein.

Für viele Beobachter:innen des politischen Lebens in Österreich kam es überraschend, dass sich im Jahr 1927 vor den April-Wahlen 39 Kapazitäten des kulturellen Lebens zu Wort meldeten. Unter ihnen: Sigmund Freud, Alfred Adler, Robert Musil, Hans Kelsen, Alfred Polgar, Felix Salten und Franz Werfel. Sie bekundeten ihre Sympathie »für die große soziale und kulturelle Leistung der Gemeinde Wien«[14]. Sicherlich war dieses

Wahlmanifest, wie Bruno Kreisky einmal feststellte, »ein Beweis dafür, wie beträchtlich doch das Naheverhältnis der sozialdemokratischen Bewegung zu den bedeutendsten Persönlichkeiten des österreichischen Geisteslebens war«.[15] Sein konkreter politischer Stellenwert offenbart sich besonders deutlich, wenn man sich die Reaktion der verschiedenen politischen Gruppierungen in ihren Zeitungen vor Augen hält. Die *Neue Freie Presse* gab sich entsetzt und sprach von einem »Manifest des Irrtums«[16]. Die christlichsoziale *Reichspost* verstieg sich zu der Feststellung, dass sich »ein Fähnlein zum Teil sehr unbekannter und umso bereitwilligerer Namen«, das sich als »geistiges Wien« ausgebe, zu einem Wahlaufruf vergattern ließ, und gab diesem den gleichen Stellenwert wie einer Sympathieerklärung sozialdemokratischer »Beislbesitzer«[17]. Der christlichsoziale Unterrichtsminister Schmitz vermisste »die Namen jener großen Gelehrten und Künstler, die vor allem das internationale Ansehen des österreichischen Geisteslebens begründet haben«[18].

»Der geistig wirkende Mensch steht über und zwischen den Klassen«[19], hieß es in diesem Manifest. Die unterzeichnenden Vertreter:innen des österreichischen Geisteslebens wollten zu verstehen geben, dass sie sich nicht an eine bestimmte politische Partei gebunden fühlten. Ihr liberales Selbstverständnis – rationalistisch, kosmopolitisch, kritisch, innovativ, individualistisch – vertrug sich nicht mit einer klaren politischen Positionierung, sie verstanden sich als unabhängige Intellektuelle, die ausschließlich sich selbst und ihrem Denken verpflichtet waren und sich über dem Parteienstreit wähnten. Was allerdings nicht ausschloss, dass sich Berührungspunkte mit der sozialdemokratischen Bewegung ergaben.

Sigmund Freud hatte bei der *Kundgebung des geistigen Wien* 1927 ebenfalls unterschrieben. Auch ihm kam in der Folge das Vertrauen in die parlamentarische Demokratie abhanden, wenn es dieses jemals gegeben hatte. Verwunderlich ist dies deshalb, weil er Hans Kelsen gut kannte und vielleicht auch mit dessen Theorie der Demokratie ein wenig vertraut war. Kelsen pries sie bekanntlich als Mittel zur Dämpfung der gesellschaftlichen Konflikte, nicht als ideale Staatsform, aber innerhalb des Möglichen als die einzige Staatsform, die eine friedliche Entwicklung versprach. Bei Freud, dem großen Pessimisten, fehlte die Wertschätzung der Demokratie, als er in seinem 1932/1933 publizierten Briefwechsel mit Albert Einstein über die

Verhinderung eines Krieges diskutierte. Möglicherweise war dies auch der Tatsache geschuldet, dass die parlamentarische Demokratie den Erfolg antidemokratischer Parteien nicht ausschloss. Freud könnte geahnt haben, dass es Hitler mit Hilfe der Instrumentarien der Republik gelingen würde, an die Macht zu kommen und den Terror als legitimen nationalen Aufbruch zu verkaufen.

Freuds Weltbild war hierarchisch strukturiert, erinnerte in seinem Plädoyer für einen »aufgeklärten Absolutismus« ein wenig an die Regierungsform der Monarchie, die das Parlament nur im Vorhof der Macht duldete. Seine Präferenz ging von der prinzipiellen Verfasstheit der Menschennatur aus: »Es ist ein Stück der angeborenen und nicht zu beseitigenden Ungleichheit der Menschen, daß sie in Führer und in Abhängige zerfallen.«[20] Freuds Vorschlag war von Platons Staatstheorie inspiriert und glich einer ›Diktatur der Vernunft‹[21]: Einer »Oberschicht selbständig denkender, der Einschüchterung unzugänglicher, nach Wahrheit ringender Menschen« sollte »die Lenkung der unselbständigen Massen zufallen«[22].

Hans Kelsen, der um »die dunkle Seite der Demokratie«[23] wusste, war einer der wenigen, die noch kurz vor Hitlers ›Machtergreifung‹ theoretisch ausrückten, um den Parlamentarismus als Rechtsordnung gegen seine linken und rechten Kritiker:innen zu verteidigen.[24] Voller Verzweiflung (und Weitsicht) warnte er die großen Geister davor, nur die Mängel der Demokratie zu sehen: »Die Intellektuellen, die heute gegen die Demokratie kämpfen und damit den Ast absägen, auf dem sie sitzen, sie werden die Diktatur, die sie rufen, wenn sie erst unter ihr leben müssen, verfluchen, und nichts mehr ersehnen als die Rückkehr zu der von ihnen so verlästerten Demokratie.«[25]

AP

22. April 1933

Mussolinis *Hundert Tage* im Burgtheater

Kulturdiplomatie als Veredelung des Pakts mit dem ›Duce‹

Politische Ostern 1933.[1] Tage der Entscheidung. Bundeskanzler Engelbert Dollfuß reiste am 11. April per Flugzeug nach Rom.[2] Es fiel auf, dass die Reise etwas überraschend kam, immerhin war sie die erste des Kanzlers in eine Hauptstadt der europäischen Großmächte. Es gab vielerlei Gründe: »die Erfüllung eines religiösen Bedürfnisses«[3], das Treffen mit dem Papst, die Vorbereitung eines neuen Konkordates und wohl der wichtigste: Dollfuß wollte ausloten, wie weit Mussolini bereit war, ihn beim autoritären Projekt zu unterstützen und die Selbständigkeit Österreichs gegenüber Hitlers ›Anschluß‹-Absichten abzusichern. Es war das erste persönliche Zusammentreffen mit dem ›Duce‹, der seinerseits schon des Längeren Pläne mit Österreich und Ungarn als Trabanten einer italienischen Expansionspolitik hegte und sich überdies gerne in den Mittelpunkt der europäischen Diplomatie stellte. Wie zu erwarten war, versicherte Mussolini Dollfuß, dass er einen ›Anschluß‹ Österreichs nie dulden werde, zugleich stellte er aber Bedingungen, die beim Treffen in Riccione (19./20. August 1933) konkretere Gestalt annahmen.

Die österreichische Regierung wusste, dass sich Mussolini auch als Schöngeist sah, der allen Künsten zugetan war und die Politik gewissermaßen nur als lästige Pflicht betrieb. Das Ergebnis der literarischen Ambitionen waren unter anderem drei Theaterstücke, die er gemeinsam mit dem viel beschäftigten Dramatiker und Librettisten Giovacchino Forzano schrieb, wobei die Autorenschaft Mussolinis groß-, die Forzanos kleingedruckt wurde.[4] Eines der historischen Schauspiele, *Hundert Tage*, ein Napoleon-Stück über die Zeit zwischen der Rückkehr aus Elba und der Schlacht von Waterloo, wurde am römischen Teatro Argentino am 30. Dezember 1930 uraufgeführt, später in Budapest und Paris, Warschau und London gespielt. Die deutsche

21

Erstaufführung fand am 30. Jänner 1932 in Weimar statt. Das Burgtheater war also in der Mussolini-Verehrung schon etwas spät dran, zog aber alle Register, um die Aufführung am Samstag nach Ostern (22. April 1933) zu einem großen gesellschaftlichen Ereignis zu machen und dem italienischen Diktator gefällig zu sein. Hermann Röbbeling fuhr im Vorfeld der Aufführung zu Mussolini und unterstrich die große Bedeutung des Stücks für das zeitgenössische Bühnenleben: »Jetzt ist die Zeit der großen Männer auf dem Theater gekommen. Die kleinen Einzelschicksale finden nicht mehr das gleiche Interesse wie früher. Die Liebeleien bleiben im Hintergrund.«[5] Dem ›Duce‹ gefiel diese Ansage natürlich.

Zur Inszenierung des Ereignisses gehörte vielerlei, vor allem die Verpflichtung eines international tätigen Bühnenstars, der in Werner Krauß[6] gefunden wurde. Er galt aufgrund seiner Wandlungsfähigkeit als einer der ganz Großen in der deutschsprachigen Theaterwelt, hatte vor allem in Berlin fast alle bedeutenden Bühnenrollen gespielt. Max Reinhardt, mit Krauß bereits vor dem Ersten Weltkrieg verbunden, verpflichtete ihn beim *Jedermann*, später als Mephisto im *Faust* bei den Salzburger Festspielen. Goebbels gewann ihn als stellvertretenden Präsidenten der *Reichstheaterkammer*, im NS-Film spielte er unzählige Hauptrollen, so beispielsweise im antisemitischen Paradefilm *Jud Süß*. Werner Krauß zog bei der Premiere große Aufmerksamkeit auf sich. Selbst die Rezensenten, die sich über das grob gearbeitete, sprachlich unansehnliche und politisch reaktionäre Stück mokierten, mussten zugeben, dass Krauß aus dem Franzosenkaiser – es war seine vierte Napoleonrolle[7] – eine eigene Nummer machte, die das Publikum in seiner Tragik und Menschlichkeit ergriff.[8] Krauß war natürlich ebenfalls dabei, als *Hundert Tage* 1934/1935 verfilmt wurde; Gustaf Gründgens stellte im Film den Gegenspieler Joseph Fouché dar, der in Wien von Fred Hennings gespielt wurde.[9]

Viel Freude machte Krauß eine mit reichlich Publicity abgewickelte Reise zum ›Duce‹, den er als »Löwen« titulierte. Das Telegramm, das er ihm vor seinem Rückflug sandte, sprühte, in der Erinnerung an »die herrliche Stunde, die ich gestern erleben durfte«[10], vor emphatischen Honneurs. Ein von Krauß sichtlich beeindruckter Mussolini kündigte an, für ihn ein Cäsar-Stück zu schreiben.[11] Das Stück wurde zwar fertiggestellt, aber im deutschsprachigen Raum nie gespielt.[12]

Die Aufführung der *Hundert Tage* war unwichtig im Vergleich zu allem, was rundherum geschah. Die politische und gesellschaftliche Rahmung war der Zweck der Aufführungsserie, die den italienischen Kurs der Dollfuß-Regierung symbolisch erhöhen, ihm die höhere Weihe geben und Mussolini schmeicheln sollte. Der Hype um die Aufführung wurde durch einige Zusatzaktivitäten verstärkt, um die Aufmerksamkeit zu erhöhen. Dazu gehörte, dass der Zsolnay-Verlag das Stück als Buch herausbrachte.[13] Ausschnitte daraus wurden in Zeitungen vorabgedruckt.[14] Und dann die Sensation: *Hundert Tage* wurde als erste Theateraufführung (3. Akt) live im Radio übertragen. Man erwog eine internationale Tournee.

Schon längere Zeit hatte der italienische Führer Verehrung in Österreich gefunden, da er – laut seinen Anhänger:innen – mit starker Hand Ruhe und Ordnung wiederhergestellt und die Linke ausgeschaltet hatte. Den Heimwehren galt er stets als das nachahmenswerte Vorbild, die Christlichsoziale Partei näherte sich ihm, trotz der Wunde Südtirol, langsam an. Wie die erstaunlich vielen Mussolini-Artikel in der *Neuen Freien Presse* beweisen, galt er auch in liberalen Kreisen seit längerem als respektabler Politiker. Nun wurde er zum engsten Verbündeten Österreichs, der als Preis für den außenpolitischen Flankenschutz die Ausschaltung der Sozialdemokratie und einen österreichischen Faschismus einforderte.[15]

Inhaltlich hatte das Stück einige Lehren zu bieten, die gut mit dem Wendejahr 1933 harmonierten. Unter den vielen Napoleon-Biographien, die kursierten, wählte Mussolini, ausgehend von Emil Ludwigs Erfolgsbuch[16], eine besondere, etwas seltsame Variante: Er fokussierte den Abstieg Napoleons und verbreitete die Botschaft, dass der Kaiser durch das Parlament und die Parlamentarier vernichtet worden sei. Die verlorene Schlacht bei Waterloo, die geschlossene Koalition von ganz Europa, das ausgeblutete Frankreich – diese Faktoren waren nach Auffassung des faschistischen Geschichtsschreibers nicht entscheidend, vielmehr waren es die Verhältnisse in der Kammer, die das Verhängnis des Verrats einleiteten, das zur Verbannung nach St. Helena führte. Dieses Narrativ – mochte es auch nicht in das gängige konservative österreichische Geschichtsbild passen, das mit Napoleon meist den zerstörerischen Feind identifizierte – sollte im Wendejahr 1933/34 die Vermarktung des autoritären Denkens und die Propagierung des Dollfuß-Kurses stützen: Das Parlament versagt, der Führer muss vorangehen, sonst ist das Volk verloren. Demokratische Entscheidungsprozesse bescheren nichts Gutes.[17] Das Stück stand für einige Zeit auf dem Spielplan, wurde dann abgesetzt und im November 1933 wieder aufgenommen. Bei der in politischer Hinsicht gewichtigen Visite des italienischen Außenministers Fulvio Suvich im Jänner 1934 fand im Burgtheater eine pompöse Galavorstellung statt, die »die Elite der Stadt« versammelte: »[D]as diplomatische Korps, die hohe Beamtenschaft, Wirtschaftsführer, Politiker, Künstler. Alle im Frack mit Ordensauszeichnungen oder in Uniform«[18] waren bereits versammelt, auch Kardinal Innitzer in scharlachroter Soutane hatte schon Platz genommen, als Engelbert Dollfuß, die Minister Kurt Schuschnigg, Emil Fey und Karl Buresch, alle in Damenbegleitung, mit dem hohen Gast aus Rom und seiner Entourage einzogen.[19] Rund um diese festliche Aufführung wurden die nächsten Schritte zur Ausschaltung der österreichischen Sozialdemokratie fixiert. Während Dollfuß noch zögerte, war für die von Italien unterstützten Heimwehren nach dem Suvich-Besuch alles klar: Mit der Verhaftung der *Schutzbund*-Führung und den putschartigen Ultimaten zur Abschaffung des Proporzes in den Landesregierungen führten sie das letzte Gefecht herbei.

Gleichzeitig mit den am 17. März 1934 unterzeichneten *Römischen Protokollen*, die die Vertiefung der politischen und wirtschaftlichen Beziehungen zwischen Italien, Österreich und Ungarn offiziell besiegelten, wurde auch die Kulturdiplomatie intensiviert. Als die Staatsoper im September 1934 mit einem Riesenensemble in Venedig gastierte,[20] war Mussolini persönlich zugegen und ließ es sich nicht nehmen, das Ensemble samt Unterrichtsminister Hans Pernter zu begrüßen und kundzutun, dass auf dem Gebiet der Kunst und der Kultur die freimütige Freundschaft der beiden Nationen vertieft werden müsse.

Die Romreise Schuschniggs im November 1934 bereitete vor,[21] was drei Monate später offiziell umgesetzt wurde: Italien und Österreich schlossen am 3. Februar 1935 in Rom ein Kulturabkommen, das den planmäßigen kulturellen, künstlerischen und wissenschaftlichen Austausch – durch die Veranstaltung von Ausstellungen und durch Musik- und Theateraufführungen –, vor allem aber die Errichtung von Kulturinstituten vorsah.[22] Das Erlernen der italienischen Sprache in Österreichs Mittelschulen und

Universitäten sollte forciert werden wie umgekehrt die Verbreitung von Deutsch in Italien. Was die Gastvorstellungen der Staatsoper, der Wiener Philharmoniker oder der Sängerknaben, die Errichtung eines eigenen österreichischen Pavillons bei der Biennale in Venedig, die Organisation der Kinderferien in Italien (»Campo Austria«) oder die intensive Pflege der sportlichen Kontakte bereits angebahnt hatten, sollte das Abkommen in noch größerer Breite verdichten.[23] Bei der prominent besetzten feierlichen Eröffnung des *Italienischen Kulturinstituts* in Wien am 21. März 1935 war die Standortfrage nicht geklärt. Vorerst fand es provisorisch in der Hofburg Platz, am 26. Jänner 1936 bezog es das Palais Ecke Bösendorferstraße / Dumbastraße[24] neben dem Hotel Imperial.

Noch kurz vor der Eröffnung im März 1935 wurden als Vorgeschmack auf die künftige enge Zusammenarbeit in der *Neuen Galerie* in der Wiener Grünangergasse (Leitung: Otto Kallir-Nirenstein) Gemälde der italienischen Futuristenschule präsentiert. Emilio Filippo Tommaso Marinetti kam persönlich nach Wien, um futuristische Werke wie Ambrosis *Aeropittura*, ein Vorzeigebild der faschistischen Flugmalerei, den kunstinteressierten Wiener:innen vorzustellen. Wohl um dem ideologischen Genius des ›christlichen Ständestaates‹ zu entsprechen, teilte der temperamentvolle Maler mit, dass er »sich intensiv mit der katholischen Kunst beschäftige und Lösungen gefunden habe, die dem ursprünglichen Geist der christlichen Religion noch vollendeter entsprechen als die religiöse Kunst früher Jahrhunderte«[25]. Sein Vortrag, getragen von scharfer Polemik gegen das »[e]wig Gestrige«, irritierte das Publikum, wie gleichzeitig sein schwungvoller Optimismus begeisterte.[26]

Begleitend zum Kulturabkommen mit Italien wurde auch eines mit Ungarn geschlossen.[27] Die italienisch-österreichischen Kulturbeziehungen waren freilich viel umfassender. Die Kirchenkunst-Ausstellung im Jahr 1934 oder die italienischen Stagione-Aufführungen in der Staatsoper waren Beispiele für die Ausweitung der italienischen Präsenz in Wien. Beim Vortrag von Padre Agostino Gemelli, dem Rektor der Katholischen Universität Mailand, der das Konkordat als Versöhnungswerk von Papst Pius XI. und Mussolini ausführlich darstellte und auch die gemeinsame katholische Mission Italiens und Österreichs herausstrich, war auch Bundeskanzler Schuschnigg anwesend.[28] Das Burgtheater,[29] die Staatsoper,[30] der

Staatsopernchor,[31] auch die Wiener Symphoniker wurden weiterhin nach Italien beordert. Sogar österreichische Heldenfeiern im ehemaligen italienischen Kampfgebiet mit Erzherzog Joseph Ferdinand und dem Direktor des Kriegsarchivs Edmund Glaise-Horstenau wurden nun organisiert.[32] Im November 1935 wurde die Ausstellung *Italienische Plastik* in der Secession eröffnet.[33] Der Bildhauer Gustinus Ambrosi setzte bei Mussolini durch, dass in der italienischen Nationalgalerie seine Dollfuß-Büste aufgestellt wurde.[34] Bisweilen wurden die Veranstaltungen dezidiert politischer: Die Vaterländische Front organisierte einen Vortrag, um aus erster Hand Informationen über die Freizeitorganisation *Dopolavoro* zu erhalten.[35] Der Film *Schwarzhemden* sollte Österreichs Politik lehren, wie man die Begeisterung der Jugend und die Treue zum Führer organisierte.[36]

Das Paradoxe an diesem Kulturabkommen war der Zeitpunkt, denn es trat in Kraft, als sich für Österreich auf dem internationalen Parkett Schwierigkeiten für die enge Anbindung an Italien einstellten. Denn in den ersten Monaten des Jahres 1935 begann Mussolini mit den Vorbereitungen zur Eroberung Äthiopiens, die dann am 3. Oktober 1935 in den Krieg münden sollten. Der *Völkerbund* beschloss Sanktionen, es erfolgte sukzessive eine Annäherung zwischen Mussolini und Hitler. Österreich, ganz in der Italien-Bindung gefangen, wollte sich raushalten, aber Schuschnigg entkam dem Dilemma nicht. Allmählich kam ihm die Schutzmacht gegenüber dem ›Dritten Reich‹ abhanden. Er versuchte die Bande mit Großbritannien und der *Kleinen Entente* wieder zu intensivieren, nicht zufällig wurde im April 1936 ein Kulturabkommen mit Frankreich geschlossen.[37] Mussolini verlangte von Schuschnigg einen Freundschaftspakt mit dem ›Dritten Reich‹, der im fatalen Juliabkommen 1936 seine Umsetzung fand.

AP

30. April 1933

Ludwig Hirschfeld über die Krise des Mittelstands

Der Herr ohne Beschäftigung

Wie so viele seiner Kolleg:innen seiner Zeit war Ludwig Hirschfeld in mehreren Metiers tätig. Er war ein äußerst produktiver Journalist, der sich auch als Schriftsteller, Librettist und Komponist betätigte. Sein Markenzeichen war die humoristische Unterhaltung. Ludwig Hirschfeld ist heute nur mehr einem kleinen Kennerkreis bekannt, über seine Biographie wissen wir relativ wenig, eine ausführliche kulturgeschichtliche Würdigung seiner Person gibt es (noch) nicht.[1]

Ab 1907 war Ludwig Hirschfeld als regelmäßiger Mitarbeiter der *Neuen Freien Presse* engagiert, ab 1922 als Redakteur an die Zeitung gebunden. 1938 wurde er ins KZ Dachau verschleppt, weil man ihn mit Oscar Hirschfeld, dem Herausgeber der Zeitschrift *Wahrheit*, verwechselt hatte; seiner Ehefrau glückte es aber, ihren Mann frei zu bekommen.[2] Es gelang der Familie, nach Frankreich zu fliehen. 1942 wurde Hirschfeld im französischen Anhaltelager Drancy interniert, ehe er am 6. November 1942 ins Vernichtungslager Auschwitz transportiert wurde. In Hinblick auf weitere Lebensdaten ist nur bekannt, dass er den Holocaust nicht überlebte.

Ludwig Hirschfeld gehört nicht zur Gruppe jener Schriftsteller (wie etwa Joseph Roth, Alfred Polgar oder Max Winter), die mit angriffigen Sozialreportagen einen neuen, sarkastischen Feuilleton-Stil schufen. Hirschfeld war einer der traditionellen Feuilletonisten, die liebevoll und vergnüglich die geselligen Highlights und Freuden der Wiener Mittelklassenexistenz, aber auch ihre Ärgernisse und Probleme ergründeten. Aufgrund seiner über Jahrzehnte betriebenen Schilderung ihres Alltags kann man ihn einen der bedeutendsten Chronisten des Wiener Bürgertums zwischen 1910 und 1938 bezeichnen. Der Erste Weltkrieg erschien als eine Art Vertreibung aus dem Paradies.[3] Im Rückblick wurde die kleine *Welt von Gestern* aus der Vorkriegszeit zum Heilskosmos. Auch in der Ersten Republik setzte er seine soziologischen Investigationen, die die Stimmungen der Mittelklasse erkundeten, kontinuierlich fort. Bei der Schreibweise seiner Sonntagsfeuilletons konnte die Leser:innenschaft der *Neuen Freien Presse* sicher sein, dass er selbst schwierigsten sozialen Situationen humorvolle Seiten abgewinnen konnte.

Auch im Krisenjahr 1933 blieb Hirschfeld seinem Metier treu. Er schilderte mit bewährter Ironie die Sorgen der Mittelklasse, die sich infolge von Lohnkürzungen und Einkommensverlusten einschränken musste und gleichzeitig nicht für sich und ihre Kinder das gewohnte Leben aufgeben wollte. Die Kinder wurden etwa von den Eltern in den Schiurlaub geschickt mit der Aufforderung, zu sparen und wieder zu sparen, was natürlich nicht funktionierte.[4] »Das Wort ›Luxus‹ hat der größte Teil des Publikums aus seinem Vokabular gestrichen und es durch Einschränkung, durch Erschwinglichkeit ersetzt. Man zieht sich an, so gut man kann: das eine schöne Kleid, den einen dunklen Rock, den man hat.«[5] Man versagte sich die Teilnahme an geselligen Ereignissen, verzichtete auf den Auftritt auf großen Bällen, weil die Garderoben und die Ausgaben vor Ort zu teuer waren. Findige Familien lösten das Problem, indem sie mit billigerer Ausstattung Kostümfeste veranstalteten oder aufsuchten. Ein Auto wurde gekauft – dann aus Kostengründen und mangelnder Nutzung wieder verkauft.

Ein bitteres Porträt über die gravierende, bis in den Mittelstand reichende Arbeitslosigkeit aus dem Wendejahr 1933 lieferte Hirschfeld mit einem Feuilleton über *Ein[en] Zeittypus, der zuviel Zeit hat*.[6] Einleitend konfrontierte Hirschfeld die Leser:innen damit, dass auf der Straße regelrecht ein Elendsbetrieb herrsche: Arbeitslose zuhauf singen, musizieren, betteln, läuten an der Wohnungstür. Hirschfeld meinte, dass diese Arbeitslosigkeit »die sichtbare, die demonstrativ zur Schau getragene Not primitiver Menschen«[7] sei. Aber es gebe auch eine andere, leise, unsichtbare Arbeitslosigkeit, die sich ihrer schäme, Menschen, die sich im Stadtpark oder Prater herumtreiben, nie jammern und sich nicht in ihre Seele hineinblicken lassen würden. »Keine Arbeitslosen im Sinne des Gesetzes, nur Beschäftigungslose, die noch etwas haben und dennoch arme Menschen sind. Denn wie arm einer heute ist, das hängt ja nur davon ab, was er gestern war und hatte. Was war er gestern? Fabrikant, Kaufmann, Bureauchef,

Ludwig Hirschfeld, viel gelesener Feuilletonist der *Neuen Freien Presse*
Foto: Hermann Brühlmeyer; Österreichische Nationalbibliothek – Bildarchiv

Ingenieur. Und heute ist er ein Herr ohne Beschäftigung. Noch immer, so lange es geht, ein Herr, und das ist eben die Verschärfung […]. Der Herr ohne Beschäftigung ist gewöhnlich ein Mann zwischen vierzig und fünfzig. Also jenes Alters, das man in besseren Zeiten die besten Jahre genannt hat.

Jetzt sind es die miserabelsten Jahre, rüstig, arbeitsfähig, in seinem Beruf erfahren und tüchtig, plötzlich von einem Tag auf den anderen ausgeschaltet, kaltgestellt. Ein Müßiggang wider Willen, ein Ruhestand ohne Ruhe. Denn wenn man auch einige hundert Schilling Pension, Rente oder Zinsen hat, daß es auf Wohnen, Essen, auf Kaffeehaus und Zigaretten reicht – ist das ein Leben, wenn man gerade zu leben hat? Die Illusion, die man anfangs hatte, ist längst zerstört: die berühmte Nebenbeschäftigung, die gelegentliche Arbeit. Unmöglich als Mann in den besten Jahren irgend etwas zu finden, auch nur etwas gering Bezahltes, wo die Jugend keinen Platz findet und graue Schläfen die schlechteste Empfehlung sind.«[8]

Die junge Republik, die mit der verschärften Mangelsituation und der galoppierenden Teuerung zurechtkommen musste, bekam von Hirschfeld keine guten Rezensionen.[9] Die politischen Parteien mit ihren Parolen ernteten bloß Verachtung, 1933 war es nicht anders. Oder doch: Der Ekel angesichts der Zeitumstände schlug noch heftiger aus, »die Hochsaison des Gummiknüppels und der Maschinengewehre«[10] erzeugte Abscheu. Erinnerungen an die kargen, schrecklichen Kriegsjahre kamen bei ihm auf, Hirschfelds Feuilletons waren voll von Sehnsucht nach dem zivilen und zivilisierten Leben, konzentrierten sich auf die apolitischen Schutzräume, auf den Rückzug in das eigene Zuhause, in die kleinen Vergnügungen, in die Kultur oder in die Sommerfrische. Liebgewordene Rituale wurden nun auf den Prüfstand gestellt: Die Selbstverständlichkeit der Urlaube, das Treffen mit Freund:innen in Restaurants sowie der Einsatz von Servicepersonal. Stets schwang die Frage mit, ob man sich dies leisten könne. Die Unbeschwertheit war dahin, Verzicht war geboten, Sorgen setzten sich im Kopf fest. Dass der Besuch von Kulturveranstaltungen nicht mehr selbstverständlich war, weil er an Karten- (oder gar Garderoben-)Preisen scheiterte, war eine Schmach. Ein Kommentar klagte: »Die Wirtschaftskrise zieht allmählich immer weitere Kreise und in Zusammenhang mit ihr muß man heute bereits von einer Krise der Moral und der Kultur reden.«[11]

In Summe sind Ludwig Hirschfelds Feuilletons eine ausgezeichnete Quelle, um die politische Stimmung des unpolitischen Mittelstandes zu eruieren. Das Vertrauen in die Kraft der parlamentarischen Demokratie wurde beim Bürgertum nach und nach mehrheitlich erschüttert, weil für es die Republik Abstieg bedeutete. Die einst vielversprechenden Kriegsanleihen waren 1918 wertlos geworden, die Inflation der unmittelbaren Nachkriegszeit fraß die Guthaben und Reserven auf, Einkommen aus Vermietung waren wegen des Mieterschutzes drastisch geschrumpft. Nach einer kurzen Phase der Stabilisierung brach die Weltwirtschaftskrise über Europa und – in gesteigertem Ausmaß – Österreich herein. Die Banken- und Firmenzusammenbrüche rüttelten intensiv am sozialen Status. Die Unsicherheit erzeugte Angst. Steigende Preise und stagnierende Einkommen, reduzierte Gehälter und Kündigungen oder gar Arbeitslosigkeit bedeuteten tiefe Einschnitte in das Leben, das die Mittelschicht gewohnt war. Scheinbar sichere Berufe wie Bankbeamtin oder Bankbeamter entpuppten sich als Schleudersitze, die Beamt:innenschaft musste Einbußen hinnehmen und bekam ihr Gehalt nur mehr in Raten ausgezahlt. Pensionist:innen hatten sich mit Verlusten abzufinden. Die Statistik meldete zu Beginn 1933, dass der Konsum um 37 Prozent zurückgegangen sei. Sogar die Straßenbahnnutzung und die Hundehaltung waren stark rückläufig, die Mittelschicht verzichtete auf Telefongespräche. Die Wiener Rettung verzeichnete vier Suizide pro Nacht. Der Staat musste und wollte sparen, strich Posten, besetzte nicht mehr nach. Und die Mittelschicht tat es ihm gleich. Ludwig Hirschfeld ortete ringsherum nur mehr »Neidhammel«, die bei diesem Abstieg von der Frage geplagt wurden: »Wie machen das die anderen?«[12]

Die Abstiegsängste rüttelten am sozialen Zusammenhalt. In der extremen Variante waren sie der Nährboden für radikale Lösungen, in der sanften, humorvollen Variante von Ludwig Hirschfeld generierten sie Zeitklagen. Im *Beschwerdebuch* der *Neuen Freien Presse* war die Stimmung schon anders, hier spross der Sozialneid. Was unterschied denn die Mittelschicht noch von den ärmeren Menschen? Bürgerliche Hausfrauen listeten exakt die Ausgaben für Dienstmädchen auf und alterierten sich darüber, dass dem Mittelstand Gehaltskürzungen zugemutet würden, während sich an den Bezügen der Dienstmädchen nichts geändert habe und diese – wenn sie sich doch kaum selbst den Urlaub leisten konnten! – Urlaubsgeld oder Krankengeld bekämen.[13]

Die Krise rüttelte kräftig an den eingeübten Gewohnheiten der bürgerlichen Haushalte. Früher gab es als nimmermüde Helferlein eine Köchin, ein Stubenmädchen und eine Bonne, nun suchte man nach einem ›Mädchen für alles«. Wenn das Haushaltseinkommen auch diese Ausgaben (vierzig bis sechzig Schilling pro Monat bei einem Durchschnittsgehalt von 200 Schilling) nicht erlaubt, musste sich die Herrin des Hauses in der Erledigung der Alltagsaufgaben selbst ans Werk machen. Selbst wenn Geld vorhanden war, stand man vor dem Problem, dass die Nachfrage nach Personal größer war als das Angebot. Junge Frauen arbeiteten lieber als Verkäuferinnen, Stenotypistinnen oder Friseurinnen, als dem rigiden Regime in den Familien ausgesetzt zu sein und über Arbeitszeiten oder die Zahl und Reichhaltigkeit von Mahlzeiten zu streiten. Eine Alternative zu fixen Anstellungen konnten die sogenannten Heimschwestern sein, die nur für ein paar Stunden wöchentlich zu bestimmten Zeiten engagiert wurden.[14]

Raoul Auernheimer, der regelmäßig für die *Neue Freie Presse* Feuilletons verfasste, brachte die soziale Konfliktlage in seiner Autobiographie auf den Punkt: »Die arbeitende Klasse stieg auf, und der Mittelstand sank im gleichen Maß. Die Abwaschfrau im Laboratorium bezog, weil sie organisiert war, eine Zeitlang tatsächlich ein höheres Gehalt als der nichtorganisierte Professor, der vielleicht soeben, nach jahrelanger Vorarbeit, ein neues chemisches Element entdeckt hatte. Das Schlimmste aber war, daß auch die Mittelstandsfrau ein Aufwaschweib geworden war, in ihrem eigenen Hause nämlich, und daß sie dafür überhaupt nicht bezahlt wurde.«[15]

Das Mitleid mit dem, was in den Industriestädten passierte und was die Arbeitslosigkeit mit folgender Aussteuerung dort mit den Menschen anrichtete, hielt sich sehr in Grenzen. Die Berichterstattung der bürgerlichen Zeitungen wie der *Neuen Freien Presse* beschränkte sich weitgehend auf das Wegschauen. Die Studie *Die Arbeitslosen von Marienthal*[16], die detailliert das mutlose Alltagsleben in einem ruinierten Industrieort dargestellt und analysiert hatte, sensibilisierte die Öffentlichkeit nicht. Das Schicksal der Städte Steyr oder Radenthein war kein Thema für Empathie, die bevorzugt dem Mittelstand und den Kulturschaffenden zuteilwurde.

»Nein, die Arbeitslosenfrage, die ich Ihnen nahebringen möchte, ist eine Individual- und Existenzfrage jener zahllosen Individuen, die Begabungen sind«, leitete Ernst Lothar ein Feuilleton über die Schrecken der Arbeitslosigkeit ein, um Einzelfälle herauszugreifen: ein Chirurg, der nicht mehr der Allerjüngste ist, ein Jurist von Weltgeltung, der seine Lehrkanzel verloren hat, ein gefeierter Schauspieler, der ohne Engagement dasteht.

»Namen von Menschen, die Außerordentliches geleistet haben und zur außergewöhnlichen Leistung fähig geblieben sind; Namen von Menschen, die Nutzen stiften könnten und die man daran verhindert; Namen unersetzlich wertvoller Menschen, die man heute zu Müßiggänger[n], morgen zu Verzweifelten, nächstens zu Selbstmördern macht.«[17]

Das ›Rote Wien‹ erregte Missgunst, weil es den Abstieg des Bürgertums ins Stadtbild einschrieb. Die neuen Gemeindebauten wurden argwöhnisch und neidvoll betrachtet. Auernheimer meinte hierzu: »Während die Hofburg in Abwesenheit des Hausherrn hoffnungslos verfiel, weil es an den nötigen Mitteln fehlte, auch nur den abbröckelnden Verputz zu erneuern, entstanden weit draußen in der Vorstadt die neuen Volkswohnhäuser, vorbildlich hygienisch gebaut, von Licht und Luft durchflutet, mit Swimming pools, Badezimmern, Spielplätzen für die Kinder, Versammlungsräumen, Arbeiterbibliotheken […]. Hoch erfreulich vom Standpunkt sozialer Gerechtigkeit, aber Opfer war die jetzt so bekümmert blickende ›Innere Stadt‹ mit den angrenzenden vormaligen Wohlstandsvierteln.«[18]

Hirschfeld und Auernheimer deuteten das soziale Ressentiment nur an, das die Dollfuß-Regierung und die christlichsoziale Opposition im Wiener Landtag in der politischen Auseinandersetzung ausschlachteten. Der ›Steuersadismus‹ der Wiener Stadtregierung wurde zur Wahlkampfparole. Die Kampagnen gegen Finanzstadtrat Hugo Breitner, der das brave, bodenständige Bürgertum mittels Lustbarkeitssteuer[19], Fürsorge-, Automobil- und Haushaltsabgabe oder Wohnbausteuer auspressen würde, entsprachen der Stimmungslage des Bürgertums: »Nur wenn der Kopf dieses Asiaten in den Sand rollt, wird der Sieg unser sein«[20] – das martialische Vokabular, dessen sich Heimwehrführer Ernst Rüdiger Starhemberg, damaliger Innenminister, bei einer Heimwehrkundgebung auf dem Heldenplatz am 4. Oktober 1930 bediente, mag nicht nach dem Geschmack der Mittel- und Oberschichten gewesen sein, in der politischen Zielsetzung stimmte man jedoch durchaus überein.

AP

10. Mai 1933

Bücherverbrennung in Deutschland

Zwischen allen Stühlen: Emigrant:innen in Österreich

Am Abend des 10. Mai 1933 wurden in deutschen Universitätsstädten missliebige Bücher verbrannt. Die nationalsozialistische *Deutsche Studentenschaft* hielt sich dabei an die ›Schwarze Liste‹ des *Ausschusses zur Neuordnung der Berliner Stadt- und Volksbüchereien*. Literatur, die dort als »Zersetzungserscheinungen unserer artgebundenen Denk- und Lebensform«[1] angesehen wurde, endete auf dem Scheiterhaufen. Zu den Verfemten zählten linke Republikaner wie Heinrich Mann oder Kurt Tucholsky, aber auch der christliche Pazifist und Antinationalist Friedrich Wilhelm Foerster. Das Gesamtwerk eines weltbekannten Österreichers ging ebenfalls in Flammen auf: »Gegen seelenzerfasernde Überschätzung des Trieblebens, für den Adel der menschlichen Seele. Ich übergebe der Flamme die Schriften des Sigmund Freud.«[2]

In der Wiener *Arbeiter-Zeitung* erschien die Polemik eines deutschen Emigranten. Unter dem provokanten Titel »Verbrennt mich!«[3] wehrte sich Oskar Maria Graf gegen einen Vereinnahmungsversuch des Regimes. Der 1894 geborene bayrische Romancier war vor allem durch seine politische Autobiographie *Wir sind Gefangene* bekannt geworden. Diese fiel der NS-Zensur zum Opfer, während seine bayrischen Geschichten als Bauern- und Heimatliteratur verstanden und auf einer ›Weißen Liste‹ der empfehlenswerten Bücher verzeichnet wurden. Derartige Unstimmigkeiten kamen in den Anfangsjahren der nationalsozialistischen Literaturpolitik häufiger vor, da mehrere Dienststellen neben- und gegeneinander arbeiteten und zuweilen unterschiedliche Maßstäbe anlegten.[4] Diese Grauzone, die ihm womöglich sogar gewisse Freiräume eröffnet hätte, ließ Graf hinter sich, indem er erklärte: »Nach meinem ganzen Leben und nach meinem ganzen

Schreiben habe ich das Recht, zu verlangen, daß meine Bücher der reinen Flamme des Scheiterhaufens überantwortet werden und nicht in die blutigen Hände und die verdorbenen Hirne der braunen Mordbanden gelangen. Verbrennt die Werke des deutschen Geistes! Er selber wird unauslöschlich sein wie eure Schmach.«[5] Damit war es Graf handstreichartig gelungen, »von einem Autor der ›weißen Liste‹ zum ersten Repräsentanten des Widerstands gegen die Bücherverbrennung zu werden«.[6]

Grafs Artikel »Verbrennt mich!« wurde von linken Zeitungen und Zeitschriften in vielen Ländern nachgedruckt und gilt bis heute als kanonischer Text der deutschen Exilliteratur. Zu einer Veröffentlichung konnte es jedoch damals nur kommen, weil Graf im Februar 1933 nach Wien übersiedelt war und in Österreich zu dieser Zeit noch ein halbwegs funktionierendes linkes Netzwerk existierte.

Im Namen der neu gegründeten *Vereinigung sozialistischer Schriftsteller* war Graf von Josef Luitpold Stern zu einer Vortragstournee »vom 20. Feber bis Mitte März«[7] eingeladen worden. Er war in Wien geblieben, nachdem seine Münchner Wohnung in seiner Abwesenheit polizeilich durchsucht worden war. Seine jüdische Ehefrau Mirjam folgte ihm ins Exil. Ein Jahr lang schrieb Graf für die *Arbeiter-Zeitung* und trat mit Lesungen und Vorträgen vor allem in Arbeiterbildungsheimen und ähnlichen ›roten‹ Institutionen auf.

Am 4. Jänner 1934 meldete die *Arbeiter-Zeitung*: »Die für morgen Mittwoch angesetzte Vorlesung des Dichters Oskar Maria Graf auf der Landstraße wird auf Freitag den 16. Februar verschoben. Die Karten behalten ihre Gültigkeit.«[8] Zu dieser Lesung kam es jedoch nicht mehr: Nach dem Februaraufstand wurde die Sozialdemokratie mit all ihren Kultureinrichtungen verboten, viele Angehörige der Partei verließen Österreich, das dadurch selbst zu einem Auswanderungsland wurde. Auch die Visa des Ehepaars Graf wurden nicht verlängert, es übersiedelte nach Brünn, wie auch Otto Bauer und andere österreichische Sozialist:innen. 1938 emigrierten Oskar Maria und Mirjam Graf schließlich nach New York, wo der Autor, der in Sprache und Kleidung lebenslang ein demonstrativer Bayer blieb, bis zu seinem Tod im Jahr 1967 lebte.

Im Laufe des Jahres 1933 erschienen in der *Arbeiter-Zeitung* weitere kritische Stellungnahmen zur Lage in Deutschland. Verfemt, verarmt und sterbenskrank kehrte etwa Stefan Großmann 1933 an seinen Geburtsort Wien zurück, wo sein Leben am 3. Jänner 1935 zu Ende ging.[9] Am 6. Juni richtete er, der sich in Berlin als Mitherausgeber der linksliberalen Zeitschrift *Das Tage-Buch* einen Namen als politischer Kommentator und als Feuilletonist gemacht hatte, einen offenen Brief an den deutschen Literaturnobelpreisträger von 1912, der zur Bücherverbrennung und anderen Terrormaßnahmen beharrlich schwieg: »Sie erleben das schreckensvollste Trauerspiel Deutschlands und konnten und können schweigen, Gerhart Hauptmann? Müssen wir Schweigen mit Schweigen, Entfremdung mit Entfremdung vergelten, und einen geliebten Namen in unserem Gedächtnis erblassen lassen?«[10]

Ebenfalls in Briefform äußerte sich Hermynia Zur Mühlen in der *Arbeiter-Zeitung* zur deutschen Literaturpolitik. Wie Großmann stammte die Romanautorin, Journalistin und Übersetzerin aus Wien, wo sie, Hermine Isabelle Maria Folliot de Crenneville, 1883 in eine aristokratische Familie hineingeboren wurde.[11] 1933 kehrte die produktive Autorin aus Frankfurt nach Wien zurück und trat der *Vereinigung sozialistischer Schriftsteller* bei.[12] Vom Sowjet-Kommunismus, mit dem sie zunächst sympathisierte, hatte sie sich aus Protest gegen Stalins Diktatur schon in den frühen dreißiger Jahren abgewendet. Der Stuttgarter Engelhorn Verlag, in dem einige ihrer Bücher erschienen sind, legte der Autorin nahe, auf jegliche Mitarbeit an regimekritischen Exilzeitschriften zu verzichten, da deren Tätigkeit als »Landesverrat« gelte. Daraufhin brach die Schriftstellerin jede Beziehung mit ihrem Verlag ab. Ihr Trennungsbrief endete mit einem Bekenntnis zu Österreich, das am 26. Oktober 1933 in der *Arbeiter-Zeitung* zu lesen war: »Was aber den Vorwurf des Landesverrates betrifft, wenn wir schon dieses pathetische Wort gebrauchen wollen, so würde ich als Österreicherin, nach dem Verhalten des Dritten Reiches Österreich gegenüber, dann Landesverrat begehen, wenn ich mit meinen bescheidenen Kräften das Dritte Reich nicht bekämpfen würde.«[13] Nach den Februarkämpfen 1934 und dem Verbot der *Arbeiter-Zeitung* wurde Zur Mühlen von mehreren österreichischen Redaktionen empfohlen, politische Stellungnahmen zu vermeiden und stattdessen unverfängliche feuilletonistische Beiträge zu schreiben. Dennoch konnte ihr satirischer Roman *Unsere Töchter, die Nazinen* 1935 in Wien erscheinen, und zwar im kleinen Gsur-Verlag, der von Ernst Karl

Winter als dezidiert österreichischer, katholischer, antinationalsozialistischer Verlag geführt wurde. Die deutsche Gesandtschaft in Wien legte im Bundeskanzleramt Protest gegen den Roman ein, weil sie ihn – völlig zu Recht – als Verunglimpfung nationalsozialistischer Ideale auffasste. Die österreichische Behörde ließ diese Einmischung in innere Angelegenheiten unbeantwortet, verbot aber Zur Mühlens Buch vermeintlich aus eigener Entscheidung – aufgrund seiner kommunistischen und atheistischen Tendenzen.[14] Wie so oft, gehorchte die Regierung auch hier insgeheim den deutschen Vorgaben, die sie offiziell zurückwies. 1938 emigrierten Hermynia Zur Mühlen und ihr Ehemann Stefan Klein zunächst nach Bratislava, und von dort nach Großbritannien, wo die Autorin 1951 verstarb.

Graf, Großmann und Zur Mühlen stehen hier stellvertretend für all jene, die Deutschland nach der nationalsozialistischen ›Machtergreifung‹ verlassen mussten. Wer der verordneten ›Volksgemeinschaft‹ nicht angehören wollte oder durfte (wie insbesondere die jüdischen Deutschen), hatte nur die Wahl, massiven Repressionen ausgesetzt zu sein oder in ein anderes Land zu fliehen. In den Anfangsjahren boten vor allem die unmittelbaren Nachbarländer Schutz, in der Tschechoslowakei, den Niederlanden und in Frankreich entstanden erste Anlaufstellen für emigrierte Deutsche.[15]

Im Frühjahr 1933 rief die *Arbeiter-Zeitung* dazu auf, auch die österreichische Grenze für emigrierte Deutsche zu öffnen.[16] Jedoch war das Land zu einer solchen ›Willkommenskultur‹ nicht bereit. Die Exilforscherin Ursula Seeber beschreibt die damalige Lage in Österreich folgendermaßen: »Österreich war 1933 ein Land, das sich abweisend zu Flüchtlingen aus NS-Deutschland verhielt, 1934 selbst die Flucht politischer Gegner erzwang und bis 1938 dennoch eine Rolle als Fluchtpunkt, Transitstation, Überlebensterrain spielte. Als ein ›Asyl wider Willen‹ firmiert es in der Geschichte nationalsozialistischer Verfolgung und Vertreibung.«[17]

Allein die Gesetzeslage war keineswegs einwanderungsfreundlich[18]: Das 1925 eingeführte Inlandarbeiterschutzgesetz gewährte nur Ausländer:innen, die seit 1923 ununterbrochen in Österreich ansässig waren, die Möglichkeit, eine Arbeitsstelle zu suchen. Das Schubgesetz, 1871 eingeführt und 1929 novelliert, stellte Abschiebungen ausländischer Bewohner:innen in das Ermessen der jeweiligen Gemeinde. Als am 27. Februar 1933 der Reichstag in Berlin in Flammen aufging, wurde in Österreich die Verfügung erlassen, dass ›politisch Verdächtige‹ bei der Einreise zurückzuweisen seien und Deutsche, die sich ohne Pass und Visum in Österreich aufhielten, abgeschoben werden müssten. Im Dezember 1933 wurde das Einbürgerungsrecht verschärft: Jede neue Einbürgerung bedurfte von da an eines Ministerratsbeschlusses und war entsprechend selten.

Überdies gab es in Österreich genügend Stimmen, die das deutsche Vorgehen gegen die Demokratie und die Kultur der Moderne guthießen. Als am 10. Mai 1933 die Bücher brannten, reagierten viele österreichische Medien höchst verständnisvoll. Auch wenn gelegentlich angemerkt wurde, die akademische Jugend hätte des Guten zu viel getan und manch Wertvolles ins Feuer geworfen, bestand doch weitgehendes Einvernehmen darüber, dass der Einfluss sozialistischer, liberaler und experimentell-moderner Literatur zurückgedrängt werden müsse – und das nicht nur in Deutschland.[19]

Trotz dieser ungünstigen Bedingungen fand ein gewisser Zuzug nach Österreich statt. Die Zahlenangaben schwanken, aber nach einer begründeten Annahme flohen zwischen 1933 und 1938 mindestens 4500 bis 5000 Menschen aus Deutschland nach Österreich.[20] Die meisten stammten ursprünglich aus Österreich. Andere suchten lediglich eine einigermaßen sichere Zuflucht auf Zeit. Der Berliner Dichter Walter Mehring, der zunächst nach Paris ausgereist war, wurde dort denunziert, entkam jedoch nach Wien, wo er sich sicherer fühlte. Im erinnernden Rückblick stilisierte er Österreichs Hauptstadt zu einem rückwärtsgewandten Ort, in dem man vor den Zumutungen des 20. Jahrhunderts geschützter war als anderswo: »Geborgen lebt man noch am ehesten in der Vergangenheit, selbst in der einer k.u.k. Monarchie, wo die Tradition des Hauses Habsburg weiter existierte, in der *Fürstengruft*, im *freudianischen Unterbewußtsein*, dem einzigen noch unpolitischen System (weder marxistisch noch faschistisch).«[21]

Dennoch kamen nicht alle immigrierten Personen widerwillig in den ›Ständestaat‹. 1933 beschlossen beispielsweise zwei katholische Intellektuelle, die aus Deutschland zunächst nach Italien geflüchtet waren, gemeinsam nach Österreich zu gehen. Der eine, Dietrich von Hildebrand, geboren 1889, war bis 1933 Professor für Philosophie in München, der andere, Klaus Dohrn, geboren 1909, war als Journalist tätig. Beide waren in jungen Jahren zum Katholizismus konvertiert. Da sie große Hoffnungen auf die katholische Erneuerung in Österreich setzten, machten sie Engelbert

Dollfuß den Vorschlag, eine anspruchsvolle Zeitschrift zu gründen, die philosophische Argumentationshilfen im Kampf um eine genuin katholische Weltanschauung bieten würde. Dollfuß akzeptierte den Vorschlag, da Dietrich von Hildebrand in katholischen Kreisen höchst respektiert wurde und beste Verbindungen hatte – bis hin zum Vatikan. Allerdings bestand er darauf, dass auch österreichische Mitarbeiter am Projekt beteiligt sein sollten, damit die Zeitschrift nicht in den üblen Ruf käme, ein Organ der Emigration zu sein. Hildebrand erhielt eine Professur in Wien und rief gemeinsam mit Dohrn die Wochenzeitschrift *Der christliche Ständestaat* ins Leben. Vom Staat großzügig finanziert, erschien sie zwischen 1933 und 1938 und enthielt neben Aufsätzen zur katholischen Sozialphilosophie und literarischen Beiträgen nichtkatholischer Autoren wie Robert Musil, Walter Mehring und Ernst Krenek immer wieder scharfe Attacken gegen Deutschland. Vehement sprachen sich Hildebrand und Dohrn gegen die im österreichischen Katholizismus verbreitete Mentalität des ›Brückenbauens‹ aus, also gegen alle Versuche, mit dem Nationalsozialismus Kompromisse zu schließen.[22] Nach dem Juliabkommen 1936 wurden die scharfen Töne sanfter, der ›christliche Ständestaat‹ Schuschniggs distanzierte sich zunehmend von der Zeitschrift gleichen Namens. Die finanzielle Unterstützung wurde reduziert, Hildebrand zog sich schließlich als Herausgeber zurück.

Für viele Flüchtlinge ging es vorrangig ums Überleben, sie führten in Österreich eine überwiegend prekäre Existenz (wenn auch mit teils angenehmen Seiten). Der Philosoph Ernst Bloch lebte mit seiner Ehefrau, der Architektin Karola Bloch, von 1934 bis 1935 in Wien. Das Ehepaar verkehrte unter anderem im Salon von Alma Mahler-Werfel, allerdings achtete die stilbewusste Gastgeberin darauf, dass das marxistische Emigrantenpaar nicht mit Kanzler Schuschnigg zusammentraf. Rückblickend meinte Karola Bloch über die kurze Zeit in Wien: »Politisch gesehen war eine Emigration nach Österreich nicht sehr vernünftig. Aber es war für uns nicht unangenehm dort. Niemand belästigte uns, Juden wurden nicht verfolgt, man gewöhnte sich an die illegalen Nazi-Demonstrationen.«[23] Ihr Mann schrieb in einem Brief aus Wien, möglicherweise nicht ohne Galgenhumor: »Was das rein Menschliche betrifft, so ist auch hier der Heurige gut geraten.«[24]

HS

17. August 1933

Max Reinhardts *Faust*-Inszenierung in der Felsenreitschule

Salzburger Festspiele – zweimal knapp an der Absage vorbei

Salzburg atmete auf, es war eine große Erleichterung, weil die schlimmsten Befürchtungen nicht eingetreten waren: Über 35 000 Personen aus dem Ausland hatten sich im August 1933 in der Festspielstadt für einen längeren Zeitraum aufgehalten. Die Statistik des Meldeamts verriet, dass sich der Zustrom vor allem aus westeuropäischen Staaten (Großbritannien, Frankreich, Belgien) mehr als verdoppelt hatte und auch wesentlich mehr Gäste aus der Tschechoslowakei und Italien gekommen waren. Das bedeutete in Summe zwar ein Defizit von 22 Prozent gegenüber dem Vorjahr, aber in der Quantität der Nächtigungen machte der Rückgang nur 13 Prozent aus. Noch in der ersten Septemberwoche stiegen 10 000 Tourist:innen in den Hotels und Gasthöfen ab. Der Ausfall der Deutschen (statt den 15 000 von 1932 waren es 1933 nur 800) wurde auf diese Weise ansatzweise wettgemacht.

Im Vorfeld war die Aufregung einigermaßen groß: Wie würden sich die Tausend-Mark-Sperre und der permanente politische Druck auswirken? Hitlers Berghof lag wenige Kilometer über der Grenze, bei seinem Auftritt Anfang Juli in Bad Reichenhall kam er der Grenze sogar noch näher,[1] so dass der französische Schriftsteller und Festspielgast François Mauriac einmal anmerkte: »Salzburg hört Hitler atmen.«[2] Im deutschen Rundfunk hielten NS-Größen Brandreden gegen Dollfuß und Österreich, im tirolerischen Erl brannten Nationalsozialist:innen das Festspielhaus nieder,[3] in Salzburg nährten Papierböllerexplosionen Befürchtungen, dass noch Schlimmeres passieren könnte.[4] Die Politik ordnete eine verstärkte Präsenz von Polizei und Bundesheer an. Am 14. und 21. Juli 1933 warfen Flugzeuge nationalsozialistische Propagandazettel ab, und es konnte kein Zufall sein, dass dies am 29. Juli, dem Tag der Eröffnung der Salzburger Festspiele, abermals

Max Reinhardt, Regisseur und Theaterunternehmer von Weltformat
Foto: Robert Haas; Wien Museum

geschah. Diesmal überflogen zwei Staffeln mit insgesamt sieben Flugzeugen die Stadt, die auf Flugzetteln zum Steuerstreik und zum Abheben der Spareinlagen aufriefen sowie die Regierung schmähten.[5] Aus Stadt und Land wurden verstärkt antisemitische Aktivitäten gemeldet.[6]

Auch die Vorbereitung der Festspiele selbst verlief nicht reibungslos. Die Opernsängerin Anna Bahr-Mildenburg sagte die Teilnahme ab, weil ihr das bayerische Innenministerium beschied, dass ihr Engagement als Regisseurin von *Tristan und Isolde* als Illoyalität aufgefasst würde.[7] Der Komponist Hans Pfitzner verzichtete ebenfalls darauf, ein Symphoniekonzert zu dirigieren, und begründete die (erzwungene[8]) Absage damit, dass er mit dem Vorgehen der Dollfuß-Regierung gegenüber dem »erwachenden Deutschtum, zu dem er sich voll und ganz bekenne«, nicht einverstanden sei.[9] Sänger:innen wandten sich von Salzburg ebenfalls ab und traten lieber in Bayreuth auf. Musste man unter solchen Umständen in der Vorbereitung nicht erwarten, dass auch die zentralen Stützen des Festivals absagten? Richard Strauss, Gründungsmitglied der Salzburger Festspiele, in mancherlei Hinsicht dem NS-Regime erkenntlich (und im Herbst 1933 zum Präsidenten der *Reichsmusikkammer* ernannt), befand sich in einer Zwickmühle: Immerhin übernahm er fast zeitgleich zu Salzburg in Bayreuth den *Parsifal*, nachdem Arturo Toscanini dort demonstrativ abgesagt hatte. Gleichzeitig wurde das Festival wesentlich von Emigrant:innen geprägt, die nach Drohungen, Aufführungsverboten und dem Verlust ihrer Ämter dem ›Dritten Reich‹ den Rücken gekehrt hatten: Max Reinhardt, Bruno Walter, Otto Klemperer. Ein Ensemble-Austausch hatte begonnen, der in den nächsten Jahren seine Fortsetzung fand.[10]

Aus all diesen Gründen hatte man eine Absage erwogen. Aber die Bundesregierung hielt am Projekt fest, sicherte mögliche Defizite ab.[11] Viel Geld wurde in die Fremdenverkehrswerbung im Ausland investiert.[12] Internationale Radioübertragungen wurden arrangiert, Flugverbindungen aufgenommen, ausländische Berichterstatter:innen eingeladen. Außerdem wurden die vielen attraktiven touristischen Ziele im Landesinneren beworben: die schmucke Barockstadt, umgeben von einer lieblichen Seenlandschaft und einer spektakulären Gebirgskulisse. In der Umgebung wurden mittels Begleitprogrammen unterschiedliche Geschmäcke angesprochen: Das Gaisberg-Rennen versammelte beispielsweise alljährlich die Motorsportfans. Auch auf der beliebten Salzkammergutbahn gab es Neuigkeiten: Mit den neuen, bequemen Schienenautobussen, für deren Konstruktion viel Glas verwendet wurde, konnten die Gäste den aufregenden Landschaftsformationen noch näher rücken.

Bei den Festspielen selbst standen 1933 zehn Opern auf dem Programm: Zur Eröffnung am 29. Juli dirigierte Richard Strauss Beethovens *Fidelio*. Clemens Krauss war beinahe durchgehend im Einsatz, da er sowohl die drei Richard-Strauss-Opern (*Der Rosenkavalier, Die ägyptische Helena* und *Die Frau ohne Schatten*) als auch die zwei Mozart-Opern (*Cosí fan tutte* und *Die Hochzeit des Figaro*) musikalisch leitete. Bruno Walter war der zweite intensiv beschäftigte Dirigent: Er hatte *Die Zauberflöte* ebenso übernommen wie Glucks *Orpheus und Eurydike*, Webers *Oberon* und Wagners *Tristan und Isolde*.

Den Höhepunkt der Festspiele von 1933 markierte aber zweifelsohne die Aufführung von Goethes *Faust*, die anschließend in das Wiener Theater in der Josefstadt übersiedeln sollte. Max Reinhardt inszenierte sie in der offenen, also wettergefährdeten Felsenreitschule. Die wohl größte Sensation war das Bühnenbild: Clemens Holzmeister hatte in sensationeller Form eine gotische Faust-Stadt errichtet, deren Gassen, Häuser, Kirchen sich an den Felsen des Mönchsbergs schmiegten und die eine mittelalterliche Gemeinde in Bewegung zeigte. Die Scheinwerfer leiteten die Aufmerksamkeit des Publikums einmal hierhin, einmal dorthin, begleiteten etwa Gretchen vom Dom zum Brunnen. Nicht minder beglückend war das Ensemble: Zum Publikumsliebling des Abends wurde Theaterstar Max Pallenberg, der als Mephisto Lachstürme entfesselte und gleichzeitig als Dämon dem Publikum das Fürchten lehrte. Paula Wessely wurde gefeiert, allein ihr Gretchen »würde weite Reisen nach Salzburg lohnen,«[13], meinte Felix Salten.

Selbst Engelbert Dollfuß ließ es sich trotz seines dichten Terminkalenders nicht nehmen, den *Faust* zu besuchen. Am 19. August traf er noch im italienischen Riccione mit Mussolini zusammen, um die Verstärkung des autoritären Kurses zu fixieren. Am 25. August fand er sich in Salzburg ein.[14] Die glanzvolle Salzburger Umsetzung des berühmtesten deutschen Werks passte der österreichischen Regierung gut ins ideologische Programm, verstand sie doch das Land jetzt als Hüter der deutschen Kultur.[15] Reinhardts *Faust* war der Beweis dafür, dass nur in Wien und Salzburg – und nicht mehr in Berlin oder Weimar – authentische deutsche Kunst zu genießen sei. Dollfuß vergaß nicht, zu Max Reinhardts 60. Geburtstag zu gratulieren und ihm anzukündigen, dass er vom Bundespräsidenten das

Goldene Ehrenzeichen für Verdienste um die Republik Österreich überreicht bekommen würde.[16]

Ein Jahr später wurde erneut, diesmal unter noch dramatischeren Begleitumständen, eine Absage der Salzburger Festspiele erwogen. Am 25. Juli 1934, wenige Tage vor der Eröffnung der Festspiele, begann der Putschversuch der österreichischen Nationalsozialisten: Engelbert Dollfuß wurde ermordet, die Besetzung des Rundfunkgebäudes sollte eine landesweite Revolte einleiten. In und rund um Salzburg wurde von der SA-Führung der Befehl zur Machtübernahme am 27. Juli ausgegeben. In Salzburg-Liefering kam es zu einem Gefecht, bei dem drei Personen ums Leben kamen. In Seekirchen starben vier Männer und sechs wurden schwer verletzt. Am schwersten waren die Kämpfe im Flachgauer Ort Lamprechtshausen, wo die Putschisten bei der Machtübernahme zunächst erfolgreich waren, aber nach einer Aktion von Gendarmerie und Bundesheer am 28. Juli aufgeben mussten. Im Nahkampf ließen acht Menschen ihr Leben.[17]

Die Nachrichten über den NS-Putsch verbreiteten sich weltweit in aller Schnelligkeit und lösten große Unsicherheit über die Situation in Österreich aus, was sogleich zu hunderten Absagen der Festspielgäste und bei den Kartenvorbestellungen führte. Bereits im Vorfeld hatte es wiederholt schwierige Verhandlungen mit Bund und Land aufgrund der Finanzen gegeben, der Rechnungshof schlug gar eine Absage vor. Heinrich Puthon, der Präsident der Festspiele, musste nun abermals Verhandlungen mit Wien führen. Der neue Bundeskanzler Kurt Schuschnigg wusste, was auf dem Spiel stand, und gab ohne Zögern die Zusage, dass der Bund bei einem weiteren Ausfall der Einnahmen einspringen würde. Am 27. Juli wurde entschieden, dass die Eröffnung der Festspiele bloß um einen Tag verschoben werden würde: Anstatt Samstagabend sollten sie am Sonntag, den 29. Juli um elf Uhr beginnen.[18]

Gleichzeitig traf eine neue Hiobsbotschaft in Salzburg ein: Nach Wilhelm Furtwängler hatte nun auch Richard Strauss, der die *Fidelio*-Premiere dirigieren sollte, eine Mitwirkung bei den Festspielen endgültig abgesagt. Der Bruch kam umso überraschender, als Salzburg zur Nachfeier seines 70. Geburtstages einen eigenen Richard-Strauss-Zyklus angesetzt hatte. Clemens Krauss sollte vier seiner Opern – *Die ägyptische Helena, Elektra, Die Frau ohne Schatten* und *Der Rosenkavalier* – dirigieren.

Die Eröffnung verlief schließlich ohne Zwischenfälle. Das Festspielhaus hüllte sich in schwarze Fahnen. Der Premiere von *Fidelio*, dessen Leitung Clemens Krauss übernommen hatte, wurde eine kurze Trauerfeier vorangestellt, bei der die Wiener Philharmoniker den Trauermarsch aus Beethovens *Dritter Sinfonie* vortrugen. Das Freiheitspathos des *Fidelio* wurde als politische Ansage für die üble Gegenwart wahrgenommen, Lotte Lehmann erntete mit der ersten großen Arie *Abscheulicher, wo eilst du hin?* bei offener Szene einen stürmischen Applaus. Erst recht, so die Berichterstattung, war das Publikum nach der Kerkerszene entfesselt.[19]

Nach außen hin war die Normalität zwar wiederhergestellt, die Anspannung blieb jedoch. Die Salzburger Festspiele hatten standgehalten, Organisation und Politik hatten sich weder durch den Bombenanschlag im Festspielhaus Ende April[20] noch durch den Putschversuch einschüchtern lassen, die Aufführungen liefen nach Programm. Richard Strauss durfte dann doch anreisen, allerdings nicht als Dirigent, sondern nur als Privatperson; er verneigte sich nach der *Elektra* vor dem Publikum.[21] Freilich klaffte in der wiederaufgenommenen *Faust*-Aufführung eine große, schmerzliche Lücke: Max Pallenberg, der den Mephisto so großartig gespielt hatte, war Ende Juni bei einem Flugzeugunglück ums Leben gekommen. Raoul Aslan vom Burgtheater sprang ein, konnte aber die Erinnerung an Pallenberg nicht verblassen lassen.[22]

1934 erhielten die Salzburger Festspiele endgültig eine politisch-ideologische Auflading. Mit der *Fidelio*-Vorstellung, so die *Neue Freie Presse* in einem Kommentar, »festigte sich in den Herzen aller die beglückende Erkenntnis, daß hoch erhoben über den stürmischen Geschehnissen des Alltags die österreichische Zukunft festgerüstet dasteht, daß Salzburg ein Symbol bedeutet für die zähe Lebenskraft unseres Volkes [...]. Österreich ist Florestan, der seine Ketten abwirft und einem neuen, schöneren Dasein entgegenzieht [...].«[23]

Im Rückblick durften die Festspiele 1934 für sich in Anspruch nehmen, wegweisende Aufführungen von Mozart-Opern präsentiert zu haben. »Die ideale Rivalität [zwischen Bruno Walter und Clemens Krauss] der beiden so [...] souveränen Dirigenten bescherte jedem von ihnen einen Sensationserfolg, und es bleibe dahingestellt, wer enthusiastischer gefeiert wurde«[24]: Walter nach dem vollkommenen *Don Giovanni*[25] in italienischer Sprache oder Krauss nach dem *Figaro*.[26]

Hitler hasste Salzburg aufgrund von dessen Konkurrenz zu Bayreuth, nicht zuletzt auch durch die Aufführung von Richard Wagners Opern in Salzburg. Auch österreichischen Kritiker:innen waren Wagner-Aufführungen in Salzburg eine »unorganische Erweiterung des Spielplanes«[27], eine Abweichung von der ursprünglich von Hofmannsthal formulierten Salzburger Mission. Trotzdem mussten sie konzedieren, dass die von Bruno Walter 1934 geleitete Aufführung von *Tristan und Isolde* genauso wie die von Arturo Toscanini dirigierten *Meistersinger* zwei Jahre später Sternstunden des Operntheaters waren.

Ende August 1934 kam Arturo Toscanini erstmals als Dirigent nach Salzburg und versetzte das Publikum »in einen wahren Taumel der Begeisterung«[28]. Auch Vizekanzler Ernst Rüdiger Starhemberg reiste an, nutzte die Salzburg-Visite gleichzeitig zu einem Krankenhausbesuch, um den Heimatschützern, die bei den Abwehrkämpfen des NS-Putsches verletzt wurden, seine Aufwartung zu machen.[29] Am Ende herrschte Freude, weil die Festspiele ihre Mission erfüllt hatten: »[E]s galt kundzutun: erstens, daß die Kunst in dem kleinen Österreich eine große Weltmacht ist, die [...] von den politischen Stürmen unberührt bleibt, und zweitens [...], daß nach den Erschütterungen der Juli-Tage Ruhe und Ordnung wieder hergestellt seien. Salzburg hat gewissermaßen im Namen Österreichs die Vertrauensfrage gestellt und das Ausland hat ohne langes Zögern mit einem weithin vernehmbaren ›Ja‹ gestimmt.«[30]

AP

7. November 1933

O du mein Österreich im Wiener Stadttheater

Sehnsucht nach Habsburg, von Hubert Marischka bis Joseph Roth

Die 275. Aufführung am 2. August 1933 wurde noch festlich begangen, aber am 23. Oktober war nach 289 Abenden en suite endgültig Schluss: *Sissy* war somit die erfolgreichste österreichische Operette der Zwischenkriegszeit. Am 23. Dezember 1932 hatte sie ihre Welturaufführung im Theater an der Wien. Im Nachkriegsösterreich wird sie mit der *Sissi*-Filmtrilogie (1955–1957) ihre auch heute noch beliebte Fortsetzung finden.

1932 verfassten Ernst und Hubert Marischka das Libretto, und der Komponist und Violinist Fritz Kreisler stülpte über den Text seine populären, schmissigen Melodien und Schlager. Auch wenn *Sissy* sich als höchst fragil arrangiertes Machwerk präsentierte, war die Geschichte von Kaiser Franz Joseph, der mit der Postkutsche nach Bayern fährt und sich dort statt in die vorgesehene Prinzessin Helene in deren jüngere Schwester verliebt, ganz nach dem Geschmack des Publikums. Als am Schluss Verlobung gefeiert wird, ertönt Haydns Volkshymne. Zur Inszenierung gehörte, dass das Publikum sich von den Sitzen erhob und mitsang. Die *Arbeiter-Zeitung* hielt ihren Abscheu über die reaktionäre, monarchistische Schande nicht zurück, musste jedoch zugestehen, dass Paula Wessely eine hinreißende, durch Natürlichkeit und Herzenswärme glänzende Sissy gab und auch Hans Jaray als gewinnender Kaiser sowie Hubert Marischka als frohgemuter Bayernherzog Max gefielen.[1]

Der Erfolg verlangte nach Fortsetzung. Hubert Marischka, der Spezialist für Monarchie-Spektakel, blieb dem Metier treu. Nach *Sissy* folgte die militärtrunkene Revue *O du mein Österreich*, nachgebaut dem *Feldherrnhügel* von Alexander Roda Roda und Carl Rössler. Um die Inszenierung humorvoller zu gestalten, vertraute Marischka auf Karl Farkas als Mitarbeiter an der Regie und als Darsteller. Am 7. November 1933 war die Uraufführung im Wiener Stadttheater. Als Werbung für die Aufführung zog jeden Mittag die Burgmusik des Stadttheaters durch Wiens innere Bezirke, begleitet von kostümierten Statisten.[2] Auch Engelbert Dollfuß ließ sich das Spektakel im Stadttheater nicht entgehen.

Die Monarchie war untergegangen und feierte nun als Operette ihre Auferstehung. In der grauen und düsteren Gegenwart tauchte das Habsburgerreich als leuchtender Stern voll heiterer Anziehungskraft auf dem Bühnenhimmel auf. Verklärte Erinnerungen an die Vergangenheit, als es ein klares Oben und Unten gab, Sicherheit herrschte und kein politischer Lärm die Straßen erfüllte, fanden beim Theaterpublikum großen Anklang. Franz Joseph war zurück, die Kaiserhymne wieder angesagt, nicht nur in der Kernstock-Version (»Sei gesegnet ohne Ende, / Heimaterde wunderhold!«). Und mit Franz Joseph kehrten in vielen weiteren Stücken die anderen monumentalen Berühmtheiten der habsburgischen Geschichte wieder, die auf der Bühne sozialen Abstieg und Wirtschaftskrise der Gegenwart überstrahlten: Prinz Eugen, Maria Theresia, Metternich, Radetzky. Aber auch die Zelebritäten der Kultur: Ferdinand Raimund, Johann Strauß, Franz Liszt, Hans Makart. Volkstümliche Hoheiten zeigten, dass sie etwas von Würde und Contenance verstanden; fesche Aristokrat:innen glänzten durch imponierende Auftritte, Trottel und Käuze im kaiserlichen Tross durften nicht fehlen, schließlich brauchte das Publikum etwas zum Lachen. Die Monarchie gab sich nicht nur als Anker der Stabilität, sondern verstand auch Spaß und hielt als große Unterhaltung Einzug auf der Bühne – sowie in Filmen.

Das Kino war im Gleichklang mit dem Theater und trug zur Beschwörung des schönen Gestern kräftig bei. Der Tonfilm machte es möglich, dass Musik und Gesang das Geschehen auf der Leinwand intensivierten. Musikfilme transformierten Hits der Bühnenoperetten in weit verbreitete Evergreens. In einem der populärsten Tonfilme der Zeit (*Der Kongreß tanzt*, 1931, Regie: Erik Charell) sang Lilian Harvey ein Lied, das die nostalgische Bedürftigkeit genau traf: *Das gibt's nur einmal, das kommt nicht wieder.*

Anton Kuh hielt am 9. Februar 1933 im dicht gefüllten Konzerthaussaal einen (von NS-Radau begleiteten) Vortrag, in dem er dem Phänomen nachging, weshalb der Kaiser in der Unterhaltungsindustrie gerade jetzt ein beachtliches Comeback feierte.[3] Sein Befund: Vor dem Hintergrund der tiefen Theaterkrise, in der Furcht vor einem allgemeinen Theaterbankrott sei man auf die Idee gekommen, Franz Joseph auf die Operettenbühne zu bringen. Den Anfang machte man in Berlin. Im Stück *Im weißen Rößl*, am 8. November 1930 in einer stark satirischen Inszenierung von Erik Charell am Berliner Schauspielhaus uraufgeführt, wurde ein Auftritt des Kaisers mit einer fröhlichen Urlaubskomödie verflochten. Und siehe da, der lächerliche kaiserliche Auftritt (»Es war sehr schön, es hat mich sehr gefreut«) wurde begeistert aufgenommen. *Im weißen Rößl* wurde zum Welthit und vergnügte ebenfalls das Publikum in London und New York, natürlich auch in Wien (Premiere: 26. September 1931). Dies spornte andere Librettisten, Dramatiker:innen oder Schriftsteller:innen an, sich des österreichischen Langzeitkaisers oder anderer Größen der Monarchie zu bedienen.

Franz Joseph, so Kuh, erlebe als Symbol sorgloser Zeiten seine Wiederkehr. Die Monarchie bekomme fünfzehn Jahre nach dem Weltkrieg neue Farben. Kuh, in seiner politischen Einstellung eher ein Linker, müsse eingestehen, dass das alte Österreich gewissermaßen ein kleines Paneuropa gewesen sei. »Das Zeitalter Franz Josefs [!] war die Zeit der Nobelbureaukratie, das wahre Gegenteil einer Pöbeldiktatur, wie wir sie jetzt erleben [...].«[4] Wie stürmisch sich die nationalen und sozialen Konflikte in der Monarchie auch gerierten, stets gab es eine Instanz, die darüberstand: »Wenn der Kaiser dies wüsste.« Die *Neue Freie Presse* kam zu einem ähnlichen Schluss: »Ob Sprechtheater oder Singspiel, das Erscheinen der gestern noch hohen und allerhöchsten Herrschaften, die schon halb historisch und dabei noch lebendig sind, bewirkt bei den meisten Zuschauern immer wieder eine gerührte Wiedersehensfreude. Sicherlich war kein anderes regierendes Haus so reich an interessanten, romantischen und geheimnisvollen, aber auch volkstümlich liebenswürdigen und lebenslustigen Persönlichkeiten.«[5]

In den ersten Jahren der Republik hatte die Franz-Joseph-Schelte Konjunktur. Die Erinnerung an den schrecklichen Ersten Weltkrieg war allgegenwärtig gewesen. Gegen Ende der 1920er-Jahre feierten die Habsburger nicht nur in der Operette, in Theaterstücken und im Film ihre erfolgreiche Wiederbelebung. Briefwechsel wurden publiziert, Franz-Joseph-Biographien veröffentlicht, die Zeitungen rückten wieder vermehrt Habsburger-Geschichten ein. Das von Legitimisten und Christlichsozialen gepflegte Geschichtsbild von der großen Vergangenheit bekam auch in liberalen

Variationen Aufwind beim Bürgertum. Die Dollfuß-Regierung versuchte diese Habsburg-Nostalgie zu nutzen. Die Feiern rund um den 250. Jahrestag der »Türkenbelagerung«, bei dem die Ausschaltung der Demokratie angekündigt wurde, standen ganz im Zeichen des habsburgischen Heldengedenkens, das einen zentralen Pfeiler der hypertrophen austrofaschistischen ›Österreich‹-Ideologie bildete.[6]

Romane wie Joseph Roths *Radetzkymarsch* (1932) oder Robert Musils *Der Mann ohne Eigenschaften* (Band 1: 1930, Band 2: 1933) ließen sich für diese Art Österreich-Mythos der 1930er-Jahre nicht verwenden. Sie leisteten bei der simplen Vergegenwärtigung der Vergangenheit Widerstand, mischten milde Ironie und scharfen Sarkasmus bei. Ihre Nostalgie war nicht nach dem plumpen, staatlich verordneten Schema des Dollfuß / Schuschnigg-Regimes formatiert, sie war unübersehbar mit Kritik an den alten Zeiten vermischt, hielt Abstand zur politischen Instrumentalisierung durch den Austrofaschismus. *Radetzkymarsch* war das literarisch stärkste, direkteste Manifest dieser gebrochenen Rückwärtsbesinnung, ein Roman, der die Geschichte der Monarchie anhand von drei Generationen von der Schlacht bei Solferino bis zum Ersten Weltkrieg erzählte. Joseph Roth schilderte, dass es in der Monarchie an allen Ecken und Enden krachte; kein einziger der Trottas glaubte an den Staat, dennoch war die Monarchie Heimat. Bei aller Fremdheit, Feindschaft der Nationen, den Abgründen der Weltanschauung verband die Völker ein elektrischer Strom der Kameradschaft, des guten Willens und der Dienst- und Opferbereitschaft. Felix Salten war in seiner Rezension eins mit Joseph Roth: »Was für ein Reichtum, welche Fülle an Möglichkeiten [ging] da zugrunde.«[7]

Mit seinem belletristischen Frühwerk erwies sich Roth als hellsichtiger Diagnostiker der Weimarer und Österreichs Erster Republik. Er warnte mit seinen exemplarischen Feuilletons und Romanen davor, dass sinistre Geheimbünde, reaktionäre Akademiker oder exzentrische Verschwörer im Umkreis von schlagenden Verbindungen und militaristischen Kreisen den Aufstand gegen die Republik vorbereiteten. Er war bei den Prozessen gegen die Mörder Rathenaus dabei, saß nach dem Münchener Brauhausputsch als Reporter im Gerichtssaal, als gegen Hitler und Ludendorff verhandelt wurde. Bei diesen Verfahren konnte Roth erleben, wie die Todfeinde der Republik dachten und agierten.

Und dann kam es allmählich zu einer Art politischen Wende in Roths Denken – nicht abrupt, sondern in einem schleichenden Prozess, auch nicht öffentlich, sondern im Austausch mit seinen Freunden geäußert. Was genau die Abwendung von der Republik und der parlamentarischen Demokratie auslöste, ist unklar.[8] Die Distanz war nicht auf ein bestimmtes Ereignis zurückzuführen, sondern hatte mit Joseph Roths genereller Desillusionierung zu tun, die Unheil aufziehen sah. Die Ideale und utopischen Versprechen des demokratischen Neubeginns schienen verraten, die Weimarer Republik konnte in seiner Auffassung keine Heimat und keine Rituale schaffen, die emotionelle Zugehörigkeit erzeugten. Die Überwältigung des Staates durch eine rechtsnationalistische Kamarilla wurde für Joseph Roth allein in der Wahl Hindenburgs zum Reichspräsidenten sichtbar. Die beschränkte deutsche Tüchtigkeit, Bravheit und Ehrlichkeit der sozialdemokratischen Linken hielt er nicht aus: Sie waren für ihn Buchhalter, die sich in die Politik verirrt haben, »halbe Bürger, halbe Geister, maßvolle Biertrinker ... zahnlose Drachen«[9].

Wien und die Wiener Politik kannte Roth seit 1913, hier sammelte er außerdem seine ersten journalistischen Erfahrungen. Seit seinem Studium an der Universität Wien kannte er den grassierenden Antisemitismus als österreichische Krankheit. Im großen Essay *Juden auf Wanderschaft* (1927) hielt er die Fremdenfeindlichkeit als Charakteristikum der Wiener Politik fest: »Es ist furchtbar schwer, ein Ostjude zu sein; es gibt kein schwereres Los als das eines fremden Ostjuden in Wien.«[10]

Antinationalismus und unbeirrbarer Pazifismus, die sich mit einer Abneigung gegen die Moderne vermengten, ließen Roth um 1930 in das Traumreich eines katholischen und habsburgischen Universalismus abheben, wobei ein gewisser Unterschied zwischen den literarischen Texten und den Essays auszumachen war. Während seine literarische Produktion durch Ironie, einen märchenhaften Ton und mannigfache Ambivalenzen gekennzeichnet und auch bei linken Rezensent:innen[11] geschätzt war, waren seine bizarren Texte und Reden, die sich für den Legitimismus und einen nebulosen ›Ständestaat‹ ereiferten, mit monströsem Furor geschrieben. Von seinen schriftstellerischen Freunden wie Klaus Mann wurden sie nicht für voll – und als Produkt seines Alkoholismus – genommen.[12]

Roth trat mehr und mehr den Rückzug aus der Gegenwart an, flüchtete in allerlei Masken, wechselte die Rollen und verschanzte sich im Skurrilen und Kindlichen. Ab 1925 pendelte Roth zwischen Deutschland und Frankreich, so war er 1933, als er vor den Nationalsozialist:innen nach Paris flüchtete, mit dem Leben dort bereits vertraut. In den 1930er-Jahren kam er nur gelegentlich nach Wien, obwohl seine Schwiegereltern und seine Frau, die aufgrund ihrer psychischen Probleme in der Heilanstalt Am Steinhof (später im niederösterreichischen Mauer-Öhling) untergebracht war, in Österreich lebten. Die Ausschaltung des Parlaments, die Zerstörung der Demokratie und die Februarkämpfe und die Herrschaft der »Alpentrotteln«[13] in Österreich registrierte Joseph Roth nur peripher. Er hatte für Dollfuß, weil er im Februar 1934 auf die Arbeiter:innen schießen ließ, wenig Sympathie übrig, seinem Nachfolger Schuschnigg (»Er hält sich für klug. Er ist es nicht. Er ist sehr eitel. Er wird hereinfallen. [...] Ich fürchte, er verrät, ohne es zu wissen, das ›Reich der Väter‹.«[14]) misstraute er zutiefst, dessen Widerstand gegen den Nationalsozialismus fand jedoch seine Wertschätzung. Nach dem ›Anschluß‹ gab er jede Zurückhaltung in der Bewertung des sogenannten ›christlichen Ständestaates‹ auf: Er nannte ihn die »unchristlichste[...] aller Staatsmißgeburten«[15], Schuschniggs Bekenntnis zum Gesamtdeutschtum das Einfallstor für das »Österreich der Braunauer, Linzer und Alpenkröpfe, der Bodenständigen kurz und gut«[16], die Februarkämpfe bewertete er als das »Arbeiter-Pogrom Feys und Starhembergs«[17]. Es passte zu Joseph Roths widerborstigem Naturell, dass der glühende Monarchist dem geflohenen sozialdemokratischen Parteiobmann Otto Bauer anlässlich seines Todes in Paris Hochachtung und Respekt zollte: »Tausendmal besser ... als diese Dreckskerle des Ständestaats, gegen die ich ihn immer verteidigt habe.«[18] Es kongruierte mit Roths schillernder Persönlichkeit, dass sich bei seinem seltsamen Begräbnis am 30. Mai 1939 Trauernde vieler Couleurs versammelten: Monarchist:innen und Kommunist:innen, Ostjüdinnen und -juden sowie Katholik:innen, literarische Weggefährt:innen verschiedener Nationalitäten und politischer Orientierungen, die meisten waren Emigrant:innen aus Wien, Berlin und Prag, aber auch unbekannte ›Sandler‹, die Roth unterstützt hatte. Max Riccabona, einer der Teilnehmer sagte zu seiner Nachbarin: »Wie schade, daß er dem hier nicht beiwohnen konnte! Genauso würde er es sich erträumt haben. Es fehlte nur der Radetzkymarsch.«[19]

AP

9. Jänner 1934

Die Uraufführung von Ernst Kreneks Oper *Karl V.* wird hintertrieben

Reichsträume – Heimwehrrealitäten

Am 9. Jänner 1934 war der *Neuen Freien Presse* zu entnehmen, dass die Uraufführung von Ernst Kreneks[1] neuem Musikdrama *Karl V.* in der Staatsoper für den 19. Februar geplant sei und die Proben dafür schon begonnen hätten – dirigiert von Clemens Krauss, inszeniert von Lothar Wallerstein.[2] Acht Tage später meldete die Zeitung, die Premiere müsse verschoben werden, weil sich gezeigt habe, »daß das Werk einer weit längeren Einstudierung bedarf als ursprünglich angenommen wurde«[3]. Noch zwei Tage später hieß es, Operndirektor Krauss hätte sich mit Krenek und dessen Verlag, der Wiener Universal Edition, auf einen neuen Uraufführungstermin im Herbst 1934 geeinigt.[4]

Wer nur die Kurzmeldungen im liberalen Bürgerblatt gelesen hatte, durfte annehmen, das Opernprojekt habe womöglich einige Schwierigkeiten, sei aber nicht ernstlich gefährdet. Die regierungsnahe *Reichspost* hatte jedoch bereits am 17. Jänner 1934 andere Informationen: »Es hat sich bei den Proben gezeigt, daß dem Werk doch nicht jene textliche und musikalische Durchschlagskraft innewohnt, die notwendig gewesen wäre, um für die Neueinstudierung den Aufwand von Leistung und Ausstattung zu rechtfertigen, der eine Reihe von Aufführungen zur Vorbedingung hat.«[5]

Die Nachricht von der Streichung seiner Oper aus dem Spielplan resümierte Krenek in seiner Autobiographie *Im Atem der Zeit* und fügte hinzu: »Bezeichnenderweise wurde nicht erwähnt, wer den Beschluss gefasst und wer die Nachricht veröffentlicht hatte. Und noch bezeichnender und empörender war, dass ich es aus der Zeitung erfahren musste.«[6] Der Komponist berichtete weiter, Krauss und dessen Stellvertreter Erwin Kerber hätten ihm versichert, ihnen sei nicht bekannt, wer die Falschmeldung vom Abbruch der Proben lanciert habe. Krauss erklärte in einem Interview mit dem

Neuen Wiener Journal, er könne sich nicht vorstellen, dass gegen ein Werk wie *Karl V.* »Stimmung gemacht werden könnte«[7].

Tatsächlich steht auch bei heutiger Nachprüfung die katholische, österreichpatriotische Tendenz der Oper außer Zweifel. Den Mittelpunkt des Auftragswerks, das Krenek zwischen 1930 und 1933 gedichtet und komponiert hat, bildet Karl V., der in Spanien residierende Habsburger. Krenek zeichnet das idealisierte Bild eines Herrschers, der die tradierte Einheit von Regierungsmacht und Gottesglauben bewahren will und zugleich erkennen muss, dass er diesem höchsten Anspruch seines Amtes nicht gewachsen ist. Vor seiner Abdankung erteilt er der Nachwelt den Auftrag, seine Reichsvision im Geiste zu pflegen, bis dereinst ein »neues, rettendes Licht entzündet werde«. Ein unsichtbarer Chor präzisiert den kaiserlichen Wunsch und flüstert: »Licht von Österreich.«[8]

Die Gestaltung dieses Musikdramas ähnelt Modellen des epischen Theaters, die unter anderem von Bertolt Brecht entwickelt wurden. Nicht Haupt- und Staatsaktionen sind der Motor des Operngeschehens, sondern ein moralischer Disput. Der alt gewordene Kaiser möchte Gewissheit darüber erlangen, ob sein Wirken vor den Augen Gottes Bestand hat oder nicht, und erforscht daher in Gesprächen mit dem Beichtvater intensiv seine Vergangenheit. Die wichtigsten Ereignisse seiner Regierungszeit werden in kinoähnlichen Rückblicken vorgeführt. Als Komponist machte Krenek erstmals durchgängig von Arnold Schönbergs Zwölftontechnik Gebrauch, die anspruchsvollen Modernist:innen als wichtigste, wenn nicht gar einzig mögliche Form zeitgenössischen Komponierens galt. Was den Inhalt betrifft, ist Kreneks Oper konsequent konservativ, in ihrer Form ist sie konsequent modern.

Diese Besonderheit führte dazu, dass 1934 sehr wohl »Stimmung« gegen *Karl V.* »gemacht« wurde. Krenek selbst war später der Meinung, Krauss sei der Drahtzieher all der plötzlich auftretenden Einwände gegen die Oper gewesen. Er habe *Karl V.* zwar 1930 in Auftrag gegeben, 1934 jedoch nach (NS-)Deutschland geschielt, wo Ernst Kreneks Schaffen auf der ›Schwarzen Liste‹ stand. Also habe der wendige Dirigent für die Absage gesorgt, ohne dafür ausdrücklich die Verantwortung zu übernehmen.[9] Doch Krenek beurteilte in seinem Ärger die tatsächliche Lage wohl nicht ganz richtig. Der Komponist und Heimwehrfunktionär Joseph

Rinaldini, der in jungen Jahren gemeinsam mit Krenek bei Franz Schreker in Wien studiert hatte und seinem Kommilitonen damals schon durch antisemitische Parolen aufgefallen war,[10] brauchte wahrlich nicht den Rat von Clemens Krauss, um im *Österreichischen Abendblatt* gegen die Oper zu polemisieren: Sie sei in ihrem universalistischen Pathos geeignet, deutsche Gefühle zu verletzen, außerdem vertrete Kreneks Verlag auch sowjetrussische Komponisten. Mit diesem Hinweis wurde das Gespenst des ›Kulturbolschewismus‹ beschworen, das in nationalsozialistischen und austrofaschistischen Kreisen umging und den ganz und gar unzutreffenden Eindruck erweckte, Musik, Literatur und Kunst der Moderne seien trojanische Pferde des Kommunismus.[11] Verstärkt wurden Rinaldinis Angriffe durch einige Mitglieder der Wiener Philharmoniker: Angeregt von ihrem Vorstand Hugo Burghauser, der ebenfalls der Heimwehr angehörte, brachten sie im Unterrichtsministerium eine Petition ein, die erklärte, den Musikern erscheine die Oper als künstlerisch fragwürdig. Kurt Schuschnigg, Justiz- und Unterrichtsminister, nahm die Petition entgegen, und wenig später kam die Meldung auf, die Proben zu *Karl V.* würden nicht fortgesetzt.[12]

Damit war das Schicksal der Oper besiegelt: Es fanden sich immer neue Gründe für eine Verschiebung, und nachdem Clemens Krauss im Dezember 1934 Wien verlassen hatte, war das Projekt an der »Intrige der Heimwehr«[13] endgültig gescheitert – *Karl V.* sollte in Kreneks Geburtsstadt Wien erst 1984 aufgeführt werden.

Der 1900 geborene Ernst Krenek war bereits in jungen Jahren international berühmt geworden. Sein Durchbruch war die Oper *Jonny spielt auf*, entstanden 1925, uraufgeführt am 10. Februar 1927 in Leipzig, danach in mehr als hundert Städten nachgespielt. Dieses Frühwerk entsprach dem damals populären Genre der Zeitoper, das heißt, sie brachte alles auf die Bühne, was aktuell und aufsehenerregend war: Telefone, Lautsprecher, schwungvolle Tänze, mondäne Schauplätze, erotische Libertinage und vor allem jazzartige Musik, die das Publikum unmittelbar mitriss. Sie wurde gespielt von Jonny, einem afroamerikanischen Jazz-Geiger, der einem europäischen Salon-Virtuosen die kostbare Geige entwendet hatte, um auf ihr bessere Musik zu machen. Sein Gegenspieler, der melancholische Komponist Max, der sich in die einsame Eiswelt alpiner Gletscher zurückgezogen hatte, verblasste vor Jonnys physischer Präsenz – dabei war gerade er unverkennbar ein Alter Ego Kreneks.

Am Silvesterabend 1927 erntete *Jonny spielt auf* donnernden Applaus in der Wiener Staatsoper, wo üblicherweise zum Jahreswechsel *Die Fledermaus* auf dem Programm stand. Zwei Wochen nach der Aufführung wurde eine nationalsozialistische Protestkundgebung gegen das »Schandwerk eines tschechischen Halbjuden« inszeniert. Krenek wurde als Vertreter des sattsam bekannten »Kunst-Bolschewismus« denunziert, der die Staatsoper »einer frechen jüdisch-negerischen Besudelung«[14] ausgesetzt habe. Rassistische Hassausbrüche gegen die schwarze Kunstfigur auf der Bühne gingen mit Attacken gegen den Komponisten einher. Damit war der Ton angeschlagen, der Krenek bis zu seiner Verfemung als ›entartet‹ begleiten sollte. Er versuchte, sich zu wehren, indem er 1933 schriftlich darauf hinwies, dass er weder Bolschewist noch Tscheche noch Halbjude sei. Allerdings konnten diese Richtigstellungen gegen den irrationalen Furor nichts ausrichten, und der Komponist selbst verurteilte und bedauerte sie später als angstgetriebene Anbiederung an die Feinde.[15]

Ernst Krenek lebte seit 1922 in Deutschland und der Schweiz, 1928 kehrte er an seinen Geburtsort Wien zurück. Der Erfolg des *Jonny* hatte ihn tief irritiert. Er hatte seine Zeitoper nicht komponiert, um Phänomene wie Massenkultur, Enthemmung, Internationalismus unkritisch zu feiern, sondern um sie darzustellen. In einer demonstrativen Geste wandte er sich nun von der Spektakelkultur der *Roaring Twenties* ab und komponierte 1929 den neoromantischen Liederzyklus *Reisebuch aus den österreichischen Alpen*. In diesen zwanzig Liedern erkundete er in ausdrücklicher Annäherung an Franz Schuberts *Winterreise* die Landschaften seiner Heimat und die stilleren Qualitäten seiner Landsleute. Doch auch Politik kommt in den selbstverfassten Texten zur Sprache, so im zwölften Lied, in dem es heißt:

»Ihr Brüder, hört ein ernstes Wort!
Muß denn in diesem Lande alles, alles Politik sein?
Sind wir gestraft für unsre Sünden mit unheilbarem Irrsinn?«

Und später, in einer karnevalistischen Deutung der Parteistreitereien:
»Ihr Brüder, schickt den blutigen Hanswurst endlich heim,
beendet die Todesmaskerade, denn es ist genug jetzt!«[16]

Mit solchen Appellen versuchte Krenek, der parteipolitischen Polarisierung entgegenzuwirken, die er als unheilvoll empfand.[17] Als sich dann in den Jahren nach 1933 der antidemokratische ›Ständestaat‹ etablierte, sah ihn Krenek im Unterschied zu vielen anderen Intellektuellen nicht als das ›kleinere Übel‹ an, sondern als eine überparteiliche Staatsform, die einem ›geistigen Menschen‹ die Heimat bieten könne, nach der er so lange gesucht hatte. In einem für die Weihnachtsbeilage der *Wiener Zeitung* geschriebenen Essay führte er 1934 aus, dass der ›geistige Mensch‹ an sich nicht zu politischem Engagement berufen sei. Stattdessen entwerfe er »Rätselschriften«, die sich nicht an »dieser oder jener Aktualität« orientierten, »sondern an der ewigen, religiösen Sphäre«[18]. Ob die Gesellschaft seine Rätsel lösen könne oder nicht, müsse gleichgültig sein. Das neue, katholische Österreich ernannte Krenek jedoch zu einer Ausnahme von dieser Regel: »Die *theokratischen* Ansätze, die im *Staatswillen des heutigen Österreich* unverkennbar enthalten sind und das *echte Fortwirken* der sakralen Gedanken des alten christlich-römischen Imperiums deutlich erweisen, erteilen dieser politischen Konzeption einen *besonderen Rang* in den Augen des geistigen Menschen. Man sollte hoffen, daß es einer so geordneten Gesellschaft früher oder leichter als anderen gelingen sollte, seine Schrift zu dechiffrieren. Ihr dabei zu helfen, mag für ihn ausnahmsweise eine sehr konkrete Aufgabe sein.«[19]

Krenek, der im Mai 1933 der Vaterländischen Front beitrat, wollte nicht nur als Komponist am Aufbau der von ihm ersehnten Gesellschaft mitarbeiten. Als Schriftsteller, der am großen Vorbild Karl Kraus geschult war, veröffentlichte er zwischen 1933 und 1938 zahlreiche Essays, Rezensionen, Glossen und Reiseberichte. Sein Forum waren Organe wie *Der christliche Ständestaat* und die kritische Musikzeitschrift *23*, die, inspiriert von der *Fackel*, das österreichische Musikleben nicht »besichtigen«, sondern im Sinne einer radikalen Parteinahme für die moderne Musikauffassung »berichtigen« wollte.[20] Außerdem erschienen Kreneks Artikel regelmäßig in der *Wiener Zeitung*, die hinter der Maske des seriösen Amtsblatts einige publizistische Freiräume bot. Edwin Rollett, der Leiter des Feuilletons, schuf vor allem in den Sonn- und Feiertagsbeilagen Raum für ausführliche und anspruchsvolle Essays, die durchaus nicht der offiziellen Linie entsprechen mussten.[21]

Durch seine journalistische Tätigkeit wollte Krenek Österreich »das sanfte Hinübergleiten in die Backhändlkultur«[22] ersparen und dazu beitragen, dass die Begriffe »konservativ« und »radikal« nicht mehr als Gegensätze aufgefasst würden, sondern als zwei Seiten derselben Haltung.[23] Dass er, der private Briefwechsel mit linken Intellektuellen wie Ernst Bloch, Walter Benjamin und insbesondere Theodor W. Adorno pflegte, bei der Vaterländischen Front nicht auf ein vergleichbares Verständnis stoßen würde, war ihm bewusst, und dennoch hielt er ihr bis 1938 die Treue.[24]

Sein wichtigster Beitrag zur kulturellen Hebung des Österreich-Bewusstseins wäre in Kreneks Augen jedoch die Aufführung seines *Karl V.* in der Staatsoper gewesen. Dass gerade sie an einer kleinlichen Intrige scheiterte, bezeichnete Krenek später als »einen der schlimmsten und demütigendsten Rückschläge in [s]einem Leben«[25]. Die Uraufführung der Oper fand schließlich 1938 im Neuen Deutschen Theater in Prag, der heutigen Staatsoper Prag, statt. An dieser Premiere konnte der Komponist und Schriftsteller nicht mehr teilnehmen; er befand sich schon auf dem Weg ins US-amerikanische Exil, aus dem er bis zu seinem Tod im Jahr 1991 nur noch zu gelegentlichen Besuchen nach Österreich zurückkehrte.

HS

27. Jänner 1934

Aufhebung der Lustbarkeitssteuer für alle Bühnen

Die Privattheater im SOS-Modus

Theaterkrise überall. Wenige Tage vor Hitlers ›Machtergreifung‹ am 30. Jänner 1933 waren auch die österreichischen Tageszeitungen voll von Berichten, dass selbst die renommiertesten Bühnen in Deutschland, unter anderem Max Reinhardts Deutsches Theater, vom Konkurs bedroht waren (oder gar gezwungen waren zuzusperren).[1] Österreich blieb, dem ersten Anschein nach, zu diesem Zeitpunkt vom großen Theaterkrach verschont – bei näherem Hinsehen jedoch setzte die Krise hierzulande schon seit längerem den Theaterhäusern kräftig zu und in den nächsten Jahren sollte sich daran wenig ändern. Die Theaterkrise war sozusagen da, um zu bleiben. Bei allen Analysen herrschte offen oder unausgesprochen ein Konsens: Es gab einfach zu viele Theater, manchen galten sie als Zeugen einer anderen, vergangenen Zeit. Robert Musil meinte bereits 1924 keck, dass die Krankheit des Theaters darin bestehe, dass es »überflüssig und seiner selbst überdrüssig«[2] sei. Er prophezeite aber auch:»Die Leichen haben ein zähes Leben […].«[3]

Die große Krise betraf hauptsächlich die sogenannten Privattheater[4], die ohne staatliche Hilfe auskommen mussten. Im Allgemeinen hieß es für sie: Die Gehälter mussten sinken, die Auslastung musste gesteigert werden. Nur durch außergewöhnliche Erfolge und Aufführungsserien ließen sich Gewinne erreichen. Stars erhöhten die Zugkraft, also verpflichtete man solche, obwohl sie höhere Gagen verlangten. Operetten und Revuen wie *Im weißen Rößl* oder *Sissy* bewiesen, dass es durchaus Aufführungen geben konnte, die ein Massenpublikum in Begeisterung versetzten und zum Stadtgespräch wurden. Aus diesem Grund begann ein regelrechtes Rennen um solche attraktive Operettenaufführungen, aber wirklich große Erfolge blieben aus. Insgesamt fanden von 1933 bis zum ›Anschluß‹ zumindest achtzig österreichische Erstaufführungen (davon etwa dreißig

Welturaufführungen)⁵ statt. Trotz der Internationalisierung der Operettenproduktion blieb Wien weiterhin ein wichtiges Zentrum. Nicht nur einheimische Komponisten wie Franz Lehár, Emmerich Kálmán, Leo Fall, Oscar Straus oder Ralph Benatzky brachten neue Singlustspiele heraus, sondern auch internationale Größen wie Robert Gilbert oder Paul Abraham wählten Wien für Neuproduktionen.

Im Bereich des Schauspiels konnten die Privattheater bereits seit Jahrzehnten das Verdienst für sich reklamieren, das innovative Element im Wiener Bühnenbetrieb zu sein: Sie brachten das Gegenwartstheater aus Berlin nach Wien, sie spielten die modernen Dramatiker:innen, konfrontierten das Publikum mit politischen Stücken und erprobten neue Theatertechniken. Max Reinhardts Theatermagie glänzte im Theater in der Josefstadt. Im Raimundtheater konnte man etwa im Mai 1932 Bertolt Brechts Oper *Aufstieg und Fall der Stadt Mahagonny* mit Lotte Lenya bestaunen,⁶ im Deutschen Volkstheater konnte das Publikum im gleichen Monat Franz Molnárs *Liliom* mit Hans Albers erleben.⁷ In den Jahren 1934 bis 1938 versuchten die Privattheater im Schauspielbereich vornehmlich mit Komödien zu punkten, in denen Bühnenlieblinge mitwirkten. Hans Moser löste etwa mit *Alles gut!* bei den Zuschauer:innen in der Josefstadt⁸ Lachstürme aus, Curt Goetz, Schauspieler wie Autor, brachte sein Erfolgsstück *Dr. med. Hiob Prätorius* in die Scala, bei dem er selbst und Egon Friedell die Hauptrollen spielten.⁹

Ausnahmslos alle Privattheater befanden sich 1933 in einer klammen Finanzsituation, selbst das renommierte Theater in der Josefstadt brauchte einen Investor. Die Leidtragenden waren das technische Bühnenpersonal und die Schauspieler:innen, die um ihre Gehälter bangten und nicht wussten, wie es am nächsten Tag weitergehen sollte. Die vorsätzliche Kündigung der Kollektivverträge – immerhin hatte Österreich welche – gehörte zum Ritual dieser Jahre. Gagenreduktionen mussten zur Kenntnis genommen werden, weil Streiks kontraproduktiv erschienen. Aber es wurde ebenfalls gestreikt. Selbst im Volkstheater gelangten einmal nur 50 Prozent zur Auszahlung.¹⁰ Fast alle großen Privattheater, das Stadttheater, das Raimundtheater, die Kammerspiele, die Volksoper, das Bürgertheater oder das Theater an der Wien schlossen dann und wann für ungewisse Zeit. »Weder ganz offen noch versperrt. Das […] ist der Zustand, der sich seit neuester Zeit im Wiener Theaterleben einzubürgern scheint. […] Es ist ein öffentliches

Geheimnis, daß ein ganz beträchtlicher Teil der Wiener Theater von der Hand in den Mund lebt.«[11] Und weiters: »Ein nicht ganz unbeträchtlicher Teil der Wiener Theaterszene spielt sich jetzt in der Wirtschaftspolizei oder auch beim Strafgericht ab.«[12] Die Ursachenforschung nahm in den Zeitungen breiten Raum ein: Wieso wurden die Theater nicht mehr im selben Ausmaß wie früher besucht? Es war vom »geistigen Bankrott« die Rede, von der »Krise des Wertgefühls«[13]. Eine beliebte Klage führte ins Treffen, dass die jungen Leute lieber auf den Fußballplatz gingen und Sport trieben, als sich Theaterstücke oder Opern anzuschauen. Billigere Vergnügungen wie das Kino, neuerdings mit Tonfilmen, setzten dem Theaterbesuch massiv zu. Aus welchem Grund eine Operette im Theater besuchen, wenn es etliche amüsante, dynamische Verfilmungen im komfortableren Format des Kinos gab? Auch durch die immer größere Verbreitung findenden Radioprogramme, die angeblich ›Radioten‹ heranzüchteten, fühlten sich die Theater und Musikveranstalter bedrängt.

Unvermeidlich tauchte fortwährend der Hinweis auf, dass es sich die Zuschauer:innen von einst nicht mehr leisten konnten, ins Theater zu gehen. In einer Zeit, in der man sich überlegen musste, ob man sich ein Paar Schuhe anschaffen könne, sei es nicht verwunderlich, wenn das Publikum wegblieb.[14] Hubert Marischka, lange Zeit Zentralfigur des Wiener Operettenbetriebs, kommentierte desillusioniert und zynisch: »Die Menschen sind jetzt durch weniger erfreuliche Dinge in Anspruch genommen, die Gegenwart steht im Zeichen von Technik, der Hast und der Sorgen, und auch das Vergnügungsprogramm außerhalb des Theaters ist viel größer geworden: Sport, Reise, Radio, […] Weekendausflug und Fahrt ins Blaue lenken die Menschen vom Theater ab. Früher sparte ein junger Mann für Theaterkarten; heute legt er seine Schillinge für ein Motorrad zusammen. Persönlich kann ich diese Wandlung verstehen, als Theaterdirektor muß ich sie beklagen.«[15]

Viele Theatermacher:innen und Theaterkritiker:innen wollten einen solchen Defätismus nicht zur Kenntnis nehmen. Sie verwiesen auf Kassenschlager wie Max Reinhardts *Faust*. Ernst Lothar, Dramaturg und Regisseur am Burgtheater, ab 1935 Direktor in der Josefstadt, monierte, dass sich viel zu viel billige Routine ins Theater eingeschlichen habe, um das Publikum den neuen Medien abspenstig zu machen.[16] In Dauerschleife wurde die Stückeauswahl (›zu viel Ernstes‹, ›zu seichte Stücke‹) debattiert. Raoul Auernheimer hielt den Gegensatz von Theatermüdigkeit und Filmenthusiasmus für eine Zeiterscheinung. Der Film könne weder das Theater ersetzen noch das Theater den Film. »Wo gibt es einen Film, der [eine] Nestroy'sche Witzrakete abbrennen könnte?«[17]

Die notorisch mit Finanznöten kämpfenden Privattheater kamen bei der Durchforstung ihrer Ausgaben auf die Idee, für die Aussetzung der Lustbarkeitssteuer zu werben, und fanden bei Stadtrat Breitner zum Teil ein offenes Ohr. Aber noch immer blieben Reste der Lustbarkeitssteuer, die bezahlt werden mussten. Im Laufe des Frühjahrs 1933 wurden die Forderungen der Bundestheater, Privattheater und Konzertbetreiber:innen nach Abschaffung der Lustbarkeitssteuer immer dringlicher. Sie spielten dabei auch auf die Dollfuß-Regierung an, die zu dieser Zeit liebend gern das Budget der Stadt Wien untergraben wollte. Im April 1933 wurde im Ministerrat per Notverordnung eine Lustbarkeitssteuer-Befreiung für die Bundes-, Landes- und Stadttheater verfügt.[18] Mehr nicht. Der Theaterdirektorenverband ließ jedoch nicht locker.[19] Nach der Vorsprache von Hubert Marischka und Otto Preminger bei Finanzminister Karl Buresch im Jänner 1934 verfügte der Ministerrat die gewünschte komplette Befreiung von der Lustbarkeitsabgabe, was »sicher lebhaften Anklang finden und die Existenz dieser Theater erleichtern«[20] werde.

Die Einnahmen aus der Lustbarkeitsabgabe der Kinos waren für die Stadt Wien um einiges bedeutsamer als die der Theater, immerhin betrugen sie im Jahr 1930 noch etwa acht Millionen Schilling, zwei Jahre später fielen sie auf sechs Millionen, Tendenz sinkend.[21] Die erfolgreichen Verhandlungen der Theater-, Konzert- und Varietébesitzer:innen mit der Stadt spornten an, es ihnen gleichzutun. So forderten 1933 auch die Wiener Kinos steuerliche Erleichterungen, verwiesen auf rote Zahlen der Betriebe, machten auf den Rückgang der bezahlten Kinokarten aufmerksam und klagten über die Notwendigkeit enormer Investitionen im Zusammenhang mit der Umstellung auf den Tonfilm. Der *Bund der Wiener Lichtspieltheater*, der 95 Kinos vertrat, drohte im November 1933 mit der Kündigung des Personals (etwa 400 Personen) und einem Kinostreik. Die stadteigenen Kinos und sechzig Kleinkinos schlossen sich der Aktion nicht an. Der Streik wurde abgesagt.[22] Mitte Dezember 1933 wurde eine Notverordnung zur partiellen Reduktion der Lustbarkeitsabgabe mit zeitlicher Befristung bis zum 30. Juni 1934 erlassen. Gültig war sie nur für Wien, nicht für die anderen Landeshauptstädte, obwohl diese viel höhere Kinosteuern einhoben.[23]

Der Rechnungshof gab am 28. Juli 1935 den Verwaltungsbericht von 1934 heraus, in dem er unmissverständlich seiner Meinung Ausdruck verlieh, dass es nicht die Aufgabe des Bundes sei, für die notleidenden Theaterunternehmungen einzuspringen. Der Bund sei ohnehin durch die Ausgaben für die staatseigenen Theater belastet. Der Protest ließ nicht lange auf sich warten, die *Neue Freie Presse* gab die Ansicht einflussreicher bürgerlicher Kreise wieder, dass für den Staat sehr wohl auch eine moralische Notwendigkeit bestehe, helfend einzugreifen, und unterstrich die Wichtigkeit der Schaubühnen für das Image des Landes, die kulturelle Versorgung und den Fremdenverkehr. Sparen könne großen Schaden anrichten, da es das Charakterbild des Gemeinwesens zerstöre. So gelte der Grundsatz: »Die Operette gehört zu Wien wie das Theater überhaupt.«[24]

Die Ausschaltung der Sozialdemokratie im Februar 1934 hatte für die Privattheater höchst unangenehme Folgen und verschärfte ihre wirtschaftliche Schieflage. Denn plötzlich war die große sozialdemokratische Kartenvermittlungsstelle, mit der sich andere, vergleichbare Einrichtungen nicht messen konnten, verschwunden. 1928 wurden von ihr immerhin zwei Millionen Theaterkarten vermittelt.[25] Das ›Rote Wien‹ unterstützte die Privattheater nicht direkt, sondern indirekt, auch mit der Absicht, auf diese Weise auf den Spielplan Einfluss nehmen zu können.

Nach dem Februar 1934 wurde die *Sozialdemokratische Kunststelle* mit ihren mehr als 40 000 Mitgliedern verboten. Erst im Juni 1934 kam der neue Zusammenschluss aller Kunststellen, die *Österreichische Einheitskunststelle*, zustande, allerdings mit deutlich weniger Teilnehmer:innen, obwohl auch die neue Kunststelle Kartenkontingente aufkaufte und um 50 Prozent verbilligt abgab.[26] Hans Brecka, der Kulturredakteur der *Reichspost*, der ihr Präsident wurde, sorgte dafür, dass die Theater regimeaffine Propagandastücke ansetzten: So konnte im Deutschen Volkstheater Hans Naderers *Lueger, der große Österreicher* mehr als fünfzigmal gespielt werden. 1937 wurde die Kunststelle dem VF-Werk *Neues Leben* eingegliedert. Die Kunststelle verlor in der Folge mehr als die Hälfte ihrer 28 000 Mitglieder.[27] Als eine neuformierte NS-Theatergemeinde (6000 Mitglieder) das kriselnde Raimundtheater übernehmen wollte, wurde dies verhindert. Mirko Jelusich, einer der Initiatoren, war frustriert.[28] Schon 1933 hatte es einen ersten Versuch zum Einkauf in die Theaterszene gegeben.

Vor dem Februar 1934 ließen sich die Finanznöte der Theater gegen das ›Rote Wien‹ lenken, aber nach der Etablierung der Diktatur war die neue Stadtregierung mit Bürgermeister Schmitz der Adressat der diversen, meist vergeblichen Vorstöße, bei denen um Reduktion von Steuern, Stundungen von Abgabenschulden oder Vermeidung von drohenden Zusammenbrüchen verhandelt wurde. Der *Theaterdirektorenverband* verwies gerne auf Deutschland, wo Kommunen bereits in den 1920er-Jahren Zuschüsse gegeben oder gar die Theaterleitung übernommen hatten. Nach dem Bankrott des Theaters an der Wien übernahmen Stadt (75 Prozent) und Bund (25 Prozent) alle Rechte und Pflichten des Marischka-Konzerns.[29] Auch bei der Volksoper gab es 1934 städtische Zuschüsse, die den Betrieb retteten.[30]

Die Theaterkrise grassierte nicht nur in Wien, sondern in ganz Österreich. Das Salzburger Stadttheater verkürzte die Saison,[31] das Innsbrucker gab zeitweise seinen Betrieb auf.[32] Dauerhaft wurde nur in Linz und Graz gespielt, auch dort unter prekären Finanzverhältnissen. In Klagenfurt wurde das Theatergebäude an einen Kinounternehmer vermietet; nur gelegentlich gab es Aufführungen.[33] In St. Pölten, Leoben, Baden oder Krems gab es keine Ensembles mehr. Das Theatergebäude in Wiener Neustadt brannte aus.[34]

Die offensichtlich prächtig gedeihende RAVAG mit ihren 600 000 Abonnent:innen wurde herangezogen, um die Länderbühnen finanziell zu unterstützen.[35]

AP

Ab Februar 1934

Das Ende der Arbeiterkultur

Die Säuberungen in den Arbeiterbüchereien

Nach den Februarkämpfen 1934 sahen Regierung und Kirche die Stunde gekommen, auf die ihnen bis dahin gänzlich verschlossene Welt der Arbeiterkultur einzuwirken. Zunächst ging es darum, diejenigen, die in den Vereinen Arbeit geleistet hatten, auszusperren und, wenn sie sich in irgendeiner Weise direkt oder indirekt an den Februarkämpfen beteiligt hatten, polizeilich zu verfolgen, sie zu inhaftieren, wochen- und monatelang festzuhalten, sie mit Strafen zu belegen oder dafür zu sorgen, dass sie den Arbeitsplatz bzw. gar jede Pensionsberechtigung verloren.

Der nächste Schritt der Diktatur war, auf die zahlreichen Betriebe und Geschäfte, die Häuser, die vielen Vereinslokale und Säle, die Kinos und Sportplätze, die Druckereien und die vielen, mühsam aufgebauten Einrichtungen des reich gegliederten Vereinslebens zuzugreifen. Sie verfielen der Beschlagnahme, genauso wie alle Vermögen, die verwaltet wurden. Endlich bot sich der Regierung und der Kirche und den ihr nahestehenden Vereinen – so die simple Rechnung – die Gelegenheit, die Arbeiterschaft organisatorisch und geistig dem verhassten ›Marxismus‹ zu entwöhnen‹.

Von der Arbeiter:innenschaft wurde die Usurpation simpel als Diebstahl empfunden. Zehntausende hatten sich mit Feuereifer am Funktionieren dieser Welt beteiligt, die Unterstützung, Sicherheit, Geselligkeit und Geborgenheit gewährte und überdies als Übungsraum dafür gedacht war, wie eine solidarische Gesellschaft in Zukunft funktionieren könnte. Sozialdemokratisch geführte Gemeindeverwaltungen hatten zwar Unterstützungen zur Verfügung gestellt, aber das Gros der Einrichtungen war durch Eigeninitiative und Eigenmittel aufgebaut und am Leben gehalten worden. Häuser und Hütten waren gemeinsam errichtet, in Sonderschichten ›Gstätten‹ in Sportplätze verwandelt worden. Durch Gebühren, Mitgliedsbeiträge und Spenden konnten Anschaffungen getätigt werden.

Auch in den selbst verwalteten Arbeiterbüchereien, vor dem Februar 1934 ein besonderer Stolz der bildungsbewussten Sozialdemokratie, wollten die Sieger:innen nach den Februarkämpfen aufräumen. 1932 waren dort von Parteimitgliedern in ganz Österreich über drei Millionen Ausleihen getätigt worden, eine Heerschar von Bibliothekar:innen hatten Freude und Lebenssinn darin gefunden, den Betrieb am Laufen zu halten. Vorerst galt es zu klären, ob die Arbeiterbüchereien[1] dauerhaft geschlossen bleiben sollten bzw. wer bei einer künftigen Neuordnung Regie führen sollte. Die staatliche Volksbildungsabteilung im Unterrichtsministerium meldete ihre Ansprüche an, die Revision der Bestände durchzuführen. Auch der Sekretär des katholischen *Borromäusvereins*, Kooperator Felix Königseder, brachte sich bei der Sichtung der Bestände in Stellung, waren doch die beschlagnahmten Arbeiterbüchereien »einst Hochburgen sozialistischer Verhetzung und Zersetzung«[2]. Der katholische *Österreichische Büchereiverband* drängte auf eine dauerhafte Schließung der Arbeiterbüchereien. Die ›gleichgeschalteten‹ *Arbeiterkammern* erhoben den Anspruch, die Arbeiterbüchereien in ihrem Einflussbereich zu verwalten. Streitigkeiten waren somit vorprogrammiert.

In der Steiermark, in Kärnten und Niederösterreich führten die unterschiedlichen Auffassungen teilweise zu Kleinkriegen. In Oberösterreich eskalierten die Konflikte sogar so weit, dass der bundesstaatliche Volksbildungsreferent die Staatspolizei einschaltete, um die politische Einstellung der *Arbeiterkammer*-Funktionär:innen zu überprüfen. Unter besonders kuriosen Umständen spielte sich die Auflösung der Arbeiterbücherei Ebensee / Oberösterreich ab. Der Dorfkooperator nahm dort die Sichtung vor. Die ausgeschiedenen Bücher wurden auf ein Boot gebracht und »nach volkskundlicher Tradition« im Traunsee versenkt, so wie man »nach alter Gepflogenheit alles Unbrauchbare« in den See warf. Die feierliche Vernichtung geschah allerdings in seichten Gewässern, so dass sozialistische und kommunistische Jugendliche die Bücher wieder aus dem Wasser holen konnten. Die Gendarmerie beobachtete dies, verhaftete die Jugendlichen und versenkte die Bücher »neuerlich und in richtiger Weise«. Eine Flugblattaktion der Ebenseer KPÖ stiftete Unruhe, woraufhin die Linzer

Eingang zur Arbeiterbücherei am Sparkassaplatz in Wien-Fünfhaus
Foto: Österreichische Nationalbibliothek – Bildarchiv

Arbeiterkammer gegen die Vorgangsweise protestierte. Der oberösterreichische Volksbildungsreferent rechtfertigte die Aktion mit der Begründung, dass es »sich ja um die Vernichtung zerlesener Bücher in der ortsüblichen Form« handle.[3]

In Wien, wo die Arbeiterbüchereien mit einem großen Zweigstellennetz am besten ausgebaut waren und 1932 etwa 50 000 Personen erreicht hatten, prallten die Interessengegensätze in besonderer Weise aufeinander. Die Gemeindeverwaltung, die *Arbeiterkammer*, der katholische Verein *Volkslesehalle* und das Unterrichtsministerium versuchten, sich einen Einfluss auf die Arbeiterbüchereien zu sichern. Die Situation hob sich von der in den Bundesländern allerdings insofern ab, als hier das neue Regime stärker unter Beobachtung durch die bürgerlich-liberale Presse stand und überdies die Arbeiter:innenschaft nicht noch mehr in die Opposition treiben wollte.

Am 6. April 1934 wurde der legitimistische Publizist Ernst Karl Winter zum Vizebürgermeister ernannt. Winter, seit der Studienzeit ein persönlicher Freund von Dollfuß, hatte im März 1933 den Verfassungsbruch der Regierung kritisiert und sich dadurch ein gewisses Ansehen bei der Sozialdemokratie erworben. Er schien der ideale Mann zu sein, die Arbeiter:innenschaft mit dem ›Ständestaat‹ zu versöhnen. Zu Winters Forderungen zählte die Wiederbelebung der Arbeiterkulturorganisationen im Rahmen des *Gewerkschaftsbundes* und der *Arbeiterkammern*. Er konnte dieses Postulat sowohl im Bereich der Wiener Volkshochschulen als auch der am 1. Mai wieder eröffneten Arbeiterbüchereien durchsetzen, auch bei den Arbeitersportvereinen wurden ehemalige Funktionäre angesprochen.

Unterstützt wurde Winter von dem neu ernannten Wiener Volksbildungsreferenten Karl Lugmayer, der dem gemäßigten katholischen Flügel angehörte, und durch dessen Freund Viktor Matejka, der in der *Arbeiterkammer* tätig war (und sich ab 1945 als kommunistischer Wiener Kulturstadtrat einen Namen machte).

Im Sichtungsausschuss der Arbeiterbüchereien setzte sich trotz der Ankündigung einer »Art Standrecht der Bücherauswahl«[4] letztlich eine konziliantere Linie durch, die die Verfechter:innen einer radikalen, strikt katholischen Linie vorerst ausbremste. Säuberungen wurden teilweise wieder rückgängig gemacht, auch wegen des internationalen Aufsehens. Als der sozialdemokratische Schriftsteller Fritz Brügel zuerst in einem Artikel im *Kampf*, dann in einem offenen Brief an den PEN-Kongress in Edinburgh 1934 über die »Knechtung des Geistes« und die Verbannung der Weltliteratur aus den Volksbüchereien in Österreich berichtete, löste dies Debatten und Proteste aus. Die Stellungnahme von Raoul Auernheimer – »Sie können von österreichischen Delegierten, die in ihr Land zurückkehren wollen, nicht verlangen, daß sie die Regierung kritisieren«[5] – bestätigte einmal mehr die linke Skepsis gegenüber der »Charakterlosigkeit« und »Feigheit« der österreichischen Intelligenz. In Wien löste die internationale Resonanz Verlegenheit aus, Säuberungen wurden abgestritten oder als Einzelaktionen abgetan: »Die Wiener Arbeiterbüchereien besitzen keine Schwarzen Listen, derer sie sich vor der europäischen Öffentlichkeit schämen müßten.«[6] Nur literarisch wertlose Bücher seien ausgeschieden worden.

Das Scheitern des *Vereins Arbeiterbüchereien* war, ähnlich wie das der *Aktion Winter*, von Beginn an vorprogrammiert. Winter geriet in die nicht aufzulösende Doppelbindung zwischen der Öffnung gegenüber der links eingestellten Arbeiter:innenschaft und der Abhängigkeit von rigider katholischer Kulturpolitik, die auf die Dauer nicht zu halten war. Ein Drittel der früheren Leser:innen boykottierte den Büchereibesuch, bei den Entlehnungen musste man einen fast 50-prozentigen Rückgang hinnehmen. Schriftsteller wie B. Traven, Jack London, Sinclair Lewis und Émile Zola wurden entfernt oder im Bestand kräftig reduziert, an ihre Stelle rückten nun Autor:innen, die den Erwartungen der austrofaschistischen Literaturpolitik entsprachen. Bei den Ausleihen konnte die neue Leitung stolz darauf verweisen, dass die Bücher von Paula Grogger, Karl Heinrich Waggerl, Guido Zernatto, Josef Friedrich Perkonig oder Luis Trenker die Entlehnlisten anführten.

Aber die Kritik am semiautoritären Kurs ließ nicht nach. Die konservativ-klerikalen Kreise drängten auf die Anwendung der Prinzipien des neuen Staates, auf die Abkehr von Liberalismus, Individualismus und Sozialismus: »Wenn die unselige liberale Epoche überwunden werden soll, dann muß ein notwendiger Strich unter die Literatur gezogen werden, die aus diesem Geiste geboren war und in diesem Geiste wirkte.«[7] Nur klare, feste Grundsätze könnten die Arbeiter:innen aus den Gedankengängen sozialistischer Weltanschauung herausführen. Dass die gesamte, im Kampf gegen Religion und sittliche Ordnung gefangene Lieblingsliteratur des freidenkerischen Bürgertums in den sozialistischen Arbeiterbüchereien Aufnahme gefunden hatte, sei kein Zufall gewesen.

Attacken in der *Reichspost*, Beschwerden über geringe Kontrolle einschlägiger Erlässe sowie Berichte über politisch illegale Aktivitäten führten im Juli 1936 zu einem radikalen Umbau der *Wiener Volksbildung* und der Arbeiterbüchereien. Viktor Matejka wurde seines Amtes im Volksheim enthoben, der autonome *Verein Arbeiterbüchereien* wurde von Bürgermeister Richard Schmitz aufgelöst und in den Besitz der Stadt überführt. Unter neuer Führung wurden die Arbeiterbüchereien endgültig »gereinigt«, Sperrlisten wurden erstellt, die etwa 1500 Buchtitel erfassten.[8] Erbittert sprach die *Arbeiter-Zeitung* von »austrofaschistischer Kulturdemolierung«, die aus den Büchereien alles hinauswerfe, »was so unmündige Menschen, wie es die Wiener Arbeiter bekanntlich sind, nicht lesen sollten«[9]. Die Revolutionären Sozialisten brachten ein Flugblatt heraus, in dem sie die ›Gleichschaltung‹ anprangerten, »die wohl ihresgleichen nicht einmal im Dritten Reich haben dürfte. Hunderte Werke wurden verboten, die nicht das Geringste mit dem Marxismus zu tun haben, sondern denen man nur das eine nachsagen kann, daß sie die Leute zum Denken anregen.«[10]

Nahezu die gesamte Fach- und Sachliteratur wurde aus den Arbeiterbüchereien verbannt, darunter etwa Sigmund Freuds *Unbehagen in der Kultur*, Bertha von Suttners pazifistische Streitschriften oder Nietzsches philosophische Schriften. In die vorhandenen Bestände der klassischen Weltliteratur wurde massiv eingegriffen. Die französische Literatur (Honoré de Balzac, Guy de Maupassant, Émile Zola) stand im Verdacht, sich mit erotischen Problemen allzu intensiv zu beschäftigen. Die amerikanische Literatur (John Dos Passos) wurde verdächtigt, die gesellschaftlichen Kämpfe zu brutal zu schildern. Bei der russischen Literatur (Maxim Gorki) galt grundsätzlich der Sozialismus-Verdacht. In Hinblick auf die deutschsprachige Literatur sollten die Werke von Gerhart Hauptmann, Alfred Döblin, Heinrich Mann oder Arnold Zweig ausgesondert werden. Für die Werke von Karl Kraus galt der Ausscheidungsvermerk: »alles«. Schon in der Weihnachtsausgabe der *Reichspost* 1934 hatte der im Kulturkampf stets rührige Jesuit Georg Bichlmair konstatiert: »Ein Recht der Leser auf unsittliche, religionsfeindliche Bücher gibt es nicht.«[11] Die beliebig dehnbaren Leitlinien der Konfiskation sahen vor: keine gottlosen Werke mehr, keine, die den Klassenkampf propagieren, keine, die gegen den österreichischen Staat und die österreichische Tradition gerichtet sind, keine, die die Ehe herabsetzen und geschlechtliche Schilderungen bieten sowie »widernatürliche Laster« schildern, keine, die vom »sittlichen Nihilismus« durchtränkt sind.[12]

Bereits in der Frühzeit der Ersten Republik versuchten rechte Gruppen, klerikale Kreise oder die christichsozial geführten Regierungen ins kulturelle Leben einzugreifen und die Zirkulation von moderner Literatur sowie die Aufführung von unliebsamen Theaterstücken und Opern zu unterbinden. Der Skandal rund um Schnitzlers *Reigen* im Jänner/Februar 1921[13] war ein markantes Beispiel dafür, dass die Zensurfreiheit in der Verfassung zwar festgehalten wurde, aber unbequeme und provokante Stimmen unerwünscht waren und deshalb mit allen Mitteln (etwa mit der Austreibung des Publikums aus dem Theater, wie dies bei der Aufführung von Schnitzlers *Reigen* in den Kammerspielen geschehen war) bekämpft wurden. Der »Fall

Bettauer«[14] im Jahr 1925 verdeutlichte, wie weit die Hetze tatsächlich führen konnte: zum Mord.

Einen bizarren Konflikt erlebte Wien im Frühjahr 1929 rund um die Komödie *Ehen werden im Himmel geschlossen*; Drohungen von Seiten des Kardinals und kirchlicher Organisationen führten dazu, dass Max Reinhardt trotz des Abschlusses aller Proben schließlich von der Premiere Abstand nahm.[15] An der Schwelle zum Bürgerkrieg spielten sich ferner die Auseinandersetzungen rund um Remarques Antikriegsroman *Im Westen nichts Neues* ab; zum großen Krach kam es letztendlich anlässlich der Aufführung der amerikanischen Verfilmung. Die Heimwehr richtete eine dringliche Anfrage an den Innenminister und verlangte im Namen der deutschen Ehre ein Verbot. Als Anfang 1931 der Film trotzdem in die Kinos kam, eskalierte die Situation endgültig. Schließlich untersagte die Regierung aus Sicherheitsgründen den Film.

Die Kulturkämpfe bis 1934 waren ein Vorspiel zu den Maßnahmen, die von der Regierung nach den Februarkämpfen 1934 umgesetzt wurden. Die unterschiedlich gehandhabte Zensur in den Bereichen Presse, Theater, Buchwesen und Film wartet bis heute auf eine genauere und vergleichende Aufarbeitung.[16] Die Zensur, die 1918 abgeschafft worden war, kehrte 1933 wieder zurück. Unter Anführung von verschiedenen Gesetzen, Verordnungen und Erlässen konnte die Presse gelenkt, politische Literatur unterdrückt, die Verbreitung von belletristischen Titeln und künstlerischen Werken oder die Aufführung von Theaterstücken und Filmen verhindert werden. Meist geschah dies willkürlich und eklektizistisch. Der päpstliche *Index librorum prohibitorum* gebot die österreichische Nachahmung. Insbesondere die Filmzensur war der Kirche ein großes Anliegen.

AP

18. Februar 1934

Hausdurchsuchung auf dem Kapuzinerberg

Stefan Zweig verlegt seinen Hauptwohnsitz nach London

Als die Februarkämpfe ausbrachen, war Stefan Zweig in Wien. Auf der Suche nach Informationen, musste er die totale Message Control der Regierung erleben. Während die gleichgeschalteten Zeitungen und der Rundfunk berichteten, dass der Aufstand der Sozialdemokratie bereits niedergeschlagen sei, erreichten die Kämpfe erst ihren Höhepunkt. Als Zweig am 16. Februar nach Salzburg zurückkehrte und ihn Bekannte begierig fragten, was da in Wien los sei, konnte er nur antworten: »Am besten, ihr kauft ausländische Zeitungen [...].«[1]

Am übernächsten Tag geschah Sonderbares. Weil Zweig verdächtigt wurde, Waffen des *Republikanischen Schutzbundes* im Paschinger-Schlössl am Kapuzinerberg zu lagern, kam es dort zu einer Hausdurchsuchung. Aus welchem Grund die Salzburger Polizei zu dieser seltsamen Aktion ausrückte, war und ist nicht ganz klar. Immerhin war Zweig der mit Abstand bekannteste und erfolgreichste österreichische Autor. Lag es daran, dass er den sozialdemokratischen Landeshauptmann-Stellvertreter Robert Preußler, der ihm einst bei der Verehelichung mit Friderike geholfen hatte, gut kannte? Machte Zweig sich verdächtig, weil er sich mit Emil Fuchs, dem Redakteur der sozialdemokratischen Parteizeitung *Salzburger Wacht*, regelmäßig zum Schachspiel traf?[2] Aus Protest gegen diesen behördlichen Übergriff fällte er jedenfalls die Entscheidung, Österreich zu verlassen und seinen Hauptwohnsitz nach England zu verlegen.

Die überhastete Abreise hatte eine Vorgeschichte: Bereits 1933 beschäftigte Zweig der Gedanke an eine Emigration nach London. Ihm machte das Gerücht zu schaffen, er habe sich in Frankreich über das Dollfuß-Österreich abfällig geäußert. Angeblich wollten österreichische Zeitungen aus diesen Gründen von ihm nichts mehr veröffentlichen.³ Dabei hatte er sich, so Zweig, stets an den Grundsatz gehalten, sich zur Tagespolitik nicht zu äußern. Die Waffensuche in seinem Haus auf dem Kapuzinerberg war der sprichwörtliche Tropfen, der das Fass zum Überlaufen brachte.

Bei genauerer Analyse wird deutlich, dass Zweig aus einem Bündel von Motiven die Emigration aus Österreich wählte. Seine Entscheidung hatte auch eine stark persönliche Komponente. Schon in den Monaten und Jahren zuvor entfernte er sich oft von Salzburg, um Friderike und seine beiden Stieftöchter zu meiden. Mit der Ehe stand es nicht zum Besten. Hinzu kam als Auslöser für seine plötzliche Abreise eine politische Gemengelage, die er in *Die Welt von Gestern* nur eingeschränkt schilderte.

Gewiss, Salzburg war ein Einfallstor für Nationalsozialist:innen, die die Ruhe in der Festspielstadt stören wollten.⁴ London schien ihm ein neutraler Ort. Er sehnte sich nach einer Arbeitssituation abseits des Hickhacks in der Szene der Exilschriftsteller:innen. Zweig geriet, nicht nur aufgrund der Unterstützung für die Exil-Zeitschrift *Sammlung*, in eine Zwickmühle, die ihm höchst unangenehm war. Ebenfalls war er Teil erbitterter Debatten, in denen es an gehässigen Abrechnungen nicht mangelte. Seine Prominenz schützte ihn nicht, sondern heizte diese Auseinandersetzung lediglich an.⁵

Stefan Zweig wusste früh aus erster Hand, was sich im ›Dritten Reich‹ zusammenbraute. Als er im März 1933 in die Schweiz reiste und in Bern und Zürich vor großem Publikum über den europäischen Gedanken sprach, traf er dabei auch etliche Schriftsteller, die gerade aus NS-Deutschland geflohen waren: Alfred Döblin, Max Herrmann-Neisse und Ernst Toller. An seine Frau Friderike schrieb er betroffen: »Die Panik der Intellektuellen ist recht groß, die Hetzartikel gegen die jüdischen Schriftsteller wiederholen sich jeden Tag mit neuer Heftigkeit, und angeblich geschieht mehr als in den Zeitungen steht.«⁶

Zugleich wollte er nicht an den öffentlichen Bekundungen des Abscheus Anteil nehmen. Als Ende Mai 1933 in Dubrovnik, damals unter dem deutschen bzw. italienischen Namen Ragusa bekannt, der internationale PEN-Kongress stattfand, lud Felix Salten ihn zur Teilnahme ein, was der vorsichtige Zweig als Falle interpretierte: Er ließ sich verleugnen. Als er zufällig im Zug die aus Ragusa unter Protest abgereiste reichsdeutsche Delegation traf, war ihm dies höchst peinlich, noch dazu, da er einen der

Delegierten besser kannte – und schätzte. Den Protestresolutionen gegen die Bücherverbrennungen am Kongress konnte und wollte er sich auch in der Nachbearbeitung nicht anschließen. Ernst Tollers Auftritt fand er höchst peinlich, weil er meinte, dass es schädlich sei, wenn jetzt jüdische Schriftsteller:innen gegen die nationalsozialistische Kulturpolitik aufträten. Im Hintergrund lobbyierte er für eine Resolution der ›arischen‹ deutschen Schriftsteller:innen mit dem Ziel, dass diese die enorme Bedeutung des jüdischen Beitrags zur deutschsprachigen Literatur bekundeten.[7] Er fand es skandalös, dass keiner der prominenten nichtjüdischen deutschen Schriftsteller:innen, wie beispielsweise Gerhart Hauptmann, gegen die Bücherverbrennungen protestieren wollte.

Zweig musste zunehmend Kritik von engen Freunden hinnehmen, die geflüchtet waren und seine zögerliche Halbheit gegenüber dem Regime nicht verstanden. Joseph Roth, der wie Heinrich Mann, Lion Feuchtwanger und viele andere in der Zeit von Hitlers Machtantritt nach Paris geflüchtet war, bedrängte Zweig bereits Mitte Februar 1933: »Inzwischen wird Ihnen klar sein, daß wir großen Katastrophen zutreiben. Abgesehen von den privaten – unsere literarische und materielle Existenz ist ja vernichtet – führt das Ganze zum neuen Krieg. Ich gebe keinen Heller mehr für unser Leben. Es ist gelungen, die Barbarei regieren zu lassen. Machen Sie sich keine Illusionen. Die Hölle regiert.«[8] Roth bestürmte Zweig, nicht mit einer kurzen politischen Episode zu rechnen und die Konsequenzen daraus zu ziehen. Er beschwor den Freund, mit seinen Kontaktpersonen im ›Dritten Reich‹ zu brechen und sich klar zu deklarieren. Im April 1933 wies er ihn auf den Fall der Brüder Rotter hin, der ebenfalls in der liberalen Presse in Österreich Aufsehen erregte. Die Theaterunternehmer wurden in Liechtenstein überfallen, wobei einer der Brüder und dessen Frau getötet wurden; der andere kam schwer verletzt davon. Das Deutsche Reich presste die Täter frei.

Joseph Roth forderte Nüchternheit. Zu protestieren, dass die NS-Behörden ihn mit Arnold Zweig verwechselt hätten, sei sinnlos. »Passen Sie auf! Ich rate Ihnen! Man ist […] seines Lebens auch in Salzburg nicht sicher, wenn man sich vorwagt. Verkehren Sie mit Niemanden! Finden Sie sich damit ab, daß die 40 Millionen, die Goebbels zuhören, weit davon entfernt sind, einen Unterschied zu machen zwischen Ihnen, Thomas Mann, Arnold Zweig, Tucholsky und mir. Unsere ganze Lebensarbeit ist – im irdischen

Sinne – vergeblich gewesen. Man verwechselt Sie nicht, weil Sie Zweig heißen, sondern weil Sie ein Jude sind, ein Kulturbolschewik, ein Pazifist, ein Zivilisationsliterat, ein Liberaler. Jede Hoffnung ist sinnlos. Diese ›nationale Erneuerung‹ geht bis zum äußersten Wahnsinn.«[9] Roth traf mit dieser Warnung bei Zweig durchaus auf ein offenes Ohr. Im Gegensatz zu seinem Freund wollte Zweig allerdings Kanäle nach Deutschland, den Kontakt mit langjährigen Freund:innen und Arbeitskolleg:innen offenhalten und, so lange wie möglich, das Verkaufs- und Verbreitungsverbot seiner Bücher vermeiden.

Zweig war die weltweite Aufmerksamkeit, die ihm durch die Bücherverbrennungen im Mai 1933 und der öffentlichen Vernichtung seiner Werke zuteilwurde, nicht geheuer (»Ich hätte gern auf diese Reklame verzichtet«[10], schrieb er an Franz Servaes), denn sie gefährdete seine Arbeitsbeziehungen mit dem Verlag, in dem seine Bücher erschienen, genauso wie die mit befreundeten Künstler:innen, die im Deutschen Reich verblieben waren. Trotzdem versuchte er zu jenen, die nunmehr teilweise zu Repräsentant:innen der neuen NS-Kultur geworden waren, den Kontakt aufrechtzuerhalten. Trotz Kritik hielt Zweig etwa an der Treue zu Anton Kippenberg, seinem *Insel*-Verleger, fest, selbst als sich dieser bei der Wahl seiner Autor:innen der völkischen Literaturpolitik anpasste. Erst als Kippenberg Zweig durch die Weitergabe eines privaten Briefes an NS-Medien desavouierte, trübte sich die Beziehung ein, auch wenn sie fortdauerte.[11] Die Zusammenarbeit mit Richard Strauss, der sein Prestige dem NS-Regime als Präsident der *Reichsmusikkammer* zur Verfügung gestellt hatte, ging noch längere Zeit weiter; gemeinsam arbeiteten sie an der Oper *Die schweigsame Frau*, die am 24. Juni 1935 in der Dresdner Oper uraufgeführt wurde. Wenn auch weitere Vorstellungen abgesagt wurden und Strauss von seiner offiziellen Funktion zurücktrat, zeigte sich an diesem Fall sehr wohl der Zwiespalt von Stefan Zweig, der selbst nach etlichen Demütigungen erst nach und nach bereit war, seine einmal eingenommene Distanz zur Politik öffentlich aufzugeben.[12]

Schmerzlich für ihn war zweifelsohne auch, dass ihn die Wiener sozialdemokratische Presse noch vor dem Februar in dieser Frage wiederholt angegriffen hatte. Es sei eine »unbegreifliche, furchtbar traurige Wahrheit«[13], schrieb die *Arbeiter-Zeitung* 1933, dass sich Zweig, der große Pazifist und

Humanist, an die Vorzensur des ›Dritten Reiches‹ anpasse, um sich den Absatzmarkt zu erhalten. Zweigs zweimalige Entgegnungen[14] konnten an den Angriffen nichts ändern. Die Attacke von Ernst Fischer, dem Redakteur der *Arbeiter-Zeitung* (und späteren KPÖ-Vorsitzenden), mit dem Zweig seit Beginn der 1920er-Jahre eine Freundschaft unterhielt, fiel einigermaßen heftig aus. Der Freund, der gegen den Ungeist und den Krieg angekämpft hatte, sei nun zum Opportunisten mutiert: »Die Literatur ist Ihnen wichtiger geworden als die geistige Haltung und Tapferkeit, ohne die das bestgeschriebene Buch eben nichts ist als Literatur, Zeitvertreib für gebildete Gespenster.«[15] Ähnlich grob der Vorwurf anlässlich des PEN-Kongresses 1936 in Buenos Aires, als die Revolutionären Sozialisten ihren Frust im Periodikum *Kampf* entluden: Zweig »tut das Seinige mit, um das österreichische Gebräu des Faschismus [...] westlich zu vernebeln«[16].

Bei allem Widerwillen gegenüber dem Austrofaschismus zog Stefan Zweig – wie so viele andere – es vor, zu schweigen. Auch er wollte dem Dollfuß/Schuschnigg-Regime nicht schaden, um den Nationalsozialist:innen Argumente zu liefern. Nur ausnahmsweise klinkte er sich ins österreichische Geschehen ein: So stellte er der Redaktion eines offiziellen Propagandabuches über Österreich (*Das Herz Europas*, 1935) einen Essay über Salzburg aus dem Jahr 1933 zur Verfügung.[17] Er besuchte Aufführungen der Salzburger Festspiele, pflegte freundschaftlichen Umgang mit Max Reinhardt und begeisterte sich an Arturo Toscanini und Bruno Walter. Paul Stefans Publikationen über die beiden Dirigenten steuerte er ein huldigendes Vorwort bei.[18]

Aus London schickte Stefan Zweig im Juni 1934 der *Neuen Freien Presse* einen langen Bericht, um über die von Clemens Holzmeister gestaltete Ausstellung *Austria in London* und die künstlerischen Begleitprogramme zu berichten, die der österreichische Botschafter Baron Georg von und zu Franckenstein initiiert hatte. Zweig war vor allem darüber begeistert, dass in der britischen Hauptstadt die musikalische Veranstaltungsreihe zum Triumph wurde, dass die Wiener Philharmoniker, Bruno Walter, Clemens Krauss oder Lotte Lehmann in Covent Garden brillierten, dass Elisabeth Bergner in Großbritannien so verehrt wurde. »Trotz materieller Verarmung, trotz räumlicher Verkleinerung, trotz politischer Machtminderung [haben] Österreich und vor allem Wien einen Rang, der es zumindest neben die größten Nationen stellt. Noch also ist das alte Erbe nicht vertan, noch ein Besitz, ein unsichtbarer, aber unschätzbarer, bewahrt: die kulturelle Sympathie Europas.«[19]

Es war durchaus charakteristisch, dass Zweig die Absicht der Regierung überging, die kulturellen Glanzleistungen zu instrumentalisieren und die angeschlagene Reputation nach den Februarkämpfen mittels Kultur zu verbessern. Die offiziellen Stellen belohnten Zweigs Unterstützung übrigens nicht: Als er sich bemühte, Staatsoperndirektor Felix Weingartner zu überzeugen, *Die schweigsame Frau* auch in Wien aufzuführen, stellte dieser sich taub. Offizielle Stellen verhinderten eine Wiener Premiere wohl, weil sie Zweig verdächtigten, ein Gegner des Regimes zu sein; überdies war Richard Strauss' Präsenz nach dessen Absage bei den Salzburger Festspielen 1934 nicht erwünscht.[20]

In der *Welt von Gestern* war Stefan Zweig eindeutig, was er über das Verhängnis dachte, das 1933/34 in Österreich seinen Lauf nahm. Er hielt die Heimwehr und ihre Führer Ernst Rüdiger Starhemberg und Emil Fey für die Hauptverantwortlichen, die die Ausschaltung der Sozialdemokratie betrieben hatten. Dollfuß erschien ihm dagegen als geschmeidiger, realistischer Politiker, der von den Heimwehren und Mussolini unter Druck gesetzt wurde. Zweigs Sympathie lag eindeutig auf der Seite der sozialdemokratischen Partei, die besser »begriff, wo die eigentliche Gefahr war«.[21] Zweig sah bei seinen gelegentlichen Besuchen in Wien das Verhängnis voraus und machte sich lustig über die Torheit der herrschenden Kreise, die 1938 meinten, dass das Volk hundertprozentig hinter Schuschnigg stünde. »Dass diese angeblich patriotischen Österreicher mit ihren von Italien gelieferten Bajonetten den Ast absägten, auf dem sie saßen, merkten sie nicht.«[22]

AP

18. Februar 1934

Der Autor von *Bambi* über die Februarkämpfe

Felix Salten und die Spaltung des österreichischen PEN-Clubs

Die Haltung der Neuen Freien Presse nach den Februarkämpfen war klar und deutlich. Am 17. Februar 1934 erschien ein ungezeichneter Kommentar, der eindeutige Botschaften enthielt und mit einer Bewunderung für die Regierung begann. Es gab Dank an die Männer des Bundesheeres und der Heimwehren, die in Absehung ihres Lebens »Ruhe und Ordnung« wiederherstellen würden. »In dieser furchtbaren Prüfung haben […] jene versagt, die mit so viel Verachtung die bürgerliche Ordnung betrachten, mit so viel Hochmut auf ihre Rüstungen pochten.«[1] Zugleich wurde an das Ausland appelliert, diesen Aufstand nicht zu wichtig zu nehmen und »die Wiener Ereignisse in übertriebener Gestalt«[2] darzustellen, weil »vielfach das Gerücht wichtiger war als das Ereignis der Wirklichkeit«[3]. Ebenso gab man der Arbeiter:innenschaft zu verstehen, dass sie begreifen möge, dass auch »ohne die Heftigkeit der Agitatoren«[4], »ohne künstliche Überhitzung«[5], also ohne Partei und freie Gewerkschaften ihre Interessen gewahrt werden würden.

Einen Tag später, am 18. Februar 1934, als der kurze Bürgerkrieg in Österreich bereits zu Ende war, rückte in der Sonntagsausgabe Felix Salten,[6] der renommierte Schriftsteller und zugleich Edelkolumnist der Neuen Freien Presse, aus, um die Ereignisse zu analysieren und Position zu beziehen. Schon einmal hatte sich der prominente Wegbegleiter der Wiener Moderne, der selbst ein beachtliches literarisches Œuvre mit Romanen und Erzählungen (*Bambi*, 1923, *Florian. Das Pferd des Kaisers*, 1933), Reiseberichten, Komödien, Libretti sowie Drehbüchern schuf, bei einem zentralen Ereignis der österreichischen Geschichte, nämlich am Beginn des Ersten Weltkrieges, in der publizistischen und politischen Öffentlichkeit mächtig exponiert: Unter der Kriegserklärung des Kaisers war im August 1914 in der *Neuen Freien Presse* sein Feuilleton *Es muß sein!*[7] abgedruckt worden. Zwanzig Jahre später war Salten erneut mit der intellektuellen Legitimation des prominenten Schriftstellers und langjährigen PEN-Präsidenten zur Stelle. Immerhin war das Feuilleton in seiner Verlogenheit etwas verwaschen und gewunden, ohne kämpferische Töne. Sein Artikel kleidete sich vor allem in ein Lob der Bevölkerung und ihres Gleichmuts, einen Dank an die Exekutive gab es nur in einer Nebenbemerkung, das Vorgehen der Regierung beim »blutigen Wiener, […] österreichischen Fasching«[8] wurde erst gar nicht kommentiert. Es hätte ihm, so Salten, einen starken Eindruck gemacht, »daß jede Arbeit trotz des heftigen Kampfes ihren ungestörten Fortgang nahm. Alle waren an ihren Stellen. Die Arbeiter in ihren Fabriken und Werkstätten, die Beamten in den Bureaux. Die Lieferung der Lebensmittel wurde nicht gestört. Und – ein Beweis großen Vertrauens – zahlreiche Kaufladen hatten offen, als sei nichts passiert und als könne nichts passieren.«[9] Salten hörte angeblich die Menschen sagen: »Partei, das ist die Unfähigkeit, eine rein menschliche Angelegenheit rein und menschlich zu betrachten.«[10]

Um historische Übersicht zu beweisen, versuchte sich Salten auch in einem Blick zurück; in groben Zügen verfasste er einen allgemeinen Überblick auf die Geschichte der jungen Republik. Das einzig Positive an dieser war für Salten, dass »die Wiener, zu sanft, zu liebenswürdig, zu mildherzig, keine Neigung für das Tragische zeigen und weil sie damals zu müde, zu verzweifelt waren, um in wildem Jähzorn aufzuschäumen«[11]. Der Gründungsakt 1918 wurde Österreich von außen aufgezwungen, die Katastrophe des 15. Juli 1927 habe im Grunde auch nichts mit Österreich zu tun: »Der Brand des Justizpalastes mit seinen Todesopfern stellt sich schon längst als das ebenso dilettantische wie nichtswürdige Unternehmen von ortsfremden Hetzern dar.«[12] Nun, im Februar 1934, sei das anders: »Jetzt […] das dumpfe Dröhnen der Geschütze. Mitten in volkreichen Bezirken. Das tödliche Schwätzen der Maschinengewehre. Österreicher gegen Österreicher. Keiner von den heute Lebenden vermag sich zu erinnern, er habe Kanonenfeuer in Wien gehört. Diesmal brüllte die fürchterliche Stimme der Artillerie durch Tage und Nächte. Die Fenster klirrten, die Häuser bebten von dem Luftdruck.«[13] Aber wieder verhielten sich die Wiener »musterhaft«, gestatteten sich keine »Sensationsmache und Wichtigtuerei«[14]. »Wenn die Leute trotz des Gewittersturmes, der sie umtobte, treu bei ihrer Arbeit blieben, wenn sie trotz allem, was sie wußten, und mehr noch, trotz allem, was sie nicht erfahren konnten, die Nerven behielten, so trat damit ihre Abkehr von der Politik auf das deutlichste in Erscheinung, die Abkehr von der harmgießenden, phrasendreschenden, professionellen Politik. Die Menschen wollen in Wirklichkeit Ruhe haben. Der weitaus überwältigenden Mehrheit sind das die wichtigsten, die höchsten und heiligsten Güter. ›Sicherheit und Ruhe, Ordnung und Freiheit‹, läßt Goethe den Chorus des Volkes im Egmont-Drama sprechen.«[15]

Salten redete, ganz im Sinn der Regierung, die Wucht und internationale Wirkung der Februarkämpfe klein und meinte: »Die Fremden, die in Wien sind, brauchen nicht abreisen.«[16] Er vermeinte angesichts der Dollfuß-Reden schon die »Milde und Versöhnlichkeit« der Regierung wahrzunehmen, glaubte zu wissen, dass die »gescheiterten Existenzen« erneut für die Gemeinschaft gewonnen werden würden.[17] Die standrechtlichen Exekutionen und die Massenverhaftungen der Februartage wurden von Salten ignoriert, weil sie nicht in sein Konzept passen wollten. Saltens Formulierungen, die inhaltlich eher von einem Wunschprogramm als von der Realität der Februarkämpfe getrieben wurden, war eingeschrieben, dass er sich wieder einmal in den verharmlosenden Opportunismus flüchtete.

Joseph Roth las Salten prompt in einem Brief energisch die Leviten und mahnte ihn, nicht seine Reputation als Schriftsteller von Weltgeltung aufs Spiel zu setzen und vorsichtig zu sein. Er berichtete ihm auch, wie sein Renommee bei den – katholischen – Kolleg:innen in Frankreich gelitten hätte: »An Ihrem Artikel habe ich […] auszusetzen – und Sie werden mir glauben, daß es in aufrichtiger Kameradschaft geschieht –: a.) eine gewisse Bejahung des nicht zu leugnenden blutigen Unternehmens. b.) Ich kann nicht umhin, Ihren Ausdruck ›volksfremde Hetzer‹ zu beanstanden. Sie wissen ebenso wie ich, daß dieser Klischeebegriff ›ortsfremde Hetzer‹ von Antisemiten verwendet wird, um Juden zu treffen, und zwar dort, wo sie nicht das Wort Juden gebrauchen wollen. […] c.) Sie haben ferner lediglich das Heroische der Exekutivgewalt betont; während meiner Meinung nach, und zwar meiner soldatischen Meinung nach, die heroische Haltung der armen Arbeiter eher zu erwähnen gewesen wäre. d.) Wenn Sie von einem

Wiener Volk sprechen, das so viel seit zwanzig Jahren durchzumachen hatte, so können [S]ie keineswegs von einem Wiener Volk die gefallenen Arbeiter ausnehmen, da diese seit zwanzig Jahren mehr gelitten haben, als alle andern Schichten der Wiener Bevölkerung.«[18]

In der *Neuen Freien Presse* hatte Salten die Rolle des kulturellen Chefkommentators inne, er schrieb Buch-, Theater- und Filmkritiken, war bei großen Opernpremieren dabei, besprach Ausstellungen, lenkte den Scheinwerfer auf bestimmte Schauspieler:innen, schrieb Feuilletons über einflussreiche Intellektuelle und allgemeine Lebensfragen, höchst selten über Politik. In der enormen Spannbreite seiner Themen war er mit der gesamten Kulturwelt vertraut und bekannt. Da er auch auf dem Parkett der guten Gesellschaft beste Figur machte, während der gesamten Schaffenszeit immer gute Kontakte zu Politiker:innen, Industriellen, zur Aristokratie und Oberschicht pflegte sowie als begnadeter Netzwerker glänzte, war er ideal prädestiniert für die Funktion des österreichischen PEN-Präsidenten (1927–1932) bzw. PEN-Ehrenpräsidenten (1932–1933), der mit souveräner Hand große Kongresse und Festveranstaltungen organisierte, berühmte Schriftsteller:innen in Wien vorstellte und die Kultur mit den Spitzen der Gesellschaft zusammenführte. Zu den Höhepunkten seiner Amtszeit gehörte der erste Wiener Kongress des Internationalen PEN von 20. bis 29. Juni 1929.[19]

Als Zeichen des umschlagenden politischen Klimas veränderte sich bei Salten auch das Verhältnis zur Sozialdemokratie. Beim PEN-Kongress 1929 begrüßte neben Bundespräsident Wilhelm Miklas auch der Wiener Bürgermeister Karl Seitz die 160 Delegierten aus 50 Ländern. Bei einem PEN-Empfang für Gerhart Hauptmann im Oktober 1932, der in der Villa Mahler-Werfel auf der Hohen Warte seine Fortsetzung fand, war auch der Wiener Gesundheitsstadtrat Julius Tandler anwesend. Dass dieser dort politisch in Rechtfertigungszwang geriet, konnte man als Indiz für die kommenden Entwicklungen sehen.[20] Bei einem PEN-Club-Empfang im Mai 1933 hieß Ehrenpräsident Felix Salten die ganze Regierungsspitze und die Wirtschafts- und Gesellschaftseliten willkommen; anders als früher fehlten diesmal sozialdemokratische Politiker:innen.[21]

Etwa zur gleichen Zeit zeigte sich, dass Salten permanent in Deckung ging, wenn es galt, eine klare Position zu beziehen, und es mit dem diplomatischen Klein-, Schönreden und Ausweichen vorbei war. In Vorbereitung des PEN-Kongresses (22. bis 28. Mai 1933) in Ragusa,[22] dem heutigen Dubrovnik, versuchte Salten die Mitglieder hinter der alten John-Galsworthy-Formel »No politics, under any circumstances« zu versammeln und eine Haltung der »Nicht-Einmischung« (»Aus Treue für die Ziele des PEN-Clubs, die nun gefährdet waren!«)[23] gegenüber dem ›Dritten Reich‹ einzunehmen. Allerdings musste er zur Kenntnis nehmen, dass diese Haltung nicht mehr funktionierte, weil es der Nationalsozialismus, wie viele Vorfälle seit dem Machtantritt der Hitler-Regierung bezeugten, auf Konfrontation, Vertreibung und Eliminierung der oppositionellen Schriftsteller:innen anlegte. Gleichzeitig verwahrte sich das Regime offiziell gegen jede internationale Reaktion und tat Terror und Verhaftung als Einzelfälle und Folge von ungesetzlichem Aufruhr ab.

Wenige Tage vor der Tagung in Ragusa sorgten die Bücherverbrennungen in Berlin, Breslau und anderen deutschen Städten weltweit für Aufsehen. Bereits bei den Vorbereitungen des österreichischen PEN-Empfangs zeichneten sich mögliche Spaltungstendenzen ab, einzelne Mitglieder drohten den Austritt aus der Organisation an, wenn man nicht tunlichst vermied, Stellung gegen die Vorgänge im Deutschen Reich zu beziehen. Präsident Salten und Generalsekretärin Grete von Urbanitzky verschanzten sich bei der Tagung dann, wie vereinbart, hinter der Formel des Neutralismus, aber ein Protest war bei den beinahe 400 Delegierten nicht zu verhindern. Die Bücherverbrennungen forderten einen solchen geradezu heraus, wenn der PEN seine programmatische Mission, die internationale kulturelle Verständigung, ernst nahm. Die deutsche Delegation verließ daraufhin aus Protest die Versammlung.

Die PEN-Tagung in Dubrovnik hatte in Österreich einen bemerkenswerten Epilog. Schon während der Veranstaltung hatte sich Grete von Urbanitzky, die Generalsekretärin des Clubs, der deutschen Delegation angeschlossen, die den Kongress unter Protest verließ. Als in Wien am 28. Juni 1933 eine allgemeine Generalversammlung einberufen wurde, bei der von der österreichischen Delegation ein Rechenschaftsbericht über das Stimmverhalten in Ragusa gefordert wurde, kam es zu einer Spaltung des PEN. Am 23. Juli 1933 trat Felix Salten von seiner Funktion als unabsetzbarer Ehrenpräsident des PEN-Clubs zurück.[24] In der Folge gab er den Einflüsterungen seiner früheren PEN-Club-Sekretärin Grete von Urbanitzky nach und füllte ein Ansuchen um Aufnahme in die *Reichskulturkammer* aus, in der Erwartung, dass seine Bücher weiterhin auf dem deutschen Markt verkauft werden könnten. Urbanitzky schlug ihm sogar vor, er möge ihr nach Deutschland folgen, um sich selbst zu überzeugen, dass die Hitler-Regierung aus guten Gründen nur Kulturbolschewist:innen und Feind:innen Deutschlands verfolge, nicht aber generell Jüdinnen und Juden.[25]

Kritische Kommentator:innen merkten an, dass Felix Salten in Ragusa möglicherweise aus Rücksicht auf den Absatz seiner eigenen Bücher im Deutschen Reich darauf gedrängt habe, die deutsche Delegation nicht zu vergraulen. Seine sich diplomatisch gerierende Haltung, seine beschwichtigenden Beteuerungen und sein vertuschendes Taktieren wurden allerdings zunehmend unhaltbar. Gar manche empörte seine Äußerung: »Ich sage, daß ich mich immer und überall als deutscher Jude bekannt habe, daß mein bisheriges Dasein in freundschaftlicher Gemeinschaft mit deutschen Dichtern und Schriftstellern vergangen sei, ohne daß man einander nach der ›Abstammung‹ befragt hätte.«[26]

AP

25. März 1934

Karl Schönherrs *Passionsspiel* im Burgtheater

Die erste Bühne des Landes – ganz auf Linie

25. März 1934, Palmsonntag. »Während der Zuschauersaal langsam in Dunkel sinkt, braust die Orgel auf, klingt Glockengeläute, tönt Chorgesang.«[1] Einzug Jesu in Jerusalem – es war die Premiere des *Passionsspiels* im Burgtheater.[2] Die Spitze der Regierung war anwesend, darunter auch Kardinal Innitzer. Dieser zeigte sich in einem Schreiben an den Autor Karl Schönherr mit der Aufführung einverstanden: »Das von Ihnen gedichtete Passionsspiel verstößt trotz einiger dichterischer Freiheiten in keiner Weise gegen den Geist des biblischen Berichtes noch auch sonst gegen die kirchliche Glaubens- und Sittenlehre. Es ist vielmehr in hohem Maße geeignet, das erhabene Passionsmysterium weiten Kreisen näherzubringen.«[3]

Regie führte Hermann Röbbeling, für das Bühnenbild war Clemens Holzmeister zuständig, das Burgtheater bot seine besten Kräfte auf: Paul Hartmann als Jesus, Hilde Wagener als Magdalena, Ewald Balser als Judas, Fred Hennings als Pilatus, Raoul Aslan als Nikodemus. Das Publikum wurde aus Pietätsgründen gebeten, am Ende keinen Applaus zu spenden. So geschah es auch. Oberammergau hatte einen Ableger in der sogenannten ersten Bühne des Landes bekommen.

Am 1. Jänner 1932 hatte der aus Sachsen-Anhalt stammende Hermann Röbbeling sein Amt als Burgtheaterdirektor angetreten, um erste Maßnahmen zu treffen. Seine Referenz war die langjährige Arbeit am Thaliatheater und am Deutschen Schauspielhaus in Hamburg. Röbbeling wurde vor allem deshalb bestellt, weil er als wirtschaftlich begabter Theatermanager galt, der imstande war, das Burgtheater zu sanieren. Daher musste sein Vorgänger Anton Wildgans ihm vorzeitig Platz machen. Kritiker:innen fragten, ob sich Röbbeling, dem sie Naivität unterstellten, »in diesem Labyrinth der lächelnden Zusicherungen und jovialer Dementis zurechtfinden«[4] würde.

Ein Jahr nach seinem Dienstantritt saß Röbbeling erstaunlich fest im Sattel;[5] er schaffte es, das Burgtheater »wieder in den Mittelpunkt des Interesses«[6] zu rücken, und hielt sich in dieser Position bis zum ›Anschluß‹. Durch verschiedene Maßnahmen, etwa ein Stammsitzabonnement oder Schüler:innenvorstellungen, war es ihm gelungen, vermehrt Einnahmen zu lukrieren. Vielfache kleine Einsparungen sollten zur Konsolidierung beitragen: Gastspiele wurden reduziert, die Ausgaben für das Bühnenbild minimiert, die Probenzeiten verkürzt,[7] alte Regelungen, die als Privilegien angesehen, aber von der Belegschaft aufs Heftigste verteidigt wurden, gerieten in die Kritik: beispielsweise der lange Sommerurlaub, in dem sich manche Theaterleute ein Zubrot verdienten, oder die Doppelhonorare, wenn zweimal hintereinander gespielt wurde.

Im Burgtheater galt jahrelang die Regel, dass Gäste im Ensemble unerwünscht waren. Dort herrschte eine geschlossene Gesellschaft, die am liebsten unter sich blieb und unentwegt damit beschäftigt war, die Tradition aufrechtzuerhalten. In Abkehr von dieser Linie holte Röbbeling Schauspielgrößen von auswärts: Paul Hartmann, Albert Bassermann, Ernst Deutsch, Werner Krauß, Hermann Thimig, Maria Eis oder schließlich sogar, nach langjährigem Werben, Paula Wessely, die dem Haus am Ring zu neuer Attraktivität verhalfen. Auch bei den Regisseur:innen sollte nicht mehr das Prinzip gelten, dass Schauspieler:innen, wenn sie lange genug im Dienst waren, als Spielleiter:innen – wie etwa Franz Herterich – verpflichtet wurden.[8] Junge Regisseure wie Ernst Lothar oder Herbert Waniek wurden nun ans Burgtheater gebunden. Eine der ersten Maßnahmen Röbbelings war die Durchsetzung von Pensionierungen, die Wildgans noch vorbereitet, aber aufgeschoben hatte. Außerdem wurden die Größe des Ensembles und die Höhe der Gagen reduziert.[9]

Die große Krise vom Herbst 1931, die der Physis von Wildgans so schlimm zugesetzt hatte, war mit der Bestellung Röbbelings vorbei. Damals war mit dem Gedanken der Schließung des Burgtheaters gespielt worden, weil das Finanzministerium sich nicht bereit zeigte, die Zuschüsse zu erhöhen. Als Ausweg wurde ein Plan ventiliert, den Betrieb des Burgtheaters in die Staatsoper zu übersiedeln, dreimal pro Woche sollte es dort Sprechtheater, viermal Oper geben, Gagenabbau selbstredend auch. Der Aufschrei war groß.[10] »Die ganze öffentliche Kunstpflege steht«, so David Josef Bach in der *Arbeiter-Zeitung*, »vor dem Zusammenbruch.«[11]

Der Erfolg Röbbelings beruhte nicht zum geringen Teil darauf, dass er anpassungsfähig war, immer den Gefallen des Regimes suchte und fand. Ihm zur Seite stand eine mächtige Person: Hans Pernter, der als Sektionschef im Unterrichtsministerium die Bundestheater steuerte, war ein maßgeblicher Gestalter der austrofaschistischen Kulturpolitik, stieg 1934 zum Staatssekretär und 1936 zum Minister auf.

Röbbelings Spielplan war vielgesichtig. Er setzte einen Schwerpunkt auf die deutschen Klassiker, schon 1932 wurden *Faust*, *Wallenstein*, *Torquato Tasso* oder *Die Räuber* gespielt, was sich 1933 mit *Maria Stuart* oder Friedrich Hebbels *Die Nibelungen* und 1934 mit *Iphigenie* und *Götz von Berlichingen* fortsetzte. Das neue Burgtheater kreierte einen Zyklus, der sich *Stimmen der Völker im Drama* nannte und sich, so hieß es, der Annäherung und Aussöhnung der Nachbarvölker verschrieb. Die spektakuläre Aufführung des Mussolini-Stücks *Hundert Tage* im April 1933, das »Österreich und Italien einander politisch näherbrachte«[12], wurde zum Teil des Zyklus erklärt. Die Aufführung des ungarischen Klassikers *Die Tragödie des Menschen* von Imre Madách ließ sich ebenfalls bestens in die repräsentative Pflege der außenpolitischen Achse Österreich-Italien-Ungarn integrieren.[13]

Ein programmatischer Schwerpunkt lag in der Pflege österreichischer Dramatik, naturgemäß mit einer Ausrichtung, die mit der Ideologie des Dollfuß/Schuschnigg-Regimes harmonierte. Zu dieser spezifisch »österreichischen Note«[14] gehörte es, die große Tradition, die »Synthese von österreichischem Theater und Welttheater«, zu pflegen, also Franz Grillparzer oder Ferdinand Raimund zu spielen, ja sogar Johann Nestroy und Ludwig Anzengruber – diese allerdings mit Nebenwerken –, ebenso wie den naturalistischen Altmeister des ländlichen Volksstücks Karl Schönherr, beispielsweise sein Stück *Erde* im Februar 1937.[15] Vor allem Ernst Lothars Grillparzer-Aufführungen (*Ein Bruderzwist im Hause Habsburg*, *König Ottokars Glück und Ende*) fanden großen Anklang: Unterrichtsminister Kurt Schuschnigg kam sogar zu den Proben, Bundespräsident Wilhelm Miklas, Kardinal Innitzer sowie der Bundeskanzler und andere Minister werteten die Premiere des *Ottokar* zu einer Staatsaktion auf. Erstaunlich war, dass sogar die

Arbeiter-Zeitung von der Aufführung angetan war, mit der Begründung, dass diese entstaubt wirkte.[16]

Ganz im Zeitgeist waren die neuen Volksstücke, die österreichische Dramatiker:innen dem Burgtheater lieferten. Gegenüber dem alten, realistischen Volksstück »haben [sie] gleichsam eine Dimension mehr, sie ragen überall in die Oberwelt der Gläubigkeit, in die Unterwelt der mythischen Urinstinkte und treiben Zauberei am helllichten Tag«[17]. Das Burgtheater widmete sich in Serie solchen geistlichen Spielen mit mittelalterlicher Prägung. »Hofmannsthal war das erlauchte Vorbild all dieser Dichter von Max Mell bis Hermann Heinz Ortner, Franz Theodor Csokor und Rudolf Henz, der *Jedermann*, vor einem Vierteljahrhundert zuerst hergestellt, hat ihnen allen vorangeleuchtet.«[18]

Max Mells *Das Schutzengelspiel*, im September 1932 uraufgeführt, war ein Beispiel dieses Genres. Das katholische Lehrstück wollte dem Publikum verdeutlichen, dass der Mensch, wenn er sich von seinem Schutzengel trennt, unmenschlich agiert und gegen die Gebote Gottes verstößt.[19] Es reihte sich damit in die konservative Tradition des Burgtheaters ein, das einst *Das Nachfolge Christi-Spiel* uraufgeführt hatte. Röbbeling überreichte Max Mell, nachdem 1934 dessen Ödipus-Stück *Sieben gegen Theben*[20] präsentiert wurde, im Mai 1935 den Burgtheaterring: »Das Theater braucht den Dichter, will es seiner hohen Sendung gerecht werden.«[21]

Das Spiel von den deutschen Ahnen, in Starbesetzung am Burgtheater im Februar 1936 herausgebracht, eröffnete formal ein neues Kapitel in Mells Schaffen. Es gab keinen Knittelvers mehr, kein Nacheifern des *Jedermann* von Hugo von Hofmannsthal, sondern ein realistischeres Volksstück, durchsetzt mit magischen Elementen und einem herbeigezauberten In- und Gegeneinander von Gegenwart und Geschichte. Menschen in Not, die mit ihrem Leben nicht fertig werden, werden von Ahnen aus der Vergangenheit besucht, die sie wieder zu ihrer Herkunft und Heimat zurückführen.[22]

Als etwas weniger geschickt entpuppte sich Röbbelings Plan, den 1933 in Deutschland viel gespielten Richard Billinger auch in seiner Heimat Österreich zu präsentieren. *Rosse* erzählt von einem Knecht, der tiefe Zuneigung zu den Tieren hegt und mit ihnen Tag und Nacht verbringt. Auf Avancen von Dorfschönheiten reagiert er nicht, allerdings bringt ihn sein Bauer in Rage, der es mit der modernen Zeit hält und sich einen Traktor anschafft.[23]

In Wien gab es nach der Premiere sichtlich eine Intervention von oberen Stellen. Allein der Gedanke an Sodomie war am Burgtheater unerwünscht. Nach vier Aufführungen wurde das Stück, offiziell wegen mangelnder Nachfrage, abgesetzt.[24]

Ein anderer Schwerpunkt von Röbbelings Spielplanprogramm bestand in der Aufführung von Stücken, die sich mit den Habsburgern beschäftigten. Hanns Saßmanns Revue *1848* schrieb die Wiener Revolutionsgeschichte um. Zum Helden dieses Stücks stieg der brutale Wien-Belagerer Alfred Windischgrätz auf. Die geschlagene Revolution verkam in Saßmanns Historiendrama zu einem Haufen bezahlter Schwachköpfe, Müßiggänger und Huren.[25] Fortgesetzt wurde diese monarchistische, revuehafte Neuinterpretation österreichischer Geschichte, in der die Ausstattung auch kräftig aufgeputzt war und in der die Herrschaften sich »die höchsten Titulaturen wie Tennisbälle wechselseitig«[26] zuwarfen, durch Hanns Saßmanns *Prinz Eugen von Savoyen* im Juni 1933. Durch das Absingen des Prinz-Eugen-Liedes am Schluss wurde die Aufführung zu einer Art Mitmach-Theater. Die *Arbeiter-Zeitung* spottete: »Wäre dieser [...] Erfolg nicht etwas billiger und etwas weniger umständlich zu haben gewesen? Eine Sammlung alter österreichischer Militärmärsche täte es auch, kurzweiliger, besser und eindeutiger.«[27]

Eine Schlüsselfigur im Burgtheater der Ära 1932 bis 1938 war zweifellos der umtriebige Friedrich Schreyvogl, ein Nachkomme des als Burgtheater-Reformator legendären Joseph Schreyvogl. Er wirkte als Übersetzer, Dramaturg, Romancier (*Franz Grillparzer*, 1935) und Dramatiker. Als Protektionskind christlichsozialer und monarchistischer Kreise wurde er zum literarischen Berater am Burgtheater bestellt. Seine durchaus seltsame *Habsburgerlegende*, am 10. Oktober 1933 an der Burg uraufgeführt, beruhte auf der Geschichte, dass Johann Orth, der habsburgische Aussteiger-Erzherzog, gar nicht beim Schiffsunglück am südamerikanischen Kap Horn ertrunken war, sondern dieses nur vorgetäuscht hatte, um seine Vergangenheit zugunsten einer neuen Existenz abzuschütteln.

Es schadete Schreyvogl erstaunlicherweise nicht, dass er bereits im Herbst 1933 an einer deutschen Veranstaltung des *Kampfringes der Deutschösterreicher im Reich* teilnahm, bei der sich auch die NS-Minister Hermann Göring, Wilhelm Frick und Werner von Blomberg einfanden. Schreyvogl gehörte in der Autor:innenszene zu den erstaunlich vielen ›Brückenbauern‹, die zwischen Austrofaschismus und nationalsozialistischer Betätigung, zwischen katholischer Österreich-Ideologie und deutschem Reichsdenken opportunistisch pendelten und bestens mit den politischen Zäsuren 1938 und 1945 zurechtkamen. Der ähnlich denkende Max Mell wurde Ende 1936 Vorsitzender des *Bundes deutscher Schriftsteller Österreichs*, einem österreichischen Ableger der *Reichsschrifttumskammer*. Mit vorauseilendem Gehorsam wurde der regimegenehme Spielplan von Röbbeling durch Ausschluss bestimmter Autor:innen gelenkt. Betroffen waren die liberalen, linken und/oder jüdischen Emigrant:innen, Ferdinand Bruckner (*Timon*) stand 1932 ein letztes Mal auf dem Spielplan, Ödön von Horváth kam wegen seiner anstößigen ›Heimatbeschmutzung‹, den *Geschichten aus dem Wiener Wald*, nicht in Betracht. Frank Wedekind, Marieluise Fleißer, Walter Hasenclever oder gar Bertolt Brecht wurden erst gar nicht in Erwägung gezogen. Carl Zuckmayer und Franz Theodor Csokor mussten lange kämpfen, ehe sie mit ihren Stücken zum Zug kamen. Arthur Schnitzler wusste man in der Vergessenheit gut aufgehoben. Der NS-Theaterhistoriker Heinz Kindermann hatte 1939 an Röbbelings Burgtheater vor allem dessen »Warenhaus«-Charakter auszusetzen, schlug retrospektiv auf die *Faust*-Bearbeitung von Richard Beer-Hofmann (1932) und die Grillparzer-Aufführungen des ›Juden‹ Ernst Lothar ein, aber zeigte sich zufrieden, dass sich 1938 in der Personalzusammensetzung nicht viel ändern musste. »Die Juden waren ja meist als Gäste aufgetreten; dem Ensemble gehörten verschwindend wenige an.«[28]

Symptomatisch für das Klima der Anpassung war der Fall, den Franz Theodor Csokor seinem Freund Ferdinand Bruckner in einem Brief beschrieb: Er komme von einem Spitalsaufenthalt zurück und müsse feststellen, dass an seinem Drama *3. November 1918*, wofür er im März 1937 beste Rezensionen[29] und alsbald den Burgtheaterring bekommen hatte, ein einziger Satz gestrichen wurde, der aber nicht weniger war als die Pointe des ganzen Stücks. Das Werk erzählt von der Auflösung der Doppelmonarchie, Ort der Handlung ist eine Berghütte, wo die Soldaten verschiedener Nationalitäten Dienst machen. Als die Nachricht vom Ende der Monarchie einlangt, erschießt sich Oberst Radosin. Er wird begraben, die Soldaten verabschieden sich in Namen der jeweiligen Nationen: »Erde aus Slowenien«, usw. Röbbeling, so Csokor, »benutzte meine Abwesenheit, um im letzten

Akt [...] dem jüdischen Regimentsarzt Dr. Grün, wenn er Erde auf den Sarg wirft, den Satz ›Erde aus Österreich!‹ zu streichen.«[30] Csokors Botschaft, dass das alte Österreich im übernationalen Status der Jüdinnen und Juden am besten repräsentiert worden sei, war unerwünscht, passte weder zur Ideologie des Austrofaschismus noch des Nationalsozialismus.

Am 12. März 1938 erklärte sich Mirko Jelusich zum Burgtheaterdirektor. Röbbeling versuchte sich zu wehren, was jedoch erfolglos blieb. Aber auch Jelusich war die Würde des Amtes nur kurz vergönnt. Am 4. Juli wurde er von Goebbels enthoben und durch Lothar Müthel ersetzt.[31]

AP

1. Mai 1934

Das Konkordat tritt in Kraft

Das Eherechtswirrwarr

Die mündlichen Verhandlungen begannen im April 1933, im Mai 1933 erfolgte die Genehmigung des Vertragstextes im Ministerrat, ein Jahr später – am 1. Mai 1934 – trat nicht nur die neue, im ›Namen Gottes‹ erlassene Verfassung in Kraft, sondern auch das neue Konkordat mit dem Vatikan, das das Eherecht für die katholische Bevölkerung (über 90 Prozent) dem kanonischen Recht unterwarf. Das hieß, dass eine einmal geschlossene sakramentale Ehe vorbehaltlos zu bewahren war, und zwar auch im Fall des nachträglichen Religionswechsels bzw. des Austritts aus der Kirche. In der Praxis bedeutete dies, dass die Eheschließung von Katholik:innen ausschließlich von der Kirche vorgenommen werden konnte. Die Verfahren bezüglich der Annullierung der Ehe waren der Kompetenz der kirchlichen Gerichte und Behörden vorbehalten, deren Urteilen sich die staatlichen Gerichte und Verwaltungsstellen fügen mussten.

Auf dem Papier hatte man Klarheit geschaffen, realiter nahm damit allerdings das Chaos zu und steigerte die Rechtsunsicherheit. Und die Regierung war nicht bereit, Entscheidungen zu treffen, denn sie wollte weder das Vertrauen der kirchlichen Autorität verwirken, noch konnte sie die Augen davor verschließen, dass bei genauer Befolgung des Konkordats zehntausende Menschen ins Unglück gestürzt würden.[1]

Zunächst die Vorgeschichte: Die Unauflöslichkeit der Ehe war seit Beginn der Republik ein Streitpunkt. Anders als im Deutschen Reich, wo seit 1875 die obligatorische Zivilehe eingeführt wurde, galt in Österreich weiterhin die Regelung, dass Zivilehen nur dort vollzogen werden konnten, wo die Eheleute nicht einer Konfession angehörten. In der Regel wurden in Österreich also Ehen vor katholischen, protestantischen oder jüdischen Geistlichen geschlossen und nebstbei auch staatlich anerkannt. Gemäß kanonischem

Recht waren katholische Ehen unauflöslich, es gab nur eine Scheidung von Tisch und Bett. Anders stand die Sache für Nichtkatholik:innen: Einvernehmliche Scheidung und Wiederverheiratung waren erlaubt. Im Vergleich zu Frankreich, Großbritannien oder den nordischen Staaten hatte Österreich (zusammen mit Italien und Spanien) somit eines der rückständigsten Ehegesetze in Europa. In Ungarn war die allgemeine Lösbarkeit der Ehe im Gesetz verankert – es gehört zu den Seltsamkeiten der österreichischen Geschichte, dass nach der Angliederung des Burgenlands dort das ungarische Eherecht beibehalten wurde.[2] Alle Anträge zur Reform des Eherechts scheiterten am erbitterten Widerstand der Christlichsozialen Partei. »Wer nicht an dem Glaubenssatz der Einheit und Unauflöslichkeit der Ehe festhält, hört auf, katholischer Christ zu sein«[3], hieß es in einem Hirtenbrief der österreichischen Bischöfe.

Trotz des unauflösbaren Konflikts gab es eine österreichische Lösung, gegen die die Christlichsozialen zwar polemisierten, mit der sie (zumindest in Teilen) aber leben konnten. Der vermeintliche Begründer war Albert Sever, der sozialdemokratische Landeshauptmann des damals noch mit Wien vereinten Niederösterreichs, weshalb sich auch bald der Begriff »Sever-Ehen« einbürgerte. Sever war es, der Einzelentscheidungen des *Staatsamtes für Inneres* aus dem Jahr 1919 in eine Massenpraxis überführte. Grundlage seiner Entscheidung waren die Paragraphen 83 bis 88 des ABGB, die ehemals dem Kaiser, seinen Ministern und seinen Statthaltern ermöglichten, aus Gnade einen Ehedispens zu gewähren. Zwei sich widersprechende Prinzipien prallten aufeinander: »das katholische Prinzip der Untrennbarkeit der Ehe und das absolutistische Prinzip der unbeschränkten Befugnis der Verwaltung«[4]. Noch zwei andere Möglichkeiten der Ehescheidung boten sich an: die Ungültigkeitserklärung durch die Kirche selbst oder der nominelle Wechsel in die ungarische Reichshälfte, in der Ehetrennung und Wiederverheiratung möglich waren.[5]

Bis zur Ablöse Severs im November 1920 wurden in Wien bereits 15 000 Dispense erteilt, während die übrigen Landesregierungen Ansuchen ablehnten. Trotz der Instruktionen für Dispenserteilungen durch das *Staatsamt für Inneres* blieben die Bundesländer (mit der zeitweisen Ausnahme Kärntens) bei einer restriktiven Praxis. Immerhin konnten Rekurse bei der Wiener Bundesregierung eingebracht werden. Es war der politische

Bundespräsident Wilhelm Miklas und Bundeskanzler Engelbert Dollfuß mit dem päpstlichen Nuntius Enrico Sibilia: Notenaustausch anlässlich der Verkündung des Konkordats, 1. Mai 1934

Foto: Österreichische Nationalbibliothek – Bildarchiv

Deal der ›antimarxistischen‹ Koalitionsregierungen, dass deutschnationale Minister und der Vizekanzler diese positiv erledigten. Insgesamt wurden in Österreich auf diesem Weg bis 1934 50 000 bis 70 000 Sever-Ehen geschlossen, aus denen etwa 40 000 Kinder hervorgingen. Es kann davon ausgegangen werden, dass insgesamt ungefähr 300 000 Personen (frühere und aktuelle Ehepartner, Kinder) von der Komplexität dieser Konstruktion betroffen waren.[6]

Am 17. April 1935 meldete die *Neue Freie Presse*, dass erstmals nach Abschluss des Konkordats die Überprüfung einer Ehegültigkeit nach kanonischem Recht in allen Instanzen erfolgt sei. Der verhandelte Fall war folgender: Eine Frau, die katholisch getauft wurde und später in die evangelische Kirche eintrat, schloss nach evangelischem Ritus eine Ehe, die getrennt wurde. Die Frau konvertierte anschließend wieder zum Katholizismus und schloss nach katholischem Ritus eine Ehe, die ebenfalls unglücklich war und getrennt wurde. Der Ehegatte brachte dann einen Antrag auf

Ungültigkeitserklärung der Ehe ein mit dem Hinweis auf gültige Hofdekrete der Jahre 1814 und 1819, die besagen, dass eine zur katholischen Kirche übergetretene Person gar keine Ehe schließen darf, solange der erste Ehepartner lebt, auch wenn die erste, nichtkatholische Ehe rechtskräftig getrennt wurde.

Der klagende Ehepartner hätte die Ungültigkeit seiner Ehe erreichen können, hätte er sich nicht so viel Zeit gelassen; denn nach dem Inkrafttreten des Konkordats müssten Gerichte bei katholischen Ehen das kanonische Recht anwenden. So lautete das Urteil des Erzbischöflichen Sekretariats, dass die erste Ehe ungültig sei, da eine evangelische Person, die katholisch getauft wurde, nur von einem katholischen Pfarrer getraut werden könne. Die zweite Ehe sei hingegen gültig, weil das Ehehindernis nicht vom kanonischen Recht anerkannt werde. So ergab sich »der ungewöhnliche Fall, daß die erste Ehe nach staatlichem Recht gültig, aber nach kirchlichem Recht ungültig sei, während die zweite Ehe nach staatlichem Recht ungültig, aber nach dem neuen kanonischen Recht gültig«[7] sei.

Ein anderer Fall, der die Ehedispenswirrnis der Jahre 1934 bis 1938 anschaulich macht: Eine Ehe wurde 1923 in Wien geschlossen, ging jedoch bereits 1925 in die Brüche. Die Gattin übersiedelte in die Tschechoslowakei und beantragte dort, obwohl sie österreichische Staatsbürgerin war, die Trennung der Ehe. Trotz Aufforderung des Gerichts meldete sich der Ehemann nicht, die Ehe wurde geschieden, auch der Wiener Magistrat stellte einen Ehedispens und eine Ehebefähigung aus. 1935 wollte der frühere Ehemann ebenfalls eine Scheidung erwirken, was vom Bundesgerichtshof mit der Begründung abgelehnt wurde, dass niemand auf die Erteilung eines Ehedispenses einen Rechtsanspruch habe.[8]

Die Regierung ergriff darüber hinaus einige flankierende Maßnahmen, um Kirchenaustritte infolge des neuen Eherechts zu erschweren. Allein die Anzahl der Wiedereintritte im Jahr 1934 wies darauf hin, wie groß der Druck der Regierung in Hinblick auf das Religionsbekenntnis gewesen sein muss. Öffentliche Bedienstete waren besonders stark betroffen. Schon mit dem Erlass vom 16. August 1933 wurde verfügt, dass beim Begehr des Kirchenaustritts der »Geistes- und Gemütszustand« des Antragsstellenden von der Behörde überprüft werden müsse.[9] Auch bei Ehepaaren ohne Bekenntnis wurde der kirchliche Monopolanspruch durchgesetzt: Die in der Verfassung garantierte Glaubens- und Gewissensfreiheit sei ausschließlich bei religionsmündigen Bürger:innen anzuwenden, nicht aber bei Kindern, die aus solchen Ehen hervorgingen.[10]

Staatliches versus kanonisches Recht – eigentlich gab es nur ein Entweder-oder. Die Regierung wollte jedoch keine Entscheidung treffen, denn sie scheute einerseits die Auseinandersetzung mit der katholischen Kirche und ihrer dogmatischen, durch das Konkordat kodifizierten Linie – die auch retrospektiv vor der Ungültigkeitserklärung gesetzlich geschlossener und intakter Ehen nicht zurückscheute –, andererseits konnte sie auch nicht die Augen vor den Anliegen derer verschließen, die in einer glücklichen Sever-Ehe lebten und Kinder hatten. Eine gesetzliche Regelung, durch die die Dispensehen ganz allgemein für ungültig erklärt worden wären, kam aus guten Gründen nicht in Frage. Gleichzeitig war aber auch eine ›Sanierung‹ der Dispensehen inakzeptabel, denn in der Regel waren die ersten Ehen kirchlich geschlossen worden, während die Dispensehen ohne Segen der Kirche zustande kamen. Die Debatte führte zu dem Ergebnis, dass »von einer christlich orientierten Regierung eine solche gesetzliche Maßnahme wohl nicht ausgehen«[11] könne.

Insgesamt beförderte das neue Eherecht sicherlich bei vielen die Tendenz, auf jede kirchliche oder staatliche Rahmung des Zusammenlebens von Mann und Frau zu verzichten. Entgegen den Erwartungen der katholischen Kirche dämmten die Bestimmungen des Konkordats nicht die Zahl der offiziellen Ehescheidungen und Ehetrennungen ein. Ehetrennung hieß, dass sich die Eheleute grundsätzlich wieder verehelichen konnten. Ehescheidung dagegen bedeutete, dass die Ehe nicht gelöst, jedoch eine Scheidung von »Tisch und Bett« vollzogen war. Wurde die Ehe wieder aufgenommen, musste dies, auch das eine Neuheit des katholischen Obrigkeitsdenkens, dem Gericht angezeigt werden, Kontrolle musste sein.[12]

Voll Sorge präsentierte Wilhelm Winkler, der oberste Statistiker des Staates, dass die meisten Scheidungen im Großstadtleben wurzelten, weil dieses »überempfindliche Menschen züchtet«, während die Zustände auf dem Land »außerordentlich günstig«[13] seien. Realiter war der Unterschied aber nicht so groß: In Wien stünde vier geschlossenen Ehen eine Ehescheidung bzw. Ehetrennung gegenüber, während in den Bundesländern das diesbezügliche Verhältnis eins zu sechs sei.[14]

Seit jeher stand in der Ersten Republik das Leben der kulturellen Elite unter besonderem Verdacht, da sich diese nicht an katholische Sittengesetze halte. Prominente bekamen dies zu spüren. Wenn sich etwa Kammersängerin Maria Jeritza im US-amerikanischen Arkansas neu verheiratete, dann müsse dies Folgen haben, wie das Organ *Katholisches Leben* des *Katholischen Volksbundes* einmahnte. Eine Absage ihrer Auftritte in der Wiener Staatsoper sei geboten, denn Jeritza sei katholisch verheiratet und jede österreichische katholische Person, die zu Lebzeiten des anderen Eheteils eine zweite Ehe schließt, begehe das Verbrechen der Bigamie. Die *Reichspost* schloss sich dieser Ansicht an: Wenn der Anspruch eines »christlichen Staates« »keine Phrase sein soll, so muss dafür gesorgt werden, daß auch entsprechende Taten gesetzt werden, da sonst im Volke nur zu leicht die Meinung entsteht, für gewisse Leute und Vorkommnisse bestehen weder Gesetze noch sonstige Hindernisse«[15]. Mit Argusaugen wurde auch der Scheidungsprozess von Richard Tauber in der Öffentlichkeit beobachtet.[16]

Außerdem gab es noch zwei Prominente, über die allerdings nicht berichtet werden durfte; die Geschichten über sie machten jedoch selbstredend die Runde. Die eine Person war Vizekanzler und Heimwehrführer Ernst Rüdiger Starhemberg, der mit der Kirche im Streit lag, weil der Vatikan die Ungültigkeitserklärung seiner Ehe verweigerte. Er wollte Nora Gregor, die im Burgtheater die junge Titelheldin in Shakespeares Liebesdrama *Romeo und Julia* gespielt hatte, heiraten. Erst als ihn Kanzler Schuschnigg im Oktober 1936 von einer feucht-fröhlichen Feier am Cobenzl ins Bundeskanzleramt bestellte und ihn mit der Entmachtung konfrontierte, gab es als Entschädigung für dieses Ungemach die Null-und-Nichtig-Erklärung seiner früheren Ehe und grünes Licht für die Verbindung mit der Schauspielerin.[17]

Die andere Person war der Kanzler selbst, der sich und Frau Herma sowie Sohn Kurti in der Öffentlichkeit als Vorzeigefamilie präsentierte. Im Frühsommer 1935 reisten Franz Werfel, seine Frau Alma Mahler-Werfel und deren Tochter aus erster Ehe, Anna Mahler, zusammen nach Italien. Dort trafen sie auf Kurt Schuschnigg, dem Mussolini eine Limousine zur Verfügung gestellt hatte und der sich prompt bei der Tour durch die Toskana in Anna Mahler verliebte. Der Briefwechsel zwischen den beiden ist zwar heute nicht mehr auffindbar, vermeintlich lieferte er jedoch den Beweis, dass sich zwischen den beiden eine leidenschaftliche Affäre entwickelte. Im Sommer 1935 folgte ein Schicksalsschlag: Schuschnigg überlebte einen

Autounfall, seine Frau verstarb. »Der tiefgläubige Schuschnigg, so wurde hinter vorgehaltener Hand erzählt, empfand das Unglück als Gottesstrafe für seine Untreue. […] Als Konsequenz sagte er sich sofort von Anna los.«[18] Schuschniggs spätere Beziehung war in dieser Hinsicht ebenso wenig vorzeigbar. Seine Verlobte in den Monaten vor dem ›Anschluß‹ war Vera Gräfin von Czernin-Chudenitz, die vier Kinder mit einem Offizier der Reichswehr hatte und deren Ehe vom Vatikan annulliert wurde. Die Kritik an der klerikalen Gefälligkeit ließ nicht lange auf sich warten. Schuschnigg wusste um die ungute Optik und verzichtete vorerst auf die Heirat.[19]

AP

1. Mai 1934

Tag der Jugend im Wiener Prater

Unzeitgemäße Huldigungen, krause Geschichtsstunden und bestellter Jubel

»Auf der Prater-Hauptallee ziehen unter den blühenden Kastanienbäumen, deren mächtige, grüne, mit leuchtendroten Kerzen geschmückte Kronen einen Baldachin bilden, in ununterbrochener Folge in Gruppen: Knaben und Mädchen, hell gekleidet, voll erwartungsvoller Festfreude.«[1] So theatralisch beschrieb die *Neue Freie Presse* den Anmarsch von 50 000 Kindern in Richtung Praterstadion zur *Vaterländischen Feierstunde* am 1. Mai 1934. Der Tag war für das austrofaschistische Regime als symbolische Besetzung zentraler Orte der geschlagenen demokratischen Republik besonders wichtig: Am Festtag der verhassten Arbeiterbewegung trat die im Namen Gottes verkündete Verfassung des *Bundesstaates Österreich* in Kraft, an diesem Tag marschierten die Stände, die vermeintlich soziale Klassen überwindende Basis dieses Staates, vor dem Wiener Rathaus auf – und 50 000 Schüler:innen sollten den neuen Staat bejubeln.

Die vom Geist des ›Roten Wien‹ beseelte Praterarena war im Rahmen der 2. *Arbeiterolympiade* im Juli 1931 mit dem *Spiel der Viertausend* eröffnet worden. Schon damals war die Idee eines Massenspiels nicht neu gewesen: Die Strukturierung amorpher Menschenaufläufe, choreographierte Bewegungen vereinheitlichter Massenkörper, in militärischer Aufmachung gedrillte Verbände, im entsprechenden Rhythmus synchronisierte Körper und Gleichschritt in Reih und Glied waren in allen politischen Lagern Mittel der Mobilisierung sowie mit Elementen »zivilreligiöser Feiern«[2] verquickt und sollten Ausdruck des Geistes und Fühlens der Massen sein. Noch in den frühen 1930er-Jahren hatten konservative Autoren mit von Laiengruppen aufgeführten Fronleichnams- und Passionsspielen auf dörflichen Kirchplätzen experimentiert.[3] Das Passionsspiel *Golgatha* am Ostersonntag

Jugendhuldigung im Wiener Praterstadion, 1. Mai 1934
Aus: Österreichische Woche, 10. Mai 1934, Titelblatt

1933 in der Inszenierung von Clemens Holzmeister im Zirkus Renz hatte nur einen weiteren Entwicklungspunkt markiert.[4]

Der Kampf um die symbolische Besetzung des Stadions durch propagandistische Masseninszenierungen hatte bereits unmittelbar nach dessen Eröffnung begonnen: Die Sozialdemokratie inszenierte hier nach der Olympiade weitere Massenspiele, das konservative und das deutschnationale Milieu bezogen ihre präzisen Anleitungen für turnerische Massenübungen, Körperornamente und Texte wiederum aus den *Blättern für neues Festefeiern*. Im Juni 1932 führte hier die *Christlich-deutsche Turnerschaft* das Festspiel *An der Esse der deutschen Schmiede* mit 8000 Teilnehmer:innen vor einem 40 000-köpfigen Publikum auf. In geometrischer Anordnung formierten sich die einheitlich gekleideten Turner:innen zum Abschluss zu einem das gesamte Spielfeld ausfüllenden christlichen Kreuz.

Im September 1933 folgte eine noch monumentalere Adaptierung massenästhetischer Elemente. Das von Rudolf Henz verfasste Weihespiel *St. Michael, führe uns!*[5] war »eine in Form gebrachte, bis zur letzten Regieanweisung gestaltete Großkundgebung«[6] und gleichzeitig »Verbindung von katholischem Kult und ständestaatlich antimarxistischem Agitprop«[7]. Wie der gesamte Allgemeine Deutsche Katholikentag 1933 zeigte das Spiel mit seinen historischen Anspielungen auf Wiens Entsatz durch die Osmanen 1683 eine klare Stoßrichtung gegen das ›Rote Bollwerk‹ Wien. Am Ende dieser im Weihespiel dargestellten Auseinandersetzung zwischen Gut und Böse, zwischen Christen- und Heidentum, nachdem der heilige Michael die Meuterer »mit diesem Schwerte« in die Flucht getrieben hatte, und die »gottlosen« Arbeiter mit ihrem »Geschrei« und der *Internationale* von den »gottgläubigen, geschart um das Symbol ihres Glaubens, das Kreuz«[8], besiegt waren, betritt die Sakramentsprozession das Spielfeld und zieht langsam durch das Spalier. »Der Erzengel ist zur Seite getreten und kniet nieder, er deutet damit an, daß das Spiel zu Ende ist und die weihevolle, die sakramentale Wirklichkeit beginnt«. Zum Abschluss zogen Bischöfe und Äbte, angeführt vom Kardinal und gefolgt von 900 Priestern und Mönchen, in das Stadion ein: »Stimm, Erde, ein in diesen Sphärenklang, versinke[,] Volk, in Staub und Lobgesang«[9], und ließen das Stadion »zu einem symbolisch aufgeladenen Sakralraum«[10] werden.

Oft scheinen die Autoren und Berichterstatter solcher Ereignisse von den Aufführungen überwältigter gewesen zu sein als das Publikum.[11] So erinnerte sich Henz später, dass die Wirkung seines Festspiels »ungeheuer«[12]

gewesen sei: »Atemlos still ist es in dem gewaltigen Raum, er wird zum Gotteshause, die Spieler und das Volk auf den Tribünen sinken in die Knie und huldigen dem heiligsten Sakramente, das in schimmernder Monstranz der Oberhirte, umgeben von Akademikern mit gezogenen Schlägern, über das Spielfeld hinauf zum Hochaltare trägt«[13], hieß es im Abschlussbericht des Katholikentages über das Weihespiel im Stadion. »Ergriffenheit«, »Gefühl« und »Erlebnis« waren die Zauberworte der Erwartungen der Veranstaltenden. Doch schon in den frühen 1930er-Jahren hatte Karl Kraus dieses Pathos sarkastisch relativiert: »Das muß ja ein schöner Kitsch gewesen sein.«[14]

Der kämpferischen Neuinterpretation der Mysterien- und Huldigungsspiele folgte nach der Etablierung der Diktatur das austrofaschistische Bekenntnisspiel: Die vaterländische Massenästhetik präsentierte dabei mit den Geschichtsbildern der ›ständestaatlichen‹ Österreich-Ideologie eine Welt der Harmonie und Eintracht, der Überwindung sozialer Gegensätze. So stiftete das in drei Bildern – *Vordringen der christlich-deutschen Kultur gegen Osten, Österreichs Tonheroen, Österreich als Bollwerk* – vorgetragene, ebenfalls von Henz verfasste Festspiel für die Jugendhuldigung am 1. Mai 1934 eine österreichische Geschichtsmythologie frei von internen (Klassen-)Konflikten.[15] Die Erzählstruktur war dabei weder linear noch geschlossen, vielmehr eine »diffuse, sprunghafte Abbildung von Massenpräsenz«[16], weniger für das Stadion selbst als für die Reproduktion in den Massenmedien konzipiert. Alljährlich berichtete nun *Österreich in Bild und Ton* über die Jugendhuldigung, wobei diese staatliche Filmwochenschau die Mängel der Vorstellungen – in erster Linie ein »akustisches, auf den Rundfunk berechnetes Medienereignis«[17] – sehr deutlich sichtbar machte: Die medialen Inszenierungen waren dilettantisch, oft grotesk, konnten mit den technischen Entwicklungen und Möglichkeiten nicht Schritt halten.

Auch die jährliche Wiederholung verlor schließlich an Reiz, selbst die regimetreuen Zeitungen widmeten dem Ereignis kaum noch Platz. Die Veranstaltung von 1935 mit Knaben und Mädchen in »Alt-Wiener Tracht«[18] sowie mit gymnastischen Vorführungen war eine Huldigung an die Ahnen – »Heil dem Volk, dem wir entstammen, Glück dem Land unsrer Ahnen!« – und ein Bekenntnis zum neuen Staat – »Alt Vaterland im neuen Gewand!«[19]. Schüler:innen formten im zweiten Teil – nach Geschlechtern getrennt – zum Abschluss ein riesiges Kruckenkreuz. Das Fest ging in

Regenschauer und Hagel unter, auch wenn aus »den Augen von fünfzigtausend Kindern«[20] die Sonne geleuchtet haben soll. 1936 und 1937 verfassten Hans Nüchtern bzw. Max Stebich die Festspiele *Rot-weiß-rot*[21] und *in hoc signo vinces*[22]: Nicht mehr die Geschichte stand hier im Zentrum, sondern Landschaft, Tradition, Handwerk und Volksbräuche – eine bäuerliche, vorindustrielle Welt: »[G]edenkend des Bandes, wissend der Not, Fahne des Landes: Rot-Weiß-Rot!«[23], heißt es bei Nüchtern, »[e]in Vaterland, wo jeder Saum und Rain, wo jedes Gartens, jedes Feldes Gaben, wo Berg und Tal und Wiese, Wald und Hain, wo jeder Quell, der aus dem Felsen fließt, seit Ahnenfernen unser Eigen ist«[24], bei Stebich.

Auch der am 1. Mai 1934 vor dem Rathaus stattfindende Festzug *Huldigung der Stände*, »ein Versuch, eine große staatspolitische Feier in dichterische Form zu kleiden«[25], feierte den Triumph über die demokratische Republik, bejubelte die oktroyierte ›ständestaatliche‹ Verfassung. Was in der Realität nicht existierte – die Stände und ihre Organisationsform –, sollte auf diese Weise zumindest literarisch ein Podium erhalten, wenn auch nicht, wie aus Bildern ersichtlich, ein Massenpublikum erreichen. Diese zeigen im Vergleich zu den Maiaufmärschen der Sozialdemokratie nur die Leidenschaftslosigkeit, mit der das Projekt durchgeführt wurde. Es blieb »Massenästhetik, der die Masse fernzubleiben vorzog«[26], und die aufgrund ihrer Kläglichkeit nicht einmal von der Verdoppelung ihrer Bilder über die Medien, von »manipulierte[n] Bildausschnitten«[27] profitieren konnte. Die Ständehuldigungen blieben choreographierte Akte, in denen Publikum und Mitwirkende ihre Loyalität zu Staat und Führung zu versichern hatten. Deutlich wird hier, dass das Regime eine Massenanhängerschaft lediglich simulieren konnte. Ohne bürokratischen Zwang hätten auch die Jugendfeiern kaum das Wiener Stadion füllen können: So verpflichtete ein Erlass des Wiener Stadtschulrates »ein Drittel bis die Hälfte« aller Wiener Schüler:innen sowie des Lehrkörpers nicht nur zur Teilnahme, sondern verteilte zugleich auch die abzuarbeitenden Aufgaben: »Bei der anschließenden Huldigung an das Vaterland werden die Schüler der Austria zujubeln und rot-weiß-rote Papierfähnchen schwingen. Diese werden vom Festausschuß beigestellt werden.«[28]

Die Selbstornamentierung des ›Ständestaates‹ führte ebenso zu einer Fülle von Appellen, Paraden, Prozessionen, Weihestunden und Fahnenweihen. Das Diktum eines »Fronleichnams in Permanenz«[29] mag zwar übertrieben sein, eine Vermischung der Staatsästhetik und der Inszenierung der katholischen Kirche lässt sich hingegen sehr wohl konstatieren. Über eine beschränkte, biedere Massenmobilisierung ging es jedoch nicht hinaus, war doch die Elite des ›Ständestaates‹ einem Antikollektivismus verpflichtet. Zudem konnte sie, eingekeilt zwischen illegalisiertem linken Widerstand und nationalsozialistischem Aktivismus, kein plausibles Identitätsangebot bereitstellen, keine kollektiven Leidenschaften für das Regime entfachen. Nicht die Massenfestspiele oder Jugendhuldigungen lieferten die emotionalen Aufladungen des Stadions, »sondern vor allem die Fußballspiele«[30]. Schließlich endete alles in einer gewaltigen, patriotischen, doch banalen Revue »zu Ehren Vindobonas«.[31] Das von Oskar Strnad gestaltete Tanz- und Festspiel *Wien bleibt Wien* kam am 16. Juni 1935 im Rahmen der Wiener Festwochen zur Aufführung: »Erstaunlich die Harmonie der Bewegung all der Massen und Einzelpersonen, das Zusammenwirken von Musik, Tanz und Gesang zu einem einheitlichen Festspiel und Bilde.«[32]

Letztlich blieben die Massenaufführungen des Austrofaschismus ästhetische Spielereien. Eine andere Massenveranstaltung, die dort verlautete Absicht, die Demokratie zu zerstören, war allerdings schon früher bitterer Ernst geworden: »Von der Tribüne aus beobachtete ich«, schrieb der Korrespondent des britischen *Daily Telegraph*, George Eric Rowe Gedye, über die Trabrennplatzrede[33] von Engelbert Dollfuß am 11. September 1933, »das Schauspiel, welches äußerlich malerisch, für jeden aber, der die folgenden Akte der griechischen Tragödie der Zerstörung Österreichs durch seine[n] glühend patriotischen, aber verblendeten Kanzler miterleben mußte, schrecklich niederdrückend war. Nach Kompanien getrennt, standen die Heimwehrfaschisten in ihren grünen Uniformen auf dem weiten Platz, ihnen zur Seite die Tiroler Landesschützen in ihrer pittoresken Tracht, auf den hohen, spitzen Hüten lange weiße Federn, die im Winde wie Espenlaub zitterten. Dunkelgrüne und schwarzrote Jacken und kurze Hosen mit schneeweißen Strümpfen, katholische, halbfaschistische Bauerneinheiten standen da in vielfältigen malerischen Alpentrachten, und vor ihnen Bataillone von Pfadfindern in blaugelben Hemden.«[34]

7. Juni 1934

Dramatische Niederlage Österreichs bei der Fußball-WM in Italien

Ruhmloser Abschied

Das Ende in Neapel am 7. Juni 1934 war tatsächlich bitter[1]: Nur der vierte Platz in der Fußballweltmeisterschaft! Noch dazu eine Niederlage gegen Italien und darüber hinaus eine aus mehreren Gründen peinliche gegen Deutschland. Dabei war Österreich als Favorit in diese Weltmeisterschaft gegangen: Das österreichische Team hatte erst am 11. Februar 1934 Italien 4:2 in Turin besiegt, und die Deutschen wurden vorweg als durchschnittliche, fleißige, energische und ehrliche Mannschaft eingestuft, allerdings ohne viel Glanz.[2] Diese Durchschnittlichkeit bewiesen die Deutschen auch in Neapel beim Spiel um den dritten Platz, das niedrige Niveau reichte ihnen dennoch zum Sieg. Österreich hinterließ einen vollkommen mutlosen, niedergedrückten Eindruck, nahezu alle Spieler versagten, einzig Tormann Platzer und Verteidiger Horvath gefielen, Sesta fiel überdies durch unfaires Spiel auf.

Schon das Prozedere vor dem Spiel war etwas merkwürdig. Vor dem Match gab es in den Kabinen einen Konflikt, da man sich nicht auf die Farbe der Trikots einigen konnte. Die Österreicher mussten schließlich nach Losentscheid die weißen Leibchen ausziehen und gegen die blauen Hemden des F.C. Napoli tauschen. Und dann war da noch die seltsame musikalische Eröffnung: Da die österreichische und die deutsche Hymne dieselbe Melodie hatten, wurde die Haydn-Musik zweimal gespielt und mit verschiedenen Texten gesungen.

Ferner war die Begegnung in Neapel zweifellos von den politischen Begleitumständen gezeichnet. Die angespannte politische und wirtschaftliche Beziehung zwischen Österreich und dem ›Dritten Reich‹ führte auch im Sport zu einer Spaltung der beiden Länder. Im Juni 1933, kurz nach der Tausend-Mark-Sperre und am Höhepunkt des nationalsozialistischen Terrors

Anpfiff des Spiels um den dritten Platz: Italien gegen Österreich bei der Fußball-WM 1934
Foto: Austrian Archives / brandstaetter images

in Österreich, war die bereits für den 25. Juni 1933 vorbereitete Begegnung zwischen Österreich und Deutschland in Frankfurt am Main vom ÖFB abgesagt worden.[3] Bis zum angeordneten, für die ›Ostmark‹ siegreichen ›Versöhnungsspiel‹ (2:0) im Wiener Praterstadion am 3. April 1938 trafen, mit Ausnahme von Neapel, die beiden Nationalteams nicht mehr aufeinander, aus guten Gründen mied man einander beinahe fünf Jahre lang.

Das österreichische Team hatte sich mühsam, nach Siegen über Frankreich und Ungarn, bis ins Semifinale vorgekämpft. Dort war es zum Showdown mit Italien gekommen, bei dem nicht nur für das Publikum und die politische Führung in Italien, sondern auch für den österreichischen Trainer Hugo Meisl feststand, dass nur eine Mannschaft gewinnen durfte und dafür alle Mittel recht waren. In der entscheidenden Szene in der achtzehnten Minute stand ein italienischer Spieler zuerst im Abseits; als Tormann Peter Platzer wenig später den Ball fing und am Boden festhielt, attackierten ihn die italienischen Stürmer so heftig, dass er den Ball wieder losließ und das einzige Tor (1:0) fiel. Nach Meinung aller neutralen Beobachtenden war dies eindeutig ein irregulärer Treffer. Es war nicht das einzige Spiel, das der schwedische Schiedsrichter Eklind zugunsten Italiens entschied. Matthias Sindelar und den anderen Stürmern wurde beim Spiel gegen Italien bereits zu Beginn massiv zugesetzt, Fouls im Strafraum wurden nicht gegeben, etliche Chancen vertan, insgesamt vermochte sich der so hoch eingeschätzte österreichische Sturm gegen die sich geschickt verteidigende italienische Equipe nicht durchzusetzen.[4] Die Weltmeisterschaft in Italien brachte ein für viele überraschendes Ende des »Wunderteams«[5].

Auch im Mitropacup verlief es 1934 für die Österreicher nicht nach Plan. Admira musste sich in den Finalspielen gegen den F.C. Bologna beugen.[6] Nun war im Vereinsspiel Österreich ebenfalls von Italien entthront worden. Benito Mussolini war mit dem gleichzeitigen Gewinn der Weltmeisterschaft und des Mitropacups hochzufrieden. Er hatte die Weltmeisterschaft nach Italien geholt, um die sportliche Überlegenheit des Landes zu zeigen. Schon seit den 1920er-Jahren hatte er in allen sportpolitischen Belangen mitgemischt, etwa Hugo Meisl bei der Gründung des Mitropacups unterstützt. Sport war in Italien Staatsräson, die Nation wurde gewissermaßen zum Sport erzogen, der Staat baute Schulen und Sportplätze, in wenigen Jahren stieg die Mitgliederzahl bei der *Balilla*, der faschistischen Sportorganisation, auf 3,3 Millionen. Fußballspiele waren Teil der politischen Repräsentation, Teil der politischen Festkultur zur Feier der Volksgemeinschaft.[7] Die Spieler wurden in den Dienst des italienischen Faschismus gestellt, Wien staunte nicht schlecht – und quittierte die Manifestation mit einem Pfeifkonzert –, als beim Länderspiel im März 1932 das italienische Team das Publikum mit dem stramm erhobenen rechten Arm begrüßte.[8]

Dollfuß lernte von Mussolini, begriff, dass die Popularität des Fußballs auch der Erzeugung von politischer Unterstützung dienen konnte. Er präsentierte sich als Fußballbegeisterter, ließ sich keine Gelegenheit entgehen, die Spieler und Verantwortlichen zu umschmeicheln und der Öffentlichkeit sein Faible für das runde Leder zu zeigen.[9] Das konnte allerdings auch schiefgehen, wie beim wenige Tage nach der Ausschaltung des Parlaments stattfindenden Match gegen die Tschechoslowakei, als er zuerst jedem Spieler einzeln die Hand schüttelte und dann beim Abspielen der

Kernstock-Hymne ausgepfiffen wurde.[10] Dollfuß ließ sich jedoch durch diese Missfallenskundgebungen nicht davon abbringen, den Ländermatches beizuwohnen, sich vor der Presse als Fußballfan zu inszenieren und dabei auch den Bundestrainer in sein Polit-Marketing einzubeziehen. So kam das Foto zustande, das Dollfuß bei der Begrüßung von Hugo Meisl zeigt.[11] Dabei war Meisl, der mit etlichen Sozialdemokrat:innen befreundet war, sicherlich kein Freund des Austrofaschismus. Bei den Februarkämpfen wurde die Wohnung seiner Familie im Karl-Marx-Hof direkt beschossen.[12]

Fußball-Länderspiele waren in den Jahren 1934 bis 1938 in vielerlei Hinsicht heikel. Das voll besetzte Wiener Stadion erwies sich als schwer kontrollierbarer Raum, obwohl die Regierung einige tausende Polizisten, auch Geheimpolizei und Heimwehrgruppen ausschickte und auf den Zuschauertribünen einschleuste. Die Revolutionären Sozialisten nutzten die Massenversammlungen zu Flugblattaktionen und lösten ein Katz- und Mausspiel mit der Polizei aus. Besonders bei den Matches gegen Italien schossen nach den Demütigungen bei der Fußball-Weltmeisterschaft die Emotionen hoch. So etwa beim Spiel am 24. März 1935: Lautstarke Pfuirufe begleiteten schon den Einzug des italienischen Teams; als dieses die Arme zum Faschisten-Gruß erhob, löste dies einen Entrüstungssturm aus, der das gesamte Spiel anhielt. Der Ruf »Nieder mit den Faschisten« war wohl auch an die eigene Regierung gerichtet, auch weil sich Heimwehrleute in der Pause gegenüber italienischen Fans den Faschisten-Gruß als Freundschaftsbeweis erwiderten.[13] Das Länderspiel gegen Italien am 21. März 1937 musste gar wegen der Hassausbrüche des Publikums (»Nieder mit Italien! Es lebe Spanien«) gar 17 Minuten vor Schluss abgebrochen werden.[14]

Ähnlich wie bei der Weltmeisterschaft sah man auch im Mitropacup[15] viele Skandalszenen. Spieler wurden schwer verletzt, Schiedsrichter insultiert, das Publikum stürmte wiederholt den Platz. Die Spiele des mitteleuropäischen Cups wurden von den Zuschauer:innen höchst leidenschaftlich begleitet, inklusive nationalistischer Aufwallungen.[16] Kein Mittel erschien untauglich, um den Landsleuten auf dem grünen Rasen zum Erfolg zu verhelfen. Schiedsrichter waren im Allgemeinen höchst gefährdet, weil sie von den Zuschauer:innen unter Druck gesetzt wurden, was zur Folge hatte, dass sie nachgiebig sein mussten, weil niemand sie ernstlich schützte.[17]

Bei all dem unsportlichen Gerangel stand sogar ein Aus für den Mitropacup im Raum. Aber die Vereine in den teilnehmenden Ländern hingen längst am Tropf der Einnahmen, der Mitropacup war aus dem internationalen Fußballprogramm mitteleuropäischer Spitzenvereine kaum mehr wegzudenken.[18] Ohne solche internationalen Spiele kein Profifußball! Im steten Kampf um die Plätze hatte sich ein Geschäft mit Millionenumsätzen entwickelt.

Der österreichische Fußball konnte seit der Mitropacup-Gründung 1927 fast immer brillieren und stellte mit Rapid (1928, 1930) und Vienna (1931) die Siegermannschaft. Austria, der typische Vertreter der Wiener Schule mit allen Stärken und Schwächen, eine Mannschaft, von der man sagte, dass sie lieber spielte als kämpfte, hatte sich erstmals 1933 erfolgreich durchgesetzt. Als ›Mitropacupspezialist‹ sorgte die Austria in den 1930er-Jahren weiter für das sportliche Ansehen Österreichs in Europa, weit über die beteiligten Länder hinaus. Der Triumph der in allen Positionen beispielhaft spielenden Austrianer gegen Sparta Prag im September 1936 vor der Kulisse des voll besetzten Masaryk-Stadions in Prag war sicherlich die Krönung dieser Entwicklung.[19]

Die Länderspiele und die Mitrocup-Matches waren nicht die einzigen Aktivitäten österreichischer Mannschaften im Ausland. Rund um Weihnachten und Ostern schwirrten österreichische Fußballer aus, waren auf mehreren Kontinenten zu finden, trugen Freundschaftsspiele in Südafrika, Indien, Holländisch-Indien (heute Indonesien), Ägypten, Algerien, Malta, auf den Kanaren, vor allem aber in Frankreich und in Großbritannien aus. Die Reisen garantierten einen gewissen Komfort, brachten jedoch auch oft unvorhergesehene Zwischenfälle und ausgesprochene Strapazen mit sich. Die österreichischen Teams wurden vor Ort in der Regel mit großer Gastfreundschaft empfangen und verwöhnt.[20] Nach den Spielen gab es manchmal allerlei Eskapaden, etwa Besuche in einem Pariser Nachtklub[21] oder Einkaufsbummel, die auch zum Schmuggel, beispielsweise von Parfums,[22] inspirierten.

Solche Reisen waren für alle Mannschaften der Profiliga ein bedeutender finanzieller Faktor, weil sie zum Vereinsbudget beitrugen, was auch Folgen für den Spielbetrieb hatte: Der ÖFB hatte kein Interesse an einer größeren Liga, weil dadurch weniger Termine für Auslandsreisen zur

Verfügung standen, verzögerte nach Kräften, wenn das Regime sein Lieblingsprojekt, die Umwandlung der Wiener Liga in eine um Provinzvereine erweiterte österreichische Nationalliga, umsetzen wollte.

Solche Reisen konnten indes auch tragische Folgen haben, wie die Weihnachtsreise der Vienna nach Casablanca im Dezember 1933 bewies. Die Spieler waren fasziniert vom hohen Wellengang des Meeres, ein zwei Kilometer langer Damm verlockte zum Spaziergang, der fatal endete. Einige Spieler wurden von einer Woge mitgerissen, die Schwimmer konnten sich retten, aber der schwimmunkundige Nachwuchsspieler Ladislaus Rezina verschwand im Meer und konnte trotz intensiver Suche nicht mehr gefunden werden.[23]

In vielerlei Hinsicht besonders begehrt waren Reisen nach Großbritannien: Die Sportanlagen und Stadien machten mächtig Eindruck auf die Teams, über mangelndes Publikumsinteresse konnte nicht geklagt werden, überdies fanden die Spiele in einer angenehmen Atmosphäre statt. Das österreichische Nationalteam (November/Dezember 1933), die Vienna (Winter 1933), die Austria (Jahreswende 1933/34 und 1934/35) und Rapid (Winter 1933, Sommer 1933 und 1934) fuhren oft für Wochen nach Großbritannien, erfreuten sich einer ausgesprochen freundschaftlichen Aufnahme und konnten mit ihrem fairen ›Scheiberl‹-Spiel einer guten Nachrede sicher sein: »Sie spielten wie Sportsleute und verloren wie Gentlemen.«[24] Der rührige österreichische Botschafter in London, Georg Albert Freiherr von und zu Franckenstein, schaltete sich wiederholt ein und präsentierte die Erfolgsstory des österreichischen Fußballs als Symbol dafür, dass das Land genug Energie und Findigkeit besaß, sich aus dem Elend, in das es nach dem Ersten Weltkrieg geraten war, herauszuziehen.[25]

»Die Zeiten des Wunderteams sind vorüber«[26], schrieben die Wiener Zeitungen nun Ende 1934. Es gab zwar auch noch große Erfolge, etwa den Sieg gegen England oder das Unentschieden gegen Italien (beide im Frühjahr 1936), der österreichische Profifußball lahmte jedoch merklich in sportlicher und finanzieller Hinsicht. Die Anzahl der Zuschauer:innen ging zurück, während sich das Budget der Vereine nicht verringerte. Der internationale Wettspielverkehr schrumpfte in Summe erheblich, so dass man sich mit dem Motto »Bleib im Land und nähr dich redlich« trösten musste.[27]

Ärger und Aufregung verursachten die Spielertransfers ins Ausland. Sie waren Zeichen der um sich greifenden Krise, die den Erhalt des österreichischen Berufsfußballs in Frage stellte. Die monatlichen Ausgaben der erstklassigen Vereine schwankten zwischen 3000 und 10 000 Schilling, wobei ein Großteil auf die Spielergagen entfiel. Rücklagen gab es in der Regel keine, die Gönner wurden immer rarer. Die Vereine verhandelten mit den Spielern über eine Gagenreduktion zumindest in der ›toten Zeit‹. Die besser gestellten Vereine unternahmen alles, um die Ansprüche der Spieler zu befriedigen, aber die finanzschwächeren, die dem Kollaps nahe waren, sahen sich in der Klemme.[28] Wenn sich nicht ein anderer heimischer Verein bereit erklärte, eine bestimmte Ablösesumme zu zahlen, dann konnte der Verein den Spieler gemäß den Usancen des ÖFB verkaufen, und zwar mit hohen Ablösen. Die Enttäuschung der Fans blieb nicht aus und machte sich in geringeren Einnahmen bemerkbar. Wie ließen sich Mittel und Wege finden, »um den ausländischen Kaperern ihre Geschäfte zu erschweren«[29]? Die Zeitungen kommentierten zynisch, dass sich der ÖFB beim kommenden Länderspiel gegen Frankreich die Reisekosten sparen könne, wenn er die im Laufe der vergangenen Jahre an französische Vereine verkauften Wiener Fußballer aufs Feld schicken würde.[30]

Die Bekanntheit der ›österreichischen Schule‹ brachte es mit sich, dass österreichische Trainer als ›Exportartikel‹ gefragt waren. Nach Abschluss ihrer aktiven Spielerkarriere, so instruierte Hugo Meisl die Spieler, taten sich gute Möglichkeiten der Beschäftigung auf. Als Devise galt auch nach der Karriere auf dem Spielfeld: »Es gibt keine arbeitslosen österreichischen Fußballer!«[31]

AP

2. Juli 1934

Das neue Staatswappen

Im Widerstreit der Zeichen

»Der Ministerrat hat aus einer Konkurrenz namhafter Künstler für das österreichische Staatswappen den Entwurf des bekannten Heraldikers Carl Ernst Krahl zur Ausführung bestimmt«, hieß es in der Bildunterschrift zur Darstellung des neuen Staatswappens in der Ausgabe vom 27. Mai 1934 der *Wiener Bilder*. Mit dem neuen Bundeswappen gab sich damit das ›neue Österreich‹ nicht nur ein markantes heraldisches Gesicht, sondern stellte sich auch in eine historische Tradition: »Der Rückgriff zum bekannten Doppeladler des Heiligen Römischen Reiches bedeutete Kontinuität und Legitimation zugleich«[1], während das Bindenschild – der weiße Balken auf rotem Feld – auf die Babenberger und damit auf die fast tausendjährige staatliche Eigenständigkeit des Landes verwies.

Die Formulierung, das Wappen sei Resultat »einer Konkurrenz« gewesen, war jedoch nicht gänzlich zutreffend: Ein erster Auftrag zur Gestaltung erging vom Ministerrat vorerst ohne Ausschreibung Ende März 1934 an Krahl, dessen Vater Ernst schon das Wappen der Republik entworfen hatte. Mit lediglich vagen Vorgaben versehen, gab der Wappenmaler mehrere Entwürfe ab, die im Ministerrat diskutiert wurden, aber allesamt nicht ungeteiltes Gefallen fanden: sei es in Hinblick auf den Nimbus über den Adlerköpfen oder bezüglich des Kruckenkreuzes auf dem Brustschild.[2] Als der am 5. Mai 1934 vorgelegte Entwurf ebenso wenig goutiert wurde, wurde ein Wettbewerb ausgeschrieben. Doch das Finanzministerium drängte auf die Finalisierung der Wappenfrage, um mit der Planung für die neue Fünfschillingmünze beginnen zu können. So beschloss man die Einholung mehrerer Alternativentwürfe, so etwa eines solchen von Oswald Haerdtl. Am 14. Mai 1934 entschied sich der Ministerrat schließlich doch für Krahls Letztentwurf.[3]

»Das Staatswappen besteht aus einem freischwebenden, doppelköpfigen, schwarzen, golden nimbierten und ebenso gewaffneten, rotbezungten Adler, dessen Brust mit einem roten, von einem silbernen Querbalken durchzogenen Schild belegt ist«[4], lautete schließlich seine Beschreibung in der ›ständestaatlichen‹ Verfassung. Debatten hatte es im Ministerrat noch um die Verwendung des Begriffs »nimbiert« gegeben, da man befürchtete, dieser werde »von der Bevölkerung« nicht verstanden; man sollte stattdessen »›von einem goldenen Schimmer umgeben‹ verwenden«[5]. Die bildliche Darstellung folgte in der amtlichen Kundmachung vom 2. Juli 1934.[6] Auf die tiefere Symbolik ging Otto Ender in seinen Erläuterungen zur autoritären Verfassung ein: Das Wappen gebe kund, »daß wir unsere deutsche Ostmarkmission erkennen und erfassen«[7]. Als künstlerisches Vorbild des neuen Hoheitszeichens galt der Doppeladler auf Albrecht Dürers Porträt von Kaiser Maximilian I. Doch die endgültige Fassung war keine exakte Kopie dieser Vorgabe: »Aus dem kaiserlichen Wappen der letzten Zeit hat das neue Staatssymbol nicht alles übernommen. Es knüpft vielmehr stärker an seine frühere Form an, wie sie etwa um die Mitte des 18. Jahrhunderts gebräuchlich war.«[8] Auch eine Bekrönung wurde – in erster Linie wohl aufgrund des außenpolitischen Bedenkens, man könnte dies als symbolischen Restaurationsversuch interpretieren – vermieden. Im Sinne der Ideologie des ›besseren deutschen Staates‹ war somit der bildliche Rekurs auf das Heilige Römische Reich stärker als jener auf die Donaumonarchie, was auch die Ambivalenz zum Habsburgerreich in der Form der Doppelmonarchie entsprechend illustrierte.

Gewissermaßen zu einem Zusatzwappen, zu einem halbstaatlichen Symbol, geriet im Lauf der Zeit das Kruckenkreuz, Zeichen der ›Erneuerung Österreichs‹, strahlendes Symbol »eines neuen, christlichen, deutschen Österreich«.[9] Auch dieses wurde mit all seinen Sonderformen – Anker-, Malteser-, Hanteln-, Ring-, Tatzen-, Voluten-, Wieder- oder Zipfelkreuz[10] – in einen historischen Kontext gestellt und akribisch genau beschrieben: »Es ist zusammengesetzt aus vier Krucken oder, wie man vielleicht anschaulicher sagen kann, aus vier großen lateinischen T, welche mit dem Ende ihres senkrechten Balkens sich berühren und im Winkel von 90 Grad aufeinander stehen.«[11]

Bereits Bundeskanzler Ignaz Seipel hatte es in das Große Ehrenzeichen der Republik integriert: »So ist es im wahrsten Sinne des Wortes Seipels

DIE NEUEN STÄNDEZEICHEN ÖSTERREICHS

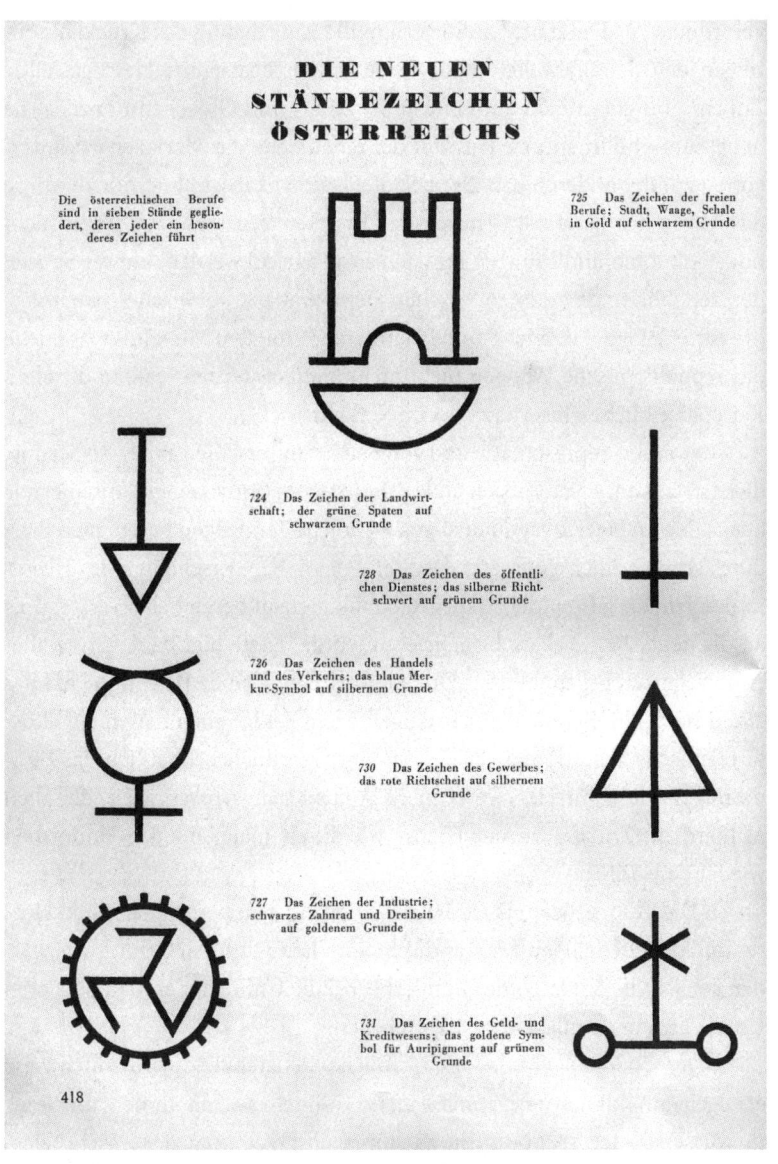

Die österreichischen Berufe sind in sieben Stände gegliedert, deren jeder ein besonderes Zeichen führt

725 Das Zeichen der freien Berufe; Stadt, Waage, Schale in Gold auf schwarzem Grunde

724 Das Zeichen der Landwirtschaft; der grüne Spaten auf schwarzem Grunde

728 Das Zeichen des öffentlichen Dienstes; das silberne Richtschwert auf grünem Grunde

726 Das Zeichen des Handels und des Verkehrs; das blaue Merkur-Symbol auf silbernem Grunde

730 Das Zeichen des Gewerbes; das rote Richtscheit auf silbernem Grunde

727 Das Zeichen der Industrie; schwarzes Zahnrad und Dreibein auf goldenem Grunde

731 Das Zeichen des Geld- und Kreditwesens; das goldene Symbol für Auripigment auf grünem Grunde

418

Die von Clemens Holzmeister entworfenen Ständezeichen

Aus: Profil. Österreichische Monatszeitschrift für bildende Kunst, September 1935, 418

Vermächtnis an Österreich geworden, das er mit seinen irdischen Augen freilich nicht mehr auf Österreichs Fahnen sehen durfte.«[12] Im April 1935 verordnete das Unterrichtsministerium die Anbringung des Kruckenkreuzes an den Schulfahnen,[13] 1936 wurde es der Staatsfahne gleichgestellt.[14] Zudem prangte es bald auf einigen Schilling- und Groschenmünzen: Die neue Fünfschillingmünze trug auf der einen Seite die Mariazeller Muttergottes, auf der anderen den Doppeladler, auf der Einschillingmünze wurde das Motiv des Parlaments durch das Kruckenkreuz ersetzt.[15] Doch nicht nur Banknoten und Münzen mussten ausgetauscht werden, um die Spuren der Republik und parlamentarischen Demokratie zu verwischen, auch Verdienstmedaillen, Stempel-[16] und Briefmarken[17] folgten: Mit 1. Juli 1935 durfte das republikanische Wappen nicht mehr geführt werden – allein die alten Reisepässe blieben bis März 1938 im Verkehr.[18]

»Besonders repräsentativ und von Bedeutung erschien es der Regierung, diese neue konservative, sich an legitimistisches Gedankengut annähernde Staatsidee im Heer zu symbolisieren.«[19] Solche Tendenzen hatten hier allerdings schon früher eingesetzt. Während das äußere Erscheinen des Heeres in den frühen Jahren der Ersten Republik ganz in deren Selbstverständnis an die deutsche Reichswehr angelehnt wurde, setzte hier bald – trotz aller Ambivalenzen gegenüber der Donaumonarchie – eine »Besinnung auf das alte Erbe«[20] ein: Bereits die 1925 eingeführten Feldzeichen hatten auf altösterreichische Traditionen verwiesen. 1933 verordnete schließlich das Bundesministerium für Heerwesen neue Adjustierungsvorschriften, die alten Militärdienstzeichen wurden ebenso wie die ehemaligen k.u.k. Uniformen wieder eingeführt:

»1. Das Bundesheer erhält die Adjustierung des ehemaligen k.u.k. Heeres und der ehemaligen k.k. Landwehr vom Jahre 1918. Im Grundsatze werden sonach die Soldaten des Bundesheeres die Uniform der Truppe, deren Überlieferung sie pflegen, zu tragen haben. […]

2. Der Übergang auf das geschichtliche Soldatenkleid wird stufenweise erfolgen, um mit den budgetmäßigen Geldmitteln auszukommen, die Monturwirtschaft der Truppe nicht zu stören und eine finanzielle Mehrbelastung des einzelnen zu verhindern.«[21] Offiziere konnten von nun an »auf eigene Kosten den bunten Waffenrock des jeweiligen Traditionstruppenkörpers tragen«[22].

Nach Manövern im September 1935 wurde mitgeteilt, »daß an die Formationen des österreichischen Bundesheeres nach den Manövern die Feldzeichen der alten österreichisch-ungarischen Armee und der ehemaligen Landwehr ausgegeben werden sollen. Das Wiener Infanterie Regiment Nr. 4 erhält die Fahne des ehemaligen Deutschmeister-Regiments.«[23]

Schon im Mai 1933 war den Bundesbeamt:innen ein Diensteid »zu Gott dem Allmächtigen«[24] auferlegt worden, »der sie verpflichtete, fortan ›treu und gehorsam‹ Österreichs erster Diktatur zu dienen«[25]. 1935 folgte eine nach Kleidungsstück, Knöpfen, Säbel, Ressort und Verwendungsgruppe aufgelistete *Allgemeine Uniformierungsvorschrift* für Bundesbeamte (für Bundesbeamtinnen war offenbar keine Uniformierung vorgesehen) – sowohl in Form einer alltäglichen Dienst- als auch Galauniform.[26] »Der Neuaufbau des österreichischen Bundesstaates hat als eines der äußerlich sichtbaren Merkmale die Neuuniformierung der Bundesbeamtenschaft sowie eine durchgreifende Änderung der Adjustierung des Bundesheeres und der Bundesexekutive mit sich gebracht. Die Schaffung des neuen Dienstkleides erfolgte anknüpfend an die hohe Tradition der alt-österreichischen Uniform und brachte dadurch die Betonung des vaterländischen Gedankens zum Ausdruck.«[27] Bis 1937 erfolgten weitere Anpassungen.

Die Symbole der sieben Stände[28] konnten sich – ebenso wie die Stände selbst – nie durchsetzen. Nur bei der Ständehuldigung am 1. Mai 1934 vor dem Wiener Rathaus sollten sie eine zentrale Rolle spielen: »Vor jedem Stand wird das große 3 Meter hohe Symbol des Standes vorangetragen werden, das Clemens Holzmeister entworfen hat.«[29]

Lediglich die Bundeshymne erfuhr keine tiefgreifende Veränderung. Erst 1929 war das Gedicht Ottokar Kernstocks *Sei gesegnet ohne Ende* mit der Melodie von Haydns Kaiserhymne mit Ministerratsbeschluss vom 13. Dezember zur Bundeshymne erklärt worden. Das Unterrichtsministerium hatte dies auch umgehend in einem Erlass an die Landesschulräte kundgetan,[30] jedoch hatte der – damals sozialdemokratisch orientierte – *Stadtschulrat für Wien* sogleich mit einem Zusatzerlass gekontert: »Eine der schönsten Melodien Haydns wurde in den ersten Jahren der Republik in den Schulen weniger geübt, weil der ihr unterlegte Text, das ›Kaiserlied‹, in frischer Erinnerung war. Nach mehr als einem Jahrzehnt republikanischer Staatsform ist diese Erinnerung verblaßt. Der schönen österreichischen Melodie hat auch Hoffmann von Fallersleben einen Text unterlegt, der als ›Deutschlandlied‹ der gefühlsmäßige und auch der offizielle Ausdruck des

Einheitsbewußtseins des gesamten deutschen Volkes ist. Wir haben als Österreicher und als Deutsche allen Grund, unserer Jugend das Deutschlandlied mit dem Texte von Hoffmann von Fallersleben und der Melodie von Haydn, also Wort und Weise nahezubringen.«[31]

Dies und weitere Vorfälle führten zu einem Durcheinander, wobei offensichtlich die offizielle Hymne, ihren Text betreffend, nur wenigen geläufig war – auch wenn *Radio Wien* seit März 1933 die Kernstockhymne täglich zum Programmschluss spielte.[32] Deshalb sah sich der Stadtschulrat 1934 genötigt, in einem Erlass zu dekretieren, dass es die Pflicht »des Lehrers des Deutschen (Klassenlehrers) ist, sich in allen Klassen darüber Gewißheit zu verschaffen, daß der Text der Bundeshymne ausnahmslos allen Schülern bekannt ist und von ihnen aus dem Gedächtnis frei wiedergegeben werden kann«[33]. Während der verschärften Auseinandersetzung mit NS-Deutschland wurde die Verordnung bezüglich des Singens des *Deutschlandliedes* außer Kraft gesetzt, was jedoch keinem Verbot gleichkam.[34]

Die Melodie der österreichischen Bundeshymne konnte nun in drei Textvarianten gesungen werden: als *Kaiserhymne* von den Habsburgtreuen, als *Deutschlandlied* von den illegalen, nach dem Juliabkommen 1936 tolerierten Nationalsozialist:innen sowie mit Kernstocks Text von den Regimetreuen. Das Singen der Hymne zu öffentlichen Anlässen endete so häufig in mehr als einer Hinsicht in Dissonanzen. Ab 1936 war es im Zuge des Märtyrerkults um Engelbert Dollfuß üblich, vor allem bei schulischen Gelegenheiten anschließend an die Bundeshymne das fälschlicherweise Hermann Leopoldi[35] zugeschriebene, von Rudolf Henz[36] getextete ›Lied der Jugend‹ *Mit Dollfuß in die neue Zeit* zu singen.[37]

BR

Ende Juli 1934

Warum die *Fackel* nicht erscheint

Als sich Karl Kraus Dollfuß zum Helden erkor

Es war natürlich auch ein Versteckspiel, ganz nach dem Geschmack des Autors. Als Adolf Hitler am 30. Jänner 1933 zum Reichskanzler bestellt wurde, zog sich Karl Kraus[1] – obwohl seine Gemeinde klärende Worte gewünscht hatte – aus der Öffentlichkeit zurück. Von Ende Dezember 1932 bis zum Oktober 1933 gab es keine *Fackel*, und dann auch nur eine Kurznummer mit dem Nachruf auf Adolf Loos und dem berühmten, irritierenden Gedicht, das zu vielen Missverständnissen Anlass gab: »Man frage nicht, was all die Zeit ich machte. / Ich bleibe stumm; und sage nicht, warum. [...] Das Wort entschlief, als jene Welt erwachte.«[2]

Und dann ein erneutes Verstummen, bis Mitte Juli 1934 eine *Fackel* erschien, die sich nur auf die Dokumentation des publizistischen Echos beschränkte, das sich an den Fragen abarbeitete: Warum schweigt Karl Kraus? Hat er nichts zu sagen? Fürchtet er sich vor den Nationalsozialist:innen? Hat er resigniert? Verständlich, dass Tausende auf ein rettendes Wort desjenigen warteten, der im Ersten Weltkrieg dem grassierenden Wahnsinn so tapfer und eloquent die Stirn geboten hatte. Manche wie Bertolt Brecht rückten zur Verteidigung aus, manche hielten Grabreden auf den großen Satiriker (»Karl Kraus ist vorbei!«), manche waren schlicht ratlos und deprimiert angesichts der Sprachlosigkeit, in die Karl Kraus als Resultat seines Nachdenkens zu fallen schien. Die Presseprozesse, die Kraus aufgrund fehlender Beistriche anzettelte, machten die Erklärungslage nicht besser.

Seine Leser:innen konnten nicht wissen, dass Kraus in der Abgeschiedenheit, die er um sich aufzog, mit größter Intensität an einer Analyse des Nationalsozialismus arbeitete. Vom Mai bis zum September 1933 schloss er einen ersten Entwurf der *Dritten Walpurigsnacht* ab; es gab bereits Druckfahnen mit handschriftlichen Korrekturen, aber Kraus sah schließlich von einer Veröffentlichung ab. Erst 1952 erschien eine erste Buchausgabe.³

Ende Juli 1934 wurde ein umfangreiches *Fackel*-Heft herausgegeben, das bis heute Fragen und Diskussionen auslöst und damals die große Karl-Kraus-Gemeinde spaltete. Beim Lesen des umfangreichen Heftes *Warum die Fackel nicht erscheint*[4] waren viele schlicht entsetzt, Bewunderung verwandelte sich in Abneigung und Hass. Wie konnte sich Kraus für Dollfuß begeistern, der in Kaiserjäger-Uniform den Krieg von 1914 bis 1918 und die Habsburgergeschichte als Heldensaga erinnerte und Österreich in einen sogenannten ›christlichen Ständestaat‹ führte? Wie passte dies mit dem pazifistischen Jahrhundertdrama *Die letzten Tage der Menschheit* zusammen? Einer von den Enttäuschten in Österreich, die Kraus fortan abschrieben, war Elias Canetti.[5] Ein anderer war Hans Weigel, der für das Kabarett *Die Stachelbeere* einen Sketch schrieb, in dem er Kraus in einem klerikalen Hotel einquartierte, direkt neben dessen Erzfeind Franz Werfel.[6] Kraus schickte seinen Anwalt aus, um diese Beleidigung abzustellen.

Kraus outete sich als Dollfuß-Anhänger, verteidigte sogar das militärische Vorgehen der Regierung während der Februarkämpfe. Kein Aufschrei gegen die Ausschaltung der Demokratie, nicht einmal Bedenken, sondern hämische Nachrufe. Er belebte alte Ressentiments gegen Freiheit und Demokratie, der Einschränkung der Pressefreiheit zollte er genauso Beifall wie der Abschaffung der Geschworenengerichte. Das faschistische Rezept, das Dollfuß nach italienischem Vorbild in Anwendung brachte, hinderte Kraus nicht daran, die Sozialdemokratie (und damit auch den Parlamentarismus der Republik) als Ursache des Verhängnisses zu brandmarken und die SDAPÖ als »komische Alte«[7] zu verspotten.

Für Kraus war die Ausschaltung der Sozialdemokratie notwendig, denn »gegen die Auferstehung Wotans sei der Parlamentarismus unwirksam, gegen das Mysterium von Blut und Boden versage die Demokratie, und die Gnadenwahl von Gangsters sei durch das allgemeine Stimmrecht nicht zu verhindern«.[8] In seiner Reaktion auf Hitler forderte er eine hundertprozentige, bedingungslose, nicht den eigenen Untergang inkludierende Unterstützung des Regimes und verdammte die Sozialdemokratie und alle anderen, die dies nicht taten: »Unsereiner […] hält die Politik Dollfuß' für das größere Gut als die der Sozialdemokratie und diese höchstens für das kleinere Übel neben dem Nationalsozialismus.«[9]

Die Bewunderung für Dollfuß entstand im Frühjahr 1933, als sich Hitler anschickte, mit Drohungen und Terror den ›Anschluß‹ Österreichs zu erzwingen. Kraus übersah dabei erstaunlicherweise, dass Dollfuß diese Maßnahmen gleichzeitig dazu nutzte, den alten Erzfeind Sozialdemokratie zu demütigen und sukzessive auszuschalten. Es war paradox, dass Karl Kraus mit größter Aufmerksamkeit die *Arbeiter-Zeitung* las, wenn er sich über das Ungemach im ›Dritten Reich‹ informieren wollte, und gleichzeitig deren Angebote, gemeinsam mit den Christlichsozialen eine Front gegen den Nationalsozialismus zu bilden, übersah. Auch die wiederholten Beteuerungen von Dollfuß / Starhemberg, dass ihnen die Nationalsozialist:innen bei ihrem Kampf gegen den Marxismus in den Rücken gefallen seien, fielen ihm nicht auf. Um dieses Verhalten ein wenig besser zu verstehen, ist ein Rückblick in die komplexe Beziehungsgeschichte und die politischen Metamorphosen bei Kraus hilfreich.[10]

Karl Kraus' Verhältnis zur Politik war enger, intensiver und leidenschaftlicher als das aller Kolleg:innen aus der Branche, zeit seines Lebens stand er im politischen Diskurs an vorderster Front, verstand sich immer als (anti-)politischer Schriftsteller und scheute keine Auseinandersetzung mit den Exponent:innen von Politik und Gesellschaft. So war auch das Verhältnis zwischen ihm und der Sozialdemokratie bereits in der Monarchie einem Wechselbad ausgesetzt gewesen. Ein offen bekundeter Gleichklang mit den Intentionen der Arbeiterpartei wurde abgelöst durch gewisse Sympathien für Karl Lueger, was naturgemäß in der *Arbeiter-Zeitung* kritisch registriert wurde. Vollends disqualifizierte er sich bei der Sozialdemokratie mit seinem Spott über die Einführung des allgemeinen Männerwahlrechts, einem zentralen Anliegen der Sozialdemokratie. Kraus, ganz polemischer Reaktionär, höhnte, dass das Wahlrecht für alle eine Begleiterscheinung der »geistigen Versauung«[11] wäre und nur »eine Vermehrung der gesetzgebenden Trottelhuber und Teppenhofer«[12] auslösen würde.

Seine Reputation als einer der wichtigsten österreichischen Autoren schuf sich Kraus zweifellos durch sein literarisches Schaffen während des Ersten Weltkrieges und danach. Durch sein mutiges und durchaus riskantes politisches Engagement gegen die Kriegsverherrlichung jeglicher

Couleur avancierte er zu einer literarischen Ausnahmegestalt mit außergewöhnlicher moralischer Autorität und internationaler Ausstrahlung. Mit seinen Vorlesungen erreichte er zehntausende Zuhörer:innen. *Die Fackel* feierte das Ende der Monarchie, pries die Republik, war unzweideutig ihr energischster intellektueller Verteidiger. Er nahm sie in Schutz gegen Monarchist:innen, Antisemit:innen und rechte Nationalist:innen und stellte sich im politischen Wettstreit an die Seite der Sozialdemokratie. Aus guten Gründen kann Kraus als der Schriftsteller der Ersten Republik schlechthin bezeichnet werden.[13]

Friedrich Austerlitz, der legendäre Chefredakteur der *Arbeiter-Zeitung*, meinte 1919 über die Ausnahmestellung von Karl Kraus: »Man zeige uns doch in Österreich die Intellektuellen, die mit dem Herzen bei der Republik sind, die ihre schmerzlichen Wehen mitfühlend begleiten und die dem Sozialismus gegenüber gerecht sind. Mit Ausnahme von Karl Kraus, der auch hier einzig und unvergleichlich ist und dessen große Seele sich von Kleinlichkeiten nicht bestimmen läßt, sind sie doch alle nur sinnlos vor Wut über die vertrackte Zeit.«[14]

Karl Kraus galt als Revolutionär und avancierte zum intellektuellen Idol vieler Sozialdemokrat:innen; regelmäßig wurde er zu Vorlesungen bei den Republikfeiern eingeladen, bei denen ihm die junge Linke huldigte. Freilich, konfliktfrei war das enge Bündnis zwischen Kraus und der Sozialdemokratie nie, Kraus ließ sich nicht vereinnahmen, kritisierte dies und jenes – was in der sozialdemokratischen Publizistik nicht einfach so akzeptiert wurde. Mitte der 1920er-Jahre begann die Liebe zu erkalten, die publizistischen Angriffe auf beiden Seiten nahmen zu und wurden bitterer, eine bedeutende Konfliktzone war das rhetorische Pathos der Partei, über das Kraus sich lustig machte. Die Exponent:innen der Partei schossen wiederum scharf zurück, indem sie darauf hinwiesen, dass er kein Marxist sei.

Die Ironie verschwand zunehmend. Der grässliche Vorwurf, den sich die Sozialdemokratie von Künstler:innen – und vom Bildungsbürgertum – traditionell gefallen lassen musste, tauchte nun bei Kraus auf: Sie seien ›Parvenüs‹, die mit der bürgerlichen Gesellschaft und ihren unsäglichen Formen von künstlerischem Tand und billiger Unterhaltung tausende Kompromisse eingingen. Für Kraus war dies ein Verrat am Versprechen, nach dem Totalversagen des monarchischen und bürgerlichen Kulturbetriebes etwas Neues und Reines aufbauen. Nach seiner Auffassung sollte die *Sozialdemokratische Kunststelle* den Besuch vieler Theater nicht erleichtern, sondern die Teilnahme an solchem »Mist« erschweren.[15]

1926, als die Sozialdemokratie zögerte, Kraus in seinem Kampf gegen den erfolgreichen, übermächtigen Zeitungsmacher Imre Békessy zu unterstützen, wurde der Umgangston rauer, weil der Konflikt Grundsätzliches, nämlich seinen lebenslangen Kampf gegen die Presse, betraf. Kraus nahm mit denkbar größtem Einsatz und Risiko den Kampf gegen Békessy auf (»Hinaus aus Wien mit dem Schuft!«[16]), während die Sozialdemokratie zögerte. Auch ihr war selbstredend nicht entgangen, dass die populistischen Boulevardmedien korrupt bis erpresserisch agierten, aber immerhin unterstützten diese bisweilen linksliberale Positionen. Als sich Békessy im Konflikt der christlichsozialen Regierung andiente, war auch für die *Arbeiter-Zeitung* die Stunde einer deutlichen Positionierung gekommen. Kraus konnte schließlich triumphieren: Nach konkreten Anschuldigungen und erfolgreichen Gerichtsklagen verließ Békessy Wien.

Noch ließ sich die Allianz zwischen Kraus und der SDAPÖ wiederherstellen. 1927, nach dem Justizpalastbrand, war man sich einig in der Front gegen den Wiener Polizeipräsidenten Johann Schober, der für den fatalen Schießbefehl rund um den Justizpalastbrand verantwortlich gemacht wurde. Als Schober ein Comeback in der Politik feierte und schließlich Bundeskanzler wurde, gab es von sozialdemokratischer Seite eine partielle Unterstützung, weil Schober die von Ignaz Seipel angestrebte autoritäre Verfassungsreform entschärfte. Dieser Positionswechsel öffnete bei Kraus die Schleusen zu ungebremstem Hass gegen das »Paktiererpack«[17]. Aggressiv stürzte er sich in die totale Polemik (*Hüben und drüben*, vorgetragen im September 1932),[18] der man in mancherlei Hinsicht analytische Kraft nicht absprechen konnte, da sie die Schwächen der Sozialdemokratie, etwa ihren Verbalradikalismus, ihre Verbürgerlichung oder ihren unreflektierten Deutschnationalismus, geißelte. Den großen Erwartungen von ehemals folgten nun endgültig die großen Enttäuschungen. Nicht zufällig fand die Polemik in der Parteilinken und in kommunistischen Kreisen Anklang.

In einer paradoxen Verkehrung machte er die Sozialdemokratie für alle Übel schlechthin verantwortlich: für das Misslingen des republikanischen Experiments, für die Deformation der Demokratie, gar für das Aufkommen des Nationalsozialismus. Kraus wiederholte sämtliche Vorurteile gegen die »Parvenüs«[19] und sprach der Sozialdemokratie gar die Existenzberechtigung ab: »Die ihr errungnes Gut geschändet habt, / bezwungenes Böses nicht beendet habt, / der Freiheit Glück in Fluch gewendet habt; / Hinaufgelangte, die den Wanst gefüllt. / Vor fremden Hunger eigne Gier gestillt, / vom Futtertrog zu weichen nicht gewillt.«[20]

Die Unterstützung von Dollfuß wurde nicht belohnt. Genauso wie die Vertreter des Regimes selbst waren die bürgerlichen und klerikalen Tageszeitungen nicht auf seiner Seite. Die Nachrufe nach seinem Tod am 12. Juni 1936 können das gut belegen.[21] Die *Reichspost* erwähnte seine politische Wende, das »Erwachen aus seinem Wahn«[22], die »Erbitterung über den marxistischen Pharisäismus«[23] und generalisierte süffisant mit antisemitischem Beiklang: »Immer irgendwie oppositionell, vereinigte Karl Kraus den Kritizismus seiner Rasse mit österreichischem Raunzertum [...].«[24] Die *Neue Freie Presse* gab sich einigermaßen arrogant. Immerhin machte der Nachruf einige Zugeständnisse, etwa, dass Kraus »eine ehrfürchtige Begeisterung für die deutsche Sprache«[25] gepflegt und einen »sehr persönlichen ausgezeichneten, pointenreichen Stil«[26] entwickelt hatte, bis er sich so hoffnungslos in die eigene Schreibweise verliebte, »daß diese unter Unklarheit und Verstiegenheit zu leiden begann«[27]. Erstaunlich war der ignorante Hinweis: »Während des Weltkrieges war es ziemlich still von Karl Kraus«[28], bis er nach dem Krieg *Die letzten Tage der Menschheit* herausbrachte. »Unerbittlich geißelte er darin die Mißstände im alten Österreich und die Rückständigkeiten des Österreichertums. Daß er aber vollkommen daran zu vergessen schien, was der kämpfende Offizier und Soldat im Felde, der hungernde und darbende Österreicher im Hinterland geleistet haben, das mußte auch seine Verehrer verstimmen und erbittern.«[29] Das Resümee lautete: »Karl Kraus war ein guter Hasser und ist es bis zuletzt geblieben.«[30]

AP

8. August 1934

Gedenkfeier für Engelbert Dollfuß

Sinngebungen des Todes

Am 8. August 1934 versammelten sich die Massen auf dem Wiener Heldenplatz. In Form eines Sternmarsches kamen sie aus allen Stadtteilen, um Engelbert Dollfuß die Ehre zu erweisen, der am 25. Juli während eines nationalsozialistischen Putschversuchs ermordet worden war. Die Mobilisierung der Vaterländischen Front ähnelte – wohl in voller Absicht – den Maifeiern des ›Roten Wien‹, jedoch betonte die *Reichspost* zugleich den Unterschied zwischen rechts und links: »Manches erinnerte an die Aufmärsche vom 1. Mai der früheren Jahre. Die Massenbeteiligung, der harte Schritt der Arbeiterbataillone, die gleichen Menschen. Sie marschierten aus Ottakring, aus Floridsdorf und Simmering und aus allen Arbeiterbezirken. Und doch boten die Züge ein ganz anderes Bild, das Symbol des Werkes ist, das Dr. Dollfuß geschaffen. Der Unternehmer marschierte inmitten seiner Arbeiter, die Amtsvorstände inmitten ihres Personals – in gleichem Schritt und Tritt.«[1] All das entsprach den Vorstellungen des toten Kanzlers: Die ›Volksgemeinschaft‹ sollte so marschieren, wie es die *Reichspost* mit einem Zitat aus Ludwig Uhlands berühmtem deutschen Soldatenlied *Ich hatt' einen Kameraden* proklamierte: »in gleichem Schritt und Tritt«.

Nachdem der Heldenplatz und die benachbarten Straßen gefüllt waren, ehrte man den Toten in mehreren Reden, die österreichweit im Rundfunk übertragen wurden. Es sprachen unter anderem Kurt Schuschnigg, der Nachfolger im Amt, und Ernst Rüdiger von Starhemberg, der Bundesführer der Vaterländischen Front. In feierlichen Worten, die religiöse Anklänge keineswegs scheuten, gelobten sie dem ermordeten Kanzler die Treue. Diese Großkundgebung auf dem Heldenplatz war nicht Ausdruck spontaner Volkstrauer, sondern Bestandteil eines Dollfuß-Kultes, der aus Masseninszenierungen, Hochkultur und Unterhaltungsprogrammen zusammengesetzt war.[2] Was am 28. Juli 1934 mit dem feierlichen Begräbniszug auf den Hietzinger Friedhof begann, wurde fortgeführt und erweitert mit der Überführung des Sarges in die neu geweihte Christkönigskirche am 29. September 1934, wo Dollfuß neben Ignaz Seipel in einer Gruft beigesetzt wurde. In den folgenden drei Jahren wurde der 25. Juli, der Tag, an dem Dollfuß ermordet worden war, in ganz Österreich mit Aufmärschen, Reden und Trauermusiken gefeiert.[3]

Der künstlerisch wertvollste Beitrag zu diesem staatlich verordneten Totenkult wurde am 1. November 1934 mit einer Aufführung von Giuseppe Verdis *Requiem* geleistet. Am Pult stand Arturo Toscanini, der den Komponisten persönlich gekannt hatte. Dennoch fand diese Matinee in der Staatsoper nicht um des puren Kunstgenusses willen statt – sie war vielmehr eine Dollfuß-Weihestunde. Lothar Wallerstein, Oberspielleiter der Oper, hatte für eine würdige Raumgestaltung gesorgt, Rudolf Henz, Schriftsteller, Leiter des Kulturreferats der Vaterländischen Front und von 1931 bis 1938 wissenschaftlicher Direktor der RAVAG, hatte einen Prolog verfasst, der von Burgschauspieler Raoul Aslan rezitiert wurde. Die *Neue Freie Presse* berichtete in miterlebender Rede: »Seid mir gegrüßt, sagte Aslan, im Zeichen des toten Kanzlers. Nur das Wahrhaftige dauert, das sich zur Gänze verschenkt. Die Tragik in Dr. Dollfuß' Leben war, daß er, des Volkes Kind, kämpfen mußte gegen des Volkes Wahn. Wer faßt solches Schicksal!«[4] Mit der Floskel »des Volkes Kind« spielte der Prolog auf die ländliche Herkunft des Verstorbenen an, eines der Leitmotive des Dollfuß-Kultes[5].

Der Kult wurde weiträumig gepflegt, an ihm teilzunehmen gehörte zur patriotischen Pflicht. Ein Kommentar auf der Titelseite der *Reichspost* vom 9. August 1934 artikulierte dies pathetisch, aber unmissverständlich: »Was alle Weckrufe, die der lebende Kanzler ins Land schickte, was seine täglichen Reden, seine Bitten und Mahnungen, seine Beteuerungen und Beschönigungen nur unvollkommen und nur allmählich vermochten, das ganze Volk um die österreichische Fahne zu scharen, sein jedes Mißtrauen überwindender Opfertod hat es zustande gebracht. Größere Liebe hat keiner, als wer sein Leben hingibt.«[6]

Der Schlusssatz dieses Kommentars verschob die Dollfuß-Verehrung fast unmerklich vom patriotischen Bereich in den religiösen. Wer etwa die Kirchenliedstrophe »Oh große Lieb, oh Lieb ohn alle Maße / die dich

Gedenkfeier für den ermordeten Bundeskanzler Engelbert Dollfuß am Heldenplatz,
8. August 1934
Foto: Paula Witsch; Österreichische Nationalbibliothek – Bildarchiv

gebracht auf diese Marterstraße!«[7] im Ohr hatte, musste unmittelbar begreifen, mit wem der Kanzler hier diskret verglichen wurde. Diese »Assoziierung mit Christus«[8] war ebenso Bestandteil des Dollfuß-Kultes wie der Verweis auf die Herkunft des Kanzlers aus dem einfachen Volk. In Kirchen und Kapellen wurde sein Bild neben Marienbildern aufgehängt, so dass die Mater Dolorosa ihn wie einen neuen Sohn beweinen konnte. Sein Namenspatron, der heilige Engelbert, der 1225 den Märtyrertod gestorben war, wurde ihm an die Seite gestellt, ebenso der Kapuzinermönch Markus von Aviano, der 1683 bei der Schlacht am Kahlenberg als Gotteskrieger in Erscheinung getreten war. Dollfuß-Denkmäler wurden errichtet, in Stollhof an der Hohen Wand wurde die St.-Engelbert-Kirche mit einer Gedenkstätte für den Kanzler geweiht.[9] Es erschienen Dollfuß-Biographien, die den Kanzler zum Idealtypus des katholischen Staatsmannes[10] – wenn nicht gar zum Helden der Scholle[11] – stilisierten. Der Versuch, im Vatikan den Prozess der Seligsprechung einzuleiten, war indes nicht erfolgreich.

Die wichtigste Funktion des Kultes war jedoch eine politische. Die Pietätsempfindungen sollten genutzt werden, um Österreich auf die ›Dollfußstraße‹ zu führen, wie eine häufig gebrauchte Phrase lautete.¹² Um dabei zügig voranzukommen, gab Kurt Schuschnigg 1936 eine volkstümliche Hymne in Auftrag, die sich explizit an die Jugend richtete und auch eine rituelle Verwendung im Unterricht finden sollte. Der Wiener Stadtschulrat ordnete an: »Beim Singen oder Spielen des ›Liedes der Jugend‹ haben die Schüler (Schülerinnen) ebenso wie beim Singen oder Spielen der Bundeshymne in Habacht-Stellung zu stehen.«¹³

Als Textdichter und Komponist der Hymne wurde ein namenloser »Austriacus« genannt. Das Lied sollte unmittelbar nach der Bundeshymne *Sei gesegnet ohne Ende* angestimmt werden. Als Vor- und Feindbild zugleich diente das *Horst-Wessel-Lied*, das bei NSDAP-Paraden auf das *Deutschlandlied* folgte.¹⁴ (Zu den vielen Gleichklängen der Zeit gehört, dass sowohl die österreichische als auch die deutsche Nationalhymne auf Joseph Haydns Melodie der alten österreichischen Kaiserhymne *Gott erhalte* gesungen wurden.) Das *Horst-Wessel-Lied*, benannt nach seinem Verfasser, einem 1930 unter dubiosen Umständen ermordeten SA-Mann¹⁵, beginnt mit den Zeilen: »Die Fahne hoch / die Reihen fest geschlossen«. »Austriacus« greift das Motiv der geschlossenen Reihe auf, verändert es aber:

»Ihr Jungen, schließt die Reihen gut,
Ein Toter führt uns an.
Er gab für Österreich sein Blut,
Ein wahrer deutscher Mann.
Die Mörderkugel, die ihn traf,
Die riss das Volk aus Zank und Schlaf.
Wir Jungen stehn bereit
Mit Dollfuß in die neue Zeit.«¹⁶

Die Vertonung orientierte sich allerdings nicht am Marschtrott des deutschen Liedes, sondern an der schwungvolleren italienischen faschistischen Hymne *Giovinezza Giovinezza*. Das führte dazu, dass selbst die dumpf pathetische Zeile »Ein Toter führt uns an« in eher munterem Ton erklang. Ebenso fröhlich wurde darüber hinweggesungen, dass Dollfuß, als »wahrer deutscher Mann«, »für Österreich sein Blut« gegeben habe, als ob es in der

Hymne nicht gerade um die Selbstbehauptung Österreichs gegen den übermächtigen deutschen Nachbarn ginge.

Scharfe Kritik an diesem Lied ist in dem autobiographischen Essay *Unmeisterliche Wanderjahre* zu finden. Darin schildert der Emigrant und Intellektuelle Jean Améry, 1912 in Wien geboren, wie er als junger Mann die politischen Zustände in Österreich und Deutschland durch Abwendung zu überwinden hoffte. Zunächst suchte er in der romantischen Lyrik und der Natur nach Auswegen, dann flüchtete er sich in die rationale, zur Abstraktion neigende Philosophie des Wiener Kreises: »Der Klarsinn war Brustwehr nicht nur gegen die schauerlichen Nachrichten über Land Nebenan, sondern auch gegen heimisch-bäurischen Stumpfsinn, der im Bunde stand mit jesuitischer Heuchelei. Man sang ein unsäglich albernes Lied in den Schulen, das eine Art österreichischen *Horst-Wessel-Liedes* hätte werden sollen. ›Wir bleiben christlich, deutsch, gerecht und frei / Von Klassenhaß und Tyrannei.‹ Den Namen des jüdischen Schlagerkomponisten, der sich die Melodie erdacht hatte, verschwieg man. Mit Schlick und Wittgenstein war er [Améry spricht von sich in der dritten Person, Anm.] gewappnet gegen die sich selbst nicht einen Augenblick ernst nehmende Folklore.«[17] Bei aller Brillanz dieser rationalen Kritik am österreichischen Klerikal-Folklorismus ist doch die Bemerkung über den »jüdischen Schlagerkomponisten« fragwürdig. Wer kritisiert, dass ein Name seinerzeit aus offenbar latent antisemitischen Gründen verschwiegen wurde, müsste ihn selbst unbedingt nennen. Ansonsten provoziert er nur die Frage, wer hier gemeint ist.

Tatsächlich scheint Amérys Bemerkung über den jüdischen Komponisten auf eine nationalsozialistische Propagandalüge zurückzugehen: Die antisemitische Wanderausstellung *Der ewige Jude*, die 1938 auch in Wien zu sehen war, zeigte eine einschlägige Karikatur von Hermann Leopoldi mit einem Notenblatt in den Händen, auf dem die Titel *Klein, aber mein!* und *Wir Jungen stehn bereit* zu lesen waren.[18] Nun verdankte sich der Erfolg dieses Wiener Sängers und Komponisten, dessen Pseudonym den jüdischen Namen Kohn verdeckte, vor allem seiner politikfernen Heiterkeit, die sich in Liedern wie *Schön ist so ein Ringelspiel* niederschlug. Dennoch gab es »in seinem Leben auch Momente propagandistischen Einsatzes: im Ersten Weltkrieg, im ›Roten Wien‹, im faschistischen Ständestaat«[19]. 1929 entsprach er dem Imperativ der Zeit mit dem arbeiterbewegten Marschlied

Immer voran!, zwischen 1933 und 1938 rühmte er hingegen die Schönheit Österreichs und die Weisheit seiner Regierung, unter anderem in dem in der NS-Ausstellung zitierten *Klein, aber mein!* nach einem Text von Fritz Löhner-Beda. Eine Strophe dieses 1933 entstandenen Liedes bezieht sich unmissverständlich auf den damals noch regierenden Dollfuß, auch wenn sein Name ungenannt bleibt:

»Bismarck war ein großer Mann, jeder Deutsche denkt noch d'ran,
doch auch unser Metternich hatte mancherlei für sich.
Und auch aller Ehren wert ist der Mann, der jetzt uns g'hört,
der mit kluger, tapf'rer Hand frei uns erhält unser Vaterland.«[20]

Der folgende Refrain beginnt mit den Worten: »Klein, aber mein, und darum hab' ich dich auch so lieb«, was als (ironische) Anspielung auf die geringe Körpergröße des Kanzlers gedeutet werden könnte, ginge nicht aus dem weiteren Verlauf hervor, dass von Österreich die Rede ist.

Für sein öffentliches Bekenntnis zum ›Ständestaat‹ wurde der Musiker 1937 mit dem Silbernen Verdienstzeichen geehrt. Es waren demnach nicht nur rassistische, sondern auch politische Motive, die im April 1938 zu einer Verhaftung Leopoldis führten: Gemeinsam mit Löhner-Beda, Fritz Grünbaum, Paul Morgan und anderen wurde er zunächst in das Konzentrationslager Dachau, dann nach Buchenwald deportiert, wo er und Löhner-Beda das *Buchenwaldlied* verfassten, das auf Befehl der SS-Wachhabenden bei Appellen angestimmt wurde. Seiner Frau gelang es, ein amerikanisches Affidavit für Leopoldi zu erhalten, er wurde am 21. Februar 1939 aus Buchenwald entlassen und erreichte das rettende Exil in New York.

Zu dieser Entlassung scheint auch beigetragen zu haben, dass Leopoldi den Vorwurf, er sei der Komponist der Hymne *Ihr Jungen, schließt die Reihen gut*, entkräften konnte. Er nannte der SS die wahren Verfasser: Rudolf Henz als Textdichter und Alois Dostal als Komponist. Die beiden entgingen wegen ihrer ›arischen‹ Herkunft dem Konzentrationslager. So berichtete es jedenfalls Rudolf Henz in seiner 1981 erschienenen Autobiographie *Fügung und Widerstand*.[21]

Henz musste 1938 alle seine Ämter und Funktionen niederlegen, konnte aber weiterhin publizieren. In der Literaturwissenschaft ist umstritten, ob seine Romane aus der NS-Zeit Anpassungsversuche oder verschlüsselte

Dokumente des Widerstands sind, wie Henz selbst in seiner Autobiographie nahelegte. Sicher ist jedenfalls, dass er nach 1945 auf Anhieb erneut eine bedeutende Rolle im österreichischen Kulturbetrieb spielte. Unter anderem wurde er von der sowjetischen Besatzungsmacht wieder als Programmdirektor der RAVAG eingesetzt.[22] In seinen Lebenserinnerungen porträtierte er den seinerzeit kultisch verehrten Kanzler zurückhaltend: »Dollfuß, im Oberhollabrunner Gymnasium drei Jahre vor mir. Kein Kirchenlicht im Gymnasium, aber plötzlich ein erfolgreicher, ja bald legendärer Politiker. Mit der brennenden Intelligenz von Menschen zwerghafter Statur.«[23] Und später: »Auch den Schwächen und Versuchungen, denen jeder zur Spitze hochgejubelte Politiker und Funktionär ausgesetzt ist, entrinnt er nicht. Der verhängnisvolle Schritt von der erst im Amt gewonnenen Selbstsicherheit zur Selbstüberheblichkeit, von der ersten Freude über Leistungen, die er sich kaum zugetraut hat, zum Glauben, ja doch ein Auserwählter, ein Mensch mit Sendung zu sein.«[24] Aus welchem Grund gerade dieser »Auserwählte« nach seinem Tod mit Huldigungen aller Art gefeiert wurde, bedachte Rudolf Henz in seinem Altersrückblick nicht, obwohl gewichtige Beiträge zum Dollfuß-Kult aus seiner Feder stammten.

HS

20. August 1934

Verkehrsunfall von Arturo Toscanini

Ein geteiltes Land: Rechts- oder Linksfahren?

»Arturo Toscanini hat während der Salzburger Festspiele einen schweren Autounfall erlitten. Sein Wagen karambolierte nächst Lend mit einem tschechoslowakischen Automobil, das der Prager Industrielle Jan Fier lenkte«, verlautete das Boulevardblatt *Die Stunde* Wochen nach der Havarie.[1] Fiers Mutter hatte einen Armbruch erlitten, er selbst, Toscanini und dessen Chauffeur waren unverletzt geblieben. Der Unfall ereignete sich an jener Stelle, an der ein Wechsel zwischen der Links- und Rechtsfahrordnung innerhalb Österreichs festgelegt war: Der Chauffeur, des Deutschen unkundig, hatte die Hinweistafel, die auf den Fahrseitenwechsel aufmerksam machte, unbeachtet gelassen und war auf der nunmehr falschen Seite weitergefahren. Die Wechselstelle bei Lend war seit jeher, wie der Salzburger Landeshauptmann Franz Rehrl klagte, ein »Sorgenkind« gewesen, das zudem Kosten verursachte, weil »zur Zeit stärkeren Verkehres außerdem noch ein Posten mit Fahnen die Benachrichtigung des Automobilisten besorgen«[2] musste.

Mitte der 1930er-Jahre hatten die meisten Länder Kontinentaleuropas bereits auf Rechtsverkehr umgestellt.[3] Lediglich in der Tschechoslowakei, in Ungarn und in Österreich herrschte seit einer Verordnung der österreichisch-ungarischen Militärverwaltung 1915 noch immer Linksverkehr. Vorarlberg, nur über eine Straße an Restösterreich angebunden, war als einziges Bundesland wegen der starken Orientierung Richtung Schweiz und Deutschland[4] unmittelbar nach dem Ersten Weltkrieg auf die Rechtsfahrordnung umgestiegen. Im April 1928 hatte schließlich die Regierung unter Ignaz Seipel eine Gesetzesvorlage zu einer Umstellung im ganzen Bundesgebiet eingebracht. »[N]ach zweijähriger Verschleppung«[5], nachdem die Zuständigkeiten zwischen Bund und Ländern restlos geklärt

Vignette der österreichischen Kraftfahrverbände zur Unterstützung einer einheitlichen Rechtsfahrordnung in ganz Österreich
Österreichische Touring-Zeitung, 38 (1937) 2, 30.

waren, wurde Ende 1929 das entsprechende Gesetz verabschiedet. Doch ausschließlich Tirol (mit Ausnahme Osttirols) und das westliche Salzburg sollten aus touristischen Erwägungen das Gesetz auch umsetzen.[6] Die Demarkationslinie zwischen Links- und Rechtsverkehr verlief »westlich von einer zwischen der Abzweigung der Pinzgauer Bundesstraße von der Gasteiner Bundesstraße und der Grenze der Gemeinde St. Johann i. P. zu ziehenden Linie«[7], der einzigen Straßenverbindung zwischen West- und Ostösterreich.

Das »Absurdum der gemischten Fahrordnung wurde [jedoch] im Jahre 1935 durch die Eröffnung der Großglockner-Hochalpenstraße in seiner Ruhe gestört«[8]: Denn mit der neuen Alpenüberquerung hätte man bei einer Fahrt durch Österreich über die Hohen Tauern viermal die Fahrtrichtung wechseln müssen, woraus ein Gefahrenmoment entstand, »das umso größer ist, je verkehrsärmer das Gebiet und je leichter deshalb überraschende, unvermutete Begegnungen an unübersichtlichen Straßenbiegungen sich ergeben«[9]. Gelöst wurde das Problem schließlich damit, dass Kärnten und Osttirol mit 15. Juni 1935 – wenige Wochen vor Eröffnung des Prestigeprojekts – mit einem medialen Großeinsatz auf Rechtsverkehr umstellten: »Kirche, Schule, Radio und Kino wurden in den Dienst der Sache gestellt. Durch Wochen wurden die Gläubigen aller Bekenntnisse in den Gotteshäusern auf die bevorstehende Neuerung aufmerksam gemacht und [zur] Vorsicht gemahnt. Vorträge in allen Schulen belehrten die Kinder. Der Ansager des Klagenfurter Senders hämmerte täglich den Hörern ein, daß die Fahrtrichtung geändert werde[,] und in allen Lichtspieltheatern prangte zu Beginn jeder Vorstellung ein Aufruf der Landeshauptmannschaft auf der Leinwand.«[10]

Die Frage der Fahrordnung anlässlich der Eröffnung der Packstraße zwischen der Steiermark und Kärnten Ende Mai 1936 war in der Folge nicht mehr Anlass genug, um auch die Steiermark auf die Rechtsfahrregel einzuschwören, obwohl die Mängel dieses Zustands offensichtlich waren: Wenn »ein Ausländer, angeregt durch die Schilderungen der Packstraße, von Graz über die Pack, Triebner Tauern, Radstadt usw. nach Innsbruck fahren möchte, so fährt er erst links, dann die Pack abwärts bis zum Obdacher Sattel rechts, dann wieder links, um endlich in Badgastein endgültig bis zur westlichen Staatsgrenze auf der rechten Seite zu bleiben«[11]. Die Beschreibungen der neuen Passstraße konzentrierten sich aus diesem Grunde viel mehr auf die landschaftliche Schönheit der Strecke: »[D]er ganze farbenfrohe Zauber anmutiger Mittelgebirgslandschaft öffnet sich dem Beschauer.«[12] Insbesondere ausländische Besucher:innen wurden immer wieder als Argument für die nötige bundeseinheitliche Lösung herangezogen, die sodann jedoch erneut verworfen wurde: »Fragen wir uns einmal ehrlich: Wo gibt es den Franzosen oder den Italiener, der sich von einer Autoreise nach Österreich nur deswegen abhalten ließe, weil man bei uns anders ausweicht als in seiner Heimat?«[13]

In den Jahren 1936/1937 verdichteten sich die Forderungen nach einer Vereinheitlichung, nach der Abschaffung der österreichisch-tschechoslowakisch-ungarischen »Linksfahrinsel«[14]. Doch die Umsetzung scheiterte an Wien, da die Kosten einer Umstellung des Straßenbahnnetzes mit veranschlagten dreizehn Millionen Schilling schlicht zu hoch waren. Der Wiener Bürgermeister Richard Schmitz ging sogar noch weiter und behauptete, man hätte »den Forderungen der westlichen Länder vielleicht besser nicht nachgeben«[15] sollen. Eine Aussage, die ihm die Rüge einbrachte: Er solle sich bewusst werden, »daß das Übergehen zur Rechtsfahrordnung in ganz Österreich nicht nur eine ›föderalistische Marotte‹ irgendeines kleinen Bundeslandes im fernen Westen, nicht lediglich eine Notwendigkeit für ganz Österreich, sondern darüber hinaus eine Großtat auf dem Gebiete der europäischen Verkehrsvereinheitlichung wäre«[16]. Aber es blieb beim »österreichische[n] ›Gustostückerl‹. In Österreich wird links gefahren. Wem's nicht recht ist, der mag getrost draußen bleiben.«[17]

Die Debatte um die Umstellung führte zu manch skurrilen Situationen: So protestierte »[e]in Bauer« gegen die neue Fahrordnung, indem er sich beschwerte, dass der »Fuhrmannssitz, der Bauernsitz […] seit Jahrhunderten immer auf der noblen, rechten Seite des Wagen [sic]« gewesen sei: »Eine Ehre! Und jetzt sind wir nach links geworfen worden.«[18] Ein anderer Beitrag schlug vor, Wiens Problem durch eine Einstellung des Straßenbahnbetriebs zu lösen, denn die Umstellung auf Autobusse sei sowieso ein »Gebot der Zeit«.[19] Und Paul Hörbiger erinnerte sich, dass die deutschen Produzenten nach den Dreharbeiten zum Film *Endstation* 1935[20] gefordert hatten, den Film umzukopieren, »damit die Straßenbahn, wie in Deutschland, rechts fahre. Ich war sprachlos. Emo [der Regisseur] jedoch nicht. Er fuhr sich mit der Hand übers Gesicht, wie immer, wenn etwas Wichtiges gesagt werden musste, und teilte dem Beamten mit: ›[Na ja], verkehrt kopieren, das geht schon. Aber es heißt halt dann nicht LAINZ, sondern ZNIAL.‹«[21] Letztlich relativierte ein Polizeibericht diese Frage und verwies auf die damals allgemein herrschende Disziplinlosigkeit im Straßenverkehr: »Die Links- bzw. Rechtsregel wird nicht eingehalten. Die meisten Fahrer halten die vorgeschriebene Fahrseite nicht ein, sondern fahren mehr zur Mitte oder sogar über die Mitte der Straße hinaus.«[22] Angesichts der vielen Unfälle war daher Verkehrserziehung, der ganze Werbewochen gewidmet wurden,[23] auch viel eher ein Thema als die Umstellung auf Rechtsverkehr.

In seiner Rede im Bundestag am 24. Februar 1938 – es ging bereits um die Existenz Österreichs – kündigte Bundeskanzler Kurt Schuschnigg beiläufig den »Übergang von der Linksfahrordnung auf die Rechtsfahrordnung im ganzen Bundesgebiet«[24] an. Eine Ankündigung, die allerdings erst nach dem ›Anschluß‹ zügig umgesetzt wurde.

Der von Toscaninis Chauffeur verursachte Unfall führte zu einer Schadenersatzklage der Geschädigten vor dem Zivillandesgericht Salzburg im November 1934.[25] Zwar gestand der Dirigent durchaus die Schuld seines Fahrers ein, er widersetzte sich jedoch der Schmerzengeldforderung in der Höhe von 20 000 Schilling. Nach der Vertagung des ersten Verhandlungstermins verlor auch die Lokalpresse ihr Interesse an den weiteren Entwicklungen.[26]

BR

15. September 1934

Der Parallelklassenerlass des Wiener Schulrates

Das Kreuz mit (oder: in) der Schule

»Es wird berichtet, daß in Wien Aus- und Umschulungen jüdischer Kinder an Volks- und Hauptschulen stattgefunden haben, daß in Wien Schulen existieren, die nur jüdische Klassen besitzen, andere hingegen, in denen nur christliche Kinder unterrichtet werden«, berichtete die *Neue Freie Presse* am 27. September 1934 über eine Vorstandssitzung der *Israelitischen Kultusgemeinde* (IKG). Anlass dafür war ein Erlass des *Stadtschulrates für Wien* vom 15. September 1934, der unter Berufung auf einen ebensolchen des Unterrichtsministeriums vom 4. Juli 1934 »auf Grund schulpraktischer Erwägungen« verfügte, »daß bei Teilung von Klassen in Parallelzüge in Hinkunft so vorgegangen werde, daß die nichtkatholischen Schüler in je einer Klassenabteilung vereinigt und nicht mehr in zwei oder alle Parallelzüge einer Klasse aufgeteilt werden«[1]. Diese neue Regelung habe bei den »Kindern israelitischen Religionsbekenntnisses das Gefühl der Zurücksetzung«[2] erweckt, in der jüdischen Bevölkerung »Beunruhigung und Befremdung«[3] hervorgerufen, hieß es in der einstimmig angenommenen Resolution: Man werde »bei allen in Betracht kommenden Stellen der Unterrichtsverwaltung«[4] die Aufhebung der Anordnungen fordern.

Die IKG hatte schon im Vorfeld von der geplanten Maßnahme erfahren und am 20. Juni 1934 anlässlich einer Vorsprache bei Unterrichtsminister Kurt Schuschnigg auch dagegen protestiert.[5] Sowohl der Umstand, dass sich die Gemeinde überrumpelt fühlte, als auch die Geheimniskrämerei um den ministeriellen Erlass, der erst am 15. September im *Verordnungsblatt des Stadtschulrates* veröffentlicht worden war, »als bereits sämtliche Vorbereitungen für die Errichtung konfessioneller Parallelklassen getroffen waren«[6], nährten Gerüchte: Es gebe »eine offenbar interne Weisung des Wiener Stadtschulrates, die nicht näher bekannt ist, aber in der Praxis nach

Angabe der Eltern noch weitergehend sei«[7]. Tatsächlich lässt sich der auch in den Tageszeitungen zitierte Erlass des Unterrichtsressorts mit der Zahl 16 502 im *Verordnungsblatt für den Dienstbereich des Bundesministeriums für Unterricht* nicht finden. Vermutlich auch deshalb kann durchaus von einer »geheime[n] Verordnung«[8] gesprochen werden.

Die Einheit, die von der Resolution der IKG nach außen vermittelt werden sollte, bestand intern keineswegs: Gerade in Bezug auf die Schulfrage offenbarte sich »in exemplarischer Weise die Kluft zwischen den jüdischen Parteien, welche eine geschlossene gemeinsame Aktion gegen mögliche antisemitische Verordnungen unmöglich machte«[9]. Die religiösen Gruppierungen begrüßten die schleichende Konfessionalisierung des Unterrichtswesens, bemängelten lediglich, dass sie nicht weit genug gehe, in den von ihnen als jüdisch erachteten Parallelklassen auch Kinder anderer Konfessionen oder Konfessionslose sitzen und jüdische Schüler:innen abgesondert würden, »ohne daß ihnen im jüdischen Sinn etwas gegeben wird«[10]. Vielmehr sei es die Pflicht des Staates, an Stelle der »Schulghetti«[11] jüdische Schulen zu schaffen. »Jenen jüdischen Bürgern, die wünschen, daß ihre Kinder unter jüdischer Anleitung in nationalreligiösem Geiste zu volks- und glaubensstreuen Juden und treuen Österreichern erzogen werden, soll durch Schaffung eines jüdischen Schulwerks […] die Möglichkeit hiezu geboten werden.«[12] Säkulare jüdische Gruppierungen wiederum hielten am Grundsatz der interkonfessionellen Simultanschule fest, da sie fürchteten, dass die Absonderung der Kinder nach Konfessionen dem Grundsatz der Gleichberechtigung und neutralen Erziehung widerspreche.

Die Folge war eine ungewohnte mediale Öffentlichkeit, der die *Gerechtigkeit*, die Zeitschrift der resoluten Kämpferin gegen den Antisemitismus, Irene Harand, jedoch auch durchaus positive Seiten abgewinnen konnte: »Es ist gut, daß die öffentliche Diskussion begonnen hat, und es ist gut, daß unsere Unterrichtsverwaltung von der Wirkung erfährt, die der Erlass zur Folge hatte.«[13] Schuschnigg musste sich – bereits als Bundeskanzler – bei einer Aussprache mit jüdischen Organisationen anlässlich seines Beiwohnens der Vollversammlung des *Völkerbunds* in Genf im September 1934 erklären und konstatierte, »daß Österreich Bürger zweierlei Grades nicht kennt«[14]. Wohl nicht aus Zufall berichtete *Die Stimme. Jüdische Zeitung* über die Parallelklassenverordnung und die Rede Schuschniggs zugleich, und zwar auf der Titelseite ihrer Ausgabe vom 21. September 1934, dem 12. Tischri des Jahres 5695 im jüdischen Kalender. Eine Woche später räumte IKG-Präsident Desider Friedmann Missverständnisse bei der Durchführung des Erlasses ein, hielt aber gleichzeitig fest, dass ein solches »Mißverständnis [...] kennzeichnend«[15] sei. Im Weiteren uferte die Auseinandersetzung obendrein zu einer Pressepolemik aus, als die *Reichspost* mit dem Leitartikel »Viel Lärm um nichts«[16] in die Debatte eingriff und die internationalen Proteste zu einer »marxistische[n] Intrige« erklärte – woraufhin *Die Stimme* replizierte, dass sie die im Artikel ausgesprochene »Warnung« eher als »Drohung«[17] verstanden wissen wolle.

Die Schulbehörden bestritten jeglichen antisemitischen Vorsatz, beriefen sich auf schultechnische Vorteile und Einsparungsmaßnahmen[18]: Es sei so leichter, den Religionsunterricht zu organisieren und Stundenpläne zu erstellen. Dennoch zeigte sich, dass bei Schulbeginn »zumeist sogenannte ›Judenklassen‹« entstanden, insbesondere wenn Schulleitungen, wie im Falle des Wiener Wasagymnasiums[19] oder des Akademischen Gymnasiums, sich bereit zeigten, den Erlass antisemitisch zu handhaben – was »angesichts der noch immer andauernden Erregung der politischen Leidenschaften sicherlich nicht erwünscht sein mag«[20]. Allerdings fehlen Hinweise, dass der Erlass konsequent oder gar ambitioniert umgesetzt worden wäre.[21] Schon kurz nach dessen Veröffentlichung sprach man von Milderungen.[22] Öffentliche Stellungnahmen anderer Religionsgemeinschaften sind allerdings nicht nachweisbar.[23]

Tatsächlich dürfte der Erlass eher eine Folge des Konkordats vom Juni 1933 gewesen sein.[24] Einzig die illegale *Arbeiter-Zeitung* – die Möglichkeit eines antisemitischen Vorsatzes durchaus in Betracht ziehend – ängstigte sich um die Rücknahme der »Leistung des Liberalismus«, der Trennung von Kirche und Staat, benannte die Aktion als »Pfaffenherrschaft«[25]. Auch sie erwähnte jedoch einen anderen – veröffentlichten – Erlass des Unterrichtsministeriums in diesem Zusammenhang nicht, der die Befürchtungen der Brünner Exilzeitung nur bestätigte: »Da sich der Bundesstaat Österreich in seiner am 1. Mai 1934 kundgemachten Verfassung nunmehr ausdrücklich als christlicher Bundesstaat erklärt hat, wird die Anbringung von Kreuzen als Symbol des christlichen Bekenntnisses in allen Klassenzimmern und Amtsräumen der dem Bundesministerium für Unterricht unterstehenden

Bundeslehranstalten, in denen sich Schüler oder Schülerinnen des christlichen Religionsbekenntnisses befinden, bis längstens 31. Dezember 1934 angeordnet.«[26]

Diese Rekonfessionalisierung des Schulsystems hatte aber mit der Einführung religiöser Übungen, dem täglichen Schulgebet, dem Pflichtbesuch von Gottesdiensten und der Bevorzugung der katholischen Kirche bereits im April 1933 begonnen – in Wien konkret mit der Aufhebung des Glöckel-Erlasses.[27] Schritt für Schritt folgten ein neuer Diensteid für Unterrichtende, sich für eine Erziehung im sittlich-religiösen und vaterländisch-österreichischen Sinne einzusetzen, das neue Fach Vaterlandskunde, vormilitärische Elemente im Turnunterricht und bei Wandertagen sowie die Disziplinierung von politisch aktiven Schüler:innen – bis hin zum Schulausschluss für das gesamte Bundesgebiet. Doch weder Änderungen in den Lehrplänen, die Vergabe vaterländisch-patriotischer Maturathemen[28] noch neue Geschichtsbücher[29] – »von einer stark affektiven Komponente durchzogen und im übrigen von weitgehender politischer Uniformität geprägt«[30] – zeitigten Erfolge: Die »erstrebte Immunisierung gegenüber dem Nationalsozialismus« verfehlte ihr Ziel, zum Teil aufgrund der diffusen, vagen Inhalte, zum Teil aufgrund der angewandten Methoden.[31]

Außerschulisch versuchte man, die Jugend über die Gründung einer Monopolorganisation zu erfassen: Aber auch hier gelang es nicht, alle Jugendlichen in einer Staatsorganisation, dem Ende August 1936 gegründeten *Jungvolk*, zu vereinen.

Anfang 1938 wurde die Möglichkeit einer expliziten Trennung von jüdischen und nichtjüdischen Jugendlichen erwogen, als Bundesjugendführer Georg Thurn-Valsassina verkündete, man wolle außerhalb des *Jungvolks* einen Jugendverband schaffen, »wo die Jugend jüdischen Glaubens mit ihren berufenen Führern, auf deren Ernennung uns ein maßgebender Einfluß zustehen muß, unter sich ist«[32]. Bezüglich dieser Aussage entbrannte wiederum ein innerjüdischer Streit,[33] erneut musste der Bundeskanzler kalmieren: »Jeder Versuch einer Sektionierung müßte unbeugsamen Widerstand auslösen«[34], die Einheit des *Jungvolks* müsse gewahrt werden. Die Reaktionen – und neuerliche Zerrissenheit – jüdischer Organisationen in dieser Frage referierte ein Artikel in der *Neuen Freien Presse*: Während zionistische Organisationen abermals ihre Genugtuung über die Idee kundtaten, sprach sich die *Union österreichischer Juden* gegen eine Trennung aus. Für sie bedeutete der Begriff »christlich« nicht mehr als eine »Kennzeichnung sittlicher Grundsätze«, wodurch es kein Hindernis gebe, dass eine Erziehung der »israelitische[n] Jugend unter denselben Bedingungen erfolgen werde wie bei der übrigen österreichischen Jugend«[35].

Kurz vor dem ›Anschluß‹ wurde dann trotzdem ein *Jüdischer Jugendverband Österreichs* gegründet, der dem staatlichen *Jungvolk* und dessen Bundesführer unterstellt werden sollte: Der Führer des Verbandes war noch nicht bekannt, doch war dafür ein »Vertreter der Rabbinerschaft, der am Krieg aktiv teilgenommen hat, in Aussicht genommen«[36]. Die Verlautbarung über die getroffene Regelung werde in den nächsten Tagen erfolgen, hieß es Ende Februar 1938.[37] Dazu kam es allerdings nicht mehr.

BR

27. September 1934

Österreichische Erstaufführung von Willi Forsts *Maskerade*

Lokalkolorit mit Weltgeltung

Der Abend im Wiener Apollo-Kino war »ein großes gesellschaftliches Ereignis«[1]. Die Schauspielerin Paula Wessely, der Regisseur Willi Forst sowie der Drehbuchautor Walter Reisch waren gekommen, ebenso Kurt Schuschnigg, Emil Fey, Hans Pernter und weitere Regierungsmitglieder. Sie und viele andere waren vereint im Bewusstsein, dass hier ein gelungener Film gezeigt und damit zugleich eine kulturpolitische Stellungnahme abgegeben werde: *Maskerade*, gedreht von Willi Forst nach einem Drehbuch von Walter Reisch, produziert von der Wiener Firma *Tobis-Sascha Filmindustrie A.G.*, hatte das Zeug zum genuin österreichischen Kunstwerk, das zugleich ein gutes Licht auf den Staat warf, in dem es entstanden war. Zwei Tage nach der Premiere verkündete Ernst Lothar in sonorem Pathos: »Dieser Film ist ein österreichischer Triumph. Österreicher haben ihn ersonnen, inszeniert, gespielt, hergestellt. Und es wurde der künstlerisch wertvollste Film seit Jahren. Das gibt zu denken, sollte mindestens zu denken geben. Welche Fülle von Kunst und Bedeutung birgt dieses kleine Land, das um seine Selbständigkeit bitter kämpft, obschon es eine führende Weltmacht ist und bleibt. Dazu geschaffen, die Welt in jenen Bereich zu führen, der über allem Hader liegt und dessen versöhnender Bemühung sie bedarf: in den musischen, wo Geist und Herz zu ihrem Rechte kommen. Zum Menschenrecht der Kunst.«[2]

Tatsächlich ist an der Herkunft des Films nicht zu zweifeln: Das Drehbuch entstand im Februar 1934 im Wiener Hotel Kranz-Ambassador, während in Wien und in anderen Orten Österreichs der Aufstand des *Schutzbundes* niedergeschlagen wurde. Der Film, der in den beiden darauffolgenden Monaten in den Wiener Rosenhügel-Studios gedreht wurde,[3] vermied freilich jeden Bezug zu dieser beunruhigenden Gegenwart. Hier wurde keine

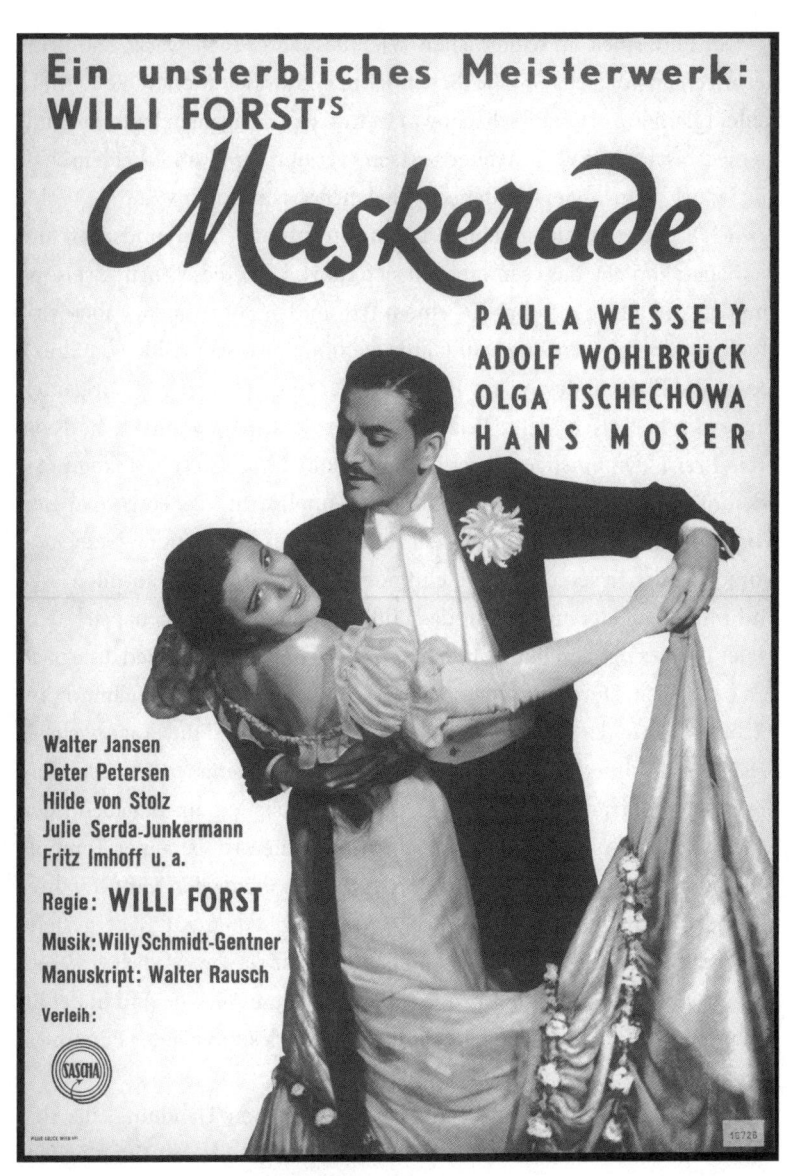

Filmplakat *Maskerade* (Regie: Willi Forst, 1934)
Wienbibliothek im Rathaus – Plakatsammlung

Auseinandersetzung mit der Realität geboten, sondern eine *Maskerade*, die das Publikum zwei Stunden lang in eine schönere Welt entführte.[4]

Der Film spielt im winterlichen Wien des Jahres 1905, weckt also Erinnerungen an »die letzten glücklichen Jahre der großen Monarchie«[5]. Anita Keller (glamourös: Olga Tschechowa) ist mit dem Dirigenten Paul Harrandt (sympathisch weltfremd: Walter Janssen) verlobt, ihre wahre Leidenschaft gilt jedoch dem Maler Heideneck (melancholisch attraktiv: Adolf Wohlbrück). Er bietet ihr nicht mehr an als eine unverbindliche Freundschaft und das Sacherkonfekt, das er immer mit sich führt. Über diese Zurückweisung empört, streitet sie mit ihm auf einem Ball in den Sofiensälen, dabei wirft Heideneck bereits ein Auge auf Gerda (feminin erotisch: Hilde von Stolz). Sie ist die Ehefrau des Arztes Professor Harrandt, Bruder des Dirigenten (maskulin energisch: Peter Petersen, hinter dessen Pseudonym die *Neue Freie Presse* den einstigen Burgtheaterdirektor Max Paulsen »inkognito«[6] erkannte). Der Maler macht Gerda ein Kompliment, das eines Ästheten würdig ist. Er sagt nämlich, sie sei »zu schön, um ungemalt zu bleiben« – worauf sie sich in seinem Atelier einfindet. Er porträtiert sie, nur mit Maske und Muff bekleidet, und nennt das Bild »Maskerade«. Gerda hat sich dem Maler nur gezeigt, um ihm näherzukommen, er aber verabschiedet sie nach getaner Arbeit. Durch ein Ungeschick erscheint die erotische Zeichnung am nächsten Tag in der Karnevalausgabe einer Zeitung, und die Frage, welches Gesicht sich hinter der Maske verbirgt, erregt die Gemüter. Insbesondere die Brüder Harrandt verdächtigen Anita, denn sie hat am Ballabend den Muff aus Chinchilla, der auf dem Bild zu erkennen ist, bei einer Tombola gewonnen. Die beiden Männer wissen nicht, dass Gerda den Muff von ihrer künftigen Schwägerin ausgeborgt hat. Vom Dirigenten zur Rede gestellt, behauptet der Maler, eine junge Frau namens Dur sei sein Modell gewesen. Der misstrauische Medizinerbruder überprüft diese Aussage und findet im Adressbuch tatsächlich eine Leopoldine Dur, Vorleserin bei der Fürstin M. (ironisch klatschhaft: Julia Serda).

Maskerade lebt von einer erotisch aufgeladenen Handlung, die den durchwegs attraktiven Schauspieler:innen wirkungsvolle Auftrittsmöglichkeiten bietet. Auf Betörung angelegt sind auch die Pracht vergangener Kostüme und historischer Interieurs (Bauten: Oskar Strnad), die Musik, die von den Wiener Philharmonikern gespielt wird, und vor allem die virtuose Licht- und Schnittregie des Regisseurs Forst und des Kameramannes Franz Planer. Im Zentrum des turbulenten Geschehens steht jedoch die junge, zunächst eher unscheinbare Leopoldine Dur, die sich allmählich als Hauptfigur des Films entpuppt.

Leopoldine wurde von der siebenundzwanzigjährigen Paula Wessely verkörpert. Forst und Reisch hatten ihr die Rolle auf den Leib geschrieben, um ihr den Einstieg in das Filmgeschäft zu ermöglichen. Spätestens seit ihren Auftritten 1932 als Titelheldin in Gerhart Hauptmanns Tragödie *Rose Bernd* am Deutschen Theater in Berlin und ab 1933 als Gretchen in Max Reinhardts Salzburger *Faust* hatte sich Paula Wessely als bedeutende Bühnenschauspielerin durchgesetzt. Es blieb nicht unkommentiert, dass die junge Frau keine spektakuläre Schönheit sei. Der *Berliner Börsen-Courier* schrieb 1931: »Paula Wesselys Begabung hat von Natur nicht den Zauber äußerer Lockmittel empfangen. Ihre kleine, massive Gestalt, ihre breiten, gedrungenen Gesichtszüge sind nicht von bequemem Zauber ausgestattet. Sie entbehrt ihn nicht. Was sie zur Vollillusion einer Erscheinung benötigt, ob Sinnenreiz oder Gefühlsdurst, ob Lieblichkeit oder Taumel, schafft ihr Einfühlungsvermögen heran.«[7]

Vor *Maskerade* war Wessely noch in keinem Film aufgetreten, und es bestanden Zweifel, ob sie sich auf der Leinwand behaupten könne. Forst und Reisch verwandelten ihren scheinbaren Schwachpunkt allerdings in eine Stärke: Gerade weil Leopoldine nicht das Zeug zur glamourösen Diva hat, wirkt sie natürlich und echt. Nach dem ersten Treffen mit Heideneck ist sie so aufgeregt, dass sie Herrn Zacharias, den Gärtner der Fürstin (gutmütig verschroben: Hans Moser), aus dem Schlaf weckt. »Der eleganteste Mann von Wien hat mir den Hof gemacht«, erzählt sie glücklich, aber während sie noch schwärmt, tauchen bereits Zweifel auf: Dieser Maler, berühmt für seine lasziven Frauenporträts, begehrt von den glanzvollsten Damen, wird sich doch nicht allen Ernstes mit ihr abgeben. Sie betrachtet sich im Spiegel und fragt verzagt: »Warum gerade ich?« Traurig verlässt sie den Raum, aber nach wenigen Sekunden kehrt sie wieder, stellt sich in aufrechter Haltung erneut vor den Spiegel und ruft strahlend: »Warum nicht gerade ich?« Derart ermutigt, erobert sie im weiteren Verlauf des Films Heidenecks Herz, anders als die Schönheiten zuvor, die nur sein Malerauge gereizt haben. Diese Spiegelszene, in der sich Leopoldine ihrer Stärke bewusst wird, hat damals vor allem das weibliche Publikum begeistert. Forst erinnerte sich später: »Die Szene war ausschlaggebend für den Erfolg der Wessely.

Alle Frauen identifizierten sich mit ihr und liebten sie. Auch alle Männer. Der Erfolg des Films war damit hundertprozentig gewesen.«[8]

In der Tat stieß *Maskerade* in London, Paris und vielen anderen Städten der Welt auf großes Publikumsinteresse. Das *Neue Wiener Journal* konstatierte zufrieden: »Mit diesem Film dürfte sich die österreichische Filmkunst nicht nur die frühere Weltgeltung zurückerobert, sondern sich auch in die erste Reihe der filmschaffenden Länder gestellt haben.«[9] 1934 wurde Walter Reischs Drehbuch auf der Biennale in Venedig mit einer Goldmedaille ausgezeichnet, und 1935 produzierte Hollywood ein Remake unter dem Titel *Escapade*, in dem die aus Deutschland emigrierte Luise Rainer die Titelrolle übernahm. Sie konnte allerdings nicht mit Paula Wesselys Erfolg konkurrieren, die mit *Maskerade* weit über die deutschsprachigen Grenzen hinaus berühmt geworden war. In der heimischen Filmwerbung und in den Feuilletons wurde sie dennoch nicht als internationaler Star gepriesen, sondern als »ein Menschenkind aus Wien«[10], dessen Gesicht geeignet war, Sympathiewerbung für Österreich zu machen.

Maskerade ist das bekannteste Exemplar eines kurzlebigen Genres, genannt *Wiener Film*.[11] Es entstand in den 1930er-Jahren – z. B. *Zwei Herzen im ¾ Takt* (Géza von Bolváry, 1930) – und hatte seinen Höhepunkt im Austrofaschismus mit *Maskerade* sowie mit Filmen wie *Episode* (Walter Reisch, 1935), *Silhouetten* (Walter Reisch, 1935), *Burgtheater* (Willi Forst, 1936) und anderen. Alle diese Produktionen hatten nicht nur den Schauplatz Wien, sondern auch einen spezifischen Darstellungsstil gemeinsam: Heiter-melancholisch, bedacht auf die schönen Seiten des Lebens, bei allen Problemen, die nicht verschwiegen wurden, musikalisch verspielt und traditionsbewusst – was nicht notwendig implizierte, dass ein solcher Film in der Vergangenheit spielen musste. Am bedeutsamsten für die Entstehung dieser typischen Atmosphäre war jedoch die Sprache: Es wurde kein starker Dialekt gesprochen, da der Text auch außerhalb Wiens verstanden werden sollte, wohl aber eine unüberhörbar wienerisch gefärbte Umgangssprache. Die österreichischen Stimmen von Paula Wessely, Luise Ullrich, Hans Moser, Paul Hörbiger, Willi Forst und anderen bestimmten den Grundton.

Mit diesem *Wiener Film* war ein Produkt kreiert worden, das Hoffnungen auf internationale Beachtung weckte. Fritz Lahr, Vizebürgermeister von Wien, stellte 1936 fest, der österreichische Film sei »heute in der internationalen Filmbranche führende Marke« geworden, und er entwarf analog zur »Musikstadt Salzburg« die Vision einer »Filmstadt Wien«[12] mit internationalem Anspruch. Oskar Pilzer, Präsident der *Tobis-Sascha Filmindustrie*, verkündete »mit berechtigtem Stolz«, dass »einzelne österreichische Regisseure, wie Willi Forst und Walter Reisch, in der europäischen Filmproduktion führend sind«, und erklärte auch, worauf der Erfolg dieser Regisseure zurückzuführen sei: »[...] sie haben das in den Film eingefangen, was man österreichischen Geist nennt, Esprit, Fluidum, und eine Atmosphäre, die dem Beschauer des Films den unmittelbaren, lebendigen Eindruck österreichischer Kunst vermittelt.«[13] Um den Erfolg in eine greifbare Zahl zu fassen, berichtete er, seine Gesellschaft habe im Jahr 1935 achtzehn Millionen Schilling umgesetzt. Zur Erläuterung ergänzte er: »60 Prozent davon fallen auf Deutschland, die übrigen auf Österreich und alle anderen Länder, in denen diese Filme mit fremdsprachigen Untertiteln laufen.«[14]

Diese nüchternen Zahlen enthalten einen Hinweis darauf, dass der österreichische Geist erheblich auf deutsches Geld angewiesen war, was die Träume von einer Wiener Filmkunst mit Weltgeltung bedenklich einschränkte. Das nationalsozialistische Deutschland war der mit Abstand größte Markt, welche Produktionen dort gezeigt werden konnten, wurde nicht in Österreich entschieden. Wie rücksichtslos ein österreichischer Film in Deutschland vermarktet wurde, zeigt das Beispiel *Maskerade*: Der Film wurde im Berliner Gloria-Palast schon am 21. August 1934 uraufgeführt, also einen Monat früher als in Wien. Er erwies sich auch in Deutschland als Publikumserfolg, wurde aber in der nationalsozialistisch ›gleichgeschalteten‹ deutschen Presse einhellig als »Spitzenleistung deutscher Filmkunst«[15] beworben. Außerdem mussten jüdische Mitarbeiter:innen, wie beispielsweise der Drehbuchautor Walter Reisch und der Bühnenbildner Oskar Strnad, verschwiegen werden.

Die Möglichkeit, dem Film Aufführungschancen zu sichern, indem die Leistungen jüdischer Mitwirkender unterschlagen wurden, bestand nur für kurze Zeit. Nach dem deutsch-österreichischen Filmabkommen vom Februar 1935 musste für alle Beteiligten der Nachweis ›arischer Abstammung‹ erbracht werden, was schließlich dazu führte, dass sich die österreichische Filmindustrie freiwillig ›arisierte‹.[16] Das betraf nicht nur künstlerische Berufe. Die österreichische *Sascha Film*, gegründet 1910 von Alexander

»Sascha« Graf Kolowrat-Krakowsky, war schon seit 1933 mehrheitlich von der deutschen Produktionsfirma *Tobis* übernommen worden und von 1935 an wurde zielstrebig daran gearbeitet, die »völlig verjudete Tobis-Sascha«[17] zu säubern. Der Präsident Oskar Pilzer verkaufte 1937 seine Aktienanteile an der Firma[18] und wanderte nach Frankreich aus, ein Jahr später ging die traditionsreiche österreichische Filmproduktion vollends in deutschen Besitz über.

Auch Walter Reisch und Franz Planer, der Kameramann von *Maskerade*, verließen Österreich und bauten sich neue Existenzen in den USA auf. Paula Wessely hingegen verwandelte sich nach 1938 vom »Menschenkind aus Wien« in eine der führenden Darstellerinnen des deutschen Kinos, das unter der Kontrolle des Propagandaministers Joseph Goebbels stand.[19] Sie fand in Gustav Ucicky den Regisseur, der ihr Forst, in Gerhard Menzel den Drehbuchautor, der ihr Reisch ersetzte. 1941 war sie unter Ucickys Regie im Propagandafilm *Heimkehr* zu sehen, der das Schicksal der Auslandsdeutschen in Polen mit verhetzender antisemitischer und antipolnischer Tendenz darstellte. Die Mitwirkung an diesem Film wurde ihr später immer wieder zum Vorwurf gemacht. 1946 sagte die Schauspielerin dazu: »Heute weiß ich, dass es falsch war, aber damals war es für mich viel schwerer, Fehler zu vermeiden, als sie heute zu erkennen […].«[20]

Die Vorgaben der nationalsozialistischen Filmpolitik boten jedoch noch immer Raum für eine Weiterführung des *Wiener Films*. Unter der Regie von Willi Forst entstanden Filme wie *Operette* (1940) und *Wiener Blut* (1942), deren Ähnlichkeit mit *Maskerade* nicht zu übersehen war. Forst selbst deutete diese Arbeiten später als subtile Akte des Widerstands gegen das NS-Regime, mit denen er zeigen wollte, »welch geistige Großmacht Österreich einst war«[21]. Mag sein, dass auch manche Zuseher:innen in Österreich die alten Bilder und Lieder so empfunden haben. Das ändert aber nichts daran, dass *Wiener Filme* in der nationalsozialistischen Propagandamaschinerie durchaus ihren akzeptierten Platz hatten: als unterhaltsame Beiträge der ›Ostmark‹ zur Entspannung und Erheiterung der deutschen ›Volksgemeinschaft‹.

HS

29. September 1934

Weihe der Dollfuß-Seipel-Gedächtniskirche

Ecclesia triumphans (et aedificans)

»Erhabene Triumphfahrt der toten Kanzler durch das abendliche Wien; aus hunderttausend Herzen lodert dankerfüllte Erinnerung, aus unzähligen Herzen flammt ihr Strahl in das Abenddunkel, aus windbewegten Fackelbränden schlägt sie zum herbstlichfrüh verdämmernden Himmel empor, indessen in feierlichem Zuge die lorbeerkranzgeschmückten Leichenwagen die sterblichen Überreste der beiden Großen vom Dom zur Gruft geleiten, vom ragenden Münster des alten Wien zum schlichten Pantheon des neuen Österreich«[1], schrieb die *Reichspost* über den Konduct der Sarkophage von Ignaz Seipel und Engelbert Dollfuß vom Stephansdom über die Kärntner und Mariahilfer Straße sowie den Gürtel zum Kriemhildplatz am 29. September 1934.

Die Aufstellung der Sarkophage der beiden ehemaligen Bundeskanzler in der Christkönigskirche, dieser »Entstehungszusammenhang«[2] – und weniger die Formensprache –, ließ das Gotteshaus letztlich zu der Kirche des Austrofaschismus werden, zum »Zeichen der Verbindung der Kirche mit diesem autoritären System«[3]. Schon während der schleichenden Entdemokratisierung des Landes 1933 hatte eine intensive Kirchenbautätigkeit eingesetzt, waren Planung und Bau von Gotteshäusern zu einem wichtigen Betätigungsfeld der meist arbeitslosen Architekten geworden. »Es steht heute wieder so, daß die führenden Architekten Aufträge zu einem Kultbau als höchstes Ziel ihres Strebens betrachten«[4], wenngleich diese Kirchen – mit wenigen Ausnahmen – nicht vom Staat, sondern von privaten Stiftungen und Spenden finanziert wurden.

Im Zuge dieser Rekatholisierung[5] »knüpfte der Austrofaschismus propagandistisch an die Gegenreformation an, indem er vor allem das Barock, in dem sich der siegreiche Katholizismus imperial und üppig manifestierte, zur typisch österreichischen Kunstrichtung stilisierte«[6]. Allein das aus einer Privatinitiative und einem geladenen Wettbewerb hervorgegangene, schlichte Pantheon in Wien-Fünfhaus unterlief mit seiner Nüchternheit, seinem Verzicht auf äußerliche sakrale Elemente eben jenes Selbstbild einer barocken *Ecclesia triumphans*.[7] Und so war der Siegerentwurf, wie die Ausstellung aller Projekte zwischen 30. Mai und 6. Juni 1933 in der Akademie der bildenden Künste zeigte, durchaus nicht unumstritten, ja sogar als »Paternoster-Garage«[8] angeschwärzt worden. Noch Anfang Jänner 1933 hatte die *Reichspost* gegen »rein profane Kunstformen«[9] bei klerikalen Kunstwerken gewettert: Kirchen sollten nicht Theater- oder Konzertsälen gleichen. Zwei Jahre später jedoch klang es in einer Besprechung moderater: »Auch in einem neuen Gewand ist die alte Beziehung zu Gott möglich. Ein gemeinsamer neuer Zug im Kirchenbau dringt langsam durch.«[10]

Die Vertreter der liturgieorientierten, katholischen Erneuerungsbewegung und deren Fürsprecher in Kunst und Architektur hatten inzwischen zumindest Teilerfolge verbuchen können. »Nachdem eine lange Zeit hindurch die Stilfragen und das Nachahmen früherer Kunstperioden, vor allem der Gotik, dem schwachen und unselbständigen religiösen Empfinden jener Zeiten entsprechend Genüge geboten hatten, verlangt die neu vertiefte Religiosität unserer Tage auch wieder einen zeitgemäßen Ausdruck der eigenen Art ihrer Gottverbundenheit«[11], plädierte in einem Radiovortrag der Theologe und Kunsthistoriker Anselm Weißenhofer für den neuen Kirchenbau als Umsetzung der liturgieorientierten Erneuerungsbewegung. Diese trat für eine Reform der Messfeier und eine stärkere Einbindung der Gläubigen in den Gottesdienst im frühchristlichen Sinn ein.[12] Die christozentrische Baukunst versuchte, diesen Anspruch durch eine engere Verbindung zwischen Altar- und Gemeinderaum, die zentrale Stellung des Altars, eine Anlehnung an die frühchristliche Basilika und durch eine Reduktion von Prunk und Dekor in den neuen Kirchenbau zu übersetzen – was zu einer gewissen Annäherung des Sakralbaus an die architektonische Moderne und den Einsatz von neuen Technologien und Materialien führte.[13] Restlos praktisch und dabei doch sakral, zeitgemäß und ästhetisch zu sein, war die Parole: »Mit Surrogaten baut man Gott keine Wohnung und ein Bauwerk, das Ewigkeitswert besitzen soll wie ein Gotteshaus, muß aus seiner Zeit heraus geschaffen werden.«[14]

Erst nach dem ›Anschluß‹ 1938 erschien in Klosterneuburg ein aufwändig gestalteter Katalog der wichtigsten Bauten dieser Richtung. Der Augustinerchorherr Pius Parsch und der Architekt Robert Kramreiter beschrieben

Robert Kramreiters Pfarrkirche in Edlach an der Rax
Foto: Aus: Neue Kirchenkunst im Geist der Liturgie. Wien/Klosterneuburg 1939

dabei anhand ausgewählter Kirchen, Anlagen, Wegkapellen, Gedenkmale und liturgischer Kleinkunst die konkrete künstlerische Umsetzung der Erneuerungsbewegung: »[A]llem Kulissenhaften, allem unorganisch Ornamentalen, allem Schein, aller Stoffunechtheit wurde der Krieg erklärt.«[15] Bereits unmittelbar nach der Niederschlagung des Februaraufstandes begann man mit der Errichtung einer Kirche beim Gemeindebau Sandleiten, einem Schwerpunkt der Kämpfe. Auf die Konstruktion einer Notkirche folgte sodann die Planung einer größeren Kirche, die – als Versuch einer Versöhnungsgeste[16] – auch »eine Anpassung an das Fühlen und Wünschen der Arbeiterschaft«[17] bedeutete. In der Festschrift anlässlich der Weihe der von Josef Vytiska entworfenen Kirche hieß es: »Noch vor fünf Jahren hatte es sich in Wien zugetragen, ein neues Gotteshaus in einem verbesserten, missverstandenen romanischen Stil zu erbauen, aber auch mit Bildern und Plastiken zu schmücken, die allesamt einer billigen Devotionalienhandlung entnommen zu sein schienen. Der vielversprechende Anfang moderner Kirchenkunst an Werken eines Wagner und Pletschnik [sic] schien vergessen.«[18] Bis 1938 wurden in Wien weitere zwölf Kirchen errichtet, weitere auch in anderen Bundesländern – Kirchen in offener Landschaft, Kirchen im Bergland oder Dorfkirchen. »Dem kubisch gegliederten Kirchengebäude wird häufig ein seitlich angestellter schlanker Turm als signalhafter baulicher

Akzent zugeordnet. Neben basilikalen Gebäudetypen tritt vor allem das saalartige Kirchenschiff als eine in sich geschlossene Einheit mit einfachem, eingezogenem und abgetrenntem Rechteckchor in Erscheinung.«[19]

Während Clemens Holzmeister, »Kulturideologe des Austrofaschismus«[20], die Gedächtniskirche am Kriemhildplatz, Josef Vytiska die Kirche im Sandleitenhof und Karl Holey den Erweiterungsbau der Pfarrkirche St. Gertrud in Wien-Währing erbauen ließen, konzentrierte sich, formal gegensätzlich, Robert Kramreiter – neben der Friedenskirche in Favoriten und der St. Josef-Kirche in Floridsdorf – auf Gotteshäuser in offener Landschaft, wie die Pfarrkirche in Pernitz-Ortmann, sowie Dorfkirchen, wie in Kledering bei Schwechat.

Durch sie wurde eine gewisse Moderne – oder besser: »clerical modernism«[21] – für die konservative katholische Elite und für die austrofaschistische Baupolitik salonfähig. Allerdings wird ein ausschließlich mit der Säkularisierung assoziierter Begriff der Moderne von Kunsthistoriker:innen relativiert: Der Kirchenbau des Austrofaschismus bediente sich demgemäß einer »gedämmten Modernität«[22], die darauf bedacht war, »sich von vertrautem Terrain nicht allzu weit zu entfernen und Traditionelles erkennbar zu belassen«[23], was sich letztlich in »Mischformen«, einem »irritierenden Kompromiß«[24], ausdrückte.

Im Zusammenhang mit dem staatlichen Märtyrerkult um Dollfuß wurden viele dieser Kirchen eigens zum Gedenken an den ermordeten Kanzler errichtet, die bekannteste auf der Hohen Wand,[25] die im Juli 1935 geweiht wurde: »Auto an Auto schraubten sich die steilen, in senkrechte Felswände eingeschnittenen, breiten Serpentinen empor zu dem Plateau, auf dem das Dollfuß-Kirchlein steht, das religiöse Nationaldenkmal des österreichischen Volkes für den toten Kanzler. Die Kirche ganz in Weiß, nach den Plänen des Architekten Robert Kramreiter erbaut, steht beherrschend auf einem vorspringenden Platz, vor dem sich ein wahrhaft märchenhaftes Panorama ausbreitet.«[26] Eine Wandmalerei von Max Frey in der Gedenkstätte unterhalb der Kirche bildet Engelbert Dollfuß gemeinsam mit Jesus und Märtyrern ab. Diese Wandmalerei wurde nach der ›Machtergreifung‹ durch die Nationalsozialist:innen in Österreich abgeschlagen und die Mauer mit Marmorplatten verkleidet. Die beiden Sarkophage entfernte man im Jänner 1939 aus der Gedächtniskirche, die nach dem ›Anschluß‹ als »Propagandazentrum des vergangenen Systems«[27] galt.

BR

30. Oktober 1934

Gründung der *Österreichischen Sport- und Turnfront*

Die Sportbegeisterung

Bei der Ermordung von Engelbert Dollfuß am 25. Juli 1934 spielten Funktionär:innen und Lokale des *Alpenvereins* wie des ideologisch ähnlich gestimmten *Turnerbundes* eine gewisse Rolle, was die Regierung im Herbst 1934 veranlasste, die schon länger ins Auge gefasste Gründung der *Österreichischen Sport- und Turnfront* zu beschleunigen.[1] Ernst Rüdiger Starhemberg als ›Sportführer‹ war es nun gesetzlich möglich, das gesamte österreichische Sportwesen zu kontrollieren und vaterländische Treue einzufordern, in jeden Verein einzugreifen und Funktionäre ihrer Aufgaben zu entbinden. Zugleich wurde ein aktives Engagement des Staates in Aussicht gestellt: finanzielle Unterstützung der Vereine, Betrieb und Neubau von Sportheimen, Schulsport, Organisation von Meisterschaften, Bahnermäßigungen für Sportler:innen, planmäßiges Training für Wettkämpfe, die Gründung einer Sporthochschule und vieles andere mehr.[2]

Einmal mehr versuchte Österreich nachzuholen, was der italienische Faschismus und der deutsche Nationalsozialismus spektakulär vorexerziert hatten. Deren Erfolg gründete nicht zuletzt in den Versprechungen, mit denen sie eine nach Dynamik, Bewährung und Identität, nach Veränderung und Aufstieg strebende Jugend gelockt hatte. Die Lager und Aufmärsche der *Hitlerjugend* (HJ) zielten auf ideologische Schulung und Gefolgstreue, ihre Attraktivität erhielt die HJ nicht zuletzt durch sportliches Training und Einübung in Sportarten, die Abenteuerlust und Heroismus ansprachen. Nach der ›Gleichschaltung‹ der Jugendvereine wurden auch Sportleben und Sportverbände sukzessive dem Führerprinzip und der NS-Ideologie unterstellt und traditionelle Sozialmilieus und Vereinsformen unterwandert.

Die Voraussetzungen für die ›Gleichschaltung‹ der Sportvereine waren allerdings in Österreich ungünstig. Die regimetreuen katholischen Turn-

und Sportvereine waren traditionell in ihrer Mitgliederstärke limitiert. Die Vereine, die in der zweiten Hälfte des 19. Jahrhundert entstanden waren, sich voller Engagement der leiblichen Ertüchtigung oder der Erschließung der Alpen gewidmet, Wanderwege und Kletterrouten errichtet, Turnhallen und Hütten gebaut, Turnlehrer:innen und Bergführer:innen ausgebildet und mächtige Organisationen geschaffen hatten, waren seit jeher in ihrer Zusammensetzung bürgerlich strukturiert. Den *Deutschen Turnerbund* gab es in Vorformen bereits seit 1869. Er war in der Ersten Republik, natürlich mit ›Arierparagraph‹, die mitgliederstärkste Vorfeldorganisation der österreichischen Nationalsozialist:innen. 1933 wurden 64 Vereine des *Turnerbundes* wegen illegaler NS-Betätigung aufgelöst, Gauturnfeste und Schauturnen wurden untersagt.³

Der *Deutsch-österreichische Alpenverein*⁴, 1873 entstanden als Fusion der deutschen und österreichischen Alpenvereine, war 1914 mit 400 Sektionen und 320 Hütten die dominante Organisation am Berg, die nach dem Ersten Weltkrieg von einer deutschnationalen Orientierung zunehmend in eine völkische Strömung geriet. Nach und nach wurden ›Arierparagraphen‹ eingeführt und damit der Ausschluss der jüdischen Mitglieder verlangt; die Sektion Donauland, die sich gegen den Rassismus sträubte, wurde 1924 ausgeschlossen. Bereits vor 1933 war die Vereinsaktivität des *Alpenvereins* zunehmend vom nationalsozialistischen Denken (»Durch Reinheit zur Einheit«) geprägt, kein Wunder, dass sich die deutschen Sektionen nach der ›Machtergreifung‹ im Jänner 1933 weitgehend der NS-Ideologie unterwarfen, aber ihre organisatorische Selbständigkeit aufrechterhalten konnten. Ein deutschvölkischer Edelalpinismus machte sich in dieser Zeit daran, alle Risiken missachtend, bisher als unüberwindbar geltende Berge und Wände zu erobern. Die Ersteigung der Eiger-Nordwand im Juli 1938 (mit den Österreichern Heinrich Harrer und Fritz Kasparek) wurde auch als Demonstration deutscher Überlegenheit verkauft.

Um sich dem Zugriff des Dollfuß-Regimes zu entziehen, verlegte der *Alpenverein* 1933 seinen Sitz von Innsbruck nach Stuttgart. Trotz aller Ambitionen der österreichischen Regierung, eine einheitliche österreichische Organisation zu schaffen,⁵ war es angesichts der finanziellen und organisatorischen Stärke des *Alpenvereins* unmöglich, diesen politisch gleichzuschalten. Der *Österreichische Touristenklub* und der *Österreichische*

Gebirgsverein hatten sich überdies dem *Alpenverein* angeschlossen, was deren Mitgliedern Vorteile bei Hüttenübernachtungen und dem Verein eine Verstärkung brachte. Die Hütten wurden von der nationalsozialistischen Bewegung als ideale Rückzugsorte verwendet. Der Historiker Adam Wandruszka bemerkte einmal, dass in Österreich in »über tausend Meter[n] Höhe das Dritte Reich [anfing]«[6].

Allen Bestrebungen Starhembergs zum Trotz konnte der *Alpenverein*, im Hintergrund unterstützt von Franz von Papen, dem deutschen Botschafter in Wien, seine politische Betriebsamkeit aufrechterhalten, was sich nach dem Juliabkommen 1936 auch in aller Öffentlichkeit zeigte. Vertreter von 68 österreichischen Sektionen nahmen an der gesamtdeutschen *Alpenvereins*-Jahreshauptversammlung in Garmisch-Partenkirchen teil[7]; im Anschluss daran fuhren sie per Bahn nach Innsbruck, um dort, nach der Begrüßung durch den Innsbrucker Bürgermeister, angeblich in einem »Orkan der Begeisterung«[8] unter Hakenkreuz-Fahnen einzuziehen. Zuvor gemaßregelte Funktionäre durften nun wieder in ihre alten Funktionen im *Alpenverein* zurückkehren.[9]

Ganz anders lag der Fall der sozialdemokratischen *Naturfreunde*, die zwar in der Größe und Mitgliederstärke mit dem *Alpenverein* nicht mithalten, nach dem Ersten Weltkrieg jedoch eine Erfolgsgeschichte vorweisen konnten. Als die Regierung Dollfuß nach den Februarkämpfen 1934 die *Naturfreunde* ebenfalls verbot, betraf dies allein in Wien 1934 60 000 Mitglieder in 111 Gruppen. Zum Ärger der Regierung hatte ein Funktionär das Vermögen der Organisation nach Zürich verlegt. Die 101, fast ausschließlich in Eigenregie gebauten Hütten standen allerdings dem Zugriff der Regierung zur Verfügung. Der *Alpenverein* bot sich an, sie zu übernehmen, aber das forderte der Regierung schlussendlich zu viel politische Selbstverleugnung ab. Ein eigener Verein, die *Bergfreunde*, wurde im Rahmen der Vaterländischen Front gegründet, der versuchte, die früheren *Naturfreunde*-Mitglieder in den nun ›entpolitisierten‹ Verein zurückzugewinnen, was in der Regel wenig fruchtete, denn die Empörung über Enteignung und Demütigung war viel zu groß. Die im Jahr 1935 gezählten 6500 Mitglieder bildeten nur einen Bruchteil der früheren Aktiven, was zum starken Ausfall von Mitgliedergebühren und zum Fast-Bankrott des Vereins im Jahre 1937 führte. Etliche frühere Mitglieder versammelten sich nun illegal bei Bergfahrten, einzelne Gruppen waren aktiv an der Verteilung der in Brünn produzierten *Arbeiter-Zeitung* beteiligt.[10]

Die Politik instrumentalisierte den Sport, versuchte ihn zu unterwerfen. Darüber hinaus konnte der Sport jedoch eine völlig andere Funktion annehmen und das Gegenteil der Politisierung bedienen: nämlich die Abkehr von den Krisen der Gegenwart und die Flucht auf apolitische Inseln, wo Vergessen und Rekreation möglich waren. Robert Musil interessierte die Erfahrung, dass der Sport ein vitalistisches »Kraftgefühl«[11] auslöste und dem trainierten Körper »Stunden gibt, wo er sich auf Urlaub von sich selbst befindet«[12]. Wer Sport trieb, brauchte dafür nicht unbedingt Vereine und Sportanlagen, sondern konnte dies auch in der freien Natur oder im unkontrollierten öffentlichen Raum tun; ebenso wenig musste man sich um die politischen Netzwerke kümmern, in denen Vereinsfunktionär:innen agierten.

Felix Salten, im Jahr 1935 fünfundsechzig Jahre alt, gehörte nicht mehr zu jenen, die Kälte, Schnee und Schilauf genießen wollten bzw. konnten, musste allerdings gestehen, dass ihn die Völkerwanderung, die im Jänner oder Februar 1935 nicht nur im stadtnahen Wienerwald, sondern auch in den entfernteren, südlichen Teilen bei Sulz und Kaltenleutgeben zu beobachten war, schwer beeindruckte. Er sah hier eine Jugend in Aktion, die das kümmerliche Dasein zu Hause ohne Vorbehalt überschritt, die lachte und sich freute, wenn sie die Wiese hinuntersauste und am Ende stürzte. »Die Jugend, die so schwere Sorgen hat, der es so jammervoll schlecht zumute ist, die so viel berechtigte Unzufriedenheit hegt und so viel unberechtigten Groll gegen die älteren Generationen, die Jugend feiert da sonntags das heitere Fest ihrer Vollkraft, ihrer Frische, holt sich Daseinsmut und ein bißchen Glauben an diese schöne Welt, was ihr so nötig ist und so sehr zu gönnen ist.«[13]

Die Winterfreuden im Wienerwald, so Salten, waren demokratisch, hier waren alle Schichten vertreten, nicht wie am Semmering, in Kitzbühel oder am Arlberg. »Wohlhabende und Dürftige, Vornehme und ›Gewöhnliche‹ werden auf der Schiwiese einander gleich. Hier, wie auf den Plätzen jeglichen Sports, gilt nur das Können. Studenten und Handelsangestellte, Staatsbeamte und Arbeiter, Sorgenfreie und Sorgenbeladene, Komtessen und Manikürfräuleins finden sich da zusammen. Es ist eine Geselligkeit, die alle einander fremd bleiben läßt und doch alle miteinander verbindet. […] da ist allen die kalte, frische Luft, die Sonne und die schneeglitzernde Schibahn gemeinsam.«[14] Es gab neue, rein körperliche Unterscheidungen: »Biegsam gelenkige Gestalten haben diese jungen Männer und jungen Mädchen. Wie sehr alles Füllige oder gar zu Runde dem Sport widerspricht, wie die Rankheit der Figur keineswegs Modelaune, sondern einfach Gebot dieser durchtrainierten Generation ist.«[15]

Im Sommer waren Baden und Schwimmen die häufigste und populärste Form des Sports, gefolgt von Bergsteigen und Radfahren.[16] Für die einen war Schwimmen lediglich ein simples Vergnügen, für die anderen beinhaltete es ebenso sportliche Facetten oder wurde als Leistungssport ausgeübt. Bäche, Flüsse oder Seen sowie Schwimmbäder wurden von allen Gesellschaftsschichten in Anspruch genommen. Selbst die Ärmsten, die sich weder Straßenbahn- bzw. Eisenbahnfahrten noch den Eintritt in ein öffentliches Bad – geschweige denn eine Sommerfrische – leisten konnten, fanden Nischen des Vergnügens. In Wien etwa wurde der kilometerlange Donaukanal »Arbeitslosenriviera« genannt, weil sich an seinen Ufern und auf den grauen, betonierten Kaimauern, inmitten von Tauben, Hunden und Müllresten, alte Leute, arme Frauen, magere Mädchen wie arbeitslose Männer niederließen und am oder im Wasser Sorgen oder gar den Hunger vergessen wollten.[17]

Heimito von Doderers Gesellschaftsromane schildern en passant, wie selbstverständlich und geläufig bei der jungen bürgerlichen Generation in der Zwischenkriegszeit der Sport praktiziert und Geselligkeit über und rund um den Sport arrangiert wurde. Tennis, Bergsteigen, Schifahren oder kühne alpine Kletterpartien fungierten als Gelegenheit, gemeinsame Aktivitäten zu gestalten und ins Gespräch zu kommen. Die allgemeine Sportbegeisterung in den 1930er-Jahren gab auch Ludwig Hirschfeld wiederholt Anlass zu allerlei Betrachtungen in seinen Sonntagsfeuilletons. Merkwürdig erschien ihm etwa, dass die jungen Leute lieber auf Ballbesuche als auf körperliche Ertüchtigung verzichten wollten. Die Tochter erzählte ihrer Mutter, dass sich das Tête-à-Tête der Geschlechter viel besser im Sport arrangieren lasse als im faden Treiben der Jungdamen- und Jungherren-Komitees und ihrer Eröffnungswalzer und schmucken Garderoben: »Im Sportzug, in der Schutzhütte lernt man einen jungen Mann viel besser kennen. Ob er nett, rücksichtsvoll ist, nicht schnarcht, keine Witze erzählt, überhaupt ein guter Kamerad ist.«[18]

Auch viele Autobiographien geben beiläufig Zeugnis, wie selbstverständlich Wiens bürgerliche Jugend in der Zwischenkriegszeit die geselligen Freuden des Sports zu nutzen wusste. Hilde Spiel etwa berichtete in ihrer Autobiographie von Sommern an den Seen Kärntens und des Salzkammerguts sowie vom Baden in Kritzendorf an der Donau. Die Winter standen ganz im Bann des populären Eislaufsports. »Im Eislaufverein [...], neben dem Konzerthaus, schwebten wir mit einiger Grazie dahin [...]. Die glitzernde Fläche, die Bogenlampen, der schwarze Himmel über uns gaben uns das Gefühl, an einem Spektakel mitzuwirken.«[19] Friedrich Torberg, wie so viele aus der jungen Generation, liebte den Sport, begeisterte sich als Zuschauer für die Spiele der jüdischen *Hakoah*. Bereits in seinem Roman *Der Schüler Gerber* (1930) brachte er die zeitgenössische Sportbegeisterung ein und 1935 erschien sein Roman *Die Mannschaft*, in dem er seine Erfahrungen als erfolgreicher Wasserballsportler literarisierte. Nicht minder populär war der Zuschauer:innensport. Tausende Zuschauer:innen versammelten sich bei Boxwettkämpfen, Eishockeymatches, Eisrevuen, auch bei den traditionellen Pferderennen in der Freudenau und natürlich bei den Fußballmatches.

Die Sportbegeisterung wurde medial verstärkt. Zeitungsberichte, Radioreportagen und Filme stimulierten den Traum von sportlichen Abenteuern und Vergnügen in den nahen Bergen, aber auch von Reisen in ferne, exotische Länder. Herbert Tichy berichtete über seine Motorradtour nach Indien, Hugo Bernatzik führte seine Leser:innenschaft nach Polynesien oder Burma. Der Buchmarkt hielt in breiter Palette Tourenführer, Erfahrungsberichte und Romane bereit, die Theater versuchten, mittels einschlägiger Stücke von der Popularität des Sports zu profitieren, am wirkungsmächtigsten waren aber zweifellos die Filme, die in spektakulären Bildern ein Massenpublikum an den Abenteuern am Berg teilnehmen ließen. Arnold Fanck war der Regiepionier des Bergfilms, Luis Trenker arbeitete als sein Nachfolger kühne Bergfahrten in realistischere Handlungen ein.[20] Fest steht jedenfalls: Die Sportbegeisterung in den 1930er-Jahren hatte eine immense Strahlkraft.

AP

6. November 1934

Uraufführung von Carl Zuckmayers *Der Schelm von Bergen*

Ritterspiel im Burgtheater

Am Abend des 6. November wurde im Burgtheater prachtvoll aufgespielt: Unter der Regie des Direktors Hermann Röbbeling agierte ein Ensemble aus neun Darstellerinnen und 36 Darstellern, darunter Koryphäen wie Hilde Wagener, Ewald Balser und Raoul Aslan. Die historisierenden Kostüme waren mit »Pelzverbrämungen vom Internationalen Pelzhaus Penižek & Rainer«[1] ausgestattet, gezeigt wurde ein deutscher Sagenstoff, den Carl Zuckmayer unter dem Titel *Der Schelm von Bergen* neu gestaltet hatte. Nach der Version, an der sich Zuckmayer orientierte, soll sich das Geschehen im Bergischen Land in der Nähe von Düsseldorf zugetragen haben, in einer anderen Fassung ist sie in Bergen nahe Frankfurt am Main angesiedelt. Die Handlung ist beide Mal dieselbe: Die junge Frau des alten Kaisers wünscht sich so sehnlich wie vergeblich ein Kind. In ihrer Not sucht sie unerkannt einen heilkundigen Weisen auf, der zugleich der Henker der Region ist. Er erklärt, dass ihr nichts anderes fehle als die richtige ›Begegnung‹. Über dieses Rätselwort nachdenkend, trifft sie auf einen bezaubernden Jüngling, der sie so wenig kennt wie sie ihn. Während der Kaiser mit seinen Truppen in den Krieg zieht, erlebt das illegitime Paar eine berauschende Zeit der Liebe. Nach der siegreichen Rückkehr des Kaisers wird ein Ball gefeiert, bei dem der heimliche Liebhaber maskiert mit seiner Liebsten tanzt, die er erst in diesem Augenblick als Kaiserin erkennt. Er wird als Sohn ebenjenes Henkers enttarnt, bei dem die kinderlose Frau Rat eingeholt hat. Da es dem Spross einer Henkersfamilie niemals erlaubt gewesen wäre, mit einer Hochadeligen zu tanzen, soll er zum Tode verurteilt werden. Die Kaiserin eröffnet ihrem Gemahl jedoch, sie sei unverhofft schwanger geworden und bitte um Gnade für den kühnen Tänzer, um das werdende Leben nicht mit einer Hinrichtung zu belasten. Der kluge Kaiser, der seit Jahren auf Nachwuchs gewartet hat, fragt nicht weiter, begnadigt den jungen Mann namens Vincent und verleiht ihm den Adelstitel »Schelm von Bergen«.

Die Aufführung entrückte das Publikum in ein imaginiertes Mittelalter voll von deftigen Gelagen, Schlachtenlärm und Henkerszenen, aber auch voller mystischem Liebeszauber: »Doch Liebe ist Gewißheit! Ist ein Stück, aus Gottes Herz gerissen, und brennt wie Gottes Herz, das nie verascht.«[2] Zuckmayer machte Gebrauch von archaisierenden Sprachformen und erzielte damit eine Mischung aus volkstümlich-derber Komik und erlesener Poesie.

Wie die Zeitungen am nächsten Tag einhellig berichteten, wurde die Aufführung von begeistertem Applaus begleitet, der Autor mehrmals vor den Vorhang gerufen. Die Kritiken waren im Wesentlichen lobend, machten aber auch Einwände geltend. Die *Reichspost* erklärte zwar: »Ein großer Abend des Burgtheaters«[3], artikulierte aber ihr Unbehagen angesichts einiger allzu vulgärer Ausdrucksweisen, die in der Burg deplatziert seien, und missbilligte noch heftiger das offene Ende des Geschehens: Dass der Kaiser, den Ewald Balser »unübertrefflich sicher und untadelig«[4] verkörpere, mit der Mutmaßung konfrontiert werde, er sei möglicherweise nicht der Vater des kommenden Kindes, sei eine inakzeptable moralische Verfehlung. Eben deswegen überzeuge auch die Kaiserin Hilde Wageners in all ihrer Schönheit nicht gänzlich: Ihr »Frauentum [sei] zu wenig im alten deutschen Wesen verankert«[5] (womit wohl gemeint war, dass eine deutsche Frau ihren Mann nicht mit einem Unbekannten betrügen würde).

Diese Kritik ignorierte, dass der Ehebruch bereits den Kern der alten Legende gebildet hatte und Zuckmayer sehr viel Poesie aufwandte, um die ›Begegnung‹ zwischen der Kaiserin und dem Schelm nicht als frivole Episode erscheinen zu lassen, sondern als segensreiche Fügung natürlicher Lebenskräfte. Dafür hatte Otto Stoessl, Schriftsteller und Theaterkritiker der *Wiener Zeitung*, mehr Verständnis als der anonyme Rezensent der *Reichspost*. Er lobte Balser dafür, dass er »durch Schweigen und Blicke mehr zu sagen weiß, als der Autor ihm zu wissen, zu sagen erlaubt«[6]. Kritisch merkte Stoessl jedoch an, dass der vergessene österreichische Autor Julius von der Traun den heiklen Stoff schon in einer Novelle behandelt hatte, so dass man im Grunde nicht darauf angewiesen wäre, dieselbe Geschichte im Drama eines »Fremden« auf der Bühne zu sehen.[7] Zumindest gab Zuckmayer diese

Theaterzettel der Uraufführung von Carl Zuckmayers *Der Schelm von Bergen* im Wiener Burgtheater, 6. November 1934

Österreichische Nationalbibliothek – ANNO

Novelle als eine seiner Quellen an. Uneingeschränkt zustimmend äußerte sich Felix Salten in der *Neuen Freien Presse*, der Zuckmayer neben Hauptmann, Schönherr und Schnitzler zu den großen Dramatikern zählte und schwärmte: »Es ist von Anfang bis zum Schluß ein Fest gewesen.«[8]

Von Zustimmung und Kritik begleitet, erlebte *Der Schelm von Bergen* also seine Uraufführung in Wien. Das war nicht von Anfang an so geplant gewesen. Zuckmayer hatte das Stück im August 1932 begonnen und im November 1933 beendet, 1934 sollte es unter der Regie von Heinz Hilpert in Berlin erstmals gezeigt werden. Auch nach der NS-›Machtergreifung‹ bemühte sich Zuckmayer noch intensiv darum, sein Stück in Berlin auf die Bühne zu bringen. Zugleich verhandelte er mit Röbbeling über eine Aufführung an der Burg. Noch bevor eine Entscheidung gefallen war, begann in den Wiener Zeitungen eine Kampagne gegen den Autor, dem man eine linksradikale Gesinnung nachsagte, und gegen das Stück, das zwar noch niemand gelesen hatte, von dem aber gerüchtweise bekannt geworden war, dass darin eine Kaiserin mit einem Henker tanzte. Die Bundestheaterverwaltung wollte den *Schelm von Bergen* zunächst nicht freigeben, doch kam es schließlich zur Uraufführung in Wien, während Hilpert in Berlin kein Zuckmayer-Drama mehr durchsetzen konnte.[9]

Carl Zuckmayer, geboren 1896 im rheinhessischen Nackenheim, hatte sich in der Weimarer Republik als Erneuerer des Volksstücks einen Namen gemacht. Parteipolitisch nicht gebunden, stand er dennoch der Sozialdemokratie nahe und suchte nach einer Volkstümlichkeit, frei von völkischen, rassistischen und reaktionären Ressentiments. Seine Figuren sprachen Dialekt und machten derbe, wenn nicht gar obszöne Witze, seine eingängigen Handlungsverläufe streiften oft genug das Sentimentale. Die hessische Posse *Der fröhliche Weinberg* (1925), die romantisch-anarchische Räubermoritat *Schinderhannes* (1927), die Militärsatire *Der Hauptmann von Köpenick* (1931) und das »Seiltänzerstück« *Katharina Knie* (1928) entfachten bei der Rechten Empörung, im demokratischen Spektrum Beifall. Zuckmayers Popularität entsprang nicht zuletzt seiner Fähigkeit, theaterwirksame Rollen zu kreieren, in denen Käthe Dorsch, Hans Albers, Eugen Klöpfer und andere Publikumslieblinge brillieren konnten.

Auch in Wien, Salzburg, Linz und Graz erzielten Zuckmayers Stücke respektable Erfolge, wenngleich nicht denselben Zuspruch wie in Deutschland. Kritische Stimmen blieben nicht aus: *Der fröhliche Weinberg*, in Österreich ohnehin nur mit entschärfenden Streichungen möglich, erschien katholischen Kreisen allzu unsittlich, *Der Hauptmann von Köpenick* war einem Teil des Publikums zu preußisch. Ungeteilte Zustimmung fand das etwas sentimentale Zirkusdrama *Katharina Knie*, insbesondere in Wien, wo der berühmte Albert Bassermann – wie zuvor schon in Berlin – in der Rolle des alten Zirkusdirektors Knie zu bewundern war.[10] *Schinderhannes* wurde in Wien vor allem dafür gefeiert, dass die Burgschauspielerin Hedwig Keller offenbar eine ideale Besetzung für die Räuberbraut Julchen war.[11] Wie so oft, galt auch hier die Liebe des Wiener Theaterpublikums einer Schauspielerin und nicht der Regie oder gar der Qualität des aufgeführten Stücks.

Der NSDAP war Zuckmayers demokratisierte Volkstümlichkeit von Anfang an verdächtig. Überdies bot die Tatsache, dass die Mutter des Autors aus einer assimilierten jüdischen Familie stammte, willkommenen Anlass für antisemitische Denunziationen. Als Zuckmayer im November 1931 als alleiniger Juror den Kleist-Preis an Ödön von Horváth und Erik Reger vergab, polemisierte der *Völkische Beobachter* gegen die Preisträger und den Juror: »Der diesjährige Vertrauensmann der Kleiststiftung war der Halbjude Carl Zuckmayer, sattsam bekannt durch seine üblen Machwerke ›Der fröhliche Weinberg‹ und ›Der Hauptmann von Köpenick‹. Er sprach den Preis den ›Dichtern‹ Ödön von Horváth und Erik Reger zu. Was Zuckmayers Stücke schon bewiesen, jetzt bestätigt es auch seine Preisrichtertätigkeit: daß er allen Geschmacks und Urteilsvermögens bar ist.«[12]

Rainer Schlösser, wenig später als ›Reichsdramaturg‹ für die Theaterzensur zuständig, kündigte hier schon überdeutlich an, dass ein Autor wie Zuckmayer von einer nationalsozialistischen ›Machtergreifung‹ nichts Gutes zu erwarten hätte. Dieser versuchte dennoch vergeblich, auf dem ›gleichgeschalteten‹ deutschen Markt präsent zu bleiben, übersiedelte aber 1933 schließlich nach Österreich. Bereits 1926 hatte er von seinen reichlich fließenden Tantiemen die Wiesmühle in Henndorf bei Salzburg als Sommersitz erworben. Sie wurde nach der ›Machtergreifung‹ zu seinem Hauptwohnsitz, bis der ›Anschluß‹ ihn und seine Familie in die Emigration trieb – zuerst in die Schweiz, dann in die USA.

Diese Henndorfer Jahre beschrieb Zuckmayer in seiner 1966 erschienenen Autobiografie *Als wär's ein Stück von mir* als eine glückliche Zeit: Er genoss die Nähe zu Salzburg, wo er vor allem während der Festspielzeit in intensivem Austausch mit der internationalen Kultur- und Theaterelite stand. Viele seiner Bekannten hatten Sommerhäuser in der Nachbarschaft und im Ritual wechselseitiger Besuche formte sich ein geselliger Kreis, in dem spätere Emigranten, wie Ödön von Horváth, Stefan Zweig, Max Reinhardt und Zuckmayer, gemeinsam mit späteren Stars der NS-Kultur, wie den Schauspielern Werner Krauß und Emil Jannings, heitere Feste feierten. Einen letzten Höhepunkt dieser kultivierten Existenz erlebte Zuckmayer im Herbst 1937, als das berühmte Rosé-Quartett in kleinem Kreis Joseph Haydns *Gott-erhalte*-Hymne als »eine schlichte, fromme Melodie« spielte: »Den meisten Zuhörern traten die Tränen in die Augen. Und ein halbes Jahr später waren die meisten, von denen hier die Rede war, in alle Winde zerstreut.«[13]

Zuckmayers sanft verklärter Rückblick würdigte auch den unkompliziert-herzlichen Umgang mit der einheimischen Bevölkerung, die in seiner Darstellung nahezu frei von nationalsozialistischen Präferenzen zu sein schien. Dass diese Idylle gelegentlich von nationalsozialistischen Umtrieben gestört wurde, deutete er allenfalls beiläufig an. Aus anderen Quellen geht jedoch hervor, dass in der Wiesmühle einmal die Fensterscheiben eingeworfen und die Hunde des Autors von NS-Randalierenden vergiftet wurden.[14]

Dennoch fühlte sich Zuckmayer seinem österreichischen Wohnort verbunden. Den ›Ständestaat‹ im Ganzen, den er als »eine, österreichisch gemilderte und keineswegs terroristische, Spielart des Faschismus« bezeichnete, sah er im Vergleich zum nationalsozialistischen Deutschland als »das kleinere Übel«[15] an, mit dem er sich als deutscher Flüchtling gut arrangieren konnte. Noch 1966 äußerte er sich respektvoll über die »staatsmännische Klugheit« von Engelbert Dollfuß, und »dem klugen und liberalen Kurt von Schuschnigg«[16] traute er sogar zu, dass er die Demokratie wiederhergestellt hätte, wenn dafür Zeit genug gewesen wäre. Nur der ›Anschluß‹, den Zuckmayer als dämonischen Ausbruch roher, primitiver Kräfte schilderte, hätte dies verhindert.

Auch *Der Schelm von Bergen* scheint an einer Stelle eine Hommage an die Idee des ›Ständestaats‹ zu artikulieren. Der kaiserliche Kammerherr Lemosier, 1934 von Raoul Aslan dargestellt, spielt eine bedeutende Rolle im Drama. Er ist der Beschützer der jungen Kaiserin, die er heimlich liebt. Ihr legt er in wohl gesetzten Worten dar, dass die Menschenwelt nach unveränderlichen Gesetzen gegliedert sei und dass der Stand, dem ein Mensch angehört, verpflichtender sei als alle individuellen Wünsche:

»So wie die Sternbilder unveränderlich am Himmel stehn, nie sich berührend, doch einander tragend –: so stehet jeder Mensch in seinem Stand. Und wer hinaustritt, stürzt ins Bodenlose.«[17]

Diese Sätze geben zu denken. Findet hier eine Anpassung des emigrierten Dramatikers an ›ständestaatliche‹ Ideologien statt? Oder ist der Opportunismus-Vorwurf verfehlt, weil die Rede des Herrn Lemosier von der Dramenhandlung widerlegt wird? Eben weil die Kaiserin den Mut hat, ihren Stand für kurze Zeit zu vergessen, kann sie die erstarrte höfische Welt neu beleben. Ist damit jedoch vom Autor eine Kritik an der Immobilität des ›Ständestaat‹-Konstrukts beabsichtigt? Diese Fragen wurden in der Zuckmayer-Forschung kontrovers diskutiert.[18] Man kann dennoch bezweifeln, dass der Verfasser des *Schelm von Bergen* explizit politische Wirkungsabsichten hegte. Möglicherweise wollte er mit seinem gegenwartsfernen Traum vom Mittelalter dem Zwang zur Parteinahme gerade entkommen. Wäre das seine Absicht gewesen, dann hätte ihn Felix Salten besser verstanden als die Wissenschaft. Er nämlich sah das Stück weder als Beitrag zur Stabilisierung des ›Ständestaats‹ noch als eine Kritik an ihm. Er lobte allgemeinmenschlich-unpolitisch: »Und als harmonischer Akkord erklingt aus der alten dramatischen Begebenheit ewiges, leidvolles Menschenschicksal. Nach kurzem Traum schmerzliches Erwachen wird keinem Sterblichen je erspart. Stolze Pflicht bleibt es, das Unabänderliche mit Fassung zu tragen.«[19]

HS

Dezember 1934

Clemens Krauss verlässt Wien

Schuschnigg und der Glanz der Hochkultur

Hektische, dramatische Tage in Berlin, mit Argusaugen nicht nur von der Wiener Presse und der Wiener Musikgemeinde beobachtet. Das künstlerische Prestige des ›Dritten Reiches‹ stand auf dem Prüfstand: Emigrieren die Koryphäen des deutschen Musiklebens? Auslöser war das Geschehen an der Berliner Staatsoper, was auch für Wien weitreichende Folgen hatte. Am 4. Dezember 1934 reichte Wilhelm Furtwängler seine Entlassung aus der Direktion der Berliner Staatsoper, der Leitung der Berliner Philharmoniker und dem Amt des Vizepräsidenten der *Reichsmusikkammer* ein. Er wollte nicht akzeptieren, dass Hitler und Goebbels eine Aufführung der Opernversion von *Mathis der Maler* des Komponisten Paul Hindemith verboten hatten, und protestierte in einem Zeitungsartikel. Überdies weigerte er sich, sechs Mitglieder des Ensembles mit jüdischer Herkunft zu entlassen.[1] Gegen den zweiten Generalmusikdirektor der Staatsoper, Erich Kleiber, wurde ebenfalls mobilgemacht, weil er bei seinem letzten Konzert einen Auszug aus Alban Bergs *Lulu* aufgeführt hatte, ein Orchesterstück, das nach der Musikdoktrin der neuen Staatsführung zur ›entarteten Musik‹ zählte.[2]

Vier Tage später, am Samstag, dem 8. Dezember 1934, kam Julius Bittners *Das Veilchen*, ein Liebesdrama im Milieu altösterreichischer Offiziers- und Musikherrlichkeit, unter der Leitung von Clemens Krauss in der Staatsoper zur Uraufführung.[3] Gleich im Anschluss reiste der Direktor der Wiener Staatsoper nach Berlin, was Aufsehen erregen musste. Schon an den Tagen zuvor wurde Krauss von Journalist:innen befragt, was sich denn seiner Meinung nach in Berlin zusammenbraue. Er wisse nicht, so die merkwürdige Antwort, ob man auf ihn reflektiere![4] Die Zeitungen vom 11. Dezember warteten dann mit der großen Sensation auf: Clemens Krauss werde an die Berliner Staatsoper wechseln und in Wien demissionieren.

Am Abend des gleichen Tages, als Krauss im Haus am Ring wieder bei Verdis *Falstaff* als Dirigent auftrat, war die Hölle los. Pfeifkonzerte, Zischen, polizeiliche Interventionen. Für Krauss war der Abend eine Pein. Am nächsten Tag erklärte der langjährige, verdienstvolle Operndirektor seinen sofortigen Rücktritt mit 15. Dezember. Die bereits angekündigten Aufführungen von *Die ägyptische Helena*, *Cosí fan tutte* und *Die Frau ohne Schatten* wurden abgesagt, *Das Veilchen* wurde von einem anderen Dirigenten übernommen. Aus Krauss' Plan, auch noch die von ihm vorbereiteten Premieren von *Die spanische Stunde* von Ravel und *Der Jahrmarkt von Sorotschinzy* von Mussorgski unter seinem Dirigat herauszubringen, wurde nichts.

Mit dem 11. Dezember 1934 wurde Clemens Krauss in Österreich Persona non grata. Dabei wurde er, 1893 in Wien geboren und hier musikalisch sozialisiert, lange Zeit als Ideallösung gefeiert. Gemeinsam mit Regisseur Lothar Wallerstein studierte er nach seiner Bestellung 1929 sowohl an der Wiener Staatsoper als auch bei den Salzburger Festspielen umjubelte Aufführungen ein. Vor allem die Aufführungen von Mozart, Wagner und Richard Strauss fanden große Resonanz. Er scheute auch vor Wagnissen nicht zurück: Mit der Aufführung des *Wozzeck* machte er das österreichische Publikum auf das große Werk Alban Bergs aufmerksam, präsentierte Hans Pfitzners *Das Herz* oder Egon Wellesz' *Bakchantinnen*. Zu seinen Verdiensten gehörte es ebenso, dass er angesehene Sänger:innen für die Staatsoper gewinnen konnte, die nun teilweise mit ihm nach Berlin weiterzogen und in Wien große Lücken hinterließen.

In der Sicht der regierungsnahen *Reichspost* war Clemens Krauss schon des Längeren »unhaltbar geworden«[5], weil er sich aus »künstlerischen Gründen« geweigert hatte, ein Konzert der Wiener Philharmoniker für die Opfer der Exekutive bei den Februarkämpfen zu dirigieren. Mehrmals gab es Kontroversen mit Funktionären der Vaterländischen Front. Anfang 1934 wollte er mit Ernst Kreneks *Karl V.*[6] abermals eine Oper der ›Neuen Musik‹ aufführen. Die Intervention von Kurt Schuschnigg, die Uraufführung abzusetzen, löste selbstredend Verärgerung bei Clemens Krauss aus. Vielleicht hatte die Regierung auch in Erinnerung, dass er am 17. November 1932 von Bürgermeister Karl Seitz den Ehrenring der Stadt Wien überreicht erhielt.[7] »All diese Verstimmungen hatten wohl ihren Grund darin, daß

Clemens Krauss sich nicht in die geistige Einstellung des neuen Österreich einfügen konnte.«[8]

Der bedeutendste Treiber seines Weggangs war wohl die enge Partnerschaft mit Richard Strauss, mit dem Clemens Krauss viele Jahre und durch unzählige Aufführungen eng verbunden war.[9] Strauss revanchierte sich für diese Treue, indem er durchsetzte, dass Krauss am 1. Juli 1933 die *Arabella*-Uraufführung in Dresden dirigieren durfte, was nach dem kurz zuvor verfügten NSDAP-Verbot von Österreichs Regierung nicht goutiert wurde. Krauss wurde, so der Vorwurf, »zum Statthalter eines Künstlers«[10], der sich nach Hitlers Machtantritt dem neudeutschen Staat zwar nicht vorbehaltslos, aber doch mit erstaunlichen Wortmeldungen, demonstrativen Auftritten und Gelegenheitskompositionen und vor allem mit der Position des Präsidenten der *Reichsmusikkammer* zur Verfügung gestellt hatte. Retrospektiv wurde die Kooperation von Clemens Krauss und Richard Strauss als Vertrauensbruch gesehen. Erschien da nicht im Nachhinein die am 21. Oktober 1933 stattfindende österreichische Erstaufführung der *Arabella*, der Bundeskanzler Dollfuß samt einer Ministerriege (Fey, Schuschnigg) und vielen ausländischen Vertretern beigewohnt hatte, als Maskerade? Toscanini war als Ehrengast zugegen gewesen. Die Wiener Elite hatte sich herausgeputzt und Richard Strauss und Clemens Krauss zugejubelt.[11]

In der österreichischen Regierung behielt man auch in Erinnerung, dass Strauss durch seine kurzfristige Absage Ende Juli 1934 die ohnehin nach der Dollfuß-Ermordung schwankenden Salzburger Festspiele in noch größere Schwierigkeiten gebracht hatte. Die Regierung wertete dies als feige Desertion. Die *Reichspost* schrieb damals empört: »Die Absage Richard Strauss' in Salzburg spielt tief in das politische Gebiet hinein. Richard Strauss verdankt ungemein viel Wien und dem österreichischen Staate [...] Richard Strauss, dessen ganzer Ruhm und Ruf auf der ganzen Welt in Österreich am besten gepflegt wurde, hat gerade die Tage der österreichischen Nationaltrauer zu dem Zwecke benutzt, eine politische Demonstration gegen Österreich zu veranstalten [...]. Es wird nichts übrig bleiben, als daß die österreichische Regierung eine Verfügung trifft, daß die Opern Richard Strauss' nur in dem Maße auf dem Spielplan erscheinen können und dürfen, als dies der Publikumsbesuch dieser Werke gestattet, und wir können versichert sein, daß auf Grund der Erfahrungen der vergangenen zehn Jahre Richard

Strauss' Werke vom Spielplan der Wiener Staatsoper einfach verschwinden werden.«[12] Dem war zwar nicht so, bekannte Strauss-Opern standen weiterhin auf dem Programm der Staatsoper, Richard Strauss selbst war jedoch in den Folgejahren in Wien und bei den Salzburger Festspielen als Dirigent unerwünscht.

Clemens Krauss musste überdies mit einer delikaten persönlichen Konstellation zurechtkommen: Viorica Ursuleac, eine der bekanntesten und von den NS-Größen umschwärmten Strauss-Sängerinnen, war seine Lebenspartnerin. Sie sang auch bei der Uraufführung von *Arabella* die Hauptrolle, bei der Wiener Aufführung wurde sie allerdings durch Lotte Lehmann ersetzt. Im Sommer 1934 intervenierte Ursuleac bei Göring, um Richard Strauss zumindest einen privaten Auftritt bei den Salzburger Festspielen zu ermöglichen. Das Telefonat wurde von der österreichischen Staatspolizei abgehört, was den Verdacht auf illegale NS-Betätigung und eine Hausdurchsuchung in der Wiener Wohnung der Sängerin zur Folge hatte.[13] Im November 1934 verließ sie Wien,[14] also nur einen Monat bevor Clemens Krauss in Berlin die Staatsoper übernahm.

Die seltsame Vertragsverlängerung im Spätsommer 1934 war bereits ein Zeichen dafür, dass die Entfremdung zwischen der Regierung und Clemens Krauss weit gediehen war. Der Vertrag war auf fünf Jahre angelegt, aber die Unterrichtsbehörden hatten sich ausbedungen, dass am 1. Februar des ersten Jahres seiner Gültigkeit eine Kündigung zum 31. August möglich sei. Diese Rücktrittsklausel erzeugte Unsicherheit und machte den Abgang nach Berlin für Krauss – nicht zuletzt wegen der um einiges besseren Dotierung – verlockender.

Wilhelm Furtwängler wurde nach der Demission von Clemens Krauss im Dezember 1934 in der österreichischen Presse als Nachfolger für die Chefetage der Wiener Staatsoper gehandelt. Kleiber und er wären imstande, »die Sendung Österreichs [... als] Hochburg deutscher Kultur«[15] zu zeigen. Ferner wurden Karl Böhm (Dresden) oder Hans Knappertsbusch (München) für die Krauss-Nachfolge in Betracht gezogen. Schlussendlich wurde es Felix Weingartner, der bereits einmal die Wiener Staatsoper (1908–1911) geleitet, 1919 bis 1924 die Direktion der Wiener Volksoper übernommen und viele Konzerte der Wiener Philharmoniker dirigiert hatte. Weingartner, auch als Komponist und Musikschriftsteller produktiv, wurde schon am 13. Dezember 1934 als der neue Operndirektor präsentiert, obwohl er noch der Basler Oper verpflichtet war. Bis man ihn endgültig und ganz nach Wien holen konnte, sollte ihn Erwin Kerber, der administrative Leiter, vertreten. Aufgrund seines Alters von einundsiebzig Jahren galt Weingartner, der »grand old man« unter den Dirigenten, wohl von Anfang an als Übergangslösung; nicht einmal zwei Jahre dauerte es, bis man ihn fallen ließ und lediglich als Gastdirigent verpflichtete.

Bereits im Jahr 1933 zeigte sich das Wiener Musikleben grundlegend verändert. Wien profitierte vom Exodus großer Musiker:innen aus dem ›Dritten Reich‹, was auch Clemens Krauss' dominante Position in der Staatsoper, bei den Philharmonikern und bei den Salzburger Festspielen unterminierte. Schon als Arturo Toscanini am 20. Oktober 1933 in Wien eintraf, war dies für die Wiener Gesellschaft und die Presse ein Großereignis. Seine Wege durch die Stadt wurden genauso aufmerksam beobachtet wie seine Proben.[16] Als seine Kennzeichen galten bekanntermaßen unerbittliche Strenge und enthusiastische Leidenschaft. Die wechselseitige Verehrung zwischen Dirigent und Orchester schwoll von Probe zu Probe an. In der Presse wurde einer der führenden Philharmoniker zitiert, dessen Begeisterung überquoll, weil alle die Empfindung hatten, »nicht von einer Mittelsperson, sondern vom Schöpfer selbst geführt und in die sublimsten Geheimnisse der Schöpfung eingeweiht zu werden«[17].

Wien fühlte sich erneut als Mittelpunkt der musikalischen Welt. Dollfuß und Schuschnigg durften mit Verweis auf Toscanini für Österreich in Anspruch nehmen, eine kulturelle Großmacht zu sein.[18] Toscanini wurde geehrt, erhielt den Ehrenring der Philharmoniker und das österreichische Ehrenzeichen mit dem großen Stern[19] und scheute nicht vor Erwiderung der Zuneigung zurück. Bei der Gedächtnisfeier der Bundestheater für Engelbert Dollfuß in der Wiener Staatsoper am 1. November 1934 stand Toscanini am Pult, um Verdis *Requiem* zu dirigieren.[20]

Der zweite große neue Star, der 1933 das ›Dritte Reich‹ hinter sich ließ, war Bruno Walter, der seit 1911 die österreichische Staatsbürgerschaft hatte. Er war Assistent bei Gustav Mahler gewesen, nach dessen Tod hatte er als musikalischer Nachlassverwalter erstmals *Das Lied von der Erde* und die *Neunte Sinfonie* vorgestellt. Beim Jubiläumskonzert der Wiener Singakademie am 12. April 1933 wurde er vom Publikum mit »beispiellosem

Applaus«[21] vor und nach der Aufführung von Gustav Mahlers *Achter Sinfonie* empfangen. Auch Bundespräsident Wilhelm Miklas applaudierte stehend in der Loge. Bruno Walter unterbrach die Beifallskundgebungen und hielt eine kurze Rede: »Das Beste in dieser Welt ist die Musik, die Musik hat hier in Wien ihre Heimat. Ich bin glücklich.«[22] Walter schenkte dem Wiener Musikleben in den nächsten Jahren große Momente. Von 1933 bis 1936 dirigierte er zahlreiche Konzerte der Wiener Philharmoniker, leitete viele Opernaufführungen in der Staatsoper und bescherte den Salzburger Festspielen so manche Sternstunde (*Tristan*, *Don Giovanni*), aber den größten Teil des Jahres verbrachte er auf Gastspielreisen. Er war in Amsterdam, London, Paris, Budapest, Florenz oder New York ein gern gesehener Gast. Viele Schallplatten-Einspielungen aus der damaligen Zeit, so beispielsweise seine *Walküre* mit Lotte Lehmann, setzen noch heute Maßstäbe.

Trotz aller Konkurrenz und politischer Distanz pflegte Walter auch mit Clemens Krauss ein gutes Verhältnis, war Toscaninis kongenialer Partner, der in Krisensituationen ausgleichend wirkte. Sein musikalisches Genie beschrieb Stefan Zweig als »Kunst der Hingabe«: »Wenn man bei den anderen Genies der nachschaffenden Kunst, bei Toscanini, in manchen Augenblicken das Gefühl hat, das Orchester verschwinde und alle Kraft, alle Kunst ströme einzig aus einem Willen und Wesen, so ist es bei Walter wieder in seinen gesegnetsten Momenten, als ob er selbst nicht mehr vorhanden wäre, weggetragen von der Welle, selbst nur Instrument, Klang, tönendes Element geworden aus einem Menschen.«[23]

Ab 1936 leitete Bruno Walter zusammen mit Erwin Kerber die Wiener Staatsoper, reduzierte die Reisetätigkeit und schlug in Wien seinen Wohnsitz auf. Er hatte Schuschnigg schon während dessen Zeit als Unterrichtsminister in Alma Mahler-Werfels Salon kennengelernt und charakterisierte ihn sehr positiv: »Seine stille, ernste, feste Persönlichkeit machte mir einen tief sympathischen und imponierenden Eindruck, der sich [...] in den nächsten Jahren verstärkt [...] hat.«[24] Schuschnigg unterstützte Walter nach Kräften und wohnte – nach Walters Darstellung – jeder seiner Aufführungen von Glucks Oper *Orpheus und Eurydike* bei, um in dieser Form um seine bei einem Verkehrsunfall verstorbene Frau zu trauern. In seiner 1947 publizierten Autobiographie bilanzierte Bruno Walter über den kunstsinnigen Dr. Schuschnigg: »Was man auch gegen die Regierung Schuschnigg sagen mag, die das lastende Erbe Dollfuß' übernommen, an der autoritären Verfassung überzeugt festhielt und den Weg zur Arbeiterschaft weder fand noch ernstlich suchte, sie erwies sich freundlich dem Geiste, stellte sich in den Dienst der kulturellen Mission Österreichs [...].«[25]

AP

26. Jänner 1935

Der erste Wiener Opernball

Renaissance der Hautevolee

»Wer ist da? Einfach alles, was einer solchen Uraufführung die offizielle Bedeutung gibt: der Bundespräsident, die Regierung, die Diplomatie, die hohen amtlichen und militärischen Funktionäre, die interessante und gute Wiener Gesellschaft, und, als willkommene Neuerung, sehr viel frische Balljugend, die sich ihrer ernsten Walzermission bewußt ist«[1], berichtete die *Neue Freie Presse* am 27. Jänner 1935 über den Ball im Opernthreater, der heutigen Staatsoper, der zum ersten Mal auch den offiziellen Namen »Opernball« trug. Ausführlich berichtete das Blatt, widmete dem »Moden- und Toilettenbild« sogar fast drei Seiten. »Glücklicher und verdienstvoller Einfall des Wiener Festausschusses und der führenden Modefaktoren, mit einer solchen Veranstaltung großen und zugleich distinguierten Stiles dem Wiener Fasching wieder einen frischen Impuls zu geben, dem Sinn für Lebensfreude, Unterhaltung, für Schönheit und Gutangezogenheit eine dekorative Chance zu bieten.«[2] Selbst die Polizei konnte auf ihre Erfahrungen zur Abwicklung von Großveranstaltungen und Massenansammlungen, diesmal einer friedlichen, zurückgreifen: »Ohne daß man allzu viel bemerken konnte, hatte auch sie eine große Rolle zu spielen. Tagelang vorher waren bereits die ›Aufmarschlinien‹ festgelegt worden, damit die vielen hundert Wagen ohne Stockungen heran und wieder wegfahren konnten. Diese Aufgabe war mustergültig gelöst. Keine scharfen Kommandos und doch alles in schönster Ordnung.«[3]

Auch wenn das großbürgerliche Blatt kommentierte, diese »Derbynacht der Ballsaison«[4] sei »bei aller Vornehmheit [...] ein im besten Sinn bürgerliches Fest«, ja sogar die Preise seien dementsprechend »bürgerlich« – bei erstklassiger Qualität sei alles »nur unwesentlich teurer gewesen als in den Geschäften« –, so stand doch die alteingesessene Aristokratie im

Fokus der Berichterstattung. Ganz so erschwinglich dürfte es wohl doch nicht gewesen sein: »Um auch jene Besucher zufriedenzustellen, die sich die Freuden des Opernballes nicht mit einer Flasche Sekt oder Wein würzen können, wird nach 1 Uhr auch Bier vom Faß ausgeschenkt, und wer vom vielen Tanzen und Flirten Appetit bekommt, muß diesen keineswegs nur mit Gänseleberpastete oder Kaviarbrötchen stillen, sondern kann sich eine Stunde nach Mitternacht auch Gulasch oder Würstel kaufen.«[5] Das schlechte Gewissen, sich in Zeiten des Sozialabbaus auf Bällen zu amüsieren, wurde vom Bewusstsein beruhigt, dass der Reinerlös des Opernballs der *Winterhilfe*, anderer Bälle »den Armen Wiens«[6] zukommen würde. Die im Exil erscheinende *Arbeiter-Zeitung* kommentierte diese Ersatzhandlung ätzend mit holprigen Reimen: Während im »Quadragesimostaat« die Noblesse »kultiviert, voll Charme, voll Musik und so lieb« sich amüsiere, werde in »den Seitengassen [...] stumm krepiert, auf der Liesel ist Hochbetrieb«[7].

Mit der Rückkehr der mondänen Gesellschaft sei der soziale »Auflösungsprozeß« der 1920er-Jahre »zum Stillstand gekommen«, konstatierte demgegenüber der Tanz- und Anstandslehrer Willy Elmayer-Vestenbrugg, sprach von einer »Regeneration des Gesellschaftskörpers« und dass die Ballsaison nun wieder gesellschaftliches »Gewicht und [eine] feierliche Note« habe.[8] Man könne nun wieder die »besten Kreise der Wiener Gesellschaft«, »zahlreiche Offiziere der alten und neuen Armee« auf den Bällen sehen. Selbst die auf ein liberales Bürgertum zielende *Bühne* konnte dieser Entwicklung etwas abgewinnen: Der »seit vielen Jahren aus dem gesellschaftlichen Bild Wiens verschwundene Leutnant« sei wieder da, und er sehe »ebenso frech aus wie damals in jener sagenhaften Zeit, da er es noch vor sich hatte, ebenso schneidig in den Kugelregen zu gehen, wie er früher schneidig getanzt hatte«[9].

Einmütig stellten Tagespresse, Illustrierte und teure Lifestyle-Magazine fest, dass Althergebrachtes erneut en vogue sei. Der Feuilletonist Ludwig Hirschfeld persiflierte das Wiedererwachen alter Muster aus der Perspektive eines Fracks, der angesichts einer Generation, »die von [s]einer Existenz keine Ahnung hatte«[10], jahrelang ausrangiert in einem Kleiderkasten hängend, nun seiner Reaktivierung harrte. »Toilette«[11], Umgangsformen und Höflichkeitsregeln[12] waren wieder in Mode. Und beim Tanz war man abermals »mitten drin im Walzervergnügen, hörte Geigen singen an Stelle

Eröffnung des ersten offiziellen Wiener Opernballs, 26. Jänner 1935
Österreichische Nationalbibliothek – Bildarchiv

des Jazz, der den modernen Großstadtlärm aufgefangen hatte, Motorengeräusche, Maschinenlärm, Lichtreklamenrhythmus, Autohupen« – damit sei man erneut im »Land der Romantik«, anstatt »mit gemessenen Schritten auf dem Tanzparkett herumzuschleichen, im Maschinentakt mit den Beinen zu zucken und mit der Gravität von melancholischen Störchen auszuschreiten«[13], schrieb der Musikkritiker Max Graf. Nicht nur der Walzer sei wieder aktuell, auch »ländliche Tänze« würden nun auf den »›feinen‹ Bällen mit Vorliebe von jung und alt getanzt«[14]. In Hinblick auf die Kleidung ließe sich ebenfalls ein »Sieg der Alpentrachten«[15] verzeichnen, und der ländliche Stil, die »Sehnsucht der Großstädterin nach der bäuerlichen Heimat«[16], beeinflusste, mit passenden »Frisuren im Trachtenstil«[17], die Mode – gleichzeitig wohl ein Ausdruck für das kulturpolitische Klima einer allgemeinen Provinzialisierung.

Auch in den Folgejahren berichtete die Presse über die Bälle der Saison – allen voran der Ball der Stadt Wien[18] –, kam aber über das abgegriffene Format der Schilderung der Eröffnungszeremonien, ellenlanger Beschreibungen der Damengarderobe und die abschließenden minutiösen Auflistung der anwesenden Prominenz nicht hinaus: »Kostproben des Ballbildes gleiten vorüber. Inländische, ausländische Uniformen, Fräcke, Ordensbänder, Ordenssterne. Und erst die großartigen Damenpelze und Abendmäntel.«[19]

Abwechslung gab es bestenfalls mit beeindruckenden Zahlen, dem Hinweis auf die gesicherten Arbeitsplätze – mehr als 1200 Personen sollen beim Opernball an diversen Dienstleistungen verdient haben[20] – oder mit der Erwähnung technischer Details: »Mehr als 7000 Lampen mit einem Stromverbrauch von etwa 200 Kilowatt, der für die Beleuchtung einer größeren Provinzstadt ausreicht, werden die Räume des ganzen Hauses in ein Meer von Lichtern tauchen und durch tausende Reflexe und Spiegelungen einen Glanz unerhörter Pracht und Wirkung ausstrahlen.«[21] Auch das Unwesen der Taschendiebe – natürlich ausländische – war eine Reportage wert.[22]

Die illustrierten Magazine hatten es leichter, konnten sie doch mit Fotostrecken das Ballgeschehen bebildern[23] und mussten nicht viel beschreiben. Hier waren jedoch ebenfalls nach der ersten Aufregung rund um den Opernball 1935 andere gesellschaftliche Ereignisse berichtenswerter, wie etwa das Gschnasfest im Künstlerhaus.[24] Ein wenig herablassend, wenn auch nicht unfreundlich, berichtete *Die Bühne* über Festivitäten der unteren Gesellschaftsschichten in der Vorstadt: »[P]ünktlich und angezogen. Nicht neu und nicht teuer – aber angezogen. Und Verkäufer aus allen Stadtteilen mit äußerst bunten Krawatten [...]. Billige Seidenkleider, die sogenannten besseren Leute in Jumper und Rock oder Wollkleidern.« Es handelte sich eben nur um einen »Maskenball in der Vorstadt: Ein erschwingliches Vergnügen [...] hier will man sein Geld ausnutzen und ist nicht fein.«[25]

Von solchen Distinktionen ausgehend analysierte Raoul Auernheimer ebenfalls in der *Bühne* die »Wiener Gesellschaft«[26], unterschied »von oben nach unten, eine erste, zweite und dritte«, wobei er vorausschickte, dass er nichts »Gegenständliches über die Wiener Gesellschaft, Namen und Adressen womöglich« zu bieten haben werde: Diese konnte man sich ohnehin in entsprechenden Druckwerken beschaffen. Die erste Gesellschaft bestehe aus »hoffähigen ›historischen‹ Familien«, nicht unbedingt hochmütig, aber ignorant; die zweite sei durch »Geld, Verdienst, zumal der Vorfahren, seltener durch eigenes, vor allem durch ein im Staatsdienst erworbenes Adelsprädikat, in die unmittelbare Nähe der Hofgesellschaft gerückt«, habe sich den Ansichten und Lebensformen dieser angepasst. Und schließlich eine dritte: »Das ist, in Wien wie anderwärts, die Gesamtheit jener Leute, die ›es ihrer Stellung schuldig sind‹ oder zu sein glauben, zur Gesellschaft zu zählen.« Zuallerletzt gebe es eine authentische, gewissermaßen eine vierte Gesellschaft, die sich selbst einbringe und darum jeder anderen entbehren könne. Für Josef Hoffmann allerdings bestand diese Unterteilung ganz und gar nicht mehr: »Der Sport, das Reisefieber der neuen Generation, die Spielsucht und natürlich auch die wirtschaftlichen Umstände haben sehr weitgehende Änderungen im Gesellschaftsbild mit sich gebracht.«[27]

Die »feinen Unterschiede« der alten und neuen Eliten schlugen sich ebenso in der breiten Palette an einschlägigen Gesellschaftsmagazinen nieder. Das von Moritz Engel herausgegebene *Wiener Salonblatt* war das »In-Blatt«[28] des von Auernheimer als erste Gesellschaft titulierten Publikums und aller, die Genaueres über diese Elite wissen wollten: Gestaltung, Bebilderung und Schriftbild der vierzehntägig erscheinenden *Internationalen Gesellschaftsrevue* waren erzkonservativ, altbacken, so als hätte es in den 1930er-Jahren weder eine typographische noch gestalterische Revolution im Zeitschriftenwesen gegeben. Im Kern waren die Artikel nur Aufzählungen von (Adels-)Titeln, Verlobungen, Hochzeiten, Jagdausflügen und Empfängen der Hautevolee.

Fortschrittlicher gestalteten sich Zeitschriften wie *Moderne Welt, Die Bühne, Mocca, Europamotor* oder das *Wiener Magazin*. Sie zielten auf die neuen Eliten, auf die von Auernheimer als »dritte« oder eigentliche Gesellschaft bezeichnete, die zwar jede auf ihre Weise Kompromisse mit dem Regime geschlossen hatte, aber auch gewisse Freiräume, vor allem im künstlerischen Bereich, beanspruchte, sich kosmopolitisch gab und gleichzeitig jeder politischen Stellungnahme tunlichst enthielt.

Die liberale *Bühne* hob sich durch eine aufwändige, modernistische Titelblattgestaltung von anderen Illustrierten ab. Zwar war sie laut Untertitel eine *Zeitung für Theater, Literatur, Film, Mode, Kunst, Gesellschaft und Sport*, doch wurde das »Blatt von immer wieder dazwischen gestreuten Seiten mit reinen Schauwerten dominiert: Fotocollagen mit Titeln wie ›Schöne Wiener Kinder‹ und ›Schöne Frauen‹« oder Fotos von Film- und Theaterstars sowie Tanz-, Mode-, Sport- und Theateraufnahmen.[29] Das Magazin *Moderne Welt* – bis zu seiner Ernennung zum Generalsekretär der Vaterländischen Front 1936 unter der Leitung von Guido Zernatto – zielte mit seinen Rubriken Mode, Literatur, Neues Wohnen und Kosmetik »Einfach. Zeitlos. Elegant«[30] auf ein weibliches Publikum. Emanzipatorische Frauenbilder vermischten sich hierbei mit traditionellen: Ein *Merkblatt für die Hausfrau* bot regelmäßig Tipps für Haushalt und Küche, es gab Anleitungen zum ›Rationalisieren‹ des Toilettetisches,[31] im Mittelteil Illustrationen der ›mondänen‹ Mode (»Samt auch fürs Eis«[32]) ebenso wie einer biederen Variante (»Kurz, länger, am längsten: Die neuen Sommerhüllen«[33]). Die entsprechenden Schnittmuster waren käuflich erwerbbar. Gleichzeitig brach die Zeitschrift, im Rückenwind des Verkaufsbeginns des *Steyr 50* und offensichtlich gesponsert von der Produktionsfirma, immer wieder eine Lanze »für die Gleichberechtigung am Volant«[34]. Annoncen verwiesen jedoch nichtsdestoweniger auf patriarchale Strukturen, beispielsweise wenn die Urlaubsreise von Madeleine mit dem Steyr-Wagen, wie sie ihrer Freundin Annette in einem fiktiven Brief schrieb, nur mit der Einwilligung des Ehemannes erfolgen konnte und im Weiteren ohne Bedenken eine schlüpfrige Bemerkung getätigt wurde: »Jede Frau braucht den Wagen, der zu ihrer Schönheit paßt!, sagte mir gestern der brasilianische Konsul. ›Sie haben gut gewählt, gnädige Frau, ihr Wagen ist gerade so schlank und rassig wie Sie‹.«[35]

Andere Werbeeinschaltungen in der Illustrierten mit dem Untertitel *Almanach der Dame* verwiesen ebenso auf ein betuchtes Zielpublikum und bewarben nicht nur teure Autos oder Radioapparate, sondern auch exotische, neue Früchte wie die Grapefruit: Zum »Bridge-Nachmittag gehört für die moderne Hausfrau die modische Frucht«[36]. Selten tauchten dabei Männer auf, bestenfalls als Hinweis für die Leserin, sich für diese entsprechend vorzubereiten: »Jeden Morgen freut er sich, wenn seine kleine Frau schon am Frühstückstisch munter und frisch frisiert erscheint.«[37]

Die Zeitschrift *Mocca* des Verlages von Karl Rob gab sich mit Aktfotos freizügig, die Februarnummer 1934 wurde obendrein wegen »Übertretung der Sittlichkeit nach § 516«[38] konfisziert. Das *Wiener Magazin*, für das einige Zeit Ernst Schönwiese, Herausgeber der Literaturzeitschrift *silberboot,*[39] verantwortlich zeichnete, gab sich mit Texten von Rudolf Brunngraber, Peter Hammerschlag, Theodor Kramer, Hermynia Zur Mühlen, Hertha Pauli, Hilde Spiel und Karl Ziak sowie Fotos von Trude Fleischmann, Robert Haas und Lothar Rübelt literarisch-intellektuell.

Der letzte Opernball sollte noch kurz vor dem ›Anschluß‹ am 15. Jänner 1938 stattfinden: Die Berichterstattung glich fast wortwörtlich jener des ersten im Jahr 1935. Und noch ein weiteres Mal konnte sich die gesellschaftliche Elite des ›Ständestaates‹ ein Stelldichein geben: Am 10. Februar 1930 eröffnete in der Hofburg Kurt Schuschnigg den Ball der Vaterländischen Front,[40] den »ersten österreichischen Staatsball«[41].

BR

5. Februar 1935

Der Prince of Wales trifft zu einem Schiurlaub in Kitzbühel ein

Der österreichische Fremdenverkehr nach der Tausend-Mark-Sperre

Während in Berlin und Wien im Jänner bzw. im März 1933 die großen politischen Veränderungen eingeleitet wurden, herrschte in Kitzbühel Hochsaison: »Es gibt noch Brennpunkte der Eleganz, der sorglosen Sportfreude und der frohen Muße in unserem Österreich.«[1] Das Grand Hotel war ausgebucht, die Appartements mit Bad waren besonders begehrt. An den Abenden traten die Gäste in Smoking und großen Abendroben an, löffelten nach den feinen Menüs Eiscreme und tranken Champagner, während sie von gutaussehenden Schilehrern in schmucken Anzügen über das Programm des nächsten Tages instruiert wurden. Diese hielten, bei Bedarf, die Schikurse auch in Französisch oder Englisch ab, der Tiroler Akzent gab dem sprachlichen Internationalismus noch zusätzlichen Charme.

Die Anfänge des Wintersports in Kitzbühel[2] reichen ins späte 19. Jahrhundert zurück. Franz Reisch, der Begründer einer Hoteldynastie, war ein umtriebiger Schipionier, der von der Zukunft des Wintersports überzeugt war; er setzte mannigfache wirtschaftliche wie sportliche Initiativen und ließ sich um 1893 erstmals auf eine Schitour auf das Kitzsteinhorn ein. Mit und nach dem Ersten Weltkrieg kam es zu einem Rückschlag, aber in den ›Roaring Twenties‹ erfolgte ein erneuter Aufschwung. In Kitzbühel wurde eine Schischanze gebaut, man veranstaltete regelmäßig Skijöring-Rennen und Eishockeyspiele, organisierte Schibobfahrten. Es entstand eine renommierte Schischule, die in der Technik des Schilaufs, fast im Gleichklang mit der bekannten Arlberg-Schischule Hannes Schneiders, neue Akzente setzte. Der ›Stemmchristiana‹ wurde zur Norm. Der große Durchbruch zu einer der erstklassigen Wintersport-Destinationen passierte mit der Eröffnung der Hahnenkammbahn, die 1929/1930 erbaut wurde und schon im ersten

Startplatz des Hahnenkammrennens, 1935
Foto: Lothar Rübelt; Österreichische Nationalbibliothek – Bildarchiv

Winter etwa 50 000 Fahrgäste beförderte.³ Auf Hochkitzbühel entstand allmählich eine neue Hotel- und Villenstadt. Zuvor hatte es in Kitzbühel ausschließlich eine Urlaubssaison im Sommer gegeben, ab den 1920er-Jahren gab es nun auch eine Wintersaison, die eine deutlich steigende Frequenz zeigte.⁴

Das Nachtleben in Kitzbühel entwickelte sich ebenfalls. Die Familie Reisch nahm ein Kasino in Betrieb. Die ›Praxmaier‹ arbeiteten untertags als Schilehrer, traten abends als singende und schuhplattelnde Volkskünstler auf, die sogar bis nach London und in die USA reisten, um dort ihre Künste vorzuführen.⁵ Die musikalische Begleitung bei den Tanzpartys der Hotels wechselte zwischen Jazz und Tiroler Dorfmusik. Bei Bällen ließ sich das Verkleidungsbedürfnis ausleben, außerdem bot Kitzbühel ein Defilee der neuesten Moden. Untertags waren die Frauen sportlich gekleidet, stapften in Hosen, mit dunklen Norwegern, mit kurzen, geknöpften Jacken durch den Schnee, abends wechselte die Garderobe zu langen, glamourösen Kleidern, einzelne wollten gar damit auffallen, dass sie in Hermelinmänteln an der Bar lehnten.⁶ Sportgeschäfte boten die neuesten Trends im Schisport feil, Trachtengeschäfte begeisterten die Tourist:innen.

Das sich abzeichnende Verbot der NSDAP in Österreich am 19. Juni 1933 hinterließ in Kitzbühel ein politisches Beben. Bürgermeister Ernst Reisch, ein geschäftstüchtiger Hotelier und lautstark bekennender Nationalsozialist, der aus der bekannten Traditionsfamilie stammte, wurde in Haft genommen.⁷ Am 13. Juni 1933 reiste Justizminister Kurt Schuschnigg eigens zu einer Kundgebung nach Kitzbühel, um die »ärgsten Österreichhasser und Unruhestifter« in die Schranken zu weisen. Gegen Reisch wurde in der zweiten Junihälfte ein Amtsenthebungsverfahren eingeleitet: Er wurde in das Landesgerichtsgefängnis Innsbruck eingeliefert und zu zehn Wochen Haft und einer Geldstrafe von tausend Schilling verurteilt.⁸

Die von Hitler verfügte Tausend-Mark-Sperre, die als Instrument einer aggressiven Außenpolitik den ›Anschluß‹ erzwingen sollte,⁹ traf den durch die Wirtschaftskrise ohnehin gebeutelten Tiroler Fremdenverkehr ins Mark. Die Nächtigungen der deutschen Tourist:innen fielen von 328 000 im Jahr 1932 auf 93 000 im Jahr 1933.¹⁰ Kitzbühel stieg dabei noch vergleichsweise gut aus, weil es den Ausfall der deutschen Gäste durch den vermehrten Besuch von zahlungskräftigem französischen und britischen

Publikum kompensieren konnte. Es avancierte in der internationalen Gesellschaft zu einem mondänen Tummelplatz der Schönen und Reichen, auch Künstler:innen wie Jean Cocteau, Film- und Opernstars wie Anny Ondra, Jan Kiepura oder Fjodor Schaljapin fühlten sich in der Stadt wohl. Boxweltmeister Max Schmeling traf in Kitzbühel ein, um hier einen Film zu drehen.[11]

Der Maler Alfons Walde, eine zentrale Ansprechstation für die Kunst- und Kulturszene, war in Kitzbühel in vielerlei Hinsicht aktiv. Er betätigte sich als Architekt, brachte sich in die Kitzbühel-Tourismuswerbung ein, vor allem überhöhte er mit seinen bunten, enorm erfolgreichen Gemälden, die man auch im Postkartenformat erhalten konnte, den Wintersport zu einem fulminanten, aufregenden, naturnahen Erlebnis. In Kontrast zum erlebnis- orientierten Publikum verklärte er, inmitten einer schneebedeckten Berg- welt in majestätischer Größe, die Bäuerinnen und Bauern zum Ruhepol einer kargen Welt.[12]

Der königliche Besuch aus dem Vereinigten Königreich war zweifellos der Höhepunkt des Prominentenaufmarsches in Kitzbühel. Der *Tiroler Anzeiger* war begeistert und titelte gleich auf der ersten Seite: »Willkommen in Tirol!«[13] Der Prince of Wales war für einen Schiurlaub von 5. bis 17. Feb- ruar 1935 in Kitzbühel angekündigt, was »eine Ehre und Freude für Tirol und Österreich«[14] bedeutete. In einem Leitartikel wurde der Prince of Wales vorgestellt: Er sei die populärste Persönlichkeit im britischen Weltreich, ein Mann größter Eleganz, habe schon des Längeren infolge der Krankheit sei- nes Vaters Repräsentationsaufgaben übernommen und sich stets an den sozialen und wirtschaftlichen Problemen interessiert gezeigt. Zur Legende war Edwards soziales Engagement mit seinem Besuch in den Krisengebie- ten von Wales geworden, als er in Bergmannskleidung in einen Kohlen- schacht einfuhr, mit den Arbeitern gemeinsam das Mittagessen einnahm und der Öffentlichkeit mitteilte: »Something must be done.« Der joviale, unkonventionelle Thronanwärter, der darüber hinaus Deutsch sprach, galt als große Hoffnung für die Zukunft des Weltreiches.

Nun kam er nach Kitzbühel. Zweifelsohne war der Prince of Wales ein besonderer Werbeträger für das Tiroler Tourismus-Marketing. Der Besuch war bei der Londoner Österreich-Ausstellung im Mai 1934 in die Wege geleitet worden, die der Prince of Wales eröffnet hatte. Wiener Firmen, vom

Ehrgeiz beseelt, ihm einen Gefallen zu erweisen, hatten sich beim Madame-Tussauds-Wachsfigurenkabinett die Körpermaße beschafft und ihm einen Salzburger und Tiroler Anzug (und dazu noch zwei Alpinhüte) geschickt, was auf Begeisterung stieß[15] und mehrere Trachten- und Lederhosen-Einkäufe auslöste.[16]

Der Thronfolger reiste im Schlafwagen an und stieg im Grand Hotel ab, wo eine eigene Telefonleitung in seine Suite verlegt wurde. Foto- und Filmreporter:innen, besonders aus Großbritannien, erwarteten ihn bereits; er verbat sich jeden Empfang und wollte die Privatsphäre gewahrt wissen.[17] Dazu gab es auch allen Grund, denn Wallis Simpson, seine heimliche Geliebte, traf ebenfalls in Kitzbühel ein. Ihre Versuche, Schifahren zu erlernen, scheiterten indes kläglich. Die Stimmung war schlecht, die Tiroler Abende im Grand Hotel konnten das Wohlbefinden nicht aufhellen, die Geschenke für die Einheimischen wurden nicht verteilt, die Trinkgelder zurückgehalten. Kitzbühel wurde für den prospektiven Nachfolger auf dem Königsthron nicht zum Erholungsurlaub.[18] Zumindest blieben tolle Fotos vom Besuch und gute Sprüche für die Tourismuswerbung: »Tirol ist schön, und es gefällt mir hier sehr gut.«[19]

Nach Kitzbühel war Edwards nächste Station Wien. Der Besuch war nicht nur den Sehenswürdigkeiten gewidmet[20], sondern brachte die Regierung ebenfalls in Verlegenheit, denn der Prince of Wales verlangte, den Rathaus-Besuch zu streichen und den Karl-Marx-Hof und Goethe-Hof zu besichtigen, um dort mit den Bewohner:innen zu sprechen. Vizebürgermeister Fritz Lahr, Heimwehrmann, begleitete ihn, erzählte über die ›Betonfestungen‹ der Februarkämpfe, was den Königssohn nicht besonders beeindruckte und von ihm mit Gegenfragen nach den Badeanlagen und Waschküchen quittiert wurde – sichtlich war er gut informiert. Der Journalist George Eric Rowe Gedye begleitete den unkonventionellen Prinzen bei dieser Tour und schilderte in seinem 1939 erschienenen Buch, dass der Ausflug fast zu einer antifaschistischen Demonstration geworden wäre.[21]

Der spätere Edward VIII. blieb auch in den nächsten Jahren ein treuer Österreich-Besucher. Im September 1935 war er abermals in Wien und im Salzkammergut. Auch als er nach dem Tod des Vaters am 20. Jänner 1936 König wurde, machte er am 9. August für wenige Stunden in Salzburg Halt, von 8. bis 13. September stattete er mit Besuchen bei Bundeskanzler Kurt

Schuschnigg und Bundespräsident Wilhelm Miklas eine offizielle Visite in Österreich ab, was diese und die Wiener Zeitungen als Unterstützung für die Selbständigkeit des Landes interpretierten. Sie vergaßen dabei, dass Edward sich gern auch als Freund des ›Dritten Reiches‹ präsentierte (und im Oktober 1937 als Duke of Windsor Teil einer semioffiziellen Propaganda-Tour war, die im Zusammentreffen mit Hitler auf dem Obersalzberg gipfelte). Edward VIII. musste aufgrund seiner Liaison mit Wallis Simpson am 11. Dezember 1936 zurücktreten und zog sich anschließend ins Rothschild-Schloss Enzersfeld nach Österreich zurück, wo er bis zur Scheidung von Wallis Simpson und Klärung seiner Finanzen lange, enervierende Monate ausharren musste. Ausflüge nach Wien und auf den Semmering verkürzten die Zeit.[22]

Brit:innen waren bereits im 19. Jahrhundert von den Alpenländern fasziniert und taten sich insbesondere mit Erstbesteigungen hervor. In den 1920er-Jahren setzte sich diese touristische und sportliche Begeisterung für Österreich fort. Brit:innen eroberten Spitzenpositionen bei Schirennen. Englischsprachige Baedeker und Reiseführer führten natürlich nach Wien, luden aber auch zur Entdeckung der schönsten Sehenswürdigkeiten, der barocken Kulturdenkmäler und großartigen Kurorte in ganz Österreich ein und schilderten in den wärmsten Farben die prächtige Alpenlandlandschaft und die schlichte Freundlichkeit der bäuerlichen Bevölkerung.[23] Förderlich wirkte sicherlich auch, dass Österreich damals ein ungewöhnlich billiges Land war. In den 1930er-Jahren hielt dieser Trend an,[24] diesmal allerdings begleitet von der österreichischen Fremdenverkehrswerbung in London, die kräftig die Werbetrommel rührte (zum Beispiel durch »Winter Sports Parties«).[25] Die hervorragende Stellung der österreichischen Kultur, die Präsenz österreichischer Stars (Elisabeth Bergner als Liebling des englischen Kinopublikums[26]), der große Theatererfolg des *Weißen Rößl* in London, die vielen Gastspiele der Staatsoper in Covent Garden (mit Bruno Walter, Lotte Lehmann, Anny Konetzni oder Richard Tauber) und die Tourneen österreichischer Fußballklubs nährten kontinuierlich das Interesse für Österreich.

Das Dollfuß/Schuschnigg-Regime machte den Fremdenverkehr zum Dreh- und Angelpunkt seiner Wirtschafts- und Kulturpolitik und nutzte ihn identitätsstiftend zur Eigendarstellung. Der Fremdenverkehr sollte so vieles: Er sollte aus der wirtschaftlichen Talsohle führen, den Beweis erbringen, dass Österreich wirtschaftlich überlebensfähig war, er sollte Österreichs Selbstbewusstsein stärken und prestigeträchtig das Ausland überzeugen, dass Österreich nicht nur als internationales Reiseland Weltgeltung beanspruchen konnte. Die Salzburger Festspiele[27] und die Großglockner-Hochalpenstraße[28] wurden Leitprojekte, in die viele Investitionen flossen und mit denen man international renommierte.

Tatsächlich war der Fremdenverkehr ein Sektor, der den Beweis erbrachte, dass es wirtschaftlich ab 1935 wieder aufwärts ging. Die Abwärtsspirale in der Zeit der Weltwirtschaftskrise wirkte für den österreichischen Tourismus zerstörerisch, die Tausend-Mark-Sperre, die die Hälfte der Einreisen aus dem Ausland wegbrechen ließ, schien der Todesstoß für die wichtige Sparte zu sein. Im August 1932 betrug die Zahl der Fremdenanmeldungen in Österreich 471 288, diese fielen im August 1933 auf 317 578 und im August 1934 dann auf 286 830. Im August 1935 waren immerhin schon wieder 407 530 Fremde gemeldet, darunter viele Gäste aus den wohlhabenden westeuropäischen Ländern.[29] Am 28. August 1936 wurde die Tausend-Mark-Sperre für den Einreiseverkehr aus Deutschland aufgehoben.[30]

AP

2. Juni 1935

Der Kult um den Mönch Marco d'Aviano

Das Kreuz von Cattaro

Am 2. Juni 1935 wurde ein hölzernes, mit Reliquien geschmücktes Kreuz vom Wiener Kahlenberg hinunter in die Stadt gebracht. Die Feierlichkeiten begannen um neun Uhr früh mit einem Gottesdienst im Freien. Der Wiener Brucknerchor sang Franz Schuberts *Deutsche Messe* und wurde dabei von der Musikkapelle des Infanterieregiments Nr. 3 begleitet. In einer Rede, die sich an die Morgenmesse auf dem Kahlenberg anschloss, erklärte Hans Pernter, Staatssekretär im Unterrichtsministerium und im darauffolgenden Jahr selbst Minister, der Tag diene nicht nur der Erinnerung »an einen Kämpfer für Europa und die Christenheit«, sondern bedeute auch »ein Bekenntnis zum neuen Österreich«.[1]

Eine Prozession, geführt vom Nußdorfer Pfarrer, geleitete dann das Kreuz über die Kahlenberger Straße bis an die Schiffsanlegestelle am Donaukanal. Dort nahm ein blumengeschmücktes Schiff die Fracht in Empfang und führte sie zunächst stadtauswärts nach Klosterneuburg und Korneuburg, wo jeweils kurze Andachten abgehalten wurden.

In gebührender Langsamkeit bewegte sich das Schiff danach den Donaukanal entlang, bis es – von einer großen Menschenmenge erwartet – um sechs Uhr nachmittags bei der Urania ankam. Auf dem Aspernplatz (heute Julius-Raab-Platz) nahm die zweite Prozession dieses Tages Aufstellung, die das Kreuz dann über den Franz-Josefs-Kai und die Rotenturmstraße zum Stephansdom führte. Die *Neue Freie Presse* erging sich in einer ausufernden Beschreibung des pompösen Aufmarsches: »Unter den Klängen der Bundeshymne leistete die Ehrenkompanie die Ehrenbezeigung, dann formierte sich die Prozession. An der Spitze schritt die Schuljugend, dann folgten die Mädchen- und Frauenvereine und die weiblichen Kongregationen, Ordensfrauen, Pfadfinder, Studentenkongregationen, katholische farbentragende Akademiker, die Vereinigung katholischer Edelleute Österreichs, der Regularklerus, der Säkularklerus. Diesem folgte das Kreuz mit Assistenz. Bundespräsident Miklas schloß sich mit anderen Ehrengästen dem Kreuze an.«[2] Im Dom ging der Tag mit einem *Te Deum*, einem Segen und dem Absingen der Bundeshymne zu Ende. Danach brachte man das kleine Holzkreuz mit metallenen Einfassungen in die Kapuzinerkirche, wo es in den kommenden Wochen von den Gläubigen besichtigt und angebetet werden konnte.

An diesem Junisonntag des Jahres 1935 stand also kein gewöhnliches Kreuz im Zentrum der zeremoniellen Inszenierung, sondern eine Reliquie: Als die vereinigten christlichen Armeen am 12. September 1683 von den Höhen des Kahlenbergs herab die osmanischen Besatzer Wiens in die Flucht schlugen, wurden sie vom Kapuzinermönch Marco d'Aviano ermutigt und gestärkt, der das Heer als Militärgeistlicher begleitete. Auch wenn seine Anwesenheit in Wien an diesem Tag verbürgt ist, lassen sich nicht alle Einzelheiten seines Eingreifens historisch verifizieren.[3] Der populären, legendenhaft überhöhten Version zufolge soll d'Aviano vor dem Beginn der Schlacht auf dem Kahlenberg eine Messe gelesen haben, mit dem polnischen König Jan III. Sobieski als Ministranten. Es heißt, er sei im Schlachtgeschehen engelgleich an allen bedeutenden Schauplätzen aufgetaucht und habe den Soldaten mit dem Kreuz in der Hand Mut zugesprochen.

Nun war dieses Kreuz, das 1935 zum patriotischen Heiligtum ernannt wurde, im eigentlichen Sinne kein österreichischer Kulturbesitz. Es gehörte damals – wie heute – zum Domschatz der Kathedrale von Kotor, einer Stadt in Montenegro, die in der älteren Literatur den italienischen Namen »Cattaro« trägt. So wenig wie das Kreuz selbst stammte sein einstiger Besitzer aus Österreich: Carlo Domenico Cristofori wurde 1631 in der friulanischen Stadt Aviano geboren. Sein Geburtsort bestimmte die Wahl des Ordensnamens, unter dem der Kapuziner bereits zu Lebzeiten berühmt wurde: Marco d'Aviano – in eingedeutschter Form: Markus von Aviano. Er ging als feuriger Prediger in den populärreligiösen Legendenschatz ein: »Gleich im Anfang seiner Predigt sprach er zu seinen Zuhörern: ›Ich kann nit deutsch‹ und betete laut zum Himmel, daß Gott seine Zuhörer jenes in ihrem Herzen vernehmen lasse, was er ihnen in fremder Sprache vortragen wolle. Als er nun wirklich in italienischer Sprache begann, schien es,

Bundespräsident Wilhelm Miklas und Kardinal Theodor Innitzer bei der Feier für den
›Retter Wiens‹, Kapuzinermönch Marco d'Aviano, 2. Juni 1935
Foto: Archiv Helfried Seemann; brandstaetter images

als haben alle ihn verstanden; man sah an den Gesichtszügen die innere Bewegung und Zerknirschung.«[4] Mit diesen Worten beschrieb das *Katholische Kirchenblatt* 1933 die Ausstrahlung von Marco d'Aviano.

Historisch bedeutsamer als diese Auftritte, deren Überzeugungskraft sich wohl vor allem einer mitreißenden Theatralik und einem expressiven Körpereinsatz[5] verdankte, war das politische Wirken des Mönches. Als Legat des Papstes Innozenz XI. stand er mit entscheidenden Vertretern des katholischen Hochadels in diplomatischer Verbindung und kannte die wichtigsten Akteure persönlich. Ein besonders nahes Verhältnis bestand zu Leopold I., dem habsburgischen Kaiser. Als die Heerführer 1683 ihr Bündnis gegen die Osmanen verhandelten, war Marco d'Aviano als Vermittler und Ratgeber maßgeblich beteiligt. Auch in den Jahren danach blieb er dem österreichischen Kaiserhaus verbunden. Er starb 1699 in Wien – der Legende nach in Anwesenheit seines kaiserlichen Freundes – und liegt in der Kapuzinerkirche begraben.

Das Kreuz wurde schon einmal von Cattaro nach Wien gebracht, und zwar als dort 1883 die zweihundertste Wiederkehr des Sieges gefeiert wurde. Allerdings kam es damals nicht in eine Kirche, sondern wurde im neu errichteten Rathaus am Ring als Exponat im Rahmen einer historischen Ausstellung präsentiert. Der Mönch stand im späten 19. Jahrhundert im Schatten des weltlichen Helden Johann Andreas von Liebenberg.[6] Der Bürgermeister, der Wien während der Belagerung regierte, aber wenige Tage vor dem Sieg verstarb, wurde 1890 mit einem Denkmal auf der neuen Ringstraße geehrt. Eine Nike krönt die schlanke Säule, die noch heute vor der Mölker Bastei steht – die antikisierende Siegesgöttin entsprach offenbar eher dem Geschmack des liberalen Bildungsbürgertums als das strenge Kreuz des Kapuziners.

Das katholische Österreich bewahrte dem Pater allerdings weiterhin ein ehrendes Andenken. 1891 erschien eine Biographie, die den bezeichnenden Titel *P. Marco d'Aviano, in harter Zeit der Schutzgeist von Österreich*[7] trug. 1899 wurde der zweihundertste Todestag des Geistlichen mit einer Schrift gefeiert, deren Untertitel mit ähnlicher Formulierung vom *Schutzgeist an Österreichs Kaiserthron*[8] sprach.

Ein erklärter Verehrer dieses Schutzgeistes war Engelbert Dollfuß: In seinem Rekatholisierungsprogramm war die ›Türkenbefreiung‹ und damit auch Marco d'Aviano als historische Referenz von zentraler Bedeutung. Selbst seine wichtigste programmatische Rede schloss mit einer Anrufung des Paters Marco. Im Rahmen des Allgemeinen Katholikentages am 11. September 1933 – also 250 Jahre nach der Schlacht am Kahlenberg – erklärte Dollfuß auf dem Wiener Trabrennplatz: »Und so stehe ich vor euch mit der Bitte: Bleibt Euch des Ernstes unserer Zeit bewußt, seid Euch dessen bewußt, daß wir die Aufgabe haben, die Fehler der letzten 150 Jahre unserer Geistesgeschichte gutzumachen und auf neuen Wegen unserer Heimat ein neues Haus zu bauen, und daß jeder Einzelne die Pflicht hat, an diesem Neubau mitzuarbeiten. Wir alle gehen auch heute wieder mit dem Glauben von hier weg, einen höheren Auftrag zu erfüllen. Wie die Kreuzfahrer von dem gleichen Glauben durchdrungen waren, so wie hier vor Wien ein Marco d'Aviano gepredigt hat ›Gott will es‹ – so sehen auch wir mit starkem Vertrauen in die Zukunft, in der Überzeugung: Gott will es!«[9] Die Ausgabe der *Reichspost*, die diese Worte zitierte, ergänzte ihren Bericht mit der

Anmerkung: »Minutenlange Hochrufe folgten der Kanzlerrede, Hunderte von Fahnen und Wimpeln wurden geschwenkt, die Menge, die die Fahrbahnen umsäumte, umringte den Kanzler beim Ausgang.«[10]

In den folgenden Jahren entfaltete sich in der Kirche und in der Vaterländischen Front ein eigener Marco-d'Aviano-Kult, der sich nach der Ermordung des Kanzlers synkretistisch mit einem Engelbert-Dollfuß-Kult verband. Am 11. September 1934, ein Jahr nach der Trabrennplatzrede, zelebrierte Kardinal Innitzer vor der Kapuzinerkirche in Wien eine ›Sühne-Andacht‹, während der er »zum ersten Mal die Person des Engelbert Dollfuß mit dem legendären Marco d'Aviano«[11] in Zusammenhang brachte. Der Kardinal beendete seine Predigt mit dem Wunsch, »daß Dollfuß und d'Aviano an Gottes Thron Fürsprache für Österreich halten sollten«[12]. Im Rahmen dieser Veranstaltung wurde auch das Modell eines noch von Dollfuß initiierten Marco-Denkmals gezeigt, an dem der Bildhauer Hans Mauer gerade arbeitete. Am 13. September 1934 fand im Wiener Konzerthaus eine »Weihestunde für d'Aviano und Dr. Dollfuß« statt, bei der ebenfalls betont wurde, dass Dollfuß der Initiator des zu erwartenden Denkmals gewesen sei.[13]

1935 erreichte der Kult, eine Mischung aus Katholizität und Österreich-Patriotismus, seinen Höhepunkt: Der Priester und Gelehrte Vinzenz Oskar Ludwig veröffentlichte eine Biographie, in der er Pater Marco »als einen trotz seines romanischen Namens doch kerndeutschen Michael« und als »echte Führerpersönlichkeit«[14] porträtierte. Darüber hinaus wird in seinem Drama *Fata Morgana* Kara Mustafas Traum von der Einnahme Wiens durch das beherzte Eingreifen des Mönches zunichte gemacht. Ludwig ist schließlich auch der Verfasser einer Marco-d'Aviano-Hymne, die Max Egger vertonte: »Christi Herold woll'n wir hören / seinem Vorbild zugewandt / ew'ge Treue laßt uns schwören / Gott und unserem Vaterland.«[15] Diese Hymne wurde während jener großen Prozession gesungen, von der hier eingangs die Rede war.

In das Programm der Wiener Festwochen 1935 waren zahlreiche Veranstaltungen integriert, in deren Mittelpunkt die Erinnerung an Marco d'Aviano stand: Am 6. Juni fand beispielsweise eine Führung durch das Diözesanmuseum statt, am 10. Juni eine »Exkursion mit Autocars in das historische Kampfgelände Anno 1683«[16]. Am Abend des 6. Juni wurde Ludwigs

Fata Morgana in der Urania uraufgeführt,[17] am 8. Juni im Schweizerhof der Hofburg unter dem Patronat von Kardinal Innitzer Joseph Gregors weihevolles Spiel *Die Wunder des Marco d'Aviano* in Szene gesetzt, »eine sehr geglückte Vorstellung«[18], wie die *Neue Freie Presse* urteilte.

Der Höhepunkt der Feierlichkeiten wurde am 9. Juni, dem Pfingstsonntag, erreicht: Im Beisein zahlreicher Prominenzen und Eminenzen enthüllte Kardinal Innitzer am Neuen Markt das Marco-d'Aviano-Denkmal. Das von Hans Mauer geschaffene Monument zeigt eine überlebensgroße Mönchsfigur, deren rechte Hand kämpferisch das Kreuz erhebt, während die linke eine Segensgeste andeutet. Es wurde links neben dem Haupteingang zur Kapuzinerkirche in einer Nische platziert, die eigens zu diesem Zweck in das Mauerwerk gebrochen wurde. Mit der Denkmalserrichtung ging eine weitgehende Umgestaltung der Kirchenfassade einher, die Ludwig Tremmel und Otto Wytrlik entworfen haben.

Das Denkmal von Marco d'Aviano steht noch heute an diesem Ort. Als der Pater am 27. April 2003 von Papst Johannes Paul II. seliggesprochen wurde, fand in der Kapuzinerkirche eine Feier unter der Leitung des Wiener Kardinals Schönborn statt. Wie schon dreimal zuvor wurde auch für diesen Anlass das hölzerne Kreuz aus Kotor nach Wien gebracht.

HS

21. Juni 1935

Robert Musil vor dem *Internationalen Schriftstellerkongress* in Paris

Verloren in der österreichischen »Kulturpolitikskultur«

Die Tagung, die 350, zum Teil namhafte (links-)bürgerliche, sozialistische und kommunistische Autor:innen versammelte, sollte eine große Kundgebung zur Ächtung von Faschismus und Nationalsozialismus werden. Es ist nicht ganz klar, wer für Robert Musils Einladung zum Kongress verantwortlich war. Wahrscheinlich war es Paul Friedländer, ein Bekannter aus der Wiener Zeit, der bei Willi Münzenbergs KPD-Blättern als Redakteur gearbeitet hatte. Robert Musil[1] sagte nach einigem Zögern zu. Der gemeinsame Auftritt mit Berühmtheiten wie André Malraux oder André Gide war zweifellos verlockend. Vermutlich spielte auch eine Rolle, dass er noch nie in Paris gewesen war, vielleicht erwartete er sich auch, dass die Teilnahme seine Reputation stärken und ihn international besser vernetzen könnte. Die Anreise war mühsam, weil Musil unter allen Umständen seine Frau Martha mitnehmen wollte und diese Begleitung selbst bezahlen musste. So wurde die eine Schlafwagenkarte, die die Veranstalter zur Verfügung stellten, in zwei Sitzplatztickets umgetauscht.

Musil war nach seiner Rede am 21. Juni 1935 im großen Saal der Mutualité – sofern die Kolleg:innen sein Deutsch verstanden – mit Unverständnis und Pfiffen konfrontiert, da er mit seinen Aussagen die Absichten der Veranstalter unterlief. Musils Thesen erzürnten das Forum, zumal er auch im Kommunismus und Antifaschismus Gesinnungsdruck, Bekenntniszwang und politische Indienstnahme am Werk sah. Die Schriftsteller:innen, so sagte er, die glaubten, sich politisch engagieren zu müssen, unterlägen einer Täuschung. Die Kultur werde von »Freund und Feind« geschädigt. »Die Politik holt sich heute nicht die Ziele bei der Kultur, sondern bringt sie mit und teilt sie aus.«[2] Die *Arbeiter-Zeitung* im Brünner Exil verstieg sich zur üblen Nachrede: »Ein ›Kultur‹-Sendling des österreichischen Faschismus abgeblitzt«[3].

Musils Maßstab, mit dem er die Politik maß, war ihr Verhältnis zur Kultur, und hier wiederum ihr Verhältnis zur großen Kunst, zu der er selbstredend sich selbst ebenfalls zählte. In der Verbindung von Staat und Kunst sah er ein fundamentales Verhängnis angelegt, da sie sich gewissermaßen feindlich gegenüberständen: Der Staat wolle die Kunst ans Gängelband nehmen, und die Kunst müsse unabhängig sein, ansonsten gerate sie zu einem mediokren Unternehmen, das das utopische Spezifikum jeder großen Kunst zerstöre, nämlich sich an »das Noch-nicht-zu-Ende-Gekommene des Menschen, den Anreiz seiner Entwicklung«[4] zu wagen.

Mit diesen Kriterien bekam bei Robert Musil bereits die Erste Republik keine guten Zensuren. In ihr sah er das gefällige Mittelmaß gefördert, über das er nur spotten konnte. Als 1931 das Gerücht aufkam, das »vereinigte Philistertum Österreichs«[5] habe Anton Wildgans als Nobelpreisträger vorgeschlagen, löste dies bei Musil eine schwere Kränkung aus. Noch nachträglich begründete er seine Übersiedlung nach Berlin boshaft mit dem Argument, dass sich im Wien des Jahres 1931 Rot und Schwarz am Grab von Anton Wildgans einig gewesen seien, in ihm einen »großen österreichischen Dichter verloren zu haben«[6]. Verallgemeinernd heißt es einmal bei Musil: »Man muß sich namentlich vor der Verwechslung von Kultur mit Demokratie, Liberalismus, Parlamentarismus hüten.«[7]

Im Herbst 1935, also einige Monate nach seinem Auftritt in Paris, erschien Musils Prosaband *Nachlaß zu Lebzeiten*, eine Sammlung von kurzen erzählerischen und feuilletonistischen Texten, im neu gegründeten Zürcher Universitas Verlag, der einmal mehr die Methodik seiner Texte zeigte und das in Paris verkündete Programm exemplifizierte. Ende September 1935 kündigten erste Zeitungen die Veröffentlichung an. Für all jene, die sich durch Umfang und Inhalt der bis dahin erschienenen Bände des *Mann ohne Eigenschaften* abschrecken ließen, sollte, nach Musils Kalkül, der Sammelband den Beweis seiner großen literarischen Kunst erbringen. In der *Neuen Freien Presse* erschien erst Mitte Februar 1936 eine kurze Kritik, allerdings nur im Anschluss an eine Rezension von Josef Wenters Roman *Saul*. Louis Barcatas Urteil charakterisierte Musils Werk durchaus einfühlsam und wertschätzend und sprach von einer »geistige[n]

Sensation«, zugleich wirkten für den Besprecher diese kurzen Geschichten und Beobachtungen – oberflächlich betrachtet – wie aus der Zeit gefallen, würden jedoch bei genauerer Betrachtung »Antlitz und Weg Europas« enthüllen: Der Autor spüre »mit einer unheimlichen Sicherheit das Geheimnis auf, das allen Menschen und Dingen eigen ist«[8]. In den funkelnden Nebensächlichkeiten äußere sich »ein graziöser, äußerst beweglicher und bis ins Letzte durchdringender Witz, der Humor eines überlegenen Weltbetrachters, feinste, delikateste Sprachbeherrschung, die das Medium der Dichtung aus dem gewollt Spielerisch-Leichten so oft als notwendig zu kristalliner Glätte und gläserner Durchsichtigkeit steigert«.[9]

Robert Musil, notorisch geplagt von Geldnöten, gehörte zu den unzähligen österreichischen Schriftsteller:innen der Ersten Republik, die in Berlin bessere Arbeitsbedingungen und ein angeregteres intellektuelles Klima vorzufinden hofften. Nach der Auslieferung des ersten Bandes von *Der Mann ohne Eigenschaften* im November 1930 hielt er sich vermehrt in Berlin auf und suchte nach Anerkennung, Austausch und Honorierung. Eine *Robert-Musil-Gesellschaft* half mit regelmäßigen Zahlungen. Im Dezember 1932 begann die Auslieferung des zweiten Bandes, begleitet von überschwänglichen Kritiken, was bei Musil die Hoffnung nährte, den endgültigen Durchbruch im deutschen Literaturbetrieb zu schaffen und seine stets prekäre schriftstellerische Existenz nun endlich mit Honoraren, Preisgeldern und Stipendien auf eine sichere Basis zu stellen. Doch die nationalsozialistische ›Machtergreifung‹ am 30. Jänner 1933 zerstörte diesen Optimismus, auch wenn Musil in den Wochen danach nicht ganz die Erwartungen auf finanzielle Unterstützung fallen ließ.

Wie für ihn üblich versuchte Musil den naturwissenschaftlichen Beobachter zu geben, auch gegenüber dem Nationalsozialismus, bisweilen mit recht seltsamen Denkübungen wie etwa der, die von der nationalsozialistischen Propaganda angeprangerte Dominanz von Jüdinnen und Juden im Kulturbetrieb auf ihren statistischen Realitätsgehalt hin zu untersuchen. Retrospektiv überzeugender war die Beobachtung, dass, wenn die bürgerliche Demokratie und der Rechtsstaat in gewisser Weise weggewischt wurden, sich bei »eingeschüchterten, ratlosen Menschen«[10] Feigheit und Opportunismus breit machten. Für ihn waren der Faschismus (in allen Varianten) und der Kommunismus Beweise für seine Theorie von der »Gestaltlosigkeit«

des Menschen, der sich vorgegebenen Formen anpasst. An ein kurzfristiges Zwischenspiel des NS-Systems glaubte er nicht, der Nationalsozialismus entsprach mit seinem Totalitarismus der Signatur der Epoche.

Die Werte, denen er sich verpflichtet fühlte, wähnte Musil am Ende angekommen. Er hielt trotzdem an seinem Verständnis vom Geist als einem über der Politik stehenden Prinzip fest.[11] »Freiheit der Presse, der Äußerung überhaupt, Gewissensfreiheit, persönlicher Würde – Geistesfreiheit – usw., alle die liberalen Grundrechte sind jetzt beseitigt, ohne daß es auch nur einen einzigen zum äußersten empörte, ja im ganzen, ohne daß es die Leute überhaupt stark berührt. Man nimmt es wie ein grobes Wetter hin. Der Durchschnitts-Einzelne fühlt sich noch nicht getroffen. Man könnte darüber aufs tiefste enttäuscht sein, aber richtiger ist der Schluß, daß alle die hier abgeschafften Dinge die Menschen nicht mehr viel angingen. Und so war es auch. Hat der Mensch zb. von seiner Gewissensfreiheit Gebrauch gemacht? Er hatte keine Gelegenheit dazu! Er beschäftigte sich auch nicht damit, wie es vielleicht der Mensch im Biedermeier tat. Die Zeitung tat es für ihn, u. alles, was die Zeitung tat, ertrug er mit einem gewissen Unbehagen, obwohl es ihm scheinbar unentbehrlich war. So verstanden ist die Disziplin des Faschio [!] überhaupt eine masseninstinktsichere Schöpfung […].«[12]

Es war Robert Musil klar, dass er nicht in das Anforderungsprofil der von der nationalsozialistischen Politik gewünschten Literatur passte, hatte er doch weder die Absicht, dem Führerprinzip zu huldigen und sich der Blut-und-Boden-Konjunktur hinzugeben, noch die Fähigkeit, den Ersten Weltkrieg und die soldatischen Tugenden zu preisen. Den Antisemitismus konnte er allein schon deshalb nicht gutheißen, weil seine Frau jüdischer Herkunft war. SA-Trupps hatten den Rowohlt Verlag überfallen und ausgewählte Bücher auf die Straße geworfen. Robert Musils Werken, bei Rowohlt erschienen, blieb diese ›Ehre‹, auch die der Bücherverbrennung, erspart, wohl auch deshalb, weil sein Name zu wenig Prominenz besaß. Im Mai 1933 verließ Robert Musil Deutschland. Nach Kuren und Urlauben in der Tschechoslowakei kam er gemeinsam mit seiner Frau im Juli 1933 in Wien an, landete also wieder in der kargen Wiener Existenz von ehemals. Seine Zusage, für Klaus Manns *Sammlung* zu schreiben, sagte er wieder ab, wollte er sich doch Kanäle ins Deutsche Reich offenhalten; immerhin bewarb der Verleger noch immer den *Mann ohne Eigenschaften*.

Die fünf Jahre in Österreich, bis zur Ausreise in die Schweiz im Sommer 1938, waren von einem imposanten »Fleiß eines Bohrwurms«[13] geprägt; die Weiterarbeit am *Mann ohne Eigenschaften* nahm ihn ganz in Besitz, freilich auch die Gesundheitsprobleme und der ihn permanent plagende Kampf ums materielle Überleben. In der Not trat er der Vaterländischen Front bei und richtete an Bundeskanzler Kurt Schuschnigg ein Bittgesuch um eine Pension. Der Hinweis auf seinen Einsatz im Ersten Weltkrieg und seine Tätigkeit im Heeresministerium nutzten allerdings – etwa im Unterschied zum Fall seines Schriftstellerkollegen Franz Karl Ginzkey – nichts, denn das Gutachten des ministeriellen Sachbearbeiters wies einen Schandfleck aus: Musil hatte bei der *Kundgebung des geistigen Wien* 1927 für die Sozialdemokratie unterschrieben.

Gleichwohl gab er sich mit der Situation in Österreich als dem ›kleineren Übel‹ zufrieden, immerhin trachtete hier niemand nach seinem Leben, hier drohte keine Vertreibung. In Vorbereitung eines Vortrages in Basel 1937 behauptete er sogar, dass »das in Österreich gehandhabte politische Regiment [...] sich mit Recht ein tolerantes nennen«[14] dürfe, dem freien Geist sei »wirklich kein Haar gekrümmt worden [...], [allerdings wurde er] aber auch nicht gerade der staatlichen Haarwuchsmittel teilhaftig«.[15] Von seiner einstigen Nähe zur österreichischen Sozialdemokratie hatte er sich längst verabschiedet. Sein ehemaliger Arbeitgeber, Heeresminister Julius Deutsch, der nach den Februarkämpfen 1934 in die Tschechoslowakei geflohen war, war vergessen. Die SDAPÖ hielt Musil in der Umbruchssituation 1933 für lahm und eintönig: »Über alles schal, leere Wiederholung aus Gelegenheit.«[16] Die Ausschaltung der Sozialdemokratie und die Februarkämpfe 1934 wurden von seiner Seite mit keinem Kommentar bedacht, auch nicht im Tagebuch. Zum Parlamentarismus der Weimarer Republik war er bereits vorher auf Distanz gegangen: Dieser hatte sich nach seinem Ermessen mit wechselnden Koalitionen im richtungslosen Durcheinander erschöpft.[17]

Robert Musil blieb im Austrofaschismus ein Fremdkörper. Die Wertschätzung seines Hauptwerkes bei einem kleinen Kreis verhinderte nicht, dass er in Wien isoliert, einsam und in vielerlei Hinsicht ein Außenseiter blieb. Er hielt nicht mit Kritik an der austrofaschistischen »Kulturpolitikskultur«[18] zurück, die von den Schriftsteller:innen ideologische Gefolgschaft erwartete und diese Gefälligkeit mit Staatspreisen honorierte. Seine Vorträge vor großem Publikum, so beim Festvortrag vor dem *Schutzverband deutscher Schriftsteller* in Österreich (*Der Dichter in dieser Zeit*, 1934) und dem *Werkbund* (*Über die Dummheit*, 1937), rückten zur Verteidigung des Individualismus aus. Wenn der Austrofaschismus die Doktrin aufstellte, dass Österreich der zweite, bessere deutsche Staat sei und »jetzt eine Art Arche Noah der deutschen Kultur geworden sein will«[19], dann war Musil der Spielverderber, indem er einigermaßen illusionslos beobachtete, »was da gegeneinanderwogt«[20]. Für die staatlich geförderte ›Blut-und-Boden-Literatur‹, katholisch bis völkisch, kannte er nur Abscheu und Verachtung, weil er jeden ernsthaften Anspruch vermisste und nur Fügsamkeit gegenüber der staatlichen Ideologie walten sah.

Freilich hatte in seinem Denken der Aufstieg des ›Dritten Reiches‹ Vorrang vor der Analyse der österreichischen Malaise. Die fatalen Ereignisse der 1930er-Jahre holten Musil beim Schreiben seines Großprojekts ein. Nach dem Ersten Weltkrieg hatte er die Absicht gehabt, die geistige Vorgeschichte des großen Zivilisationsbruchs darzustellen. Das Mammutprojekt sollte aufzeigen, wie alle widerstrebenden Strömungen und Einflüsse im August 1914 endeten und sich aus der scheinbar ewigen Friedenszeit heraus der Krieg entwickelte. Aber Musil wollte in den 1930er-Jahren das Schlusskapitel nicht und nicht gelingen: Wie sich von der sich so rasch verändernden Gegenwart einen Begriff machen? Er glaubte, dass sich möglicherweise die Geschichte zu wiederholen schien. War 1933 als Reprise von 1914 zu begreifen? Dem ersten Teil des zweiten Bandes waren zahlreiche Anspielungen auf den neuen Massenrausch eingeschrieben. Wie der deprimierenden Einsicht begegnen, dass mit einem Buch gegen Hitler nichts auszurichten war? Angesichts dessen, was da heraufzog, stellte er sich die Frage, ob nicht einzelne Teile (etwa die Porträts der jüdischen Gestalten) überschrieben werden sollten. Wie in seiner Rede beim *Internationalen Schriftstellerkongress* in Paris in nuce angelegt, entwickelte sich bei Musil kontinuierlich der utopische Gedanke einer gegen die Realität opponierenden »induktiven Gesinnung«: trotziger, noch bedingungsloser Individualismus gegen Totalitarismus und Massenmobilisierung. Gegen die negative Teleologie der Gewalt und des Wahnsinns erprobte er in seinem Schreiben den »anderen Zustand«[21].

AP

13. Juli 1935
Aufhebung der Habsburgergesetze

»Eine schwärende Wunde wird geschlossen«[1]

»Sechzehn Jahre sind vergangen, seit die damalige Regierung die Bande kurzerhand zerriß, die unser Land durch mehr als ein halbes Jahrtausend [...] mit dem Wohl und Wehe seiner Herrschaftsdynastie aufs innigste verknüpften. Die alten Feinde Habsburgs waren zur Macht gekommen und brannten darauf, ihr Mütchen an der wehrlos gewordenen Dynastie zu kühlen.«[2] So referierte Eduard Baar-Baarenfels, Landeshauptmann von Niederösterreich, am 10. Juli 1935 die Gesetzesvorlage[3] zur Aufhebung der Landesverweisung des Hauses Habsburg-Lothringen. Die »Ungerechtigkeiten der Anti-Habsburgergesetze« seien »von der vaterländischen Bevölkerung auch immer als solche empfunden worden«. Aber nun habe die Vaterländische Front (VF) »die Wiederherstellung des Rechtes und die Pflege der geschichtlichen Überlieferungen auf ihr Schild erhoben«, der »Revolutionsschutt«[4] werde weggeräumt. Allein eine gänzliche Annullierung[5] sei nicht möglich gewesen, »weil sich daraus Folgerungen ergeben würden, die dem Staatsinteresse zuwiderlaufen«: So blieben die Kunstsammlungen ausdrücklich und »im staatlichen Interesse«[6] von der Rückgabe ausgenommen.

Die beanstandeten Gesetze waren noch von der *Konstituierenden Nationalversammlung* am 3. April[7] – bzw. zur Präzisierung finanztechnischer Sachverhalte am 30. Oktober 1919[8] – beschlossen worden. Begründet wurden sie damit, dass die »keineswegs vorbehaltlos abgegebene Verzichtserklärung« von Kaiser Karl I. vom 11. November 1918 »zu ernsten Bedenken Anlaß« gegeben habe; die Republik sei daran interessiert, »daß sich innerhalb ihrer Grenzen nicht ein Heer politischer Unternehmungen« für die Wiedereinsetzung der Habsburger bilde. Es sei daher »notwendig, alle Mitglieder des Hauses Habsburg-Lothringen zu verweisen«[9]. Gleichzeitig war das hofärarische Vermögen – das bis dahin von den Hofstäben verwaltete

Habsburg'sche Guthaben – verstaatlicht worden.« Auch die Christlichsozialen wagten es im Jahre 1919 nicht, gegen die Beschlagnahme des Habsburgervermögens zu stimmen, denn noch zu stark war in den Volksmassen die Erinnerung an das grauenvolle Elend, das die frühere kaiserliche Familie über alle Völker des Reiches gebracht hatte.«[10] Doch als Staatskanzler Karl Renner dem Parlament im März 1919 das Regelwerk als »Werk der Sühne für einen nach unser aller Empfinden mutwillig im Interesse des Erzhauses vom Zaune gebrochenen Krieg«[11] präsentierte, hatte er damit ebenso die Spuren der sozialdemokratischen Kriegsbegeisterung 1914 verwischt.

Erst die Diktatur ermöglichte die Aufhebung des umstrittenen Gesetzes: Im März 1934 deutete die *Wiener Zeitung* die Aussicht auf eine solche an.[12] Kurz darauf war ein Regierungskomitee für Verhandlungen mit der Familie Habsburg eingerichtet.[13] Inzwischen hieß es auch offiziell, dass es unmöglich sei, »die österreichische Geschichte und den Begriff Habsburg zu trennen«[14]. Ein Credo, das gesetzlich abgesichert wurde, indem man Behauptungen, die sich als »Verspottung oder wegen ihrer Wahrheitswidrigkeit als Schmähung Österreichs darstellen oder eine Verunglimpfung des Andenkens einer verstorbenen Person, die wegen ihrer Verdienste um Österreich berühmt ist«[15], unter Strafe stellte.

Die Zuneigung zwischen ›Ständestaat‹ und Habsburgtreuen war beidseitig: Legitimistische Organisationen waren schon im März 1933 geschlossen der VF beigetreten, war doch deren erklärtes Ziel ein »Ständestaat mit monarchischer Spitze«[16], wobei das wechselseitige »Kokettieren«[17] aber nicht friktionsfrei blieb. Engelbert Dollfuß war der Bewegung reserviert entgegengetreten: Österreich dürfe nicht »in das Schlepptau legitimistischer Einflüsse gelangen«[18]. *Der Österreicher*, das Blatt der Legitimist:innen, beklagte später die »Kühle«[19] der Beziehungen. Erst mit dem überzeugten Monarchisten Kurt Schuschnigg wurde das Verhältnis besser, es folgten geheime Treffen mit Otto Habsburg im Exil.[20] Doch das Juliabkommen 1936, eine »moralische Niederlage der legitimistischen Idee«[21], störte dieses Vertrauensverhältnis und brachte zutage, dass der Legitimismus nur eine von mehreren Karten im innenpolitischen Ränkespiel war. Dasselbe galt für Ernst Karl Winter, seinen »aktiven Legitimismus«[22] und seine »volksmonarchisch[e] Aktion«, alle Kräfte gegen den Nationalsozialismus zu bündeln, sowie seine letztliche Entmachtung im Oktober 1936. Bereits

Der Doppeladler, das alte kaiserliche Hoheitszeichen, an einem Briefkasten in Wien, November 1934
Foto: Bundesarchiv – Bildarchiv

im Juli 1935 war im Ministerrat jedoch klar, dass die Aufhebung der Habsburgergesetze außenpolitisch das Äußerste war und »die Frage der Restauration peinlich genau vom rein rechtlichen Problem der Habsburgergesetze getrennt werden müsse«[23]: Die *Kleine Entente* – Rumänien, Jugoslawien und die Tschechoslowakei – sowie Frankreich fürchteten eine Wiederentstehung des multinationalen Staates, NS-Deutschland wiederum sah seine Expansionsbestrebungen in Richtung Balkan gefährdet. Einzig Ungarn und Italien blieben indifferent. Das Regime benötigte indes das Wohlwollen der legitimistischen Bewegung im Kampf gegen den Nationalsozialismus: Was einerseits stärkte, war andererseits ein »Element außenpolitischer Isolierung«[24].

Otto Bauer bekämpfte aus dem Exil die Habsburg-freundlichen Tendenzen: »Die Klassen, die den Legitimismus stützen«, schrieb er im Brünner *Kampf*, »wollen die Habsburger nicht zu dem Zwecke zurückberufen, um zugunsten der Demokratie abzudanken, sondern zu dem Zwecke, um die klerikofaschistische Diktatur zu befestigen und zu stabilisieren.«[25] Doch er überschätzte die legitimistischen Organisationen: Deren Mitgliederzahl blieb überschaubar. Ein übereifriger Aktivist hatte die Anhängerschaft zwar auf eine Million beziffert,[26] allerdings mit der kruden Zählmethode, die Bevölkerung jener Ortschaften, die Ehrenbürgerschaften an Otto verliehen hatten, schlichtweg zu addieren.

Ab 1937 gewann die Habsburgnostalgie dennoch an Bedeutung.[27] Es zeigte sich, »daß mit der Vernichtung der ehemaligen Donaugroßmacht nicht auch ihre Probleme, ihre Sorgen, ihre Hoffnungen verschwanden, daß vor allem ihre Existenz nicht spurlos wegzufallen vermochte, weil sie auf historischen, auf festen kulturellen und wirtschaftlichen Grundlagen ruhte«[28]. Innerhalb der VF wurde nun »nach dem Muster des volkspolitischen Referates«[29] – der Unterorganisation für die nach dem Juliabkommen halblegalisierten Nationalsozialist:innen – das *Traditionsreferat* gegründet, mit der Aufgabe der Pflege »der ungebrochenen Einheit der durch Jahrhunderte reichenden altösterreichischen Tradition«[30]. Mit dem Bundeskulturrat Hans Karl Zeßner-Spitzenberg stand ein prononcierter Monarchist an dessen Spitze, was allen Beteuerungen widersprach, das Referat sei kein Sammelbecken der Legitimist:innen. Sogar sein Programm betonte explizit die »Pflege der dynastischen Tradition und Einflussnahme auf die Betätigung der legitimistischen Organisationen im Rahmen der Vaterländischen Front«[31]. Weiters sollte der Aufbau eines historischen Forschungszentrums als Gegenpol zu der an der Wiener Universität von Heinrich Srbik gelehrten ›gesamtdeutschen Geschichtsauffassung‹[32] forciert werden. Damit stellte er die offizielle Doktrin des austrofaschistischen Österreichs in Frage, der zweite, bessere deutsche Staat zu sein. Er wagte sich dabei allerdings nicht so weit vor wie der Historiker Konrad Josef Heilig, der bewusst gegen das offizielle Selbstverständnis polemisierte und diesem ein österreich-nationales Bild[33] entgegensetzte.

Doch der Aufbau verzögerte sich, und so kam die »Arbeit des Traditionsreferates in den dreizehn Monaten seines Bestehens auch nicht über die ersten Versuche der Schaffung eines Betätigungsgebietes hinaus«[34]. Vor allem VF-Generalsekretär Guido Zernatto soll den Aufbau behindert haben:[35] Ob aus persönlichen Gründen oder aus Furcht, die einzelnen Referate und Teilorganisationen – wie die VF-*Frauenschaft*, die *Soziale Arbeits-*

gemeinschaft oder das *Volkspolitische Referat* – könnten zu einer Pluralisierung bzw. »Sektionierung«[36] der VF führen, bleibt offen. Entscheidend war wohl der Verlust der Rückendeckung Schuschniggs, der unter außenpolitischem Druck von seiner legitimistischen Linie abrückte.

Das Schicksal des Referats war de facto bereits im Jänner 1937 besiegelt, nachdem der ›Duce‹ auf die deutsche Linie umgeschwenkt war und Reichsaußenminister Konstantin von Neurath anlässlich seines Besuches in Wien Restaurationsversuche zum Casus Belli erklärte.[37] Das Regime lenkte ein: Es sei klar, hielt die *Wiener Zeitung* in einem Leitartikel vor Neuraths Besuch fest, »daß die Befürworter einer monarchischen Restauration sich einem verhängnisvollen Irrtum hingeben würden, wenn sie der Meinung wären, die Monarchie könnte genau dort wieder anknüpfen, wo die Entwicklung infolge des Umsturzes unterbrochen wurde«[38]. Die Veröffentlichung in der amtlichen Tageszeitung hatte »Wirkung in einer bestimmten Richtung auszulösen«[39]. Zeßner-Spitzenberg versuchte dennoch, seinem Referat weiter Leben einzuhauchen, und forderte Schuschnigg auf, »nach Monaten ärgster Zurücksetzung und Verschweigung in der Öffentlichkeit, die diesem Referat gebührende Stellung, Freiheit und Aktivität«[40] zu geben.

Auch der ehemalige Unterrichtsminister Emmerich Czermak stellte ein Erstarken der Bewegung fest: Die Legitimist:innen hielten »Versammlung über Versammlung und kontrollieren bereits die Gesinnung jeder prominenten Persönlichkeit«, notierte er am 22. November 1937 in sein Tagebuch.[41] Die Veranstaltungen[42] des Referats wurden zu einem Ort, an dem eine – nicht nationalsozialistische und nicht explizit linke – Frontstellung gegen die VF artikuliert werden konnte,[43] was zur Frage der Zulässigkeit einer Opposition führte, die hingegen in der offiziösen Sprache bestenfalls »eine ›vaterländische Fronde‹«[44] sein durfte.

Noch kurz vor dem ›Anschluß‹ sprach Zernatto über die Ziele einer »Befriedungspolitik«. Er verband diese aber mit einer Warnung: »Keineswegs darf jemand glauben, daß auf dem Umweg über die Einführung der Monarchie eine Wiederbelebung der alten Parteien oder sonstige Abenteuer zu erreichen wären.«[45] Die Drohung an die Nationalsozialist:innen kam allerdings zu spät: In derselben Ausgabe, in der die *Neue Freie Presse* über die Rede berichtete, meldete sie – wohl absichtlich – direkt darunter die »Verhaftung des Dr. Tavs«, Mitglied des *Volkspolitischen Referats*, in dessen Büro belastende Pläne für einen nationalsozialistischen Umsturz gefunden worden waren.⁴⁶

Am 11. März 1938 veröffentlichten die legitimistischen Organisationen schließlich einen – inkonsequent gegenderten – Aufruf für die für den nächsten Tag anberaumte, später jedoch abgesagte Volksabstimmung: »Legitimisten und Legitimistinnen! Jeder von Euch wird am Sonntag zur Urne gehen und seinen mit ›Ja‹ versehenen Stimmzettel hineinlegen! […] Gott erhalte Österreich!«⁴⁷ Es sollte ihre letzte Stellungnahme sein: Die prominenten Legitimist:innen befanden sich bald danach im ersten Transport nach Dachau. Gerade so, als wäre Anton Kuhs 1933 ausgesprochene Warnung wahr geworden: »Flüchtet nicht in die ›besonnte‹ Vergangenheit, um euch daraus eine schöne Zukunft zu erträumen – denn die Zukunft wird nicht schön sein, sondern steht mit blutroten Zeichen am Horizont.«⁴⁸

BR

3. August 1935

Eröffnung der Großglockner-Hochalpenstraße

Spielwiese für passionierte Automobilisten

»Unser an herrlichen Naturgebilden so reich gesegnetes Österreich hat sich entschlossen, die ganze große Welt, insofern sie reisebeweglich ist, in das Fels- und Gletscherreich seines schönsten und höchsten Berggebietes einzuladen.«[1] Die Großglocknerstraße, schrieb Franz Karl Ginzkey anlässlich der Eröffnung der Nordrampe, trage auf »ihrem blanken Rücken [...], fügsam-klug dem Trotz der Berge angeschmiegt, die großen und kleinen Benzinwanderer vom Tal der Salzach ins Tal der Drau hinüber, verbindet so die Welt des ernsteren Nordens mit jener des helleren Südens und führt bei dieser Gelegenheit ihre staunenden Gäste durch den erhabensten Festsaal, der sich denken läßt. Vater Großglockner, König der Tauern, sitzt mit schneeweißem Bart auf seinem Felsenthron.«[2]

Anlässlich der Eröffnung des ersten Teilstücks der Wiener Höhenstraße bemühte die *Neue Freie Presse* erneut einen Literaten: »Jetzt fängt eine neue Zeit an. Mit dem Tage, an welchem die Hochstraße eröffnet wird, überschreiten wir ihre Schwelle. Die Hochstraße läuft in die Zukunft, die besser sein wird, besser sein muß als die Gegenwart«[3], jubelte Felix Salten. »Eichendorffsche, Grillparzersche Landschaft schmiegt sich zu [...] Füßen. Schuberts Landschaft erblüht rings umher. Man begreift, wie ihre sanfte Schöpferkraft auf einen Beethoven gestaltend zu wirken vermochte.« Wien habe sich nun durch die neue Straße ihren Bergen geöffnet, habe sich aufgemacht und sei in die Berge gestiegen. Im Feuilleton des großbürgerlichen Blattes rückte so die im geschichtsbewussten ›neuen Österreich‹ historische Konnotation von Kahlen- und Leopoldsberg mit dem Entsatz Wiens 1683 – der abendländischen Mission Österreichs – in den Hintergrund, »Wiener Gegenden [wurden] zur österreichischen Landschaft«[4].

Neben dem Ausbau der Fernverkehrsstraßen stand der Neu- oder Ausbau von Bergstraßen im Fokus des Straßenbauprogramms der Zwischenkriegszeit, nicht nur des ›Ständestaates‹, sondern schon der letzten Jahre der Republik. Jedoch erst nach 1933 wurden einige dieser Vorhaben mit historisch-politischen oder patriotischen Inhalten aufgeladen, wie etwa die Straße zur Dollfuß-Kirche auf der Hohen Wand oder die ›Abstimmungsstraße‹ im slowenischsprachigen Südkärnten: »[E]igenartig muten die fremdsprachigen Inschriften in unserer deutschen Alpenheimat an. Aber die Bewohner sind keine schlechten Österreicher; sie sind beste Kärntner«[5], beschrieb ein Beitrag vorurteilsfrei die Gegend. Andere Straßen, die Verbindung durch das Gesäuse, die Plöckel-, Hochtannbergstraße oder die Ende Mai 1936 eröffnete Packstraße zwischen der Steiermark und Kärnten, die im Verkehrssystem eine Rolle spielten, wurden zwar ebenso gefeiert, in propagandistischer Hinsicht blieben sie indes eher farblos.

Die Wiener Höhenstraße und die Großglockner-Hochalpenstraße hatten einige Gemeinsamkeiten. Einerseits waren beide Vorhaben schon vor der Etablierung der Diktatur zumindest am Reißbrett in Angriff genommen worden, andererseits deckten sie als Panoramastraßen nur marginal reale Verkehrsbedürfnisse ab: Die spektakulären Stichstraßen zur Edelweiß- bzw. Franz-Josefs-Höhe hatten keinerlei Stellenwert für den transalpinen Verkehr und auch »die erste wirkliche planmäßig angelegte Autostraße in Wien, die Höhenstraße, [wurde] ausschließlich für den Ausflugsverkehr errichtet«[6]. Sowohl Glockner- als auch Höhenstraße waren eine »Straße, die ihren Nutzen daraus zieht, dass sie eigentlich überflüssig ist«[7]. Weiters verband sie noch, dass ihre Trassierung weniger nach technischen als nach landschaftsästhetischen Gesichtspunkten erfolgt war und ihr Bau trotz *Arbeitsschlacht*[8] keinen realen beschäftigungspolitischen Nutzen zeigte – vor allem im Winter nicht. Und zuallerletzt konnten sie beide die mit beträchtlichem Werbeaufwand geförderte Hoffnung nicht erfüllen, Österreich könne »neue Erde« für das »westländische Reisepublikum«[9] werden, sei doch »der Autotourist […] im allgemeinen ein zahlungskräftiger und, vom wirtschaftlichen Standpunkt des Reiselandes aus gesehen, daher wertvollerer Gast, als der, welcher dem Durchschnitt der Reisenden entspricht«[10]. Der erwartete Boom blieb allerdings aus. Kärnten sprach aufgrund des nunmehr möglichen Durchreiseverkehrs obendrein von einer

Werbeplakat für den *Steyr 100* auf der Großglockner-Hochalpenstraße
Prof. H. C. Berann, Atelier Berann

Verschlechterung seiner Fremdenverkehrsbilanz: Eine Behauptung, die sich allerdings in Ermangelung einer Statistik einreisender Pkw nicht belegen ließ.[11] Auch Wien versuchte durch die Höhenstraße, die Neugestaltung des Restaurants am Kahlenberg[12] oder durch den in mehreren Auflagen produzierten Führer *Nach Wien im Auto*[13] eine zahlungskräftige Klientel in die Bundeshauptstadt zu locken.

Während man mit gezielten Werbemaßnahmen, nicht zuletzt angetrieben vom massiven Einbruch an Nächtigungszahlen im Zuge der Tausend-Mark-Sperre, neue Zielgruppen ins Visier nahm, produzierte die laufende Berichterstattung über Planung, Baufortschritt und Eröffnung der Straßen nach innen einen auf landschaftsästhetischen Motiven basierenden Patriotismus, eine Vaterlandsliebe, um in der gängigen Diktion zu bleiben. Es waren weniger Texte als vielmehr Bilder im engsten Sinn – klassische Gemälde, Fotografien und filmische Darstellungen –, die nun dieses Gefühl evozieren sollten: Hans Frank, Leo Frank, Hermann Kosel und Josef Stoitzner hielten die Höhenstraße in Gemälden fest, Erich Leischner in Architekturzeichnungen, Martin Gerlach in künstlerischen Fotografien. In den Lichtspielhäusern wurde der ›Kulturfilm‹ *Eine Glocknersymphonie* gezeigt, und anlässlich der Wiener Frühlingsmesse 1935 präsentierte die Sonderausstellung *Wirtschaft im Aufbau – Österreich über alles, wenn es nur will* die Alpenstraße in zwei aufwändigen Dioramen der Salzburger Maler Rudolf Dimai und Wilhelm Kaufmann mit Blick auf die Nordrampe bzw. die Pasterze. Die Kultur- und Kunstzeitschriften, Lifestyle-Magazine und Illustrierten *die pause, Profil, Österreichische Kunst, Die Bühne, Der Wiener Tag, Bergland* und *Moderne Welt* publizierten anspruchsvoll gestaltete Reportagen und Bildstrecken, insbesondere fotografische Tricks oder Montagen waren durchaus gang und gäbe.[14]

Teilstücke beider Straßen wurden in zeitlich kurzem Abstand eröffnet: Am 3. August 1935 die Scheitelstrecke der Glocknerstraße – nachdem die Nordrampe bereits am 23. September 1934 dem Verkehr übergeben worden war –, die Höhenstraße am 16. Oktober 1935. Erste Zählungen ergaben an einigen Tagen zwischen Cobenzl und Kahlenberg 14 000 Automobile und 6000 Motorräder; Radfahrer:innen waren jedoch Anlass zur Sorge: »Sowohl bei den Behörden als auch bei den Fachverbänden sind zahlreiche Beschwerden von Herrenfahrern und Chauffeuren eingelangt, in denen erklärt wird, daß die Radfahrer, die ihre Räder bergauf schieben, dadurch einen wesentlichen Teil der Autofahrbahn blockieren, andererseits bei der Talfahrt ein so rasendes Tempo einschlagen, daß die Autofahrer nur mit Mühe Zusammenstöße vermeiden können.«[15] Ähnliches galt für Fußgänger:innen, die – trotz des Verbots – die gehsteiglose Straße benutzten, obwohl ihr entlang Fußwege angelegt worden waren, die, so die Behauptung, »die gleichen Ausblicke bieten wie die Straße«[16].

Der Bau der 47,8 Kilometer langen Glocknerstraße aus dem Salzburger Pinzgau nach Heiligenblut in Kärnten gestaltete sich anspruchsvoller. Die Fahrbahnbreite betrug sechs Meter, in Kehren und Krümmungen sogar bis zu zehn, die durchschnittliche Steigung 10,2 Prozent. An den Stellen, die den schönsten Ausblick boten, waren Parkplätze gebaut worden. »Aber was sind Zahlen, Daten und Werksberichte der Majestät eines Alpenpanoramas gegenüber, das sich hier zum erstenmal von einer ideal angelegten Autostraße her erschließt«[17], fragte der Chefredakteur des *Wiener Tag* und nach 1945 Schriftsteller und Mitarbeiter der Tageszeitung *Neues Österreich*, Rudolf Kalmar. Die Öffentlichkeitsarbeit rund um die Eröffnung zog mit einem zwölfseitigen Werbeprospekt in sechs Sprachen alle Register. »Der Medienmix umfasste Tourismusbroschüren, Reiseführer, Vignetten, Pressetexte, Pressefotos und auch Frühformen von Synergiekooperationen wie etwa mit der Automobilfirma Steyr«[18], die so ihr neuestes Modell *Steyr 100* ins Licht rücken konnte. Lediglich die Festschrift anlässlich der Eröffnung stach mit ihrer traditionalistischen Gestaltung aus diesem modernistischen Designumfeld heraus.

Selten fielen die Wörter »Österreich«, »Österreichertum« oder »österreichisch« so oft wie in den Reden anlässlich der Eröffnung beider Straßen. Und selbst wenn – ausnahmsweise – am Tag der Eröffnung die reichsdeutsche Fahne mit dem (verbotenen) Hakenkreuz gehisst wurde, so sollten die Repräsentationsbauten den festen Entschluss des Regimes unterstreichen, »Österreichs Freiheit und Unabhängigkeit auch in einem unruhigen Europa mit allen Mitteln in Not und Tod zu schützen und zu schirmen«[19].

Die illegale Sozialdemokratie wusste ebenso um die symbolische Bedeutung, reklamierte die mit »großem Tamtam«[20] eröffnete Höhenstraße als eine schon im ›Roten Wien‹ in Planung begriffene Idee für sich. Die Brünner *Arbeiter-Zeitung* kursierte unter den – bei schlechten Arbeitsbedingungen – schuftenden, meist aus den Städten rekrutierten Arbeitslosen[21]: Die Arbeitszeit betrug 48 Wochenstunden, nach einem halben Jahr hatte man Anspruch auf drei Tage Urlaub. »Untergebracht waren die Arbeiter in mit Stockbetten eingerichteten Baracken, deren Standardausstattung mit einem Strohsack, einem Kopfpolster und zwei Decken pro Mann wenig komfortabel war.«[22] Auch *Tauerngold*, der den Bau der Großglocknerstraße heroisierende Roman von Robert Wagner, zeichnete trotz seines propagandistischen Schlusses, der hier in der christlichen Läuterung des Protagonisten besteht, ein durchaus realistisches Bild der Zustände am Bau. Auf der Höhenstraße kam es überdies zu einem Streik, weil man den Arbeitern des Arbeitsdienstes »Quartier anwies, in dem nicht nur die Beheizung fehlte, sondern es auch auf die Betten regnete«[23].

Argumente des Landschafts- oder Umweltschutzes spielten vorerst keine Rolle. Allein in Maria Limmers Roman *Der neue Weg* wurde nebenbei bemerkt, dass der »Autopöbel die Fluren verwüsten, Pflanzen ausrotten«[24] werde. Heimatschützer:innen wetterten gegen »Barbesucher und Bridgespieler«[25]; wohl nicht zu Unrecht, war doch die Straße gebaut für eine »großbürgerlich-aristokratische Nachfrage nach symbolischen Gütern – konkret nach einer technisch-kulturell erschlossenen Natur, nach einer konsumierbaren, genießbaren Landschaft«[26]. Erst Ende 1937 verschärfte sich die bereits 1935 kurz aufflammende Polemik[27] zwischen dem NS-unterwanderten *Alpenverein* und den Befürworter:innen eines Weiterbaus der Straße. Paradoxerweise fiel dabei dem austrofaschistischen Regime die Rolle des Befürworters eines weiteren Ausbaus und der Modernisierung zu, während die NS-Akteur:innen den Part der konservativen Landschaftserhalter:innen einnehmen mussten.

Das internationale Reisepublikum bedurfte jedoch »besonderer Mittel und Sensationen, um im Trubel publizistischer Schallwellen den Weg zur wahren Schönheit und Erhabenheit zu finden«[28]. Während die im Bau befindliche Scheitelstrecke im September 1934 noch werbewirksam mit einem *Steyr 100* »buchstäblich über Stock und Stein«[29] befahren wurde, wurde die Straße bereits einen Tag nach der Eröffnung zu einer nahezu zwanzig Kilometer langen Rennstrecke umfunktioniert.[30] Doch die Bergstraßen stellten auch Durchschnittsfahrer:innen vor Herausforderungen. Sie wurden gewarnt, »sich nicht durch die Schönheit der Landschaft zur

Unaufmerksamkeit verleiten zu lassen«, erhielten Tipps für das »Befahren von Spitzkehren«, zu dem »Schneiden der Kurve« und dem Verhalten bei Überhitzung des Kühlwassers. Zudem schalte man »das Radio, sofern ein solches eingebaut wäre, bei der Bergfahrt aus und unterbinde nicht durch Konversation und Plauderei die Konzentration des Lenkers bei seiner erhöhten Inanspruchnahme«[31]. Zur Sicherheit wurden alle zwei Kilometer Notrufsäulen installiert. Für wahre Passionierte war die Straße selbstredend zu wenig Herausforderung. Das *Hand- und Tourenbuch des Österreichischen Automobilklubs* listete daher auch jene Steilstraßen auf, »die ganz andere Anforderungen stellen«[32].

Für die durchschnittlichen Autofahrer:innen hieß es demgegenüber lediglich: »Der Motor bremst und brummt sich gemütlich in das Tal hinunter. Etwas Achtsamkeit in den Kurven, aber, du lieber Gott, wie leicht sind die gegen die mancher anderer Paßstraßen zu fahren.«[33]

BR

12. September 1935

Premiere von *Endstation*

Die filmische Entproletarisierung eines Wiener Straßenbahners

»Endlich amal kan Johann Strauß und kan Kaiser Franz Joseph, sondern an Menschen unter Menschen mitten im Alltag. Sie glauben net, wie gut das tut«[1], kommentierte Paul Hörbiger den Film *Endstation*, in dem er eine der Hauptrollen übernahm und der soeben in Österreich angelaufen war. Prägnanter als *Der gute Film*, die Fachpostille des von der *Hauptstelle für volkserzieherische Filmarbeit* der Vaterländischen Front gegründeten *Instituts für Filmkultur*, könnte man dessen Handlung kaum beschreiben: »Ein Straßenbahnschaffner verliebt sich in eine Modistin. Seine Eltern wollen ihn mit einer Zuckerbäckerstochter verheiraten. Aber der Sohn setzt seinen Willen durch und schließlich ist ihnen auch die Modistin recht.«[2]

Der Streifen wurde trotz Kinostars wie Hörbiger, Maria Andergast, Hans Moser und Oskar Sima unter der Regie von Emmerich Walter Emo kein Kassenschlager, die Konkurrenz in den Lichtspielhäusern war hart: Kurz zuvor war *Episode* mit Paula Wessely in die Kinos gekommen, und die Kritik hatte sich förmlich in Lobeshymnen auf die Arbeit von Walter Reisch überschlagen: »[E]in Werk, das hinter ›Maskerade‹ nicht zurücksteht und dem hartnäckigsten Feind den Glauben an die künstlerische Sendung des Films vermitteln muß.«[3] Außerdem war da noch der erste »Farbenfilm«[4], *La Cucaracha* von Lloyd Corrigan, dessen Dreifarbensystem von Technicolor unterschiedliche Reaktionen hervorrief: Für die einen ließen die Farben »noch einiges an Natürlichkeit zu wünschen übrig«[5], andere zeigten sich begeistert: »Die Schönheit der Farben ist verblüffend.«[6]

Zur Premiere von *Endstation* im Kärntner-Kino und eineinhalb Stunden später im Großkino Busch im Prater mit rund 2600 Plätzen war

Hörbiger eigens aus Berlin angereist.[7] Neben der Liebesgeschichte stand die Wiener Straßenbahn (oder besser: eine Linie dieser) im Zentrum des Geschehens. Für den passionierten Straßenbahner Karl Vierthaler, verkörpert von Hörbiger, ist die »Dienstvorschrift [...] sein Rückgrat«[8]. Fährt er mit seinem 59er im Film zwischen Neuem Markt und Lainz – wobei der echte 59er 1935 zwischen Opernring und Mauer pendelte[9] –, »so gibt er dem Waggon Seele«[10]. Viel mehr als das Hin und Her um die Straßenbahn und ob am Ende die Konditorstochter oder die Modistin geehelicht wird, gibt die Geschichte auf den ersten Blick nicht her. Trotz – oder vielleicht eben wegen – seiner Belanglosigkeit konnte das in ästhetischen, inhaltlichen und ideologischen Fragen streng urteilende, vaterländische *Filminstitut* das Werk auch wärmstens empfehlen: Es sei ein »echtes Volksstück« mit Humor, Herzenswärme und urwüchsiger Sprache. »Die Handlung selbst ist ganz schlicht aus dem Alltag genommen, spielt im Milieu der kleinen Leute, ist nicht einmal sehr originell, dennoch aber glaubhaft und natürlich durchgeführt.«[11] Auch *Paimann's Filmlisten* bemühten sich in der Vorabkritik, den Streifen für Lichtspieltheater attraktiv zu machen und das etwas flache Geschehen ein wenig aufzupolieren: »Anfangs nur von seinen unschablonenmäßigen, nuancenbedachten Darstellern getragen, erhält das Sujet durch gut beobachtete Details Auftrieb und endet mit einem Knalleffekt. Hat humorvollen, anheimelnd wienerischen Dialog, ist geschmack- und milieusicher [...] inszeniert.«[12]

Das Drehbuch basierte auf dem gleichnamigen Theaterstück des Lustspielautors Béla Szenes, das 1923 im Vígszínház, dem Budapester Lustspieltheater, uraufgeführt worden war. Paul Hörbiger erinnerte sich im genannten Interview, vor zwölf Jahren schon einmal den Straßenbahner gespielt zu haben: auf einer Prager Bühne, wodurch *Die Stunde* das Kurzinterview auch mit »Von Endstation zu Endstation« titeln konnte. Doch weder die im Österreichischen Theatermuseum zu findende Dialogliste noch der Abspann verweisen auf diese Vorlage des 1927 verstorbenen populären Bühnenautors und Vaters der von der Horthy-Polizei ermordeten, antifaschistischen Widerstandskämpferin Hannah Szenes. Als jüdischer Ungar war er in NS-Deutschland, wo der Film produziert wurde, selbst posthum nicht tragbar. Dass er unter Verweis auf seinen gleichnamigen Bühnenerfolg auf dem in Wien affichierten Riesenplakat doch noch Erwähnung fand, dürfte darauf zurückzuführen sein, dass die Aufführungen am Volkstheater ab März 1923[13] vielen Wiener:innen noch erinnerlich waren.

Auch wenn der 2850 Meter lange Streifen in den Tageszeitungen als der »wirkliche Wiener Film«[14] beworben wurde, war er keine österreichische Produktion, sondern von der kurz zuvor von Hörbiger in Berlin gegründeten *Allgemeinen Filmaufnahme- und Vertriebs GmbH*[15] in München hergestellt worden. Ob er tatsächlich »als Fremdenverkehrspropaganda gewertet werden«[16] konnte, wie die *Wiener Zeitung* in ihrer Besprechung jubelte, ist fraglich, denn 1935 war noch die Tausend-Mark-Sperre in Kraft. Immerhin lief der Film aber in der Tschechoslowakei,[17] einem Zielland der österreichischen Fremdenverkehrswerbung. Bei der Aufführung in Deutschland – die Premiere hatte dort am 4. Juni 1935 im Berliner Capitol stattgefunden – hatte sich zudem das Problem ergeben, dass die Außenaufnahmen für die Straßenbahnfahrten zur Unterstreichung des Lokalkolorits im Mai 1935[18] in Wien gedreht worden waren, wo zu diesem Zeitpunkt noch Linksverkehr herrschte. Kurzfristig war die Idee aufgekommen, den Film umzukopieren, um die deutschen Zuschauer:innen nicht zu verwirren.[19]

Endstation zielte jedoch eher auf ein inländisches, ein Wiener Publikum ab. »Ein Wiener Film, endlich einmal für Wien gemacht und nicht bloß fürs Ausland.«[20] Ein Film, der nicht das »weinselige Wien der Heurigen, sondern das des arbeitenden Volkes«[21] abbilde. Für die (aus Österreich stammenden) Hauptdarsteller:innen war das Wienerische kein Problem, die mit deutschen Schauspieler:innen besetzten Nebenrollen mussten sich indes hörbar am Idiom abarbeiten. Wahrhaftig angetan zeigte sich der *Gute Film* von der Echtheit, »mit der das Wiener Volksleben erfaßt ist«, von der »saubere[n] und gesunde[n] Einstellung zum Leben und zum Beruf« und davon, wie ein »strenges Pflichtbewußtsein verteidigt« wird. Der Film sei ein Hohelied vom Standessethos des kleinen Mannes: Auf die Spitze getrieben in der Szene, als Karl seine Uniform selbst bügelt und die Mutter dabei auf gebührender Distanz hält. Allein dieses Bügeln gerät mehr zu einem Streicheln, etwas, das Anna, gespielt von Maria Andergast, im gesamten Film nicht erfährt. Verärgert ist der gutmütige Karl nur, wenn man ihm unterstellt, seine Tramway stehen gelassen zu haben. Anna begeht diesen Lapsus, während sich die Beziehung erst anbahnt, nämlich als sie Karl in einer Lainzer Buschenschank von einem Traum erzählt. In diesem habe

Filmplakat *Endstation* (Regie: Emmerich Walter Emo, 1935)
Papier- und Blechdruckindustrie / ÖNB-Bildarchiv / picturedesk.com

er – um zu ihr zu laufen – ›seine‹ Tramway verlassen. So etwas mache ein Straßenbahner nicht, meint er entrüstet, das sei Chaos, Anarchie: »Aber ich habe es mir doch nicht gewünscht, ich habe es doch nur geträumt«, erwidert Anna. »Das ist dasselbe«, entgegnet der baldige Motorführer ganz im Freud'schen Duktus, freudianisch, »Träume sind Wünsche. Ich die Straßenbahn stehen lassen. Na[,] das ist ja […] das ist ja ein nontrus ultra [sic] ist das.«[22]

Von der Presse »geradezu euphorisch aufgenommen«[23], kam bei den Besprechungen des Films neben »volkstümlich« wohl kein Adjektiv häufiger vor als »kleinbürgerlich«: Hans Moser gestalte eine solche Figur »so fabelhaft«[24], die Handlung führe das Publikum in das »kleinbürgerliche Milieu einer Wiener Familie und zeigt in gut gestellten Bildern das Leben dieser bescheidenen und dennoch glücklichen Menschen«[25]. Herablassender titelte das Blatt des Großbürgertums, die *Neue Freie Presse*. Der Streifen sei eben nur ein »kleinbürgerlicher Milieufilm«: »Hoch klingt das Lied vom braven Straßenbahner, der stolz auf seinen Dienst und seine Uniform ist. Er weiß seine Vorschriften mit dem Zug des Herzens so gut in Übereinstimmung zu bringen, daß er sich als Schaffner durch seine Hilfsbereitschaft eine kleine Modistin gewinnt, um diese dann als Motorführer – er ist inzwischen avanciert – nicht nur auf die vordere Plattform, sondern auch auf die Fahrt durchs Leben bis zur Endstation mitzunehmen. Das alles ist mit gemächlicher Breite, mit viel Lust an Detailmalerei des spießbürgerlichen Milieus und mit deutlicher Rücksicht auf die große Publikumsschicht der kleinen Leute geschrieben, inszeniert und gedreht. Auf Überraschung oder Spannung wird zugunsten eines kernigen Gemütstones verzichtet. Der böse Vorgesetzte geht leer aus, der einfache Mann bleibt Sieger und führt seine Braut geradewegs in die Gartenlaube, in der sie sich sehr heimisch fühlen wird.«[26]

Endstation schaffte es bravourös, jene Berufsgruppe, »die noch wenige Monate zuvor fast bis ins letzte Glied sozialdemokratisch durchorganisiert war und als Speerspitze des Wiener Proletariats, als Stütze des ›Roten Wien‹ galt, in eine Repräsentantin einer biedermeierlichen, ständischen Idylle umzumodeln«[27], als wäre der Streifen eine filmisch-unterhaltsame operettenhafte Umsetzung des austrofaschistischen Credos sowie der päpstlichen Enzyklika *Quadragesimo anno* von der ›Entproletarisierung des Proletariats«. *Endstation* ist die »Affirmation einer reaktionären Idylle, wie sie als Paradigma für die Verfaßtheit des ständestaatlichen und pränationalsozialistischen Österreich zwischen 1934 und 1938 gelten kann«[28].

Diese Idylle wird nur selten gestört, etwa wenn Karls Vater, ein pensionierter Oberkontrolleur, dargestellt von Hans Moser, damit konfrontiert wird, dass jemand das Wiener Straßenbahnnetz auf bloß zwanzig Linien reduzieren möchte. Umgehend setzt er dann – fuchtelnd, stotternd, stammelnd, nuschelnd, kopfschüttelnd – an, das 1907 eingeführte Nummerierungssystem der Wiener Straßenbahn ausschweifend, aber letztlich unverständlich zu erklären.[29] Am Ende gelingt es Karl nichtsdestoweniger, Anna zu ehelichen – wenngleich erst nach einem Zwischenspiel im Wiener Nachtlokal *Moulin Rouge*, das Karl, wohl um die Distanz der ständischen Idylle zur verwahrlosten Halbwelt zu unterstreichen, konsequent »Moulin rougé« ausspricht: »Die Art wie hier Nachtlokal und Luxus aus gesundem Volksbewußtsein heraus verurteilt werden«[30] erfreute die betuliche Kritik des *Instituts für Filmkultur* dann auch besonders.

Durch äußere Umstände gezwungen, ist es Karl schließlich möglich, seine Tramway ohne Gewissensbisse kurz zu verlassen und Anna im Modesalon die entscheidende Frage zu stellen: »Haben Sie nicht Lust, mit mir zu fahren, in derselben Richtung, bis zur Endstation?«[31] Was hier verschwiegen wurde: Die Straßenbahnräder standen in der Innenstadt im Film nur deshalb kurz still, weil das vorbeimarschierende Bundesheer es so wollte und nicht der starke Arm der Arbeiter im E-Werk und der Straßenbahner: Unter Umständen handelt es sich hierbei um einen – wenige Monate nach dem Februar 1934 – durchaus beabsichtigten Wink an das Kinopublikum, wahrscheinlich aber wohl eher um eine Überinterpretation des Historikers.

BR

17. Oktober 1935

Baubeginn des neuen RAVAG-Funkhauses

»Der Äther wich der Landluft«[1]

Anfang der 1930er-Jahre platzten die Studios der 1924 gegründeten RAVAG, der *Radio-Verkehrs AG*, in der Wiener Johannesgasse aus allen Nähten: Ein neues Funkhaus stand auf der Tagesordnung. 1935 wurde schließlich auf Grundlage eines Vorentwurfes ein Wettbewerb für ein solches Gebäude ausgelobt.[2] Zur Teilnahme lud man fünf Ateliers ein: Peter Behrens und Alexander Popp, Max Fellerer und Eugen Wörle, Clemens Holzmeister, Eugen Kastner und Fritz Waage sowie Hermann Tamussino und Emil Busch.[3] Holzmeisters Entwurf erhielt den Zuschlag: »Die heutige Architekturkritik würde das Bauwerk als Monument der frühen Moderne bezeichnen, als wuchtigen Gebäudeblock, der geschickt in das Stadtgewebe eingenäht wurde.«[4] Ein »leichtes, transparentes, vom Internationalen Stil beeinflusstes Projekt, wie jenes von Fellerer/Wörle, [hatte] von vornherein keine Chance«[5], denn das autoritäre Regime hatte gerade an Transparenz kein Interesse und das Medium längst als Propagandainstrument erkannt. Daher sind auch die Eingriffe des Staatsarchitekten am Vorentwurf dort »am stärksten, wo es um den Kontakt zur Öffentlichkeit ging«[6].

Politik war in der RAVAG anfänglich tabu. Man präsentierte Wetterprognosen, Börsenkurse, Sportnachrichten und eine Art Chronik, den *Kriminalrundspruch*. Der Sender konzentrierte sich auf seinen Bildungsauftrag, beaufsichtigt von einem paritätisch besetzten Beirat als Vertretungsorgan der Hörer:innenschaft. Später lockerte sich dieser Neutralismus, der Regierungseinfluss verstärkte sich. Mitte 1925 hatte die RAVAG bereits mehr als 150 000 Hörer:innen,[7] bis Ende 1936 sogar fast 600 000: Das entsprach 8,8 Prozent der österreichischen Bevölkerung bzw. einem Drittel der Haushalte, wobei Wien mit fast der Hälfte die größte Zuhörer:innenschaft aufwies.[8]

Mit Baubeginn der neuen Zentrale in der Argentinierstraße am 17. Oktober 1935[9] hatte *Radio Wien* turbulente Zeiten hinter sich gebracht. Den Aufstand des *Republikanischen Schutzbundes* im Februar 1934 hatte der Sender unbeschadet überstanden, zu keiner Zeit konnte dieser den Betrieb gefährden: Ernst Fischer, aufseiten der Aufständischen, erinnerte sich später, dass die RAVAG, während sie »den Radetzkymarsch ausspie und Kleiner Gigolo, armer Gigolo, denk doch manchmal an die Zeiten«[10] spielte, auf diese Weise laufend verkünden konnte, die Regierung sei Herrin der Lage, womit für Verwirrung gesorgt war. Fünf Monate später, am 25. Juli 1934,[11] gelang es zwar den NS-Putschisten, in die Studios vorzudringen, doch auch hier kehrte der Sendedienst rasch »in seine gewohnten Bahnen zurück«[12].

Rückkehr in die »gewohnten Bahnen« bedeutete in diesem Fall die Wiederaufnahme der seit März 1933 schrittweise dem autoritären Regime unterstellten Programmgestaltung: Der Rundfunkbeirat wurde nicht nachbesetzt, nach dem Februar 1934 wurden die Vertreter der Sozialdemokratie ausgeschlossen, der Beirat 1935 schließlich aufgelöst.[13] Die RAVAG hatte nun einen »vaterländischen Auftrag«[14], Begriffe wie »Heimat«, »Brauchtum« und »Vaterlandsliebe« rückten in den Fokus.[15] »Die Gestaltung des Gesamtprogramms im christlichen und österreichischen Gedanken ist [...] eine Selbstverständlichkeit«[16], hatte RAVAG-Direktor Oskar Czeija noch Monate vor dem Februar 1934 erklärt. Ab Juli 1933 wurde – »langgehegter Wunsch der christlichen Bevölkerung«[17] – sonntäglich eine *Geistliche Stunde* ausgestrahlt, ein halbes Jahr später folgte die regelmäßige Übertragung der Sonntagsmesse.[18] Ebenfalls ab Mitte 1933 gab es als »äußere[s] Zeichen einer inneren Umgestaltung«[19] vierzehntägig mittwochs abwechselnd mit der *Vaterländischen Gedenkstunde* eine *Stunde der Heimat*.[20] Siegmund Guggenberger, Referent der Wissenschaftsabteilung, fasste die Zielsetzungen der *Stunde der Frau* zusammen: »Einen großen Teil nehmen jene Vorträge ein, die sich mit der Hausarbeit selbst, mit der Küche, mit Haushaltsverbesserungen, mit den Marktfragen, mit praktischen Ratschlägen für alle Kleinigkeiten der Hauswirtschaft beschäftigen« – zur »Abwechslung« werde »auch über Frauenbewegung und Frauenleben in anderen Ländern«[21] berichtet. Literarische Programme setzten auf Heimatdichtung, »[n]aturwissenschaftliche Sendungen wurden gegenüber sozial- und geisteswissenschaftlichen Beiträgen, die politisches Konfliktpotenzial in sich trugen, tendenziell bevorzugt«[22]. Neuigkeiten kamen ausschließlich von der *Amtlichen Nachrichtenstelle*, dem »Verlautbarungsorgan der autoritären Regierung«[23].

Diese Entwicklungen waren aber von Teilen des Publikums nicht widerspruchslos hingenommen worden: Bis Ende 1933 hatten mehr als 66 000 Personen ihr Gerät aus Protest abgemeldet. Ein »Ausdruck des Unwillens darüber, daß die Ravag zu einem Mittel einer einseitigen, ausschließlich den Regierungsparteien dienenden Propaganda geworden ist«[24]. Erst später stieg die Zahl langsam wieder an, auch dank einer Kampagne gegen diejenigen, die Rundfunk hörten, ohne die fälligen Gebühren zu zahlen.[25] Gesendet wurde im Durchschnitt etwas mehr als 14 Stunden täglich; fast zwei Drittel des Programms bestanden aus Musik, 13 Prozent kamen den Nachrichten zu, der Rest bestand aus Vorträgen oder anderen Sprechprogrammen.[26] Nach der Inbetriebnahme des Großsenders Bisamberg im Mai 1933 wurde das Sendernetz mit Anlagen in Graz, Innsbruck, Klagenfurt, Linz, Salzburg und Vorarlberg weiter ausgebaut[27]: Die Propaganda sollte alle erreichen.

Die neuen Leitlinien galt es jedoch einzuüben: »Barock und Gegenreformation, von Staat und Kirche gesteuert, waren ein großangelegtes Programm zur Disziplinierung der Menschen. Die Volksfrömmigkeit wurde normiert, neu-alte Traditionen, wie Wallfahrten, Prozessionen und Predigten, in theatralischer Manier eingeführt.«[28] Die Programmzeitschrift *Radio Wien* erläuterte die Liturgie der jeweiligen Sonntagsmesse, lehrte Volkslieder[29] und -tänze[30]. Träger dieser »Volkskultur aus zweiter Hand«[31] war die städtische Mittelschicht, die so bestimmte, wie sich die Masse »kulturell zu verhalten habe, um der staatlichen Regie zu gefallen«[32].

Publizistisch begleitet wurde das Publikum von *Radio Wien*, der Illustrierten der RAVAG. Die Beiträge suggerierten Teilhabe und Mitbestimmungsmöglichkeit: Laufend wurde über Änderungen in der Programmstruktur informiert, vertiefende Berichte zu Programmen und Reportagen aus exotischen Ländern wurden geboten oder Kunstschaffende vorgestellt. Mit der Präsentation der Arbeiten von Erika Mitterer[33], Hertha Pauli[34], Ernst Plischke[35] oder Erich Zeisel[36] zeigte man gar Offenheit gegenüber modernistischen Strömungen. Durch Anleitungen zur *Bastelstunde*, eine grafische Umsetzung der täglichen Turnübungen, Sprachkurse und die Rubrik *Aus der Rundfunktechnik* war es außerdem ein Blatt für alle Interessen, ein

»treuer, unentbehrlicher Begleiter des Radioprogramms«[37]. Knifflige Preisausschreiben, wie *Im Auto durch Österreich, Österreichs Volk und Land im Lichtbild* oder *Österreich von oben*, sollten die Landeskenntnisse vertiefen, es handelte sich gewissermaßen um eine beginnende, von oben initiierte Nationsbildung. Erst nach 15 Seiten folgte das Wochenprogramm von *Radio Wien*, der »Zwischensender« in den Bundesländern sowie ausländischer Stationen.[38] Kurzfristig gab die RAVAG ein weiteres Magazin, die Monatsschrift *Mikrophon*, heraus: Ähnlich gestaltet und inhaltlich *Radio Wien* verwandt, wurde es im Dezember 1935 eingestellt. *Radiowelt* und *Radio-Woche* waren weitere Programmmagazine. Ersteres war keiner Ideologie verschrieben, letzteres mit seinen Empfehlungen für die *Wiener Neuesten Nachrichten*, mit Annoncen für »bodenständige Firmen«[39] oder mit antisemitischen Leserbriefen[40] dem nationalsozialistischen Lager zuzurechnen.

Ab 1936/37 häuften sich die Beschwerden über den Sender: »[V]ielleicht tun manche der vielen Klagen und Anklagen, die in unermesslicher Flut täglich über die ›Ravag‹ um ihrer Programmgestaltung willen hinweggehen, unserem Rundfunkunternehmen unrecht«, aber die Vorhaltung, »daß das wesentliche Österreich«[41] (womit wohl die Staatsideologie gemeint war) vernachlässigt werde, erschien auch Regimetreuen gerechtfertigt. *Die pause* sprach vom »Rundfunk an einer Wende«[42], die *Monatsschrift für Kultur und Politik* sogar von einer »Radiokrise«: Es gebe keine Einheit des Programms, zu viel Unterhaltung, Potpourris, »unanständige« Schlagertexte, ein »gewaltiges kulturelles Kapital«[43] werde verspielt. *Radiowelt* sprach in einem Dreiteiler Anfang 1937 von einem »Geraune, daß es sich mit dem Ravagprogramm nicht so richtig verhält, wie es die Hörer gerne möchten«[44]. Jedoch ist die Wahrnehmung des Publikums nicht rekonstruierbar, die 1932 von Paul Lazarsfeld durchgeführte Studie wurde nicht wiederholt.[45]

Zuletzt tauchte – rund um die Debatte einer Gebührenerhöhung – die Frage der Wiederaufstellung des Radiobeirats auf, der diesmal aber nach »ausschließlich kulturellen Erwägungen zusammengesetzt«[46] sein sollte. Viktor Matejka, Bildungsreferent der *Arbeiterkammer*, verlieh – nach einem Beitrag im *Gewerkschafter*[47] – der Forderung nach »Mitbestimmung« auch in der Tagespresse Nachdruck, forderte mehr »Volkstümlichkeit« und eine »Verlebendigung des Programms durch ständige Erprobung neuer Methoden«[48]. Nach der offiziellen Ankündigung, einen Beirat im Rahmen des VF-Werkes *Neues Leben* zu installieren,[49] konnten diese Bedenken wiederholt werden, was wohl als Zeichen eines zunehmenden Machtvakuums, einer »Defaschisierung«[50] des Regimes und seiner zunehmenden Schwäche zu werten ist: Es sei nicht einzusehen, »warum der Radiobeirat bloß im Rahmen des VF-Werkes ›Neues Leben‹ konstituiert werden soll. Das ›Neue Leben‹ ist weder eine Organisation der Rundfunkhörerschaft noch hat es eine Monopolstellung für die Behandlung von Rundfunkfragen von seiten der Hörerschaft aus.«[51]

Das Juliabkommen 1936 hatte *Radio Wien* überdies euphorisch begrüßt: »In diesem Augenblick gab es wohl keinen Menschen in Österreich und dem stammesverwandten Deutschen Reich, der nicht mit vollem Herzen diesen Worten lauschte und unserem Bundeskanzler dankte.«[52] Doch bereits in den folgenden Monaten setzten eine schleichende Aushöhlung des Programms sowie eine Kapitulation vor dem Druck aus NS-Deutschland ein, ganze Abteilungen waren längst unterwandert. Am 30. Jänner 1937 wurden Auszüge aus einer Rede Adolf Hitlers übertragen,[53] in den letzten Tagen des Regimes am 20. Februar 1938 bereits eine ganze Reichstagsrede.[54] Zur als Replik inszenierten Rede Schuschniggs vor dem Bundestag am 24. Februar über den »Sinn des deutschen unabhängigen Österreich«[55] hieß es, der Radiohandel habe sich »in den Dienst des Vaterlandes« gestellt: »[V]on den großen Lautsprecheranlagen in der Bundeshauptstadt, in den Hauptstädten der Bundesländer und größerer Orte, bis zum Apparat, den im fernsten Alpendorf der Radiohändler dem Bauernwirt zur Verfügung stellte oder den er in seinem Geschäfte so laut einschaltete, daß er für die Lauschenden auf dem Kirchenplatz hörbar wurde, war alles ein Bekenntnis, ein Bekenntnis, das um so schwerer wiegt, da es freiwillig und spontan abgelegt wurde.«[56]

Anschließend ging es dennoch Schlag auf Schlag: Am frühen Abend des 11. März 1938 gab Kurt Schuschnigg im Radio seinen Rücktritt bekannt. »Als der Bruder des Kanzlers Artur Schuschnigg, den letzten Satz hörte, legte er die Platte mit den Haydn-Variationen auf.«[57] Welchen Text man dazu dachte oder sang – das *Gott erhalte*, jenen Kernstocks oder das *Deutschlandlied* –, blieb jedem bzw. jeder selbst überlassen.

BR

6. März 1936

Präsentation des *Steyr-Babys*

Zögerliche Motorisierung

»Der Traum Tausender ist Wirklichkeit geworden. Ein heimischer Kraftwagen ist hier, dessen Beschaffenheit alle Wünsche erfüllt. Kein Kleinwagen im üblichen Sinn, sondern ein Vollautomobil, geräumig und bequem, schnell, sicher, bergfreudig, verläßlich und billig im Betrieb«[1], pries die *Steyr-Daimler-Puch AG* ihr jüngstes Produkt, den *Steyr 50*, anlässlich dessen Präsentation in ihrer Ausstellungshalle am Wiener Schwarzenbergplatz im März 1936 an. Eine »technische Tat, die man noch vor einigen Jahren in Österreich nicht erwarten hätte können«[2]. War bis jetzt das Auto dem ›Herrenfahrer‹ vorbehalten, zeichnete sich mit dem *Steyr-Baby* »eine gewisse Demokratisierung des privaten Automobils«[3] ab. Zwar hatte die oberösterreichische ehemalige Waffenfabrik mit anderen »singenden Steyr-Wägen«[4] prestigeträchtigere Modelle im Angebot, dennoch geriet der Pkw mit seinem 25 PS starken Vierzylinder-Boxermotor zum Zugpferd der kurz zuvor noch maroden Firma. Dabei bestach er weniger durch Fahrleistung als durch ein Innenraumkonzept, das vier Fahrgästen Platz bot, sowie Preis und Aerodynamik. Stromlinie war hier das Zauberwort: »Keine Mode, sondern Zweck«[5], sie »erhöht Geschwindigkeit und Reisedurchschnitt, vermindert die Betriebskosten, verbürgt gute Ventilation«[6].

Eine professionelle Werbekampagne,[7] gezielte Geheimniskrämerei[8] um technische Parameter, Design und Preis hatten bereits lange vor Verkaufsbeginn Interesse geweckt.[9] Darüber hinaus hatte die Politik interveniert: Der Wagen wurde zu einem patriotischen Projekt hochstilisiert, dem in Serie hergestellten Pkw die »Rolle zugeschrieben, zum automotiven Sinnbild eines kleinen, geschundenen Landes zu werden, das sich in den schwierigen Zeitläufen durch Know-how und Raffinesse zu behaupten versuchte«[10]. Bis Dezember 1937 hatte man 5000 Stück verkauft.

Jedoch war die Demokratisierung tatsächlich nur eine »gewisse«, wenn man bedenkt, dass der Kaufpreis mit 4500 Schilling laut Haushaltsstatistik der *Wiener Arbeiterkammer* zweieinhalb Jahresverdienste eines Facharbeiters betrug[11]: Das *Steyr-Baby* konnte auf diese Weise kein echter Volkswagen werden. Das Auto war aber nun nicht mehr ausschließlich Symbol von Luxus und Reichtum, geschweige denn ein Vehikel der Aristokratie.[12] Illustriert wurde dieser Umstand in einem vom legitimistischen *Reichsbund der Österreicher* veröffentlichten Katalog[13], worin nicht mehr nur der Hochadel, sondern auch die mondäne, bürgerliche Gesellschaft, Vertreter:innen von Wirtschaft, Kunst, Bühne und Film vor, mit oder in ihren Autos posierten. Weiters zeigte ein 1937 von der Wiener Polizei herausgegebenes Verzeichnis der Autonummern samt den hinter diesen stehenden Betreiber:innen, säuberlich von A 36 bis A 30 999 aufsteigend geordnet, gleichmacherische Tendenzen.

Für die meisten blieb der *Steyr 50* jedoch unerschwinglich: Laut einer firmeninternen Kalkulation kamen lediglich 32 938 Personen – ein halbes Prozent der Österreicher:innen – als potenzielle Käufer:innen des Wagens in Betracht.[14] Ein Auto war für das Gros der Bevölkerung außer Reichweite, und so blieb für die Mehrheit das Motorrad, der »Rolls-Royce des kleinen Mannes«[15], das »Sehnsuchtsziel« schlechthin.[16] Auch wenn dank des Automobils Stadt »an Land und Land an Stadt so unmittelbar angeknüpft [waren] wie nie zuvor«, so war dieses noch immer den Wohlhabenden vorbehalten, während dem »Bauernbursch[en], früher ein Gefangener im Bannkreis seines Dorfes« zur Erkundung nur der »Sattel seines alten Motorrades«[17] blieb.

Nichtsdestoweniger hatten die Streichung der Kraftfahrerabgabe und eine Reduktion der Haftpflichtversicherungsprämie Mitte 1935[18] zu einem Autoboom beigetragen, zur großen »Wende im österreichischen Kraftfahrwesen«[19]: Ende 1937 waren 28 081 Automobile in Österreich registriert; 1933 waren es nicht mehr als 18 141 gewesen. Der Straßenbau konnte mit diesem Wachstum nicht mithalten. Schleppend begann das ambitionierte Straßenbauprogramm 1933/34 zu greifen,[20] nicht nur was spektakuläre, verkehrstechnisch oft wenig sinnvolle Projekte, sondern auch was Ausbau und Modernisierung des Bundesstraßennetzes betraf. Ein beeindruckender Propagandaapparat begleitete das – unter anderem mit dem Ziel der Senkung der Arbeitslosigkeit initiierte – Vorhaben. Die Presse berichtete

Die Schauspielerin Hilde Schneider mit ihrem *Steyr-Baby* auf der Wiener Höhenstraße
Foto: brandstaetter images

ausführlich über Eröffnungen von neuen Straßen. Zur Veranschaulichung der Erfolge setzte eine Schriftenreihe des *Österreichischen Heimatdienstes* »einprägsame Bilder«[21], ganze Fotostrecken ein, ergänzt durch vom Österreichischen Institut für Bildstatistik, dem ehemaligen Gesellschafts- und Wirtschaftsmuseum des ›Roten Wien‹, entworfene Bildgrafiken[22]: Anfangs veröffentlichte man unter dem Titel *Arbeitsschlacht*, als jedoch Kritik bezüglich des martialischen Titels, am »Kriegsgetöse«[23] aufkam, wurde die Zeitschrift in *Wir bauen auf* umbenannt.

Trotz der anspringenden Motorisierung beherrschten nach wie vor Fahrräder und Fuhrwerke das Straßenbild: Wien war eine »Stadt der Radfahrer«[24], die Zahl der Fahrräder wurde auf 200 000 geschätzt.[25] Die Errichtung von Fahrradwegen war nötiger als die neue Wientalstraße: »Wo die Anlage eigener Radfahrwege nicht möglich ist, wird ein weißer Strich einen Teil der Straßenfläche den Radfahrern reservieren.«[26] Eine neue Kraftfahrverordnung und Straßenpolizeigesetze wurden erlassen bzw. novelliert, und auch für Fahrräder kam es zu neuen Bestimmungen: Jugendliche unter 14 Jahren mussten eine Bewilligung zum Fahren eines Rades einholen,[27] mit Mai 1936 bereitete man eigene Nummerntafeln vor und hob darüber hinaus eine Steuer ein.[28] Für Fuhrwerke gab es nun ebenfalls klarere Vorgaben, erhöhte Kontrollen und Disziplinierung. Sie wurden in Breite, Höhe und Gesamtgewicht beschränkt, mussten mit Bremsen, Beleuchtung und Kennzeichnung ausgestattet sein.

Parallel zum wachsenden Verkehrsaufkommen stieg die Zahl der Unfälle, worüber laufend berichtet wurde: teils, wohl zur Abschreckung, mit drastischen Beschreibungen der Verletzungen, die aber mitunter als Kollateralschäden der Motorisierung abgetan wurden: »Man hat sich daran gewöhnt, die immer wiederkehrenden Meldungen über Autounfälle, über Zusammenstöße kleineren oder größeren Ausmaßes als eine traurige Selbstverständlichkeit in Kauf zu nehmen, gewissermaßen als den unvermeidlichen Tribut, der dem Großstadtverkehr dargebracht werden muß.«[29] Der tödliche Unfall von Herma Schuschnigg am 13. Juli 1935 sowie das Autobusunglück bei einem Bahnübergang in Piesting am 25. August 1935 wühlten dennoch die Gemüter auf. Verkehrsunfälle wurden nun, gemeinsam mit Verursacher:innen und Folgen, statistisch erfasst,[30] Maßnahmen zur Erhöhung der Verkehrsdisziplin und -sicherheit lanciert. »Verkehrserziehung« wurde zum geflügelten Wort, die beiden Autoklubs gründeten ein *Kuratorium für Verkehrssicherheit*, das im Juni 1937 eine großangelegte Verkehrserziehungswoche veranstaltete.[31] Verkehrsteilnehmer:innen nahmen sich vermehrt als opponierend wahr: Ironisch versuchten zwei Essays in der *Neuen Freien Presse*, in Form fiktiver Filmdrehbücher die unterschiedlichen Perspektiven von Autofahrer:innen[32] und Passant:innen[33] zu beschreiben – nicht nur aus verkehrstechnischer Sicht, sondern durchaus auch mit sozialen Implikationen, das heißt Verweisen auf die sozialen Hierarchien innerhalb der Verkehrsteilnehmer:innen. Die Erhöhung der Verkehrsdisziplin ging ferner mit der Einübung neuer Techniken und Praxen einher – von der verpflichtenden Benutzung der Schutzstreifen und Restriktionen beim Parken über die vorbehaltliche Nutzung von Fahrbahnen durch Motorfahrzeuge, »was von den anderen Verkehrsteilnehmern respektiert werden muß«[34], bis hin zum ungewohnten Abblenden im Nachtverkehr: »Hinter dem Kamm eines Hügels steigt eine Feuersbrunst herauf: ein Auto, das dir entgegenkommt: plötzlich starrten dich seine Scheinwerfer glühend an, dann blendet ihr beide ab und gleitet sausend aneinander vorbei.«[35]

Der *Österreichische Automobil-Club* stellte auf eigene Kosten von lokalen Firmen gesponserte Orientierungs- und Ortstafeln auf, da der Bund dafür keine budgetären Mittel bereitstellen konnte.[36] Die Bundesstraßen sollten ab Juli 1938 mit dem Ziel der Übersichtlichkeit von 1 bis 79 nummeriert werden.[37] Erste – händisch gesteuerte – Verkehrsampeln kamen auf: »Auf der Insel steht ein Herr Inspektor wie ein König und fühlt sich auch so. Von einer kleinen Insel aus setzt er die bunten Lichter in Bewegung.«[38] Um die Wachebeamten vor den »Unbilden der Witterung«[39] zu schützen, wurden zunächst Wetterdächer errichtet und anschließend bereits die ersten Verkehrsampeln – an der Ecke Rotenturmstraße / Lugeck – automatisiert.[40]

Die allgemeine Erhöhung des Lärmpegels führte zu scharfen Auseinandersetzungen über deren Ursachen. Die Einführung des nächtlichen Hupverbots war – nach langer Diskussion – noch konsensuell: »Die Premiere ging – dem Hupverbot entsprechend – recht still vor sich«[41], jedoch mit der Konsequenz, dass nun bei Gefahr nicht mehr gehupt, sondern geblinkt wurde: Autofahrer:innen »spielen mit ihrer Blinkvorrichtung, als ob sie im Theater Gewitterblitze zu erzeugen hätten«[42]. Über die Quellen weiterer Stadtlärms herrschte aber Uneinigkeit, die am häufigsten beanstandeten waren »Lautsprecher« und »Fuhrwerke, die zur Nachtzeit Gemüse- und Obstkisten oder Milchkannen befördern, beziehungsweise auf- und abladen«[43], hielt ein Sprecher der Bundespolizeidirektion Wien in der *Polizeilichen Funkstunde* der RAVAG fest. Plakate in der Wiener Straßenbahn des *Wiener Lärmschutzverbandes*[44] riefen 1937 die Autolobby auf den Plan: Solange »es in den Straßen einer Stadt Fuhrwerke mit Eisenbereifung und Straßenbahnen gibt, an der Peripherie der Städte aber Hühner und Hunde, ist es eine Verdrehung aller Wahrheit, den Signalinstrumenten der Kraftfahrzeuge einen wesentlichen Anteil am allgemeinen Straßenlärm zuzuschreiben.«[45]

Die Polizei schuf Lärmpatrouillen, um »sofort einzuschreiten, wenn es sich herausstellt, daß jemand Radiolautsprecher, ein Grammophon oder ein lautstarkes Instrument während der Nacht spielen läßt«[46]: »Frohe Botschaft für die Stillen im Lande«, schrieb Ludwig Hirschfeld im Feuilleton der *Neuen Freien Presse*, »übermäßiges Hupen, schonungsloses Musizieren, ausschweifende Lautsprecherbetätigung, alle diese akustischen Ruhestörungen werden von nun an bis zu zweihundert Schilling kosten. Im Nichteinbringungsfall bis zu zwei Wochen Arrest«[47] – dies warf wohl die Frage der Verhältnismäßigkeit auf.

Indessen war der Frauenanteil bei den Fahrprüfungen zwar kontinuierlich angestiegen, aber mit zehn Prozent noch immer recht gering.[48] Chauffierende Frauen waren weiterhin eine Ausnahme, die besonderer Beachtung bedurfte.[49] In den Automobilclubs gab es bereits eigene Damensektionen, die Bergefahrten und überdies Rallyes veranstalteten, *Die Bühne* begleitete Hilde Spiel in einer Reportage auf ihrer Fahrt nach Salzburg.[50] Hatten Frauen lange Zeit zur Behübschung von Fahrzeugen, die traditionellen Klischees bedienend – etwa im Dirndlkleid mit Goldhauben, als Schönheitsköniginnen oder schlicht als mondäne Begleiterin des ›Herrenfahrers‹ –, herhalten müssen, so zeigten sie sich nun emanzipierter: Selbstbewusst posierte Anfang 1938 die deutsche Filmschauspielerin Hilde Schneider auf der Wiener Höhenstraße mit einem *Steyr-Baby*, das sie laut Bildunterschrift bei einer Tombola gewonnen hatte,[51] während ihre beiden Begleiter im Hintergrund blieben.

Auch die innovative Serienproduktion des Kleinwagens erweckte Interesse, und so setzte die RAVAG für den Abend des 15. März 1938 einen »Hörbericht aus den Steyr-Werken« mit »Ausschnitten aus der umfangreichen Produktion« aufs Programm[52]: Ob er in den turbulenten Tagen rund um den ›Anschluß‹ zur Ausstrahlung gekommen ist, lässt sich allerdings nicht mehr feststellen.

BR

6. Mai 1936

Uraufführung von Jura Soyfers *Der Weltuntergang*

Kleinbühnen mit beschränkter Freiheit

Der Mensch wird immer lästiger. Die Planeten beauftragen einen Kometen namens Konrad mit der Vernichtung des Menschengeschlechts, und der rast unverzüglich auf die Erde zu. Ein Gelehrter, Professor Guck, erkennt die nahende Gefahr, seine Aufklärungsversuche sind indes vergebens, da niemand an eine Katastrophe glaubt. Den Journalist:innen bietet sie eine willkommene Gelegenheit für reißerische Aufmacher, die Politiker:innen bestreiten jegliche Bedrohung, die Kabarettist:innen machen publikumswirksame Scherze. Während alle so tun, als wäre nichts zu befürchten, kommt Konrad immer näher. Im letzten Moment erkennt er jedoch, dass die Menschen bei all ihren Fehlern noch eine Chance verdient haben, und dreht ab. In seinem abschließenden *Kometen-Song* verkündet er eine unerwartet hoffnungsfrohe Moral:

»Voll Hunger und voll Brot ist diese Erde,
Voll Leben und voll Tod ist diese Erde,
In Armut und in Reichtum grenzenlos.
Gesegnet und verdammt ist diese Erde,
Und ihre Zukunft ist herrlich und groß.«[1]

Das satirische Zeitstück *Der Weltuntergang* wurde am 6. Mai 1936 im Wiener Kabarett ABC im Regenbogen uraufgeführt und dort bis zum 11. Juli desselben Jahres gespielt. Sein Verfasser, Mitglied der illegalen Kommunistischen Partei (KPÖ), musste sich hinter dem Pseudonym Walter West verstecken. Sein wahrer Name: Jura Soyfer. Der Sohn ukrainischer Eltern, 1912 in Charkow (ukrainisch: Charkiw) geboren, gehörte zunächst dem Wiener *Verband sozialistischer Mittelschüler* an, hatte sich aber nach dem Februar 1934 der KPÖ angeschlossen.[2] 1939 starb der Schriftsteller und Journalist sechsundzwanzigjährig als politischer Häftling im Konzentrationslager Buchenwald an einer Typhusinfektion. Nach seinem frühen Tod bewahrten Freund:innen sowohl im Exil als auch in Österreich sein Andenken. In den 1970er-Jahren avancierte Soyfer zu einer Kult- und Identifikationsfigur der österreichischen neuen Linken, manche verglichen ihn sogar mit Georg Büchner: »[...] dieselbe unruhige Sensibilität, dasselbe leidenschaftliche Aufbegehren [...].«[3]

Regisseur dieses Bühnen-Weltuntergangs von 1936 war Rudolf Steinboeck, der neun Jahre später Direktor des Theaters in der Josefstadt werden sollte. Josef Meinrad, der Publikumsliebling der Zweiten Republik, sang in der Rolle eines Straßensängers das zugkräftige Couplet *Gehn ma halt a bisserl unter*. Die Musik, die wesentlich zum Reiz des Stücks beitrug, hatte der ABC-Hauskomponist Jimmy Berg komponiert, der zwei Jahre danach nach New York auswanderte. Im Rückblick erinnerte sich der Emigrant wohlwollend an die Wiener Kabaretts während der Zeit des Austrofaschismus: »Das waren etwa fünf Jahre, wo wir noch Dinge tun konnten, die man in Berlin nicht mehr tun konnte.«[4]

Den Beginn dieser kleinen, aber sichtbaren Gegenkultur, in deren Umfeld man doch einiges »tun konnte«, hielt die *Arbeiter-Zeitung* schon im Februar 1934 fest: »Es gibt in Wien nun bereits mehr als ein halbes Dutzend literarischer Kabaretts; sie schießen aus dem Boden wie die Pilze nach dem Regen. Junge Autoren und junge Schauspieler suchen in diesen, meist als Arbeitsgemeinschaft geführten Kleinkunstbühnen ein Betätigungsfeld, und das Publikum geht in die Kabaretts, weil sie unvergleichlich billiger sind als die Theater und weil sie in ihren Darbietungen den geistigen Zusammenhang mit der Zeit zu finden bemüht sind, den die Theater längst verloren haben.«[5] Ganz im Sinne dieser Darstellung schrieb Soyfer 1937 über die Aktualität seines Vorbilds Johann Nestroy – und damit auch pro domo: »Diese Theaterspielerei geht uns an, von unserem Leben ist sie erfüllt, unsere Probleme stehen zur Diskussion, über unsere Sache wird hier verhandelt!«[6]

Allerdings war das theatralische ›Betätigungsfeld‹ junger, meist beschäftigungsloser Künstler:innen kein unbehelligter Freiraum. Ein Bericht der Bundespolizeidirektion vom 22. September 1935 beweist, dass die kabarettistischen Aktivitäten nicht ohne Misstrauen beobachtet wurden. Dort wird hervorgehoben, dass in den Kleintheatern »fast durchwegs Juden, darunter viele Emigranten aus Deutschland« am Werk seien und ebenso »die Besucher fast ausschließlich Juden« seien. Deshalb versicherte die Behörde: »Die Darbietungen des Cabarets ABC, sowie der übrigen, in letzter Zeit zahlreich neu gegründeten Wiener Kleinkunstbühnen, die als – wenn auch geschickt getarnte – Fortsetzung der seinerzeit berüchtigten ›Politischen Cabarets‹ bezeichnet werden können, werden durch Organe der Bundespolizeidirektion auch weiterhin unter Anlegung eines sehr strengen Maßstabs kontrolliert werden.«[7]

Solch amtlicher Vorsätze ungeachtet, lassen Berichte von Beteiligten darauf schließen, dass es ganz so rigoros nicht zugegangen war. Die Überprüfungen potenziell anstößiger Inhalte wurden von der Polizei auf Bezirksebene durchgeführt. Sie nahm diese Aufgabe offenbar nicht allzu ernst, man konnte sie zuweilen hinters Licht führen oder sich gütlich mit ihr einigen. Man bewegte sich also in einer Grauzone, die gewisse Entfaltungsmöglichkeiten bot. Die Zeitzeugin Hilde Spiel meinte rückblickend: »In den Kellerkabaretts, die jetzt wie Pilze aus dem Boden schossen, riß man vorsichtige Witze über die Politiker, die genug Humor hatten, um die Angriffe nicht zu verbieten.«[8] Und 1938 erzählte ein Roman der emigrierten Schriftstellerin Lili Körber, wie die sozialistische Angestellte Agnes die letzten Wochen vor dem Einmarsch der deutschen Wehrmacht in Wien erlebte. Sie sei als junges Mädchen gern ins Burgtheater gegangen, berichtete sie, habe aber später lohnendere kulturelle Anregungen gefunden: »Wir ziehen die Kleinkunstbühnen den großen vor, da hört man wenigstens Dinge, die einen angehen. Und die Zensur drückt manches Mal ein Auge zu.«[9]

Auch die Uraufführung von Soyfers *Weltuntergang* war in den Rahmen des damals Möglichen eingebettet: Am Beginn und Ende der Show standen kurze Szenen und Couplets, die durch eine amüsante Conférence zusammengehalten wurden. Zwischen diese Minidramen war *Der Weltuntergang* platziert, und zwar als sogenanntes Mittelstück. Diese Wiener Besonderheit wurde 1933 von Rudolf Weys in der Literatur am Naschmarkt eingeführt und bald von anderen Ensembles übernommen: Im Zentrum jeder Aufführung stand ein Kurzdrama von etwa fünfzig Minuten Länge, das literarischen Ansprüchen genügte.[10] Alle Dramen Soyfers waren solche Mittelstücke: Nach dem *Weltuntergang* wurden im ABC-Theater *Vineta* (11. September bis 19. November 1937) und *Broadway-Melodie 1492* (20. November 1937 bis

27. Jänner 1938) aufgeführt. Von dem Ensemble Literatur am Naschmarkt wurden *Der Lechner Edi schaut ins Paradies* (6. Oktober 1936 bis 6. Jänner 1937) und *Astoria* (27. März bis 17. April 1937) gezeigt.[11]

Diese Gliederung des Programms in drei Teile war darüber hinaus von gastronomischer Bedeutung. Da sich die meisten Kleintheater in Keller- oder Nebenräumen von Kaffeehäusern befanden, bestand die Notwendigkeit einer Bestell- und einer Bezahlpause. Dazwischen fand das Mittelstück statt. Diese Allianz von Gastronomie und Kunst war für beide Seiten gewinnbringend. Die Ensembles konnten einen eigenen Theaterraum bespielen und das Kaffeehaus erhöhte seinen Umsatz, denn es bestand Konsumationszwang. Stella Kadmons Bühne Der liebe Augustin, die seit 1931 mietfrei den Keller des Café Prückel in der Biberstraße nutzte, musste einen Mindestkonsum von fünfzig Tassen Kaffee pro Vorstellung garantieren.[12] Unter ähnlichen Konditionen nahm 1933 das Ensemble Literatur am Naschmarkt im Café Dobner an der Ecke Wienzeile / Getreidemarkt den Betrieb auf. Und 1934 hatte Gustl Goldmann in der Porzellangasse 1 die Idee, sein Café City mit Kleinkunst zu bereichern. Das junge Ensemble, das dort am 25. März 1934 erstmals auftrat, nannte sich zunächst Brettl am Alsergrund, ersetzte den biederen Namen jedoch bald durch ABC: Alsergrund, Brettl, City. 1935 übernahm der Journalist Hans Margulies die Leitung der Theatergruppe, neue Kräfte machten auf sich aufmerksam, etwa der junge Regisseur Leo Askenazy, der nach dem Zweiten Weltkrieg als Leon Askin in Hollywood Bekanntheit erlangte. Beispielsweise wirkte er unter der Regie seines Wiener Landsmanns Billy Wilder im Berlin-Film *Eins, zwei, drei* mit.

Im Sommer 1935 übersiedelte das ABC vom Alsergrund in das Café Arkaden in der Universitätsstraße. Dort hatte bis dahin das Kabarett Regenbogen gespielt, das aus einer Sommerpause nicht mehr zurückkehrte. Kurzlebigkeit war ein Kennzeichen der Wiener Kleinbühnenkultur, desgleichen Fluktuationen, Abspaltungen, Umbenennungen und Neugründungen: So ging das Ensemble Stachelbeere in der Literatur am Naschmarkt auf, und das ABC-Ensemble spaltete sich. Ein Teil trat weiterhin im Café City auf, die Mehrheit zog die Spielstätte in der Innenstadt vor und nannte sich fortan ABC im Regenbogen.

Die Aufführungen der Gruppe waren offenbar so mitreißend, dass ein Industrieller aus Chicago den Eintrittspreis von 1,90 Schilling um ein Vielfaches erhöhte. Bei jedem seiner Besuche soll er Hans Margulies einige Hundert Schilling in die Hand gedrückt haben.[13] Otto Eisenschiml, so sein Name, war ein gebürtiger Wiener, der schon vor dem Ersten Weltkrieg in die USA ausgewandert und dort erfolgreich in der Erdölindustrie tätig war. Er unterstützte die Mitwirkenden des ABC-Theaters nicht nur mit Geldspenden: Als die Vertreibung der Jüdinnen und Juden aus Wien einsetzte, stellte er vielen das begehrte Affidavit aus, also die unerlässliche Bürgschaftserklärung eines amerikanischen Staatsbürgers. Der Erste, dem er den Weg ins Exil ebnete, war Jimmy Berg, der Pianist und Komponist des ABC-Theaters.[14]

Das ABC gehörte neben dem Lieben Augustin und der Literatur am Naschmarkt zu den bekanntesten Kabarettbühnen Wiens. Zahlreiche Darsteller:innen machten dort ihre ersten Schritte zu bedeutenden Karrieren; neben den Genannten beispielsweise Hilde Krahl, Heidemarie Hatheyer, Gusti Wolf und Fritz Eckhardt. Etwas vereinfacht lässt sich sagen: Das ABC war die politisch wagemutige Bühne, Literatur am Naschmarkt die literarisch anspruchsvolle, Der liebe Augustin die schauspielerisch spontane.

Als Textdichter brillierten die Österreicher Peter Hammerschlag, Hans Weigel und Jura Soyfer, aber auch die deutschen Emigranten Hugo F. Königsgarten und Gerhart Herrmann Mostar. Zuweilen wurde in den Kabarettprogrammen geblödelt: »Mein Vati stinkt, mein' Mutti stinkt / das liegt in der Familie«[15]. Dann wiederum ging es angriffslustig zu, wenn etwa der brave Soldat Schwejk 1934 NS-Deutschland mit einem »Faschingsrummel« verglich, der »Erpressungen als Reichstagswahlen« und »Kriegsreden als Friedensreden« verkleide. In Österreich entlarvte Schwejk ebenfalls eine Maskerade: Das ganze Land sei wie zu einem »Lumpenball« herausgeputzt, meinte er: »[…] a paar Heimwehrleut als Strolche, die haben sich nicht viel zu ändern brauchen; einer hätt kommen sollen als Ständeverfassung; Sie, auf den war ich schon neugierig, wie er ausschaun wird; jeden Moment hat's gheißen, er kommt, immer hat er sich ansagen lassen, aber er is nicht und nicht gekommen […].«[16] Gelegentlich hörte der Spaß jedoch auf. Als 1935 in Deutschland die Namen jüdischer Gefallener aus dem Ersten Weltkrieg von den Kriegerdenkmälern entfernt wurden, sang der Schauspieler Herbert Berghof zu der Melodie von *Ich hatt' einen Kameraden* Mostars Worte:

»Willst mir die Hand nicht reichen? / Ich starb für deinen Staat! / Darfst mir die Hand nicht geben? / Wie trägst du dieses Leben / Mein armer Kamerad?«[17]

Neben den drei namhaften Kabaretts gab es andere Ensembles, die durchaus nicht alle politisch engagiert waren. Da sie auf kommerziellen Erfolg angewiesen waren, versuchten sie zwischen dem Unterhaltungsbedürfnis des Publikums und den eigenen Ansprüchen zu vermitteln. Sie waren zur Kleinheit verdammt, denn für ein Theater mit fünfzig und mehr Sitzplätzen musste in Wien eine kostspielige Konzession beantragt werden, über die nur Der liebe Augustin und Literatur am Naschmarkt verfügten. Alle anderen Ensembles beschränkten sich auf das behördlich Erlaubte. Eine der Bühnen, von Elias Jubal im Keller des Hauses Schottenring 3 eingerichtet, machte aus der Beengung eine Tugend und nannte sich Theater für 49[18]. In diesem beschränkten Rahmen wurde am 5. März 1936 Fritz Hochwälders Drama *Die unziemliche Neugier oder Liebe in Florenz* uraufgeführt. Am 13. November desselben Jahres wurde »vor einem illustren Intellektuellenpublikum« *Glaube, Liebe, Hoffnung*[19] von Ödön von Horváth gespielt, dessen Stücke vor 1933 große Beachtung auf deutschen Bühnen gefunden hatten, nun aber in Deutschland gar nicht mehr, in Österreich kaum noch aufgeführt wurden. Auch das 1936 gegründete Theater Die Insel nutzte zunächst den Raum des Theaters für 49. 1937 wurde dann die ehemalige Sattelkammer im Hoch- und Deutschmeisterpalais (Parkring 8, auch Erzherzog-Wilhelm-Palais genannt) zum Domizil der Bühne. Mit Dramen von Paul Claudel, Ernst Barlach und sogar Aristophanes (in Joseph Gregors Bearbeitung) entzog man sich allen vordergründigen Aktualitätsforderungen. Wie die politischen Kabaretts wurde auch die ästhetische *Insel* 1938 geschlossen. Die SS beschlagnahmte das Haus am Parkring, die Produktionen der *Insel* verfielen dem probaten NS-Verdikt »Kulturbolschewismus«[20]. Die Stimmung während der letzten Aufführung fasste Leon Epps Ehefrau und Mitarbeiterin Elisabeth Epp mit folgenden Worten zusammen: »Draußen spielte sich ein erregtes politisches Theater ab, bei uns saßen still und wie nicht begreifend die Zuschauer.«[21]

HS

6. Mai 1936

Sigmund Freuds 80. Geburtstag

Thomas Mann feiert Sigmund Freud und überlegt, Österreicher zu werden

Am 6. Mai 1936 wurde Sigmund Freud[1] achtzig Jahre alt. In den Zeitungen vieler Länder erschienen Würdigungen, die Londoner *Society of Medicine* ernannte ihn zu ihrem Ehrenmitglied, die Aufnahme in die naturwissenschaftlich ausgerichtete *Royal Society* freute ihn noch mehr. In den Geburtstagselogen wurde auch auf seinen immensen, stetig wachsenden Einfluss in den Humanwissenschaften und in den Künsten hingewiesen. 1936 erschien eine kurze Fortsetzung der *Selbstdarstellung* (1924), in der Freud einen Paradigmenwechsel in seiner Forschung bilanzierte. Er habe zwar nicht aufgehört, analytisch zu arbeiten und psychoanalytische Einzelstudien und Überblicksarbeiten zu publizieren, aber der Schwerpunkt seines Schaffens liege nun auf den großen kulturtheoretischen Themen und den Wechselwirkungen zwischen Menschennatur, Kulturentwicklung und der Präsenz urzeitlicher Erlebnisse in unseren Auffassungen von Religion und Sittlichkeit.[2]

Es entstanden die großen Essays *Zur Zukunft einer Illusion* (1927) und *Das Unbehagen in der Kultur* (1930), die bei den Kirchen nur auf Ablehnung stoßen konnten. 1934 schloss er eine erste Fassung seines *Der Mann Moses, ein historischer Roman* (später *Der Mann Moses und die Entstehung des Monotheismus*) ab, doch hielt ihn das äußere Umfeld von einer Publikation zurück, weil seine Ausführungen so gar nicht in den ›christlichen Ständestaat‹ passten. Denn eine Stoßrichtung aller erwähnten Schriften war gegen die Versprechungen der Religion gerichtet, von der er, »der gottlose Jude«[3], meinte, dass ihre Autorität in der Verstärkung des wissenschaftlichen Geistes in den höheren Gesellschaftsschichten immer mehr angenagt werde. Die Säkularisierung sah er als quälenden, doch unaufhaltsamen Prozess.»Der wissenschaftliche Geist erzeugt eine bestimmte Art, wie man sich zu den Dingen dieser Welt einstellt; vor den Dingen der Religion macht er halt, zaudert, endlich tritt er auch hier über die Schwelle. In diesem Prozeß gibt es keine Aufhaltung, je mehr Menschen die Schätze unseres Wissens zugänglich werden, desto mehr verbreitet sich der Abfall vom religiösen Glauben, zuerst nur von den veralteten, anstößigen Einkleidungen desselben, dann aber auch von seinen fundamentalen Voraussetzungen.«[4] Die von Freud behauptete Unüberbrückbarkeit von Wissenschaft und Religion war nicht neu, jedoch brachten Freuds Schriften die Kluft in eine neue, zeitgemäße, mit den Argumenten der Psychoanalyse angereicherte Form.

Wie sollte das offizielle Österreich mit diesem großen Geburtstag umgehen? Wie Freuds wissenschaftliche Größe feiern, wenn seine Lehre so verquer zu den philosophischen Ansichten und pädagogischen Absichten des ›christlichen Ständestaates‹ stand?[5] Wie umgehen mit der Tatsache, dass Sigmund Freuds Name in der westlichen Welt einen besonderen Klang hatte, dass unzählige Wissenschaftler:innen ihn nicht nur als bekanntesten Österreicher, sondern auch als berühmtesten österreichischen Arzt wahrnahmen, der Patient:innen aus aller Welt anzog und dessen Arbeiten mit dem Werden und Wesen der Psychoanalyse unwiderruflich verknüpft war? Eine der Methoden war, das Jubiläum einfach zu übergehen, zu verschweigen oder abzuwerten. Der regierungsnahen Tageszeitung *Reichspost* war Freuds Geburtstag keine Erwähnung wert. Die RAVAG, die noch anlässlich des 75. Geburtstag einen Vortrag gesendet hatte, blieb diesmal stumm. Etwas komplizierter ging Unterrichtsminister Hans Pernter an die Sache heran: Er gratulierte Freud im Namen der Regierung und bei gleichzeitiger Androhung der Konfiskation wurde den Zeitungen verboten, darüber zu berichten.[6] Diplomatischer verfuhr die Zeitschrift *Berichte zur Kultur und Zeitgeschichte*, die unter dem Titel *Jesuiten, Spießer, Bolschewiken und andere Leute über die Psychoanalyse* einen Digest der unterschiedlichen Beurteilungen bot.[7] Aber die orthodoxe katholische Publizistik, schon immer von Freuds Lehre provoziert und in scharfen Verurteilungen geübt, wollte trotz aller internationalen Preisungen nicht schweigen. Die notorischen Vorwürfe, dass die Psychoanalyse alles auf das Geschlechtsleben zurückführe, dass sie alle Freiheit für den Sexualtrieb fordere und das Sittengesetz zertrümmere, tauchten wieder auf. Hartnäckig wurde ignoriert, dass es Freud stets darum ging, die der Kultur feindlichen Triebkräfte besser zu verstehen, um sie für Arbeit und Kultur nutzbar zu machen.

Zu Freuds 80. Geburtstag erschien in der *Schöneren Zukunft*, dem einflussreichen intellektuellen Flaggschiff des reaktionären Katholizismus, eine Attacke, die auf »Irrtum und Schaden der Psychoanalyse« aufmerksam machen wollte. Joseph Donat, Professor für Theologie an der Universität Innsbruck, der 1932 ein Buch[8] zur Psychoanalyse publiziert hatte, gestand Freud zwar zu, dass er die Betrachtung der psychischen Phänomene zu einer Gesamtbetrachtung des Menschen entwickelt habe, aber die grundsätzliche Schwäche seines Menschenbildes entstehe aus Freuds Materialismus: »Jeder ernstere Mensch errötet über dieses Bild, das ihm diese Lehre grinsend entgegenhält.«[9]

Die Veranstaltungen zum 80. Geburtstag wurden nicht etwa vom glamourösen, regimeaffinen *Kulturbund* organisiert, sondern vom *Akademischen Verein für Medizinische Psychologie*. Beide Male waren die Hauptredner nicht Teil der *Psychoanalytischen Vereinigung*. An einem Abend trug Ludwig Binswanger, ein Schweizer Psychiater, der Psychoanalyse und Existenzphilosophie zu der von ihm begründeten Daseinsanalyse verknüpfte, eine Würdigung Freuds aus anthropologischer Sicht vor.[10] Julius Wagner-Jauregg und Otto Pötzl, zwei Größen der Wiener Medizin, beide in früheren Jahren Weggefährten und Konkurrenten (und in den 1930er-Jahren angetan vom Aufstieg des Nationalsozialismus[11]), würdigten einleitend im Namen der Ärztegesellschaft das Lebenswerk Freuds.[12]

Die große Veranstaltung im mittleren Saal des Wiener Konzerthauses am 8. Mai 1936 bestritt Thomas Mann, der sich im Vortrag *Freud und die Zukunft* der Aufgabe verschrieb, den besonderen Einfluss von Freuds Lehre auf sein Schreiben darzustellen und Freuds Stellung im Kontext mit seinen Vorläufern Arthur Schopenhauer und Friedrich Nietzsche zu verorten. Etwas seltsam mutete an, dass Thomas Mann ausdrücklich auch den Einfluss hervorhob, den C.G. Jung auf sein eigenes Schreiben ausübte. Wusste er nicht um die Differenzen zwischen Freud und Jung? Schon kurz nach seiner Ankunft in Wien hatte der Nobelpreisträger für Literatur in einem Interview mit dem *Neuen Wiener Journal* auf den Gleichklang seines Schreibens mit der Psychoanalyse verwiesen: »Fast bei jedem meiner Bücher erhielt ich zustimmende Erklärungen und Abhandlungen aus dem Kreis der Analytiker, die bei mir Elemente ihrer eigenen Welt wiederfanden.«[13] Freud selbst nahm aufgrund seiner Krankheit an der Veranstaltung nicht teil. Thomas Mann hatte bereits am Vormittag des 8. Mai Freud in seiner Wohnung besucht, ihm aus dem Manuskript des Vortrages vorgelesen. Er übergab Freud die von ihm und Stefan Zweig angeregte *Glückwunschadresse* mit zahlreichen illustren Namen aus Literatur, Kunst und Wissenschaft. »Bewegende Eindrücke«[14], resümierte der Schriftsteller in seinem Tagebuch.

Eine Frage, die Freud in diesen Monaten wiederholt plagte, besonders nach dem Juliabkommen 1936: Emigration ja oder nein? »Österreichs Weg zum Nationalsozialismus scheint unaufhaltbar«[15], schrieb er Mitte 1936 an Arnold Zweig. Im März 1937 hieß es in einem Brief an seinen britischen Kollegen Ernest Jones: »Unsere politische Situation scheint sich immer mehr zu trüben. [...] Das Eindringen der Nazis ist wahrscheinlich nicht aufzuhalten. Die Folgen, auch für die Analyse, sind unheilvoll.«[16] Bei aller Angst und Düsternis waren aber auch andere Kräfte am Werk, die ihn am Weggehen hinderten: das hohe Alter, die Krebskrankheit, die Gebrechlichkeit, die Routine, das materielle Wohlergehen, seine eigene Arbeit und die der Kolleg:innen. Freud wertete diese Argumente einmal als »Rationalisierungen«[17]. Es lebte noch immer die Hoffnung, dass Hitler den Griff nach Österreich nicht wagen würde. Freud setzte nach dem Wegfall Italiens als Schutzmacht auf den *Völkerbund* und die Westmächte, glaubte sich zu Beginn 1938 sogar unter dem Schirm der katholischen Kirche, »denn der neue Feind sei gefährlicher als der alte«[18]. Kurz vor der im letzten Moment wieder abgesagten Volksbefragung fand er sogar Gefallen an der »braven und tapferen Regierung« und am »anständige[n], mutige[n] und charaktervolle[n] Mensch[en] Schuschnigg«[19].

Freud hatte befürchtet, dass die Psychoanalyse im Austrofaschismus vom Bannstrahl des Verbots betroffen sein könnte. Die ständigen Angriffe, die Reaktion der *Reichspost* auf die nationalsozialistischen Bücherverbrennungen oder die Säuberungen in den Arbeiterbüchereien ließen ihn erahnen, was auch in Österreich passieren könnte. In Pater Wilhelm Schmidt, dem Religions-, Sprachwissenschaftler und Ethnologen sowie einflussreichen Repräsentanten des ›politischen Katholizismus‹, witterte Freud »unseren Hauptfeind«[20]. Dieser hatte 1928 in einem Vortrag, später in der *Schöneren Zukunft* publiziert, über die Psychoanalyse Gericht gehalten.[21] Freud ging nach dem Februar 1934 in Deckung und wartete ab. Den Nationalsozialismus vor Augen, war Freud bereit, beim Austrofaschismus nachsichtig zu sein.

Selbst in der privaten Korrespondenz brachte Freud nach den Februarkämpfen kein Quantum Verständnis für die Sache der Sozialdemokratie auf. Die sukzessive Zerstörung der Demokratie, die dem Februar 1934 vorausgegangen war, war nicht auf seinem Wahrnehmungsradar. Den Schutzbündlern zu unterstellen, sie hätten für die Diktatur des Proletariats gekämpft, war seiner Zeitung, der *Neuen Freien Presse*, entnommen und kein Zeichen politischen Scharfsinns: »Natürlich sind jetzt die Sieger die Helden und die Retter der heiligen Ordnung, die anderen die frechen Rebellen. Aber im Falle eines Sieges der anderen wäre es auch nicht schöner geworden und hätte militärische Invasion ins Land gebracht. Man darf die Regierung nicht zu schwer beurteilen, mit der Diktatur des Proletariats, die das Ziel der sogenannten Führer war, ist es doch auch nicht zu leben. […] Die Zukunft ist ungewiß: Entweder ein österreichischer Faschismus oder das Hakenkreuz. Im letzteren Falle müssen wir weg: Vom heimischen Faschismus wollen wir uns allerlei gefallen lassen, da er uns kaum so schlecht behandeln wird wie sein deutscher Vetter. Schön wird er auch nicht sein.«[22]

Thomas Mann reiste nach Wien, um Freud zu ehren, aber auch um zu sondieren, ob er eine österreichische Staatsbürgerschaft bekommen könnte. Das war erstaunlich. Immerhin hatte er noch im Oktober 1932 im Ottakringer Volksheim einen Vortrag gehalten, in dem er für eine Koalition von Bürgertum und Sozialdemokratie plädierte. Nach dem Februar 1934 schickte er Karl Seitz, dem inhaftierten Bürgermeister, einen Brief in die Zelle E 269 des Wiener Landesgerichts mit der Bemerkung, dass »ein abgewandtes Geschehenlassen dessen, was Ihnen jetzt geschieht, recht elend von mir wäre«[23]. Thomas Mann plante, eine Petition gegen die Rache-Justiz des Regimes zu initiieren, unterließ dies jedoch, als ihn der *Kulturbund* und die Wiener Urania für Jänner 1935 zu einem Aufenthalt einluden, bei dem ihn das Publikum umjubelte. Seine neu entfachte Wien-Liebe begann zu wachsen, als er mit der Ausbürgerung aus dem ›Dritten Reich‹ konfrontiert war. Die

Schweizer Behörden hatten lange Wartezeiten als Hürde für den Erwerb der Staatsbürgerschaft eingebaut – Österreich hatte Sonderregeln für Prominente und schien daher eine Option für einen künftigen Wohnsitz zu sein. Das Schuschnigg-Regime zeigte sich angetan von der Idee, einmal mehr mit einem berühmten Repräsentanten den Ruf Österreichs als Zentrum deutscher Kultur zu unterstreichen, allerdings nicht restlos ohne Argwohn, denn das Regime ließ Thomas Mann durch einen Spitzel beobachten.[24]

Richard Coudenhove-Kalergi, der *Paneuropa*-Vorläufer, suchte Thomas Mann in Zürich auf, um Wien als »Hauptstadt eines europäischen Deutschtums« zu preisen. Alma Mahler und Franz Werfel meldeten sich an. Bruno Walter, der langjährige Nachbar und Freund aus Münchener Zeiten, umwarb ihn, nach Wien zu kommen. Thomas Mann nahm mit dem speziellen Dauergast der Mahler-Werfel-Villa, dem Theologieprofessor Johannes Hollnsteiner, Kontakt auf, als dieser in Zürich einen Vortrag hielt.[25] Als Hindernis für die Wien-Pläne stellten sich die Aktivitäten von Tochter Erika heraus, die in das aktuelle Programm ihres Zürcher Kabaretts *Pfeffermühle* eine Szene über die Doppelbödigkeit der Wiener Heurigengemütlichkeit integrierte, was ihr den Protest der österreichischen Vertretung und ein Aufführungsverbot in Österreich einhandelte.[26]

Thomas Mann blieb dennoch weiterhin auf Wien-Kurs, unter anderem weil sein Verleger Gottfried Bermann Fischer den Plan nach Kräften förderte. Allerdings arbeitete Mann auch an einer möglichen Alternative: Prag. Am Vortag der Freud-Feier im Mai 1936 stattete er dem österreichischen Bundeskanzler in Sachen Staatsbürgerschaft einen Besuch ab, bei dem er sondierte, ob und unter welchen Bedingungen er die österreichische Staatsbürgerschaft bekommen könne. Dies alles sei kein Problem, so konnte er hören, lediglich der Hauptwohnsitz müsse in Wien sein. Im Juni darauf war Thomas Mann bereits wieder in Wien, besichtigte Häuser in Grinzing und wurde von Wiens High Society hofiert. Bei der Aufführung von Richard Wagners *Tristan und Isolde* erlebte er, wie nationalsozialistische Trupps mit Stinkbomben die Staatsoper ins Chaos stürzten. Mit größter Mühe brachte Bruno Walter die Aufführung zu Ende. Offensichtlich plagten Thomas Mann nicht zuletzt angesichts der Begegnungen mit Hans Nüchtern oder Guido Zernatto, den Kultur-Paladinen des Regimes, Zweifel, ob seine Pläne mit dem austrofaschistischen Kulturprofil kompatibel waren.

Den Ausschlag dafür, dass er die tschechoslowakische Staatsbürgerschaft annahm, gab wohl das Juliabkommen 1936, in dem er eine »zunehmende Gleichschaltung«[27] erahnte. Seine Einbürgerung würde wohl als »unfreundliche Handlung gegen einen befreundeten und mehr, so seine Einschätzung, befreundeten Staat«[28] gewertet werden.

AP

10. Mai 1936

Muttertag

Keine Kinder für den ›Ständestaat‹

Die gründliche Vorbereitung unter Einbeziehung der gesamten Staatsspitze lief schon seit längerem. Überall in Österreich sollten, angeleitet vom *Mutterschutzwerk*, einer Organisation der Vaterländischen Front (VF), und unterstützt von der Kirche, nach einheitlichen Grundsätzen Muttertagsfeiern, Muttertagsmessen und Muttertagsehrungen stattfinden. Mina Wolfring, die Vorsitzende des *Mutterschutzwerks*, fasste in einer Pressekonferenz das Ziel aller Aktivitäten zusammen: »In der Erkenntnis, daß der Niedergang des Volkes und die Abwertung des Begriffes der Mutterschaft gleichbedeutend ist mit dem Aussterben der österreichischen Bevölkerung, haben sich in diesem Jahre alle amtlichen und privaten Stellen mit der Regierung an der Spitze in den Dienst des Gedankens des Mutterschutzes gestellt.«[1]

Die RAVAG stellte ihr Programm des 10. Mai 1936 auf den Muttertag ab, im Naturhistorischen Museum wurde die Ausstellung *Das werdende und wachsende Kind* eröffnet, die Post gab eine Sondermarke heraus. Bundeskanzler Kurt Schuschnigg lud bereits am Freitag davor siebzig ältere Mütter, vornehmlich aus den Arbeiterbezirken, in das Hotel Meißl & Schadn zu einer Jause ein, bei der Kurti, der Sohn des Kanzlers, das Gedicht *An meine Mutter* aufsagte und persönlich jeder Mutter ein Sträußchen Blumen überreichte. Schuschnigg händigte außerdem jeder von ihnen ein Lebensmittelpaket aus.[2]

Am Sonntag folgten dann weitere Feiern des *Mutterschutzwerks* in verschiedenen Wiener Bezirken, diesmal trat als Hauptredner VF-Führer Ernst Rüdiger Starhemberg auf, begleitet von seiner Mutter Fürstin Fanny Starhemberg, die das VF-Frauenreferat leitete. Mina Wolfring verlangte bei diesen Veranstaltungen, dass Arbeitsstellen nach der Anzahl der Kinder vergeben werden sollten.[3]

Briefmarke der österreichischen Postverwaltung zum Muttertag 1936

In ganz Österreich gab es vom *Mutterschutzwerk* 100 000 Geschenkspakete für bedürftige Mütter, weiters wurden allen Familien mit fünfzehn oder mehr Kindern eine Ehrengabe von 30 Schilling überreicht. Offensichtlich entsprach die Beteiligung nicht in allen Bundesländern den Wunschvorstellungen, da die Aktivitäten von Tirol, wo in der Hälfte der Gemeinden Muttertagsfeiern stattfanden, des Burgenlandes, wo über 8000 Pakete verteilt wurden, und der Steiermark in der Berichterstattung lobend hervorgehoben wurden. In Kärnten etwa war das Engagement sehr verhalten (bloß 400 Pakete).[4] Auffallend war auch, dass etwa der bürgerlich-liberale *Bund österreichischer Frauenvereine* und auch die *Katholische Frauenorganisation der Erzdiözese Wien* bei den großen Muttertagsfeiern nicht mitmachten. Die Verengung des Frauenbildes auf die kinderreichen Mütter war ihnen nicht geheuer.[5]

Die Zahlen, die das *Statistische Jahrbuch der Stadt Wien* über die Bevölkerungsbewegung veröffentlichte, sprachen eine düstere Sprache.

Die Bundeshauptstadt war die geburtenärmste Großstadt Europas.[6] Die nüchterne Feststellung, dass es im Jahr 1933 nahezu doppelt so viele Todesfälle wie Geburten gab, war Rechtfertigung und einer der Treiber für die rückwärtsgewandte Orientierung in der Frauenpolitik. Die Ausschaltung der Demokratie 1933 sollte endlich im großen Stil das Projekt der »Seelensanierung« (Ignaz Seipel) angehen. Man wollte, dass sich die Zeiten dem Ende neigten, in denen das allgemeine Wahlrecht und der kulturelle Aufbruch der 1920er-Jahre die Emanzipation der Frauen und die geringe Geburtenrate beförderten. In den Köpfen konservativer Kreise zirkulierte die ideologische Übereinkunft, die Republik hätte die geringere Fertilität verursacht.

Die *Fastenhirtenbriefe* der katholischen Bischöfe hatten schon seit der Gründung der Republik die Rückkehr zur ›ursprünglichen Bestimmung‹ der Frau eingemahnt, Ärzt:innen hatten aus eugenischen Gründen vor den Folgen der weiblichen ›Vermännlichung‹ gewarnt und in der großen Krise wurden von der Regierung vor allem sozialpolitische Argumente herangezogen, um die Frauen aus der Berufstätigkeit zu verdrängen, um sie wieder zu ihrer ›natürlichen‹ Rolle als Mütter zurückzuführen. Sozial- und Wirtschaftspolitik verfolgten das Ziel, das Arbeitskräfteangebot zu verringern, den Männern Konkurrenz aus dem Weg zu schaffen und deren Position als Familienversorger zu unterstützen. Der männliche Verdiener in einer Familie sollte ausreichen.[7]

Bereits im Dezember 1933 wurde die ›Doppelverdiener-Verordnung‹ für den öffentlichen Dienst erlassen, die vorsah, dass bei Verheiratung Frauen ihren Job quittieren mussten. Suchten Paare dieser Regelung zu entkommen, indem sie ohne Eheschließung zusammenlebten, wurde dies als Dienstvergehen geahndet, was die Entlassung ohne Abfertigungsanspruch zur Folge hatte. Verheiratete Frauen kamen bei Neueinstellungen nicht in Betracht. Jungen Frauen wurde der Besuch der Mittelschulen und der Universität zwar nicht gesetzlich verwehrt, jedoch wurde ihnen wiederholt vermittelt, dass ihr Bildungswille im Grunde sinnlos sei: Gut ausgebildete Frauen würden auf dem Arbeitsmarkt nicht benötigt, die Konzentration auf die Mutterrolle und eine Ausbildung zur guten Hausfrau entsprächen einer Frau weitaus mehr. Die Regierung beschloss überdies die Schließung staatlicher Mädchenmittelschulen und die drastische Kürzung der Subventionen für private Mädchenmittelschulen, was die Anhebung der Schulgelder zur Folge hatte.

In der Maiverfassung 1934 wurden die Grundrechte modifiziert. Ein Absatz garantierte den Frauen »die gleichen Rechte und Pflichten wie Männer[n]«, allerdings wurde ein Halbsatz hinzugefügt, der nicht zu ignorieren war: »soweit dies nicht durch das Gesetz anders bestimmt ist«[8]. Von großer Bedeutung war zunächst die personelle Besetzung der neu geschaffenen Gremien: Fast ausnahmslos wurden Männer in den Staatsrat oder das Wirtschaftsparlament gewählt, was das Projekt der ›Re-Maskulinisierung‹ und die Diskriminierung der Frauen anschaulich demonstrierte.

Kritik daran blieb nicht aus. Alma Motzko, eine ehemalige christlichsoziale Politikerin, forderte in einem Kommentar einen den Kräften und Möglichkeiten entsprechenden Anteil in der Gestaltung des öffentlichen Lebens: »Neuerlich muß mit Bedauern festgestellt werden, daß in die berufsständische Vertretung keine Frau ernannt wurde, denn die beiden Frauen, die sich in der ständischen Vertretung befinden, wurden in die Gruppe ›Schul- und Erziehungswesen‹ entsandt. Die Frauen werden es also in Zukunft wohl schwer haben.«[9] Vergeblich verlangten Politikerinnen die Anerkennung der Hausfrau als eigenen Stand und die Einrichtung einer *Hauswirtschaftskammer*.[10] Mochte die Staatsführung auch noch so oft bedeutungsschwer die weibliche Mitarbeit am staatlichen Neuaufbau preisen, die mangelnde Mitsprachemöglichkeit schuf dennoch einen dauerhaften Unruheherd.

Was als gesellschaftlicher Neuanfang gedacht war, endete als Pleite. Weil sie die soziale Realität nicht anerkennen wollte, sah sich die austrofaschistische Regierung sehr schnell mit einer Schubumkehr konfrontiert: Die Frauenpolitik erzeugte enorme Unzufriedenheit, war Anlass für Proteste und sorgte letzten Endes dafür, dass viele Frauen dem ›Ständestaat‹ zunehmend ihre Loyalität entzogen. Die Realität ließ die von der Regierung und der katholischen Kirche angestrebte hohe Geburtenrate und die gewünschte Stabilisierung von Ehe und Familie schlichtweg nicht zu.

Für die katholische Kirche und die Regierung war sicherlich am bittersten festzustellen, dass das Ziel der Nachwuchsförderung bis 1938 komplett verfehlt wurde. Das Verbot von Kondomautomaten[11] konnte nicht verhindern, dass der Staat und seine Hauptstadt mit einem gravierenden, zunehmenden Geburtenrückgang konfrontiert waren. Kardinal Innitzer war erschüttert von dem »jähen Sturz der Geburten, der [...] unsere Heimat an ihren Lebenswurzeln bedroht. [Es gibt] keinen einzigen Bezirk Österreichs, auch nicht in den entlegensten Alpengegenden, der vom Geburtenrückgang gänzlich verschont geblieben ist: mit traurigem Beispiel geht die Bundeshauptstadt Wien voran, wo die kinderlosen und Einkinderehen mehr als zwei Drittel ausmachen.«[12]

Die Rückkehr zu Religion und Sittlichkeit gelang nicht, da die materielle Situation diesem Ziel drastisch entgegenstand. »Die Angst vor dem Kinde, früher einmal nur der Ausfluß der seelischen Haltung bestimmter Bevölkerungskreise, denen das Bedürfnis, sich auszuleben, über ihre ethischen und staatsbürgerlichen Pflichten ging, ist heute eine durch die wirtschaftliche Situation bedingte Erscheinung geworden. [...] Für eine große Anzahl von Familien bedeutet die Geburt eines Kindes fast eine Katastrophe.«[13]

Was ließ sich in dieser Situation tun? Die Regierung konnte, allen apokalyptischen Szenarien vom Aussterben des Vaterlandes zum Trotz, nur gut zureden bzw. Charity-Aktionen des *Mutterschutzwerks* und des *Frauennotdienstes* unterstützen. Für finanzielle staatliche Stützaktionen – wie im ›Dritten Reich‹ mit Ehestandsdarlehen und Kindergeld – war kein Geld und vielleicht auch kein Wille vorhanden. Mit Repression zu antworten, war unmöglich. Man konnte nicht alle jungen österreichischen Frauen vor Gericht stellen, wie dies beim Grazer Massenprozess den Anarchisten geschah, die angeklagt wurden, weil sie sich durch Vasektomie sterilisieren ließen und auf diese Weise Nachwuchs verhinderten.[14]

Erstaunlich ist, wie viel Kritik die Regierung in den unter Zensur stehenden Medien zuließ, um die Frustration zu zügeln und die Frauen zu besänftigen. Es blieb der Regierung gar nichts anderes übrig, als sich die Argumente der Frauen zumindest anzuhören. Vertreterinnen der Frauenbewegung diskutierten regelmäßig und sehr kontroversiell in der *Neuen Freien Presse* über etliche Facetten der ›Frauenfrage‹, artikulierten ihre Bedenken und Einwände, manchmal gar ihre Empörung. Sie wurden sichtlich von der Redaktion unterstützt, die in Kommentaren süffisant darauf hinwies, dass nicht nur in Westeuropa und in den USA, sondern sogar in Atatürks Türkei eine progressivere Frauenpolitik betrieben würde.[15]

Marie Hoheisl, die Präsidentin des *Bundes österreichischer Frauenvereine*, gehörte zu jenen, die offen ihre Kritik an der Frauenpolitik der Regierung äußerten, sich die Ideologie des »Zurück an den Herd!« vorknöpften und die Zölibatsbestimmungen für die beamtete Frau, die ›Doppelverdiener-Verordnung‹ und die Minderentlohnung in der Privatwirtschaft wie in manchen Landesverwaltungen attackierten. »Daß die Frauen sich [...] bedrängt fühlen und das Empfinden haben, in einer Zeit zu leben, die ihnen nicht freundlich gesinnt ist, muß jeder Einsichtige verstehen.«[16] Hoheisel konnte sich auf eine damals aktuelle Erhebung stützen, laut der nur die Berufstätigkeit der Frauen vielen Familien das Überleben sicherte.[17]

Einspruch musste die Regierung auch von jenen bürgerlichen Kreisen hinnehmen, die sich fragten, wie die Zukunft ihrer heranwachsenden Töchter aussehen würde. Der Feuilletonist Ludwig Hirschfeld, ansonsten stets humorvoll, formulierte seine Kritik einigermaßen deutlich, als er bei der Jobsuche seiner Tochter wahrnahm, dass sich zunehmend »die männliche Gegnerschaft gegen die Berufstätigkeit der Frauen«[18] festsetzte. All die guten Zeugnisse, Sprachkenntnisse, das perfekte Stenographieren und Maschinschreiben genügten nicht, um jungen Frauen zu einem bescheidenen Verdienst zu verhelfen. »Was soll mit den tausenden jungen Mädchen geschehen, die jedes Jahr aus den Hauptschulen, Mittelschulen, den Handels- und Fachschulen herauskommen? [...] Nun kommen sie damit ins Leben hinaus, und schon beim ersten Schritt erwartet sie außer der Wirtschaftskrise die erbitterte Gegnerschaft der männlichen Stellennebenbuhler.«[19]

Es mag schon richtig sein, dass, gemessen an der Aufnahmefähigkeit des Arbeitsmarktes, zu viele studierten und es um die Jobaussichten der Absolvent:innen wahrlich nicht zum Besten stand. Aber was waren die Alternativen? Hausgehilfin werden, das Schneiderhandwerk lernen – keine verlockenden Perspektiven für den Nachwuchs aus dem Mittelstand. Dem Argument, dass die intellektuelle Jugend »im Volksganzen überhaupt nicht gebraucht würde«[20], wurde von Gertrud Herzog-Hausner, der an der Universität habilitierten Direktorin des Mädchengymnasiums in der Wiener Rahlgasse, entgegengesetzt: »Der Verzicht auf das Studium wäre aber für die Mädchen gleichbedeutend mit dem von vornherein gegebenen Verzicht auf jede einigermaßen gehobene Stellung als Beamtin, als Ärztin, Professorin, Ingenieurin usw.« Und: »Diese ganze, durch Studium erworbene geistige Haltung [ist] ein unverlierbarer Gewinn für jedes Frauenleben.«[21]

In den politischen Einstellungen führte die austrofaschistische Frauenpolitik zu unbeabsichtigten, fatalen Folgen: Sie beförderte den Zulauf zum illegalen *Bund deutscher Mädchen* (BDM), weil sich dort abseits von Familie, Schule und Kirche Freiräume auftaten.[22] Österreicherinnen stellten nach dem März 1938 einen überproportionalen Anteil in den NS-Frauenorganisationen.[23] Und dann unübersehbar: Der ›Anschluß‹ löste eine außerordentliche Steigerung der Eheschließungen und Geburtenrate (1937: 86 242, 1939: 145 694, 1940: 154 361 Geburten[24]) aus, da durch die deutsche Aufrüstung die Industrie wieder ansprang, die Arbeitslosigkeit sich schnell reduzierte und sich – trotz bzw. mit der ›Rassenpolitik‹ – eine bessere Zukunft anzubahnen schien.[25] Welch verhängnisvoller Irrtum!

AP

Mai 1936

Schuschnigg oder Starhemberg

Anton Kuh als politischer Kommentator

In der literarischen Öffentlichkeit galt und gilt er als grandioser Feuilletonist und Verfasser skurriler, sarkastischer Anekdoten. Die sechsbändige Werkausgabe[1] und Walter Schüblers Anton-Kuh-Biographie[2] haben an diesem Image einiges geändert, haben seine Konturen reicher gemacht. Anton Kuh, der sich vor 1933 meist in Berlin, nach 1933 oft in Paris und London aufhielt, aber auch in Wien auftrat und die Salzburger Festspiele besuchte, glänzte in so vielen Metiers: als Bühnenintellektueller, der in brillanten Ein-Mann-Auftritten ein Massenpublikum begeisterte, als Schauspieler, der von bekannten Theatern engagiert wurde, als sprachmächtiger Polemiker, der sich voller Leidenschaft in Auseinandersetzungen, zum Beispiel mit Karl Kraus, begab, als ungemein fleißiger Publizist, der Feuilletons, Sketche oder Kritiken in vielen deutschsprachigen Zeitungen und Zeitschriften publizierte. Dass Kuh auch als politischer Kommentator eine respektable Stellung beanspruchen darf, ist weniger bekannt.

Mit dem Buch *Der unsterbliche Österreicher* (1931), das 1936 vom Austrofaschismus verboten wurde, betrieb Kuh zu einem Zeitpunkt nationale Identitätsforschung, als es bei den Reaktionären besonders beliebt war, emphatisch den ›Österreicher‹ herauszukehren, um den autoritären Impetus zu verdecken. Kuh hielt raffiniert dagegen, entwickelte mit Szenen, Porträts und Dramoletten seine eigene Österreicher-Galerie, bei der die renitenten Querulanten (Johann Nestroy, Ferdinand Raimund und Co.) pointierte Liebeserklärungen erhielten. Durch sein Buch verläuft allerdings ein tiefer Riss, beim Wort »Österreich« kommt Kuh alsbald mit sich selbst in Konflikt, er leidet an dem imaginären Land und stellt sich in die Tradition der Nestbeschmutzer, zugleich gibt er jede Zurückhaltung auf, wenn es darum geht, Liebesbeweise an das alte Österreich auszusprechen. Das Ende des Ersten Weltkrieges habe, so Kuh, Österreich und Wien doppeltes Ungemach beschert: »Unglückliches Land – unglücklichere Hauptstadt«[3]: »Elegisch blickten seither die früheren Insassen jenes Staates (und die Hochverräter fast mehr noch als die Patrioten) nach ihm zurück wie nach einem verlorenen Paradies. Dieses Österreich hatte etwas Wunderbares. Es war das letzte Beispiel von Staatsromantik. Zum letzten Mal zeigte sich der Ordnungswille so pittoresk durch die Menschlichkeit gelockert, ja zerbröckelt; zum letzten Mal trug die Humanität eine Amtskappe. Denn die Geschichte hat hier ein neues Wesen geschaffen: den vielsprachigen, den entnationalisierten Menschen.«[4]

Kuh wollte sich durch die neue, rot-weiß-rote Staatsdoktrin seine Vorstellungen von Österreich und vom ›österreichischen Menschen‹ nicht wegnehmen lassen. Er warnte das Bürgertum, den gegenwärtigen Österreich-Rummel zu überschätzen und aus dem Österreicher-Sein einen besonderen Anspruch abzuleiten: »Österreich? […] Wer will davon etwas wissen? […] Für die Neue Welt ist es ein alter Film, für die Alte ein Operettenrefrain, für Mitteleuropa eine Sorge, für Westeuropa eine Last […] [,] für die Entwischten ein Steckbrief, für die Weltgeschichte ein Albdruck, für die Buchhändler ein rotes Tuch – und für alle zusammen: eine Entbehrlichkeit.«[5]

Seit Beginn der Republik sah Kuh eine unheilvolle Tendenz am Werk. Aus der multinationalen k.u.k. Reichshaupt- und Residenzstadt war ein provinzielles »Wien am Gebirge«[6] geworden. Was lange Zeit nur als ein verkappter Krieg der Bundesländer gegen ihre Hauptstadt geführt wurde, braute sich für ihn 1931 zu einem offenen Feldzug zusammen: »Kriegerische Alpenstämme sind im Begriff, der immer noch stolzen, durch das Tragen von Filzhüten und langen Hosen herausfordernden Stadt Mores beizubringen […].«[7]

Kuh schrieb nach den Februarkämpfen hauptsächlich im *Prager Tagblatt* und in der ebenfalls in Prag erscheinenden Exilzeitschrift *Die neue Weltbühne*. Dies bedeutete, dass er von der Zensur nicht geplagt wurde, also einigermaßen offen schreiben konnte. Trotzdem übte er sich in einer gewissen Zurückhaltung. Dollfuß und die schrittweise Ausschaltung der Demokratie sowie die Geschehnisse im Februar 1934 blieben in den Prager Publikationen von ihm unkommentiert, vielleicht weil dies Kolleg:innen ohnehin ausgiebig taten. Von Interesse ist ein Artikel, in dem er gleich zwei

Autoren schriftlich erledigte. Für Insider kam es nicht überraschend, dass Kuh Karl Kraus und dessen politische Schlussfolgerungen in *Warum die Fackel nicht erscheint* (Ende Juli 1934)[8] als »Kabbala der hochgeputschten Feigheit«[9] beschimpfte. Gleichzeitig war es für Kuh empörend, dass Franz Werfel, der alte Kraus-Gegner und Prager ›Weltfreund‹, die Seite gewechselt und sich dem Urteil von Karl Kraus angeschlossen habe, dass die Wiener Sozialdemokratie zu schwach gewesen sei, um die Sache gegen die große Barbarei zu verfechten, also habe sie dem »geringeren Übel« weichen müssen. Kuh war in seiner Replik nicht zimperlich, warf Werfel vor, seine Haltung sei »durch die väterlichen Fabrikseinnahmen mehr bestimmt als durch die Menschenliebe«.[10] Kuh hielt für Werfel eine Lektion parat: »Daß das ›geringere Übel‹ dem ›größeren‹ vorzuziehen ist, ist nur eine Weisheit für Schweigende. Der Redende hat das Übel zu nennen, das kleinere noch bedingungsloser als das größere. Er hat zu sehen, nicht zu sondern. Er hat es, kurz gesagt, seiner Dialektik im Schutz des geringeren Feindes nicht gut gehen zu lassen.«[11]

Bei der Durchsicht der Werkausgabe fallen einige französisch- und englischsprachige Artikel auf, die er unmittelbar nach den großen politischen Zäsuren in Österreich (Februar 1934, Juli 1934, März 1938) verfasste. Sie zeugen von Kuhs elaborierten Französisch- und Englisch-Kenntnissen, sie zeugen aber auch davon, dass er in die Rolle eines politischen Beobachters schlüpfen und das dramatische, von ganz Europa gespannt beobachtete Geschehen in Österreich kompetent kommentieren konnte. Die Februarkämpfe hätten, so Kuh am 21. Februar 1934, den Sinn gehabt, *Das Ende von Wien* – so der Titel – zu fixieren: »Der 12. Februar 1934 ist ein düsteres Datum in der Geschichte. An diesem Tag hörte die europäische Weltstadt Wien auf zu existieren […]. Mit diesem Ereignis ging ein Kampf zu Ende, der, den Augen der Welt unsichtbar, seit nahezu fünfzehn Jahren tobte: der Kampf zwischen Wien und Österreich. […] Der Umstand, daß die Stadt vor kurzem noch von Sozialisten verwaltet wurde, erweist sich nicht so sehr als Inhalt dieses Hasses, sondern als Vorwand. Den tiefen Ursachen müßte in einem politischen Umstand nachgespürt werden: daß nämlich in ganz Österreich und vielleicht im gesamten deutschen Kulturraum die Wiener die einzigen Städter sind. […] Letztlich liegt die Tragödie Wiens in dieser Auseinandersetzung darin, daß es seit 1919 den Gegner in seinen eigenen Regierungspalästen beherbergt hat. Diese Kanzler, diese Minister, diese Polizeipräfekten, die in Wien residierten, waren fast alle Nicht-Wiener. Als Abgesandte eines bäurischen und provinziellen Österreichs kämpften sie hier für ein zukünftiges Wien, für einen das Land repräsentierenden Anhang, gegen eine von der Geschichte im Stich gelassene Metropole, die – wie einst Venedig – ihre Zeit überlebt hatte. Seit dem 12. Februar 1934 gibt es dieses deutsche Venedig nicht mehr. Die Dorfschützen haben Tabula rasa gemacht.«[12]

Auffallend ist, dass sich Kuh nicht mit Engelbert Dollfuß beschäftigte. Wollte er ihn schonen, hielt er ihn (so wie andere auch) für den »good guy«, und Starhemberg für den »bad guy« im österreichischen Drama? Jedenfalls widmete Anton Kuh Starhemberg in einem französischen Journal zwei längere Berichte, in denen er sich ausführlich mit Starhembergs Werdegang und dem Aufstieg der Heimwehren auseinandersetzte und ihn als Regisseur der Februarkämpfe identifizierte. Etwas schräg nannte er ihn im ersten Artikel neben Kemal Pascha [Atatürk], Benito Mussolini, Adolf Hitler und Józef Piłsudski das »fünfte Gestirn«[13] unter den Diktatoren, schränkte dies jedoch im nächsten Atemzug wieder ein: »In Wahrheit ist er noch nicht allmächtig. Er teilt mit dem Kanzler die Macht, die ihm die Nazis entweder rauben oder mit ihm teilen möchten. Und selbst wenn er in seinem Land mächtig ist, unterliegt er doch immer noch einem ausländischen Einfluß, der dasselbe anstrebt wie er und dessen Interessen mit seinem eigenen Patriotismus übereinstimmen.«[14]

Zwei Jahre später, am 27. Mai 1936, beschäftigte sich Kuh abermals mit Starhemberg, diesmal, nachdem Kurt Schuschnigg am 15. Mai 1936 ihn als Vizekanzler und Führer der Vaterländischen Front ausmanövriert hatte. Der Artikel enthält ein Doppelporträt: Schuschnigg versus Starhemberg. Zwei Jahre herrschte eine Art Dualismus, Starhemberg gab eine gute Ergänzung zum beamtenhaften Schuschnigg ab, Starhemberg als draufgängerischer, zum Abenteuer und guten Leben neigender Söldnerführer, ein »Heißsporn für alles Cowboyhafte«[15]. Kuh attestierte Starhemberg, dass er möglicherweise ein entschiedenerer Kämpfer gegen Hitler gewesen wäre. Um wirklich eine antideutsche Fronde zu formen, hätte es nach Starhembergs Meinung allerdings einer totalen Diktatur bedurft.

Der Kanzler wurde wenig schmeichelhaft als Chamäleon charakterisiert: halb dünkelhafter Offizier, halb Musenfreund, zwischen der Angst vor der Öffentlichkeit und Unerbittlichkeit, zwischen hierarchischem Ordnungssinn und schulmäßiger Harmlosigkeit schwankend, in keiner dieser beiden Hälften vertrauenserweckend, nicht zuletzt, weil er völlig humorlos war und Starr- und Steifheit gepachtet zu haben schien.«Vom marktschreierischen Faschismus war er bereits zu einem gemäßigten Stadium übergegangen, in welchem man sich bei Banketten israelitischer Verleger zeigt, um die Musenfreundlichkeit der Regierung und insbesondere deren gute Beziehungen zum Parnaß sichtbar zu machen.«[16]

Schuschnigg »ist fürs Maßhalten, sein Denken pendelt träumerisch zwischen Hitlers außenpolitischen Äußerungen und den innenpolitischen der ehemaligen Parteien. ›Nichts überspannen!‹, so lautet seine Devise. […] Ist seine Haltung diplomatisch begründet? Ist das die subtile Vorgangsweise des Staatsmanns? […] [D]ieser in sich schlüssig Unschlüssige, der nicht weiß, ob er sein Leben der Kunst oder dem militärischen Geist weihen soll, kann sich nicht zu einer eindeutig pro-westeuropäischen Entscheidung durchringen. […] Noch steht er nicht eindeutig gegen Deutschland. In seinem Auge schimmert trotz aller Beteuerungen die deutsche Träne. […] Ist es dann ein Wunder, wenn Papen, der gewiefte Emissär Hitlers, bei Schuschnigg ein günstigeres Terrain vorzufinden hoffte als bei Starhemberg? Trotz der Lektion des 25. Juli 1934 glaubt Schuschnigg noch immer an die Loyalität. Als Staatsmann geht es ihm um die Abschaffung der 1000-Mark-Sperre.«[17]

Kuh sah in Schuschnigg jenen Politiker, der in Österreich die notorische Unterschätzung von Hitlers Absichten anführte. Kuhs eigenes publizistisches Schaffen war voller Warnungen, nicht an die Schalmeientöne aus Deutschland zu glauben: »Die beste Waffe gegen den Feind ist die Überzeugung, er sei zu allem fähig.«[18] Penibel listete er auf, wie Hitler die europäische Staatengemeinschaft permanent testete, sich über gültige Verträge und Absprachen hinwegsetzte und brutale Überwältigung betrieb, obwohl er vorher genau das Gegenteil angekündigt hatte.[19] Seine Vorträge in Prag und Wien waren darauf ausgerichtet, die perfide nationalsozialistische Propagandatechnik mit ihren rhetorischen Purzelbäumen, ihren Lügen und Unterstellungen durchschaubar zu machen. Im Juni 1938 schrieb Kuh retrospektiv voller Sarkasmus, dass seine Landsleute solche Kassandrarufe nicht ernst genommen und ihm bestellt hätten, er sehe nur Gespenster. Jetzt stünden die Gespenster vor der Tür. »Wehe dem, der sich nicht vor

Gespenstern fürchtet und sie hereinbittet – auf ein Getränk, ein Gespräch oder eine Vertragsunterzeichnung.«[20]

Sein Freund, der Rechtsanwalt Walther Rode,[21] war publizistisch mit seinen Attacken auf die völkischen Neigungen der höheren Beamtenschaft vorangegangen. Kuh nahm nach Rodes frühem Tod im August 1934 dieses Thema wiederholt auf. Universitäten, Justiz, Polizei oder Bürokratie waren Hochburgen des deutschnationalen Beamtentums, deren Loyalität gegenüber der Republik und auch dem Dollfuß / Schuschnigg-Regime höchst flexibel war. Viele kamen, darauf wiesen Rode wie Kuh hin, aus dem Sudetenland, woher auch Georg Ritter von Schönerer stammte und die Ideologie des radikalen Deutschnationalismus geformt wurde: Zurückstutzung des Judentums, Kampf gegen das Christentum, Führerprinzip.[22]

Einen Tag vor dem ›Anschluß‹ verwandelte sich der Feuilletonist, der die Siegesgewissheit vor Schuschniggs angesetzter Volksabstimmung nicht aushielt, in einen politischen Akteur. Weil er es nur begrenzt für nützlich hielt, von Regierungsseite die Arbeiter:innenschaft mit den üblichen Phrasen und halbherzigen Angeboten zu bearbeiten, forderte er eine Intervention, die die ernsten Absichten der Regierung zur Re-Demokratisierung in aller Öffentlichkeit dokumentieren und die argwöhnische Arbeiterinnen:schaft zu hundert Prozent gewinnen konnte. Nach Kuhs Plan sollte Karl Seitz, der letzte populäre sozialdemokratische Bürgermeister Wiens, davon überzeugt werden, dass eine Radioansprache von ihm das Wunder bewirken könne, dem sozialdemokratischen Anhang die Skepsis zu nehmen. Kuh trug den Plan Freund:innen vor, die wiederum auf Alma Mahler-Werfel verwiesen, durch die ihm ein Zutritt zu Schuschnigg möglich wäre. Diese traf in weiterer Folge Kuh tatsächlich und war vom Plan angetan, vermittelte ein Treffen mit einem Minister, der sich den Vorschlag interessiert anhörte. Jede Bewegung, so Kuh, stand jedoch bereits unter Beobachtung, jede Äußerung wurde von Spitzeln aus dem Polizeiapparat überwacht. Neue Anweisungen aus Berlin waren auf dem Weg.[23]

AP

22. Juni 1936

Moritz Schlick wird erschossen

Mord an einem Philosophen

Alle Wiener Tageszeitungen[1] berichteten auf Seite eins in Aufmachern über den spektakulären Mord an Moritz Schlick.[2] Ausgehend von den Polizeiberichten, wurde der Ablauf der Ermordung des Vorstands des Philosophischen Instituts am Morgen des 22. Juni 1936 ausführlich und in vielen Details geschildert, auch die Hintergründe der Tat wurden mitgeliefert. Zu Beginn der Frühvorlesung, die Professor Schlick jeden Montag von neun bis zehn Uhr im Hörsaal 41 der Universität Wien abhielt, eilte er wie gewöhnlich durch die Aula über die Philosophenstiege zum philosophischen Dekanat. Als er, umringt von Student:innen, die zehnte Stufe erreicht hatte, drehte sich von links ein hochgewachsener junger Mann mit blondem Haar rasch um, riss einen Revolver aus der Tasche und feuerte aus ungefähr drei bis vier Schritten Distanz etwa vier Schüsse auf den knapp vor ihm stehenden Professor ab. Schlick schrie nach dem ersten Schuss, der ihn in der Herzgegend getroffen hatte, laut auf, warf beide Arme hoch, sank beim zweiten Schuss auf den Stufen der Treppe zusammen und fiel dann nochmals mit einem leisen Schrei nach hinten. Die Schüsse riefen Panik hervor; innerhalb weniger Augenblicke war die Aula menschenleer. Uneinigkeit herrschte im Nachhinein darüber, mit welchen Ansagen der Täter den Mord orchestriert hatte: Eine Beobachterin wollte den Ausruf »Hund, du verfluchter, da hast du's!« gehört haben, der Täter selbst erzählte später, dass er unter dem Schrei »Du Lüstling!« auf Schlick geschossen habe.

Johann Nelböck – so der Name des aus der Nähe von Wels stammenden Mörders – ließ sich ohne Widerstand verhaften. Nach den Verhören durch die Polizei wurde das persönliche Motiv bekannt gemacht. Nelböck, der bei Schlick studiert und dissertiert hatte, fühlte sich seit Jahren von ihm verfolgt, war eifersüchtig, weil eine von ihm verehrte Studentin angeblich eine

Beziehung zu Schlick unterhielt, außerdem vermutete der Täter in seinem Doktorvater den Drahtzieher, der sein berufliches Engagement in der Ottakringer Volkshochschule hintertrieben hätte. Der Täter hatte bereits 1932 wegen Morddrohungen einige Zeit in der psychiatrischen Klinik Steinhof verbracht.

Die Tageszeitungen interessierten sich erwartungsgemäß für die familiäre Herkunft des Mörders: Johann Nelböck stammte aus einer oberösterreichischen Bauernfamilie. Während sein Bruder den Hof übernahm, fiel er durch eifriges Studieren auf, galt schon im Gymnasium als scheuer Musterschüler, der sich früh für philosophische Werke interessierte. Eine Zeit lang wollte er mit seinem Philosophiestudium Gymnasiallehrer werden, ließ es aber bleiben, um sich einer wissenschaftlichen Karriere zu verschreiben.

Die führenden Vertreter der Universität bekundeten selbstredend ihr Entsetzen, allen voran der Rektor, der Akademische Senat, auch der zuständige Unterrichtsminister Hans Pernter. Aber bald zeigte sich, dass die Trauer – zumindest bei einem Teil der an der Universität Angestellten – nicht besonders ausgeprägt war, sich sogar in klammheimliche Freude verwandelt hatte, da sich mit Schlicks Tod neue Möglichkeiten in der Besetzungspolitik eröffneten, um der »Gottverleugnung und Gottverneinung«[3], so Pernter, im Wissenschaftsbetrieb ein Ende zu setzen.

Vorerst allerdings gehörte die Öffentlichkeit den Weggefährt:innen, die sich über Moritz Schlicks wissenschaftliche Grundprinzipien einig waren und wussten, welch unersetzlichen Verlust sein Tod für die Universität Wien bedeutete. Sie konnten nicht glauben, dass einer der weltweit bekannten und bei der Student:innenschaft höchst beliebten Professoren, dessen Werke in mehrere Sprachen übersetzt worden waren, auf diese Weise sein Leben hatte lassen müssen. Der Mathematiker Karl Menger meinte in einem Nachruf, dass der in einer preußischen Adelsfamilie geborene Moritz Schlick nicht nur einer »der hervorragendsten, sondern auch eigenartigsten Philosophen der Zeit«[4] gewesen sei. Er habe bei Max Planck in Berlin, dem Begründer der Quantenphysik, eine Dissertation geschrieben. »Es sind aber nicht nur die gründlichen physikalischen Kenntnisse, die er später in philosophische Arbeiten verwertete, zum Beispiel, indem er in meisterhafter Weise die Folgerungen der Relativitätstheorie für die Erkenntnislehre darstellte, sondern es ist der ganze Geist der exakten Wissenschaften, der seine philo-

Titelblatt der Illustrierten Kronen Zeitung, 23. Juni 1936
Österreichische Nationalbibliothek – ANNO

sophischen Forschungen entscheidend beeinflußte.«[5] Schlick sei immer auch ein Lernender gewesen, habe etwa durch den Einfluss von Bertrand Russell und Ludwig Wittgenstein manche seiner Auffassungen geändert. »In die Geschichte der Philosophie dürfte Schlick als einer der Hauptvertreter des logischen Positivismus eingehen, eines extremen Empirismus, verbunden mit einer Theorie der Sprache, der das Ziel der Wissenschaft im Sammeln von Beobachtungen und Erfahrungen und in der Ermöglichung von Voraussagen erblickt und der Philosophie die Aufgabe zuweist, unsere Sprache, in der wir die Erfahrungen und Voraussagungen [sic] ausdrücken, kritisch zu durchleuchten. Um Schlick herum entstand der sogenannte Wiener Kreis, dem insbesondere Carnap, Frank und Hahn angehörten und der in der ganzen Welt, auch wo er nicht ungeteilter Zustimmung begegnete, doch überall hohe Beachtung fand.«[6] Besondere Wertschätzung erfreute sich Moritz Schlick in angelsächsischen Ländern. Als Gastprofessor lehrte er mehrere Semester an amerikanischen Universitäten.

Aus dem Kreis seiner Student:innen, denen Schlicks liebenswürdiges, offenes, heiteres Wesen, sein breites Wissen über Literatur und seine humanistische Lebensanschauung imponierte, verfasste die Schriftstellerin Hilde Spiel ein Epitaph auf die so besondere Persönlichkeit des Ermordeten: »Nicht oft wird ein Gelehrter so sehr zum menschlichen Vorbild seiner Schüler wie Moritz Schlick. Wer seine Vorlesungen besuchte, war vom ersten Tag an tief berührt von der klaren und bescheidenen Art, mit der er vortrug, von der milden, verständnisvollen Kritik, die er an anderen Richtungen übte. Nicht allein die Ethik, welche sein Wort vermittelte, sondern vor allem andern seine aufrichtige und integre herrliche Persönlichkeit gab den Studenten das richtige Gefühl für gut und böse. Jene höchste Glückseligkeit in der Erkenntnis, jene milde und weise Heiterkeit der Seele, die von den griechischen Naturphilosophen gelehrt wurde, war ihm eigen. Keiner, der bei ihm nicht zugleich mit der Klarheit im Denken auch die Sauberkeit im moralischen Empfinden aufgenommen hätte.«[7]

Der Gegenschlag zu so viel Wertschätzung ließ nicht lange auf sich warten. Nach kurzer Zeit des Schweigens kamen die Stimmen zu Wort, die mit Schlick und der »destruktiven Lehre« des Logischen Positivismus abrechneten und damit eine Täter-Opfer-Umkehr einleiteten. Den Anfang machte ein Artikel in der *Schöneren Zukunft*, gezeichnet von einem Prof. Dr. Austriacus, hinter dem sich Johann Sauter, der Privatdozent für Rechtsphilosophie und Soziologie, verbarg, der genau zu wissen meinte, dass die »moderne Zerrüttung der Nerven zum großen Teil auf die Zerrüttung in der Weltanschauung zurückgeht. [...] Der Jude ist der geborene Antimetaphysiker, er liebt in der Philosophie den Logizismus, den Mathematizimus, den Formalismus und Positivismus [...]. Wir möchten aber doch dran erinnern, daß wir Christen in einem christlich-deutschen Staate leben, und daß wir zu bestimmen haben, welche Philosophie gut und passend ist. Die Juden sollen in ihrem Kulturinstitut ihren jüdischen Philosophen haben! Aber auf die philosophischen Lehrstühle der Wiener Universität im christlich-deutschen Österreich gehören christliche Philosophen!«[8]

Artikel mit ähnlicher Botschaft erschienen in etlichen österreichischen Tageszeitungen. Ihr Tenor: Statt die Jugend auf die »göttlichen Sittengebote« vorzubereiten, habe Schlick als oberste Richtschnur seiner Ethik Spiel und Freude propagiert und den Epikureismus als neues Evangelium des industriellen Zeitalters verkündet. Sichtlich wurde es als empörend empfunden, dass Schlicks Philosophie in der internationalen Szene als »österreichische Schule« oder »Wiener Kreis« etikettiert wurde. »Nein«, so die *Reichspost*, »die österreichische Philosophie, die Philosophie des neuen Österreich, muß, wenn und so lange es ein christlicher Staat sein will, eine andere sein.«[9] Diese Forderung sollte praktische Konsequenzen in der Personalpolitik haben: »Auch die Stätten der Wissenschaft müssen dem neuen Österreich erschlossen werden.«[10] Katholisch-nationale Netzwerke arbeiteten bereits seit Anfang der 1920er-Jahre daran, dass bei Neubesetzungen nur mehr ihre Gefolgsleute und nicht mehr Exponent:innen einer empirischen Ausrichtung zum Zug kamen.[11]

Der große Exodus von Österreichs brillantesten Denker:innen, die in Ernst Mach und Ludwig Boltzmann ihre Vorläufer hatten, schlug bereits vor dem Februar 1934 Lücken in den Wiener Kreis: Rudolf Carnap war schon 1931 nach Prag gegangen. Schlicks Tod war eine Gelegenheit für weitere Veränderungen. Offiziell wurde der Lehrstuhl nicht nachbesetzt. Friedrich Waismann, der als Bibliothekar tätig war, verlor seine Stellung, Kurt Gödel erlitt einen Nervenzusammenbruch. Letztlich gelang allen Mitgliedern des Wiener Kreises nach dem ›Anschluß‹ der Sprung ins Exil, die meisten machten Karriere an den Spitzenuniversitäten Großbritanniens oder der USA, aber nicht alle hatten das Glück, Armut und Unsicherheit zu entkommen.[12]

Wie vorherzusehen, wurde nach Moritz Schlicks Tod gegen ihn der Vorwurf erhoben, dass er den Vorsitz des 1929 gegründeten *Vereins Ernst Mach*[13] zur Popularisierung der wissenschaftlichen Weltauffassung übernommen hätte. In dieser Organisation, die sich durch eine reiche Vortragstätigkeit, wöchentliche Seminare oder die Publikation von Broschüren sowie der Zeitschrift *Erkenntnis* hervortat, fanden sich Wissenschaftler:innen unterschiedlicher politischer und ideologischer Couleur zusammen: Der umtriebige Otto Neurath[14] verkörperte den sozialdemokratischen Flügel, der liberale Moritz Schlick hielt nichts vom politischen Engagement und verstand sich als Vertreter der reinen Wissenschaft.[15] Sie hatten das gemeinsame Ziel, exakte Forschung als Werkzeug in den Wissenschaften und in allen Lebensbereichen durchzusetzen und metaphysische Konzepte zurückzudrängen. Am 23. Februar 1934 wurde der *Verein Ernst Mach* durch polizeiliche Verfügung verboten, unter dem Hinweis, dass er für die Sozialdemokratie agitiert habe. Moritz Schlick versuchte, sich mit zwei Protestbriefen zur Wehr zu setzen, verwies auf seine apolitische Gesinnung, pries die Vaterländische Front als wirksamstes Bollwerk gegen den Nationalsozialismus – aber all dies zeigte keine Wirkung. Schlick zog wegen seiner Sympathieerklärung für Dollfuß den Zorn von Rudolf Carnap und Otto Neurath auf sich. Aus guten Gründen kehrte Letzterer, der Begründer der Bildstatistik, nicht mehr von einer Auslandsreise nach Österreich zurück, da er eine Arretierung fürchten musste.

Im Ende Mai 1937 angesetzten Prozess wurde Nelböck zu zehn Jahren Kerkerstrafe verurteilt, kam jedoch im Oktober 1938 wieder frei. Eine Rolle spielte hierbei sicherlich, dass er den Mord bereits im Verhör und dann im Prozess ideologisch motiviert hatte. Die neopositivistische Philosophie habe ihm Religion und Lebenssinn geraubt, er habe aus der positivistischen Irrlehre nicht mehr herausgefunden. Die Verzweiflungstat sei eine logische Folge gewesen. Der Theologe Johannes Messner war von dieser Erzählung tief beeindruckt: »Dieses Geständnis eines Entgleisten enthält den ganzen Jammer und den unentrinnbaren Fluch einer Philosophie, für die die Ideen und die Werte nicht Angelpunkt geistiger Ordnung sind, sondern bestenfalls Bälle für ein Golfspiel des Denkens. Um den Wiederaufbau tragender geistiger Ordnungen geht es aber heute. Eine Philosophie, deren oberstes Gesetz der Zweifel ist, ist dazu ungeeignet.«[16]

Dem Gericht waren allerdings Nelböcks ›philosophische‹ Erklärungen dann doch zu fadenscheinig, Freispruch kam nicht in Betracht. Darüber hinaus gerieten Viktor Matejka, nach 1945 der legendäre kommunistische Kulturstadtrat der Gemeinde Wien, und Leo Gabriel, ab 1951 ordentlicher Philosophieprofessor an der Universität Wien, beim Prozess aneinander. Leo Gabriel war Nelböcks Mentor und setzte ihn bei seinen Vorlesungen zu seiner Vertretung ein. Matejka war als Vorsitzender des Aufsichtsrates des Volksheims Ottakring dafür verantwortlich, dass Nelböck nicht angestellt wurde.[17] Wohl auch als Folge seines Auftritts gegen Gabriel wurde Matejka noch im gleichen Jahr wegen staatsfeindlichen Verhaltens von Bürgermeister Richard Schmitz abgesetzt.

Für einige war aus Schlicks Ermordung nur ein logischer Schluss zu ziehen: Koffer packen und emigrieren, wie es etwa Hilde Spiel in ihren Lebenserinnerungen schildert.[18]

AP

11. Juli 1936
Juliabkommen

Der erwartete Aufschwung will nicht kommen

Franz von Papen, der deutsche Botschafter in Österreich und Strippenzieher des ›Anschlusses‹, fuhr nach dem Juliabkommen 1936 gern und oft mit dem Auto durchs Land, auf dem erlaubterweise Hakenkreuzwimpel angebracht waren, und erfreute sich an den Ovationen der Hitler-Anhänger:innen.[1] Herbeigerufene Gendarmen reagierten, so berichtete Alfred Polgar in einem Feuilleton, lethargisch: »Ja, ja, die Nazis!«[2] Papen genoss seine Präsenz bei Gedenkfeiern oder von ihm arrangierten Kulturveranstaltungen sichtlich:[3] In der Wiener Secession wurde am 7. April 1937 die Ausstellung *Deutsche Baukunst – Deutsche Plastik am Reichssportfeld in Berlin* eröffnet,[4] bei der erstmals Hakenkreuzfahnen vor einem österreichischen Museum wehten, außerdem gab es im Hauptraum eine Hitlerbüste, die täglich von den NS-Sympathisant:innen mit Blumen geschmückt wurde.[5] Einigen Wirbel verursachte Papens Auftritt bei einem Treffen ehemaliger Soldaten in Wels, das zum Absingen von *Deutschland, Deutschland über alles* genutzt wurde.[6] Am 7. Dezember 1937 ließ sich der deutsche Botschafter im Burgtheater neben dem gefeierten Gerhart Hauptmann hofieren.[7]

Die *Katastrophenwirtschaft*[8] – wie der Bankenexperte Erich Hans Wolf (ein Pseudonym für Jakob Hans Hollitscher) 1939 im Schweizer Exil sein Buch über die ökonomische Entwicklung Österreichs betitelte – hatte Vorarbeit zur Einverleibung Österreichs geleistet. Arbeitslosigkeit und wirtschaftliche Depression, verursacht durch die Austeritätspolitik der Nationalbank und der Regierung, lagen in den Jahren 1933 bis 1938 wie ein Fluch über dem ganzen Land und spielten dem nationalsozialistischen Furor in die Hände.[9]

Der Austrofaschismus trat mit dem Versprechen an, den wirtschaftlichen Aufschwung einzuleiten und die Arbeitslosigkeit zu reduzieren, aber sie blieb, allen kleinen Erfolgsmeldungen von der Konsolidierung zum Trotz, konstant hoch bei etwa 300 000 unterstützten Arbeitslosen.[10] Besonders betroffen waren die Jungen, die in einen Beruf einsteigen wollten; ein Experte schätzte unter ihnen bis zu 150 000 Arbeitslose.[11] Die Regierung publizierte zwar regelmäßig Arbeitslosenzahlen, wohlweislich vergaß sie jedoch darauf, auch die Zahl der Ausgesteuerten zu nennen,[12] denn diese wuchs und wuchs. 1937 bezog nur mehr jede:r zweite Arbeitslose reguläre Unterstützung, die andere Hälfte der insgesamt 500 000 bis 600 000 Arbeitslosen (fast 25 Prozent der Menschen im erwerbsfähigen Alter) musste sich mit noch bescheideneren Hilfen zufriedengeben. Die im Brünner Exil erscheinende *Arbeiter-Zeitung* berichtete gar von zwei Dritteln Ausgesteuerten.[13]

Während in Deutschland 1936 und 1937 durch die Aufrüstung nach und nach Vollbeschäftigung zur Norm wurde, gab es in Österreich vielerorts sichtbares Elend: Manche Städte sahen wie Industrieruinen aus, hungernde Kinder belagerten Fürsorgestellen, die Zeitungen berichteten in Permanenz von Suiziden, weil Männer und Frauen die Arbeit verloren hatten. Auf den Straßen multiplizierten sich die Bettelnden, die sich Passant:innen – teilweise aggressiv – in den Weg stellten oder in den Wohnhäusern von Tür zu Tür gingen. Lebensmittelgeschäfte mussten mit der Tatsache zurechtkommen, dass regelmäßig Bettler:innen einzeln oder in Gruppen ein Almosen einforderten.[14] Die Behörden versuchten, die so unangenehme Präsenz der Armut zu verschleiern, warnten vor den »Tricks und Lügen« der »festgefügten Gilde der Gewohnheitsbettler«[15] und nahmen Razzien und Verhaftungen im ganzen Land vor. Im oberösterreichischen Schlögen an der Donau wurde ein spezielles Haftlager mit Stacheldraht und Wachturm errichtet, in dem hunderte Hausierer, kahlgeschoren und in Sträflingskleidung, eingesperrt und in militärischem Drill zur Arbeit im Straßenbau angehalten wurden.[16]

Nationalbankpräsident Viktor Kienböck bewachte den Gral des ausgeglichenen Staatshaushalts und des ›harten‹ Schillings (›Alpendollar‹), was zur Folge hatte, dass keine größeren Arbeitsbeschaffungsprogramme möglich waren, sondern lediglich Sozialabbau. Schuschnigg, stets beschäftigt mit Umbauarbeiten der ›Ständestaats‹-Konstruktion und den Ränken der zahlreichen Regierungsumbildungen, dachte viel zu realitätsfern und ließ die Währungshüter gewähren. Seine wirtschaftspolitische Durchsetzungsschwäche erlaubte nicht einmal in Ansätzen die Idee, das Steuer durch »deficit spending« herumzureißen.[17] Sein Eifer galt den Kräften der Kultur, mit denen er das Unheil abwenden zu können glaubte. In die Defensive getrieben, polemisierte er öffentlich gegen das »Raunzertum« und den »Defaitismus«,[18] was als beredtes Signal gelten konnte, wie es um die Stärke des Regimes bestellt war. Selbst bei den Trägern des Regimes stiegen Resignation und Verdruss, die Loyalität schwand zusehends, sichtbar auch im Kulturbetrieb. In der Brünner *Arbeiter-Zeitung* wurde berichtet, dass Schuschnigg 1936 einer Gewerkschaftsdelegation gesagt habe, dass nur mehr 10 bis 15 Prozent hinter seiner Regierung stünden, weshalb er diktatorisch regieren müsse.[19] Die Endzeitstimmung wuchs – und mit ihr bei einem immer größer werdenden Teil der Bevölkerung die Sehnsucht nach Erlösung.

Alle Bevölkerungsgruppen litten unter den Folgen der Massenarbeitslosigkeit, aber in der subjektiven Wahrnehmung der Betroffenen ging es den Kulturschaffenden besonders schlecht. Überaus heftig traf es die Heerschar von Musiker:innen, die infolge des rasanten Medienwandels vor dem Nichts standen, was die erschreckenden Arbeitslosenziffern zeigten. Im *Ring der ausübenden Musiker Österreichs* waren im November 1936 17 500 Musiker:innen organisiert, hiervon gingen 10.000 noch einem Nebenerwerb nach, mit dem sie allerdings nur notdürftig über die Runden kamen. Die Zahl der Berufsmusiker:innen, die ausschließlich von der Musik lebten, belief sich auf etwa 7000, jedoch waren nur 800 von ihnen beschäftigt.[20] Im Jahr 1926 fanden in den österreichischen Kinos noch 2076 Musiker:innen Beschäftigung,[21] Mitte der 1930er-Jahre sollte dies ein Ende haben: »Nur die Elite der Musikerschaft, mehrere hundert Künstler, wird heute noch dauerhaft beschäftigt, während die große Masse der Musiker längst der Ungunst der Verhältnisse zum Opfer gefallen ist. [...] Die Umstellung der Kinobetriebe auf den Tonfilm hatte natürlich die Auflösung der Kapellen zur Folge. Die fortschreitende Wirtschaftskrise tat ihr übriges. Kaffeehäuser, Nachtlokale, Varietés, Privattheater mussten ihren Betrieb sperren oder ihn zumindest zur Verringerung der hohen Abgaben einschränken, und das Heer der arbeitslosen Musiker wuchs erheblich.«[22]

Wie den etwa 90 Prozent Arbeitslosen unter den Musiker:innen ein gesichertes Fundament bieten? Eine vielversprechende Idee schien, Tantiemen für die Musikwiedergabe mit mechanischen Tonträgern einzuheben.

»Zu besteuern wären die Einfuhren der Schallplatten, die Inlandsproduktion, der Verkauf und die öffentliche Vorführung in Gasthäusern, Kaffeehäusern, Tanzdielen, auf Sportplätzen und in Gartenlokalen. Nach vorsichtiger fachmännischer Schätzung würde diese Schallplattensteuer, ohne daß Sätze von unerträglicher Höhe bestimmt werden, eine Summe von drei Viertelmillionen Schilling jährlich ergeben.«[23]

In einer ähnlich miserablen Situation befanden sich die bildenden Künstler:innen, die ebenfalls in den Klagechor der Kunstschaffenden einstimmten. Maler:innen und Bildhauer:innen berichteten, dass sie zu den Ersten im Kulturbereich gehörten, die die Krise des Bürgertums zu spüren bekamen. Vergeblich hielten sie Ausschau nach Mäzenen, vergeblich appellierten sie an die Museen oder Gemeinden, da nur wenige über Verkaufsausstellungen zu Einnahmen kamen. »Heute schimpft und kauft man weniger als früher, so hat das besitzende Publikum an Bedeutung für den Künstler gewaltig eingebüßt. Das wohlhabende junge Ehepaar erwirbt vielleicht ein einziges Bild, [...] eine einzige Bildnismaske aus Terrakotta. [...] Man betätigt den Schönheitssinn [...] vor allem am eigenen Auto.«[24] Ähnliches war auch von Seiten der Architekt:innen zu hören, die unter einem Mangel an Aufträgen litten. Josef Hoffmann, einer der Größen des Landes, erregte sich: »Das Auto ist heute der Konkurrent für das gepflegte Heim. Für die Wohnung wird nur das Allernotwendigste angeschafft, denn es muß unbedingt auch ein Auto gekauft werden. Das Auto macht das Heim überflüssig.«[25]

Wie mit der Flut von Klagen umgehen und Lösungen für die Misere anbieten? Die Regierung saß gewissermaßen in einer selbst gebauten ideologischen Falle, denn bei jeder Gelegenheit betonten die führenden Repräsentanten wie in einer Endlosschleife, dass Österreich ein ganz besonderes Kulturland, dass es ein Hort der deutschen Kultur sei, dass sich die Österreicher:innen durch eine besondere kulturelle Begabung auszeichneten, weil sie immer schon die Hüter:innen der christlich-deutschen Kultur gewesen seien und »in jahrhundertealter Tradition diese Kultur gehortet, gehütet, gepflegt und weitergegeben habe[n]«[26]. Gleichzeitig ließ dieses Österreich die Künstler:innen aber hungern. Rudolf Jeremias Kreutz war nicht der Einzige, der auf den himmelschreienden Unterschied zwischen Anspruch und Realität aufmerksam machte. Mozart, Beethoven, Grillparzer – gut und schön. Das offizielle Österreich sei ein »gedächtnisstarke[r]

Verwalter der Unvergeßlichkeit«,[27] in diesem Lande wäre es als Künstler:in »das Schlechteste nicht, tot zu sein«.[28] Und dann kam der Vorwurf, den man an den vergangenheitsverliebten Kurs des ›Ständestaates‹ generell richten konnte: »Nekrophilie«.[29]

Es wäre ein Versäumnis, an dieser Stelle nicht zu erwähnen, dass die Verbesserung der materiellen Situation der Kunstschaffenden ein großes Anliegen der Regierung war. Der Große Österreichische Staatspreis für die Sparten Bildende Kunst, Literatur und Musik wurde geschaffen und erstmals 1934 vergeben,[30] durch einen bis heute gebliebenen Kulturaufschlag bei den Radiogebühren wurden Extramittel für kulturelle Projekte lukriert.[31] Defizitäre Theater wurden aufgefangen, die österreichischen Verlage gefördert, den Salzburger Festspielen garantierte die Regierung die Defizitabdeckung. Die ›Länderbühne‹ der VF-Freizeitorganisation *Neues Leben* sollte auch eine Initiative sein, Schauspieler:innen zu beschäftigen. Zugleich war diese Kulturförderung vor dem Hintergrund der großen Not und des öffentlichen Sparzwanges zu wenig, ja erregte aufgrund der Willkür und ideologischen Nebenabsichten der Regierung die Gemüter.[32]

Das Urheberrechtsgesetz, das die Stellung der Autor:innen in der neuen Mediensituation stärkte, wurde reformiert und am 9. April 1936 kundgemacht.[33] Österreich hing allerdings dabei von internationalen Vereinbarungen, etwa der Berner Urheberrechtskonvention, ab. Der Rolle der Verwertungsgesellschaften, der *Literar-Mechana* und der *Gesellschaft der Autoren, Komponisten und Musikverleger* (AKM), kam erhöhte Aufmerksamkeit zu.[34]

Bei der immer wieder ventilierten, aber letztlich aus guten Gründen nie realisierten Idee einer österreichischen *Künstlerkammer*[35] scheiterte die Regierung an der Realität, dass österreichische Künstler:innen von Engagements im ›Dritten Reich‹ oder Tantiemen aus dem deutschen Absatzgebiet abhängig waren. Es erschien ratsam, den Vorgaben zu folgen. Vorsorglich unterwarf sich die österreichische Filmproduktion durch das deutschösterreichische Filmabkommen den deutschen Forderungen nach Ausgrenzung der beteiligten jüdischen Kolleg:innenschaft. Als im Raum stand, dass alle österreichischen Bühnenkünstler:innen (immerhin rund 1500) ihr Engagement in Deutschland verlieren würden und nach Österreich zurückkehren müssten,[36] herrschte Nervosität. Als die reichsdeutsche Regierung die Buchexporte durch Preisdumping förderte,[37] war man in Österreich hilflos. 90 Prozent der erfolgreichen österreichischen Schriftsteller:innen publizierten bei deutschen Verlagen, 75 Prozent der deutschen Buchproduktion wurden nach Deutschland exportiert.[38] Im ökonomischen Opportunismus war es für die österreichischen Verlage geboten, sich bei der Indizierung an den deutschen Vorgaben zu orientieren. Wegen der deutschen Devisenbewirtschaftung war es schwierig, die im ›Dritten Reich‹ lagernden Guthaben nach Österreich zu bringen. Die Zermürbungspolitik war kombiniert mit großartigen Aussichten: Durch den ›Anschluß‹ avancierte zumindest ein Teil der Schriftsteller:innen (»Vorhut der Nation«) zu Großverdiener:innen.[39]

Um 2.30 Uhr des 12. März 1938 begann der Einmarsch der deutschen Wehrmacht in Österreich. Viele Schriftsteller:innen sahen sich aus innerem und äußerem Antrieb genötigt, der ›Volksabstimmung‹ am 10. April hymnische Huldigungen in Tageszeitungen vorauszuschicken, was im *Bekenntnisbuch österreichischer Dichter*[40] gipfelte. Rassistische Ausgrenzung, Vertreibung, Terror, Kriegsvorbereitung und die sich abzeichnende ›Endlösung‹ blieben selbstredend in diesen Preisungen als ›Kollateralschaden‹ für Volksgemeinschaft, Vollbeschäftigung, Karrierechancen und Kindergeld unerwähnt.

29. Juli 1936

Das olympische Feuer auf Zwischenstopp in Wien

Hitlers Spiele in Garmisch-Partenkirchen und Berlin 1936

Die Erwartungen waren denkbar groß. Zum Selbstverständnis des neuen Österreichs gehörte es, eine internationale sportliche Großmacht zu sein. Die Ergebnisse und Medaillenausbeute bei den Olympischen Winterspielen in Garmisch-Partenkirchen (6. bis 16. Februar 1936) und den Sommerspielen in Berlin (1. bis 16. August 1936) waren zwar respektabel, aber bei weitem nicht so, wie man es sich in Österreich gewünscht hatte und es den eigenen Ansprüchen gerecht geworden wäre.

Bei der Eröffnung in Garmisch-Partenkirchen stellten die Österreicher:innen als größte ausländische Delegation schon mittels der Kleidung dezidiert – und angesichts von Hitlers ›Anschluß‹-Agenda provokant – österreichisches Selbstbewusstsein zur Schau. Die Festkleidung bestand aus einer dunkelblauen Schihose und einem rot-weiß-rot gestreiften Pullover mit dem aufgenähten Staatswappen auf der Brust und einer blauen Norwegerkappe.»Der wahre Sportler ist ein Herold der Heimatliebe, ein getreuer Diener seines Landes.«[1]

Garmisch-Partenkirchen[2] war der Probegalopp für Berlin. Hitler, Goebbels, Göring, Streicher und Frick waren bei der Eröffnung der Winterspiele anwesend und stahlen auch hier dem Sport die Aufmerksamkeit; die große, mit höchstmöglichem Aufwand betriebene Propagandashow jedoch sollte erst in Berlin zum Zug kommen. Die einzige österreichische Goldmedaille bei den Winterspielen errang erwartungsgemäß Karl Schäfer im Eiskunstlauf.[3] Bei den Damen wurde im gleichen Bewerb die österreichische Medaillenanwärterin Hedy Stenuf lediglich Sechste. Empörung bei der österreichischen Berichterstattung löste die Bewertung beim Paarlauf aus, da Ilse und Erik Pausin zwar dem Anschein nach auch beim Publikum

Werbeplakat zur Stützung des Österreichischen Olympiafonds, 1936
Österreichische Nationalbibliothek – Bildarchiv

eindeutig am besten ankamen, es aber der deutsche Preisrichter durch eine besonders schlechte Bewertung des österreichischen Duos schaffte, dem deutschen Paar Maxi Herber und Ernst Baier die Goldmedaille zuzuschanzen. Felix Kaspar belegte im Eiskunstlauf noch Rang drei, Max Stiepl beim 10 000-Meter-Langlauf ebenfalls – das war bereits die ganze ›Ausbeute‹. Besonders enttäuschten die schlechten Platzierungen bei allen alpinen Disziplinen, die erstmals Teil der Olympischen Spiele waren; auch die Schispringer waren weit entfernt vom Stockerlplatz; Sepp Bradl[4], einer der Favoriten, war nach einem schweren Sturz im Training noch gehandicapt und landete auf Platz 19. »Alle Erfolge also auf Schlittschuhen, nichts auf Skiern«[5], resümierte ein Kommentar.

Auch die Berichte über die Begleitumstände in Garmisch sorgten in Österreich für Aufregung. Die Aktiven klagten über die Unterbringung in einem Gasthaus, wo sie zu viert in ein kleines Zimmer gepfercht und durch den Lärm der Gastwirtschaft während nahezu der ganzen Nacht gestört wurden. Die schwere Kost war denkbar ungeeignet für Sportler:innen.[6] Bei der Nachbereitung in den deutschen Medien fühlte sich das österreichische Team sein Selbstbewusstsein gekränkt.[7]

Und dann war da noch der große Eklat, den nicht der deutsche Gastgeber, sondern das *Internationale Olympische Komitee* (IOC) ausgelöst hatte. Ursprünglich sollte es 1936 aufgrund der Olympiade keine FIS-Wettkämpfe geben. Aber wegen der rigorosen Auslegung des Amateurparagraphen kam es anders: Vom IOC wurde beschlossen, jene Rennläufer:innen von der Konkurrenz auszuschließen, die sich erwerbsmäßig als Schilehrer:innen betätigten, da diese als ›Professionals‹ anzusehen seien. Diese Bestimmungen wirkten sich vor allem zuungunsten der Schweizer und österreichischen Läufer:innen aus. Als Retourkutsche beschloss die FIS, in Innsbruck Wettkämpfe (heute als Weltmeisterschaften anerkannt) von 15. bis 22. Februar 1936 anzusetzen, wo sich die wahren Größen des alpinen Schisports messen sollten.[8] Die Sportler:innen erhielten damit die Möglichkeit, nach Garmisch-Partenkirchen gleich im nahen Innsbruck aufzutreten. Die Ergebnisse bestätigten die Erwartungen: Im Abfahrts-Einzelbewerb belegte der Schweizer Rudolf Rominger den ersten Platz, Österreich war als Mannschaft (mit Eberhard Kneisl und Rudi Matt) erfolgreich. Im Damenabfahrtslauf stand die Engländerin Evelyn Pinching ganz oben auf dem Podest. Der

Slalom entsprach dann ganz dem Geschmack der Zuschauer:innen und der Politik: Die Österreicher:innen (Matt bei den Herren, Gerda Paumgarten bei den Damen) führten das Klassement an.[9]

Die Kampfansage an das IOC wurde politisch untermauert. Den reichsdeutschen Läufer:innen erteilte man für die Weltmeisterschaften in Innsbruck Startverbot, was sogar von der *Neuen Freien Presse* als unfair beurteilt wurde.[10] Österreich nutzte die FIS-Bewerbe in Innsbruck als Bühne, um sich für die Demütigungen in Garmisch zu rächen.[11] Sowohl bei den Schirennen als auch bei den Siegerehrungen waren Vizekanzler und Österreichs oberster Sportführer Ernst Rüdiger Starhemberg sowie Bundespräsident Wilhelm Miklas samt weiterer politischer Vertreter anwesend, der englische FIS-Präsident spottete bei der Siegesfeier zum Gelächter der österreichischen Prominenz über das Olympische Komitee.[12]

Es lässt sich in der Retrospektive nicht eruieren, ob die österreichische Regierung und IOC-Präsident Theodor Schmidt jemals daran gedacht hatten, Hitlers Olympische Spiele zu boykottieren. Die offiziellen Verlautbarungen gaben keinen Hinweis darauf, konsequent wäre es eigentlich gewesen.[13] Denn die sportlichen Beziehungen zwischen Österreich und dem Deutschen Reich standen als Reaktion auf den deutschen Druck unter einem denkbar schlechten Stern und kamen bereits 1933 fast zum Erliegen.

Knapp vor der Nominierung der heimischen Nationalmannschaft veröffentlichten die jüdischen Turn- und Sportverbände einen Boykottaufruf. Judith Deutsch, österreichische Rekordhalterin in verschiedenen Schwimmdisziplinen, sagte ihre Teilnahme ab,[14] ebenso Ruth Langer und Lucie Goldner.[15] Die oberste Sportbehörde hatte kein Verständnis für diesen Protest und sperrte die Sportlerinnen auf Lebenszeit, reduzierte die Sperre allerdings später auf zwei Jahre. Erich Fincsus, Alfred König und Grete Neumann zogen, abgeschreckt von diesem Beispiel, ihre Absagen wieder zurück.[16]

Selbstredend beobachtete man auch in Österreich sehr genau, was in Berlin passierte, die Offiziellen mussten wissen, dass das ›Dritte Reich‹ durch die Vorbereitung und Durchführung der Olympiade national wie international genügend Kredit erhalten wollte, um für eine größere Agenda gerüstet zu sein. Nach dem Austritt aus dem *Völkerbund*, der Ausrufung der Wehrpflicht und der Rheinlandbesetzung gab es im Sommer 1936 eine Art »olympische Pause«[17].

1935 liefen die Vorbereitungen für die Berliner Olympiade auf Hochtouren, die österreichische Regierung bewilligte ein Budget.[18] Der amerikanische Trainer Harold Anson Bruce wurde als Leichtathletik-Trainer verpflichtet; die Leistungen bei den Leichtathletik-Länderkämpfen gegen die Tschechoslowakei, Italien, Jugoslawien oder Griechenland schürten die Medaillenerwartungen.[19] Die Gewichtheber, Ruderer, Schwimmer:innen und Handballer berechtigten ebenfalls zu Hoffnungen bei der Platzierung.[20]

Um die Olympischen Spiele im zeitlichen Vorfeld noch ein weiteres Stück öffentlichkeitswirksamer vorzubereiten, hatten sich die deutschen Organisatoren etwas Neues und Besonderes einfallen lassen. Ein 3000 Kilometer langer Staffellauf sollte das Feuer der Begeisterung entfachen. Das archaische Symbol der Fackel sollte auf die tiefe Beziehung zwischen der ursprünglichen griechischen und der modernen Olympiade, zwischen Antike und neuem Deutschland verweisen. Das Feuer wurde durch ein Brennglas im griechischen Olympia entzündet und anschließend quer durch Europa im Lauf getragen. Kurze Weihestunden in den durchquerten Hauptstädten waren die einzigen Unterbrechungen, bis das Feuer am 1. August 1936 am Ostportal der deutschen Kampfbahn in Berlin ankam und dort als Wahrzeichen des ›ewigen Gottesfriedens‹ bis zum letzten Tag der Spiele brannte.

In Wien wurde die Ankunft des olympischen Feuers groß vorbereitet. Viele zehntausende, ja hunderttausend Zuschauer:innen aus allen Bundesländern sollten am 29. Juli auf der Ringstraße und auf dem Heldenplatz versammelt sein. Der Organisationsausschuss des *Österreichischen Olympischen Comités* kündigte an, für die Weihestunde alle organisatorischen Kräfte aufzubieten, um die Feier als einen glanzvollen und symbolhaften Festakt zu gestalten und den Zuschauer:innen die olympische Idee zu vermitteln.[21] Ein Filmteam unter der Leitung von Leni Riefenstahl war bereits seit Mitte Juli 1936 in Wien, um die Proben der österreichischen Fackelläufer:innen zu filmen; weniger goutiert wurde, dass Kameraleute unangekündigt beim Training der Leichtathlet:innen erschienen.[22] Um unangenehmen Vorfällen vorzubeugen, wurde der Ring zwischen dem Schwarzenbergplatz und der Universität abgesperrt, für die Zuschauer:innen von Festzug und Fackellauf wurden Eintrittskarten ausgegeben.

Was am Abend des 29. Juli 1936 in Wien passierte, war ein Schock für die Staatsspitze. Denn Nationalsozialist:innen störten den Festzug und die Feier gründlich, indem sie ein großes Kontingent an Eintrittskarten erwarben (nach Angaben des Sportführers Ernst Rüdiger Starhemberg waren es 30 000[23]). Da das Tragen von NS-Uniformen und -Zeichen verboten war, signalisierte man mittels weißer Socken seine politische Gesinnung. Während der Parade lief noch alles nach Plan.[24] Beim Eintreffen der Fackel zur Weihestunde am Heldenplatz mit dem Heldengedenken an die Soldaten des Ersten Weltkrieges passierte jedoch das Unerwartete. »Sieg Heil«- und »Heil Hitler«-Rufe ertönten. Als die Haydn-Hymne angestimmt wurde, sangen die Störenden das *Deutschlandlied* und nicht den Kernstock-Text. Als Starhemberg ans Rednerpult trat, wurde er niedergeschrien. Es herrschte Chaos. Größere Wachekontingente wurden gerufen. Insgesamt wurden von der Polizei 155 Personen in Haft genommen, zwei Drittel davon waren Jugendliche, die Mehrzahl war unbescholten.[25]

Die österreichische Regierung hatte angenommen, dass mit der wenige Tage zuvor erfolgten Unterzeichnung des Juliabkommens Friede und Eintracht in die deutsch-österreichische Beziehung einziehen werde. In den Kinos lief der Kriegsfilm *Schulter an Schulter* an.[26] Berlin bestritt freilich jeden Zusammenhang mit den Wiener Vorkommnissen und distanzierte sich davon, verurteilte sie gar als marxistische Aktion. Die große Kundgebung der Vaterländischen Front am nächsten Tag, die beweisen sollte, dass die jugendlichen Demonstrant:innen isoliert waren, sollte die Wut abreagieren.[27]

Während in Wien Verunsicherung herrschte, wurde in Berlin am 1. August die Olympiade eröffnet. Mächtig Eindruck – nicht nur auf die österreichische Delegation – machte, wie sich das Olympiagelände architektonisch präsentierte: Das Olympiastadion mit den 100 000 Plätzen, das Reichssportfeld, das nach antiken Vorbildern gestaltete Dietrich-Eckart-Freilufttheater, die steil anhebende Tribüne des Schwimmstadions, die filigranen Türme des olympischen Tors, der Glockenturm – alles schien makellos und gab Kunde von NS-Deutschlands Zukunftsglauben. Und dann die eindrucksvoll choreographierte Eröffnung. Hitler sagte bei der Eröffnung zwar nur einen Satz, aber alles war auf seine Person zugeschnitten. Österreichische Zuschauer:innen taten sich im Stadion, so berichtete Botschafter Stephan Tauschitz besorgt nach Wien, durch besonders fanatische »Heil Hitler«- und »Sieg Heil«-Rufe hervor.[28] Die Olympiade war ein Medienereignis ersten Ranges, auch in Österreich. Überdies konnte erstmals einem größeren Publikum in achtundzwanzig öffentlichen Räumen das neue Medium Fernsehen mittels Live-Übertragungen vorgeführt werden.[29]

Nach der Abschlussfeier am 16. August 1936 galt es auch in Österreich, nach zwei Wochen olympischer Wettkämpfe Bilanz zu ziehen. Die Olympiade wurde vom *Österreichischen Olympischen Comité* als Erfolg gewertet, es gab einen begeisterten Empfang in vielen Orten, schließlich hatte Österreich so viele Medaillen wie nie zuvor erkämpft: Siebenmal Gold für Österreich, einunddreißig Silbermedaillen und acht Bronzemedaillen. Vor allem die Paddler überraschten, ein Stemmer im Leichtgewicht errang ebenfalls Gold. Dennoch hatte man einige Minuspunkte zu verkraften: Für die Fußballamateure, die beim Finale gegen die italienischen Halbprofis so begeisternd gespielt hatten, gab es nur die Silbermedaille. Bei den Leichtathletikbewerben ging Österreich leer aus, die favorisierte, allerdings leicht verletzte Herma Bauma, die kurz zuvor den Europarekord im Speerwurf geschafft hatte, erreichte nur den vierten Platz.[30]

AP

1. September 1936

Neueröffnung des Theaters an der Wien

Wie einst im Mai

Axel an der Himmelstür, das war der Titel des Stücks, das am 1. September 1936 in Wien uraufgeführt wurde. Im Saal saßen Damen und Herren aus der ›besseren Gesellschaft‹, darunter auch Bundeskanzler Kurt Schuschnigg.[1] Es war ein festlicher Anlass: Das Theater an der Wien, das 1935 aufgrund wirtschaftlicher Schwierigkeiten geschlossen worden war, wurde unter neuer Leitung wieder eröffnet. Und was wurde dem illustren Publikum geboten? Klopfte etwa ein neuer Jedermann zu maßvoll moderner Sakralmusik an die Pforte des Himmels und begehrte Einlass ins Paradies? Das könnte man angesichts der katholischen Großwetterlage vermuten, ginge damit aber gründlich in die Irre. *Axel an der Himmelstür* war kein frommes Erbauungsstück, sondern ein »musikalisches Lustspiel«[2] voll Glamour, Klamauk und Erotik. Schauplatz des Geschehens war die Kinometropole Hollywood, und die Himmelstür, die der smarte Journalist Axel Swift zu erstürmen suchte, führte in die Wohnung, wenn nicht gar ins Bett der Filmdiva Gloria Mills. Sie wollte von Axels Avancen zunächst nichts wissen, verfiel aber schließlich doch seinem Charme.

Wien erlebte also einen ungewöhnlich amüsanten, wahrscheinlich etwas ›gewagten‹, jedenfalls aber virtuos und geschmackvoll realisierten Theaterabend. Der Zuspruch war groß, die Aufführung wurde 190-mal en suite wiederholt.[3] In einer Rezension der Uraufführung beschrieb Fred Heller den *Axel* als Kombination unterschiedlicher Genres: »Aus Hollywooder Vorbildern und bühnenwirksamen Zutaten gemixt, mit Sketch-, Lustspiel-, Operetten- und (besonders im letzten Akt) mit Possenelementen zu einem unterhaltsamen Theaterabend gestaltet, mit viel Humor und ein wenig Ernst, für den besseren Geschmack reichlich mit Parodie, für die Galerie mit unbedenklichem Gspaß assortiert, kommt das Stück dem Komponisten und den Darstellern entgegen.«[4] Die überwältigende Wirkung dieser eleganten Melange beschrieb die *Illustrierte Kronen Zeitung* mit den Worten: »Es war eine Premiere wie einst im Mai! Mit rauschendem Beifall, mit Blumenregen und echter Begeisterung, mit beschwingter Benatzky-Musik und einem hocheleganten Festpublikum, das sich einmal wirklich von Herzen unterhalten konnte.«[5]

Hier wird der Komponist genannt, dessen Musik zum Glanz des Ganzen erheblich beitrug: Ralph Benatzky, der, spätestens seit seine austriakische Nostalgie-Operette *Im weißen Rößl* 1930 im Großen Schauspielhaus in Berlin uraufgeführt worden war, internationale Bekanntheit erlangt hatte. Auch das Libretto war von zwei erfahrenen Könnern verfasst worden: Paul Morgan, Kabarettist und Schauspieler mit Wiener Wurzeln, Berliner Wirkung und Hollywood-Erfahrung (1930 hatte er dort an der deutschen Fassung zweier amerikanischer Komödien mitgewirkt), und Adolf Schütz, Wiener Drehbuchautor, Schauspieler und Regisseur. Die Liedtexte stammten von einem jungen Nachwuchsautor namens Hans Weigel, der gerade dabei war, sich sowohl als politischer Satiriker auf Kleinbühnen wie Der liebe Augustin und Literatur am Naschmarkt als auch als Schlagertexter in der Unterhaltungsbranche einen Namen zu machen. Regie führte Arthur Hellmer, der neue Direktor des Theaters an der Wien. Die *Neue Freie Presse* vermerkte lobend, dass Hellmer »das Neue Theater in Frankfurt am Main vierundzwanzig Jahre geleitet und zu einer der maßgebendsten deutschen Privatbühnen gemacht hat«[6]. Nicht erwähnt wurde jedoch, dass Hellmer seine Frankfurter Intendanz aufgeben musste, weil er dem antisemitischen (NS-)Verfolgungswahn zum Opfer gefallen war. Hellmer wollte das Theater, das von seinen Vorgängern (Hans Knappl, Hubert Marischka und Wilhelm Karczag) als reine Operettenbühne geführt wurde, wieder für andere Genres öffnen, da für ihn die große Zeit der Operette vorüber war. Diese Änderung des Konzepts stieß in Wien auf den Widerstand der Sprechtheater, die unlautere Konkurrenz vermuteten, und auf antisemitisch gefärbte Vorbehalte, da Hellmer unter anderem aus Deutschland emigrierte jüdische Künstler:innen engagierte.[7] Mit *Axel an der Himmelstür* machte er einen seiner erfolgreichsten Schritte der Erneuerung, ohne seine alte Klientel zu vergraulen. Denn, wie Fred Heller über das Stück meinte: »Es weicht der Operettenschablone aus, nicht aber dem Operettenpublikum.«[8]

Zarah Leander als Gloria Mills in *Axel an der Himmelstür* von Ralph Benatzky
Österreichische Nationalbibliothek – Bildarchiv

Optimal besetzt waren die beiden Hauptrollen, wie die Kritik einhellig festhielt: Als Axel war Max Hansen zu sehen, ein überregional geschätzter Sänger und Schauspieler mit dänischer Mutter und ungarisch-jüdischem Vater, der schon als Kellner Leopold im *weißen Rößl* das Publikum bezaubert hatte und dessen Stimme auf vielgekauften Schallplatten zu hören war.

Gloria Mills hingegen wurde von einer damals noch eher Unbekannten verkörpert: Zarah Leander. Die schwedische Sängerin erlebte mit diesem Auftritt ihren großen Durchbruch und wurde von der Kritik mit Greta Garbo[9] und Marlene Dietrich[10] verglichen. Sie begeisterte das Publikum durch ihre ausdrucksstark tiefe Stimme und ihren »Reiz des Erotischen«[11]. Das großzügig geschnittene Dekolleté ihres Abendkleids provozierte den anzüglichen Scherz, die Diva eröffne Einblicke »von der Axel bis zur Himmelstür«[12].

Dieser Abend auf einer traditionsreichen Bühne – aber mit Traumweltkulissen aus Hollywood – brachte also sechs Männer und eine Frau zusammen, deren Lebensläufe symptomatisch sind für die Vielfalt, die Gefährdung und die Fragwürdigkeit der Unterhaltungskultur des 20. Jahrhunderts: Paul Morgan, Max Hansen, Arthur Hellmer, Hans Weigel, Adolf Schütz, Ralph Benatzky und Zarah Leander. Ihnen bot sich 1936 in Wien die Gelegenheit für einen gemeinsamen, eindrucksvollen Auftritt; wo sie herkamen und wo sie danach hingingen, soll hier in wenigen Strichen skizziert werden.

Paul Morgan wurde 1886 in Wien geboren und wuchs dort im jüdischen Bildungsbürgertum als Sohn des angesehenen Rechtsanwalts Dr. Gustav Morgenstern auf. Seine Laufbahn begann vor dem Ersten Weltkrieg am Theater in der Josefstadt, doch wurde er 1918 von Victor Barnowsky ans Deutsche Künstlertheater in Berlin verpflichtet. Unter seinem Künstlernamen (wohl ein Tribut an die damals virulente Amerikanisierung) wurde er zu einem der beliebtesten Schauspieler und Kabarettisten im Berlin der 1920er-Jahre. Im Gedächtnis der Nachwelt blieb vor allem das Kabarett der Komiker, in dem Morgan als Conférencier brillierte. Er war einer der drei Gründer dieses Etablissements, das der gemäßigten Linken zugeordnet werden konnte, darüber aber niemals das Amüsement vergaß.[13] Die beiden anderen Gründerväter waren Kurt Robitschek, der zwar aus Prag stammte, aber auch über Wien nach Berlin gekommen war, und jener Max Hansen, der 1936 als Axel vor der Himmelstür stehen sollte. 1933 verließ Morgan das nationalsozialistisch gewendete Berlin und kehrte nach Wien zurück. Dort konnte er bis 1938 noch gelegentlich auftreten, der *Axel*, an dem er als Librettist und Darsteller mitwirkte, war sein mit Abstand größter Erfolg. Im Mai 1938 gehörte er – wie sein Freund und Kabarettkollege Fritz Grünbaum – zu jenen, die aus politischen und rassistischen

Gründen ins Konzentrationslager Dachau verschleppt wurden. Im September brachte man Morgan von dort nach Buchenwald, wo sein Leben am 10. Dezember 1938 endete. Als offizielle Todesursache gab die Lagerleitung »Lungenentzündung« an.

Als der 1897 geborene Max Hansen 1936 in Wien auftrat, war er in Deutschland schon längst als ›unerwünscht‹ eingestuft, da er sich in seinen Chansons mehrmals als Gegner des Regimes deklariert hatte. 1937 inszenierte er noch an der Wiener Volksoper Benatzkys Schilehrer-Operette *Herzen im Schnee*, seine künstlerische Tätigkeit war jedoch nicht auf Österreich beschränkt: Er trat in der Schweiz, in Dänemark und Schweden auf und lebte in Kopenhagen. Gleichwohl unternahm er 1934 den Versuch, einen ›Ariernachweis‹ zu erwerben, indem er, der unehelich geboren war, seinen jüdischen Vater verleugnete und stattdessen einen skandinavischen geltend machte. Die New Yorker Exilzeitschrift *Aufbau* ernannte ihn daraufhin ironisch zum »Arier h.c.«[14] und verurteilte seine Anbiederung an den Nationalsozialismus. Seine Intervention blieb erfolglos, er wiederholte sie 1939 und 1941. Der dritte Versuch gelang, Hansen machte allerdings letzten Endes keinen professionellen Gebrauch davon. Als die Deutschen 1940 Dänemark besetzten, versuchte Gustaf Gründgens, der mächtige Berliner »Generalintendant der Deutschen Schauspiele«[15], Hansen nach Berlin zurückzuholen, doch dieser verzögerte die Verhandlungen und emigrierte in der Zwischenzeit nach Stockholm, wo er bis zu seinem Tod im Jahr 1961 lebte.

Auch Arthur Hellmer, Jahrgang 1880, musste 1938 den Weg in die Emigration antreten. Er wurde aus Wien vertrieben, wie fünf Jahre zuvor aus Frankfurt: Das Theater an der Wien wurde am 17. März 1938 geschlossen, Hellmer musste auf Befehl eines Arbeiters in SA-Uniform die Schuhe der Bühnenarbeiter mit einer Zahnbürste putzen.[16] Er fand Schutz in Großbritannien und kehrte 1946 nach Deutschland zurück, wo er bis 1961 lebte und arbeitete.

Hans Weigel, 1908 in Wien geboren, verließ seine Vaterstadt ebenso und emigrierte 1938 in die Schweiz. 1946 kam er nach Wien zurück, wo er bis 1991, seinem Todesjahr, als maßgeblicher Literaturvermittler und Kulturkritiker wirkte. Seine Arbeit als Schlagertexter relativierte er im Rückblick und erklärte, »er höre es lieber, ›wenn [man] mich als den Weigel von der

Literatur am Naschmarkt und nicht als den Weigel von ›Axel an der Himmelstür‹ bezeichnet«"[17].

Adolf Schütz, geboren 1895 in Wien, emigrierte 1938 nach Finnland und 1940 nach Schweden, wo er als Übersetzer, Drehbuch- und Bühnenautor (über-)lebte. Von dort aus arbeitete er für das Kino und für das Fernsehen der Bundesrepublik Deutschland. 1959 entwickelte der österreichische Emigrant die Idee für den Revuefilm *Die Nacht vor der Premiere*, in dem Marika Rökk, ein Star der nationalsozialistischen Unterhaltungsindustrie, die Hauptrolle spielte. Er starb 1974 in Stockholm.[18]

Ralph Benatzky überragte all die anderen durch enorme Produktivität und große Erfolge. Er war das, was man heute etwas verklärend einen ›Altösterreicher‹ nennt: 1884 in Mährisch-Budwitz (Moravské Budějovice) geboren, besuchte er in jungen Jahren eine k.u.k. Kadettenschule und studierte später (unter anderem bei Antonín Dvořak in Prag) Musik, aber auch Philosophie und Germanistik. 1910 wurde er von der Universität Wien für die Arbeit *Goethe und das Volkslied* zum Dr. phil. promoviert. Bald wandte er sich jedoch dem Kabarett, dem jazzartigen Schlager und der Operette zu. Obwohl Komponist so berühmter Wienerlieder wie *Ich muss wieder einmal in Grinzing sein*, verlegte er das Zentrum seiner Tätigkeiten schließlich nach Berlin. Warum? Das erklärte er selbst in seinem Tagebuch: »Berlin entwickelt sich immer enormer. Die Absatz- und Verdienstmöglichkeiten sind dort bestimmt größer als in dem langsam dahinsiechenden parteienzersplitterten, bolschewistischen Wien.«[19]

Diesen Weg aus der österreichischen Hauptstadt in die deutsche schlugen in der Zwischenkriegszeit viele Künstler:innen ein. Selbst wenn nicht alle Benatzkys Analyse der »bolschewistischen« Zustände in Wien teilten, wussten sie doch, dass Berlin mit seinem Überangebot an Theatern, Kinos, Zeitungsredaktionen etc. viel attraktivere Arbeitsmöglichkeiten bot als die Hauptstadt des klein gewordenen Österreich.[20]

Nach 1933 wollte sich Benatzky in der Schweiz einbürgern, wo er ein Ferienhaus besaß. Doch wurde ihm der Schweizer Pass verweigert. 1940 emigrierte er in die USA, komponierte Filmmusik und übertrug amerikanische Libretti – unter anderem von George Gershwins *Porgy and Bess* – ins Deutsche. 1947 übersiedelte er in die Schweiz, konnte jedoch nicht mehr an seine Vorkriegserfolge anknüpfen. 1957 starb er in Zürich.

Auch wenn Benatzky selbst keine jüdischen Wurzeln hatte, galt er den NS-Machthabenden wegen seiner Ehefrau als ›jüdisch versippt‹. Trotzdem gehörte er zu den wenigen Ausgewanderten, die kein vollständiges Berufsverbot in Hitlerdeutschland erhielten. 1937 komponierte er die Musik für den Film *Zu neuen Ufern*, und 1943 wurde in dem UFA-Film *Damals* ein Chanson gesungen, das Benatzky aus Hollywood geliefert hatte (im Abspann wurde er namentlich als Urheber genannt).[21] Seine Lieder sang in beiden Filmen dieselbe Sängerin: Zarah Leander, die – nicht zuletzt wegen ihres Erfolgs in *Axel an der Himmelstür* – zur Großdiva des ›Dritten Reiches‹ avanciert war.

Als Schwarm der deutschen Männer und Identifikationsfigur der Frauen trug die 1907 geborene schwedische Sängerin mit den roten Haaren und der tiefen Stimme wesentlich zum Renommee der NS-Unterhaltungsindustrie bei. »Aufgrund ihrer Sonderstellung war Zarah Leander hochbezahlt und mit einer Villa bei Berlin ausgestattet. Im Gegenzug hatte sie sich ›an etlichen Abenden aus Repräsentationsgründen zu zeigen‹; sie erschien auf dem jährlichen Presseball oder auf Görings Banketten und sammelte zudem erfolgreich Spenden für die Winterhilfe.«[22] Sie selbst sah ihre Präsenz im NS-Staat als vollkommen unpolitisch an. Später meinte sie, sie habe »stets nur eine einzige Rolle gespielt«: »die Rolle der Zarah Leander«[23]. Ihren Fans genügte dies als Erklärung: Die Sängerin, die am 1. September 1936 in Wien als Gloria Mills den Schlager *Kinostar, du Abgott des Jahrhunderts*[24] kreiert hatte, füllte in den 1950er- und 1960er-Jahren noch die Konzertsäle vieler Städte und Länder; sie starb 1981 in Stockholm.

HS

19. September 1936

Beginn des Prozesses gegen Josefine Luner

Elias Canetti und die Psychopathologie des Austrofaschismus

War das, was man bei Gericht im Prozess gegen Josefine Luner zu hören bekam, der Öffentlichkeit überhaupt zumutbar? Hätte die Grausamkeit, von der die Zeitungen ausführlich berichten konnten, nicht gänzlich hinter verschlossenen Türen abgehandelt werden sollen? Immer wieder wurden der Angeklagten in Kommentaren Hemmungslosigkeit, Brutalität, exzessive Phantasien über das Triebleben oder Mangel an Reue vorgeworfen. Die Reaktionen waren von Entsetzen, Abscheu und Faszination geprägt. Ein Kommentar in der *Neuen Freien Presse* beteuerte, dass die Redaktion die sichtbar gewordene »Verworfenheit«[1] und »Niedrigkeit«[2] ihrer Leser:innenschaft gerne vorenthalten hätte: »Der Prozeß Luner hat derart Schauderhaftes zutage gefördert und an die Nervenkraft des sittlich fühlenden Menschen so außerordentliche Anforderungen gestellt, daß man in diesem Falle lieber nicht zur unfreiwilligen Mithörerschaft aufgerufen worden wäre.«[3]

Was die zwei Gendarmen, nachdem sie den Dachboden aufgebrochen hatten, in der Mödlinger Villa am 17. Juli 1935 vorfanden, war tatsächlich furchtbar: Auf dem Diwan lag eine verweste Leiche unter Tüchern versteckt, deren Beine in obszöner Haltung gespreizt waren. Das fünfzehnjährige Dienstmädchen, abgemagert zum Skelett, wurde sichtlich kurz vor ihrem Tod an ihren Genitalien mit einem heißen Schürhaken traktiert.[4]

Der Prozess, der am 19. September 1936 begann und am 7. Oktober 1936 seinen Abschluss fand, war auf alle Fälle spektakulär, füllte die Titelseiten und das Innere der Tageszeitungen. Josefine Luner wurde zum Tod durch den Strang verurteilt, ihr Mann, der Klavierfabrikant Edmund Luner, wegen Beihilfe zum Mord zu sechs Jahren schweren Kerkers. Auch gegen

Josefine Luner vor Gericht, neben dem Wachmann ihr Ehemann und Mitangeklagter Edmund Luner
Foto: Albert Hilscher; Österreichische Nationalbibliothek – Bildarchiv

die sechzehnjährige Tochter Grete Luner gab es beim Jugendgericht ein Verfahren wegen Beihilfe am Verbrechen, sie kam allerdings mit einem milden Urteil davon.[5] Das Todesurteil für Josefine Luner, so die *Kronen Zeitung*, »kam diesmal dem Volksempfinden entgegen wie noch wie«[6]. Sie galt als Weibsteufel, Bestie, Sadistin, Scheusal, als das Böse schlechthin. Trotzdem verfügte schon kurze Zeit später Bundespräsident Wilhelm Miklas die Umwandlung der Todesstrafe zu einer lebenslangen Haft.

Politisch betrachtet, war der Fall Luner unangenehm, weil er in einer extremen Variante Einblick in die Abhängigkeit von Hausgehilfinnen in bürgerlichen Haushalten gab. Die *Neue Freie Presse* zog in ihrer Berichterstattung Vergleiche mit der Sklavenwirtschaft. Die vierzigjährige Anna Augustin, von ihrer Peinigerin mit dem Spottnamen »das Haucherl«[7] versehen, kam aus Mannersdorf im mittleren Burgenland. Bei ihrem

Dienstantritt am 10. Dezember 1934 wies sie nach Angaben der Eltern ein Körpergewicht von fünfzig Kilogramm auf und machte einen frischen, lebhaften Eindruck. Sieben Monate später starb das Dienstmädchen, durch unzureichende Ernährung (Kartoffelschalen, verschärft durch ›Fiakerpulver‹ = Abführmittel) abgemagert und durch fortgesetzte physische und psychische Misshandlungen gequält, an Erschöpfung.

Ihre Vorgängerinnen waren der harschen Hausherrin entkommen. Schutzlosigkeit hatte Josefine Luner schon früher zu seelischem Sadismus und körperlicher Züchtigung angestachelt. Der Einsatz des Teppichklopfers war in gewisser Weise der Einstieg zur Quälerei, die sich bis zur Nutzung des glühenden Schürhakens steigerte, mit dem die Zunge verbrannt und womit ›Lügen‹ geahndet wurden. Eine Spezialität der schaurigen Erziehungsdiktatur war die Ausforschung des angeblichen Sexuallebens der Opfer. So unterstellte sie Anna Augustin, sexuelle Beziehungen mit Männern unterhalten zu haben, was eine Sonderbehandlung zur Austreibung der ›Unsittlichkeit‹ erforderte.

Aufsehen erregten Josefine Luners Verteidigungsreden darüber hinaus, weil diese von der Überzeugung getragen waren, dass ihr Einschreiten bloß der guten, christlichen Erziehung gedient hätte. Luner setzte sich lautstark die Maske der guten Katholikin auf, die stets am Sonntag die heilige Kommunion empfangen und ihren Beichtvater von der Unkeuschheit ihres Hausmädchens informiert habe, und verglich sich mit Christus vor Pontius Pilatus. Ihrem eher schweigsamen Ehemann schrieb sie einen im Gerichtssaal verlesenen Brief, dass sie im Grunde alles aus Liebe für ihn, den Lieblosen, getan habe. Sarkastisch kommentierte Anton Kuh: »Die Herrschsucht der Ungeliebten kann es auch manchmal auch nach einem ganzen Volk gelüsten.«[8]

Etliche Zeitungen fügten den Berichten hinzu, dass die im Fall Luner dargestellten Verhältnisse mit der gelebten Normalität nichts zu tun hätten. Die *Neue Freie Presse* meinte, darauf hinweisen zu müssen: »Gewiß ist der österreichischen Hausfrau, deren warmherziges Wesen sprichwörtlich ist, auch der leiseste Hang zur Brutalität einer von ihr abhängigen Person vollkommen fremd.«[9] Die Regierung fühlte sich allerdings durch die Reaktionen in der Öffentlichkeit gefordert, die Schutzmaßnahmen für minderjährige Hausgehilfinnen zu erhöhen. Wer der Polizei durch Willkür auffiel, dem sollte es in Zukunft verboten sein, minderjährige Hausgehilfinnen zu beschäftigen.[10]

Solche Prozesse wie der gegen Josefine Luner verschaff(t)en Einblick in die Psychopathologie des Austrofaschismus. So wie der Polizeistaat von Dollfuß und Schuschnigg ohne Gerichtsverfahren und Einspruchsmöglichkeiten auf politische Gegner:innen mit Geldstrafen und Gefängnis zugriff, die öffentliche Verwaltung ›Feinde‹ mit Entlassung, Wohnungsdelogierung oder Aberkennung der Pensionsansprüche demütigte und die Kirche ihrer Herde ein keusches Sexualleben vorschrieb, so fühlten sich viele im ›neuen Österreich‹ legitimiert, ihre Autorität in der Beaufsichtigung ihrer Kinder, ihrer Schützlinge oder Angestellten durchzusetzen. Verdächtigungen, Denunziationen und Gerüchte spielten im Erkennen von Delikten eine herausragende Rolle. In den Tageszeitungen konnte man über derlei alltagsfaschistische Praktiken allenfalls in Andeutungen lesen, immerhin wurde jedoch auch vereinzelt berichtet und angeprangert, dass sich Vorgesetzte weigerten, ihren ›Untergebenen‹ überhaupt Gehälter zu bezahlen – oder diese weit unter den in den Kollektivverträgen festgelegten Löhnen lagen –, weil sie meinten, dass allein Beschäftigung, Kost und Unterkunft in Zeiten der Not schon ein Privileg wären.[11]

Auch in der zeitgenössischen belletristischen Literatur, die bis Jänner 1933 in Deutschland und bis Februar 1934 in Österreich und danach im Exil erschien, waren Untersuchungen der psychodynamischen und sozialen Mechanismen der Zeit rar. Aber es gab sie, sie waren hauptsächlich in der ›Frauenliteratur‹ anzutreffen, die mehr am Alltag orientiert war und an den eigenen weiblichen Erfahrungen und Leidensgeschichten ansetzte. Veza Canetti,[12] deren Œuvre heute gut erschlossen ist, aber in den 1930er-Jahren bloß im Feuilletonteil der Zeitungen präsent war, nahm mit ihrem scharfen, sarkastischen Blick den Zusammenhang zwischen familiärer, gesellschaftlicher und staatlicher Gewalt ins Visier: *Geduld bringt Rosen*[13]. Maria Lazars 1935 verfasster, aber erst in den 1950er-Jahren publizierter Roman *Die Eingeborenen von Maria Blut*[14] ist 2015 wiederentdeckt worden; er schildert das Aufkommen des Faschismus und die Instrumentarien seiner Durchsetzung in der katholischen österreichischen Provinz als bizarren Horror.

Intensiver und bedrängender als jedes andere literarische Werk der Zeit lenkte der 1935 erschienene Roman *Die Blendung* von Elias Canetti –

begleitet von den damals unveröffentlichten Dramen *Hochzeit* (1932) und *Komödie der Eitelkeit* (1933/34) – den Blick auf das epidemische Übel der Zeit: die Zerstörung jedes Zusammenhalts. Alle Personen leben vollkommen abgekapselt in ihrer eigenen Blase, getrieben von Wahnvorstellungen. Der Wille zur Macht und exzessive Gier, sexuelles Begehren und soziale Ignoranz machen sie zu Zombies im mörderischen Kampf ums Dasein. Unter dem dünnen Firnis der Bürgerlichkeit werden Gewalt und Vernichtungswunsch nicht nur sichtbar, sondern auch ausgelebt. Elias Canetti, der Literaturnobelpreisträger des Jahres 1981, schrieb den Text als Sechsundzwanzigjähriger bereits 1931, dieser wurde aber erst nach einer mühsamen Verlagssuche 1935 publiziert. In vielerlei Hinsicht ist *Die Blendung* ein Geniestreich, heute eines der Grundbücher der modernen Weltliteratur.

Im Kontext dieses Buches kann *Die Blendung* als Schlüsselwerk gelten, um die psychodynamischen Stimmungen im Österreich der 1930er-Jahre besser zu verstehen. In so manchen Konstellationen und Details gibt es Parallelen zum Luner-Prozess. Elias Canetti hatte bei Karl Kraus die Methode der akustischen Maske erlernt, um sie für seine Zwecke zu adaptieren. Ruth von Mayenburg beschrieb in ihrer Autobiographie den Schriftsteller als einen »Menschenfresser«, der sich tage- und nächtelang in Wien auf die Pirsch begab, um Menschen zu studieren: »die ausgefallensten Berufe, alle Altersklassen, sozialen Schichten, die Bildungsstufen vom Analphabeten bis zum Enzyklopädisten, die landläufigen und allerseltensten Krankheiten und Leiden physischer und psychischer Art«[15]. Die Ausbeute dieser Streifzüge arbeitete Canetti in *Die Blendung* ein, und zwar in der Art, dass der Erzähler ganz und gar hinter die Figuren zurücktritt und die Sprache und die Gedanken seiner Figuren den Roman quasi alleine schreiben.

Die im Tonfall vielfach wienerische Sprache führt in eine phantastisch groteske Welt. Hauptperson ist der Privatgelehrte Peter Kien, eine bitterböse Karikatur der Intellektuellen, der zu Beginn des Romans als standesbewusster Vertreter einer Spezies auftritt, die andere Menschen ausschließlich nach ihrer Beziehung zur Bücherwelt bemisst, und dem, naiv und hilflos – wie er abseits seiner Studien ist –, dann böse mitgespielt wird, bis er schließlich inmitten seiner geliebten Bücher verbrennt. Der Abschied vom Gelehrtenparadies findet statt, als Kien seine arglos erscheinende Haushälterin heiratet und sich ein komisch-tragisches Miteinander zweier Menschen, die überhaupt nichts miteinander gemein haben, nach und nach entfaltet. Die zunehmend selbstbewusster werdende Ehefrau setzt ihren Mann schließlich auf die Straße, was eine tollkühne Tour de Force durch die städtischen Unterwelten auslöst. Der angeblich größte Sinologe seiner Zeit, der zunehmend dem Wahnsinn verfällt, tut sich nun in einer seltsamen Symbiose mit einem größenwahnsinnigen Zwerg zusammen: Kien hält ihn für seinen besten Freund, obwohl dieser ihn nur ausplündern will. Als weitere Heimsuchung kommt ein sadistischer Hausmeister mit dem bewusst gewählten Namen Pfaff ins Spiel, der seine Frau und seine Tochter zu Tode prügelt und sich mit Kiens Ehefrau verbündet. Sein Credo: »Das Gesindel wird rasiert. Köpfen wäre gescheiter. Sie fallen zur Last. Das frißt sich in den Gefängnissen satt. Der Staat zahlt und darf bluten. Ich vertilge die Wanzen!«[16]

So düster und prophetisch *Die Blendung*, so altersweise die dreibändige Autobiographie, in der Elias Canetti auch auf seine Wiener Jahre zurückblickt. Bereits von 1913 bis 1916, nach dem Tod des Vaters, lebte er in Wien, ehe seine Mutter mit ihren Kindern in die Schweiz, später nach Deutschland weiterzog. 1924 kehrte er in die österreichische Hauptstadt zurück, um Chemie zu studieren – und sich von seiner Mutter zu lösen. Im zweiten Band seiner Autobiographie, *Die Fackel im Ohr*, erzählt er von den prägenden Erfahrungen im Wien der 1920er-Jahre, von der Faszination, die Karl Kraus auf ihn ausübte, vom Aufkeimen der Beschäftigung mit seinem Lebensthema *Masse und Macht* (so auch der Titel seines Hauptwerkes), von den Erschütterungen, die der Justizpalastbrand in der Gesellschaft und bei ihm bewirkte. An Selbstbewusstsein und Ehrgeiz, vor allem an literarischem Talent fehlte es dem jungen Mann nie.

1994, rund sechzig Jahre nach den dramatischen Umwälzungen der Jahre 1933/34 und dem kurzen Dasein des Austrofaschismus, erschien *Das Augenspiel*, der dritte Teil von Elias Canettis Autobiographie, der von den Jahren 1931 bis 1937 handelt. Das Buch beschreibt den verschlungenen Werdegang des jungen Mannes zum Schriftsteller, eingebettet in die pulsierende Kulturmetropole Wien, die er als Porträtgalerie nachbaut – womit Canetti abermals bewies, wie ausgezeichnet er sich auf die Kunst dieses Metiers verstand. In diesem Rahmen kam er auch auf Karl Kraus zurück, sein altes Vorbild, dem er seine Verachtung aufgrund dessen Dollfuß-Verteidigung entgegenschleuderte.

Der im *Augenspiel* vorüberziehende Personenreigen war zweigeteilt. Die einen, die er wegen der Verwobenheit von Geld, Ruhm und Macht verachtete, mit denen er jedoch trotzdem Umgang pflegte und die er sichtlich zu brauchen schien, um sich als Schriftsteller durchzusetzen. Franz Werfel und seine Alma, die auf der Hohen Warte ihren Salon mit jungen Talenten drapierte, auch der Verleger Paul Zsolnay gehörten in diese Gruppe. Den Gegensatz dazu bildeten die Geistesmenschen, die ähnlich wie er im Kampf um die große Kunst standen. Hermann Broch wurde zu seinem Freund, Robert Musil genau beobachtet, mit Fritz Wotruba, Oskar Kokoschka und Alban Berg verbanden ihn tiefe Gespräche. Der Glanz des Musiklebens mit Toscanini interessierte ihn indes nicht.

Wer sich von Canetti eine ausführliche Einschätzung der österreichischen Politik der Zeit erwartet, wird von diesem Buch im Stich gelassen. Merkwürdigerweise schob er in den Erinnerungen sogar seine enge Freundschaft mit dem Schriftsteller und Redakteur der *Arbeiter-Zeitung* Ernst Fischer beiseite, der sich zusammen mit seiner Frau Ruth von Mayenburg im Februar 1934 bei den Canettis vor der Polizei versteckte. Vielleicht war ihm Fischers spätere prominente Rolle bei der KPÖ peinlich.[17]

Es gibt nur eine Passage, in der er sich expliziter äußert, wenn er von den kühnen, vorbildlichen, wohl durchdachten sozialen Plänen des ›Roten Wien‹ und ihrem Verlust schrieb: »Unter denen, die [das Aufbauwerk] getragen hatten, herrschte Niedergeschlagenheit. Es war, als sei alles umsonst gewesen, diese, die neue Besonderheit Wiens war ausgelöscht. Übrig blieb die Erinnerung an ein früheres Wien, das noch nicht fern genug war, um von der Mitschuld am Ersten Weltkrieg, in den es sich hineinmanövriert hatte, freigesprochen zu werden. Es gab keine lokale Hoffnung mehr, die Armut und Arbeitslosigkeit entgegengewirkt hätte. Viele, die in solcher Leere nicht bestehen konnten, wurden von der deutschen Ansteckung ergriffen und hofften, von der größeren Masse verschluckt, zu einem besseren Leben zu gelangen. Die meisten sagten sich nicht, daß die wirkliche Folge davon nur ein neuer Krieg sein könne[,] und wenn sie es von den wenigen, die das klar erkannten, zu hören bekamen, mochten sie es nicht wahrhaben.«[18]

AP

29. Oktober 1936

Errichtung der *Pressekammer*

Pressefreiheit – aber »geläutert«

»Im ständisch-autoritären Staat sind die störenden Wirkungen der Parteipolitik mit ihren Entartungsformen von Demagogie und Politikkasterei erheblich zurückgegangen«[1], hielt Emil Löbl, Chefredakteur des *Neuen Wiener Tagblatts* im Fachorgan *Der Zeitungsverleger* fest. Indes waren die genannten »Entartungsformen«, als der Beitrag im April 1936 erschien, längst eliminiert. Mittels Verordnungen gegen den »Mißbrauch der Preßfreiheit«[2], einer verpflichtenden Veröffentlichung amtlicher Verlautbarungen,[3] eines Verbots des Straßenkaufs,[4] einer Verordnung zum Schutz der Sittlichkeit[5] und der Einführung einer gesonderten Bewilligung zur Herausgabe von Zeitungen[6] hatte die Regierung Dollfuß nichtgenehme Stimmen mundtot gemacht, an die Kandare genommen oder in den Ruin getrieben. Die Fülle der Verfügungen war schließlich so unübersichtlich geworden, dass 1935 eine »Zusammenstellung der derzeit geltenden Vorschriften auf dem Gebiete des Pressewesens«[7] veröffentlicht wurde.

Allein das Gesetz, das seit 1922 die Pressefreiheit garantierte,[8] wurde nie außer Kraft gesetzt, und »so kam es zu legistischen Halbheiten, während die eigentliche, unüberprüfbare und unkontrollierbare Unterdrückung in den administrativen Bereich abgeschoben wurde«[9]. Proteste verstummten rasch. Im *Zeitungsverleger*, wo man noch im März 1933 »zum Kampfe«[10] rüsten wollte, hieß es schon kurz nach dem Februar 1934: »Die österreichische Presse, österreichisch im besten Sinn des Wortes, hat es wohl nicht nötig, erst eine Loyalitätserklärung abzugeben, denn ihr Verhalten in dieses Staates bösesten Zeiten hat Zeugnis dafür abgelegt, daß sie restlos auf dem Boden dieses Staates steht, ihn bejaht und bereit ist, an seinem Aufbau politisch und praktisch mitzuarbeiten.«[11]

Das Wort »Zensur« fiel nur selten,[12] doch mit der Pressefreiheit tat sich das Regime ohnehin schwer. Wohl um den Schein aufrechtzuerhalten, verschwand das Vokabel zumindest nicht aus dem argumentativen Repertoire, auch wenn man wiederholt auf die »Zügellosigkeit«[13] der »ungebundensten Pressefreiheit«[14] in der Ersten Republik verwies, auf die »restlose Pressefreiheit«[15] vor 1933, und welche »moralische[n] Erschütterungen« diese mit sich gebracht hatte. Der Bezug blieb aber, weil man wohl wusste, dass es trotz aller Beteuerungen keine Pressefreiheit gab und man sich deshalb erklären müsse. »Was aber den an sich vollkommen vagen und schwer erfaßbaren Begriff der Pressefreiheit anbelangt«, legitimierte Eduard Ludwig, seit Dezember 1936 Sektionschef im Bundeskanzleramt, die Maßnahmen und konstatierte, dass es abwegig sei, »für das Gebilde Presse einen absoluten Freiheitsbegriff schaffen zu wollen« – vielmehr gelte es, sich um einen »höheren Freiheitsbegriff«[16] zu bemühen. Konkret hieß das, dass »die Presse mit den ihr zur Verfügung stehenden Mitteln die staatlichen Ziele, die ja nicht Ziele einer bestimmten Regierung oder Staatsform sind, fördern hilft und andererseits der Staat sich von groben mechanischen Eingriffen in das Leben der Presse enthält«[17].

Mit seinen Ausführungen schlug Ludwig in die gleiche Kerbe wie Bundeskanzler Kurt Schuschnigg, als dieser Ende Oktober 1936 von einem »geläuterten Freiheitsbegriff« sprach: Freiheit könne es demnach nur in dem Maße geben, »als diese Gebiete die Freiheit vertragen«[18]. Denn erst wenn die »Notwendigkeiten des Staates«, die notwendigen Grenzen der Freiheit in Fleisch und Blut übergegangen seien, »wird es keine gesetzlichen Regelung auf diesem Gebiet mehr brauchen«[19]. Auch der Chef des *Bundespressedienstes*, Walter Adam, folgte anlässlich eines Vortrages in Budapest am 11. Dezember 1937 dieser Leitlinie, der Propagierung der Selbstzensur: »Alle Versuche, die Presse von oben her durch Gesetz, Verordnungen und sonstigen Zwang zu beherrschen, können für eine begrenzte Zeitspanne die gewünschte Wirkung erzielen, sind aber auf weite Sicht unzulänglich. Es kommt entscheidend auf die Bildung, den Charakter, die Lebensreife und die Vaterlandsliebe jener Männer an, die das Gesicht der Zeitung bestimmen.«[20] Einer Pressefreiheit könne man nur dann »die Tore weit offenhalten«, wenn die Journalisten – angesprochen waren nur Männer – einig seien »in dem Bewußtsein ihrer volkserzieherischen Aufgabe, einig in der Liebe zu ihrem Vaterlande«[21]. Jede Ausweitung des Spielraumes erschien ebenso gefährlich wie eine eifrige Befolgung »ausgegebene[r] Direktiven«, würde doch diese nur zu einer »Uniformität«[22] der Presse führen.

Gleichwohl widersprach die Realität den schönfärberischen Worten. Auch wenn laufend betont wurde, es gebe keine Zensur und dass man die Gesetzeslage lediglich den »notwendigen Tagesbedürfnissen«[23] anpasse, war die Presse nicht frei. Friedrich Funder, Herausgeber der *Reichspost*, thematisierte dies – wohl ungewollt – Ende 1936 im ›ständestaatlichen‹ Bundestag: »Dem anzustrebenden neuen einheitlichen Pressegesetz soll aber jetzt schon eine Änderung der Zensurpraxis vorausgehen, die nach klaren, einheitlichen Maximen geordnet ist und nicht etwa in Linz oder sonstwo als verboten erklärt, was in Wien erlaubt ist, und umgekehrt.«[24] Schuschnigg relativierte den Ausrutscher umgehend: Es gebe »in Österreich keine Vorzensur, sondern es besteht nach den preßgesetzlichen [sic] Vorschriften nur die Möglichkeit, nach mehrmaliger Konfiskation und vorhergegangener Androhung eine verschärfte Vorlagepflicht für eine bestimmte Zeit festzusetzen«[25].

Mag es auch keine institutionalisierte Zensur gegeben haben, gelenkt wurde die Öffentlichkeit dennoch: mittels des *Bundespressedienstes*, der *Amtlichen Nachrichtenstelle*[26] oder der *Politischen Korrespondenz*. Das *Bundeskommissariat für Heimatdienst* wiederum, das ab 1936 in Personalunion mit dem *Bundespressedienst* agierte,[27] war für die Propaganda zuständig, allerdings »nicht durch das Anstimmen von Lobeshymnen, sondern durch die Vermittlung der die Bevölkerung unmittelbar berührenden Aufschlüsse über die Fortschritte im Aufbauwerk unseres Vaterlandes«[28]. Seit Dezember 1936 stand es unter der Leitung von Walter Adam, nachdem Eduard Ludwig um seine Entlassung ersucht hatte, da er die dem NS-Regime gegenüber mit Bedacht agierende Informationspolitik im Gefolge des Juliabkommens 1936 nicht mittragen wollte.[29] Ihm gelang es jedoch ebenso wenig, ein straffes Instrument der Presselenkung zu etablieren. Die austrofaschistische Medienpolitik blieb ein von persönlichen Animositäten durchtränktes Kompetenzwirrwarr: Der Aufbau einer dem NS-Propagandaministerium vergleichbaren Einrichtung, was durchaus beabsichtigt war,[30] ist nie gelungen.

Andere Möglichkeiten der Einflussnahme waren finanzielle Zuwendungen, Maßregelungen renitenter Zeitungsredaktionen oder gar deren Übernahme – wie etwa die der *Neuen Freien Presse*, die ab 1934 im Besitz des *Bundespressedienstes* war.[31] Darüber hinaus agierte das Regime mit Weisungen, informellen Gesprächen oder Drohungen. Die Willkür produzierte Unsicherheit, Angst und vorauseilenden Gehorsam – und hielt so das System am Laufen. Die einhergehende Öde steigerte das Interesse für die Auslandspresse – nicht für die reichsdeutsche, bis zum Juliabkommen sowieso verboten, sondern für die Schweizer oder die deutschsprachige der demokratischen Tschechoslowakei.[32] *Der österreichische Volkswirt*, der schon Anfang 1935 mehr Freiheiten für die Presse gefordert hatte,[33] konstatierte Ende 1936 eine schwere Krise am Zeitungsmarkt, bemängelte die Überempfindlichkeit einiger VF-Funktionäre, die sich auch gegenüber einer »sachlichen Kritik« verschlössen und die »Wertlosigkeit ›zutunlicher Lobhudelei‹«[34] nicht erkennen würden.

Ein weiteres Mittel der Kontrolle – deren Auslagerung in scheinbar autonome Einrichtungen – war die *Pressekammer*.[35] Anlässlich ihrer Eröffnung am 29. Oktober 1936 erklärte Schuschnigg, er erwarte sich autonome Regelungen, die »ein Eingreifen des Staates überflüssig«[36] machten. Die Tagespresse würdigte die Gründung als »wichtiges Ereignis im ständischen Aufbau Österreichs«[37] und druckte – gesetzlich verpflichtet – den von der *Politischen Korrespondenz* vorgegebenen Text ab. Allein die Zwischentitel ließen Nuancen erkennen: So hob die *Reichspost* Begriffe wie »Ansehen des Standes« oder »österreichischer Weg«[38] hervor, die *Neue Freie Presse* »autonome Regelung« und »Freiheitsbegriff«.[39]

Mit dem Kammergesetz[40] war die Presse ständisch, nach Arbeitnehmer:innen und Arbeitgeber:innen organisiert. Lediglich der Stand der Freien Berufe selbst, dem die Presse zugeordnet wurde, harrte noch einer gesetzlichen Regelung. Anlässlich der Eröffnung der Presseausstellung im März 1938 verkündigte Schuschnigg, dass das Gesetz zur Errichtung dieses Standes – vier Jahre nach der Proklamation des ›Ständestaates‹ – noch immer erst in Vorbereitung sei.[41] Hauptaufgaben der *Pressekammer* waren die Wahrung der Interessen der Mitglieder, die Mitsprache bei der Zulassung von Presseerzeugnissen sowie die Überwachung der ›Moral der Presse‹. Bereits in den Vorbereitungen des Gesetzes zur Gründung der

Kammer war deren »Erziehungsaufgabe« angesprochen worden: »Das Volk fühlt ganz genau, ob ein Blatt nur zwangsweise österreichisch ist oder ob es innerlich so denkt, wie es schreibt. Ich denke[,] bei manchen Blättern klafft eine Spalte zwischen Gesinnung und dem ›Muß‹. Hier soll die Erziehung durch eine Institution, wie es die Pressekammer ist, eingreifen, eine Erziehung zur Standesverantwortlichkeit, zur Volksverantwortlichkeit und zur Staatsverantwortlichkeit.«[42]

Mit einer weiteren Aufgabe der *Pressekammer*, die Einrichtung einer *Gesellschaft für Zeitungskunde*, war einerseits ein Schritt hin zur Professionalisierung des Berufes getan, andererseits aber mittels der Abhaltung von Kursen und Vorträgen auch einer hin zu einer staatlichen Journalistenausbildung,[43] um »Journalisten und Herausgeber politisch fest in den Griff zu bekommen, um sich direkte Verbote zu ersparen«[44]. Anlässlich der Wahlen der Organe der Kammer Ende September 1937 wurden die ernannten Funktionäre im Wesentlichen bestätigt.[45] Nach der Abstimmung übermittelte die Hauptversammlung umgehend eine »Ergebenheitsdepesche an den Bundeskanzler«. Zur Verabschiedung eines neuen Pressegesetzes – seien doch die »pressegesetzlichen Bestimmungen [...] etwas unübersichtlich geworden«[46] – sollte es vor dem ›Anschluß‹ nicht mehr kommen.

Ende 1937 geriet die an sich schon chaotische und locker gehandhabte Disziplinierung außer Kontrolle. Manche Maßnahmen schlugen sogar ins Gegenteil um, wenn zum Beispiel die Verpflichtung zur Kenntlichmachung einer verschärften Vorlagepflicht zu einer Werbung für oppositionelle, in der Regel nationalsozialistische Presseprodukte wurde. »Anfang 1938 standen nach Angaben der Sicherheitsdirektion nur zwölf Zeitungen in ganz Österreich unter Vorlagepflicht«[47], weiters einige kleinere Zeitschriften wie etwa *Der Österreichische Spezerei- und Kolonialwarenhändler*. Allein die Verbreitung der illegalen, vor allem linksgerichteten Presse wurde nach wie vor hart bestraft.[48]

Die von der *Pressekammer* organisierte Ausstellung *Die Zeitung und ihre Welt* im Österreichischen Museum für Kunst und Industrie sollte zeigen, »daß die österreichische Presse nicht nur gleichwertig, sondern in manchen Sparten der Presse anderer Länder sogar überlegen ist«[49]. Die Schau eröffnete am 8. März 1938: Als sie Ende März schloss, war die Presse bereits im nationalsozialistischen Sinn ›gleichgeschaltet‹. Erst nach 1945 ging Rudolf Kalmar, von 1934 bis 1938 Chefredakteur des liberalen *Wiener Tag*, mit der ›ständestaatlichen‹ Pressepolitik hart ins Gericht: »Schuschnigg hat es verhindert, daß die Österreicher über die Verhältnisse im Dritten Reich aufgeklärt werden, er ließ die antifaschistischen Bücher verbieten, verhinderte den Import antifaschistischer Zeitungen und knebelte jene Presse, die es für ihre Pflicht hielt, die Wahrheit zu schreiben.«[50]

BR

2. Dezember 1936

Fräulein Else im Theater in der Josefstadt

Der Auftritt des Kaspar Brandhofer

Die neunzehnjährige Else macht Ferien in einem noblen Hotel in den Bergen, als ein Telegramm sie aufschreckt: Ihr Vater steht vor dem Ruin und benötigt finanzielle Unterstützung. Die Eltern wünschen, dass ihre Tochter den reichen Herrn von Dorsday anspricht, der sich im selben Hotel wie sie aufhält. Sie bittet ihn um ein Darlehen, er ist geneigt zu zahlen, jedoch nur unter der Bedingung, Elses nackten Leib anschauen zu dürfen. Wie die junge Frau mit dieser schockierenden Forderung umgeht, schilderte Arthur Schnitzler in Form eines inneren Monologs in seiner 1924 erschienenen Erzählung *Fräulein Else*. Sie wurde 1929 von Paul Czinner mit Elisabeth Bergner in der Hauptrolle verfilmt, 1936 verwandelte Ernst Lothar den Prosatext in ein Theaterstück, das am 2. Dezember im Theater in der Josefstadt unter der Regie von Hans Thimig uraufgeführt wurde.

Lothars Adaption wurde von der Kritik als geschmackvoll und stilsicher gepriesen: »Höchstes Lob dieser Bearbeitung: daß alles von Schnitzler ist, auch das, was nicht von Schnitzler ist.«[1] Auch die schauspielerischen Leistungen des Ensembles trafen größtenteils auf Zustimmung. Besonders gelobt wurden Rose Stradner als Else, »die es gewiß nicht leicht hat, sich gegen den unvergeßlichen, von rührend scheuer Kindlichkeit umflossenen Filmschatten der Bergner durchzusetzen«[2], und Albert Bassermann als ihr Vater, der im Stück ohne eigene Schuld um sein Vermögen kommt, während er in Schnitzlers Vorlage ein Defraudant ist. Selbst die konservative *Reichspost* bestritt die Qualität der Aufführung nicht, artikulierte jedoch gleichzeitig erhebliche Vorbehalte gegen das Stück: »Und solches Theater weist wahrhaftig keinen neuen Weg in die Zukunft, sondern erzählt nur von dem verdienten Verfall einer Gesellschaft, der wir nicht nachtrauern.«[3] Der 1931 verstorbene Arthur Schnitzler wurde also bereits fünf Jahre nach seinem Tod als Repräsentant einer vergangenen Zeit gesehen, dessen Werk den Zeitgemäßen nichts mehr zu sagen hatte.

Wie das Theater der Gegenwart auszusehen hätte, demonstrierte die *Reichspost* am Beispiel des bis dahin unbekannten Darstellers des Herrn von Dorsday: »Die Sensation des Abends aber bildete das erste Auftreten eines neuen Mannes: Kaspar Brandhofer. Er kommt mit kraftvoll wuchtigen Schritten unmittelbar aus den Tiroler oder Salzburger Bergen auf die Bühne, ein Bauer, dem inbrünstig eigenes Ringen soviel Können verschafft hat, wie nur wenigen anderen Künstlern die besten Schulen.«[4] Die Eloge endete mit einem letzten Seitenhieb gegen das Stück: »In der Rolle freilich, die seine erste ist, kann er nichts mitbringen von der reinen Luft seiner Heimatberge.«[5]

Der »neue Mann«, den die *Reichspost* rühmte, war schon im Vorfeld der Aufführung als kommender Star angekündigt worden. *Der Wiener Tag* zeigte am 26. November ein Foto des Schauspielers nebst der Bildunterschrift: »Ein neuer Heldendarsteller vom Theater in der Josefstadt: Kaspar Brandhofer, ein Tiroler Landwirt, der von Reinhardt entdeckt wurde, wird in der nächsten Neuinszenierung von ›Fräulein Else‹ in der Hauptrolle debütieren.«[6] Nun spielte Brandhofer weder die Hauptrolle des gefährdeten Fräuleins, noch war sein Part der eines Helden. Umso deutlicher zeigt die irreführende Bildlegende die Tendenz, den unbekannten Bauern zur heroischen Figur zu stilisieren. Am 1. Dezember schilderte Brandhofer seinen ungewöhnlichen Werdegang in einem Interview mit der renommierten *Neuen Freien Presse*: Als »fünfzehnjähriger Bursche« sei er einmal in Wien gewesen und habe im Burgtheater Josef Kainz als Fiesco gesehen. Tief beeindruckt sei er danach seinem Tagwerk nachgegangen – »immer mit einem Klassiker in [s]einer Lederhosentasche« – und habe heimlich große Rollen memoriert. Nach dem zweiten Theaterbesuch seines Lebens – Alexander Moissi spielte in Salzburg den *Jedermann* – habe er Max Reinhardt aufgesucht. Dieser sei zunächst nicht interessiert gewesen, aber Reinhardts Ehefrau, Helene Thimig, habe ein gutes Wort für den Dilettanten eingelegt. Der große Theatermann habe ihn schließlich Ernst Lothar in Wien empfohlen, in dessen Theater in der Josefstadt er nun seine erste Rolle spielen dürfe: »Ich nehme es als gute Vorbedeutung an, daß der Bruder Helene Thimigs, die mir den Weg zum Theater bahnte, mein erster Regisseur ist […].«[7] In diesem Interview verschwieg Brandhofer, dass Burgtheaterdirektor Hermann

Röbbeling ihn wesentlich typgerechter als Wilhelm Tell einsetzen wollte, was jedoch an Lothars Veto scheiterte, der als Erster mit Brandhofer verhandelt hatte und dringend einen Ersatz für den ausgefallenen Schauspieler Anton Edthofer in der Rolle des Herrn von Dorsday benötigte.[8]

Ein letzter Baustein zu Brandhofers Ruhm war der Probenbericht, den *Die Stunde* am 2. Dezember, dem Premierentag, veröffentlichte: Hier wurde geschildert, wie naiv gerührt und bescheiden der »Debütant, der wie ein Bild von Hodler aussieht«[9] das Lob seines berühmten Kollegen Albert Bassermann entgegengenommen hatte.

Nach diesen Vorschusslorbeeren waren die Erwartungen hoch, und Brandhofer enttäuschte sie nicht. Nicht nur die zuvor zitierte *Reichspost* war von der Leistung des Schauspielers begeistert. Rudolf Holzer urteilte in der *Wiener Zeitung*: »Er verfügt über vollkommene Sicherheit seiner sympathischen äußeren Mittel, besitzt heute bereits ungewöhnliche Routine […].«[10] Doch gerade weil seine schauspielerische Leistung so überzeugend war, regten sich hier und da Zweifel an der Geschichte vom Naturtalent. Siegfried Geyer lobte in der *Stunde* die subtile Schauspielkunst des Mimen, fragte jedoch kritisch: »Rätselhaft, woher er das hat […]«, und meinte abschließend: »Man weiß nicht, ob es wirklich vom lieben Gott oder von Werner Krauß herkommt.«[11]

Kaum war der Premierenapplaus verhallt, da verdichtete sich in der Theaterszene der Verdacht, Kaspar Brandhofer sei nicht der, der er zu sein vorgebe. Ernst Lothar zufolge durchschaute der Schauspieler Heinrich Schnitzler die Bergbauern-Legende als Erster. Begabt »mit des Vaters unerschütterlicher Skepsis«[12] sei der Sohn Arthur Schnitzlers weder von der rührselig aufgeputzten Biographie noch von der alpenländischen Haarpracht des Darstellers beeindruckt gewesen: Blond könne man auch mit Hilfe von Wasserstoff werden, erklärte er und erkannte im angeblichen Kaspar Brandhofer den jüdischen Schauspieler Leo Reuss[13], mit dem er in Berlin mehrmals zusammengearbeitet hatte. Nach dieser Eröffnung erklärte Lothar dem Schauspieler, dass er ihn weiterhin unterstützen werde, wenn er sein Inkognito aufgebe. Brandhofer beharrte auf seiner Identität und kündigte rechtliche Konsequenzen an. Der Theaterdirektor sah sich in einer verfänglichen Situation: »Auch das war deutlich. Sogar drohend war es, in jenem gewissen Ton, der zu dieser Zeit, mühsam niedergehalten, immer wieder schrill vernehmlich wurde. Hieß Herr Brandhofer nicht nur wirklich so, sondern war das auch, was der ›Völkische Beobachter‹ von ihm hielt, dann hatte ich ihm mit meinem vorherigen Anerbieten eine Waffe in die Hand gegeben, und, kein Zweifel, er würde sie mit der Gefährlichkeit gebrauchen, die ihm auf der Bühne zu Gebote stand.«[14]

Es sollte jedoch anders kommen: Nach einem Nervenzusammenbruch lenkte Brandhofer ein und gestand Hugo Thimig, dem Doyen des Wiener Theaters und Vater von Helene und Hans Thimig, dass er die Maskerade als letzten Ausweg gewählt habe, weil es ihm trotz unzähliger Versuche nicht gelungen war, ein Engagement in Wien zu erhalten. Nach diesem Geständnis veröffentlichte das Theater nur sechs Tage nach der bejubelten Premiere eine Presseerklärung: »Die Direktion des Theaters in der Josefstadt teilt mit, daß der in ›Fräulein Else‹ in der Rolle des Herrn v. Dorsday zurzeit unter dem Namen Kaspar Brandhofer auftretende Darsteller, wie sich nunmehr ergeben hat und wie er selbst die Direktion wissen ließ, mit dem Schauspieler Leo Reuß identisch ist. Aus künstlerischen und menschlichen Rücksichten hat die Direktion davon Abstand genommen, aus dem Vorfall disziplinäre Folgerungen zu ziehen.«[15]

Leo Reuss, geboren 1891 in der galizischen Stadt Dolina (heute das ukrainische Dolyna), wuchs in Wien auf, wo er erste Theatererfahrungen sammelte, nachdem er im Ersten Weltkrieg als Soldat gedient hatte. 1920 ging er nach Hamburg, dann nach Berlin. Dort arbeitete er als Schauspieler und Regisseur mit Leopold Jessner und Bertolt Brecht zusammen. 1930 inszenierte er auf der Versuchsbühne des Theaters am Schiffbauerdamm den Epilog zu *Die letzten Tage der Menschheit* von Karl Kraus, die Bühnenmusik zu dieser Aufführung stammte von Hanns Eisler. Als Lebensgefährte der Schauspielerin Agnes Straub, deren Prominenz die seine übertraf, arbeitete Reuss im Agnes-Straub-Theater. 1935, nach dem Inkrafttreten der *Nürnberger Gesetze*, floh der jüdische Schauspieler aus Deutschland. Vergeblich versuchte er, ein Engagement an einem der Wiener Theater zu erhalten. Im Frühjahr 1936 zog er sich auf Agnes Straubs Landsitz in St. Georgen im Pinzgau zurück, wo er sich zielstrebig in Kaspar Brandhofer zu verwandeln begann.[16]

In der ungesicherten Lebensform des Exils wurden häufiger Pseudonyme und fingierte Lebensläufe eingesetzt, um gefährdete Urheber:innen vor Verfolgung zu schützen. Beispielsweise wurde im Wiener Jüdischen Kulturtheater im April 1936 das Drama *Die Grenze* uraufgeführt, das gegen die *Nürnberger Gesetze* agitierte. Der Verfasser dieses politisch brisanten Stücks, Awrum Albert Halbert, verbarg sich hinter der Fiktion, zwei dänische Autoren – Morten Cederlund und Niels Dahlberg – hätten das Stück geschrieben und ein gewisser Albert Ganzert sei sein Übersetzer.[17] Der Auftritt von Leo Reuss im bäuerlichen Gewand war also nicht der einzige Fall von Camouflage in Österreich, wohl aber der spektakulärste, der für den Schauspieler nicht folgenlos blieb. Reuss hatte sich in Wien unter dem Namen Kaspar Altenberger gemeldet und dabei vom Pass des Mannes Gebrauch gemacht, der Agnes Straubs Landsitz verwaltete. Dafür wurde er vom Bezirksgericht Hietzing zu 100 Schilling Geldstrafe wegen »Dokumentenmißbrauch und Falschmeldung«[18] verurteilt. Sein Vertrag mit dem Theater in der Josefstadt wurde infolgedessen ebenfalls aufgelöst, lediglich die Rolle des Herrn von Dorsday durfte er bis zum Ende der Saison weiterspielen – zunächst in der Josefstadt, dann im ›kleinen Haus‹ des Theaters, den Kammerspielen. Da er »durch den Verlust einer Tiroler Landwirtschaft nichts an schauspielerischer Qualität und Intensität eingebüßt hat«[19], war ihm der Erfolg beim Publikum und bei der Kritik nach wie vor sicher.

Der Fall Brandhofer-Reuss wurde in den Medien kontrovers diskutiert. Es fehlte dabei nicht an Sympathie für den Künstler. Das *Neue Wiener Tagblatt* erklärte: »Das ›Leben im Pseudonym‹ des Schauspielers Leo Reuß entbehrt nicht des tragischen Hintergrundes. Ein ausgezeichneter und angesehener Darsteller am Staatstheater in Berlin, fand Reuß unter den gegenwärtigen politischen Verhältnissen in Deutschland keine Beschäftigung, obwohl er als Oberleutnant bei den Kaiserjägern im Krieg wiederholt verwundet und dekoriert worden war, und unter anderen Auszeichnungen auch das Eiserne Kreuz erster Klasse erhalten hatte.«[20] Das Faktum, dass einzig die jüdische Herkunft den dekorierten Offizier in Deutschland aller Lebensmöglichkeiten beraubte, wurde in dieser Verteidigungsrede vorsichtig verschwiegen. Das *Wiener Montagblatt* sah in der Affäre ein Symptom der ›Verjudung‹ des Wiener Theaterbetriebs und forderte harte Sanktionen gegen den Schauspieler: »Die bodenständige österreichische Öffentlichkeit hat ein Anrecht darauf, zu verlangen, daß die zuständigen Behörden den Fall nicht nur von der Seite allenfalls vorliegender Falschmeldungen behandeln.

Die Ereignisse, in deren Mittelpunkt der aus Galizien stammende jüdische Emigrant aus Berlin steht, der zugegebenermaßen das Spiel nur zu dem Zwecke in Szene setzte, um hier in Wien wieder zu einem Posten zu kommen, kennzeichnen das von jenen Kreisen betriebene System, dem raschest und energisch ein Ende gesetzt werden muß!«[21]

Nach derartigen Attacken hatte Reuss in Wien kaum noch künstlerische Möglichkeiten. Einer seiner letzten Auftritte fand im Mai 1937 in den Jüdischen Künstlerspielen statt: In Arnold Zweigs Drama *Die Sendung Semaels* war er in der Rolle eines judenfeindlichen Untersuchungsrichters zu sehen. Die Zeitung *Die Stimme. Jüdische Zeitung* begrüßte dieses Engagement als Rückkehr eines Juden zu seinen Wurzeln: »Der Schauspieler Leo Reuß, dessen Affäre im Josefstädtertheater noch in allgemeiner Erinnerung ist, hat aus seinem Schicksal die einfache Konsequenz gezogen. Mit der Komödie, die er in der Tarnung eines Kaspar Brandhofer aufgeführt hat, hat er den Antisemitismus ad absurdum geführt und ihm eine grausame Blamage zugefügt. Jetzt kehrt er demonstrativ zur jüdisch-kulturellen Betätigung zurück. Er hat ein Gastspielengagement an die Jüdischen Künstlerspiele in der Praterstraße angenommen, das demnächst absolviert wird. Es ist das würdigste Begräbnis, das Leo Reuß dem Kaspar Brandhofer veranstalten kann.«[22]

Im selben Jahr kam Louis B. Mayer aus Hollywood nach Wien. Wie die Zeitschrift *Mein Film* zu berichten wusste, schätzte der mächtige Filmproduzent Wien »als ein unerschöpfliches Reservoir für künstlerische Kräfte, deren Verpflanzung in den amerikanischen Film sich für alle Teile als sehr glücklich erwiesen hat«[23]. Zu den »Kräften«, die Mayer 1937 engagierte, gehörte Rose Stradner, die gerade noch als Fräulein Else zu bewundern war, ebenso wie Leo Reuss, der ihren zwielichtigen Gönner Dorsday verkörpert hatte. Dass diese »Verpflanzung« so vieler Talente auch eine Folge des wachsenden Antisemitismus war, wurde in der Wiener Kinozeitschrift nicht thematisiert.

In Hollywood nannte sich Leo Reuss dann Lionel Royce und war unter anderem in Fred Zinnemanns Verfilmung von Anna Seghers' Roman *Das siebte Kreuz* (*The Seventh Cross*) als Nebendarsteller zu sehen. In Manila, wo er im Rahmen der Truppenbetreuung zur Unterhaltung US-amerikanischer Soldaten beitrug, erlag er am 1. April 1946 einem Herzinfarkt.

HS

14. Dezember 1936

Eröffnung des Auditorium Maximum

Die Trias von Staat, Kirche und Universität

»Die klerikofaschistische Regierung hat, wie wir berichtet haben, dekretiert, daß alle Hochschulstudenten Vorlesungen über ›weltanschauliche und staatsbürgerliche Erziehung‹ und über die ›ideellen und die geschichtlichen Grundlagen des österreichischen Staates‹ hören müssen«[1], wütete die im Brünner Exil erscheinende *Arbeiter-Zeitung*. Das beanstandete Hochschulerziehungsgesetz[2] war noch im Juli 1935 verabschiedet worden und sollte – gemeinsam mit dem gleichzeitig kundgetanen Hochschulermächtigungsgesetz[3] – die stark deutschnational und nationalsozialistisch durchsetzten Universitäten an die Kandare nehmen. Während letzteres maßgeblich Aufbau, Organisation und Autonomie der Hochschulen beeinflusste, schaffte ersteres die Voraussetzung für massive inhaltliche Maßnahmen und machte die Universitäten zu »staatspolitischen Erziehungsanstalten«[4]. Die beiden Gesetze griffen »sehr einschneidend in den bisherigen Hochschulbetrieb ein und bedeuten wohl eine gewisse Einschränkung der sogenannten Hochschulautonomie, die sich in der liberalen Ära Rechte angemaßt hatte, die ihr gesetzlich gar nicht zukamen«[5], erklärte Unterrichtsminister Hans Pernter anlässlich einer Schulungswoche des *Cartellverbandes* im November 1935.

Studierende sollten nun nicht mehr nur in Forschung und Lehre eingeführt, sondern laut Hochschulerziehungsgesetz zudem im »Geiste vaterländischer Gemeinschaft« erzogen werden. Dafür wurden die Hörer:innen aller Fakultäten

»1. zum regelmäßigen Besuche von Vorlesungen zur weltanschaulichen und staatsbürgerlichen Erziehung und über die ideellen und geschichtlichen Grundlagen des österreichischen Staates,

2. zur Teilnahme an vormilitärischen Übungen,

3. zur Ableistung einer Schulungsdienstzeit im Hochschullager«[6]

verpflichtet. »Die weltanschaulichen Vorlesungen sollen auch dazu dienen, der akademischen Jugend wieder eine festumrissene Weltanschauung zu verschaffen, sie wieder zu einem geschlossenen Weltbilde zu erziehen im Sinne unserer christlichen Auffassung.«[7] Die ersten Pflichtvorlesungen an der Universität Wien begannen am 14. Oktober 1935: Privatdozent August Maria Knoll und Johannes Hollnsteiner von der Katholisch-Theologischen Fakultät lasen *Zur weltanschaulichen und staatsbürgerlichen Erziehung*, der Historiker Heinrich Kretschmayr *Über die ideellen und geschichtlichen Grundlagen des österreichischen Staates*, für alle anderen Wiener Hochschulen wurden die Vorträge zusammengezogen und von Johannes Messner, Vordenker der berufsständischen Ordnung, dem Legitimisten und Professor an der Hochschule für Bodenkultur Hans Zeßner-Spitzenberg sowie von dem Wirtschaftshistoriker Arnold Winkler gehalten.[8] In Graz wurden die Juristen Johann Mokre und Hans Spanner, in Innsbruck der Theologe und Jesuit Franz Mitzka sowie der Jurist Max Kulisch vom Unterrichtsministerium mit dieser Aufgabe betraut.

Bezüglich der vormilitärischen Übungen waren Hörerinnen zwar ausdrücklich ausgenommen, doch konnten ihnen »zur Erfüllung des vaterländischen Erziehungszweckes, dem die vormilitärischen Übungen der männlichen Hörer dienen«, anderweitige Veranstaltungen »in besonderer Anpassung an die weibliche Eigenart« vorgeschrieben werden. Für die Hochschullager war Einheitskleidung vorgesehen, bei der Freizeitgestaltung war »die Pflege des österreichischen Volksliedes sowie des heimatlichen Brauchtums zu berücksichtigen«[9]. Die Hochschullager befanden sich in Rotholz bei Jenbach, Ossiach sowie in Kreuzberg beim Weißensee.

Jedoch fand sich für die Abhaltung der für die Studierenden aller Fakultäten vorgesehenen zentralen Vorlesungen kein geeigneter Hörsaal, im Hauptgebäude am seit dem 27. April 1934 nach Karl Lueger benannten Ringabschnitt[10] herrschte ohnehin schon chronische Platznot: Die beiden größten zur Verfügung stehenden Räumlichkeiten – der Hörsaal 41 der Philosophischen Fakultät und der Kleine Festsaal – konnten bestenfalls vorübergehend genutzt werden, denn bereits zu diesem Zeitpunkt konnten die großen Lehrveranstaltungen zum Teil nur mehr stehend verfolgt werden. Kurzfristig spielte das Rektorat mit dem Gedanken einer Nutzung der de facto funktionslos gewordenen Räume des Parlaments,[11] doch letztlich entschied sich die Universitätsleitung

»dank erheblicher finanzieller Unterstützung des Unterrichtsministeriums«[12] für den Bau eines geeigneten und der Größe der Veranstaltung entsprechenden Saales.[13] Schon zuvor war nach einer Möglichkeit gesucht worden,[14] indes machte erst die im Rahmen der Arbeitsförderung des Bundes zur Verfügung gestellte hohe Summe von 475 000 Schilling einen Bau möglich.[15]

Zu einer ansonsten üblichen öffentlichen Ausschreibung kam es allerdings nicht: Das *Bundesministerium für Handel und Verkehr* nahm Planung und Ausführung allein in die Hand, was durchaus bemängelt wurde.[16] Hans Pernter kündigte schließlich seitens des Unterrichtsministeriums im April 1935 – gemeinsam mit den Vorbereitungen für die beiden Hochschulgesetze – den Bau eines großen Saales, eines Auditorium Maximum, im Universitätsgebäude an: »Im Aufbauwerk des neuen Österreich spielt die Erziehung und Heranbildung der Jugend eine ganz hervorragende Rolle. Wie viel Schutt aus vergangenen Jahren ist hier aus dem Weg zu räumen, um den kommenden Generationen den Weg frei zu machen zu lebendigem Verständnis und innerem Erleben des erneuerten Vaterlandes!«[17] Der Raum mit einem Fassungsvermögen von etwa 800 Personen sollte in erster Linie für die »künftigen Pflichtkollegien über die ideellen und geschichtlichen Grundlagen des österreichischen Staates bestimmt sein«[18], doch mit seiner modernen audiovisuellen Ausstattung auch für andere Großveranstaltungen und Kongresse zur Verfügung stehen.

Über den Baufortschritt berichtete die Presse laufend, die angekündigte Übergabe für Mai 1936 verzögerte sich jedoch immer wieder.[19] Nach dessen Fertigstellung im Oktober 1936 widmete die *Österreichische Kunst* schließlich dem Saal einen ausführlichen, auch bebilderten Beitrag: »Die Saalanlage wurde im Hauptgebäude durch Überdeckung eines der an der Universitätsstraße gelegenen großen Seitenhöfe geschaffen. Sie besitzt im stufenlos aufsteigenden Parterre 618, auf einer 7reihigen Galerie 210, zusammen sohin 828 Sitzplätze. Die Möglichkeit zur Vorführung von Lichtbildern, Sprech- und Tonfilmen ist selbstredend gegeben.«[20] Das Rednerpult war erhöht, für alle Hörer:innen einsichtig. An der Wand dahinter prangte das neue Staatswappen mit dem Doppeladler »mit zweifachem Heiligenschein«[21] sowie ein ebenso großes Kreuz.[22]

Das Auditorium Maximum wurde schließlich am 14. Dezember 1936 feierlich eröffnet. *Radio Wien* übertrug den Festakt für ganz Österreich.[23]

Kardinal Innitzer sah in der Einladung, den Saal zu segnen, ein Bekenntnis der Universitätsleitung zur christlichen Weltanschauung. Innitzer »betonte die Wichtigkeit der Pflege des weltanschaulichen Gutes auch an den hohen Schulen. Uns Christen, sagte er, ist die Weltanschauung kein Problem, sondern tägliches, freudiges Erlebnis. Glaube, Hoffnung, Liebe.«[24] Kreuz und Staatswappen, die den Saal schmückten, sagten Pernter »laut und eindringlich, daß eine neue Zeit ihren Einzug in die Hochschulen hält, ein neuer Geist christlicher Weltanschauung und österreichischen Vaterlandsbewußtseins, der Geist christlich-deutscher Kultur und neuer vaterländischer Gemeinschaft«[25]. Dies aber verlange eine neue Definition von Freiheit der Wissenschaft, die nicht gleichgesetzt werden dürfe mit Voraussetzungslosigkeit der Wissenschaft. Die Hochschule müsse sich in »den Dienst des Staates« stellen, ein klares Bekenntnis zu Österreich leisten – und dafür sei mit »starker Hand« auch zu sorgen: Ein klarer Wink an die stark nationalsozialistisch unterwanderten Lehrkörper der Universitäten, eine eindeutige Drohung, die ›ständestaatlichen‹ wissenschaftsethischen Dogmen mit allen Mitteln umzusetzen. »Als der Rektor Prof. Arzt den Festakt schloß – der in doppeltem Sinn eine Weihestunde war –, da brauste von jung und alt die Bundeshymne auf. Dann ein Augenblick Schweigen und nun brach von den Bänken der akademischen Jungmannschaft und aus ihren dichtgedrängten Scharen auf der Galerie fröhlich und sieghaft das ›Lied der Jugend‹ hervor: ›Wir Jungen steh'n bereit!‹. Bekenntnis, Gelöbnis, Kampffreude für die höchsten Güter Österreichs.«[26]

Bereits im September 1935 hatte man die Auswahl der Vortragenden der nun verpflichtenden vaterländischen Ringvorlesung veröffentlicht,[27] die die *Arbeiter-Zeitung* im Exil umgehend auch giftig kommentiert hatte: »Die Faschistenregierung hat sich von ihrem Parlamentsersatz ein ›Gesetz‹ genehmigen lassen, das eine getreue Nachahmung der Universitätsgesetzgebung Hitlers ist. Da wird zunächst vorgeschrieben, daß jeder Student in den ersten vier Semestern Vorlesungen über ›weltanschauliche und staatsbürgerliche Erziehung‹ und über die ›ideellen und geschichtlichen Grundlagen des österreichischen Staates‹ wenn schon nicht hören, so doch mindestens belegen und über diese ›Wissenschaften‹ Prüfungen ablegen müsse. Die Studenten werden also ein schmackhaftes Gebräu aus klerikaler Traktätleinliteratur und schwarzgelber Geschichtsklitterung schlucken müssen.«[28]

22. Dezember 1936

Gründung des *Bundes der deutschen Schriftsteller Österreichs*

Der langsame Anschluss der österreichischen Literatur ans Deutsche Reich

Wie viele seiner Generation arbeitete Mirko Jelusich, eine Schlüsselfigur nationalsozialistischer Literatur in Österreich, sowohl als Kulturjournalist wie auch als Schriftsteller. Ab 1923 fungierte er als Redakteur der völkisch orientierten *Deutsch-österreichischen Tageszeitung* (*Dötz*). In dieser Funktion schrieb er Theater- und Literaturkritiken, die durch ihren kämpferischen Ton gegen die »Dekadenz«, gegen die »Überschätzung Max Reinhardts«[1], gegen das »vollkommen verwelschte und verjudete Programm der Wiener Sprechbühnen«[2], gegen die Wertschätzung von Arthur Schnitzler oder Hugo von Hofmannsthal auffielen. Rettung erwartete er sich selbstverständlich von der Auferstehung der »deutschen Kunst«.

Theaterstücke und ein Gesellschaftsroman waren literarische Vorübungen für seinen historischen Bestseller *Caesar* (1929), der den römischen Feldherrn und Diktator nach dem Vorbild Benito Mussolinis formte und diesem auch gefiel. Ein Empfang beim ›Duce‹ und ein Bankett der italienischen Autor:innenvereinigung machten Jelusich zu einem gewissen Machtfaktor in der österreichischen Politik, die bekanntlich zunehmend auf eine Kooperation mit dem südlichen Nachbarn setzte. Nach der ›Machtergreifung‹ Hitlers verfasste er ein Weihespiel, das zu dessen Geburtstag 1933 vielfach in österreichischen NSDAP-Ortsgruppen aufgeführt wurde. Im historischen Roman *Cromwell* (1933) spiegelte er Hitlers Aufstieg zur Macht.

Ab 1931 war Jelusich leitend im Wiener Ableger des nationalsozialistischen *Kampfbundes für deutsche Kultur* tätig, ein Verein, der seine Netzwerke geltend machte, um »den Gesetzen des Marktes jene der Gesinnung vorzulagern«[3], und der auf die Zeit nach der politischen ›Machtergreifung‹

vorbereitete. Die personellen ›Säuberungen‹ in den deutschen Theatern, Akademien, Zeitungsredaktionen und öffentlichen Bibliotheken sowie die Vertreibung der liberalen, linken, jüdischen Kultureliten im ›Dritten Reich‹ lieferten das Drehbuch, wie dies laut Jelusich auch in Österreich ablaufen sollte.

Jelusich hatte seine Hände im Spiel, als es nach der PEN-Tagung in Ragusa im Jahr 1933 zu einer ›Spaltung der Geister‹ kam. Aufgrund einer Resolution gegen die Bücherverbrennungen im ›Dritten Reich‹ trat er zusammen mit vier anderen prononciert völkischen Autoren (Mirko Jelusich, Caesar Conte Corti, Wladimir von Hartlieb, Franz Spunda und Robert Hohlbaum) aus dem österreichischen PEN aus und ging mit einer prodeutschen Erklärung an die Presse. Weitere Schriftsteller:innen folgten. Bis Dezember 1933 verließen insgesamt 53 Mitglieder – das war ein Viertel der Gesamtzahl – den Wiener PEN, darunter Bruno Brehm, Franz Karl Ginzkey, Max Mell, Karl Schönherr oder Friedrich Schreyvogl, die zu den erfolgreichsten österreichischen Autor:innen dieser Zeit zählten. Hitlers Erfolge machten Eindruck, zugleich wirkte die Abhängigkeit der österreichischen Schriftsteller:innen vom großen deutschen Markt. Während die Genannten in die Empfehlungslisten der NS-Literaturpolitik aufrückten und zu Lesungen nach Deutschland eingeladen wurden, traf die anderen der Bannstrahl aus NS-Deutschland, sie kamen auf ›Schwarze Listen‹ und mussten auf den Ausschluss aus dem deutschen Markt gefasst sein. Franz Theodor Csokor formulierte illusionslos: »Vorläufiges Ergebnis: Bücher und Stücke unserer Gruppe [...] dürfen in Deutschland nicht mehr erscheinen, nicht mehr gespielt werden.«[4]

Die politische Situation war jedoch für die völkischen oder katholisch-nationalen Schriftsteller:innen ebenso vertrackt, denn sie steckten, bei aller ideologischen Überlappung von Austrofaschismus und Nationalsozialismus, in einem Dilemma. Nach einer Attentatsserie wurde die NSDAP im Juni 1933 in Österreich verboten, die deutsche Tausend-Mark-Sperre, die das Deutsche Reich als Reaktion verfügte, war eine wirtschaftliche Kampfansage an das vom Tourismus abhängige Land. Das Scheitern des Juliputsches 1934, der in der Ermordung des Bundeskanzlers kulminierte, machte allen gewalttätigen ›Anschluß‹-Ambitionen ein Ende. Eine offen zur Schau getragene Begeisterung für Hitlers Staat wurde in dieser Zeit untragbar und gefährlich, da sie polizeiliche und gerichtliche Maßnahmen auslöste. Völkische oder katholisch-nationale Schriftsteller:innen gingen in Deckung, übten sich in kulturpolitischer Abstinenz. Der *Kampfbund für deutsche Kultur* wurde zwar 1933 offiziell aufgelöst, aber verdeckt liefen die alten Informationsnetze in scheinbar unpolitischen Vereinen oder klandestinen Zusammenschlüssen weiter, um sich gegenseitig zu unterstützen, das Verhalten der Literaturszene bei den reichsdeutschen Stellen zu diffamieren oder Abweichler innerhalb des eigenen Lagers zu sanktionieren.

Es dauerte 1933 einige Monate, bis sich in Hitlers Staat der organisatorische Aufbau im Kulturbereich geklärt hatte. Verschiedene Ministerien reklamierten ihre Zuständigkeit, bis sich Propagandaminister Goebbels durchsetzte und am 1. November 1933 eine *Reichskulturkammer* geschaffen wurde. Der bereits Anfang Juni 1933 gegründete *Reichsverband Deutscher Schriftsteller* wurde als die einzig legitime Schriftsteller:innenvereinigung Teil der *Reichskulturkammer*, die nun ihre Einflusszone ebenso nach Österreich ausstreckte. Nach dem Gesetz mussten zwar nur Schriftsteller:innen, die im Deutschen Reich ihren Wohnsitz hatten, Mitglieder sein, inoffiziell verlangten deutsche Verlage und deutsche Bühnen jedoch auch den österreichischen Schriftsteller:innen eine Mitgliedschaft plus eine Loyalitätserklärung gegenüber dem Deutschen Reich ab. Einerseits verwundert es nicht, dass der österreichische Zweig des *Reichsverbandes Deutscher Schriftsteller* im Oktober 1934 bereits 450 Mitglieder hatte, andererseits erstaunt diese Tatsache, da die Mitgliedschaft illegal war und sich die Überwachungsmaßnahmen nach dem Juliputsch 1934 deutlich verschärft hatten.

Die österreichischen Verlage, die sich ausschließlich auf den heimischen Absatz konzentrierten, waren viel zu schwach, um die österreichischen Autor:innen finanziell auffangen zu können. Verlage wie Zsolnay[5] passten sich im Voraus dem Markt im ›Dritten Reich‹ an, nahmen völkische Autor:innen in ihr Verlagsprogramm auf und verlegten verfemte Namen nicht mehr. Henrich Mann, einer der Betroffenen, meinte: »Die gute Gesinnung findet ihre Stütze in der heilsamen Furcht […].«[6] Opportunismus paarte sich mit existenziellen Ängsten. Für viele schien es schlichtweg notwendig zu sein, den deutschen Stellen ihre Daten, eine Aufstellung ihrer Publikationen, Preise, Vereinszugehörigkeit und Betätigungsfelder, ihres Glaubensbekenntnisses und ihrer ›Rassenzugehörigkeit‹ zu übermitteln.

Karl Heinrich Waggerl[7], 1897 in Bad Gastein geboren, wurde 1930 zum Star im Literaturbetrieb. Seine Anfänge, stark von der Philosophie Schopenhauers und vom Pazifismus geprägt, wurden wenig wahrgenommen. Aber als er im deutschen Insel-Verlag den Roman *Das Brot* publizierte, dem rasch ein Buch ähnlichen Zuschnitts (*Schweres Blut*, 1931) folgte, wurde er im ganzen deutschen Sprachraum bekannt. Weitere Publikationen (*Das Wiesenbuch*, 1934; *Das Jahr des Herrn*, 1934; *Mütter*, 1935; *Wagrainer Tagebuch*, 1936) festigten seinen Ruf als allseits geschätzten Erzähler, der tröstend und humorvoll dem Lauf und Leid des einfachen ländlichen Lebens nachspüren konnte.

Waggerls *Brot*, von manchen Kritikern als Überschreibung von Knut Hamsuns *Segen der Erde* gewertet, war einer von vielen Romanen, die die Kraft des Landes und Dorfes gegen die Dekadenz der Stadt behaupteten: mythische Erdverbundenheit gegen urbane Wurzellosigkeit. Gegen die verderbte Industriegesellschaft, die durch Kapital und sozialistische Bewegung Unruhe in die Täler gebracht hatte, bewährte sich die urtümliche Regenerationskraft der Bergwelt, die sogar an gestrauchelten Existenzen ihre Wunderenergien zur Schau stellte. Es war zwar nicht so, dass die Konflikte in diesem Mikrokosmos ausgespart blieben: Schwäche und Leidenschaft, Sünde und Sühne exhibitionierten sich geradezu in Reinkultur, sie waren jedoch in der ewigen Weltordnung aufgehoben.

Solch ideologische Regression, verbunden mit der Denunzierung der *Sinnlosen Stadt* (so der Titel eines Romans von Guido Zernatto), war Vorarbeit einer Politik, die das Rad der Geschichte zurückdrehen wollte. Dollfuß und Schuschnigg nahmen aus guten Gründen die zeitgenössische ›Schollenliteratur‹ an die Brust, freilich war es nicht der ›christlich-autoritäre Ständestaat‹ allein, der sich mit dieser Literatur aufputzen wollte, auch das politisch erfolgreichere, ökonomisch potentere ›Dritte Reich‹ sah sich mit der Heimatliteratur gut bedient und lockte österreichische Autor:innen mit Preisen und Ehrungen an. Waggerl hielt immer eine gewisse Distanz zur Politik und gab sich in seiner Lebensphilosophie flexibel, einmal näherte er sich dem Katholizismus an, dann bediente er antisemitische Ressentiments – anfangs ging er sogar in sozialdemokratischen Blättern als obendrein naturalistischer Beobachter der bäuerlichen Arbeitswelt durch.

Waggerl war der erste Träger des Großen Österreichischen Staatspreises für Literatur. Bundeskanzler Schuschnigg nahm am 20. Dezember 1934 die Ehrung vor, fasste sie als »Gelöbnis« auf, »auch fernerhin für die österreichische Kultur […] die besten Kräfte einsetzen zu wollen«[8]. Waggerl hielt die erwartbare Dankesrede. Anlässlich des 1. Österreichischen Dichtertreffens der neu gegründeten Kulturorganisation *Neues Leben* im November 1936 wurde er vom österreichischen Staat abermals geehrt, was ihn nicht daran hinderte, im März 1937 an den Berliner Dichterwochen teilzunehmen, wo er von Hitler als literarischer Vertreter der Ostmark begrüßt wurde. Darüber hinaus verhielten sich zwei weitere der literarischen Staatspreisträger des Austrofaschismus (1935 Josef Friedrich Perkonig, 1936 Maria Grengg) entsprechend der momentan gefragten politischen Konjunktur, die Autor:innen ließen sich als Vertreter:innen der österreichischen Heimatliteratur feiern, genauso wie sie 1938 den ›Anschluß‹ begrüßten.[9]

Das Juliabkommen 1936 sollte den deutschen Druck auf ein selbständiges Österreich mindern. Die Absichten der Regierung waren allerdings nicht vereinbar mit den Konsequenzen, die sich für das Land nach der Unterzeichnung ergaben. In der Öffentlichkeit wurde das Abkommen als Festigung der österreichischen Selbständigkeit und Wirtschaftsbelebung (Aufhebung der Tausend-Mark-Sperre) gefeiert, im geheimen Zusatzabkommen wurden fundamentale Konzessionen mit weitreichenden Konsequenzen formuliert: Freilassung der inhaftierten NSDAP-Mitglieder, Abstimmung der Außenpolitik mit dem Deutschen Reich, Verbreitungsmöglichkeit für reichsdeutsche Tageszeitungen, Regierungsbeteiligung von ›nationalen Exponenten‹. Bereits zuvor wurden österreichische Intellektuelle und Schriftsteller:innen im Zuge dieser ›Verständigungspolitik‹ von der deutschen Botschaft umgarnt. 1936 wurde der hochdotierte Mozart-Preis an Josef Weinheber vergeben, der für 1935 nachträglich an dem Historiker Heinrich von Srbik. Die Preisgelder wurden von beiden für größere Anschaffungen genutzt: Srbik erwarb ein Auto, Weinheber kaufte ein Landhaus in Kirchstetten und ließ es renovieren. Unglücklicherweise gestaltete sich der Geldtransfer äußerst schwierig und bescherte Srbik wie Weinheber viel Stress und Verdruss.

Um den Einfluss zu steigern, wurden vom deutschen Sondergesandten in Wien, Franz von Papen, Vereinen Zuschüsse gewährt, selbst der prominente, unter der Patronanz von Schuschnigg stehende, sich kosmopolitisch gebende *Kulturbund* wurde unterwandert, indem die Deutsche Botschaft für die Einladung prominenter deutscher Wissenschaftler:innen wie Karl Haushofer oder Ferdinand Sauerbruch sorgte und erfolgreich auf Umgestaltung drängte. Nationalsozialistische Organisationen gewannen wieder den Status von Legalität und konnten nun öffentlich in einer Mischung aus Kumpanei und Erpressung um Mitglieder werben. Der 1936 neu gegründete *Bund deutscher Schriftsteller in Österreich*[10] besetzte schnell eine Schlüsselstelle in der Literaturpolitik und fungierte wie eine Außenstelle der deutschen *Reichsschrifttumskammer*. Wer Mitglied war, für den war der Auftritt auf dem deutschen Markt offen. Ein prominenter katholischer Autor, Max Mell, wurde für den Vorsitz geworben, während Papen Differenzen mit NS-Kulturideologen wie Jelusich in Kauf nahm. Geschickt wurde die »innere Verwandtschaft«[11] von Austrofaschismus und Nationalsozialismus herausgestrichen: das gemeinsame Bekenntnis zum Deutschtum, die antibolschewistische Front, die Nachahmung von NS-Institutionen in Österreich und der unter der Oberfläche schwellende Antisemitismus »machten die österreichischen Politiker und Unterhändler vielleicht ungewollt, aber auch unausweichlich zu Kollaborateuren und Vollzugsgehilfen der nationalsozialistischen Offensive«[12]. Der Anschluss österreichischer Schriftsteller:innen an das ›Dritte Reich‹ war eingeleitet.

AP

14. Mai 1937

Eröffnung der Oskar-Kokoschka-Ausstellung in Wien

Ein Abgesang auf die österreichische Kunst

Es war eine eindrucksvolle Retrospektive, die am 14. Mai 1937 in den Räumen des Österreichischen Museums für Kunst und Industrie (des heutigen MAK) eröffnet wurde: 39 Gemälde, 48 Originalgrafiken und 16 Druckgrafiken waren versammelt, um das Lebenswerk des Malers Oskar Kokoschka, der Wien 1934 verlassen hatte und nach Prag übersiedelt war, seinen Landsleuten vorzustellen. Die Leihgaben stammten zum größten Teil aus Privatbesitz, zu einem kleineren aus öffentlichen Gemäldegalerien.[1] Als Ausstellungskurator fungierte ein alter Freund des Künstlers: Carl Moll, Mitbegründer der Wiener Secession. Er hatte sich schon zu Beginn des Jahrhunderts in Wien für den damals zwanzigjährigen Provokateur Kokoschka eingesetzt und engagierte sich nun aufs Neue für den mittlerweile Fünfzigjährigen, dessen einstmals aggressive Bildsprache sich im Lauf der Jahre stark modifiziert und gemäßigt hatte. Auf diese Kontinuität wies die Zeitschrift *Österreichische Kunst* 1937 ausdrücklich hin: »Eine ergreifende Ausstellung ist es, die Oskar Kokoschka, dem Fünfzigjährigen, der in Prag lebt und seiner Heimat fast ›abhanden gekommen ist‹, seine Wiener Freunde bereitet haben. Carl Moll, der neben Josef Hoffmann und Adolf Loos dem ›träumenden Knaben‹ Oskar Kokoschka vor dreißig Jahren Wegbereiter in die Öffentlichkeit war, hat mit feinem Auge und feiner Hand auch diese Ausstellung angeordnet.«[2] Moll selbst veröffentlichte im Ausstellungskatalog einen offenen Brief an Kokoschka, in dem er die alte Verbindung ebenfalls anklingen ließ: »Und noch einmal sind es Wiener Freunde, welche Dich heute mit einer Ausstellung Deiner Werke grüßen, welche Deiner Heimat Dein Werden, Dein Gewordensein vor Augen führen.« Und einige Zeilen weiter hieß es, nicht frei von Besitzanspruch: »Wir grüßen Dich, wir reklamieren Dein Werk, reklamieren Dich für Österreich, für Deine, für unsere Heimat.«[3]

Wichtiger als viele dieser »Wiener Freunde« war gewiss eine Freundin aus Jugendzeiten: Alma Mahler-Werfel, die im österreichischen Kulturleben der 1930er-Jahre eine bedeutende Rolle spielte. Sie war 1912 als Witwe Gustav Mahlers dem jungen Kokoschka zum ersten Mal begegnet, und zwar im Haus ihres Stiefvaters Carl Moll, den Almas Mutter Anna nach dem Tod ihres ersten Gatten, Emil Jakob Schindler, geheiratet hatte. Zwei Jahre lang waren Alma Mahler und Oskar Kokoschka in leidenschaftlicher Liebe verbunden. Der Maler hat seine Geliebte mehrmals porträtiert, unter anderem auf dem berühmten Gemälde *Die Windsbraut* aus dem Jahr 1913, das ein liebendes Paar in friedlicher Umarmung zeigt. Alma Mahler-Werfel, wie sie seit 1929 hieß, war also mit Kokoschkas Kunst vertraut und gehörte auch zu den vielen privaten Leihgeber:innen, die Bilder aus ihrem Besitz zu der Ausstellung von 1937 beisteuerten.[4] Nachdem sie die Ausstellung angeschaut hatte, schrieb sie an Kokoschka: »Deine Bilder alle beisammen zu sehen, war ein hohes Glück für mich. ›Du gehst Deine Grenzen ab‹, bist immer derselbe und immer ein anderer.«[5]

Dennoch war die Ausstellung nicht nur als freundschaftliche Wiederbegegnung alter Bekannter gedacht, sondern auch als politisch motivierter Akt der kulturellen Selbstbehauptung Österreichs. Das klang schon in Carl Molls oben zitiertem Brief an Kokoschka an, wurde aber gleichsam offiziell vom Bundeskommissär für Kulturpropaganda, Hans Hammerstein-Equord, proklamiert, der bei der Ausstellungseröffnung den an sich zuständigen Unterrichtsminister Hans Pernter vertrat. Wie die *Wiener Zeitung* berichtete, bezeichnete er »die Ausstellung als einen geeigneten Versuch, Österreich für Kokoschka und Kokoschka für Österreich zu gewinnen. Sie soll denjenigen, die sein künstlerisches Ringen bisher nicht verstanden haben, den Zugang zu ihm bahnen, damit sie seinem Können und seiner ungeheuren inneren Arbeit Gerechtigkeit widerfahren lassen. Seine Freunde mögen ihm die Botschaft übermitteln, daß sich das neue Österreich anders zu ihm stelle, als das alte, das ihn ablehnte. Das neue Österreich sei sich seiner kulturellen Aufgaben bewußt, wolle seine Kulturkräfte fördern, sei stolz auf Kokoschka und wisse seine Kunst zu schätzen. Darum möge auch er an das neue Österreich glauben und in die Heimat zurückkehren, wo sich seine geistige Kraft am besten entfalten würde.«[6]

Es verstand sich keineswegs von selbst, dass ausgerechnet Oskar Kokoschka eingeladen wurde, in seine Heimat zurückzukehren. Bernadette Reinhold hat dargelegt, dass der Maler zu Österreich – vor allem zu Wien – zeitlebens eine schwierige Beziehung unterhielt. Seit er bei seiner ersten Ausstellung im Jahr 1908 von der konservativen Kritik als »Nichtskönner« und »Kunstzerstörer« kritisiert worden war, kultivierte er die Auffassung, in Wien seien das Publikum, die Kunstkritik und der Kunsthandel mehr als anderswo gegen ihn eingenommen. Im Oktober 1924 wurde während einer Ausstellung in der Wiener Neuen Galerie ein Gemälde Kokoschkas mit Messerstichen attackiert. An Otto Kallir-Nirenstein, den Besitzer der Galerie, der sich große Verdienste mit der Verbreitung der modernen Kunst in Wien erwarb und 1938 ins Exil fliehen musste, schrieb Kokoschka einen offenen Brief, in dem er erklärte, dass derartige Attentate zwar auch in anderen Städten vorkämen, aber nirgendwo so große Unterstützung erführen wie in Wien.[7] Feindbildpflege ist Teil des Selbstentwurfes vieler Kunstschaffender, aber sie geht oft mit Ungerechtigkeit und Undankbarkeit einher. So auch bei Kokoschka, der all jene, die gegen ihn waren, wichtiger nahm als jene, die ihn in Wien unterstützten und förderten – neben Moll, Alma Mahler und Kallir-Nirenstein wären hier noch Hans Tietze und seine Frau Erica Tietze-Conrat zu nennen. Zwischen 1918 und 1931 lebte Kokoschka vor allem in Berlin und Dresden, 1931 erwarb er ein Haus im Liebhartstal in Wien-Ottakring, das seine Eltern bewohnten und in dem er eine Wohnung als Atelier nutzte. Nach dem Tod seiner Mutter im Jahr 1934 übersiedelte Kokoschka nach Prag. Dieser Ortswechsel war von seinem Abscheu gegen die Niederschlagung des Februaraufstands bestimmt, jedoch nicht dadurch erzwungen. Der Maler war in die politischen Kämpfe nicht involviert, folglich im ›ständestaatlichen‹ Österreich auch nicht bedroht – wie die Ausstellung von 1937 und die Einladung zur Heimkehr hinlänglich beweisen.

Vom 15. Mai bis zum 31. Juli waren Kokoschkas Werke in Wien zu sehen. Dennoch trug die Ausstellung nicht dazu bei, den international berühmten Oskar Kokoschka zum kulturellen Aushängeschild des »neuen Österreich« zu machen. Alles sprach gegen die Verwirklichung einer solchen Absicht: Die Interna des Wiener Kunstbetriebs, der machtvolle Einfluss Deutschlands, wo die Agitation gegen die ›entartete Kunst‹ 1937 ihren Höhepunkt erreichte, und schließlich auch die skeptische Haltung des Malers selbst, der es nicht einmal für nötig hielt, an der Ausstellungseröffnung teilzunehmen. All das soll hier kurz skizziert werden, wer das Gesamtbild kennenlernen will, sei auf die kunsthistorische Forschung verwiesen.[8]

Carl Moll hatte die Retrospektive ursprünglich für 1936 geplant, weil am 1. März dieses Jahres der 50. Geburtstag Kokoschkas zu feiern war. Die Vorbereitung der Ausstellung verzögerte sich jedoch aus vielerlei Gründen: Beispielsweise verlangten die Hamburger Kunsthalle und andere öffentliche Leihgeber in Deutschland von Moll eine politische Unbedenklichkeitserklärung, bevor sie die Bilder zur Verfügung stellten. Sie wurde am 9. November 1936 von der *Generaldirektion für öffentliche Sicherheit* ausgestellt.[9]

Schwierig gestaltete sich auch die Frage nach dem Ort, an dem die Ausstellung stattfinden konnte. Moll hatte an die Wiener Secession gedacht, stieß dort jedoch auf passiven Widerstand. Die Secession, 1937 schon deutlich unter nationalsozialistischem Einfluss, lehnte das Projekt, das immerhin vom Unterrichtsministerium unterstützt wurde, nicht rundheraus ab, im Gegenteil: Ihr Präsident, der Architekt Alexander Popp, befürwortete es ausdrücklich. Dennoch fand man ein Mittel, Kokoschka zu boykottieren, ohne ihn abzulehnen. Man schob eine andere Ausstellung ein, die den politischen Absichten der Secession besser entsprach: Im April 1937 wurde in Anwesenheit des deutschen Botschafters Franz von Papen die Ausstellung *Deutsche Baukunst – Deutsche Plastik am Reichssportfeld in Berlin* eröffnet, die das neue Berliner Olympiastadion als Paradebeispiel nationalsozialistischer Architektur präsentierte. Unterrichtsminister Hans Pernter, der den Ehrenschutz für diese Ausstellung übernommen hatte, bezeichnete den Stadionbau des Architekten Werner March in seiner Eröffnungsansprache als »ein stolzes Werk schöpferischen deutschen Geistes und deutscher Schaffenskraft« und zeigte sich überzeugt, dass die Ausstellung »in der alten deutschen Kunststadt Wien« Anklang finden und zur »Pflege der naturgegebenen Wechselbeziehungen zwischen den beiden deutschen Staaten«[10] beitragen werde. Diese Anbiederung an den großen Nachbarn mag erklären, warum sich der Minister einen Monat später, bei der Eröffnung der Kokoschka-Ausstellung, von seinem Adlatus Hammerstein-Equord vertreten ließ.

Nachdem sich die Secession verweigert hatte, fand Moll im Österreichischen Museum für Kunst und Industrie einen geeigneten Ort. Richard Ernst, der Direktor des Museums, fühlte sich durch das Ausstellungsangebot geehrt und erfreut, zumal Kokoschka einstmals Absolvent der Kunstgewerbeschule am Stubenring war, der das Museum angehörte.[11] Als veranstaltende Organisation konnte Moll den *Neuen Werkbund Österreichs* gewinnen, der das Vorhaben unterstützte, um damit ein klares Bekenntnis zu Kokoschka und seiner Kunst abzulegen, wie Clemens Holzmeister, der Vorsitzende des *Werkbundes*, erklärte.[12]

Obwohl es also keineswegs an Wertschätzung und Unterstützung fehlte, war der Maler mit dem Wiener Ausstellungsprojekt nicht völlig einverstanden. Sein Vorbehalt entsprang zum Teil seiner bereits früher bekundeten Antipathie gegen jede Art von Gruppenbildung. Zu seinem 50. Geburtstag veröffentlichte *Die Stunde* ein Porträt des Jubilars, in dem es hieß: »Kokoschka wollte mit keiner Richtung, mit keiner Bewegung paktieren und die anderen Maler sind niemals seine Freunde gewesen, weil Kokoschka keiner ist, der so leicht Freundschaften von Bild zu Bild schließt.«[13] Dieser Haltung entsprechend, fürchtete Kokoschka ein Jahr später, dass »diese offizielle Clique«, also die Politik und der *Neue Werkbund*, ihn vereinnahmen würde, wie er in einem Brief an Moll meinte. »Aber in Gottes Namen«, schrieb er weiter, »Dir meinem einzigen Freund in Österreich zuliebe, nehme ich's auf mich verkannt zu werden.«[14]

Allerdings war es nicht nur die Zuneigung zu dem »alten Freund«, die Kokoschka dazu veranlasste, der Ausstellung zuzustimmen. Er hegte auch die Hoffnung, er könne die Bilder, die sich noch in Deutschland befanden, durch die Ausstellung auf legalem Weg aus dem Land bringen. In seiner Autobiographie erklärte Kokoschka später, warum er dies für notwendig erachtete: »Kurz vor der Annexion hatte mein alter Freund Carl Moll eine große Ausstellung meiner Bilder in Wien im Österreichischen Museum für Kunst und Industrie als eine Art Schwanengesang veranstaltet, in der Absicht, mich dort zu rehabilitieren. In einem dringenden Schreiben an den Kanzler Dr. Schuschnigg bat ich, die aus deutschem Besitz stammenden Bilder von mir nach Schluß der Ausstellung nicht nach Deutschland zurückzusenden, denn ich hatte bereits von deutschen Freunden erfahren, daß dort die Gestapo eine Prangerausstellung der ›Entarteten Kunst‹ plante, in der auch mein bisheriges Lebenswerk dem Hohn des Mobs und vermutlich der Vernichtung preisgegeben werden sollte. Man berief sich in Wien jedoch auf legale Gründe und sandte die Bilder ordnungsgemäß zurück.«[15]

Die »Prangerausstellung«, von der hier die Rede ist, wurde am 19. Juli 1937 in München eröffnet und wanderte von dort unter dem Titel *Entartete Kunst* bis 1941 durch zwölf weitere Städte, darunter auch Salzburg und Wien. Sie wurde nicht, wie Kokoschka meinte, von der Gestapo organisiert, sondern vom Propagandaministerium unter Joseph Goebbels' Leitung und von Adolf Ziegler, dem regimetreuen Maler und Präsidenten der *Reichskammer der bildenden Künste*. In einer denunziatorischen Zurschaustellung wurden hier Kunstwerke der Moderne mit der Malerei von psychisch Kranken gleichgesetzt bzw. als dekadente Produkte jener ›jüdisch-bolschewistischen Kreise‹ gebrandmarkt, deren Bekämpfung sich die NSDAP in allen Bereichen der Kultur zur Aufgabe gemacht hatten.[16] In München waren einige der bedeutendsten Werke von Oskar Kokoschka der öffentlichen Verachtung preisgegeben, darunter auch *Die Windsbraut*. In späteren Versionen der Ausstellung war Kokoschka nur noch mit Druckgraphiken vertreten, da die geschäftstüchtigen NS-Kunstwarte die als ›entartet‹ geltenden Gemälde auf Kunstauktionen in der Schweiz gewinnbringend versteigern ließen. Auf diesem Weg kam etwa *Die Windsbraut* in den Besitz des Kunstmuseums Basel. Dieser schmähliche Umgang mit seinem Werk bewirkte, dass Oskar Kokoschka mit seiner Kunst von da an sehr viel klarer politisch Stellung gegen den Nationalsozialismus bezog als zuvor. Sein Wiener Freund und Förderer Moll, der zuvor immer bemüht war, mit allen politischen Parteien in gutem Einvernehmen zu leben, übernahm in den 1930er-Jahren immer radikaler nationalsozialistische Positionen. Als die Rote Armee im April 1945 in Wien einmarschierte, nahm er sich das Leben.

In den ersten vierzehn Tagen nach ihrer Eröffnung wurde die verhetzende Ausstellung *Entartete Kunst* in München bereits von 396 000 Personen besucht. Die rühmende Schau hingegen, die fast genau zur selben Zeit in Wien die Absicht hatte, Kokoschka als repräsentativen Künstler des »neuen Österreich« zu etablieren, verzeichnete für die ganze Dauer von sechs Wochen lediglich rund 3000 Besucher:innen.[17] Sie war also bei aller guten Absicht gegen die übermächtige nationalsozialistische Propaganda chancenlos – kein Neubeginn der österreichischen Kunst, sondern, wie Kokoschka selbst richtig erkannte, ihr »Schwanengesang«.

HS

10. Juni 1937

Oswald Haerdtls Österreich-Pavillons auf der Pariser Weltausstellung

»Unser schönes Österreich baut auf!«[1]

»Auf dem Gelände der Pariser Weltausstellung wurde heute der österreichische Pavillon und das Wiener Kaffeehaus eröffnet«, berichtete *Der Wiener Tag* am 11. Juni 1936, einen Tag nach dem Ereignis: »Das Publikum bewunderte den geschickten Gesamtaufbau des Pavillons, dessen Vorderwand ganz aus Glas besteht, hinter dem eine imposante Photomontage der Großglockner-Hochalpenstraße den Beschauer befangen hält.«[2] Das Gebäude sprach eine andere Sprache als die monumentalistisch-klassizistischen, das Bild der Pariser Weltausstellung 1937 prägenden Kolosse NS-Deutschlands oder der Sowjetunion: Oswald Haerdtl hatte für das post-republikanische Österreich einen modernistischen Bau geschaffen – und dokumentierte die Freiräume, die das Regime in gewissen Feldern, so der Architektur[3], bot oder bieten musste, und zeigte auf diese Weise, dass eine moderate Moderne durchaus möglich blieb.[4]

Paris bildete den Abschluss einer Reihe von Ausstellungen, die im Ausland das Markenzeichen des autoritären Bundesstaates abstecken sollten. Die Darstellung Österreichs war der Republik noch 1929 anlässlich der Weltausstellung in Barcelona nicht einmal eine eigene Halle wert gewesen. Allein schon die uninspirierte Aneinanderreihung der gezeigten Objekte hatte gezeigt, dass es keine Idee für die Präsentation des jungen – und ungewollten – Staates gab. Doch bis Mitte der 1930er-Jahre hatte sich die Lage drastisch verändert: Das Image des Alpenstaates war nach der Niederschlagung des Februaraufstandes 1934 miserabel, das Land außenpolitisch isoliert. Trotz der Unterstützung Italiens und Horthy-Ungarns suchte das Regime weitere Verbündete in seiner Auseinandersetzung mit NS-Deutschland. Die Ausstellung *Austria in London* hatte eine erste Gelegenheit geboten, betuchte britische Tourist:innen vom ›neuen Österreich‹ zu überzeugen, war doch mit der Tausend-Mark-Sperre im Mai 1933 und dem damit verbundenen Ausfall deutscher Besucher:innen eine der Einnahmequellen Österreichs versiegt und die Suche nach einem neuen Zielpublikum eröffnet. Zwar mäanderte die von Clemens Holzmeister gestaltete Ausstellung noch zwischen einer Mustermesse, der Präsentation eines musealisierten Alt-Wiens und einer ländlichen Idylle – denn die Informationsträger waren weniger die neuen Medien als die klassische Landschaftsmalerei –, aber die Propagierung touristischer Attraktionen mittels einer interaktiven Karte[5] oder durch den Einsatz von wöchentlich wechselnden Diashows wie *Alpine Flying* oder *Motoring through Austria* wies bereits über statische Präsentationsformen hinaus. Eine weitere Station für eine konzeptionell deutlichere Repräsentation Österreichs war der Pavillon Josef Hoffmanns für die Biennale in Venedig 1934.[6]

Allerdings kam erst mit der Brüsseler Weltausstellung 1935 der touristische und identitätsbildende Leitgedanke der Alpen weitgehend zum Tragen: Für Österreich galt damit, wie es der Generalsekretär der Vaterländischen Front Guido Zernatto später im US-amerikanischen Exil formulieren sollte, »das Gesetz der Landschaft«[7]. Allein die ›Erfindung der Alpen‹ hatte ihre Wurzeln in Großbritannien der 1820er-Jahre, als »das *Alpine country of Austria* […] dem englischen Reisenden als das schönste Land auf Erden« erschien.[8] Ein Topos, der bis ins 20. Jahrhundert anhielt, wie der Österreich-Reiseführer[9] des Wiener Korrespondenten des *Daily Telegraph* George Rowe Eric Gedye zeigt. Das republikanische und vor allem ›ständestaatliche‹ Österreich entwickelte dieses Bild weiter, überfrachtete es ideologisch. Die Alpen produzierten damit auch neue, über Fremdenverkehrswerbung und infrastrukturelle Errungenschaften vermittelte Motive wie Gebirgsstraßen, Hotelbauten, Seilbahnen oder Wasserkraftwerke.

Zwar gab es in Brüssel noch Ansätze, Österreich als barockes Disneyland oder rustikalen Erlebnispark zu präsentieren, doch schon die Ausschreibung für die Gestaltung des Pavillons gab die neue Richtung vor. Aus 170 Einreichungen wurde schließlich der Entwurf Oswald Haerdtls ausgewählt. Im Zentrum der Innengestaltung standen eine Reliefkarte sowie eine Darstellung der soeben fertiggestellten Großglockner-Hochalpenstraße. Illusionistische Techniken sorgten »für einen effektvollen Eindruck der monumentalen Aussichtsstraße auf die Ausstellungsbesucher: auf ein

Der Österreich-Pavillon Oswald Haerdtls auf der Pariser Weltausstellung 1937
Architekturzentrum Wien, Sammlung, Foto: Julius Scherb

großformatiges Glocknerstraßen-Gemälde projizierte ein Filmprojektor fahrende Autos, darunter lief auf mehreren nebeneinanderliegenden Bildschirmen eine Diashow mit den schönsten Aussichten«[10]. Kritisiert wurde, dass mit der Überfülle an Fotos die kulturelle Seite »von der Werbetechnik der ›Fremdenindustrie‹ stark in den Hintergrund gedrängt und fast nur als Staffage behandelt«[11] wurde. Darüber hinaus wurden Finanzierungslücken, das schlechte Zeitbudget sowie die verspätete Übergabe bemängelt, was zur Folge hatte, dass die Ausschreibung für die Pariser Weltausstellung 1937 in dieser Hinsicht professioneller vorbereitet wurde. Wieder entschied sich die Jury für Haerdtls Konzeption.[12] Erst nach der Schließung sollte die *Österreichische Kunst* die »Bescheidenheit« der Ausführung bemängeln: Österreich habe sich nicht adäquat präsentiert, im Gegensatz zur »Plakatwirkung«[13] der anderen Pavillons. Doch dürfte die Kritik eine an das Handelsministerium gerichtete Retourkutsche gewesen sein, hatte sich doch dieses geweigert, die Veröffentlichung des Beitrags von Ministerialrat Josef Ballacs über den Bau zu fördern.

Auf ein Podest gestellt mit einer riesigen, aus fünfzehn Paneelen bestehenden Glaswand lenkte der Entwurf den Blick auf eine gewaltige Fotomontage des Fotografen und Grafikers Robert Haas. Zweieinhalb Meter über dem Boden der Halle, fast neun Meter hoch und mehr als dreißig Meter lang, zeigte das Triptychon drei in den 1930er-Jahren erbaute Gebirgsautostraßen: im Zentrum die Großglockner-Hochalpenstraße[14], links die Straße über den Packsattel und rechts die im Juni 1936 eröffnete Straße durch das Gesäuse.[15] »Da die Fassade gläsern ist, kann man diese bewundernswerte Photomontage auch von der Hauptallee aus erblicken. Abends ist sie effektvoll beleuchtet. Buchstäblich jeder Passant bleibt stehen und in allen Sprachen hört man Ausrufe des Entzückens.«[16] Ein Hinweis darauf, aus welchem Grund gerade diese drei Straßen ausgewählt wurden, lässt sich allerdings nicht finden. Mit seinem Arbeitsbeschaffungsprogramm hatte der ›Ständestaat‹ ohnehin mehrere andere Straßenprojekte initiiert. Einige von diesen – so die Wiener Höhenstraße – waren prestigeträchtiger als die beiden seitlich gezeigten, jedoch politisch stärker aufgeladen und damit konfliktträchtiger.

Die von der *Österreichischen Lichtbildstelle* zur Verfügung gestellten Aufnahmen wurden vergrößert und in 161 Felder[17] mit den Maßen 1,20 mal 1,30 Meter kopiert.[18] Haas retuschierte die Fotos händisch,[19] gestattete sich dabei viele Freiheiten: »Die Bergblumen im Vordergrund vergrößerte er enorm, die Großglockner-Straße und die Autos hob er visuell heraus und kombinierte sie ohne Übergang mit den Gletschern im Hintergrund. Über der Horizontlinie montierte er als Himmel einen hellblau eingefärbten Textilstreifen, in den er mittels Spritzpistole dramatisch ausgefranste Wolkenfetzen setzte.«[20] In einem Brief an seinen Bruder kommentierte Haas diese Eingriffe: »Vieles ganz falsch, Teile von links nach rechts verschoben, umgekehrt kopiert etc., aber ein guter Gesamteindruck.«[21]

Im April 1898 in Wien geboren, hatte Haas zwischen 1930 und 1932 Fotografie am »attraktiven Ausbildungsplatz«[22] des Ateliers von Trude Fleischmann gelernt. 1936 und 1937 wurde er – obwohl er seine sozialkritischen Arbeiten schon in der Sonntagsbeilage der regimekritischen Zeitung *Der Wiener Tag*, einer wichtigen Plattform für innovativen Fotojournalismus, veröffentlicht hatte – vom Bundeskanzleramt zum offiziellen Fotografen der Salzburger Festspiele berufen. Seine Fotos zeigten diese in einem kosmopolitischen, weltoffenen Licht, fernab des provinziellen Miefs, der dem Austrofaschismus so oft anhaftete.

Selbstredend lässt sich die Fototapete als ein antiurbanes, patriotisches und touristisch verklärtes Österreichbild auffassen, aber die Komposition einer archaischen Landschaft, die hier mit Asphalt, Beton und Autos durchsetzt war, muss beeindruckend gewesen sein. Sie richtete sich an den anspruchsvollen Gast, der mit dem Auto anreiste und die Bergwelt als Städter erlebte, zeigte eine durch Technik gezähmte Ideallandschaft. Das Credo des Austrofaschismus – die organisch gewachsene Landgemeinschaft – wurde hier zu einer Kulisse für ein internationales urbanes Milieu, Fortschrittsphantasien mischten sich mit der Bilderwelt eines barocken Österreichs.

Die dem Dreiteiler zugrundeliegende Idee der Auflösung der Widersprüche, wo Landbevölkerung, Wandernde, Tourist:innen und städtische Automobilist:innen, unberührte Natur und urbaner Lebensstil zueinander finden, konnte letztlich nicht funktionieren, schuf keine nationale Identität und Einheit. Bereits die Schau selbst unterwanderte diesen Zugang: Wien, noch immer mit dem ›Makel‹ des ›Roten‹ behaftet, erhielt zwar seinen eigenen Ausstellungsbereich,[23] doch war dieser ebenfalls in ländliche Landschaftsbilder eingebettet, die Stadt von Wienerwald, Rax und Schneeberg umzingelt – exakt wie der Literat Anton Kuh es ironisch in seinem Essay *Wien am Gebirge*[24] beschrieben hatte.

Anlässlich der Eröffnung des Pavillons schrieb Hermann Leopoldi eine musikalische Eloge auf das Bauwerk – und zugleich auf das austrofaschistische System: »Nur bei einem Staat, da funktioniert der Apparat. Dort steht ein kleiner Pavillon und welches Wunder, er ist fertig schon.«[25] So schufen Haas und Leopoldi mit der Indienstnahme zeitgemäßer Medien Ikonen des Systems, bei gleichzeitiger Vermittlung der retrograden Ideologie des ›Ständestaates‹. Dieser stillen Übereinkunft von Haas mit dem Regime wurde jedoch in Paris widersprochen, als der sozialistische Widerstand die dreisprachige Broschüre *Schönes Österreich*[26] in den Pavillon schmuggelte. Als Fremdenverkehrsprospekt getarnt, operierte das Leporello mit ähnlichen Bildern wie die Haas'sche Fotomontage. Nur beschrieb es nicht die Schönheiten des Landes, sondern die seit 1934 herrschende Repression. Grafisch stand die Broschüre der modernistischen Gestaltung des Hauses dabei näher als der offizielle Führer,[27] in dem der illegale Nationalsozialist und Schriftsteller Friedrich Schreyvogl umständlich beschrieb, was Haas, auf barocke Schaulust setzend, viel prägnanter gefasst hatte.

Haas hat sein Werk nie gesehen, Haerdtl habe ihn eines Tages angerufen: »Herr Ingenieur, ich weiß nicht, was ich sagen soll, aber die haben herausgefunden, daß Sie ein Jude sind. […] Würden Sie bereit sein, einen arischen Gehilfen aufzunehmen?« So half ihm Günther Baszel – »er war ein reizender Mensch« – die »Bilder zusammenzupicken«[28]. Kurz nach dem ›Anschluß‹ gelang ihm im September 1938 die Flucht nach London, von dort aus emigrierte er in die USA. Sein Heimweh konnte Robert Haas nie überwinden: »That is my home town, there I grew up. I received all my education there, all my friends were from Vienna.«[29]

BR

August 1937

Krach bei den Salzburger Festspielen

Toscanini will eine Entscheidung

Der österreichische NS-Putsch im Juli 1934 war ein Fiasko für Hitlers Politik. Im ›Dritten Reich‹ musste man zur Kenntnis nehmen, dass Terror, Attentate und ein Umsturzversuch keinen Erfolg versprachen. Ganz im Gegenteil: Das bedrängte Österreich profitierte in unerwarteter Weise, es bekam weltweit Unterstützung und Aufmerksamkeit. Der permanente deutsche Druck konnte selbst die Salzburger Festspiele nicht in die Knie zwingen. Weder die Tausend-Mark-Sperre noch die Auftrittsverbote deutscher Künstler:innen vermochten den Festspielen zuzusetzen, sondern verschafften ihnen einen neuen künstlerischen Aufschwung und einen nie dagewesenen Zulauf, auch und vor allem deshalb, weil Arturo Toscanini, der wohl renommierteste internationale Dirigent, die Salzburger Festspiele als seine Auftrittsbühne gewählt hatte. Seine Botschaft: Wahre Kunst darf sich nicht der Gewalt unterordnen und ist mit Rassismus nicht vereinbar.[1]

Arturo Toscanini,[2] der 1867 im italienischen Parma geborene Musiker, geriet, als er zum dritten Mal den Betrieb der Mailänder Scala übernommen hatte (1921 bis 1929), zunehmend in Konflikt mit Benito Mussolini. Als der ›Duce‹ den 21. April zum Nationalfeiertag erhob und anordnete, dass alle Kulturinstitutionen ihr Programm an diesem Tag mit der *Giovinezza* zu eröffnen hatten, erklärte Toscanini, dass er an diesem Tag leider proben müsse. Im Mai 1931 sorgte er in den internationalen Blättern für Schlagzeilen, als er sich bei Konzerten in Bologna trotz der Anwesenheit zweier Minister weigerte, ein Programm mit der faschistischen Hymne zu eröffnen. Seine Gegner setzten ihm bei der Ankunft vor dem Teatro Communale mit Schlägen zu. Verwundet flüchtete er ins Hotel zurück. Zur Empörung des versammelten Publikums sagte er daraufhin das Konzert ab. Faschistische Trupps belagerten das Hotel. Toscanini wurde mitgeteilt, dass er vor sechs Uhr morgens die Stadt zu verlassen habe, andernfalls könne man für seine Sicherheit nicht garantieren. Am 16. Mai 1931 wurde ihm der italienische Reisepass vorübergehend entzogen. Das Verhältnis zwischen Mussolini und Toscanini war ab diesem Zeitpunkt höchst angespannt.

Nicht minder spektakulär war Toscaninis Rückzug aus Bayreuth. Gemeinsam mit Winifred Wagner und Wilhelm Furtwängler bildete er das Festspiel-Triumvirat. Jahrelang hatte er dort dirigiert, im Februar 1933 wurde er zum Ehrenbürger von Bayreuth ernannt. Die Vertreibung von Bruno Walter und Otto Klemperer veranlasste ihn am 14. März 1933 zu einer Presseaussendung, in der er verlautbarte, dass er über sein weiteres Engagement in Bayreuth nachdenken müsse. Toscanini war der prominenteste Unterzeichner eines am 1. April 1933 in New York erschienenen Protests gegen die deutsche ›Rassenpolitik‹. Winifred Wagners Unterstützung von Hitler wurde Thema der internationalen Berichterstattung. Auch wenn am 6. Juni 1933 die internationale Presse vom Rückzug Toscaninis aus Bayreuth berichtete, umwarb das ›Dritte Reich‹ weiterhin den großen Musiker. Hitler kündigte an, Toscaninis Vorstellung in Bayreuth zu besuchen. Doch es blieb beim Nein Toscaninis. Er wurde, sehr zum Ärger der Führung im ›Dritten Reich‹, in den nächsten Jahren zum wichtigsten Gegenspieler des staatlich gelenkten, rassistisch gesäuberten Musiklebens im Nationalsozialismus. Demonstrativ besuchte er im Dezember 1936 Jerusalem.[3]

Die Salzburger Festspiele 1935, bei denen Toscanini nicht nur Orchesterkonzerte, sondern auch erstmals Opern dirigierte, waren bereits ein großer Erfolg gewesen: Sie konnten erneut positiv bilanzieren. Toscanini brachte eine Neueinstudierung von Verdis *Falstaff* mit seinem ehemaligen Scala-Ensemble auf die Bühne. Im Sommer 1936 war dann nicht mehr zu übersehen, dass Salzburg es geschafft hatte, ein kunstbegeistertes internationales Publikum anzuziehen und vor dessen Ansprüchen zu bestehen. Arturo Toscanini stand nicht weniger als vierzehnmal am Dirigentenpult: *Fidelio, Falstaff, Die Meistersinger von Nürnberg* sowie Orchesterkonzerte.[4] Vor allem seine Aufführung der *Meistersinger* wurde in einer Weise gefeiert wie nie zuvor. Stefan Zweig war nicht der Einzige, der ihn in den Kunstolymp hob: »Es gehört zum Wunderbaren unserer Welt, zu den großartigsten Offenbarungen für jeden Kunstschaffenden [...], zu den wenigen unvergeßlichen Stunden eines Lebens, daß man bei Toscanini dieses

Aus der Fotoserie von Robert Haas zu den Salzburger Festspielen
Foto: Robert Haas; Wien Museum

Ringen um Vollendung […] erregt, erschüttert, angespannt, mit einer atemberaubenden und geradezu erschreckten Bewunderung sichtbar erleben kann.«[5]

Die Kartenpreise schnellten in die Höhe ebenso wie die Hotelpreise. Die große Nachfrage zeigte sich auch auf dem Schwarzmarkt. Einheimische Kunstinteressierte konnten diese Preise kaum mehr bezahlen. Salzburg wurde zum Schaufenster einer globalen Kulturelite, die in tadellosen Produktionen der Kunstreligion frönte und darüber hinaus auch die ›Adabeis‹ aus Adel, Hochfinanz und Showbusiness anlockte.[6] Die Klatschspalten waren voll von Berichten über die Zelebritäten. Der Sohn des Autofabrikanten Henry Ford wurde gesehen, Marlene Dietrich ließ sich in Lederhose fotografieren. Die noblen Autos, die beim Festspielhaus vorfuhren, zogen die Neugierigen an. Salzburg stand wie nie zuvor »im Mittelpunkt des Weltrundfunks«[7], Radiogesellschaften schickten zum Teil eigene Sprecher:innen nach Salzburg. Das deutsch-österreichische Juliabkommen machte es möglich, dass Toscaninis *Fidelio* auch im Deutschlandsender übertragen wurde.

1936 präsentierte sich Salzburg erstmals als Filmfestspielstadt und bekam nicht zuletzt deshalb das Etikett vom »Hollywood an der Salzach«. Max Reinhardt, ohnehin durch Toscaninis Dominanz mit dem Schauspielprogramm in den Hintergrund gedrängt, wollte seine *Sommernachtstraum*-Verfilmung zeigen. Jan Kiepura war persönlich anwesend, als der Film *Opernring*, der einmal mehr die gute Laune eines attraktiven Tenors vorführte, uraufgeführt wurde. In Spezialvorführungen wurden auch amerikanische Produktionen gezeigt.[8]

Untertags drängten die Tourist:innen aus aller Welt durch die Gassen, vorbei an den Residenzen, der Salzach entlang oder hinaus ins südlich der Stadt gelegene Schloss Hellbrunn mit den Wasserspielen. Die Cafés, Konditoreien und Restaurants waren stets gut besucht. Die Filialen des Verkehrsbüros hatten Hochsaison, Autobusreisen in das Salzkammergut, auf den Gaisberg oder gar auf die Großglocknerstraße waren viel gefragt.[9] Bereits 1934 hatte ein Casino eröffnet und das Nachtleben belebt.[10] Die Sportbegeisterten, die in der Stadt blieben, konnten ebenfalls ein Spektakel miterleben: Im unmittelbaren Vorfeld der Festspiele fand ein Motorradstraßenrennen statt.[11] Die Geschäftswelt hatte sich auf den großen Strom von Tourist:innen eingestellt, in den Schaufenstern sah man Dirndl und wieder Dirndl, Jacken in allen Farben, mit schmückendem Beiwerk, dazu passende Schuhe und Tücher; an Bauernschmuck fehlte es ebenso wenig. Und natürlich Hüte! Die alpine Trachtenmode hatte die Weltmode inspiriert, ihr Kauf wurde als Beweis für »die besondere Sympathie [genommen], die Österreich in der Welt genießt«[12].

Handelsminister Friedrich Stockinger zeigte sich in einer Rede über diese Entwicklung begeistert: »Im Ausland setzt sich das neue Österreich immer stärker durch. Man hat aufs Neue den Wert seiner Kultur entdeckt, österreichische Kunst wird wieder in der ganzen Welt besonders geschätzt. [...] Es ist für uns ein ehrendes Zeichen, daß die österreichische Trachtenmode, daß der Lodenanzug, das Dirndl und der Tiroler Hut den Siegeszug um den weiten Erdball angetreten haben, daß mit einem Wort das Österreichertum in allen Landen beliebt ist. Ihr könnt euch wieder stolz zu eurem Vaterland bekennen, der Österreicher gilt wieder in der Welt.«[13]

Arturo Toscanini war das Symbol dieser Weltgeltung, die Salzburger Festspiele profitierten enorm von ihm, er sorgte jedoch auch dafür, dass sich diese Abhängigkeit für ihn in barer Münze auszahlte. Der Dirigent setzte auf temperamentvolle Weise fast immer seine Forderungen durch, so bei der Einwilligung zu stark gestiegenen Ausstattungskosten oder beim Wunsch nach Gagenerhöhungen der Wiener Philharmoniker, was Österreichs Sparpolitik bei den Bundestheatern und Kultureinrichtungen vollkommen über den Haufen warf. Seine Forderung nach einem Umbau des Festspielhauses versetzte die Festspielleitung und auch die Regierung in Aufregung, weil sie hohe Investitionen von Seiten des Staates notwendig machte. Immerhin imponierte, dass Toscanini bei der Mittelaufbringung mit eigenen Initiativen voranging. Er trieb durch eigens angesetzte Konzerte in Salzburg und durch Salzburg-Konzerte in den USA Gelder für den spektakulären, erst 1938 fertiggestellten Umbau des Festspielhauses ein.[14]

Im Sinn dieser gegenseitigen Abhängigkeit lag es nahe, dass die österreichische Regierung auch vom Glanz der Salzburger Festspiele profitieren wollte. Am Abend der Festspiel-Eröffnung 1934 war ganz Salzburg in eine Trauerillumination gehüllt, die bei den Tourist:innen Eindruck machen sollte. In den Fenstern leuchteten Kerzen, von der Festung bis in die Innenstand verlief eine Lichterreihe, um der Ermordung von Engelbert Dollfuß zu gedenken.[15] Am 8. und 9. August 1936 fand in St. Gilgen eine große Bauernhochzeit nach alten Bräuchen statt, mit Kurt Schuschnigg und Staatssekretär Hans Pernter als Ehrengästen. Ferner war Maestro Toscanini öffentlichkeitswirksam anwesend, Lotte Lehmann sang ein Solo.[16] Salzburg war im August 1936 darüber hinaus Schauplatz eines offiziellen wie eines inoffiziellen Staatsbesuches.[17] Für den italienischen Kronprinzen Umberto gab es ein umfangreiches Programm, nicht minder spektakulär verlief die Stippvisite des britischen Königs Edward VIII.[18]

Das Juliabkommen 1936 sollte die Selbständigkeit Österreichs und einen freundlicheren Umgang zwischen dem ›Dritten Reich‹ und Schuschniggs Österreichs besiegeln. Die Tausend-Mark-Sperre wurde Ende August aufgehoben.[19] Hitler überdachte die ›Anschluß‹-Planung und wollte sich nicht nur zu den Olympischen Spielen in Berlin als europäischer Friedenspolitiker präsentieren, sondern auch im Kunstleben, auch bei den Salzburger Festspielen. Regisseur des neuen, ›evolutionären‹ Kurses war Franz von Papen, der deutsche Botschafter in Wien. Werner Krauß wurde als Mephisto in Max Reinhardts *Faust* gefeiert und verschaffte dem Schauspiel in der Felsenreitschule einen neuen Impuls. Die Auftrittsverbote für bekannte Größen des deutschen Musiklebens wurden revidiert. Wilhelm Furtwängler, als Staatsrat im ›Dritten Reich‹ zu größten Ehren gekommen, trat im August 1937 erstmals in Salzburg auf und spielte dort, von der Presse begeistert aufgenommen, Beethovens *Neunte Sinfonie* mit den Wiener Philharmonikern.[20] Nach dem Konzert gab es nicht enden wollenden Applaus, der fortgesetzt wurde, als Furtwängler das Festspielhaus verließ. Anton Kuh berichtete plastisch-polemisch, und zweifelsohne subjektiv gefärbt, in der *Neuen Weltbühne*, dass die Ovationen organisiert waren.»An dem Sonntagvormittag, der dem Furtwängler-Konzert eingeräumt war, trafen aus Reichenhall, Berchtesgaden und sonstwo in Massen hakenkreuzbewimpelte Autobusse in Salzburg ein, deren Passagiere für diesen Ausnahmsfall mit der so schwer erreichbaren Ausreise-Erlaubnis, nebst zehn Mark Bargeld, beteilt worden waren. Sie sahen in ihrer Mehrheit mehr hinbeordert als herbeigeströmt aus.«[21]

Das Gespräch war privat, es gab keine Zeugen. Dann drang jedoch die Geschichte, wie das feindliche Zusammentreffen von Wilhelm Furtwängler und Arturo Toscanini Ende August bzw. Anfang September verlaufen war, doch nach außen. Toscanini hielt Furtwängler seine Auftritte vor Hitler in Nürnberg und Bayreuth vor. Joseph Goebbels, von Furtwängler informiert, tobte Oktober 1937 über die »Anmaßung des Emigranten« und drohte, nie mehr einem deutschen Künstler zu gestatten, österreichischen Boden zu betreten.[22] Kuh wollte auch gehört haben, was sich beim Treffen Toscaninis mit dem Festspieldirektorium ereignet hatte. Toscanini stellte, so Kuh, die Festspielleitung vor die Wahl: entweder er oder ich. »Herr Furtwängler soll sich entscheiden. Bayreuth oder Salzburg – beides geht nicht. […] Das

Werk von Salzburg ist das Werk bedingungsloser Humanität, des musikalischen Europäertums. Wer sich dazu nicht bedingungslos bekennen kann oder darf, soll die Hände davon lassen!«[23]

Noch gab es keine Absage von Toscanini. Aber seine Drohung stand im Raum. Er hatte das Lavieren im Salzburger und Wiener Musikbetrieb in der Frage der Beteiligung der deutschen Staatskünstler:innen satt. Ihn störte massiv, dass die Festspielleitung mit Furtwängler über Konzertauftritte im nächsten Jahr und überdies über eine Aufführung des *Freischütz* für die Festspiele 1938 verhandelte. Als die internationalen Medien im Februar 1938 vom Treffen Schuschniggs in Berchtesgaden berichteten, gab es für ihn kein Zurück mehr nach Salzburg. Alle Interventionen waren vergeblich. Toscanini ahnte bereits, was kommen würde.

AP

1. September 1937

Ausstellung der Entwürfe für ein Denkmal Kaiser Franz Josephs

»... zu ewigem Erinnern an Österreichs Kaiser«[1]

»Schon lange nicht hat die staunende Öffentlichkeit so viele Debatten, Angriffe, Vorschläge und Gegenvorschläge um ein noch nicht beschlossenes Bauwerk erlebt wie in diesem Fall«[2], kommentierte die *Neue Freie Presse* die Ausstellung von Entwürfen für ein Denkmal Kaiser Franz Josefs im Künstlerhaus. Die *Vereinigung zur Errichtung eines Kaiser Franz Joseph Denkmales* schien mit dieser Präsentation ein Stück näher am Ziel ihrer Bemühungen zu sein. Die Zeichen für ein solches Monument hatten ohnehin bereits bei der Gründung der Vereinigung Ende 1934 gut gestanden: Eine Revision der 1919 erlassenen Habsburgergesetze[3] zeichnete sich ab, die Uniformen von Beamten und Heer erinnerten wieder an die Monarchie, und die Vorbereitungen für eine für den Sommer 1935 geplante, opulente Jubelausstellung[4] zur francisco-josephinischen Epoche in Schönbrunn hatten soeben begonnen. Pläne zur Errichtung eines monumentalen Denkmals für Kaiser Franz Joseph samt Ruhmeshalle hatte es allerdings schon unmittelbar nach dessen Tod 1916 gegeben: Adolf Loos, Friedrich Ohmann, Otto Wagner und Leopold Bauer hatten damals diverse Standorte im Auge gehabt.[5] Realisiert wurde nach Gründung der Republik keines der Projekte.

Der ersten Umsetzung der erinnerungspolitischen Agenda des ›Ständestaates‹, der Demolierung des Republikdenkmals am Schmerlingplatz, folgte die Ausschreibung eines Wettbewerbs für die Errichtung eines *Österreichischen Heldendenkmals* für die Opfer des Weltkrieges 1914–1918.[6] Die Einweihung im September 1934 machte klar, dass das ›neue Österreich‹ auch »seinem alten Stammland«[7] huldigen werde. Bundespräsident Wilhelm Miklas übernahm den Ehrenschutz des Vereins: Bald verfügte er über repräsentative, von Kardinal Innitzer geweihte Büroräumlichkeiten

Aufstellung der Schablone für ein Denkmal von Kaiser Franz Joseph bei der Neuen Burg, November 1937
Foto: Albert Hilscher; Österreichische Nationalbibliothek – Bildarchiv

im Palais Trautson, dem Sitz der ehemaligen ungarischen Leibgarde Maria Theresias.

Im Dezember 1935 kam es schließlich zu einer weiteren Initiative zur Errichtung eines Denkmals des ehemaligen Monarchen: Die *Zentralvereinigung der Architekten Österreichs* lobte gemeinsam mit der RAVAG[8], dem staatlichen Rundfunk, einen Wettbewerb für die Neugestaltung des nunmehr nach Engelbert Dollfuß benannten Platzes vor der Votivkirche aus – unter »Bedachtnahme«[9] eines möglichen Denkmals für den ehemaligen Herrscher.[10] Zum Preisrichter wurde Otto Rudolf Salvisberg bestellt, Architekturprofessor der ETH Zürich, der aus den 41 Entwürfen das Projekt von Siegfried Theiß und Hans Jaksch auswählte.[11] Verwirklicht wurde es allerdings nicht – was zeigt, dass solche Wettbewerbe, in einer Zeit, in der die meisten Kunstschaffenden ohne Aufträge waren,[12] reine Beschäftigungsmaßnahmen sowie Propagandaaktionen waren, um die geringe Bautätigkeit zu kaschieren.

Salvisberg war optimistischer und sah in den Vorschlägen »eine interessante Vorstudie für jene Wettbewerbe [...], die in nächster Zeit die österreichischen Architekten und Bildhauer beschäftigen werden«[13]. Tatsächlich schrieb die Gemeinde Wien – gemeinsam mit der Vereinigung – Mitte Juli 1936 einen Ideenwettbewerb aus. Die Vorgaben für Ort und Gestaltung waren dabei sehr vage und den Teilnehmenden wurde viel Freiheit gelassen, der Herrscher möge lediglich »als der Repräsentant seiner Zeit und der Führer einer gewaltigen Heerschau erscheinen, durch die der große Aufschwung der Epoche seiner Regierungszeit veranschaulicht werden soll«[14]. Die vorgelegten 140 Projekte wurden in einer Ausstellung im Messepalast und in einer Sendung der RAVAG am 2. Dezember 1936[15] präsentiert.

Der Kunstbeirat der Vereinigung, dem Peter Behrens, Rudolf Henz, Clemens Holzmeister und Edmund Glaise-Horstenau angehörten, prämiierte schließlich auf Vorschlag der beiden Juroren Peter Behrens und Ferdinand Andri die Entwürfe der Bildhauer und Architekten Josef Müllner, Clemens Holzmeister und Hans André,[16] was aber nicht unumstritten blieb: Während die Zeitschrift der *Ostmärkischen Sturmscharen* dem Entwurf von Müllner, »Schöpfer des schönen, würdigen, in echt wienerisch-österreichischem Stil gehaltenen Lueger-Denkmals«[17], durchaus etwas abgewinnen konnte, bemängelte sie an Holzmeisters Entwurf für den Michaelerplatz, er sei ein »weißer, pyramidenartiger toter Stein, von Adler und Reichssymbolen gekrönt. Vom alten Kaiser, dem wirksamsten und wirklichsten Symbol des Reiches, ist außer der Inschrift nichts zu sehen.« Die verklausulierte Forderung nach einer »naturnahen Wiedergabe«[18] wies Holzmeister umgehend zurück: »[M]it den Mitteln einer naturnahen, realistischen Kunst, wie sie im letzten Drittel des neunzehnten Jahrhunderts«[19] herrschte, wäre diese Forderung sicher zu erfüllen, doch insbesondere junge Kunstschaffende seien vom Realismus abgekommen. Rudolf Perco, Architekt des ›Roten Wien‹, liebäugelte sogar mit einer radikalen, später verworfenen Lösung und konzipierte einen kruckenkreuzförmigen Bau mit dem Reiterbild des Kaisers.[20] Das »leidenschaftliche [...] Interesse«[21], das den Wettbewerb begleitete, dürfte ebenfalls auf ein Erstarken legitimistischer Tendenzen zurückzuführen sein.[22] Zur Finanzierung des Projekts veranstaltete die Vereinigung Gesellschaftsabende für die Hautevolee,[23] Konzerte[24] und Theaterabende[25], lancierte die Idee einer Sonderbriefmarke[26] und organisierte eine Lotterie, für die der erstrangige Beweggrund »vor allem die Dankespflicht sein [sollte], die jeder aufrechte Österreicher dem Kaiser gegenüber empfindet«[27].

Doch der Wettbewerb führte auch zu Protesten: Während die Stadt keinen Zweifel aufkommen ließ, dass sie den Wettbewerb in erster Linie als Notstandsunterstützung betrachtet hatte,[28] machten Architekten darauf aufmerksam, dass eine Beteiligung mit einem beträchtlichen unbezahlten Aufwand verbunden sei – mit dem Risiko, am Ende leer auszugehen«[29]: »Wie viel Arbeit, wie viel Kosten liegen darin!«[30] Eine neuerliche Ausschreibung am 1. April 1937 beruhigte die Gemüter ebenso wenig, vor allem weil man aus undurchsichtigen Gründen – die Unterlagen der Vereinigung gingen im Zweiten Weltkrieg verloren – die Bedingungen geändert hatte. Der nicht prämiierte, nur angekaufte Entwurf von Michael Drobil und Rudolf Perthen wurde nun, sowohl was Standort als auch Gestaltung betraf, zur Grundlage für jede weitere Planung: Aufgabe war die »Ausgestaltung der Neuen Burg zu einem grandiosen Kaiser Franz Joseph Denkmal. Die Figur des Kaisers ist im Triumphbogen des Baues zu placieren«[31].

Eine in mehreren Tageszeitungen veröffentlichte Erklärung – unter anderem unterfertigt von Josef Hoffmann, Clemens Holzmeister und Heinrich Srbik – beanstandete, dass man mit der Vorgabe keinen Wettbewerb schaffe, sondern eine »vollzogene Tatsache«[32]. Carl Moll[33], Josef Frank, Robert Oerley und Siegfried Theiß sowie Josef Hoffmann[34] intervenierten publizistisch, Rudolf Perco protestierte gegen die rigide Standortpräferenz Heldenplatz: »Man könne auf einen Platz, der städtebaulich schon kein Platz, sondern eine Gegend sei, nicht noch ein monumentales Pferd hinstellen [...].«[35] Angesichts der vehementen Proteste ruderte man zurück[36]: »Man zaudert und zögert«, hieß es in der *Neuen Freien Presse*, »und gelangt zur rechten Zeit immer schwerer zur rechten Lösung«[37].

»Mit wahrem Idealismus haben sich die Künstler auf diese große Aufgabe gestürzt und sie alle haben ohne Rücksicht auf die bedeutenden Kosten, die ihnen durch die Beteiligung erwuchsen, ihr Bestes hergegeben«[38], heißt es im Abschlussbericht der Jury Ende August 1937. Doch keiner der Entwürfe überzeugte und so wurden drei erste Preise, zwei zweite Preise vergeben und fünf Projekte zum Ankauf vorgeschlagen. Allein die über die Presse geführten Polemiken lassen vermuten, dass die Entscheidung konfliktreich gewesen sein muss: Anzunehmen ist wohl ebenfalls, »daß die Künstler, die in diesem Komitee als Kunstbeirat vertreten waren, der Eifersucht unterlagen«[39].

Die Ausstellung der Entwürfe des zweiten Wettbewerbs im Künstlerhaus[40] sollte dann auch »keine gewöhnliche Schau werden – die Besucher sollen vielmehr selbst ihre Stimme für jenen Entwurf abgeben, der ihnen die beste Lösung des schwierigen Problems zu sein scheint«[41]. Eine diesbezügliche Stimmkarte wurde darüber hinaus in mehreren Tageszeitungen veröffentlicht. Sogar eine Volksabstimmung war geplant: 540 000 Wiener Haushalte sollten in einer Drucksorte über den Standort des Denkmals – Burggarten, Neue Hofburg oder Schönbrunn – abstimmen, vorausgesetzt, sie spendeten etwas für die Errichtung des Monuments.[42] »[A]ngesichts der unüberbrückbaren Uneinigkeit der zünftigen Künstler« wollte man sich zuletzt nur noch auf die Vox populi verlassen: Für einige Tage zierte so Ende November 1937 eine Silhouette des geplanten Denkmals den Balkon im Triumphbogen der Neuen Burg: »Unzählige Schau- und Kritiklustige eilten am gestrigen Sonntag auf den Heldenplatz, um die aus der Fassadenmitte der Neuen Hofburg über Prinz Eugenius' Reiterstandbild herüberschauende Schablone eines Kaiser-Franz-Josef-Denkmals zu besichtigen und den vielen divergierenden Urteilen das eigene, ein neues oder ein schon tausendmal gehörtes, hinzuzufügen.«[43] Die *Neue Freie Presse* erinnerte unterdies an die Aufstellung einer »naturgroßen Häuserkulisse«[44] im Zusammenhang mit den Planungen Otto Wagners für ein Stadtmuseum am Karlsplatz im Jänner 1910.

Die Farce endete mit einem offenen Brief – unter anderem unterfertigt von Carl Moll, Hans Sedlmayr und Leopold Kunschak –, der erklärte, die Denkmalvereinigung habe nunmehr den endgültigen Beweis erbracht, »daß die von ihr angewandten Methoden uns nach dreijähriger Tätigkeit dem Ziele nicht nähergebracht haben«[45] und man weiterhin »vor dem nach allen Richtungen noch ungelösten Problem«[46] stehe. Diese »Furcht vor Entscheidung« und eine »lähmende Ängstlichkeit«[47] hielten bis zum ›Anschluß‹ an.

Am 12. März 1938 beschloss die Vereinigung, beim Vereinsmitglied Glaise-Horstenau bzw. bei dem soeben zum Bundeskanzler avancierten Arthur Seyß-Inquart anzufragen, »ob die Tätigkeit fortgesetzt werden soll bzw. was mit dem Vermögen des Vereins zu geschehen hätte«[48]. Am 22. April 1938 folgte die Entscheidung der Selbstauflösung.[49] »Und jetzt hat dieser ganze Zauber endlich ein Ende«[50], hieß es dazu in der bereits ›gleichgeschalteten‹ Presse.

Auch die anderen propagandistischen Bauprojekte des ›Ständestaates‹ wurden nicht mehr realisiert, weder das Dollfuß-Denkmal noch das Haus der Vaterländischen Front am Ballhausplatz, noch die Führerschule im Fasangarten. Außerdem waren die Pläne für den Umbau des Platzes vor der Votivkirche bereits 1934 auf minimale Eingriffe in die Verkehrsorganisation beim Schottentor reduziert worden.[51]

BR

6. Oktober 1937

In einer Nacht von Franz Werfel im Theater in der Josefstadt

Dichtung von der Hohen Warte

In den ersten zwei Septemberwochen des Jahres 1937 schrieb Franz Werfel ein neues Drama: *In einer Nacht*. Kaum war das Werk vollendet, erwarb Ernst Lothar, der Direktor des Theaters in der Josefstadt, die Aufführungsrechte, und schon am 21. September begannen unter Max Reinhardts Regie die Proben.[1] Gleichzeitig wurde im Wiener Zsolnay-Verlag die Drucklegung vorbereitet, damit das Schauspiel pünktlich zur Premiere als Buch vorliegen konnte.[2] Nach einer kurzen, aber intensiven Probenphase, die der Dramatiker mit dem Satz »Wir sind alle in Weißglut«[3] charakterisierte, ging das neue Theaterstück am 6. Oktober erstmals über die Bühne.

Die Handlung des Schauspiels lässt sich in knappen Worten zusammenfassen: Felizitas hat vor vielen Jahren den besitzergreifenden Eduard geheiratet, während ihre wahre Liebe von Anfang an dem feinsinnigen Gabriel gilt. Bei einer Wiederbegegnung der drei in der Nacht zwischen Allerheiligen und Allerseelen kommt es zur Krise: Eduard erschießt Gabriel, Felizitas bekennt sich angesichts des Sterbenden zu ihrer wahren Liebe. Nach schweren, von Visionen und Reminiszenzen durchzogenen Stunden erwacht Gabriel zu einem neuen Leben, das er mit Felizitas teilt. Sein Tod war nur ein Scheintod, die Liebe hat über die Destruktivität gesiegt. Dass Werfel mit diesem Finale das Sakrament der Ehe missachtete, wurde nach der Uraufführung von der sittenstrengen *Reichspost* gegen das Stück eingewendet,[4] während sich die Kritikerin Helene Tuschak, die von dem Schauspiel begeistert war, nicht ohne Grund an Richard Wagners *Tristan und Isolde* erinnert fühlte.[5]

Die Uraufführung des metaphysisch überhöhten Psychodramas wurde in den Wiener Zeitungen ausführlich besprochen. Drei Lieblinge des

Publikums – Helene Thimig als Felizitas, Attila Hörbiger als Eduard und Anton Edthofer als Gabriel – erhielten für die Gestaltung ihrer anspruchsvollen Hauptrollen große Anerkennung, aber noch euphorischer wurde der Regisseur Reinhardt gerühmt, da es ihm gelungen sei, dieses an sich undramatische Schauspiel in einen berührenden Theaterabend zu verwandeln.

Max Reinhardt war nur für diese Regiearbeit nach Wien gekommen, die Zukunft seiner Arbeit sah er längst in den USA. Er verließ Wien sofort nach der Premiere, weil er in Hollywood mit den *Warner Bros* ein Filmprojekt erörtern wollte. Dass *In einer Nacht* seine letzte Regiearbeit in Österreich, ja überhaupt in Europa sein würde, ahnte er selbst noch nicht, wohl aber seine Ehefrau, Helene Thimig, die ihrem Mann erst einige Wochen später folgte. Während sie als Felizitas auf der Bühne stand, wurde sie von rätselhaften Abschiedsstimmungen heimgesucht, und sie verliebte sich in den Darsteller des Gabriel, Anton Edthofer. Er verkörperte für sie das ›bessere‹ Österreich, von dem sie sich jedoch ebenso trennen musste wie vom antisemitischen, wo für ihren jüdischen Ehemann kein Platz mehr war.[6] Reinhardt starb 1943 im US-amerikanischen Exil, Helene Thimig kehrte 1947 nach Österreich zurück und übernahm bei den wiederbelebten Salzburger Festspielen und am Wiener Max Reinhardt Seminar leitende Funktionen. 1948 heiratete sie Edthofer, der den Krieg in Österreich überlebt hatte. Die Uraufführung von Werfels Drama war also für einige Mitwirkende von lebensgeschichtlicher Bedeutung. Das Publikum am 6. Oktober 1937 ahnte davon vermutlich nichts, obwohl es vom Geschehen auf der Bühne durchaus in Sphären der Ahnungen und der verwirrenden Gefühle entführt wurde.

Nicht nur Reinhardts Inszenierung fand bei der Kritik Anklang, sondern auch Werfels Drama. Siegfried Geyer verstand die »balladenhafte Zwischenwelt« Werfels als adäquaten Ausdruck einer Zeit, »die von der kalten Erde der technischen Triumphe wieder nach der Romantik der Wunder und Phänomene langt«[7]. Rudolf Holzer erklärte, Werfel beschreibe in seinem neuen Drama »Wege, die ins Übersinnliche führen, die von der Anbetung der Vernunft zur Demut des Glaubens führen«[8]. Und Ludwig Ullmann verwandelte alle denkbaren Einwände gegen Werfel in Lobreden: »Ja, es ist ein ›unwahrscheinliches‹ Stück. Es mißachtet die Gesetze aller rein sachlichen

Zusammenhänge. Es ist so unsachlich wie der Traum und der Wunsch. Es rüttelt nicht an den Kulissen, sondern an der uneingestandenen Instinkt- und Sehnsuchtswelt seiner Zuschauer.«[9] In all diesen Äußerungen wurde Werfels Drama also als künstlerisch adäquater Ausdruck einer irrational-religiösen Zeitstimmung gedeutet.

Der Werfel-Biograph Peter Stephan Jungk behauptete, die Wiener Zeitungen hätten über das »besonders peinliche und durchaus mißglückte Theaterstück«[10] 1937 nichts zu schreiben gewusst und sich deshalb auf den Empfang konzentriert, der im Anschluss an die Aufführung stattgefunden habe. Diese Darstellung ist überspitzt, wie die oben zitierten Rezensionen beweisen, dennoch hat Jungk nicht völlig unrecht: Selbstverständlich war die Reinhardt-Inszenierung eines Werfel-Dramas auch ein gesellschaftliches Ereignis. Der *Wiener Tag* berichtete: »Nach der Uraufführung von Franz Werfels Schauspiel ›In einer Nacht‹ veranstalteten Direktor Hofrat Dr. Lothar und seine Gattin Frau Adrienne Gessner-Lothar in den Sträußel-Sälen einen Empfang, dem u. a. Bundeskanzler Dr. Schuschnigg, Minister Dr. Pernter, Staatssekretär Dr. Zernatto, Minister Dr. Neumayer, Bundeskommissär Hammerstein-Equord und viele andere Persönlichkeiten der Diplomatie und des Wiener Kunstlebens beiwohnten.«[11] Diese illustre Gästeliste beweist, dass Werfel, dem im Frühjahr 1937 das »Österreichische Verdienstkreuz für Kunst und Wissenschaft 1. Klasse«[12] verliehen worden war, in Regierungskreisen ein hohes Ansehen genoss.

Franz Werfel, geboren 1890 in Prag, begann seine höchst erfolgreiche literarische Karriere als Lyriker, der sich 1911 mit seinem Gedichtband *Der Weltfreund* als Wortführer der jungen, expressionistischen Generation profilierte. 1918 stand er engagiert auf der Seite der demokratischen Revolution und vertrat sozialistische Positionen, die bei ihm allerdings eine religiöse Färbung annahmen. Werfel, der dem assimilierten jüdischen Bürgertum entstammte, fühlte sich seinem familiären Erbteil immer verpflichtet, was ihn aber nicht daran hinderte, katholisches Gedanken- und Glaubensgut in sein Denken und Schreiben zu integrieren.

In seinen frühen Jahren gehörte Werfel zu jener literarischen Avantgarde, die sich unter Schlagworten wie »Expressionismus« oder »Aktivismus« versammelte und in visionären Dramen und reimlosen Gedichten die Erschaffung eines neuen Menschen proklamierte. 1924 verabschiedete sich der Autor von seinen stürmischen Aufbruchsjahren und begann, Romane mit Bestsellerpotenzial zu schreiben: Sein erster Publikumserfolg war der Künstlerroman *Verdi. Roman der Oper*, der 1933 durch *Die vierzig Tage des Musa Dagh*, in dem Werfel den Genozid am armenischen Volk beschreibt, noch übertroffen wurde.

Allerdings verdankte Werfel seinen Ruhm nicht nur seinen literarischen Fähigkeiten, sondern auch der Frau an seiner Seite: Alma Mahler-Werfel, die nie einen Zweifel daran ließ, dass sie etwas Besonderes sei. Sie wurde 1879 in Wien als Tochter des renommierten Landschaftsmalers Emil Jakob Schindler geboren und galt in ihrer Jugend als eine der attraktivsten Erscheinungen des Wiener Fin de Siècle. Im Alter von 22 Jahren heiratete sie den 19 Jahre älteren Gustav Mahler, mit dem sie zwei Töchter hatte: Maria, die im Kindesalter starb, und Anna, die später Bildhauerin wurde und zu den interessantesten Menschen im Umfeld ihrer Mutter gehörte. Anna Mahler war für kurze Zeit mit dem Komponisten Ernst Krenek verheiratet, danach mit Paul von Zsolnay, der in Wien den Verlag führte, dessen auflagenstärkster Autor Franz Werfel war.[13]

Gustav Mahler starb 1911 im Alter von nur 51 Jahren und Alma Mahler spielte nach seinem Tod eine öffentliche Rolle, die ihr Biograph Oliver Hilmes mit den Worten »Jung, reich – und Witwe«[14] umschrieb. Selbstbewusst wählte sie ihre neuen Lebenspartner unter den begabtesten Künstlern ihrer Zeit: Mit dem Architekten Walter Gropius war sie kurzzeitig verheiratet, mit dem Maler Oskar Kokoschka erlebte sie eine leidenschaftliche Affäre. 1919 begegnete sie erstmals Franz Werfel, dem sie dauerhaft verbunden blieb. 1929 heirateten die beiden, und Alma trug von da an den Nachnamen Mahler-Werfel.

Das spektakuläre Paar lebte von 1931 an in der Villa Ast auf der Hohen Warte in Wien-Döbling. Dieser elegante Bau war 1909 von Josef Hoffmann für den Bauunternehmer Eduard Ast entworfen worden, der jedoch nach der Wirtschaftskrise der späten 1920er-Jahre gezwungen war, das Haus zu verkaufen. Alma Mahler-Werfel führte dort bis 1937 einen stark frequentierten Salon. Ihre Villa wurde zu einem Zentrum der Geselligkeit, wo sich Spitzenvertreter des Regimes, von Schuschnigg bis zur hohen Geistlichkeit und Diplomatie, einfanden. Der Schriftsteller Klaus Mann beschrieb das Treiben mit freundlicher Ironie: »Frau Alma, die Schuschnigg und seinem

Kreise nahestand, machte den Salon, wo *tout Vienne* sich traf: Regierung, Kirche, Diplomatie, Literatur, Musik, Theater – es war alles da. Die Hausfrau, hochgewachsen, sorgfältig geschmückt, von immer noch schöner Miene und Gestalt, bewegte sich triumphierend vom päpstlichen Nuntius zu Richard Strauss oder Arnold Schönberg, vom Minister zum Heldentenor, vom stilvoll vertrottelten Aristokraten zum vielversprechenden jungen Dichter. In einer Ecke des Boudoirs wurde im Flüsterton über die Besetzung eines hohen Regierungspostens verhandelt, während man sich in einer anderen Gruppe über die Besetzung einer neuen Komödie am Burgtheater schlüssig ward.«[15]

Diese Beschreibung lässt ahnen, welche Gemengelage aus Politik, Religion, Eros und Kunst sich hinter dem konventionellen Geplauder verbarg.[16] Im Mittelpunkt stand die Dame des Hauses, die zweimal mit Männern jüdischer Herkunft verheiratet war, aber mit zunehmendem Alter immer radikalere antisemitische Ansichten vertrat. Sie empfand sich als Angehörige einer ›höherwertigen Rasse‹ und erinnerte sich zugleich ihrer römisch-katholischen Wurzeln. Diese Rekatholisierung mochte mit dem Priester und Theologieprofessor Johannes Hollnsteiner zusammenhängen, der ein enger Berater des Kanzlers Schuschnigg, aber auch Alma Mahler-Werfels Liebhaber war. Schuschnigg selbst wurde zum engen Freund des Hauses und war ein häufiger Gast in der Villa Ast, zum einen, weil er gern mit Werfel über kulturelle Fragen diskutierte, zum anderen, weil er Gerüchten zufolge eine zarte Liebesbeziehung zu Anna Mahler unterhielt. Werfel bekannte sich öffentlich mehrmals zu ihm und damit auch zu seinem Regime. Unter anderem schrieb er in einem Zeitungsartikel, »[d]rei edelste menschliche Werte: Religiöse Tiefe, unbestechliche Geistigkeit, hohe musische Begabung und Bildung« würden in Schuschnigg jene »»Dreieinigkeit« bilden, die die »gottgeschenkte Harmonie des österreichischen Wesens ausmachen«[17]. Werfels Gattin hielt den Kanzler insgeheim für »ein schwaches, kultiviertes Männchen«[18], während sie Anton Rintelen als den wahren ›starken‹ Mann Österreichs bewunderte. Auch er verbrachte viel Zeit in Almas Nähe, zumal er sehr angetan war von Manon Gropius, Alma Mahler-Werfels jüngerer Tochter. 1935 stand Rintelen aufgrund seiner Verwicklungen in den nationalsozialistischen Putsch im Juli 1934, dem Engelbert Dollfuß zum Opfer fiel, vor Gericht. Seine Freundin wurde als Zeugin geladen, musste aber letztlich nicht in der Hauptverhandlung erscheinen, weil sie glaubhaft machen konnte, dass ihre Beziehungen zum Angeklagten unpolitischer Natur waren. So ging »der grausliche Rintelen-Prozeß«[19] vorbei, ohne sie zu belasten.

Manon Gropius, allseits für ihr sanftes, freundliches Wesen geliebt und für ihre ungewöhnliche Schönheit bewundert, starb am 22. April 1935 im neunzehnten Lebensjahr an einer Polio-Erkrankung. An der Seelenmesse, die zu ihrer Erinnerung gelesen wurde, nahm Kurt Schuschnigg ebenso teil wie Alban Berg, der zum engsten künstlerischen Freundeskreis des Hauses Mahler-Werfel gehörte. In einem Brief an die trauernde Mutter erklärte Berg, die Seelenmesse habe durch Schuschniggs Gegenwart »geradezu etwas Symbolhaftes«[20] erhalten. Der Komponist widmete der Verstorbenen sein letztes vollendetes Werk, das Violinkonzert, mit den Worten »dem Andenken eines Engels«[21]. Am 24. Dezember 1935 starb auch er.

Franz Werfel scheint sich an all diesen Begegnungen nur sporadisch beteiligt zu haben. Er zog sich oft in die zweite Villa des Paares in Breitenstein am Semmering zurück, um zu arbeiten. Auch im Jahr 1937 gab er sich nicht mit dem Drama *In einer Nacht* zufrieden, sondern veröffentlichte überdies den Roman *Höret die Stimme*, in dem das Schicksal des jüdischen Propheten Jeremiah geschildert wird, der bei Werfel den hebräischen Namen »Jirmijah« trägt.

Wie Max Reinhardt und Helene Thimig, Ernst Lothar und Adrienne Gessner verließen auch Franz Werfel und seine Frau Österreich im Jahr 1938. Sie gingen zunächst nach Frankreich, dann in die USA. 1941 gelang dem Autor mit *Das Lied von Bernadette* sein letzter internationaler Bucherfolg, der in Hollywood verfilmt wurde. Der Roman schildert die Entstehung der Wunderheilungen von Lourdes. Die prinzipielle weltanschauliche Offenheit (oder Wahllosigkeit), die Werfels Schaffen durchwegs prägte, beschrieb der Literaturwissenschaftler Hans Mayer treffend: »Und er konnte Marxist sein, er konnte anarchistisch oder konservativ sein, er konnte Katholik sein – das alles war austauschbar, es hing von der jeweiligen Wallung, dem Einfall, der Emotion ab.«[22]

Franz Werfel starb 1945 in Beverly Hills, nachdem er mehrere Herzinfarkte erlitten hatte. Seine Witwe Alma, elf Jahre älter als er, lebte noch bis 1964 in den USA. Ihre letzten Jahre beschrieb sie selbst mit den Worten:

»Jetzt lebe ich im dritten Stock meines Hauses in New York in zwei Zimmern. Ich kann mich nicht über Mangel an Beschäftigung beklagen. Ich habe ja sozusagen zwei Firmen zu verwalten, einen musikalischen und einen dichterischen Nachlaß. Freunde sehe ich noch immer gern bei mir. Ich halte Geselligkeit für das beste Mittel gegen das Altern.«[23]

HS

18. November 1937

Präsentation des Films *Der Pfarrer von Kirchfeld*

Ein letzter Anlauf für den unabhängigen österreichischen Film

»Nach mehrjähriger Pause dreht man jetzt in Wien wieder einen sogenannten ›unabhängigen‹ Film, einen Film also, der unabhängig von den Vorschriften des deutschen Propagandaministeriums hergestellt wird, und bei dem man folglich auf den Absatz in Deutschland verzichtet.«[1] Die dritte Verfilmung von Ludwig Anzengrubers *Der Pfarrer von Kirchfeld* unter der Regie von Jakob und Louise Fleck war ein Wagnis: Denn das Vorführverbot in NS-Deutschland bedeutete einen erklecklichen Einnahmeverlust für die Wiener Produktionsfirma *Excelsior*, der über die Vermarktung in anderen Ländern kompensiert werden musste.

Anfang 1934 hatte die österreichische Filmindustrie der Berliner *Reichsfilmkammer* ein Mitspracherecht für ihre ebenfalls für den deutschen Markt bestimmten Filme zugesagt. Jedes Drehbuch, später auch jede Darsteller:innen- und Stabsliste mussten »ab 1934 vom Reichsfilmdramaturgen geprüft sein«[2]. Mit dem im Februar 1935 abgeschlossenen Filmverkehrsabkommen mussten Filmschaffende zudem einen ›Ariernachweis‹ vorlegen[3]: »Berlin diktierte, Wien lieferte ›judenfreie Auftragsproduktionen‹.«[4] Joseph Roth bezeichnete das Abkommen »als den vollendeten ›Anschluß‹ der österreichischen Filmproduktion an die deutsche«[5].

Die Vorgangsweise war ein Schlag nicht nur gegen den österreichischen Film, sondern auch gegen den sogenannten ›Emigrantenfilm‹: Filme von und mit jenen Künstler:innen, die nach Hitlers ›Machtergreifung‹ nach Österreich emigriert waren.[6] Eine Zeit lang war es noch gelungen, an diesen Bedingungen vorbeizuproduzieren und mit Exilant:innen Filme zu drehen: wegen der niedrigeren Produktionskosten zum Teil in Budapester Studios.[7] »Die Emigrantenfilme fanden durchaus ihr Publikum, scheiterten letztlich jedoch an den Herstellungskosten und der fehlenden Unterstützung der österreichischen Behörden, die sich von NS-Deutschland neuerlich unter Druck setzen ließen.«[8] Aufwändigere Produktionen – und nur solche konnten außerhalb Deutschlands reüssieren – blieben ein Risiko, denn alle Länder schützten ihre Filmindustrien mit Zugangsbeschränkungen. Mitte 1936 befanden sich die Wiener Filmproduktionsgesellschaften in einer Krise, die Ateliers in Schönbrunn und Sievering waren nicht ausgelastet, Mitarbeiter:innen arbeitslos.

Über die Zugeständnisse an NS-Deutschland oder die ›Arisierung‹ von *Tobis-Sascha* war in der Öffentlichkeit kaum etwas bekannt. Die Maßnahmen des Regimes lassen jedoch vermuten, dass man sich der Problematik durchaus bewusst war: Die Gründung des *Instituts für Filmkultur,*[9] die Anläufe für eine bundesweite Regelung der Filmzensur[10] oder Konzepte für einen österreichischen Film deuten in diese Richtung. Dieser sollte nicht mit Klischees operieren, an denen man »so lange gedankenlos Raubbau getrieben [hat], bis die Grinzinger und Praterfilme auch dem anspruchslosesten Publikum beim Halse herauswuchsen«[11]. Bundeskanzler Schuschnigg nahestehende Blätter – so das Organ der Ostmärkischen Sturmscharen *Sturm über Österreich* – schrieben nun ebenfalls von einer »Krise des österreichischen Films«[12], die von ihm initiierte *Monatsschrift für Kultur und Politik* hielt fest, dass »zugewanderte Juden, Berliner Funktionäre« die heimische Filmproduktion beherrschten, und dass es einer Strategie bedürfe, »um dem Vaterland und damit der Welt den echten österreichischen Film zu retten«[13]. Das Argument kultureller Überlegenheit fehlte ebenso wenig: »Österreich hat über seinen Kampf um die neue politische Form hinaus kulturelle Weltgeltung von außerordentlichem Gewicht. Es kann ruhig auf die Filmreklame für seine politischen Dogmen verzichten.«[14] Offen blieb aber, warum sich die »neue noch unausgereifte Darstellungskraft der neuen Kunst« doch eher historischen Stoffen zuwandte, denn »an eine Durchdringung der Gegenwartsproblematik wagt sich der Film – vielleicht mit Unrecht – noch nicht heran«[15].

Hatte man bis dato in Beamtenkreisen den Standpunkt vertreten, »keine realisierbaren Alternativen zur Verfügung zu haben«[16], so begannen mit dem Zusammenbruch der österreichischen Filmindustrie Anfang

1937 deren Fachzeitschriften die Möglichkeiten eines ›unabhängigen‹ Films zu sondieren: »Das hat nicht das Mindeste mit Politik zu tun, nichts mit irgendwelchen Bestrebungen, sogenannten Emigranten oder in Deutschland nicht genehmen Künstlern ein Arbeitsfeld zu eröffnen.«[17] Eine Serie von Beiträgen im *Wiener Film. Zentralorgan der österreichischen Filmproduktion*[18] versuchte einen Kriterienkatalog zu entwerfen: weniger inhaltlich als vielmehr kommerziell orientiert.

Die Debatte stieß bald auch in den Tageszeitungen auf Resonanz.[19] Allein das Kernproblem – die antisemitische Gesetzgebung NS-Deutschlands – wurde selten angesprochen, etwa im Montagsblatt *Der Morgen* in einer Filmkritik einer Produktion aus Budapest: »Ja, es ist ein unabhängiger Film, der sich um keine Arier-Gesetze kümmert, also auf ein Absatzgebiet von sechzig Millionen Zuschauern verzichtet«[20], oder im *Wiener Tag*, als dieser über eine handelsgerichtliche Klage von Ernst Deutsch berichtete, dem die Hauptrolle im Film *Die weiße Frau des Maharadscha* aufgrund des ›Arierparagraphen‹ entzogen worden war.[21]

Ende 1937 berief man schließlich eine Enquete ein, bei der erneut vor allem inhaltliche Aspekte erörtert wurden. Um dem Mangel an Stoffen abzuhelfen, tauchte die Idee eines Wettbewerbs für das – so ein früher Anglizismus – »beste Treatment«[22] auf: Man dachte an »einen zeitlosen Stoff« und ausdrücklich nicht »an das Filmklischee der ›Heurigenstimmung‹ und des ›Fiakertums‹.«[23] Vaterländisch sollte der Vorschlag dennoch sein, »worunter nicht etwa ein einseitig politischer oder von der üblichen Dulliähstimmung erfüllter Film gemeint ist, sondern ein Werk, das unter Beibehaltung aller Gesetze des Spielfilms eine wahrhaft österreichische Tendenz besitzt«[24]. Parallel zu dieser Debatte hatten inzwischen die Dreharbeiten der Verfilmung des *Pfarrers von Kirchfeld* begonnen. Kaum jemand erfüllte die von der *Reichsfilmkammer* vorgegebenen Bedingungen für eine Aufführung in Deutschland: das Regisseur-Ehepaar ebenso wenig wie der Filmkomponist oder der Kameramann bzw. die Darsteller Hans Jaray und Karl Paryla. Das Drehbuch hatte – vermutlich gemeinsam mit dem ungenannten Ödön von Horváth[25] – Friedrich Torberg verfasst, dieser unter dem Pseudonym Hubert Frohn.[26] Das Libretto für die Gesangsstücke stammte von Hans Weigel. Die Musik von Viktor Altmann, einem Heimwehrmann.

Vom antiklerikalen Bühnenstück war nur wenig übrig geblieben. Die Konflikte blieben persönlich, der soziale und institutionelle Hintergrund wurde ausgeblendet. Ein junger, in seiner Gemeinde beliebter Pfarrer, nimmt die verwaiste Anna Birkmaier als Haushälterin bei sich auf. Zwischen den beiden entwickelt sich eine erotische Spannung, die den Pfarrer in Gewissenskonflikte stürzt. Wurzelsepp, ein verbitterter Einzelgänger, dem die Kirche eine Ehe mit einer Geschiedenen verwehrt hatte, will sich nun rächen und setzt Gerüchte über ein Verhältnis zwischen dem Pfarrer und der Haushälterin in Umlauf. Erst der Suizid von Wurzelsepps Mutter führt zur Versöhnung mit dem Pfarrer, als Ersterer trotz des Freitodes um ein katholisches Begräbnis seiner Mutter bittet: »Endlich bist du gekommen, endlich darf ich dir helfen, ich danke dir«[27], heißt es in der Dialogliste. Zuletzt heiratet Anna ihre große Liebe, der Pfarrer geht nach Salzburg: »Die heikle Konstellation wird zu Herzen gehend gelöst.«[28] Die Premiere des Films fand zugunsten des *Mutterschutzwerkes der Vaterländischen Front* am 18. November 1937 im Wiener Lustspieltheater statt.[29]

Die zentralen austrofaschistischen Topoi wie Prozession, Trachtenumzug, Wiener Sängerknaben oder die österreichische Landschaft waren fester Bestandteil der Handlung, *Der Pfarrer von Kirchfeld* war »einer der wenigen im katholisch-bäuerlichen Milieu«[30] angesiedelten Filme der Epoche. Doch seine Thematik war »nicht ungefährlicher Stoff«[31]: Die liberale Presse bemängelte, dass der Handlung die antiklerikale Spitze genommen worden sei, fragte, ob es zulässig sei, »das Werk eines Dichters derart zu verändern, daß aus einem Kampfstück eine brave, elegische Idylle wird«[32], und beanstandete, dass der Film »nichts mit Anzengruber zu tun« habe: Dies seien »Bedenken grundsätzlicher Art, die gerade von denen gesagt werden müssen, die einen unabhängigen österreichischen Film wollen«[33]. Die katholische Kirche wiederum sah gerade in der Entschärfung eine Anbiederung: Dem Film sei eben nur »ein frömmelndes Pathos aufgepflanzt«[34] worden. Vernichtet wurde der Streifen von der Zeitschrift des staatlich-kirchlichen *Instituts für Filmkultur*, »die sich bekanntlich anmaßt, an alle Filme den einzig richtigen Maßstab anzulegen«[35]: Die Produzenten hätten »ein Tendenzstück« des Kulturkampfes hervorgeholt, »es aber dann in der vorliegenden Fassung seiner antikatholischen, kirchenfeindlichen Tendenzen zu entkleiden versucht«[36] – was für den

Guten Film so verurteilenswert war, dass man den Streifen keinesfalls empfehlen konnte.

Für die Filmindustrie selbst war *Der Pfarrer von Kirchfeld* die »Probe aufs Exempel« von der Machbarkeit und Rentabilität eines unabhängigen Films. Die Inhalte waren hier nebensächlich, die Erwartungen enttäuscht: »[M]an zögert, fragt nach dem Resultat, wartet ab.«[37] Die Lage ironisierend, setzte *Der Wiener Film* noch im Jänner 1938 die Diskussion fort, indem das Fachblatt eine »Versammlung von Menschen, denen der österreichische Film und eine gedeihliche Selbständigkeit für ihn am Herzen liegt«, fiktionalisierte. In einem Frage- und Antwortsetting wurde den einzelnen Branchen bzw. beteiligten Personen – Filmwirtschaft, staatliche Stellen, Autor:innen und Darsteller:innen – die Verantwortung für die Misere, »unter fremdem Diktat«[38] zu sein, zugeschoben, um schließlich die Frage des fiktiven Moderators nach dem »Wie Weiter?« mit dem Ruf enden zu lassen: »Das fragen wir schon lange. Das fragen alle Zeitungen. Aber nie kommt eine Antwort!«[39]

Die Stimme. Jüdische Zeitung propagierte den Film Anfang 1938 mehrmals unter der Rubrik »Filme ohne Arierparagraph«[40] und machte publik, was in Österreich niemand öffentlich ansprechen wollte. Den Kern der Sache in aller Schärfe zu benennen, blieb letztlich der *Neuen Zürcher Zeitung* vorbehalten: »Was man heute als ›Wiener‹ Film zu sehen bekommt, ist eine in Wien als zufällige Produktionsstätte hergestellte reichsdeutsche Arbeit – der österreichische Film hat aufgehört zu existieren.«[41] Eine Behauptung, die zwar nicht unwidersprochen blieb;[42] was aber kurz vor dem ›Anschluß‹ nicht mehr von Relevanz war. Außerdem wurde der mehrmalige Ruf der Filmindustrie nach einer staatlichen Förderung nie erhört, wohl auch »wegen des schlechten Rufs des Films in katholisch-konservativen Kreisen«, wo man eher auf den Kulturfilm[43] bzw. die Wochenschau[44] als Propagandainstrumente setzte.

Die meisten der im *Pfarrer von Kirchfeld* involvierten Künstler:innen wurden zu Verfolgten des NS-Regimes: Der Produzent Siegfried Lemberger und Kameramann Ernst Mühlrad wurden im KZ Auschwitz-Birkenau ermordet. Friedrich Torberg und Hans Jaray gelang die Flucht in die USA, Louise und Jakob Fleck nach Shanghai, Viktor Altmann nach Großbritannien. Hans Weigel und Karl Paryla überlebten im Schweizer Exil.

Im März 1948 kam der Film erneut in die österreichischen Kinos, über den Entstehungszusammenhang wurde allerdings nicht berichtet. Einzig die unter der Kontrolle der russischen Besatzungsmacht stehende *Österreichische Zeitung* vermerkte lakonisch: Der Film »wurde im Jahr 1938 nach einer kurzen Laufzeit verboten«[45].

BR

19. November 1937

Streik der Studierenden an der Wiener Universität

Ein kurzer Hoffnungsschimmer

»Gestern Mittag kam es vor dem Anatomischen Institut in der Währingerstraße zu einer Kundgebung von etwa zweihundert Studierenden, die durch Sprechchöre gegen die Verlängerung der Studienzeit an der medizinischen Fakultät von fünf auf sechs Jahre demonstrierten«, berichtete die *Neue Freie Presse* am 19. November 1937. Die berittene Polizei löste die Demonstration schließlich auf. Heimlich, ohne Vorankündigung oder Absprache mit der Sachwalterschaft, einem vom Regime bestellten universitären Gremium, hatte das Unterrichtsministerium eine neue Rigorosenordnung für angehende Mediziner:innen vorbereitet. Laut dieser Ordnung hatten sie nach ihrem abgeschlossenen Studium verpflichtend ein Turnusjahr in einem Spital anzuschließen. Unter welchen »schwersten Bedingungen« viele Hörer:innen studierten, hatte der Jurist Heinrich Mitteis, der nach der NS-Machtübernahme in Deutschland einen Ruf auf einen Lehrstuhl an der Universität Wien angenommen hatte, bereits 1936 beschrieben: »Und wer von uns akademischen Lehrern sich mit Fürsorgeangelegenheiten befaßt oder die Gesuche um Kollegiengeldbefreiung durchzuarbeiten hat, der kann einen tiefen Blick in die Schwierigkeiten tun, unter denen auch Angehörige der weniger bemittelten Volksschichten ihren Kindern ihr Studium ermöglichen.«[1] Nicht zuletzt deshalb war die Empörung verständlich, war doch aus der vorerst nur gerüchtweise bekannt gewordenen Verordnung nicht klar hervorgegangen, welche weiteren Kosten dieses Pflichtjahr verursachte, und ob man für die weiteren zwei Ausbildungssemester Kollegiengelder zu zahlen haben würde oder nicht: Schon am nächsten Tag wurde ein weiterer ›Protestbummel‹ organisiert, diesmal im Arkadenhof des Universitätshauptgebäudes, an dem 400 Studierende teilnahmen. Sie forderten eine Aussprache mit Rektor Ernst Späth, der ebenfalls »in der Aula der Universität erschien und eine Ansprache an die Hörer richtete, in der er erklärte, daß er bereit sei, die Interessen der Hörer zu wahren«².

Zu Beginn der folgenden Woche forderten Hörer:innen der Vorlesung des Vorstandes der I. Chirurgie Egon Ranzi auf, Rede und Antwort zu stehen, und wollten wissen, aus welchem Grund er sich nicht mehr für sie eingesetzt habe.³ Ranzi, auch Dekan der Medizinischen Fakultät, mahnte zu Ruhe und Besonnenheit und erklärte sich bereit, eine Delegation in seinem Büro zu empfangen – was die Student:innen ablehnten und zum Hauptgebäude ziehend »in Sprechchören gegen die neue medizinische Studienordnung und ganz offensichtlich auch gegen das Regime« demonstrierten⁴: »The steps and corridors were crowded with students«⁵, schrieb Eva Kolmer, damals Medizinstudentin, in ihren in der Londoner Emigration aufgezeichneten und unter dem Pseudonym Mitzi Hartmann auf Englisch veröffentlichten Erinnerungen an das Wien der 1930er-Jahre.⁶

Laut den *Wiener Neuesten Nachrichten* versammelten sich an diesem 22. November 1937 1800 Studierende vor dem Büro des Rektors,⁷ der das Ministerium zwar wissen ließ, dass seiner Ansicht nach »die Ziele der Studierenden ›keineswegs politisch‹ seien, [er] verständigte aber auch sofort die Polizei und bat um Räumung der Aula, um eine Ausweitung zu vermeiden«⁸. Vorsorglich wurde die Universität geschlossen. Doch die Bewegung hatte sich inzwischen mit Solidaritätsstreiks an der Technischen Hochschule, auf der Bodenkultur und an der ›Welthandel‹, am Germanistischen Seminar und am Institut für Psychologie ausgeweitet. In Innsbruck und Graz kam es ebenso zu Kundgebungen.⁹

Unter dem Druck der Ereignisse gab Ranzi schließlich eine Erklärung ab. Die Verpflichtung zu einer einjährigen Spitalsausbildung sei zwar »theoretisch eine Beschränkung der bisher gegebenen Möglichkeiten in der Ausübung der ärztlichen Praxis, fällt aber im Hinblick auf die wirtschaftlichen Verhältnisse und die allgemeinen Möglichkeiten als Arzt Brot und Verdienst zu finden, überhaupt nicht in die Waagschale«¹⁰. Sozialminister Josef Resch hielt beschwichtigende Reden, der Abgeordnete Leopold Arzt, ebenfalls Mediziner, äußerte sich im ›ständestaatlichen‹ Bundestag im Zuge der laufenden Budgetdebatte durchaus verständnisvoll, selbst wenn er sich »von den Vorgängen der letzten Tage auf akademischem Boden, von der Straße gar nicht zu sprechen«, distanzierte: Vereinzelte Maßnahmen

Polizeieinsatz bei einer Demonstration von Medizinstudent:innen vor dem
Universitätshauptgebäude, November 1937
Foto: Österreichische Nationalbibliothek – Bildarchiv

der Rigorosenordnung seien »unsozial« gewesen, und der »immer wieder unternommene Versuch, die Berufsnot der jungen Akademiker dadurch zu bekämpfen, daß man die Studienzeit immer weiter verlängert, bedeutet nur einen momentanen Ausweg mit einem gefährlichen Rückschlag«[11]. Die anfänglich durchaus zurückhaltende Berichterstattung der Presse nahm im Verlauf der kommenden Tage einen beträchtlichen Umfang an – und ließ mit der Veröffentlichung von Leserbriefen zum Teil ihre Sympathie durchblicken: »Die Verlängerung und Verteuerung des Studiums trifft aber gerade die ärmeren Kreise, aus denen nicht selten die begabtesten und strebsamsten Studenten und tüchtigsten Männer hervorgehen, am meisten.«[12]

Doch im »Hinblick auf die Demonstrationen an der Universität«[13] lehnte das Unterrichtsministerium jede Verhandlung ab, kündigte aber gleichzeitig eine Novelle zur Verordnung an, die einige Regelungen abschwächen werde[14]: Die Promotion sollte noch vor dem Spitalsjahr erfolgen, »die höheren Semester wurden von der Verordnung nicht mehr betroffen und für jeden Studenten ein Spitalsplatz sichergestellt. Ebenso mußten für die Ablegung der Spitalspraxis keine Gebühren bezahlt und das Hospitieren in den Ferien und beim Militär eingerechnet werden.«[15] Der entsprechende Durchführungserlass des Unterrichtsministeriums – am 26. November 1937 formuliert – erschien im Jänner 1938, kurz vor dem ›Anschluß‹.[16] Zugleich wurde aber das bereits 1934 erlassene Bundesgesetz über die Aufrechterhaltung der Disziplin unter den Studierenden an den Hochschulen verschärft[17] und somit der zuständige Bundeskommissär Otto Skrbensky in seinem Amt bestätigt.

In den folgenden Tagen nahmen die Demonstrationen vermehrt politischen Charakter an: »Man vermutet, daß illegale nationalsozialistische Gruppen am Werk sind, um die Unruhe, die durch die neue Studienordnung unter der Studentenschaft hervorgerufen wurde, weiter zu schüren.«[18] Doch die Versuche einer nationalsozialistischen Unterwanderung stießen in der Student:innenschaft auf Widerstand: Der Ruf »Juden raus!« wurde mit »Nazis raus!« und der Forderung nach Rücknahme der Studienverlängerung erwidert, erinnerte sich Mitzi Hartmann.[19] Hektographierte Flugblätter »gegen Provokateure, Streikbrecher und Spalter« tauchten auf, riefen über »alle Gegensätze und Weltanschauungen hinweg«[20] zu einhelligem Handeln auf. Zeitungen berichteten über die »Parole einer etwas mysteriösen ›Streikleitung‹«[21], spätere Erinnerungen linker Studierender bestätigten die Existenz einer solchen überdies: »Es war ein Streikkomitee gebildet worden, in dem unsere Leute eine sehr aktive Rolle spielten. Es gelang ihnen, den Nazis den Wind aus den Segeln zu nehmen.«[22] Auch Hartmann erinnerte sich an diese Komitees, sah in ihnen einen demokratischen Hoffnungsschimmer. Denn als nationalsozialistische Studierende mit der Idee eines Numerus clausus vorpreschten, wurden sie einfach niedergestimmt: »[T]he Nazis withdrew their proposal without a murmur.«[23] Zur »rührenden Eintracht« von »deutschvölkische[n] Studenten und kommunistische[n] Ostjuden«[24] – wie sie die regierungstreue *Reichspost* böswillig heraufbeschwor – war es keineswegs gekommen.

Als bekannt wurde, dass die der Regierung nahestehende katholische Burschenschaft *Norica*, die eine »vernünftige und korrekte Haltung in diesen Tagen« eingenommen hatte, eine Vertrauenskundgebung für die

Maßnahme vor dem Unterrichtsministerium plante, versuchten NS-Studierende, unter »Sieg-Heil-Rufen« und Parolen gegen den *Cartellverband*, dessen Bude in der Schwarzspanierstraße zu stürmen[25]: »Als die Situation bedrohlicher wurde, ging die Wache mit dem Gummiknüttel vor.«[26] Hartmann sah die Geschichte anders, berichtete, dass die unteren Chargen der katholischen Burschenschaften den Streik »loyally« unterstützten. Nur die Leiter schlugen sich auf die Seite der Regierung und riefen zu einer Sympathiekundgebung auf. Als sie jedoch einsehen mussten, dass die eigene Mitgliedschaft eine Teilnahme verweigern werde, sagten sie die Demonstration ab.[27]

Am 30. November 1937 vermeldete die *Neue Freie Presse* »Ruhe an den Hochschulen«. Durch den letztlichen Erfolg der Bewegung wurde die Schwäche des austrofaschistischen Regimes kurz vor dem ›Anschluß‹ sichtbar: Dessen »partielle Defaschisierung«[28], worin Mitzi Hartmann sogar die Möglichkeit der Aufweichung mit demokratischer Perspektive sah, war mit bedrohlichem Autoritätsverlust verbunden. Auch ein Flugblatt, das am 1. Dezember 1937 im Hörsaal des Pathologisch-Anatomischen Instituts mit dem Titel *Alles durch Einheit! Alles für die Einheit!* auflag, sah den Erfolg der Aktion im gemeinsamen Auftreten aller politischen Richtungen: »Der Streik ist zu Ende geführt. Das Gesetz über die Spitalspraxis ist in seiner schädlichen Auswirkung aufgehoben worden.« Zuletzt beschwor der kommunistische *Rote Studentenverband Österreichs* die Einheit aller: »Du, katholischer Student, hast Dich trotz der Quertreibereien seitens Deiner Führer in die Reihen der kämpfenden Hochschülerschaft gestellt. Du, nationalsozialistischer Student, hast unter Hintansetzung parteipolitischer Sonderinteressen, Schulter an Schulter mit uns allen im Kampfe gestanden. Wir, sozialistische und kommunistische Studenten, haben selbstverständlich mit allen unseren Kräften den Kampf für unser aller Interessen unterstützt. Denn wir sind zu jeder Zeit und bei jeder Gelegenheit die glühendsten Vertreter studentischen Wollens.«[29]

Die illegale trotzkistische Zeitschrift der aus der KPÖ ausgeschlossenen Gruppe um Christian Broda, Karl Stadler und Eduard Rabofsky *Ziel und Weg* kritisierte die Vorgangsweise des Verbandes. Zwar habe die »Solidarität aller Fakultäten, die Bildung von Fakultätskomitees und eine zentrale Streikleitung« einen großen Erfolg gebracht, es sei aber dem *Roten*

Studentenverband nicht gelungen, in den frei gewählten Streikkomitees die Führung zu übernehmen. Eine »Verherrlichung der studentischen Einheit« sei nicht genug: »Damit wurde der Streik bloß zu einer heroischen Episode, während er bei richtiger Taktik das Ende der Isolierung des Verbandes, einen ungeheuren Aufschwung der roten Studentenbewegung hätte bedeuten können.«[30]

Egon Ranzi wurde nach dem ›Anschluß‹ entlassen und kurzfristig inhaftiert. Er starb 1939. Otto Skrbensky nahm nach 1945 eine Schlüsselrolle bei der konservativ-katholischen Entnazifizierung[31] der österreichischen Universitäten ein, Leopold Arzt wurde nach 1945 Dekan der Medizinischen Fakultät. Mitzi Hartmann kehrte 1946 nach Österreich zurück. Als Eva Schmidt-Kolmer übersiedelte sie 1946 in die spätere DDR, wo sie maßgeblich am Aufbau des Mutterschutzes und des Tageskrippenwesens mitwirkte. Sie starb 1991.

BR

17. Dezember 1937

Rede von Jakob Ehrlich in der *Wiener Bürgerschaft*

Schleichender Antisemitismus

»Als nächster Redner in der Generaldebatte spricht Rat Dr. Ehrlich und bedauert, daß die Zulassung von Juden in den Gemeindedienst nicht erfolge. Unter 22 611 aktiven Angestellten und 13 608 Pensionisten befänden sich nach den ihm zuteil gewordenen Informationen 54 Juden.«[1] Die Rede von Jakob Ehrlich – Vertreter der Judenschaft in der ernannten und nicht gewählten *Wiener Bürgerschaft*, der Nachfolgekörperschaft des Gemeinderats der Ersten Republik – anlässlich der Budgetdebatte am 17. Dezember 1937 war einer der seltenen Anlässe, bei denen der Antisemitismus im Austrofaschismus in einem offiziellen Rahmen ausdrücklich angesprochen wurde. In der breiteren Öffentlichkeit, der Publizistik und im Kulturleben war die ›Judenfrage‹ und deren vermeintliche ›Ordnung‹ allerdings laufend präsent. »In maßgebenden Kreisen« bestehe für eine solche Ordnung offenbar ein Bedürfnis, das sich letztlich auf die »mehr oder minder verkleidete Pointe« zuspitze: »Wie werden wir die Juden los?«[2] – fasste das Blatt des *Verbandes der Judenstaatszionisten Österreichs* diese Doppelbödigkeit prägnant zusammen. Einerseits vermieden die Spitzenrepräsentanten des Regimes – Spitzenrepräsentantinnen gab es kaum – offene antisemitische Äußerungen, andererseits wurde gegen judenfeindliche Publikationen oder Wortmeldungen in den seltensten Fällen etwas unternommen. Antisemitische Codes waren bereits der Selbstbezeichnung des Staates als »christlich« und »deutsch« immanent: Die »Verherrlichung von patriarchalisch-traditionsgebundener Lebensweise, all die versuchte Neubelebung von Volkskunst, Volkstums- und Brauchtumspflege schloß die Juden praktisch von vielen gesellschaftlichen Bereichen aus«[3]. Mitunter gab es aber doch eindeutige Worte, zum Beispiel als sich Kurt Schuschnigg 1932 in seltener Klarheit zu einem »praktischen Antisemitismus«[4] bekannte: »Es genügt nicht, sich mit mehr oder weniger großem Stimmaufwand als Antisemiten zu gebärden. Auch wir sind Antisemiten.«[5]

Fest steht jedenfalls, dass die »verbale katholische Judenfeindschaft und die Bereitschaft zur Diskriminierung der Juden weder durch staatliche Gesetzgebung sanktioniert waren, noch zur Entwicklung und Verwirklichung einer Politik staatlicher Judenverfolgung wie im Deutschen Reich führten«[6]. Kein Gesetz war explizit gegen die jüdische Bevölkerung gerichtet, die Maiverfassung 1934 garantierte Religionsfreiheit, von Engelbert Dollfuß – wiewohl Mitglied des rechtsradikalen Geheimbundes *Deutsche Gemeinschaft* – ist keine Äußerung bekannt, die »als antisemitisch interpretiert werden könnte«[7]. Funktionäre der Vaterländischen Front (VF) konnten aber durchaus antisemitische Töne anschlagen – und nicht nur deshalb, weil sie sich davon eine Eindämmung der Anziehungskraft der illegalen NSDAP erhofften, sondern aus Überzeugung. Formal zwar gleichberechtigt und institutionell eingebunden, gab es jedoch »sehr wohl eine gesellschaftlich weitgehend tolerierte Diskriminierung«[8], wie etwa in der Ärzt:innen- und Beamtenschaft, bei Richtern und Staatsanwälten.[9] Allein quantitativ lässt sich diese Benachteiligung schwer fassen – zum Teil, weil sie unter anderen Vorwänden und stillschweigend gehandhabt wurde, zum Teil aufgrund der Definition, ob jemand »Jude oder nicht Jude« sei.[10] Der VF konnten sie, wie auch alle anderen nichtkatholischen Konfessionen, ohne weiteres beitreten, aber »innerhalb der Hierarchie nicht aufsteigen«[11]. In Schreiben unterer Chargen wurde des Öfteren ein ›Arierparagraph‹ gefordert, gleichzeitig galt die *Front* bei vielen Mitgliedern als jüdisch ›unterwandert‹. Man mokierte sich darüber in Spottgedichten und regte sich auf über Leute »von ausgesprochen jüdischem Typus«, die das »rot-weiß-rote Bändchen tragen«[12]. Hier reagierte man ebenfalls ambivalent: Einerseits berief man sich auf die »kulturell hoch stehende[...] und wirtschaftlich begabte[...] Judenschaft«, deren Mitwirkung zu sichern sei, andererseits redete man einer Zurückdrängung das Wort, die »auf kaltem Wege, für die Öffentlichkeit zunächst unmerklich, in die Tat umzusetzen«[13] sei.

So notierte der letzte Parteiobmann der Christlichsozialen Partei, Emmerich Czermak, in seinem Tagebuch, dass Guido Zernatto, Generalsekretär der VF, eine »allmähliche Ausscheidung der Juden aus dem kulturellen Leben für eine dringende Notwendigkeit«[14] gehalten habe. Jüdische

Personen waren auf Bühnen, die dem direkten Einfluss der ›ständestaatlichen‹ Einheitsorganisation unterlagen, ausgeschlossen,[15] herrschte doch in der austrofaschistischen Freizeitorganisation *Neues Leben* die »fanatische Überzeugung [...], daß hier kein Jude und kein jüdischer Gedanke eindringen dürfe«[16]. Brennpunkt organisatorischer,[17] publizistischer,[18] aber auch gewalttätiger antisemitischer Handlungen[19] waren und blieben die Universitäten[20] – und nicht erst seit der Ermordung von Moritz Schlick[21] im Juni 1936.[22] Zu den Ausschreitungen bemerkte Schuschnigg lakonisch, dass ein Verbot solcher »Manifestationen« der Regierung »als Parteilichkeit ausgelegt«[23] werden würde.

Noch in seinen Erinnerungen *Requiem in Rot-Weiß-Rot* 1946 meinte er, festhalten zu müssen: »Gerade wer Wien kennt, ist dort bisweilen der antisemitischen Regung begegnet und wird sie begreifen. Wiener Antisemitismus war, auf die einfachste Formel gebracht, nur wirtschaftlicher Existenzkampf der Bodenständigen gegen uferlose Ostjudenüberschwemmung. Da sind aber auch bereits die Grenzen gezogen.«[24] Eine scharfe Handhabung der Gewerbeordnung sowie Kontrolle des Zuzugs wären 1919 das Gebot der Stunde gewesen – auch »im Interesse des soliden, bodenständigen, weil alt eingesessenen Judentums«[25]. In den späten 1960er-Jahren brachte der Historiker Friedrich Heer dieses ambivalente Verhältnis des Austrofaschismus zum Antisemitismus auf den Punkt: »Es entsteht ein ›schleichender Antisemitismus‹, der nicht mehr offen Farbe bekennen möchte angesichts der Bedrohung durch Hitler, der sich aber tief einnistet und wesentlich dazu beiträgt, daß im Abwehrkampf gegen den Nationalsozialismus 1932–1938 der Bezug auf die Menschenrechte – auf 1789 und 1848 – nicht gelingt, da er nicht gesucht wird.«[26] Auch die katholische (Staats-)Kirche war nicht frei von Antisemitismus, wie »entsprechende Einlassungen des Salzburger Erzbischofs Sigismund Waitz, des Linzer Bischofs Johannes Gföllner, des Prälaten Ignaz Seipel«[27] oder des Bischofs Alois Hudal zeigen, was eine »klare Grenzziehung zwischen katholischem und völkischem Antisemitismus«[28] verunmöglicht.

Doch es gab radikalere Stimmen: Josef Kresse, Wiener Vizebürgermeister, empfahl zum Beispiel, »jüdische Geschäfte zu boykottieren«[29]. Und Czermak, Mitglied des *Cartellverbandes* sowie der *Deutschen Gemeinschaft*,[30] verfasste im Herbst 1933 seine *Ordnung in der Judenfrage*,[31] ein Plädoyer für Segregation und de facto Vertreibung, denn Vermischung oder Verschmelzung vermindere den Wert jedes nationalen Wesens, würde den Volkscharakter verwässern. Czermaks Sprache ist nur aus dem zeitgenössischen Kontext, »aus dem essentialistischen Denken und biologistischen Sprachgebrauch der Zeit heraus nachvollziehbar«[32]. Die zionistische Argumentation vereinnahmend, plädierte er für eine jüdische Nationswerdung. Gewissermaßen als ›Zwischenlösung‹ für die »Behandlung des Fremdkörpers in einem Organismus«[33] schlug Czermak – bis zur Auswanderung in einen neuen Staat – die Anerkennung des Judentums als Nationalität vor, und dass für die »jüdischen Mitbürger ein besonderes Minderheitenrecht geschaffen werden muß, das der spezifischen Situation der Juden gerecht wird und das insbesondere die wirtschaftliche und soziale Eingliederung der Juden in das Gastvolk so regelt, daß möglichst wenig Anlaß und Gelegenheit zu Haßkonflikten übrig bleibt«[34].

Auch wenn die Herausgeber– Nikolaus Hovorka und Viktor Matejka – ihre Schrift in der Vorbemerkung salbungsvoll einen Versuch »der Verständigung von Volk zu Volk« nannten, und auch wenn Czermaks Beitrag – gemessen am NS-Jargon – gemäßigt argumentierte, so stand die Broschüre doch für die Aufhebung der verfassungsmäßig garantierten Rechtsgleichheit. Auf einer Schulungswoche des *Österreichischen Cartellverbandes* (CV) im November 1935 wurde Czermak deutlicher. Obwohl er sich von der NS-Ideologie distanzierte, stellte er klar, dass jüdische Personen in einem christlichen Land Fremde seien: Allein im *Cartellverband* sei die Frage gelöst: »[W]ir sind judenrein. Bei uns ist der Arierparagraph erfüllt [...]. Für uns war es immer selbstverständlich, daß Halbjuden und jüdisch Belastete nicht in unsere Reihen gehören. Der sogenannte Rassenstandpunkt ist also durch uns praktisch richtig gehandhabt worden.«[35]

Irene Harand, eine prononcierte Kämpferin gegen den Antisemitismus, erkannte in der von ihr redigierten Zeitschrift *Gerechtigkeit* Czermaks diskriminierende Forderungen: »Trotz der ausgesuchten Höflichkeit, mit der er die Juden behandelt, ist es zweifellos, daß er in seinem Buche bestrebt ist, Ausnahmsbestimmungen gegen Juden durchzusetzen.«[36] Ebenso vehement kritisierte sie Leopold Kunschaks Versuch,[37] seinen bereits 1920 vorgebrachten Vorschlag für ein Gesetz über die *Rechtsverhältnisse der Juden als ausländisches Minoritätenvolk*[38] neuerlich zu lancieren.[39] Kunschak plädierte auch dafür, mit der *Vogel-Strauß-Politik in der Judenfrage* – so auch der Titel eines Zeitungsartikels von ihm – ein Ende zu machen: Seine Forderungen erhebe er nicht als Antisemit,»der ich mein ganzes Leben gewesen bin«, nicht als ›Rassenantisemit‹,»der ich nie gewesen bin«, jedoch ebenso wenig»aus religiösen Erwägungen« heraus,»schon deswegen nicht, weil mir der ehrliche, gläubige Jude achtenswerter erscheint als der ganze Troß der Assimilationsjuden«[40]. Es gebe nur zwei Möglichkeiten:»Entweder löst man die Judenfrage rechtzeitig nach den Eingebungen der Vernunft und Menschlichkeit, oder sie wird gelöst werden in der Form des vernunftlosen Tieres, in der es seinen Feind angeht, in Formen wildgewordenen und ungebändigten Instinkts.«[41] Dies ging auch den *Berichten zur Kultur- und Zeitgeschichte* zu weit:»Staatsrat Kunschak dürfte hoffentlich vor dem Anwurf gefeit sein, sich irgendwelchen destruktiven oder gar staatsfeindlichen Gedankengängen hinzugeben.«[42]

Sturm über Österreich, das Organ der *Ostmärkischen Sturmscharen*,[43] verwahrte sich ebenfalls gegen das»Radaugeschrei« des Nationalsozialismus, urgierte einen»besseren«,»das heißt richtigeren und zweckmäßigeren Antisemitismus«, machte einen Unterschied zwischen»religionsgebundener Einheit« und»Assimilationsjuden«. Letztere würden zu»einer furchtbaren Gefahr innerhalb eines jeden gesunden Volkskörpers«. Die»mannigfachen Verbote, Handwerk zu treiben und Grundbesitz zu erwerben, unter denen die Judenschaft des Mittelalters in fast allen Ländern gestanden hatte, das Privilegienwesen, das immer dann blühte, wenn die Landesfürsten Geld brauchten, sowie vor allem die ständige Pogromangst, in welche zügellose Hetzapostel die Judenschaft des Mittelalters von Zeit zu Zeit zu versetzen pflegten, wirkten zusammen, diese letzteren zwangsläufig auf das Erwerbsmittel des Geldschachers hinzuleiten.« Aber man könne diese»verkehrte Einstellung« nicht bekämpfen,»indem man ihre Träger und hunderttausend Unschuldige dazu hinmordet, totschlägt oder ihnen die wirtschaftliche Existenzmöglichkeit abschneidet«.[44] Vielmehr sei eine Suche nach einer staatlichen Heimat angebracht:»Wir kennen keine Rassenlehre und werden uns stets dagegen wenden, daß diese zu einem Pfeiler unserer Staatsideologie werde wie im Dritten Reich.«[45]

Eine einmütige öffentliche Reaktion von jüdischen Einrichtungen auf diese ständigen Attacken, die vom Staat selbst ausgingen, gab es nicht, nicht einmal seitens der *Israelitischen Kultusgemeinde* (IKG), die nach 1934 – mit Ausnahme der linken Gruppierungen – ihre diversen politischen Verbände beibehalten konnte und damit ein kleiner Hort der Demokratie war. Aber vermutlich gab es eben aus diesem Grund keine Gegenrede: Zu sehr war die Gemeinde in unterschiedliche Identitäten, Milieus, politische Einstellungen und Klassen gespalten. Während Orthodoxe oder Zionist:innen die diskriminierenden Forderungen nach Segregation oftmals durchaus als einen möglichen Schritt in Richtung Autonomie sahen, galt für die Konservativen, dass eine Verfassung,»die im Namen Gottes verkündet wird, [...] nicht gegen uns Juden sein [kann]!«[46] Bei den Nichtreligiösen hatte der ›Ständestaat‹»eine gute Presse«[47] und die in die Illegalität gedrängten, den Linksparteien Verpflichteten sahen sich in erster Linie als Widerstandskämpfer:innen gegen die Diktatur und weniger als Jüdinnen oder Juden.

»In der Furcht vor ihrem Schicksal, das sie erwartete, wenn die braune Flut auch Österreich überschwemmen sollte«, schrieb der britische Korrespondent des *Daily Telegraph* George Eric Rowe Gedye,»waren sie gleicherweise bereit, den Faschismus, die Monarchie oder die demokratische Republik zu unterstützen – und wußten doch die größten Machtfaktoren, die Polizei und Armee, im Dienste der beiden erstgenannten.«[48] Aus dem Brünner Exil brach die *Arbeiter-Zeitung* den Stab über dieses Verhalten: Desider Friedmann, Präsident der IKG, den Schuschnigg soeben in den austrofaschistischen Staatsrat kooptiert hatte, werde lediglich zur»Dekoration« gebraucht,»um desto ungestümer und konsequenter jüdische Ärzte, jüdische Bankangestellte aus der Gemeinde, aus den Krankenkassen und aus den Banken zu entfernen«[49]. Stimmen wie in *Der Morgen. Wiener Morgenblatt* verhallten ungehört:»Es wäre gut, wenn die unerquickliche Judendiskussion in Österreich schon aufhörte. Sie verschleiert nur die wirklichen Probleme.«[50]

BR

21. Jänner 1938

Volksbegehren für die Rettung des alten Wien

»Fünf edle Häuser bitten um Gnade ...«[1]

»Gleichzeitig mit der Überreichung dieser Denkschrift wurden im Rathaus mehrere Kisten mit Unterschriftsbogen hinterlegt. Sie trugen die Namen von nicht weniger als 20 000 Wienern, die sich den Forderungen der Denkschrift namentlich angeschlossen haben«, berichtete *Der Wiener Tag* am 21. Jänner 1938. Das *Volksbegehren für die Rettung des alten Wien* war an Bundespräsident Wilhelm Miklas, Bundeskanzler Kurt Schuschnigg und Bürgermeister Richard Schmitz ergangen: »Die wachsende Zahl der Demolierungen alter, für das Stadtbild Wiens bestimmender Bauten, die in letzter Zeit durchgeführt, als beschlossen verlautbart oder als geplant gemeldet wurden«, zitierte das Blatt die Petition, »hat die acht Unterzeichneten dazu bewogen, unter ihren Freunden und Bekannten für einen gemeinsamen Versuch zur Erhaltung des alten Wien einzutreten, in der Absicht und in der Hoffnung damit eine entscheidende Wendung in diesen Fragen herbeizuführen.«[2] Dem Begehren der der austrofaschistischen Elite angehörenden Proponent:innen sollten sich noch 30 000 Menschen anschließen.

Anfänglich war noch alles glatt gelaufen. Die Presse hatte das Sofortbauprogramm der ›bundesunmittelbaren Stadt Wien‹ euphorisch begrüßt. Mit dem Beginn der Arbeiten an der Rotunden-, Schlachthaus- und Reichsbrücke, dem Baustart an der Wientalstraße, der Eröffnung des ersten Abschnitts der Höhenstraße sowie der Verlautbarung der Schaffung eines Assanierungs- und Hausreparaturfonds[3] hatten sich die Zeitungen – begleitet von der ›ständestaatlichen‹ Propaganda[4] – förmlich in Jubelchören überschlagen: Die Fonds hätten »Ausgezeichnetes«[5] geleistet, »Arbeit für 40 000 Arbeitslose«[6] geschaffen, »[a]n allen Ecken und Enden«[7] werde gebaut. »Die Straße frei der neuen Zeit«[8], titelte das Kunstmagazin *die pause* noch 1936 zu dem Thema. Zweck der im Juli 1934[9] geschaffenen Fördereinrichtung war es, finanzielle Beihilfe für Neubauten zu gewähren, wo »aus Verkehrsrücksichten oder aus anderen Gründen, die im öffentlichen Interesse gelegen sind«[10], Altbauten abgetragen werden sollten. Mindestens die Hälfte der Bausumme musste über Eigenmittel erbracht werden, über die Anträge entschied ein Kuratorium.[11] Die neue Form der Wohnbaufinanzierung bedeutete eine Kehrtwendung in der »sozialen Ausrichtung«[12], öffnete der Spekulation Tür und Tor. Dennoch blieb die Wohnbauleistung des ›Schwarzen Wien‹ mit 55 Mehrgeschossbauten und etwa 1500 Wohnungen im Vergleich zu den 60 000 des ›Roten‹ bescheiden. Zudem wurde nun »mit zweierlei Maß gemessen: urbane Stadtwohnungen mit guter Infrastruktur im Zentrum für die Finanzstarken, teilweise aber Substandard mit schlechter Versorgung und Verkehrsanbindung in den Familienasylen und Siedlungen«[13].

»[D]ie Belebung bürgerlicher Traditionen«[14] war eine weitere Motivation für die Maßnahme. Die Neubauten in der Inneren Stadt, auf der Landstraße und der Wieden entsprachen dem »Typus des modernen Großstadthauses für den kultivierten Mittelstand, dem auch die Mietpreise angepaßt sind«[15]. Nach außen sollten »möglichst geradlinige Straßenzüge, eine einheitliche Firsthöhe und regelmäßig verlaufende Baulinien […] unter Verzicht auf malerische Winkel«[16] hergestellt werden. Aus architektonischer Sicht zeigten sich die meisten Assanierungsbauten »in der vom Austrofaschismus präferierten ›schlichten Moderne‹«[17]. Zu einer einheitlichen Formensprache, gar einer »austrofaschistischen Architektur«[18] kam es jedoch nicht.

Neben Spekulation und Generierung großstädtischen Flairs war die Arbeitsbeschaffung ein wesentlicher Ansporn für das Programm. Denkmalschutz blieb vorerst hintangestellt. Ebenso wenig waren die einzelnen Vorhaben von einem umfassenden städtebaulichen Konzept begleitet, allein Franz Musil, Leiter des Stadtbauamtes, erblickte die Möglichkeit der »Citybildung, die in Wien so lange auf sich warten ließ«[19]. Indes blieben die an der Technischen Hochschule entwickelten kühnen Ideen für einen Stadtflughafen und einen Zentralbahnhof[20] sowie der von der RAVAG initiierte Umbau des Westbahnhofs[21] »Traum der großen Wünsche«[22] ebenso wie die in der *Reichspost* von den »hervorragenden Wiener Baukünstlern« Karl Holey, Clemens Holzmeister, Siegfried Theiß und Robert Kramreiter ventilierten »neue[n] Linien im Wiener Stadtbilde«[23].

NEUBAU: 79 Wohnungen, 6 Geschäftslokale
Entwurf: Ziv.-Arch. Z. V. Heinrich Schmid und Hermann Aichinger

Entwurf von Heinrich Schmid und Hermann Aichinger für den Neubau der Bärenmühle an der Rechten Wienzeile
Aus: Wien im Aufbau. 12. Der Wiener Assanierungsfonds. Wien 1937.

Das Freihausgelände zwischen der Wiedner Hauptstraße und dem Naschmarkt – entlang der verlängerten Operngasse – sollte die einzige großflächige Gentrifizierung bleiben, wies doch das ab 1936 realisierte Projekt über eine Lückenbebauung oder eine reine Straßenbegradigung hinaus. Die Neustrukturierung des ›Grätzels‹ vermittelte nach Fertigstellung »durch die französischen Fenster, die modernen, ausklappbaren Holzrollos, die vollständig in Geschäftsflächen aufgelöste Erdgeschosszone und verwendeten edlen Materialien in den Eingangsbereichen«[24] einen »Hauch des Großstädtischen«[25]. Noch vor Baubeginn hatte es zwar Geplänkel um die Auslobung von Wettbewerben gegeben,[26] die aber nur an eine kleine Öffentlichkeit drangen. Die Architektenschaft, die sich übergangen fühlte, ersuchte schließlich im *profil*, der Zeitschrift der Zentralvereinigung der Architekten Österreichs, zumindest um eine Möglichkeit, »durch eingehende Studien oder Wettbewerbe diesen ganzen wichtigen Fragenkomplex zu prüfen«[27].

361

Den von Star- oder Staatsarchitekten wie Clemens Holzmeister und Max Fellerer,[28] Franz Gessner,[29] Eugen Kastner und Fritz Waage gestalteten Häusern, mit denen »das modernste und eleganteste Wohnviertel Wiens«[30] entstand, widmete die Presse breiten Raum. Die Mainummer 1937 der *Österreichischen Kunst* erschien – wohl aus Anlass der Pariser Weltausstellung – überdies auf Deutsch und Französisch. Vermutlich ebenfalls für eine Präsentation in Paris wurde der Stummfilm *Wien, Stadt der Bauten und Gärten* produziert, worin ein Altbau im Trickfilmverfahren sprichwörtlich ausradiert wurde.[31]

Fraglich blieb jedoch, ob die Wohnungen vermietbar waren: »Die Mietzinse, die sich ergeben, sind eben für die breite Masse der Bevölkerung nicht tragbar, und es ist auch bezeichnend, daß selbst die Erbauer jener Bauten, die mit Hilfe des Assanierungsfonds in Wien erstellt worden sind [...], ungeheure Schwierigkeiten haben, die Wohnungen an den Mann zu bringen [...].«[32] Und so liest sich die Architekturrezension zur neuen Bärenmühle in der *Neuen Freien Presse* im Februar 1938 wie eine Annonce: In der Legende zu dem – sonst seltenen – Bild findet man auf Anhieb ebenso die Kontaktadresse der Hausverwaltung.[33]

Die Erhaltung des Freihauses stand offenbar weder für die Bevölkerung noch für die *Zentralstelle für Denkmalschutz* zur Debatte. »So viel historisches Interesse das Freihaus, die Geburtsstätte der Zauberflöte und vieler anderer Werke der Wiener Kulturgeschichte auch besitzt, mußte es nunmehr doch den Ansprüchen der Neuzeit an wichtige Verkehrsverbindungen und Schaffung moderner hygienischer Häuser weichen.«[34] Vollkommen ignoriert wurde dieses Vorgehen allerdings nicht: Ein Dokumentarfilm übte melancholische Kritik am Verlust eines Restes von Alt-Wien,[35] die Kulturhistorikerin Hermine Cloeter erinnerte in den *Wiener Geschichtsblättern* an die Geschichte des Areals.[36] Hauszeichen an den Fassaden, für die ein eigener Wettbewerb[37] der Kunstförderung der Stadt Wien[38] ausgelobt wurde, verwiesen auf die Vorgängerbauten, die Siegerentwürfe wurden gesondert präsentiert.[39]

Allein die Altmieter:innen wehrten sich gegen den Abriss, prozessierten – erfolglos – gegen die Eigentümer:innen.[40] »Die Bewohner«, hieß es hymnisch, »hielten gute Nachbarschaft. Und fühlten sich solidarisch. Ein eigener Bezirk im Bezirk. Sie teilten miteinander ihre Freuden und ihre

Leiden. Sie gingen auch gemeinsam zu Gericht, als der letzte Akt der Freihausgeschichte begann. Und sie vertrugen sich wieder gemeinsam mit dem Hauseigentümer. Denn sie sind weltklug genug, um zu wissen, daß ein magerer Vergleich dem fettesten Prozeß vorzuziehen ist.«[41]

Die sporadische Kritik vermisste den großen Wurf, forderte einen »neue[n] Stadtteil anstelle des Freihauses«[42]: Der sechsundzwanzigjährige Roland Rainer[43] schlug eine umfassende Umstrukturierung vom Getreidebis zum Heumarkt vor, der Kunsthistoriker und Ordinarius an der Universität Hans Sedlmayr[44] plädierte für den Denkmalschutz. Doch noch hielt die publizistische Unterstützung an: Wo das alte Freihaus war, »ist eine breite, moderne Großstadtstraße gezogen, die jetzt die Margaretner Hauptstraße direkt mit der Ringstraße verbinden wird, und zu beiden Seiten dieser asphaltierten Straße stehen schon moderne Wohnhäuser mit glatten Wänden und großen viereckigen Fensterhöhlen, Häuser, die so ganz anders aussehen als die alten Freihaustrakte, maschinenmäßig praktisch, moderne Hauskonstruktionen, wie sie unsere technische Zeit liebt. Das alte Freihaus war weniger konstruiert als gewachsen. Es war ein Lebewesen.«[45]

Mit der Ankündigung Ende 1937 von radikalen Eingriffen bei der Wollzeile[46] kam es erstmals zum Meinungsumschwung. Konservative Stadterhalter:innen standen am Anfang dieses Protestes, die namhaften Architekten Josef Hoffmann, Max Fellerer, Robert Oerley, Oswald Haerdtl und Franz Schuster oder auch Erwin Ilz, ebenfalls Professor an der Technischen Hochschule,[47] schlossen sich später an. Nun berichtete die Presse über das »bedrohte alte Wien«[48], hielt Nekrologe auf Straßenzüge,[49] flehte um die Erhaltung alter Gassen[50] oder forderte die Außerkraftsetzung des Generalregulierungsplanes 1892, der das alte Wien bedrohe »und zugleich ein wirklich modernes«[51] verhindere. *Der Wiener Tag* brachte in seiner Bildbeilage Robert Haas' bewegende Fotos des im Abbruch befindlichen Palais Paar mit einer provokanten Unterschrift unter dem Bild abgeschlagener Putten: »Einige Engel waren billig zu kaufen.«[52] Tatsächlich war im *Neuen Wiener Tagblatt* wenige Tage vorher eine Kleinanzeige erschienen, die »500 000 Mauerziegel, Dachholz, Dippelbäume, Bretter, Türen, Fenster, Glaswände, Ke[h]lheimerplatten, Steinstufen, sehr schöne Kachelöfen, Dachrinnen, Stalleinrichtungen«[53] zum Verkauf angeboten hatte.

Hans Sedlmayr gehörte zu den prononciertesten Kritikern der Sanierung. Nach dem ›Anschluß‹ erinnerte er sich an den Protest: Ein »Ereignis, das in der Geschichte der Denkmalschutzbewegung einzig dasteht und die Verwurzelung des Denkmalschutzgedankens in den Bedürfnissen eines von der Großstadt nicht zerstörten Volkes mit elementarer Wucht erwiesen hat«.[54] Nur »der Führer« habe den Mut zu einem »größeren Wien. […] Auch die Zukunft Wiens liegt in seinem Entschluß.«[55]

BR

11. März 1938

Tragisches Finale

Drei (fast) zeitgenössische Wahrnehmungen

Eugen Lennhoff, Eva Kolmer und Otto Leichter verfassten Erinnerungen an den März 1938, die bis heute kaum bekannt sind. Sie schrieben nicht unter dem unmittelbaren Eindruck der Ereignisse, sondern bereits aus dem – erst zum Teil – sicheren Exil. Gesicherte Quellen standen ihnen nicht zur Verfügung, nur Gerüchte, Zeitungsberichte und ihr Gedächtnis. Alle drei zeigen trotz unterschiedlicher Möglichkeiten des Informationszugangs Übereinstimmungen in der Darstellung, aber Differenzen in der Einschätzung, die wohl den entgegengesetzten politischen Perspektiven zuzuschreiben sind. Hautnah erzählen sie die letzten Tage des ›Ständestaates‹, und ihre Analysen und Kommentare verdichten sich zuletzt zu Anklageschriften über das Versagen einer Elite, die in ihrer Naivität, moralischen Verwahrlosung und Verblendung ins eigene Verderben rennt.

Am Ende habe Kurt Schuschnigg, schrieb Eugen Lennhoff in *The Last Five Hours Of Austria*[1], seinen Fehler eingesehen, nicht bereits vor dem März 1938 einen Ausgleich mit der illegalisierten Linken gesucht zu haben. Der Redakteur des führenden, regimefreundlichen, antinationalsozialistischen Wiener Boulevardblatts *Telegraf am Mittag* – in Lili Körbers *Eine Österreicherin erlebt den Anschluß* unter seinem Geburtsnamen Dr. Löwy verewigt – verfasste sein Buch auf Englisch im Londoner Exil. Bis zuletzt war er in engstem Kontakt mit den innersten Machtzirkeln gestanden, und erst als nationalsozialistische »Storm Troops«, so der Klappentext der Erstausgabe seines Buches, seine Redaktion besetzten, ergriff er die Flucht nach Ungarn.

Die Kommunistin und Medizinstudentin Eva Kolmer glaubte in ihren, ebenfalls auf Englisch, unter dem Pseudonym Mitzi Hartmann verfassten Erinnerungen *Austria still lives*[2] seit Ende 1937 eine Demokratisierung des austrofaschistischen Systems zu erkennen. In allen Kreisen, so Kolmer, habe zuletzt Misstrauen gegenüber dem Regime eingesetzt, niemand habe mehr geglaubt, was in den Zeitungen stand.³ Zwischen der Unterredung Schuschniggs mit Adolf Hitler am Obersalzberg am 12. Februar 1938 und dem ›Anschluß‹ im März sei sie,»in einen Wirbel von politischer Aktivität verquickt«⁴, voller Hoffnung gewesen.

Ganz so optimistisch wie Hartmann schilderte der Sozialist Otto Leichter in seinem schon im Pariser Exil unter dem Pseudonym Georg Wieser erschienenen *Ein Staat stirbt*⁵ die Lage allerdings nicht: Noch im Dezember 1937 habe Schuschnigg Sozialist:innen, Gewerkschafter und Betriebsvertrauensleute verhaften lassen, während er zur selben Zeit einer Erweiterung der *Volkspolitischen Referate* in der Vaterländischen Front, einer schleichenden Legalisierung der NSDAP, zugestimmt habe.⁶

Für alle drei Berichterstattenden spitzte sich die Lage Anfang 1938 dramatisch zu: Leopold Tavs, Mitglied des *Siebenerausschusses*, der für eine Einbindung der ›Nationalbetonten‹, also der verbotenen NSDAP, in das ›ständestaatliche‹ System nach dem Juliabkommen 1936 eingerichtet worden war, prahlte in einem Interview mit einer slowakischen Zeitung, dass es trotz aller Abmachungen weiterhin eine illegale NSDAP in Österreich gebe: »Ist es nicht paradox, daß ich hier hinter dem Schreibtisch sitze, ich, einer der Chefs der ›illegalen‹ und ›staatsfeindlichen‹ Partei«⁷, gab die *Reichspost* dieses Interview in Auszügen wieder. Als es nach einigem Zögern zu einer Hausdurchsuchung im Sitz des Ausschusses in der Teinfaltstraße kam, wurde ein detaillierter Putschplan sichergestellt, gezeichnet mit R.H.: Rudolf Hess.

Leichter und Hartmann nannten den Plan einen österreichischen, kleinen»Reichstagsbrand«⁸: Auf inszenierte Demonstrationen mit kommunistischen und monarchistischen Losungen sollten die Erstürmung der deutschen Botschaft, die Ermordung von Botschaftsangestellten und letztlich ein Eingreifen Deutschlands folgen. »Jetzt hätte Schuschnigg die Welt aufrufen können«, kommentierte Leichter das perfide Szenario, »aber er schwieg! Jetzt hätte er innenpolitisch in Österreich eine Stimmung der Kampfbegeisterung für die bedrohte österreichische Unabhängigkeit erzeugen können – aber er blieb passiv.«⁹

Doch die Spannung der folgenden Tage ließ sich in den gelenkten Medien kaum erkennen. Und so kam die Meldung von Schuschniggs

Werbekampagne für die abgesagte Volksbefragung für ein »freies und deutsches, unabhängiges und soziales, für ein christliches und einiges Österreich«, 13. März 1938
Foto: Fritz Zvacek; Österreichische Nationalbibliothek – Bildarchiv

Termin bei Hitler am Obersalzberg am 12. Februar 1938 auch für die drei vollkommen unvermittelt, »as a surprise«[10]. Die gelenkte Presse wurde nicht informiert, es habe auch so »keinen Sinn, den Wissenden zu spielen«[11]. Einzig in der Wiedergabe der Kommentare ausländischer Medien schien eine gewisse Skepsis durch: »Das allgemeine Gefühl hier ist, welche Form auch immer das gegenwärtige Arrangement schließlich annimmt, dass es sich nur um eine interimistische Lösung handeln kann. Der deutsche Druck wird weiter andauern«[12], fasste die *Neue Freie Presse* die britischen Reaktionen zusammen. Allein Lennhoffs Blatt wetterte gegen das Abkommen – und wurde prompt beschlagnahmt[13]: »Die offizielle Sprachregelung noch am Tage der Verhandlungen am Obersalzberg offenbarte eklatante Fehleinschätzungen, gepaart mit beharrlicher Realitätsverweigerung, aber auch bewusster Falschinformation«[14], lautete das historische Urteil der damaligen Pressepolitik.

Hartmann konnte in einer ersten Bewertung nur berichten, dass das Treffen für Schuschnigg wohl eine grenzenlose Qual und Demütigung gewesen sein muss.[15] Auch bei Leichter fällt das Wort »Demütigung«[16], auch er habe vom Besuch in Berchtesgaden erst durch ein kurzes Kommuniqué erfahren. Trotz der spärlichen Informationslage fasste er, gewiss schon mit späterem Wissen, die Forderungen Hitlers zusammen: an vorderster Stelle die »Auslieferung des Polizeiapparates an einen Beauftragten der Nazis«[17] durch die Ernennung Arthur Seyß-Inquarts zum Innenminister, sowie eine allumfassende Amnestie für politische Gefangene. Lennhoffs lakonische Bemerkung dazu: »There's something wrong.«[18] Das äußere Erscheinungsbild Schuschniggs bei der Ankunft am Westbahnhof nach der Unterredung mit Hitler war für Leichter besonders aussagekräftig: »[E]in bleicher, müder Mann; die Kinnladen hängen schlaff herunter, die sichtlich zitternde Rechte hält krampfhaft die Handschuhe: ein müder, gebrochener Mann, völlig ausgepumpt, ein Mann, der ernsten Widerstandes nicht mehr fähig ist.«[19] Während überall in Österreich Nationalsozialist:innen siegessicher demonstrierten, sickerte die Wahrheit allmählich durch. Lennhoffs Anliegen, diese zu veröffentlichen und zu kommentieren, wurde an maßgeblichen Stellen abgeschmettert: »Sah niemand die Gefahr?«[20], fragte Leichter. Und so wurde bereits kurz nach Berchtesgaden die Amnestie verkündet: »The Nazi bomb-throwers«[21], die Mörder von Dollfuß und ihre Komplizen, die Verschwörer aus der Teinfaltstraße, sie alle kommen nun frei, hielt Lennhoff resigniert fest. Auch die von Hitler geforderte Regierungsumbildung wurde umgesetzt.

Die Zeit bis zur Reichstagsrede Hitlers am 20. Februar und Schuschniggs Bericht vor dem Bundestag am 24. waren für Hartmann Tage voller »anxiety, unrest and uncertainty«[22], Lennhoff war hin- und hergerissen zwischen »extreme pessimism« und »wildest optimism«[23], und nach Leichter verfiel Österreich in einen »politischen Fieberzustand«[24]. Und dennoch habe es eine – so Hartmann – »ganz wunderbare Stimmung« gegeben: Bei den Demonstrationen sei es zum ersten Mal dazu gekommen, »dass die Nazis nicht die Oberhand hatten, sondern dass die katholischen und linken Studenten die Nazis aus der Universität hinausschmissen«[25], antisemitische Parolen seien einfach überschrien worden, erinnerte sich später Mitzi Hartmann. Leichter relativierte ihre optimistische, von der stalinistischen Volksfrontideologie wohl verklärte Darstellung: Der staatliche Machtapparat sei schon zersetzt gewesen,[26] NS-Kundgebungen wurden einfach toleriert. Gegenkundgebungen seien zu unterlassen,[27] lautete tatsächlich eine Weisung Seyß-Inquarts.

Die Reichstagsrede Hitlers erwischte sie alle kalt: Für Hitler sei – so Lennhoff – Schuschniggs zehnstündiger Kampf für Österreichs Freiheit offensichtlich nur ein »peaceful week-end chat«[28] gewesen, denn in seiner dreistündigen Rede habe er Österreich lediglich fünf Minuten gewidmet, kein Wort über Garantien verloren. Erst die Gegenrede Schuschniggs mobilisierte den ›ständestaatlichen‹ Propagandaapparat: Öffentliche Gebäude und Wohnhäuser wurden beflaggt, die Bundestheater blieben geschlossen, in den Kinos wurde die im Radio übertragene Rede eingespielt, überall wurden Lautsprecheranlagen aufgestellt.

Sogar Hartmann konnte der Rede – »Bis hieher [sic] und nicht weiter!«[29] – etwas abgewinnen, sah ob der Begeisterung sogar Möglichkeiten eines militärischen Widerstands im Falle eines Angriffs. Für Lennhoff hatte der Kanzler eine mutige und erhebende Rede gehalten: »Now the future looks brighter.«[30] Doch für Hartmann blieb die Lage unübersichtlich: widersprüchliche Radioansprachen und Meldungen über die Zulassung oder das Verbot des Hakenkreuzes, des ›deutschen Grußes‹ und ein allgemeines Versammlungsverbot. Über die Unruhen in Graz, den Sturm auf das Rathaus, das Hissen der Hakenkreuzfahne und die Entsendung von Truppen gab es nur Gerüchte. Indes bröckelte die zivile Ordnung auch anderswo. Am 5. März trat der Vorsitzende des *Siebenerausschusses*, der von Schuschnigg zum Staatsrat ernannte Hugo Jury, vor das Mikrofon der RAVAG und grüßte offen die österreichischen Nationalsozialist:innen. »I could hardly believe my ears«[31], schrieb Lennhoff entsetzt: Es sei erbärmlich, mitansehen zu müssen, wie Schuschnigg an der Nase herumgeführt werde. Österreich werde Schritt für Schritt ›gleichgeschaltet‹ – »synchronised«[32]: Viele versuchten nun, sich selbst zu retten, emigrierten oder vollzogen ihren privaten ›Anschluß‹: »›Safety first‹ is the motto.«[33]

Die Mobilisierung der Linken war nun die letzte Hoffnung. Ungestört, weder von der Polizei noch der Bevölkerung gehindert, konnten »die Nazis nur in den Nobelbezirken demonstrieren. In den Arbeiterbezirken wollten sich die Arbeiter die Nazidemonstrationen nicht mehr gefallen lassen«[34], so Leichter. Nur zögerlich entschied sich das Regime für eine Kontaktaufnahme mit der ihnen verhassten Linken. Aber auch dort herrschte Skepsis:

Vier Jahre lang – konstatiert Lennhoff – sei der Schatten des 12. Februar 1934 zwischen den Wiener Arbeiter:innen und Schuschnigg gestanden.[35] Sozialdemokrat:innen, Revolutionäre Sozialist:innen, Stalinist:innen und Trotzkist:innen diskutierten ihre Haltung: Die KPÖ und die trotzkistische Gruppe *Ziel und Weg* von Christian Broda[36] sprachen sich für eine bedingungslose Unterstützung Schuschniggs aus, die Sozialist:innen waren etwas skeptischer, wollten im Austausch freie Gewerkschaften, die Legalisierung einer Tageszeitung. Am Ende beschloss die Floridsdorfer Betriebsrätekonferenz am 7. März eine Unterstützung Schuschniggs mit Vorbehalt.

Ohne den »Aufbruch der Massen«[37] abzuwarten, so Leichter, kündigte Schuschnigg zwei Tage später in einer aufwühlenden Rede eine Volksbefragung an: *Für ein freies und deutsches, unabhängiges und soziales, für ein christliches und einiges Österreich.* »[Ü]berstürzt, unausgedacht, ja – man darf füglich sagen – hysterisch, wie die ganze Vorbereitung des Plebiszits, war auch seine Verkündung.«[38] Auch Hartmann äußerte Skepsis: Terror könne nur mit Widerstand begegnet werden, nicht mit dem Stimmzettel: »Schuschnigg had betrayed us, had given in when we were all determined to fight.«[39] Allein Lennhoff konnte der Volksbefragung etwas abgewinnen, sah darin einen Schritt Richtung Demokratie. Nach der Ankündigung sei die Wiener Innenstadt von Anhänger:innen der Vaterländischen Front dominiert gewesen, ihre Fahnen und Abzeichen hätten die Hakenkreuze buchstäblich erstickt. Zahlenmäßig unterlegen hätten sich die Nationalsozialist:innen in die Seitenstraßen zurückgezogen.[40] Doch von einer freien und geheimen Wahl konnte keine Rede sein.[41] In einer ersten Weisung sollten überhaupt nur Stimmzettel mit dem »Ja« aufliegen.

Wien wurde in den nächsten Stunden zum Hexenkessel, doch die Spannung »lässt sich in den Tageszeitungen kaum erkennen«[42]. Lennhoff eilte zu Hans Becker – »Mastermind«[43] der VF-Propaganda, dem es jedoch an »necessary push and vigour«[44] mangelte, um die letzten Entwicklungen zu erfahren – und wurde Zeuge seines Telefonats mit Schuschnigg. »[W]hen Becker suddenly turned deathly pale, I knew the worst«[45]: Die Volksbefragung war abgesagt. »A sense of despair, of ruin, came over Vienna. In the cafés people sat with blanched faces.«[46]

Für den Abend des 11. März war im Programm von *Radio Wien* die Sendung *Das gibt's nur in Wien* unter anderem mit *Wien, wie es singt und lacht* vorgesehen und im Kreuz-Kino lief – so vielsagend – der US-Krimi *Es gibt kein Entrinnen*[47] an.[48]

Lennhoff gelang im letzten Augenblick die Flucht über Ungarn, Kolmer über die Schweiz, auch Leichter konnte entkommen. Der Redakteur des *Telegraf* verstarb 1944 in London, Kolmer war im britischen Exil in diversen österreichischen Organisationen aktiv, kehrte nach 1945 nach Österreich zurück und übersiedelte 1949 schließlich in die DDR. Leichter kehrte ebenfalls aus dem amerikanischen Exil wieder. Enttäuscht über die politische Entwicklung Nachkriegsösterreichs, ging er letztlich aber wieder in die USA zurück.

BR

Endnoten

8. März 1933: Die Ausschaltung des Parlaments
Die Intellektuellen und die Zerstörung der Demokratie

1. Ein Jahr Regierung Dollfuß. Der Kampf gegen außerordentliche Schwierigkeiten, in: NFP, 19.5.1933, 1f.
2. Ebda.
3. Ebda.
4. Ebda.
5. Vgl. Gleichberechtigung auch für Österreich, in: NFP, 2.1.1934, 1.
6. Stefan Zweig: Revolte gegen die Langsamkeit. Epilogue aux elections allemandes, in: Ders.: Die schlaflose Welt. Aufsätze und Vorträge aus den Jahren 1909–1941. Frankfurt am Main 1983, 175.
7. Ebda., 178.
8. Ebda., 179.
9. Ebda., 179.
10. Klaus Mann: Jugend und Radikalismus. Eine Antwort auf Stefan Zweig, in: Ders.: Die neuen Eltern. Aufsätze, Reden, Kritiken 1924–1933. Reinbek bei Hamburg 1992, 319.
11. Vgl. Alfred Pfoser: Schnitzlers Reigen. Zehn Dialoge und ihre Skandalgeschichte. Analysen und Dokumente. Band 1. Der Skandal. Frankfurt am Main 1993.
12. Arthur Schnitzler: Der Weg ins Freie, in: Ders.: Gesammelte Werke. Die Erzählenden Schriften 1. Frankfurt am Main 1961, 925.
13. Ebda., 925f.
14. Im Wortlaut abgedruckt in: AZ, 20.4.1927, 1.
15. Bruno Kreisky, in: Günter Grass: Der Schriftsteller als Bürger. Eine Siebenjahresbilanz. Wien 1973, 9.
16. Manifest des Irrtums. Intellektuelle über den Sozialismus, in: NFP, 21.4.1927, 1f.
17. Geist, Spiritus und Bubikopf, in: RP, 21.4.1927, 1f.
18. Das geistige Wien und der Wahlkampf. Einige Feststellungen des Unterrichtsministers, in: RP, 21.4.1927, 3.
19. Eine Kundgebung des geistigen Wien, in: AZ, 20.4.1927, 1.
20. Sigmund Freud: Warum Krieg?, in: Ders.: Studienausgabe. Fragen der Gesellschaft. Ursprünge der Religion. Frankfurt am Main 2000, 284. Ausführlich zu Freud und Faschismus: Roberto Zapperi: Freud und Mussolini. Berlin 2016.
21. Ebda.
22. Ebda.
23. Hedwig Richter: Demokratie. Eine deutsche Affäre. Vom 18. Jahrhundert bis zur Gegenwart. München 2020, 234.
24. Vgl. Hans Kelsen: Verteidigung der Demokratie, in: Hans Kelsen: Demokratie und Sozialismus. Ausgewählte Aufsätze. Wien 1967, 60–68.
25. Ebda., 67.

22. April 1933: Mussolinis *Hundert Tage* im Burgtheater
Kulturdiplomatie als Veredelung des Pakts mit dem ›Duce‹

1. Vgl. Die Osterreise des Bundeskanzlers, in: NFP, 11.4.1933, 1.
2. Vgl. Jens Petersen: Hitler – Mussolini. Die Entstehung der Achse Berlin–Rom 1933–1936. Tübingen 1973; Helmut Wohnout: Bundeskanzler Dollfuß und die österreichisch-italienischen Beziehungen 1932–1934, in: Florian Wenninger / Lucile Dreidemy (Hg.): Das Dollfuß / Schuschnigg-Regime 1933–1938. Vermessung eines Forschungsfeldes. Wien 2013, 601–631.
3. Die Romreise des Bundeskanzlers, in: NFP, 12.4.1933, 2.
4. Vgl. Roberto Zapperi: Freud und Mussolini. Berlin 2016, 38f.
5. Romreise des Burgtheaterdirektors, in: NFP (Abendblatt), 5.4.1933, 4.
6. Vgl. Wolff A. Greinert: Werner Krauß. Schauspieler seiner Zeit. 1884 bis 1959. Die Biographie. München 2009; Hans Weigel (Hg.): Werner Krauß – Das Schauspiel meines Lebens. Einem Freund erzählt. Stuttgart 1958.
7. Vgl. Werner Krauß erzählt, in: NFP (Abendblatt), 29.3.1933, 6.
8. Vgl. »Hundert Tage«, in: Das Kleine Blatt, 23.4.1933, 14.
9. Vgl. »Hundert Tage«, in: NFP, 13.4.1935, 8.

10 Werner Krauß über seine Audienz bei Mussolini, in: NFP, 7.5.1933, 10.
11 Vgl. ebda.
12 Vgl. Zapperi: Freud und Mussolini, 53.
13 Vgl. Benito Mussolini / Giovacchino Forzano: Hundert Tage. Campo di Maggio. Drei Akte. Übersetzt von Géza Herczeg. Gewidmet Werner Krauß. Berlin / Wien 1933.
14 Vgl. Hundert Tage, in: NFP, 16.4.1933, 34.
15 Vgl. Wolfgang Maderthaner / Michaela Maier (Hg.): »Der Führer bin ich selbst«: Engelbert Dollfuß – Benito Mussolini Briefwechsel. Wien 2004.
16 Vgl. Emil Ludwig: Napoleon. Berlin 1925. Mussolinis Gespräche mit Emil Ludwig. Berlin / Wien 1932.
17 Vgl. Raoul Auernheimer: Mussolinis Napoleon, in: NFP, 23.4.1933, 1–3.
18 Die Besprechungen zwischen Suvich und Dr. Dollfuß, in: NFP, 20.1.1934, 3.
19 Ebda.
20 Vgl. Großer Erfolg des Wiener Staatsoperngastspieles in Venedig, in: NFP, 16.9.1934, 12; Mussolini über österreichische Kunst, in: NFP, 17.9.1934, 12.
21 Vgl. Der Abschluß der Besprechungen in Rom, in: NFP, 22.11.1934, 3.
22 Vgl. Kulturabkommen Wien-Rom unterzeichnet, in: NFP, 3.2.1935, 7.
23 Das Kulturabkommen mit Italien, in: NFP (Abendblatt), 21.2.1935, 8.
24 Vgl. Das neue italienische Kulturinstitut, in NFP, 24.1.1936, 7; Eröffnungsvortrag im italienischen Kulturinstitut, in: NFP, 26.1.1936, 6.
25 Marinetti über futuristische Kunst, in: NFP, 20.2.1935, 8.
26 Vgl. Marinettis Vortrag »L'Art Futuriste Italien«, in: NFP, 21.2.1935, 6.
27 Vgl. Das Kulturabkommen Oesterreich-Italien-Ungarn, in: NFP, 15.2.1935, 4.
28 Vgl. Rektor Gemelli im Italienischen Kulturinstitut, in: NFP, 14.2.1936, 4.
29 Vgl. Gastspiel des Burgtheaters in Rom und Mailand, in: NFP, 9.2.1935, 5.
30 Vgl. Begeisterung für die Wiener Oper in Rom, in: NFP (Abendblatt), 4.4.1935, 1.
31 Vgl. Das Konzert des Staatsopernchores in Rom, in: NFP, 16.4.1936, 5.
32 Vgl. Oesterreichische Heldenfeiern im ehemaligen italienischen Kampfgebiet, in: NFP, 21.4.1935, 12.
33 Vgl. Ausstellung Italienische Plastik, in: NFP, 1.11.1935, 9.
34 Vgl. Eine Dollfußbüste in der Nationalgalerie in Rom, in: NFP, 23.6.1936, 6.
35 Vgl. Dopolavoro in Italien, in: NFP 20.1.1935, 6.
36 Vgl. »Schwarzhemden«, in: NFP, 7.3.1935, 8.
37 Vgl. NFP, 4.4.1936, 4.

---

30. April 1933: Ludwig Hirschfeld über die Krise des Mittelstands
Der Herr ohne Beschäftigung

1 Eine erste Skizze der Biographie, der eine ausführliche Lebensbeschreibung folgen soll, gibt Peter Payer: Humorist und Sonntagschroniqeur, in: Ders. (Hg.): Ludwig Hirschfeld: Wien in Moll. Ausgewählte Feuilletons 1907–1937. Wien 2020, 247–262.
2 Vgl. Theodor Bauer: Liebe Eltern, es ist jetzt sehr schön in Wien, in: Die Presse. Spectrum, 7.11.2008, 3.
3 Vgl. Alfred Pfoser: Die Wiener Feuilletonisten ziehen in den Krieg. Das Beispiel Ludwig Hirschfeld, in: Karsten Dahlmanns / Matthias Freise / Grzegorz Kowal (Hg.): Krieg in der Literatur, Literatur im Krieg. Studien. Göttingen 2020, 415–430.
4 Vgl. Ludwig Hirschfeld: Adieu, liebe Eltern! Kinderbriefe aus der Winterfrische, in: NFP, 15.1.1933, 8.
5 Ludwig Hirschfeld: Theater ohne Lustbarkeit. Rechnung aus dem Publikum, in: NFP, 11.2.1934, 11.
6 Ludwig Hirschfeld: Herr ohne Beschäftigung. Ein Zeittypus, der zuviel Zeit hat, in: NFP, 30.4.1933, 9 f.
7 Ebda., 9.
8 Ebda., 9 f.
9 Vgl. Ludwig Hirschfeld: Wo sind die Zeiten … Zehn Jahre Wien in Skizzen. Wien: 1921.
10 Ludwig Hirschfeld: Kochkunstwanderung. Ausflug ins Kulinarische, in: NFP, 2.4.1933, 9.
11 Krise und Kultur, in: NFP (Abendblatt), 23.8.1935, 3.
12 Ludwig Hirschfeld: Wie machen das die anderen?, in: NFP, 12.5.1935, 7.
13 Vgl. Beschwerdebuch, in: NFP, 2.4.1933, 29.
14 Vgl. Der Arbeitsmarkt der Hausgehilfinnen, in: NFP (Abendblatt), 8.11.1935, 3.
15 Raoul Auernheimer: Das Wirtshaus zur verlorenen Zeit. Erlebnisse und Bekenntnisse. Wien 1948, 201.
16 Marie Jahoda / Hans Zeisel / Paul Felix Lazarsfeld (Hg.): Die Arbeitslosen von Marienthal. Ein soziographischer Versuch über die Wirkungen langdauernder Arbeitslosigkeit. Mit einem Anhang zur Geschichte der Soziographie. Leipzig 1933.
17 Ernst Lothar: Hilfe für ›Müßiggänger‹, in: NFP, 4.6.1933, 1–3.
18 Auernheimer: Wirtshaus, 197.
19 Näheres dazu im Kapitel »Die Privattheater im SOS-Modus«.
20 Zit. nach Wolfgang Fritz: Der Kopf des Asiaten Breitner. Politik und Ökonomie im Roten Wien. Hugo Breitner – Leben und Werk. Wien 2000, 313.

10. Mai 1933: Bücherverbrennung in Deutschland
Zwischen allen Stühlen: Emigrant:innen in Österreich

1 Jan-Pieter Barbian: Literaturpolitik im »Dritten Reich«. Institutionen, Kompetenzen, Betätigungsfelder. München 1993, 142.
2 Die Deutsche Literatur auf dem Scheiterhaufen, in: AZ, 12.5.1933, 1.
3 »Verbrennt mich!« Ein Protest von Oskar Maria Graf, in: ebda.
4 Vgl. Barbian: Literaturpolitik, 840f.
5 Graf: »Verbrennt mich!«, 1.
6 Michael Rohrwasser: Oskar Maria Graf und die linke Schreibweise. Unpubliziertes Vortragsmanuskript 2018, unpaginiert.
7 Herbert Exenberger: Netzwerk des Exils 1933 bis 1934: Oskar Maria Graf und Hermynia Zur Mühlen in der Vereinigung sozialistischer Schriftsteller, in: Ursula Seeber (Hg.): Asyl wider Willen. Exil in Österreich 1933 bis 1938, Wien 2003, 16–22.
8 Zit. nach dem Verzeichnis sämtlicher Lesungen Grafs unter https://theodorkramer.at/site/assets/files/1054/omg_ii_liste_exenberger.pdf; (19.10.2023).
9 Vgl. Christina Wesemann-Wittgenstein: Stefan Großmann: Publizist, Theatermacher und Schriftsteller zwischen Wien und Berlin, in: Bernhard Fetz / Hermann Schlösser (Hg.): Wien – Berlin. Mit einem Dossier zu Stefan Großmann. Wien 2001, 158–184.
10 Stefan Großmann: Können Sie schweigen? Offener Brief an Gerhart Hauptmann, in: AZ, 4.6.1933, 3.
11 Vgl. Biographie nach Doris Hermanns: Hermynia Zur Mühlen, www.fembio.org/biographie.php/frau/biographie/hermynia-zur-muehlen; (23.9.2023).
12 Vgl. Exenberger: Netzwerk des Exils, 20.
13 Hermynia Zur Mühlen: Eine Dichterin und das Dritte Reich, in: AZ, 26.10.1933, 5.
14 Vgl. Murray G. Hall: Gsur-Verlag, http://verlagsgeschichte.murrayhall.com/?page_id=303; (25.9.2023).
15 Vgl. Wolfgang Benz: Ausgrenzung, Verfolgung, Vertreibung: Nationalsozialistische Politik gegen Unerwünschte, in: Ders.: Flucht aus Deutschland. Zum Exil im 20. Jahrhundert. München 2001, 43–83.
16 Vgl. »Wenn sie wollten ...«, in: AZ, 23.4.1933, 2f.
17 Ursula Seeber: Österreich als Exil 1933 bis 1938, in: Dies. (Hg.): Asyl wider Willen. Exil in Österreich 1933 bis 1938. Wien 2003, 15.
18 Der folgende Absatz resümiert die Arbeit von Ulrike Oedl: Das Exilland Österreich zwischen 1933 und 1938, www.literaturepochen.at/exil/lecture_5003_2.html; (17.12.2023).
19 Vgl. Alfred Pfoser: Öffentliche Reaktionen in Österreich auf die Bücherverbrennungen 1933, in: Carlo Moos (Hg.): (K)ein Austrofaschismus? Studien zum Herrschaftssystem 1933–1938. Wien 2012, 284–294.
20 Vgl. Elke Seefried: Reich und Stände. Ideen und Wirken des deutschen politischen Exils in Österreich 1933–1938. Düsseldorf 2006, 57.
21 Walter Mehring: Wir müssen weiter. Fragmente aus dem Exil. Frankfurt / Berlin 1981, 32.
22 Zur Geschichte der Zeitschrift vgl. Seefried: Reich und Stände, 195–221.
23 Karl Wagner: »Was das rein Menschliche betrifft, so ist auch hier der Heurige gut geraten.« Ernst und Karola Bloch in Österreich, in: Seeber: Asyl wider Willen, 32.
24 Ebda.

17. August 1933: Max Reinhardts *Faust*-Inszenierung in der Felsenreitschule
Salzburger Festspiele – zweimal knapp an der Absage vorbei

1 Vgl. Die Reichenhaller Rede Hitlers, in: NFP, 4.7.1933, 3.
2 Andreas Novak: »Salzburg hört Hitler atmen«. Die Salzburger Festspiele 1933–1944. München 2005.
3 Vgl. Die Brandkatastrophe der Erler Passionsspiele, in: NFP (Abendblatt), 20.7.1933, 3.
4 Vgl. Salzburger Brief, in: NFP (Abendblatt), 11.7.1933, 2.
5 Vgl. Zwei Nazi-Flugzeugstaffeln über Salzburg, in: Salzburger Wacht, 31.7.1933, 3; Oskar Dohle: Bomben, Böller, Propaganda. Der Aufstieg der NSDAP in Salzburg 1911–1938, in: Peter Kramml / Ernst Hanisch (Hg.): Hoffnung und Verzweiflung in der Stadt Salzburg 1938/39. Vorgeschichte – Fakten – Folgen. Salzburg 2010, 71–123.
6 Vgl. Robert Kriechbaumer (Hg.): Der Geschmack der Vergänglichkeit. Jüdische Sommerfrische in Salzburg. Wien 2002.
7 Vgl. Gegen die Politik der Kleinlichkeiten, in: NFP (Abendblatt), 11.7.1933, 2.
8 Vgl. Bruno Walter: Themen und Variationen. Erinnerungen und Gedanken. Stockholm 1947, 470f.
9 Vgl. Absage Pfitzners an die Salzburger Festspiele, in: NFP, 15.7.1933 (Abendblatt), 3.
10 Vgl. Marcus Patka / Sabine Fellner: Jedermanns Juden. 100 Jahre Salzburger Festspiele. Wien 2021.
11 Vgl. Bilanz der Festspielsaison, in: NFP, 2.9.1933, 6; Salzburger Brief, in: NFP 20.9.1933 (Abendblatt), 2; Alfred Höck: »Vergessen S' nicht, die Hauptsache für uns Salzburger sind die Valuten!«. Die wirtschaftliche Dimension der Salzburger Festspiele im zweiten Jahrzehnt, in: Helmut Eymannsberger (Hg.): Die Kraft einer Vision. 100 Jahre Salzburger Festspiele: Motor für Kultur und Wirtschaft. Salzburg 2020, 83–116; Clemens Hellsberg: »Hic habitat felicitas«, in: Helga Rabl-Stadler (Hg.): Eine glückhafte Symbiose. Die Wiener Philharmoniker und die Salzburger Festspiele. Salzburg 2017, 63–72.

12 Vgl. Ausbau der Propaganda für die Salzburger Festspiele, in: NFP, 11.7.1933, 7.
13 Felix Salten: Faust als Festspiel, in: NFP, 20.8.1933, 3.
14 Vgl. Bundeskanzler Dr. Dollfuß in Salzburg, in: NFP, 26.8.1933, 5.
15 Vgl. Die kulturelle Bedeutung Oesterreichs für die Welt. Eine Rundfunkrede des Bundeskanzlers an Amerika, in: NFP, 22.5.1933, 3.
16 Vgl. Glückwünsche des Bundeskanzlers an Max Reinhardt, in: NFP, 12.9.1933, 8.
17 Vgl. Kurt Bauer: Elementar-Ereignis. Die österreichischen Nationalsozialisten und der Juliputsch 1934. Wien 2003.
18 Vgl. Eröffnung der Salzburger Festspiele, in: NFP, 28.7.1934, 8.
19 Vgl. Die Eröffnung der Salzburger Festspiele, in: NFP, 30.7.1934, 8.
20 Vgl. Sprengkörperexplosion im Salzburger Festspielhaus, in: NFP, 23.4.1934, 2.
21 Vgl. Hermann Ullrich: Mozart-Fest in Salzburg, in: NFP, 21.8.1934, 7.
22 Vgl. Felix Salten: Ausflug zur Festspiel-Stadt, in: NFP, 12.8.1934, 1f.
23 Salzburg als Symbol, in: NFP, 30.7.1934, 3.
24 Josef Reitler: Die Salzburger Festspiele, in: NFP, 25.8.1934, 2.
25 Hermann Ullrich: »Don Giovanni« unter Bruno Walter, in: NFP, 7.8.1934, 9.
26 Vgl. »Figaros Hochzeit« unter Clemens Krauss, in: NFP, 11.8.1934, 9.
27 »Tristan und Isolde« in Salzburg, in: NFP, 2.8.1934, 6.
28 Triumphaler Erfolg des Toscanini-Konzerts, in: NFP, 24.8.1934, 4.
29 Vgl. Vizekanzler Fürst Starhemberg in Salzburg, in: NFP, 24.8.1934, 4.
30 Josef Reitler: Die Salzburger Festspiele, in: NFP, 25.8.1934, 2.

7. November 1933: *O du mein Österreich* im Wiener Stadttheater
Sehnsucht nach Habsburg, von Hubert Marischka bis Joseph Roth

1 Vgl. Monarchistisches Ausstattungssingspiel, in: AZ, 24.12.1932, 9.
2 Vgl. Militärrevue im Stadttheater, in: NFP, 9.11.1933, 8.
3 Vgl. Walter Schübler: Anton Kuh. Biographie. Göttingen 2018, 371f.
4 Anton Kuh über Franz Josef als Bühnenfigur, in: NFP, 10.2.1933, 5.
5 Wiener Theaternotizbuch, in: NFP (Abendblatt), 17.10.1933, 4.
6 Vgl. Anton Staudinger: Austrofaschistische »Österreich«-Ideologie, in: Emmerich Tálos / Wolfgang Neugebauer (Hg.): Austrofaschismus. Politik – Ökonomie – Kultur. Wien ⁵2005, 28–52.
7 Felix Salten: Radetzkymarsch, in: NFP, 21.10.1932, 3.
8 Vgl. David Bronsen: Joseph Roth. Eine Biographie. Köln 1974; Wilhelm von Sternberg: Joseph Roth. Eine Biographie. Köln 2010; Susanne Kalina-McMahon: Ein ›Staat, der gar nicht da war‹ – Joseph Roth und Deutschösterreich, in: Johann Georg Lughofer / Mira Miladinović Zalaznik (Hg.): Joseph Roth: Europäisch-politischer Schriftsteller und österreichischer Universalist. Berlin 2011, 243–254; Sigurd Paul Scheichl: Joseph Roth und der ›Ständestaat‹ (unveröffentlichtes Manuskript 2022).
9 Hermann Kesten (Hg.): Joseph Roth: Briefe 1911–1939. Köln 1970, 59.
10 Joseph Roth: Juden auf Wanderschaft, in: Ders.: Werke 2. Das journalistische Werk 1924–1928. Köln 1990, 858.
11 Vgl. Eckart Früh: Joseph Roth im Spiegel österreichischer Arbeiterzeitungen, in: Michael Kessler / Fritz Hacker (Hg.): Joseph Roth. Interpretation – Rezeption – Kritik. Tübingen 1990, 113f.
12 Vgl. Klaus Mann: Der Wendepunkt. Ein Lebensbericht. Reinbek bei Hamburg 2020, 424f.
13 Joseph Roth: Briefe, 390.
14 Ebda., 391.
15 Joseph Roth: Werke 3. Das journalistische Werk 1929–1939, 818.
16 Ebda.
17 Ebda., 816.
18 Zit. nach Heinz Lunzer: Joseph Roth. Im Exil in Paris 1933 bis 1939. Wien 2008, 126.
19 Zit. nach Bronsen: Joseph Roth, 586.

9. Jänner 1934: Die Uraufführung von Ernst Kreneks Oper *Karl V.* wird hintertrieben
Reichsträume – Heimwehrrealitäten

1 Der Familienname des Komponisten lautete »Křenek«, da der Komponist im amerikanischen Exil auf das Hatschek verzichtete. In vielen Quellen – auch in den hier zitierten Kurzmeldungen – wurde der Name jedoch schon vor 1938 oftmals ohne diakritisches Zeichen geschrieben, und in der neueren Literatur hat sich die akzentlose Schreibung vollends durchgesetzt, so dass sie auch im Folgenden verwendet wird.
2 Theater- und Kunstnachrichten, in: NFP, 9.1.1934, 8.
3 Verschiebung der Krenek-Premiere in der Staatsoper: NFP (Abendblatt), 17.1.1934, 3.
4 Aussprache zwischen Clemens Krauss und Erst Krenek, in: NFP, 19.1.1934, 7.
5 Keine Aufführung von »Karl V.« in der Staatsoper, in: RP, 17.1.1934, 9.
6 Ernst Krenek: Im Atem der Zeit. Erinnerungen an die Moderne. Aus dem amerikanischen Englisch von Friedrich Saathen. Wien 2012, 1036.

7 Clemens Krauss: Kreneks ›Karl V.‹ wird gespielt, in: NWJ, 18.1.1934, 19.
8 Ernst Krenek: Karl V. – Bühnenwerk mit Musik in zwei Teilen. Wien 1933, 68.
9 Vgl. Krenek: Im Atem der Zeit, 1039–1041.
10 Vgl. ebda., 169.
11 Vgl. Anita Mayer-Hirzberger: »… man merkt: Österreichs Musik!« Das Ringen um die zeitgenössische Musik im Austrofaschismus, in: Carlo Moos (Hg.): (K)ein Austrofaschismus? Studien zum Herrschaftssystem 1933–1938. Wien 2012, 107.
12 Die Querele um Karl V. ist in mehreren Aufsätzen dokumentiert und unterschiedlich beurteilt worden. Eine präzise Zusammenfassung der Forschungsliteratur gibt Sarah Noemi Schulmeister: »Ein Festspiel für Österreich«. Ernst Kreneks Oper »Karl V.« im Kontext der politischen Entwicklungen der frühen 1930er Jahre. Wien (DA) 2012, https://utheses.univie.ac.at/detail/20990#; (17.10.2023).
13 Ebda., 51.
14 Aufruf zur Protestkundgebung gegen Jonny spielt auf, faksimiliert in: Georg Rigele: Ein Kontrapunkt zum Fremdenverkehr. Ernst Krenek und die österreichische Kulturpolitik 1928–1938, in: Jan Tabor (Hg.): Kunst und Diktatur. Architektur, Bildhauerei und Malerei in Österreich, Deutschland, Italien und der Sowjetunion 1922–1956. Band 1. Baden 1994, 243.
15 Krenek: Im Atem der Zeit, 994f.
16 Ernst Krenek: Reisebuch aus den österreichischen Alpen, in: Dietrich Fischer-Dieskau (Hg.): Texte deutscher Lieder aus drei Jahrhunderten. München 2010, 334f.
17 Vgl. Rigele: Ein Kontrapunkt zum Fremdenverkehr, 245f.
18 Ernst Krenek: Der »geistige Mensch« und die Politik, in: WZ (Weihnachtsbeilage), 25.12.1934, 4.
19 Ebda.
20 Vgl. Rebecca Unterberger: Zwischen den Kriegen, zwischen den Künsten. Ernst Krenek – »Beruf: Komponist und Schriftsteller«. Heidelberg 2019, 628f.
21 Vgl. Andrea Reisner: Eine Zeitung im Auge des Sturms, in: WZ, 16.6.2023, www.wienerzeitung.at/h/eine-zeitung-im-auge-des-sturms; (21.10.2023).
22 Vgl. Ernst Krenek: konservativ und radikal, in: WZ (Sonntagsbeilage), 25.2.1934, 1.
23 Vgl. ebda.
24 Vgl. Peter Berger: »Wer gibt Antwort, wohin wir gehören?« Ernst Krenek in Österreich. 1928–1937, in: Lucile Dreidemy / Richard Hufschmied [u.a.] (Hg.): Bananen, Cola, Zeitgeschichte. Oliver Rathkolb und das lange 20. Jahrhundert. Band 2. Wien / Köln / Weimar 2015, 735–747.
25 Krenek: Im Atem der Zeit, 1041.

---

27. Jänner 1934: Aufhebung der Lustbarkeitssteuer für alle Bühnen
Die Privattheater im SOS-Modus

1 Vgl. Berliner Theater. Die große Theaterkrise, in: NFP, 25.1.1933, 1; Stefan Großmann: Die Brüder Rotter, in: NFP, 28.1.1933, 1f.
2 Robert Musil: Prosa und Stücke. Kleine Prosa, Aphorismen, Autobiographisches. Essays und Reden. Kritik. Reinbek bei Hamburg 1978, 1710.
3 Ebda.
4 Vgl. die Beiträge in: Hilde Haider-Pregler / Beate Reiterer (Hg.): Verspielte Zeit. Österreichisches Theater der dreißiger Jahre. Wien 1997, besonders Edda Fuhrich: »Schauen Sie sich doch in Wien um! Was ist von dieser Theaterstadt geblieben?« Zur Situation der großen Wiener Privattheater.
5 Vgl. Robert Werba: Oper im Ständestaat, in: Haider-Pregler / Reiterer (Hg.): Verspielte Zeit, 104.
6 Vgl. Der Song vom untergehenden Kapitalismus, in: AZ, 4.5.1932, 6.
7 Vgl. AZ, 8.5.1932, 9.
8 Vgl. Hans Moser – alles gut!, in: NFP, 23.6.1933, 7.
9 Vgl. Felix Salten: Praetorius, Sherlock Holmes, Kurt Goetz, in: NFP, 29.10.1933, 1f.
10 Vgl. Die Mitglieder des Deutschen Volkstheaters gegen eine Arbeitsgemeinschaft, in: NFP, 1.3.1933, 6.
11 Theaterüberfluß, in: NFP, 7.11.1933, 5; Richard Preßburger: Die Theaterkrise, in: NFP, 4.11.1934, 3.
12 Die Leichtgläubigen, in: NFP, 14.5.1933, 9.
13 Theaterkrise ringsum. Die Schwierigkeiten in Berlin und Prag, in: NFP, 18.1.1933, 1.
14 Vgl. Theater auf dem Krankenbett, in: NFP, 20.1.1933, 8.
15 Zurück zur guten alten Zeit!, in: NFP, 20.5.1934, 37.
16 Vgl. Ernst Lothar: Die Theatermüdigkeit, in: NFP, 23.10.1934, 1–3.
17 Vgl. Raoul Auernheimer: Theater oder Film, in: NFP, 15.2.1936, 2; Raoul Auernheimer: Unzufriedenheit mit dem Theater, in: NFP, 14.1.1936, 1–3.
18 Vgl. Teilweise Befreiung der Theater von der Lustbarkeitsabgabe, in: NFP, 22.4.1933, 1.
19 Vgl. Titel, in: NFP (Abendblatt), 29.11.1933, 4.
20 Wichtige Beschlüsse des Ministerrates, in: NFP (Abendblatt), 27.1.1934, 2; Die Privattheater für Befreiung von Lustbarkeitsabgabe, in: NFP (Abendblatt), 26.1.1934, 3.
21 Vgl. Bund und Gemeinde verhandeln weiter, in: NFP, 24.11.1933, 1.

22 Vgl. Entscheidung über die Wiener Steuern am Montag, in: NFP, 24.11.1933, 5.
23 Vgl. Herabsetzung der Kinosteuer, in: NFP, 15.12.1933, 5; Die Kino-Lustbarkeitsabgabe herabgesetzt, in: AZ, 15.12.1933, 3.
24 Theaterpolitik, in: NFP, 23.7.1935, 3.
25 Vgl. Alfred Pfoser: Literatur und Austromarxismus. Wien 1980, 59–64.
26 Vgl. Tätigkeitsbeginn der Oesterreichischen Kunststelle, in: NFP, 31.8.1934, 7.
27 Vgl. Edda Fuhrich: »Schauen Sie sich doch in Wien um! Was ist von dieser Theaterstadt geblieben?« Zur Situation der großen Wiener Privattheater, in: Haider-Pregler / Reiterer (Hg.): Verspielte Zeit, 113.
28 Ebda., 120–123.
29 Theaterbeteiligung von Staat und Stadt, in: NFP, 5.8.1934, 14.
30 Ein staatliches und städtisches Förderkomitee für die Volksoper, in: NFP, 9.8.1934, 3.
31 Vgl. Die Krise und die Salzburger Künstler, in: NFP (Abendblatt), 1.4.1933, 2; Salzburger Brief, in: NFP, 15.4.1933, 6.
32 Vgl. Innsbrucker Brief, in: NFP, 19.5.1933, 7; Innsbrucker Brief, in: NFP, 22.10.1936, 8.
33 Vgl. Stillgelegte Theater in den Bundesländern, in: NFP (Abendblatt), 5.12.1936, 6.
34 Vgl. ebda.
35 Vgl. Die »Ravag«-Subvention für die Provinzbühnen, in: NFP, 27.3.1933, 4; »Ravag«-Subvention und Provinztheater, in: NFP, 9.5.1933, 8.

Ab Februar 1934: Das Ende der Arbeiterkultur
Die Säuberungen in den Arbeiterbüchereien

1 Vgl. Alfred Pfoser: Literatur und Austromarxismus. Wien 1980, insbesondere 207–243.
2 Erwägungen zur Büchereipolitik der Gegenwart, in: RP, 10.3.1935, 20.
3 Zit. nach Pfoser: Literatur und Austromarxismus, 243.
4 Die neue Volksbildung, in: Kleine Volkszeitung, 22.3.1934, 4.
5 Die Knechtung des Geistes, in: Arbeiter-Zeitung (Brünn), 1.7.1934, 7.
6 Otto Spranger: Unsere Arbeit in den Arbeiterbüchereien, in: Arbeiter-Woche, 4.1.1936, 15.
7 Felix Königseder: Gedanken zur Buch- und Büchereiarbeit der Gegenwart, in: RP, 27.5.1934, 15.
8 Vgl. Anhang von Alfred Pfoser: Literatur und sozialdemokratische Öffentlichkeit in der Ersten Republik. Salzburg (phil. Diss.) 1978.
9 Austrofaschistische Kulturdemolierung, in: Arbeiter-Zeitung (Brünn) 3 (1936), 36, 6.
10 Zit. nach Pfoser: Literatur und Austromarxismus, 236.
11 Georg Bichlmair: Erste Weihnacht im neuen Österreich, in: RP, 25.12.1934, 1f.
12 Zit. nach Pfoser: Literatur und Austromarxismus, 237f.
13 Vgl. Alfred Pfoser / Kristina Pfoser-Schewig / Gerhard Renner (Hg.): Schnitzlers »Reigen«. Zehn Dialoge und ihre Skandalgeschichte. Analysen und Dokumente. Zwei Bände. Frankfurt am Main 1993.
14 Murray G. Hall: Der Fall Bettauer. Wien 1978.
15 Vgl. Die Aufführung von Hasenclevers Stück unterbleibt! Professor Reinhardt ›will den Bedenken Rechnung tragen‹, in: RP, 19.3.1929, 1.
16 Vgl. Murray G. Hall: Österreichische Verlagsgeschichte 1918–1938. Band 1. Geschichte des österreichischen Verlagswesens. Wien 1985.

---

17. Februar 1934: Hausdurchsuchung auf dem Kapuzinerberg
Stefan Zweig verlegt seinen Hauptwohnsitz nach London

1 Stefan Zweig: Die Welt von Gestern. Erinnerungen eines Europäers. Hrsg. und kommentiert von Oliver Matuschek. Frankfurt am Main 2017, 412.
2 Vgl. Gert Kerschbaumer: Stefan Zweig. Der fliegende Salzburger. Salzburg 2003, 82f. und 115.
3 Vgl. Madeleine Rietra / Rainer Joachim Siegel (Hg.): »Jede Freundschaft mit mir ist verderblich«. Joseph Roth und Stefan Zweig. Briefwechsel 1927–1938. Göttingen 2011, 156f.
4 Vgl. Zweig: Welt von Gestern, 383f.
5 Vgl. Hans-Albert Walter: Vom Liberalismus zum Eskapismus. Stefan Zweig im Exil, in: Frankfurter Hefte 25/6/1970, 427–437; Ders.: Deutsche Exilliteratur 1933–1950. Band 1: Die Vorgeschichte des Exils und ihre erste Phase. Band 1.1. Die Mentalität der Weimardeutschen. Die Politisierung der Intellektuellen. Stuttgart 2003, 520–526.
6 Stefan Zweig / Friderike Zweig: »Wenn einen Augenblick die Wolken weichen«. Briefwechsel 1912–1942. Frankfurt am Main 2006, 268.
7 Vgl. Heinz Lunzer / Victoria Lunzer-Talós: Gang nach Ragusa. Felix Saltens PEN Club-Präsidentschaft, in: Marcel Atze (Hg.): Im Schatten von Bambi. Felix Salten entdeckt die Wiener Moderne. Leben und Werk. Salzburg 2020, 242–258.
8 Rietra / Siegel (Hg.), »Jede Freundschaft mit mir ist verderblich«, 91.
9 Ebda., 100.
10 Donald A. Prater: Stefan Zweig. Eine Biographie. Reinbek bei Hamburg 1991, 223.
11 Vgl. Oliver Matuschek / Klemens Renoldner (Hg.): Anton Kippenberg – Stefan Zweig: Briefwechsel 1905–1937. Berlin 2022.

12 Stefan Zweig: L'esprit Européen en exil. Essais, Discours, Entretiens 1933-1942. Edition établie par Jacques Le Rider et Klemens Renoldner. Paris 2020.
13 Literatur und Charakter, in: AZ, 19.10.1933, 2.
14 Vgl. Eine Erwiderung, in: AZ, 8.11.1933, 3; Eine neue Erwiderung Stefan Zweigs, in: AZ, 15.11.1933, 5.
15 Ebda., 135.
16 Aus dem geistigen Leben, in: Der Kampf. Internationale Revue 3 (1936) 11, 460.
17 Vgl. Kerschbaumer: Der fliegende Salzburger, 261–264.
18 Vgl. Paul Stefan: Bruno Walter. Mit Beiträgen von Lotte Lehmann, Thomas Mann und Stefan Zweig. Wien 1936; Paul Stefan: Arturo Toscanini. Mit einem Geleitwort von Stefan Zweig. Wien 1935.
19 Stefan Zweig: Eine österreichische Bilanz, in: NFP, 24.6.1934, 2.
20 Vgl. Kerschbaumer: Der fliegende Salzburger, 318 f.
21 Zweig: Die Welt von Gestern, 408.
22 Ebda.

---

18. Februar 1934: Der Autor von *Bambi* über die Februarkämpfe
Felix Salten und die Spaltung des österreichischen PEN-Clubs

1 Dienst an den Lebenden, in: NFP, 17.2.1934, 2.
2 Ebda.
3 Ebda.
4 Ebda.
5 Ebda.
6 Marcel Atze (Hg.): Im Schatten von Bambi. Felix Salten entdeckt die Wiener Moderne. Leben und Werk. Unter Mitarbeit von Tanja Gausterer. Salzburg 2020.
7 Felix Salten: Es muß sein, in: NFP, 29.7.1914, 1–3; Allgemein: Alfred Pfoser: Der Schmock funèbre. Die Kriegsfeuilletons des Felix Salten, in: Sema Colpan [u.a.] (Hg.): Kulturmanöver. Das k.u.k. Kriegspressequartier und die Mobilisierung von Wort und Bild. Frankfurt am Main 2015, 111–126.
8 Felix Salten: Nervenprobe, in: NFP, 18.2.1934, 3.
9 Ebda., 2.
10 Ebda.
11 Ebda.
12 Ebda.
13 Ebda.
14 Ebda., 3.
15 Ebda.
16 Ebda.
17 Ebda.
18 Zit. nach Siegfried Mattl / Werner Michael Schwarz: Felix Salten. Annäherung an eine Biografie, in: Dies. (Hg.): Felix Salten. Schriftsteller – Journalist – Exilant. Wien 2006, 66 f.
19 Vgl. Roman Roček: Glanz und Elend des P.E.N. Biographie eines literarischen Clubs. Wien 2000, 57–84.
20 Vgl. ebda., 108–110.
21 Vgl. Festabend des Wiener Pen-Klubs. Empfang im Hotel Imperial, in: NFP (Abendblatt), 17.5.1933, 4.
22 Vgl. Klaus Amann: P.E.N. Politik. Emigration, Nationalsozialismus. Ein österreichischer Schriftstellerclub. Wien 1984, 23–59; Klaus Amann: Der österreichische PEN-Club in den Jahren 1923-1955, in: Dorothée Bores / Sven Hanuschek (Hg.): Handbuch PEN. Berlin 2014, 481–532.
23 Felix Salten: Die Wahrheit über den Pen-Club-Kongress, in: NFP, 2.6.1933, 5.
24 Vgl. Roček: Glanz und Elend, 142.
25 Heinz Lunzer / Victoria Lunzer-Talós: Gang nach Ragusa. Felix Saltens PEN Club-Präsidentschaft, in: Marcel Atze (Hg.): Im Schatten von Bambi, 257 f.
26 Ebda.

---

25. März 1934: Karl Schönherrs *Passionsspiel* im Burgtheater
Die erste Bühne des Landes – ganz auf Linie

1 Felix Salten: Passionsspiel, in: NFP, 27.3.1934, 1.
2 Vgl. Johann Hüttner: Die Staatstheater in den dreißiger Jahren. Kunst als Politik – Politik in der Kunst, in: Hilde Haider-Pregler / Beate Reiterer (Hg.): Verspielte Zeit. Österreichisches Theater der dreißiger Jahre. Wien 1997, 66–76.
3 Schönherrs »Passionsspiel« im Burgtheater, in: NFP (Abendblatt), 22.3.1934, 3.
4 Ludwig Ullmann: Röbbeling-Gerüchte, in: Wiener Allgemeine Zeitung, 15.7.1932, 5.
5 Vgl. Raoul Auernheimer: Jahresabschluss zum Burgtheater, in: NFP, 25.6.1933, 1–3.
6 Ebda., 2.
7 Vgl. Wie sparen die Theater, in: NFP (Abendblatt), 18.5.1934, 5.
8 Vgl. Die Regisseurfrage im Burgtheater, in: Die Stunde, 24.2.1932, 6.

9 Vgl. Die Gagenreduktion im Burgtheater, in: NFP (Abendblatt), 28.2.1934, 4.
10 Vgl. Raoul Auernheimer: Burgtheater-Fragen, in: NFP, 29.9.1931, 1–3.
11 J. D. Bach: Neuer Krieg um die Staatstheater, in: AZ, 20.9.1931, 6.
12 Hermann Röbbeling: Die Sendung des Burgtheaters, in: NFP (Abendblatt), 29.7.1933, 3.
13 Vgl. Felix Salten: Tragödie des Menschen, in: NFP, 24.1.1934, 1–3 und 5.
14 Hermann Röbbeling: Die österreichische Note im Spielplan des Burgtheaters, in: NFP, 15.4.1933, 10.
15 Vgl. Burgtheater. Schönherr-Feier, in: NFP, 26.2.1937, 9.
16 Vgl. Grillparzer neuentdeckt, in: AZ, 25.10.1932, 6; Eines Gewaltigen Glück und Ende, in: AZ, 5.11.1933, 13; Hilde Haider-Pregler: »König Ottokars Glück und Ende« – Ein »Nationales Festspiel« für Österreichs »Nationaltheater«, in: Dies./Evelyn Deutsch-Schreiner (Hg.): Stichwort: Grillparzer. Wien 1994, 202–208.
17 Raoul Auernheimer: Jahresabschluß zum Burgtheater, in: NFP, 25.6.1933, 2.
18 Erwin Rieger: Burgtheater. Das Spiel von den vier Rittern und der Jungfrau, in: NFP, 28.6.1936, 14.
19 Vgl. Die Sterne in uns …, in: AZ, 25.9.1932, 9.
20 Felix Salten: »Die Sieben gegen Theben«, in: NFP, 24.2.1934, 1 f.
21 Überreichung des Burgtheaterringes an Max Mell, in: NFP (Abendblatt), 31.5.1935; 6. Vgl. auch Karl Müller: Zäsuren ohne Folgen. Das lange Leben der literarischen Antimoderne Österreichs seit den 30er Jahren. Salzburg 1990, 287–312.
22 Vgl. Erwin Rieger: Burgtheater, in: NFP, 13.2.1936, 1–3.
23 Vgl. Paul Goldmann. Berliner Theater, in: NFP, 29.3.1933, 1 f.
24 Vgl. Absetzung von Billingers »Rosse« im Burgtheater, in: NFP (Abendblatt), 21.9.1933, 4; »Rosse«-Moral, in: NFP, 22.9.1933, 5.
25 Vgl. Rückwärts revidierte Weltgeschichte, in: AZ, 9.12.1932, 5.
26 Raoul Auernheimer: Jahresabschluß zum Burgtheater, in: NFP, 25.6.1933, 3.
27 Aus dem Museum des Burgtheaters, in: AZ, 13.6.1933, 7; Raoul Auernheimer: Burgtheater. »Prinz Eugen von Savoyen« von Hanns Saßmann, in: NFP, 11.6.1933, 1–3.
28 Heinz Kindermann: Der Lebensraum des Burgtheaters. Wien 1939, 66.
29 Vgl. Felix Salten: »Dritter November 1918«, in: NFP, 11.3.1937, 10.
30 Franz Theodor Csokor: Zeuge einer Zeit. Briefe aus dem Exil 1933–1950. München 1964, 141.
31 Vgl. Oliver Rathkolb: Führertreu und gottbegnadet. Künstlereliten im Dritten Reich. Wien 1991, 152–161.

---

1. Mai 1934: Das Konkordat tritt in Kraft
Das Eherechtswirrwarr

1 Vgl. Ulrike Harmat: Ehe auf Widerruf? Der Konflikt um das Eherecht in Österreich 1918–1938. Frankfurt am Main 1999, 449–528.
2 Vgl. ebda., 116–124; Margarete Grandner/Ulrike Harmat: Begrenzt verliebt. Gesetzliche Ehehindernisse und die Grenze zwischen Österreich und Ungarn, in: Ingrid Bauer (Hg.): Liebe und Widerstand. Ambivalenzen historischer Geschlechterbeziehungen. Wien 2005, 287–305.
3 Wiener Diözesanblatt, 23.1.1919, 8.
4 Rudolf Aladár Métall: Hans Kelsen. Leben und Werk. Wien 1969, 49.
5 Vgl. Harmat: Ehe auf Widerruf?, 140–147.
6 Vgl. ebda., 487.
7 Ehegültigkeitsprüfung und Konkordat, in: NFP (Abendblatt), 17.4.1935, 8.
8 Vgl. Eine Eherechtswirrnis, in: NFP, 23.4.1936, 10.
9 Vgl. Harmat: Ehe auf Widerruf?, 496.
10 Vgl. Die Kinder konfessionsloser Eltern, in: NFP, 6.8.1935, 7.
11 Zit. nach Harmat: Ehe auf Widerruf?, 499.
12 Vgl. Geschieden oder verheiratet?, in: NFP, 11.10.1936, 26.
13 Nachtberufe und Ehe, in: NFP (Abendblatt), 17.7.1935, 5.
14 Vgl. Ehescheidungen und ihre Motive, in: NFP (Abendblatt), 28.8.1936, 1.
15 Die Scheidungsaffäre Marie Jeritzas, in: NFP (Abendblatt), 13.9.1935, 6.
16 Vgl. Richard Taubers Ehetrennung, in: NFP (Abendblatt), 12.10.1935.
17 Vgl. G[eorge] E[ric] R[owe] Gedye: Die Bastionen fielen. Wie der Faschismus Wien und Prag überrannte. Wien [1947], 176 f.
18 Gabriele Reiterer: Anna Mahler. Bildhauerin, Musikerin, Kosmopolitin. Wien 2023, 131.
19 Vgl. Manfred Flügge: Stadt ohne Seele. Wien 1938/Berlin 2018, 158.

---

1. Mai 1934: *Tag der Jugend* im Wiener Prater
Unzeitgemäße Huldigungen, krause Geschichtsstunden und bestellter Jubel

1 Die Kinderhuldigung im Stadion, in: NFP, 2.5.1934, 3.
2 Georg Spitaler: Ein Match um den Sport. Politische Bewegungskonzepte vs. populäre Massenkultur, in: Werner Michael Schwarz/Georg Spitaler/Elke Wikidal (Hg.): Das Rote Wien 1919–1934. Ideen, Debatten, Praxis. Basel 2019, 359.

3 Hans Nüchtern: Legendenspiel und Laienspiel, in: Österreichische Kunst 7 (1936) 7/8, 33.
4 Karl Müller: Vaterländische und nazistische Fest- und Weihespiele in Österreich, in: Hilde Haider-Pregler / Beate Reiterer (Hg.): Verspielte Zeit. Österreichisches Theater der dreißiger Jahre. Wien 1997, 150–169, 152.
5 Dialogliste und Flugblatt zur »Idee des Weihespiels«: Nachlass Leopold Nowak, in: ÖNB-Musiksammlung, Fonds 110 Nowak L. 606/2.
6 Rudolf Henz: Fügung und Widerstand. Eine Autobiographie. Graz / Wien / Köln 1981, 162.
7 Horst Jarka: Zur Literatur- und Theaterpolitik im ›Ständestaat‹, in: Franz Kadrnoska (Hg.): Aufbruch und Untergang. Österreichische Kultur zwischen 1918 und 1938. Wien / München / Zürich 1981, 518.
8 Flugblatt: St. Michael, führe uns!, in: ÖNB-Musiksammlung, Fonds 110 Nowak L. 606/2.
9 Rudolf Henz: St. Michael, führe uns! Weihespiel der katholischen Jugend, in: Rudolf Henz: Festliche Dichtung. Gesammelte Sprüche und Dichtung. Wien 1933, 45.
10 Johannes Mattes: Festrede und Festspiel als Formen kollektiver Repräsentation. Die Wiener Regierungsjubiläums-Feiern von Franz Joseph I (1908) und die ›Türkenbefreiungsfeiern‹ (1933) im Vergleich. Frankfurt am Main 2011, 93.
11 Vgl. Béla Rásky: Choreografie der Massen. Politische Großinszenierungen als neue Bühne für Propaganda und Festkultur, in: Wolfgang Kos (Hg.): Kampf um die Stadt. Politik, Kunst und Alltag um 1930. Wien 2009, 87–95.
12 Henz: St. Michael, führe uns!, 32.
13 Allgemeiner Deutscher Katholikentag Wien 1933. 7. bis 12. September. Wien 1934, 79.
14 Karl Kraus: Feste der Jugend, in: Die Fackel 34 (1932) 876–884, 34.
15 Vgl. Pia Janke: Politische Massenfestspiele in Österreich zwischen 1918 und 1938. Wien / Köln / Weimar 2010, 309.
16 Bálint Kovács / Ildikó Tóth: »Denn Ihr seid die Zukunft«. Die Selbstinszenierungen des austrofaschistischen Ständestaates für die Wiener Jugend auf der Kinderhuldigungsfeier am 1. Mai 1934, in: Károly Csúri / Magdolna Orosz / Zoltán Szendi (Hg.): Massenfeste. Ritualisierte Öffentlichkeit in der mittelosteuropäischen Moderne. Frankfurt am Main 2009, 79.
17 Siegfried Mattl: Der Tag des neuen Österreich. Der Ständestaat als Folkloreunternehmung, in: Michael Achenbach / Karin Moser: Österreich in Bild und Ton. Die Filmwochenschau des austrofaschistischen Ständestaates. Wien 2002, 190.
18 Jugendhuldigung im Stadion, in: RP, 2.5.1935, 2.
19 Wiener Jugendfeier, 1. Mai 1935. Stadion. Wien 1935, 4 f.
20 Jugendhuldigung im Stadion, in: RP, 2.5.1935, 2.
21 Hans Nüchtern: Rot-weiß-rot. Ein Festspiel. Wien 1936.
22 Max Stebich: Wiener Jugendfeier. 2. Mai 1937. Wien 1937.
23 Nüchtern: Rot-weiß-rot, 5.
24 Stebich: Jugendfeier, 8.
25 Rudolf Henz: 1. Mai 1934, Huldigung der Stände, in: Henz: Festliche Dichtung, 53.
26 Alfred Pfoser / Gerhard Renner: Ein Toter führt uns an, in: Emmerich Tálos / Wolfgang Neugebauer (Hg.): »Austrofaschismus«. Beiträge zur Politik, Ökonomie und Kultur 1934–1938. Wien 1984, 238.
27 Verena Moritz / Karin Moser / Hannes Leidinger: Kampfkino. Film in Österreich 1918–1938. Wien 2008, 298.
28 Kinderhuldigung im Stadion am 1. Mai 1934; Eine vaterländische Weihestunde. Verordnungsblatt des Stadtschulrates für Wien, 15. April 1934, 46.
29 Jarka, Literatur- und Theaterpolitik, 518.
30 Bernhard Hachleitner: Der Superblock des Sports. Das Praterstadion im Spannungsfeld von Theorie und Praxis des Roten Wien, in: Schwarz / Spitaler / Wikidal: Das Rote Wien, 366 f.
31 Wien bleibt Wien, in: Österreichische Kunst 6 (1935) 6, 31.
32 Ebda.
33 Vgl. Emmerich Tálos: Trabrennplatzrede. Ein inhaltlicher Rahmen für den Austrofaschismus, in: Bernhard Hachleitner / Alfred Pfoser / Katharina Prager / Werner Michael Schwarz (Hg.): Die Zerstörung der Demokratie. Österreich März 1933 bis Februar 1934. Wien 2023, 200–203.
34 G[eorge] E[ric] R[owe] Gedye: Als die Bastionen fielen. Wie der Faschismus Wien und Prag überrannte. Wien [1947], 82.

7. Juni 1934: Dramatische Niederlage Österreichs bei der Fußball-WM in Italien
Ruhmloser Abschied

1 Vgl. Ruhmloser Abschied von der Weltmeisterschaft, in: Sporttagblatt, 8.6.1934, 1.
2 Vgl. Das bittere Ende in Neapel, in: NFP (Abendblatt), 8.6.1934, 7.
3 Vgl. Offizielle Absage des Fußball-Länderkampfs gegen Deutschland, in: NFP, 20.6.1933, 10.
4 Vgl. Italien-Tschechoslowakei im Finale, in: NFP, 4.6.1934, 7; Nach der Mailänder Niederlage, in: NFP, 5.6.1934, 8; Andreas Hafer / Wolfgang Hafer: Hugo Meisl oder die Erfindung des modernen Fußballs. Eine Biographie. Göttingen 2007, 280–282.
5 Vgl. Roman Horak / Wolfgang Maderthaner: Mehr als nur Spiel. Fußball und populare Kulturen im Wien der Moderne. Wien 1997, 153–177.
6 Vgl. Wenig Hoffnung für Bologna, in: NFP (Abendblatt), 6.9.1934, 7; Die Niederlage der Admira im Mitropa-Cup, in: NFP (Abendblatt), 11.9.1934, 7.

7 Vgl. Eine Nation wird zum Sport erzogen, in: NFP (Abendblatt), 17.10.1933, 7.
8 Vgl. Hafer/Hafer: Hugo Meisl, 231.
9 Vgl. ebda., 257.
10 Vgl. Ein unglaublicher Zwischenfall, in: NFP, 10.4.1933, 2.
11 Vgl. Hafer/Hafer: Hugo Meisl, 293 und 295.
12 Vgl. ebda., 99f.
13 Demonstration beim Ländermatch, in: Arbeiter-Zeitung (Brünn) 31.3.1935, 8.
14 Ein politisches Fußballmatch, in: Arbeiter-Zeitung (Paris) 14.4.1937, 9.
15 Vgl. Matthias Marschik/Doris Sottopietra: Erbfeinde und Haßlieben. Konzept und Realität Mitteleuropas im Sport. Münster 2000, 236–284.
16 Vgl. Skandalchronik des Mitropacups, in: NFP, 10.7.1934, 7.
17 Vgl. Schattenseiten des Mitropacups, in: NFP (Abendblatt), 2.7.1936, 7.
18 Vgl. Mitropacup-Einnahmen, in: NFP (Abendblatt) 26.6.1934, 7.
19 Vgl. Der Triumph der Austria in Prag; in: NFP (Abendblatt), 15.9.1936, 7.
20 Vgl. Wenn Sportler eine Reise tun …, in: NFP, 20.12.1936, 23.
21 Vlg. Wiener Fußball-Weihnachten im Ausland, in: NFP (Abendblatt), 22.12.1934, 7.
22 Vgl. Das Sportprogramm des Feiertages, in: NFP (Abendblatt), 31.10.1934, 7.
23 Vgl. Englische Betrachtung der Austria-Reise, in: NFP (Abendblatt), 28.12.1934, 7.
24 Ebda.
25 Vgl. Werbearbeit für das kleine Österreich, in: NFP (Abendblatt), 22.12.1933, 2.
26 Rekord-Internationale, in: NFP (Abendblatt), 31.10.1934, 7.
27 Vgl. Wiener Fußballsorgen, in: NFP (Abendblatt), 12.11.1936, 7.
28 Vgl. ebda.; Die letzten Punktekämpfe und Auslandsreisen, in: NFP, 24.11.1936, 12.
29 Fall Hanreiter und andere Sorgen, in: NFP (Abendblatt), 9.12.1936, 7.
30 Vgl. Der Fußballausverkauf, in: NFP, 29.11.1936, 22.
31 25 Trainer werden ausgemustert. Eine Stunde Fußballschule bei Hugo Meisl, in: NFP (Abendblatt), 28.3.1933, 7.

2. Juli 1934: Das neue Staatswappen
Im Widerstreit der Zeichen

1 Michael Göbl: Auf der Suche nach einem Symbol. Das Staatswappen Österreichs 1934–1938, in: Adler. Zeitschrift für Genealogie und Heraldik 24 (2008) 6, 299.
2 Vgl. Gertrude Enderle-Burcel: Protokolle des Ministerrates der Ersten Republik. Abteilung VIII, Band 6, Kabinett Dr. Engelbert Dollfuß 23. Februar 1934 bis 18. April 1934. Wien 1985, 224 und 400.
3 Vgl. ebda., 488.
4 Kundmachung der Bundesregierung vom 1. Mai 1934, womit die Verfassung 1934 verlautbart wird, BGBl. Nr. 1/1934, 1.
5 Göbl: Auf der Suche, 296.
6 Kundmachung der Bundesregierung vom 2. Juli 1934, betreffend die bildliche Darstellung des Staatswappens Österreichs, BGBl. Nr. 108/1934, 1.
7 Otto Ender: Die neue österreichische Verfassung. Wien 1934, 5.
8 Das neue Staatswappen, in: NWT, 4.7.1934, 7.
9 Konrad Josef Heilig: Österreichs neues Symbol. Geschichte, Entwicklung und Bedeutung des Kruckenkreuzes. Wien 1934, 5.
10 Vgl. ebda.
11 Ebda., 8.
12 Ebda., 51.
13 Vgl. Nr. 20 Anbringung des Kruckenkreuzes auf den Schulfahnen, Verordnungsblatt des Bundesministeriums für Unterricht, 1.4.1935, 40.
14 Vgl. Gustav Spann: Zur Geschichte von Flagge und Wappen der Republik Österreich, in: Norbert Leser/Manfred Wagner (Hg.): Österreichs politische Symbole. Wien/Köln/Weimar 1994, 37–64.
15 Vgl. Die neuen Münzen werden nächste Woche ausgegeben, in: Die Stunde, 29.6.1934, 2.
16 Neue Stempelmarken, in: NWT, 18.12.1934, 8.
17 Die neuen österreichischen Briefmarken, in: Österreichische Kunst 5 (1934) 9, 6f.
18 Vgl. Alte Pässe werden nicht verlängert, in: NFP (Abendblatt), 19.11.1937, 1.
19 Ingrid Mosser: Der Legitimismus und die Frage der Habsburger-Restauration in der innenpolitischen Zielsetzung des autoritären Regimes in Österreich (1933–1938). Wien (phil. Diss.) 1979, 112.
20 Günter Dirrheimer: Besinnung auf das alte Erbe, in: 1918–1968. Die Streitkräfte der Republik Österreich (Katalog zur Sonderausstellung im Heeresgeschichtlichen Museum). Wien 1968, 233–235.
21 56. Adjustierungsvorschrift – Änderung, in: Verordnungsblatt des Bundesministeriums für Heerwesen 9 (1933), 57.
22 Erwin A. Schmidl: Das Erbe einer übernationalen Armee im Zeitalter des Nationalismus. Das Bundesheer und seine jüdischen Soldaten, in: Gertrude Enderle-Burcel/Ilse Reiter-Zatloukal (Hg.): Antisemitismus in Österreich 1933–1938. Wien/Köln/Weimar 2018, 633.

23 Fahnen und Trompetentücher, in: WT, 5.9.1935, 6.
24 Geschichte und Bedeutung des Diensteides, in: WZ, 12.5.1933, 2.
25 Linda Erker: So Gott will. Der austrofaschistische Diensteid, in: Bernhard Hachleitner / Alfred Pfoser / Katharina Prager / Werner Michael Schwarz: Die Zerstörung der Demokratie. Österreich März 1933 bis Februar 1934. Wien 2023, 144.
26 Verordnung der Bundesregierung, mit der die Verordnung betreffend Uniformen für Bundesbeamte BGBl. Nr. 536/33 abgeändert wird, BGBl. Nr. 209/1935 samt Anlage, 827–844.
27 Geleitwort, in: Handbuch der österreichischen Uniformen. Wien / Graz / Innsbruck / Leipzig ²1937.
28 Die neuen Ständezeichen Österreichs, in: profil 3 (1934) 9, 418.
29 Erster Mai, der Tag des neuen Österreich, in: RW 10 (1934) 31, 1.
30 Nr. 19 Einführung der österreichischen Bundeshymne in den Schulen, in: Verordnungsblatt für den Dienstbereich des Bundesministeriums für Unterricht, 15.2.1930, 33.
31 Nr. 20 Festlieder, in: Verordnungsblatt des Stadtschulrates für Wien, 15.2.1930, 27f.
32 Die Bundeshymne als täglicher Programmschluss, in: RW 9 (1933) 23, 3.
33 Nr. 202 Bundeshymne, in: Verordnungsblatt des Stadtschulrates für Wien, 15.11.1934, 2.
34 Vgl. Nr. 14 Bundeshymne, in: ebda., 15.2.1935, 23.
35 Georg Traska / Christoph Lind: Hermann Leopoldi. Hersch Kohn. Eine Biographie. Wien 2012, 188.
36 Johannes Steinbauer: »Feierlich, doch nicht zu langsam ...« Eine kurze Geschichte der Bundeshymnen der Republik Österreich, in: Ursula Prutsch / Manfred Lechner: Das ist Österreich. Innensichten und Außensichten. Wien 1997, 220f.
37 Vgl. Nr. 200 Lied der Jugend (Dollfuß-Lied); Spiel im Anschluß an die Bundeshymne, in: Verordnungsblatt des Stadtschulrates für Wien, 15.12.1936, 163f.

Ende Juli 1934: Warum die Fackel nicht erscheint
Als sich Karl Kraus Dollfuß zum Helden erkor

1 Vgl. Katharina Prager / Simon Ganahl (Hg.): Karl Kraus Handbuch. Leben – Werk – Wirkung. Unter Mitwirkung von Isabel Langkabel und Johannes Knüchel. Berlin 2022; Jens Malte Fischer: Karl Kraus. Der Widersprecher. Wien 2020; Edward Timms: Karl Kraus. Die Krise der Nachkriegszeit und der Aufstieg des Hakenkreuzes. Weitra 2003; Katharina Prager (Hg.): Geist versus Zeitgeist: Karl Kraus in der Ersten Republik. Wien 2018.
2 In: Karl Kraus: Die Fackel, Oktober 1933, 4.
3 Vgl. Karl Kraus, Die dritte Walpurgisnacht. München 1952.
4 Karl Kraus: Warum die Fackel nicht erscheint, in: Karl Kraus: Die Fackel, Juli 1934, 276.
5 Vgl. Elias Canetti: Das Augenspiel. Lebensgeschichte 1931–1937. München 1985, 123–126.
6 Vgl. Timms: Karl Kraus, 536.
7 Kraus: Warum die Fackel nicht erscheint, 3.
8 Ebda., 276.
9 Ebda., 224.
10 Sigurd Paul Scheichl: Die politischen Polemiken von Karl Kraus. Am Beispiel von ›Hüben und Drüben‹, in: Friedrich Aspetsberger (Hg.): Staat und Gesellschaft in der modernen österreichischen Literatur. Wien 1977, 45–64; Florian Wenninger: Genosse ex negativo? Hypothesen zum Verhältnis von Karl Kraus und der österreichischen Sozialdemokratie, in: Geist versus Zeitgeist, 60–79; Lucile Dreidemy: »Ein leuchtend Zwerglein«. Karl Kraus' Bewunderung für Österreichs Diktator Engelbert Dollfuß, in: Geist versus Zeitgeist, 86–99; Werner Anzenberger: Parteipolitik, in: Karl Kraus Handbuch, 303–318; Jens Malte Fischer: Karl Kraus, 703–724 und 779–839.
11 Karl Kraus: Antworten des Herausgebers, in: Die Fackel, 27.3.1907, 20.
12 Karl Kraus: Antworten des Herausgebers, in: Die Fackel, 11.12.1905, 15.
13 Vgl. Alfred Pfabigan: Karl Kraus und der Sozialismus. Wien 1976, 194.
14 [Friedrich Austerlitz]: Die Ueberschleicher, in: AZ, 9.11.1919, 4.
15 Vgl. Karl Kraus: Nachträgliche Republikfeier, in: Die Fackel, Januar 1926, 3.
16 Karl Kraus: Ein Plakat von Karl Kraus, in: Karl Kraus: Die Fackel, Mai 1927, 122 und 127.
17 Karl Kraus: Weg damit!, in: Karl Kraus: Worte in Versen. München 1959, 469.
18 Vgl. Karl Kraus: Hüben und Drüben, in: Die Fackel, Oktober 1932, 31.
19 Karl Kraus: Weg damit!, 469.
20 Ebda.
21 Vgl. Karl Kraus, in: Nikolaus Hovorka (Hg.): Berichte zur Kultur- und Zeitgeschichte. XIII. Band. Nr. 302–303, 439–458.
22 Der Schöpfer des »Grubenhundes«, in: RP, 14.6.1936, 7.
23 Ebda.
24 Ebda.
25 Der Tod des Schriftstellers Karl Kraus, in: NFP, 13.6.1936, 6.
26 Ebda.
27 Ebda.

28 Ebda.
29 Ebda., 7.
30 Ebda., 6.

8. August 1934: Gedenkfeier für Engelbert Dollfuß
Sinngebungen des Todes

1 Hunderttausende gedenken des Führers, in: RP, 9.8.1934, 3.
2 Grundlegend dazu: Lucile Dreidemy: Der Dollfuß-Mythos. Eine Biographie des Posthumen. Wien/Köln/Weimar 2014.
3 Vgl. die jeweiligen Berichte in: NFP, 26.7.1935, 25.7.1936 sowie 25.7.1937.
4 Josef Reitler: Gedächtnisfeier der Bundestheater für Dr. Dollfuß, in: NFP. 2.11.1934, 1.
5 Vgl. Dreidemy: Der Dollfuß-Mythos, 98 f.
6 Das Volk und die andern, in: RP, 9.8.1934, 1.
7 Herzliebster Jesu, was hast du verbrochen, www.evangeliums.net/lieder/lied_herzliebster_jesu_was_hast_du_verbrochen.html; (31.10.2023).
8 Vgl. Dreidemy: Der Dollfuß-Mythos, 61.
9 Vgl. Martin Luksan/Hermann Schlösser/Anton Szanya: Heilige Scheine. Marco d'Aviano, Engelbert Dollfuß und der österreichische Katholizismus. Wien 2007, 79–82.
10 Vgl. Dietrich von Hildebrand: Engelbert Dollfuß. Ein katholischer Staatsmann. Salzburg 1934.
11 Vgl. Renato Attilio Bleibtreu: Der Heldenkanzler. Ein Lied von der Scholle. Wien 1934.
12 Zum Begriff »Dollfuß-Straße« vgl. Dreidemy: Der Dollfuß-Mythos, 4–49.
13 Verordnungsblatt des Stadtschulrates der Stadt Wien, 1.4.1936, https://alex.onb.ac.at/cgi-content/alex-day?aid=ssr&datum=19360401&seite=1&zoom=33; (11.11.2023).
14 Vgl. Peter Diem: »Ihr Jungen, schließt die Reihen gut ...«, https://austria-forum.org/af/Wissenssammlungen/Symbole/Dollfuß_Lied; (5.11.2023).
15 Vgl. Thomas Karny: Horst Wessel – auf Eifersucht umgelegt, https://austria-forum.org/af/Wissenssammlungen/Essays/Zeitgeschichte/Horst_Wessel; (7.11.2023).
16 Zit. nach Diem: »Ihr Jungen, schließt die Reihen gut ...«.
17 Jean Améry: Unmeisterliche Wanderjahre. Stuttgart 1971, 37 f.
18 Vgl. Georg Traska/Christoph Lind: Hermann Leopoldi, Hersch Kohn. Eine Biographie. Wien 2012, 189.
19 Ebda., 154.
20 Fritz Löhner-Beda: Klein, aber mein! zit. nach Christian Glanz: Anmerkungen zur Rolle von Hermann Leopoldi im Austrofaschismus, in: Carlo Moos (Hg.): (K)ein Austrofaschismus? Wien 2012, 96.
21 Vgl. Rudolf Henz: Fügung und Widerstand. Graz/Wien/Köln 1981, 180–183.
22 Vgl. Desiree Hebenstreit: Rudolf Henz, in: Stefan Maurer [u.a.] (Hg.): Diskurse des Kalten Krieges. Eine andere österreichische Nachkriegsliteratur. Wien/Köln/Weimar 2017, 634–636.
23 Henz: Fügung und Widerstand, 172.
24 Ebda.

20. August 1934: Verkehrsunfall von Arturo Toscanini
Ein geteiltes Land: Rechts- oder Linksfahren?

1 Vgl. Ein Autounfall Toscaninis und seine Folgen, in: Die Stunde, 25.9.1934, 1.
2 Für einheitliche Rechtsfahrordnung in Österreich, in: Illustrierte Automobil- und Motorrad-Zeitung. Der Motorfahrer 15 (1937) 3, 10.
3 Vgl. Urlaubsreisen ins Ausland, in: Illustrierte Automobil- und Motorrad-Zeitung. Der Motorfahrer 12 (1934) 13, 24–27.
4 Vgl. Erklärende Bemerkungen zur Regierungsvorlage, Beilage 139 zu den Stenographischen Protokollen des Nationalrats, III. Gesetzgebungsperiode, 18. April 1928, 18.
5 Für die Rechtsfahrordnung in ganz Österreich!, in: NFP, 17.1.1937, 31.
6 Vgl. Gesetz vom 24. März 1930 betreffend die Abänderung des § 24 der Tiroler Straßenpolizeiordnung vom 18. Dezember 1923, Landes-Gesetz- und Verordnungsblatt für Tirol, 27. März 1930, 1; Gesetz vom 26. März 1930 über eine Änderung der Straßenpolizeiordnung, Landesgesetzblatt für das Land Salzburg, 27. März 1930, 27.
7 Bundesgesetz, womit einige Bestimmungen des Bundesgesetzes vom 20. Dezember 1919, BGBl. Nr. 438 über Grundsätze der Straßenpolizei, soweit sie sich nicht auf Bundesstraßen beziehen, abgeändert werden (I. Novelle zum Straßenpolizei-Grundsatzgesetz), 21. März 1930, BGBl. Nr. 79/1930, 449/450.
8 Für die Rechtsfahrordnung in ganz Österreich!, in: NFP, 17.1.1937, 31.
9 Rechts- oder Linksfahren in Österreich, in: Illustrierte Auto- und Motorradzeitung. Der Motorfahrer 12 (1934) 25, 8.
10 Johann Poscočil: Rechtsfahren in Kärnten, in: Öffentliche Sicherheit 15 (1935) 9, 30.
11 Gefahren der uneinheitlichen Straßenordnung in Österreich, in: NWJ, 2.8.1936, 14.
12 Die Packer Höhenstraße, in: NFP, 28.5.1936, 8.

13 J. B.: Das aktuelle Thema: Links oder rechts?, in: Illustrierte Automobil- und Motorrad-Zeitung. Der Motorfahrer 15 (1937) 11, 4.
14 Für die Rechtsfahrordnung in ganz Österreich, in: NFP, 24.1.1937, 30.
15 Wiener Bürgermeister gegen das Rechtsfahren, in: Illustrierte Automobil- und Motorrad-Zeitung. Der Motorfahrer 13 (1935) 24, 5.
16 Für eine einheitliche Fahrordnung in Österreich, in: NFP, 14.3.1937, 35.
17 Es wird weiter links gefahren, in: NFP (Abendblatt), 31.10.1934, 3.
18 Der Bauer und die neue Fahrordnung, in: Kärntner Tagblatt, 15.6.1935, 6.
19 Franz Preuschen: Die Rechtsfahrordnung in Österreich, in: NFP (Abendblatt), 27.1.1938, 2.
20 Béla Rásky: Endstation 1935, in: Christian Dewald / Michael Loebenstein / Werner Michael Schwarz (Hg.): Wien im Film. Stadtbilder aus 100 Jahren. Wien 2010, 132–137.
21 Paul Hörbiger: Ich hab für Euch gespielt. Erinnerungen. München / Berlin ²1979, 210 f.
22 Heinrich Frost: Straßenpolizei, in: Öffentliche Sicherheit 15 (1935) 12, 4.
23 Der Werbeaufmarsch der Verkehrserziehungswoche, in: NFP, 1.6.1935, 5.
24 Die Rede des Bundeskanzlers, in: NFP, 25.2.1938, 5.
25 Schadenersatzprozess gegen Maestro Toscanini, in: NFP (Abendblatt), 7.11.1934, 3.
26 Die Schadenersatzklage gegen Toscanini, in: Salzburger Chronik, 31.1.1935, 4.

---

15. September 1934: Der Parallelklassenerlass des Wiener Schulrates
Das Kreuz mit (oder: in) der Schule

1 Erlass Nr. 151. Parallelklassen Aufteilung der Schüler, in: Verordnungsblatt des Stadtschulrates für Wien, 15.9.1934, 106.
2 Der Erlass über die Parallelklassen in den Mittelschulen, in: NWT, 27.9.1934, 4.
3 Judenklassen an den Wiener Mittelschulen, in: Die Stimme, 21.9.1934 (12. Tischri 5695), 1.
4 Ebda.
5 Vgl. Sara O. M. Yanovsky: Jewish Education in Interwar Vienna. Cooperation, Compromise and Conflict Between the Austrian State and the Viennese Jewish Community, in: Günter Bischof / Fritz Plasser (Hg.): From Empire to Republic. Post-World War I Austria. New Orleans / Innsbruck 2010, 328.
6 Der Erlass über die Parallelklassen an den Mittelschulen, in: NWT, 23.9.1934, 5.
7 Die Parallelklassen nichtkatholischer Mittelschüler, in: NFP, 27.9.1934, 4.
8 Bruce Pauley: Eine Geschichte des österreichischen Antisemitismus. Von der Ausgrenzung zur Auslöschung. Wien 1993, 331.
9 Sylvia Maderegger: Die Juden im österreichischen Ständestaat 1934–1938. Wien / Salzburg 1973, 46.
10 Ghettoschule oder jüdische Schule, in: Der jüdische Weg, 30.9.1934, 3.
11 Ebda.
12 Zur jüdischen Schulfrage in Österreich, in: Die Stimme, 9.10.1934 (30. Tischri 5695), 3.
13 Spero: Eine unglückliche Maßnahme, in: Gerechtigkeit, 27.9.1934, 1.
14 Ereignisse der Woche, in: NWT (Wochenausgabe), 29.9.1934, 14.
15 Die Wiener Kultusgemeinde gegen das Schulghetto, in: Die Stimme, 28.9.1934 (19. Tischri 5695), 1.
16 Viel Lärm um nichts, in: RP, 27.9.1934, 1.
17 »Hier hausen Löwen!«, in: Die Stimme, 28.9.1934 (19. Tischri 5695), 3.
18 Vgl. Die Parallelklassen nichtkatholischer Mittelschüler, in: NFP, 25.9.1934, 4.
19 Renate Mercsanits: Vom Innenleben am Wasagymnasium 1934–1938, in: BG Wien 9, Wasagasse (Hg.): »umgeschult«. Wien 2007, 171–179.
20 Die konfessionellen Klassen in den Mittelschulen, in: WT, 22.9.1934, 2.
21 Vgl. Stefan Spevak: Schule und Antisemitismus. Erkenntnisse aus den Akten des Wiener Stadtschulrates, in: Gertrude Enderle-Burcel / Ilse Reiter-Zatloukal (Hg.): Antisemitismus in Österreich 1933–1938. Wien 2018, 587–619.
22 Vgl. Die Parallelklassen an den Mittelschulen, in: NWT, 30.9.1934, 4 sowie Spevak: Schule, 608, Fußnote 144.
23 Vgl. Bundeskommissär Oberst Adam über die Protestanten in Österreich, in: NFP, 29.9.1934, 5.
24 Vgl. Herbert Dachs: Schule und Politik. Die politische Erziehung an den österreichischen Schulen 1918 bis 1938. Wien / München 1982, 267–269.
25 Unter der Pfaffenherrschaft, in: Arbeiter-Zeitung (Brünn) 1 (1934) 32, 5 f.
26 Erlass Nr. 57. Anbringung von Kreuzen in den Klassenzimmern und Amtsräumen der öffentlichen und privaten Schulen und Lehranstalten (Erlass vom 4. Juli 1934, Z. 16503), in: Verordnungsblatt für den Dienstbereich des Bundesministeriums für Unterricht, 1.9.1934, 161.
27 Vgl. Der Glöckel-Erlass aufgehoben. Forträumung des Revolutionsschuttes auch im Unterrichtswesen, in: RP, 15.4.1933, 1 sowie vgl. Béla Rásky: »Der Weg zum neuen Staat beginnt bei der Schule.« Otto Glöckels Reformen nach 1934, in: Wissen ist Macht! Der Bildungsreformer Otto Glöckel, Dokumentation 2024. Wien 2024 (in Druck).
28 Vgl. Friedrich Erben: Schule und ›Ständestaat‹. Die österreichische Schule und ihre Bedeutung für das autoritäre Regime 1934–1938. Wien (DA) 1999, 178–185.
29 Vgl. Neue Lese- und Geschichtsbücher, in: NFP (Abendblatt), 15.9.1934, 3.
30 Herbert Dachs: »Austrofaschismus« und Schule. Ein Instrumentalisierungsversuch, in: Emmerich Tálos / Wolfgang Neugebauer (Hg.): Austrofaschismus. Politik – Ökonomie – Kultur. Wien ⁷2014, 288.

31 Vgl. ebda., 296.
32 Die jüdische Jugend und das Jungvolk, in: Die Stimme, 7.1.1938 (5. Schwat 5698), 1 und 3.
33 Vgl. Jungvolk, V.F. und religiöse Erziehung, in: Jüdische Presse, 14.1.1938, 1; Herr Oppenheim spielt sich auf, in: Die Stimme, 10.1.1938 (8. Schwat 5698), 1f.
34 Der Bundeskanzler beim Jungvolk, in: NWT, 9.1.1938, 5.
35 Die österreichische Jungvolkfrage, in: NFP (Abendblatt), 8.1.1937, 1.
36 Vor der Konstituierung des jüdischen Jugendverbandes, in: NFP (Abendblatt), 7.3.1938, 8.
37 Vgl. Die Organisierung der jüdischen Jugend, in: Die Stimme, 25.2.1938 (24. Adar 5698), 1.

27. September 1934: Österreichische Erstaufführung von Willi Forsts *Maskerade*
Lokalkolorit mit Weltgeltung

1 »Maskerade« und andere Filme, in: Das interessante Blatt, 4.10.1934, 22.
2 Ernst Lothar: Der Wessely-Film »Maskerade«, in: NFP, 28.9.1934, 1.
3 Vgl. Walter Fritz: Kino in Österreich. 1929–1945. Der Tonfilm. Wien 1991, 48.
4 Vgl. Willi Forst: Maskerade. DVD Taurus-Film Video München, für Österreich: GIG Records, Markus Spiegel Wien.
5 Film. Maskerade. Apollo, in: NWJ, 28.9.1934, 11.
6 Der Wessely-Film »Maskerade«, in: NFP, 28.9.1934, 2.
7 Berliner Börsen-Courier 19.9.1932 zit. nach Kurt Ifkovits: Die Rollen der Paula Wessely bis 1946, in: Ders. (Hg.): Die Rollen der Paula Wessely. Spiegel ihrer selbst. Wien 2007, 39.
8 Willi Forst: Erinnerungen zit. nach Ifkovits: Die Rollen der Paula Wessely, 38.
9 Film. Maskerade. Apollo, in: NWJ, 28.9.1934, 11.
10 R.H: Filmschau, in: WZ, 28.9.1934, 12.
11 Vgl. zum Folgenden: Armin Loacker: Der Wiener Film – bekannt, mit unbekannten Variablen, in: Christian Dewald [u.a.] (Hg.): Wien im Film. Stadtbilder aus 100 Jahren. Wien 2010, 70–85.
12 Fritz Lahr: Wien, die Filmstadt der Zukunft, in: ebda., 4.
13 Oskar Pilzer: Aufschwung des österreichischen Films, in: Mein Film (1936) 523, 6.
14 Ebda.
15 Bremer Nachrichten, 27.9.1934 zit. nach Ifkovits: Die Rollen der Paula Wessely, 43.
16 Vgl. Karin Moser: Auslieferung, in: Verena Moritz/Karin Moser/Hannes Leidinger: Kampfzone Kino. Film in Österreich 1918–1938. Wien 2008, 325–349.
17 Ebda., 332.
18 Vgl. Fritz: Kino in Österreich, 104.
19 Vgl. Maria Steiner: Paula Wessely. Die verdrängten Jahre. Wien 1996.
20 Ifkovits: Die Rollen der Paula Wessely, 62.
21 Ebda., 125.

29. September 1934: Weihe der Dollfuß-Seipel-Gedächtniskirche
Ecclesia triumphans (et aedificans)

1 Fahrt zur Kanzlergruft, in: RP, 30.9.1934, 3.
2 Verena Pawlowsky: Staatsmonument von kurzer Dauer. Zu den Bedeutungszusammenhängen einer Wiener Vorstadtkirche der 1930er Jahre, in: Zeitgeschichte 29 (2002) 1, 8.
3 Herbert Muck: Inspirierte Räume und gebaute Zeichen für Macht, für Heimat. Bedeutungsvolle Raumgestalten, in: Georg Rigele/Georg Loewit (Hg.): Clemens Holzmeister. Innsbruck 2000, 81.
4 Anselm Weißenhofer: Kirchenbau in der Nachkriegszeit, in: Monatsschrift für Kultur und Politik 1 (1936) 9, 911.
5 Vgl. Clemens Holzmeister: Das Katholische in der modernen Kunst, in: Moderne Welt. Almanach der Dame 14 (1933) 12, 16 f.
6 Elisabeth Klamper: Die Mühen der Wiederverchristlichung. Die Sakralkunst und die Rolle der Kirche während des Austrofaschismus, in: Jan Tabor (Hg.): Kunst und Diktatur. Architektur, Bildhauerei und Malerei in Österreich, Deutschland, Italien und der Sowjetunion 1922–1956. Baden 1994, 151.
7 Vgl. Eva Michel: Barock von 1918 bis 1938. Katalysator und Legitimation der österreichischen Moderne, in: Agnes Husslein-Arco/Georg Lechner/Alexander Klee: Barock since 1630. Wien 2012, 66–77.
8 Sabine Plakolm-Forsthuber: Clemens Holzmeisters Seipel-Dollfuß-Gedächtniskirche in Wien. 1933/1934, in: Robert Stalla/Andreas Zeese (Hg.): Architektur und Denkmalpflege. Festschrift für Manfred Wehdorn zum 70. Geburtstag. Innsbruck/Wien/Bozen 2012, 239.
9 Christliche Kunst auf Irrwegen, in: RP, 3.1.1933, 5.
10 Der Baustil des 20. Jahrhunderts, in: RP, 21.4.1935, 11.
11 Anselm Weißenhofer: Der moderne Kirchenbau. Zeitgenössische Bauten. Vortrag am Dienstag, 28. Jänner, 18.10 Uhr, in: RW 12 (1936) 18, 14.
12 Vgl. Irene Hauser: Die Kirchenbauten von Josef Vytiska als wichtiger Beitrag zum österreichischen Sakralbau im 20. Jahrhundert. Wien (DA) 2002.

13 Vgl. Inge Podbrecky: Unsichtbare Architektur. Bauen im Austrofaschismus. Wien 1933/34–1938. Innsbruck/Wien 2020, 82.
14 Alexander Popp: Die Friedenskirche in Linz-Urfahr, in: Kirchenkunst. Österreichische Zeitschrift für Pflege religiöser Kunst 4 (1932) 4, 11.
15 Pius Parsch/Robert Kramreiter: Neue Kirchenkunst im Geist der Liturgie. Wien/Klosterneuburg 1939, 13.
16 Vgl. Erich Bernard/Barbara Feller: Die Baumeister des Friedensfürsten. Kirchliche Bauten in den dreißiger Jahren in Österreich, in: Tabor: Kunst und Diktatur, 205.
17 Die neue Sandleitenkirche, in: Kirchenbau-Nachrichten. Mitteilungsblatt des Allgemeinen Wiener Kirchenbauvereines 3 (1935) 5, 3.
18 Clemens Holzmeister: Die Arbeiterkirche St. Josef auf der Sandleiten im Lichte moderner Kirchenbaukunst, in: Stalla/Zeese (Hg.): Architektur und Denkmalpflege, 12.
19 Hauser: Kirchenbauten, 21.
20 Matthew Rampley: Modernism and Cultural Politics in Inter-war Austria: The Case of Clemens Holzmeister, in: Architectural History 64 (2021), 373.
21 Ders.: On Erasures in Modern Architecture: Catholic ›Modernism‹ and the Historiography of Church Building Between the Wars, in: Megan Brandon-Faller/Laura Morowitz: Erasures and Eradications in Modern Viennese Art, Architecture and Design. New York/London 2023, 230f.
22 Irene Nierhaus: Adoration und Selbstverherrlichung. Künstlerische und kunstpolitische Schwerpunkte an der Akademie der bildenden Künste von den dreißiger bis Ende der vierziger Jahre, in: Hans Seiger/Michael Lunardi/Peter Joseph Populorum (Hg.): Im Reich der Kunst. Die Wiener Akademie der bildenden Künste und die faschistische Kunstpolitik. Wien 1990, 82.
23 Podbrecky: Unsichtbare Architektur, 129.
24 Friedrich Achleitner: Gibt es eine austrofaschistische Architektur?, in: Franz Kadrnoska (Hg.): Aufbruch und Untergang. Österreichische Kultur zwischen 1918 und 1938. Wien/München/Zürich 1981, 589.
25 Vgl. Robert Kramreiter: Die Dr.-Dollfuß-Gedächtniskirche auf der Hohen Wand, in: die pause 1 (1935) 6, 46–50.
26 Die Weihe der Dollfuß-Kapelle auf der Hohen Wand, in: NFP, 22.7.1935, 3.
27 Zit. nach Pawlowsky: Staatsmonument, 12.

30. Oktober 1934: Gründung der *Österreichischen Sport- und Turnfront*
Die Sportbegeisterung

1 Vgl. Das österreichische Sportgesetz, in: NFP, 21.11.1934, 12; Ein Jahr Sport- und Turnfront, in: Österreichisches Sport-Jahrbuch 1936. Wien 1936, 3–30.
2 Vgl. Neujahrswünsche der Sportler, in: NFP, 1.1.1935, 13.
3 Vgl. Reinhard Krammer: Die Turn- und Sportbewegung, in: Erika Weinzierl, Kurt Skalnik (Hg.): Österreich 1918–1938. Geschichte der Ersten Republik. Graz 1983, 731–743.
4 Siehe dazu Rainer Amstädter: Der Alpinismus. Kultur – Organisation – Politik. Wien 1996, insbesondere 351–390.; Deutscher Alpenverein/Österreichischer Alpenverein/Alpenverein Südtirol (Hg.): Berg Heil! Alpenverein und Bergsteigen 1918–1945. Wien 2011.
5 Vgl. Plan zu einem ›österreichischen Alpenverein‹, in: NFP, 18.5.1934, 5.
6 Zit. nach Amstädter: Alpinismus, 371.
7 Vgl. Tagung des Edelweißparlaments in Garmisch, in: NFP (Abendblatt), 28.7.1936, 8.
8 Amstädter: Alpinismus, 382.
9 Vgl. Berg Heil!, 284–292.
10 Vgl. Manfred Pils: »Berg frei«. 100 Jahre Naturfreunde. Wien 1994, 120–145.
11 Robert Musil: Tagebücher. Band 1. Reinbek bei Hamburg 1978, 150.
12 Robert Musil: Der Mann ohne Eigenschaften. Reinbek bei Hamburg 1978, 285.
13 Felix Salten: Ski-Paradies Wien, in: NFP, 7.2.1935, 1f.
14 Ebda., 2.
15 Ebda.
16 Vgl. Rolf Italiaander: Liebesbekenntnis zu Radwandern, in: NFP (Abendblatt), 7.11.1933, 7.
17 Vgl. Die Arbeitslosenriviera, in: NFP, 5.10.1933, 10.
18 Ludwig Hirschfeld: Ballmama und Sporttochter. Gespräch zwischen zwei Generationen, in: NFP, 22.1.1933, 7.
19 Hilde Spiel: Die hellen und die finsteren Zeiten. Erinnerungen 1911–1946. München 1989, 44.
20 Vgl. Karl Ziak: Der Mensch und die Berge. Wien 1936, 201–205.

6. November 1934: Uraufführung von Carl Zuckmayers *Der Schelm von Bergen*
Ritterspiel im Burgtheater

1 Burgtheater: »Der Schelm von Bergen«, Theaterzettel, 6.11.1934.
2 Carl Zuckmayer: Der Schelm von Bergen. Ein Schauspiel, in: Knut Beck/Maria Guttenbrunner-Zuckmayer (Hg.): Carl Zuckmayer. Gesammelte Werke in Einzelbänden. Der Hauptmann von Köpenick. Theaterstücke 1929–1937. Frankfurt am Main 1995, 228.

3 »Der Schelm von Bergen«. Uraufführung im Burgtheater, in: RP, 7.11.1934, 3.
4 Ebda.
5 Ebda.
6 Otto Stoessl: »Der Schelm von Bergen«. Schauspiel von Karl [sic] Zuckmayer, in: WZ, 7.11.1934, 8.
7 Vgl. ebda, 7.
8 Felix Salten: »Der Schelm von Bergen«, in: NFP, 7.11.1934, 2.
9 Vgl. Gunther Nickel: Carl Zuckmayers Der Schelm von Bergen – eine kritische Auseinandersetzung mit dem Austrofaschismus, in: Zuckmayer-Jahrbuch. Band 1. St. Ingbert 1998, 220–224.
10 Vgl. Anja Massoth: »Auch bin ich ja eigentlich gar kein ›österreichischer Künstler‹«. Zuckmayer als Dramatiker in Österreich 1925–1938, in: Gunther Nickel/Erwin Rotermund/Hans Wagener (Hg.): Zuckmayer-Jahrbuch 1999, St. Ingbert 1999, 427 und 436.
11 Vgl. ebda., 424.
12 R[ainer] S[chlösser]: Der Kleistpreisrummel. Ein Musterbeispiel neudeutscher Propaganda-Praktiken, in: Völkischer Beobachter, 19.11.1931, hier zit. nach Traugott Krischke (Hg.): Horváth auf der Bühne 1926–1938. Wien 1991, 192 f.
13 Carl Zuckmayer: Als wär's ein Stück von mir. Horen der Freundschaft. Frankfurt am Main [33]2007, 75 f.
14 Vgl. Christian Strasser: Carl Zuckmayer. Deutsche Künstler im Salzburger Exil 1933–1938. Wien/Köln/Weimar 1996, 190 f.
15 Vgl. Zuckmayer: Als wär's ein Stück von mir, 29.
16 Ebda.
17 Zuckmayer: Der Schelm von Bergen, 219.
18 Vgl. Nickel: Carl Zuckmayers Der Schelm von Bergen; Erwin Rotermund: Zwischen Anpassung und Zeitkritik. Carl Zuckmayers Exildrama Der Schelm von Bergen und das ständestaatliche Denken um 1930, in: Zuckmayer-Jahrbuch Band 1, 233–249.
19 Salten: Der Schelm von Bergen, 2.

Dezember 1934: Clemens Krauss verlässt Wien
Schuschnigg und der Glanz der Hochkultur

1 Vgl. Massenflucht deutscher Musiker, in: WT, 6.12.1934, 1; Vergewaltigte Kunst, in: ebda.
2 Vgl. Demission Furtwänglers, in: NFP, 5.12.1934, 1; Die Demission Wilhelm Furtwänglers in Berlin, in: NFP (Abendblatt), 5.12.1934, 3; Gerüchte über Strauß und Knappertsbusch, in: NFP (Abendblatt), 6.12.1934, 1.
3 Vgl. Staatsoper »Das Veilchen« von Julius Bittner, in: NFP, 11.12.1934, 3.
4 Vgl. Clemens Krauß über die Demission Furtwänglers, in: NFP, 6.12.1934, 8.
5 Clemens Krauß – Direktor der Berliner Staatsoper, in: RP, 11.12.1934, 6.
6 Näheres zu Kreneks Oper Karl V. im Kapitel »Reichsträume – Heimwehrrealitäten«.
7 Vgl. Signe Scanzoni/Klaus Götz Kende: Der Prinzipal. Clemens Krauss. Fakten, Vergleiche, Rückschlüsse. Tutzing 1983.
8 Clemens Krauß – Direktor der Berliner Staatsoper, in: RP 11.12.1934, 6.
9 Vgl. Richard Strauss – Clemens Krauss: Briefwechsel. Tutzing 1997.
10 P[aul] St[efan]: Clemens Krauß geht weg, in: Die Stunde, 12.12.1934, 4.
11 Vgl. Das Gesellschaftsbild der Strauß-Premiere, in: NFP, 22.10.1933, 11; Alles bei »Arabella«, in: NFP (Abendblatt), 24.10.1933, 4.
12 Eröffnung der Salzburger Festspiele 1934, in: RP, 30.7.1934, 5.
13 Vgl. Hausdurchsuchung bei Opernmitgliedern, in: NFP, 24.9.1934, 3.
14 Vgl. Fred K. Prieberg: Musik im NS-Staat. Frankfurt am Main 1982, 68.
15 So das Luzerner Vaterland, hier zitiert in: RP, 11.12.1934, 6.
16 Vgl. Toscanini bei den Wiener Philharmonikern, in: NFP, 20.10.1933, 6; Die erste Probe unter Toscanini, in: NFP, 21.10.1933, 6.
17 Toscanini auf der Probe, in: NFP, 22.10.1933, 11.
18 Vgl. Peter Dusek: Arturo Toscanini und der österreichische Ständestaat oder Hugo Burghauser als »Drahtzieher« einer »kulturpolitischen Weichenstellung«, in: Lucile Dreidemy [u. a.] (Hg.): Bananen, Cola. Zeitgeschichte: Oliver Rathkolb und das lange 20. Jahrhundert. Wien 2015, 260–267.
19 Vgl. Die Ordensauszeichnung Toscaninis, in: NFP, 1.11.1933, 8.
20 Vgl. Gedächtnisfeier der Bundestheater für Dr. Dollfuß, in: NFP, 2.11.1934, 1.
21 Jubiläumskonzert der Wiener Singakademie. Bruno Walter dirigiert Mahlers Achte Symphonie, in: NFP, 13.4.1933, 9.
22 Ebda.
23 Stefan Zweig: Bruno Walter. Kunst der Hingabe, in: Paul Stefan (Hg.): Bruno Walter. Wien 1936, 14.
24 Bruno Walter: Thema und Variationen. Erinnerungen und Gedanken. Stockholm 1947, 467.
25 Ebda., 449.

26. Jänner 1935: Der erste Wiener Opernball
Renaissance der Hautevolee

1. Der Opernball, in: NFP, 27.1.1935, 9.
2. Ebda.
3. Rund um den Opernball, in: Die Bühne (1935) 393, 15.
4. Der Opernball, in: NFP, 17.1.1937, 9.
5. Der Opernball als Arbeitsquelle, in: NFP (Abendblatt), 15.1.1937, 1.
6. Donnerstag: Ball der Stadt Wien, in: NFP, 3.2.1935, 11.
7. Österreichische Ballsaison, in: Arbeiter-Zeitung (Brünn) 3 (1936) 5, 8.
8. Willy Elmayer-Vestenbrugg: Wiener Fasching 1936, in: NFP, 23.2.1936, 4.
9. Der Opernball, in: NFP, 27.1.1935, 9.
10. Ludwig Hirschfeld: Ein Frack erinnert sich. Selbstgespräch im Kleiderkasten, in: NFP, 23.1.1938, 9.
11. Die mondäne Frau vor dem Toilettespiegel, in: NFP (Abendblatt), 14.2.1936, 5.
12. Vgl. Mahnung zur Höflichkeit, in: NFP, 23.1.1936, 3.
13. Max Graf: Man tanzt wieder Walzer, in: Die Bühne (1935) 418, 3 f.
14. Elmayer: Wiener Fasching, 4.
15. Die Dame im Fasching, in: NFP (Abendblatt), 7.2.1936, 3.
16. Das Dirndl für die Urlaubstage, in: Moderne Welt. Almanach der Dame 17 (1936) 9, 21.
17. Frisuren im Trachtenstil, in: Moderne Welt. Almanach der Dame 17 (1936) 10, 14 f.
18. Vgl. Donnerstag: Ball der Stadt Wien, in: NFP, 3.2.1935, 11.
19. Der Opernball, in: NFP 17.1.1937, 9.
20. Der Opernball als Arbeitsquelle, in: NFP (Abendblatt), 15.1.1937, 1.
21. Opernball in Zahlen, in: NFP, 14.2.1936, 6.
22. Vgl. Taschendiebe im Ballsaal, in: NFP (Abendblatt), 22.1.1937, 1.
23. Opernball, in: Moderne Welt 16 (1935) 5, 12; Kleider vom Opernball, in: Die Bühne (1935) 393, 34.
24. Gschnasfest im Künstlerhaus, in: Die Bühne (1937) 441, 13.
25. Ingrid Wolf: Maskenball in der Vorstadt (beim Wimberger), in: NFP (1935) 393, 29.
26. Raoul Auerheimer: Die Wiener Gesellschaft, in: NFP (1938) 466, erstes Titelblatt.
27. Josef Hoffmann: Gibt es heute noch Salons?, in: NFP, 11.1.1938, 6.
28. Walter Göhring: Verdrängt und vergessen. Friedensnobelpreisträger Alfred Hermann Fried. Wien 2006, 11.
29. Vgl. Andrea Winklbauer: Foren für die Avantgarde. Fotografie in den Medien des Vernay-Verlags, in: Katharina Bergmann-Pfleger / Tano Bojankin / Nikolaus Futter (Hg.): Der Compass. 150 Jahre österreichische Wirtschaftsgeschichte. Vom Kalender zu digitalen Informationssystemen. Wien 2017, 171.
30. Rudolf Lorenz: Einfach. Zeitlos. Elegant, in: Moderne Welt. Almanach der Dame 16 (1935) 6, 30.
31. Vgl. Wir rationalisieren unseren Toilettetisch, in: Moderne Welt. Almanach der Dame 19 (1938) 5, 17.
32. Samt auch fürs Eis, in: Moderne Welt. Almanach der Dame 17 (1936) 4, 22.
33. Kurz, länger, am längsten: Die neuen Sommerhüllen, in: Moderne Welt. Almanach der Dame. 18 (1937) 9, 21.
34. So gut wie »Er«. Eine Epistel für die Dame am Volant, in: Moderne Welt. Almanach der Dame 17 (1936) 6, 34.
35. Ein Brief von einer Ferienreise mit Steyr 120 Super, in: Moderne Welt. Almanach der Dame 16 (1935) 11, 12.
36. Annonce, in: Moderne Welt. Almanach der Dame 18 (1936) 3, 36.
37. Schwarzkopf-Schaumpon, in: Moderne Welt. Almanach der Dame 16 (1935) 7, 31.
38. »Mocca« und »Muskete« konfisziert, in: Der Abend, 16.1.1934, 2.
39. Vgl. Neue Bücher, in: Wiener Magazin 9 (1935) 11, 93.
40. Vgl. Der Ball der Front in den Sälen der Hofburg, Wien 1938.
41. Der Ball der Front, in: NFP, 11.2.1938, 9.

5. Februar 1935: Der Prince of Wales trifft zu einem Schiurlaub in Kitzbühel ein
Der österreichische Fremdenverkehr nach der Tausend-Mark-Sperre

1. Hochsaison in Kitzbühel, in: NFP, 3.3.1933, 6.
2. Vgl. E. A. Pfeifer: Kitzbühel. Sonne und Pulverschnee. Innsbruck 1935.
3. Der erste Schlepplift wurde 1936 in Davos in Betrieb genommen.
4. Vgl. Geteilter Urlaub, NFP (Abendblatt), 1.4.1936, 3.
5. Vgl. E. J. Wimmer: Kitzbühel, in: NFP, 10.1.1937, 26.
6. Vgl. Eleganz im Wintersporthotel, in: NFP, 15.3.1933, 5.
7. Vgl. Minister Dr. Schuschnigg in Kitzbühel, in: Allgemeiner Tiroler Anzeiger, 16.6.1933, 5.
8. Vgl. Der Bürgermeister von Kitzbühel seines Amtes enthoben, in: Allgemeiner Tiroler Anzeiger, 24.6.1933, 8.
9. Vgl. Rüdiger Hachtmann: Tourismus-Geschichte. Göttingen 2007, 133–137.
10. Vgl. Paul Tschurtschenthaller: Der Tourismus im Bundesland Tirol 1918–1990, in: Handbuch zur neueren Geschichte Tirols. Innsbruck 1993, 145.
11. Vgl. Wido Sieberer: Tiroler Bergstadt in mondäner Gesellschaft. Alfons Waldes Lebensraum »Kitzbühel« in der Zwischenkriegszeit, in: Gert Ammann (Hg.): Alfons Walde 1891–1958. Innsbruck ⁶2012, 142–152.

12 Vgl. Alfons Walde 17.3.–19.6.2006. Publikation anlässlich der Ausstellung im Leopold Museum. Wien 2006. Alfons Walde. Ein Tiroler mit Weltruhm. Verkaufskatalog Kovacek & Zetter. Wien 2011.
13 Willkommen in Tirol, in: Tiroler Anzeiger, 5.2.1934, 1.
14 Ebda.
15 Vgl. Der Prinz von Wales als Gast in Kitzbühel, in: Tiroler Anzeiger, 5.2.1935, 5.
16 Vgl. König Eduard in der Oper, in: NFP, 11.9.1936, 5; Der Aufenthalt des englischen Königs, in: NFP, 13.9.1936, 6.
17 Vgl. Der Prince of Wales in Kitzbühel eingetroffen, in: Tiroler Anzeiger, 6.2.1935, 7.
18 Vgl. Philip Ziegler: King Edward VIII. The Official Biography. London 1990, 231 f.
19 Skisportliche Großkampftage in Kitzbühel, in: Tiroler Anzeiger, 12.2.1935, 8.
20 Vgl. Der Prince von Wales in Wien, in: NFP, 20.2.1935, 5; Abreise des Prinzen von Wales, in: NFP, 21.2.1935, 5.
21 Vgl. G[eorge] E[ric] R[owe] Gedye: Die Bastionen fielen. Wie der Faschismus Wien und Prag überrannte. Wien [1947], 164–166. Siehe auch den Bericht von Fritz Lahr: Drei Stunden mit dem Prinzen von Wales, in: NFP, 24.2.1935, 2.
22 Vgl. Francis Donaldson: Edward VIII. London 1976, 309–318.
23 Vgl. Karl Baedeker: Austria together with Budapest, Prague, Karlsbad, Marienbad. Handbook for Travelers. Leipzig 1929; G[eorge] E[ric] R[owe] Gedye: A Wayfarer in Austria. London 1928.
24 Harry Brittain: Austria invites. London 1936 zit. nach NFP, 8.4.1936, 7.
25 Vgl. Londoner Winter Sports Party, in: NFP (Abendblatt), 18.11.1936, 7; Interesse für Wintersportreisen, in: NFP (Abendblatt), 19.11.1936, 3.
26 Vgl. Das neue Bergner-Schauspiel, in: NFP (Abendblatt), 30.10.1936, 3.
27 Mehr dazu im Kapitel »Salzburger Festspiele – zweimal knapp an der Absage vorbei«.
28 Näheres zur Großglockner-Hochalpenstraße im Kapitel »Spielwiese für passionierte Automobilisten«.
29 Vgl. Franz Strafella: Die Wendung im Fremdenverkehr, in: NFP, 3.11.1936, 4; Die Besserung des österreichischen Fremdenverkehrs, in: NFP, 6.12.1935, 5.
30 Vgl. 1000-Mark-Sperre und Ausreiseverbot aufgehoben, in: NFP, 27.8.1936, 1; Die Aufhebung der 1000-Mark-Sperre, in: NFP, 27.8.1936, 3.

2. Juni 1935: Der Kult um den Mönch Marco d'Aviano
Das Kreuz von Cattaro

1 Die große Markus-v.-Aviano-Feier, in: NFP, 3.6.1935, 3.
2 Ebda.
3 Vgl. Silvia Dallinger / Marion Gollner: Aviano, Marco d', www.oeaw.ac.at/tuerkengedaechtnis/personen/aviano-marco-d; (20.8.2023).
4 Franz Martin: P. Marco d'Aviano und seine Beziehungen zu Salzburg, in: Katholische Kirchenzeitung, 24.8.1933, 265–266.
5 Vgl. Franz M. Eybl: Marco d'Aviano, Barockpredigt und Körperlichkeit, in: Marco d'Aviano, Prediger und Diplomat. Katalog der 238. Wechselausstellung der Wiener Stadt- und Landesbibliothek. Bearbeitet von Johanna Pisa und Isalbella Wasner-Peter. Wien 2000, 5–12.
6 Vgl. Johanna Witzeling / Johannes Feichtinger: Historische Ausstellung im Wiener Rathaus 1883, www.oeaw.ac.at/tuerkengedaechtnis/feiern/200-jaehriges-jubilaeum-1883/historische-ausstellung-im-wiener-rathaus; (20.8.2023).
7 Alois Freudhofmaier: P. Marco d'Aviano, in harter Zeit der Schutzgeist von Österreich. Wien 1891.
8 Norbert Stock: P. Marcus von Aviano. Priester und Missionar aus dem Kapuzinerorden. Ein Schutzgeist an Oesterreichs Kaiserthron. Zur 200jährigen Säkularfeier seines Todes. Brixen 1899.
9 Zitiert in: Aufbruch zum neuen Österreich, in: RP, 12.9.1933, 3.
10 Ebda.
11 Martin Luksan / Hermann Schlösser / Anton Szanya: Heilige Scheine. Marco d'Aviano, Engelbert Dollfuß und der österreichische Katholizismus. Wien 2007, 71.
12 Ebda.
13 Vgl. Die Marco d'Aviano-Sühneandacht, in: NFP, 12.9.1934, 4.
14 Vinzenz Oskar Ludwig: Markus von Aviano. Der Retter Europas. Wien 1935, 17.
15 Silvia Dallinger: Wien 1, Kapuzinerkirche, Marco d'Aviano-Denkmal, www.oeaw.ac.at/tuerkengedaechtnis/denkmaeler/ort/kapuzinerkirche-marco-daviano-denkmal; (20.8.2023).
16 Vgl. Silvia Dallinger: Marco d'Aviano-Feiern 1933–1935, www.oeaw.ac.at/tuerkengedaechtnis/feiern/250-jaehriges-jubilaeum-1933/marco-daviano-feiern-1933–1935; (20.8.2023).
17 Vgl. Rund um das Marco d'Aviano-Denkmal, in: WZ, 8.6.1935, 5.
18 Festspiel »Die Wunder des Marco d'Aviano« im Schweizerhof, in: NFP, 9.6.1935, 15.

21. Juni 1935: Robert Musil vor dem *Internationalen Schriftstellerkongress* in Paris
Verloren in der österreichischen »Kulturpolitikskultur«

1 Vgl. Karl Corino: Robert Musil. Eine Biographie. Reinbek bei Hamburg 2003; Klaus Amann: Robert Musil – Literatur und Politik. Mit einer Neuedition ausgewählter politischer Schriften aus dem Nachlass. Reinbek bei Hamburg 2007.

2 [Vortrag in Paris], in: Robert Musil. Prosa und Stücke. Kleine Prosa, Aphorismen. Autobiographisches. Essays und Reden. Kritik. Reinbek bei Hamburg 1978, 159; siehe auch Amann: Musil, 115 bzw. 273 (Textteil).
3 Vgl. »Ein ›Kultur‹-Sendling des österreichischen Faschismus abgeblitzt«, in: AZ, 14.7.1935, 6.
4 Zit. nach Amann: Musil, 97 bzw. 251 (Textteil).
5 Adolf Frisé (Hg.): Musil, Tagebücher. Reinbek bei Hamburg 1976, 924.
6 Ebda.
7 Zit. nach Amann: Musil, 117 bzw. 293 (Textteil).
8 Louis Barcata: Nachlaß zu Lebzeiten, in: NFP, 16.2.1936, 28 f.
9 Ebda., 29.
10 Frisé: Musil. Tagebücher, 1127.
11 Vgl. Corino: Musil, 1125–1129.
12 Frisé: Musil, Tagebücher, 723.
13 Corino: Musil, 1149.
14 Robert Musil: Der Dichter in dieser Zeit, in: Robert Musil. Prosa und Stücke. Kleine Prosa, Aphorismen. Autobiographisches. Essays und Reden. Kritik. Reinbek bei Hamburg 1978, 1257.
15 Ebda.
16 Zit. nach Corino: Musil, 1147.
17 Vgl. ebda., 1126.
18 Zit. nach und ein eigenes Kapitel bei Friedrich Aspetsberger: Literarisches Leben im Austrofaschismus. Königstein im Taunus 1980, 28–63.
19 Zit. nach Amann: Musil, 95 und 249 (Textteil).
20 Vgl. ebda.
21 Walter Fanta: Krieg. Wahn. Sex. Liebe. Das Finale des Romans »Mann ohne Eigenschaften« von Robert Musil. Klagenfurt 2015.

---

13. Juni 1935: Aufhebung der Habsburgergesetze
»Eine schwärende Wunde wird geschlossen«

1 Wiedergutmachung, in: NWT, 4.7.1935, 1.
2 Das Habsburgergesetz im Bundestag, in: NFP, 11.7.1935, 4.
3 41/Ge der Beilagen zu den Stenographischen Protokollen, 1935, Haus der Bundesgesetzgebung.
4 Stenographisches Protokoll der 11. Sitzung des Bundestages, 10.7.1935, 104–106.
5 Vgl. Bundesgesetz, betreffend die Aufhebung der Landesverweisung und die Rückgabe von Vermögen des Hauses Habsburg-Lothringen, Bundesgesetzblatt für den Bundesstaat Österreich, BGBl. Nr. 299/1935.
6 Revision des Habsburgergesetzes, in: Sturm über Österreich 3 (1933) 12, 1.
7 Gesetz vom 3. April 1919, betreffend die Landesverweisung und die Übernahme des Vermögens des Hauses Habsburg-Lothringen. Staatsgesetzblatt für den Staat Deutschösterreich, BGBl. Nr. 209/1919, 513 f.
8 Gesetz vom 30. Oktober 1919, betreffend die Landesverweisung und die Übernahme des Vermögens des Hauses Habsburg-Lothringen. Staatsgesetzblatt für den Staat Deutschösterreich, BGBl. Nr. 501/1919, 1188 f.
9 Erläuternde Bemerkungen zur Vorlage der Staatsregierung. Beilage 83. Konstituierende Nationalversammlung 1919, 3.
10 Julius Deutsch: Das Vermögen der Habsburger, in: Schwarzgelbe Verschwörer. Wien 1923, 3.
11 Protokoll der 6. Sitzung der Konstituierenden Nationalversammlung für Deutschösterreich, 27.3.1919, 114.
12 Vgl. Habsburgs Besitz und Habsburgergesetze, in: WZ (Sonntagsbeilage), 11.3.1934, 1.
13 Vgl. Ein Komitee für Habsburgerfragen, in: WZ, 20.4.1934, 2.
14 Die Rede des Bundesführers, in: Der Erste Bundesappell am 19. Jänner 1936. [o. O. u. J.], 29.
15 Bundesgesetz zum Schutze des Ansehens Österreichs, BGBl. Nr. 214/1935.
16 Fundamentalfragen des österreichischen Legitimismus, in: Der Österreicher 12 (1937) 6, 1.
17 Dieter A. Binder: Von 1918 bis zum ständestaatlichen Kokettieren mit dem Legitimismus, in: Clemens Aigner/Gerhard Fritz/Constantin Staus-Rausch (Hg.): Das Habsburger-Trauma. Das schwierige Verhältnis der Republik Österreich zu ihrer Geschichte. Wien/Köln/Weimar 2014, 21.
18 Vizekanzler Winkler – Ressortchef für Antilegitimismus, in: Der Österreicher 8 (1933) 15, 2.
19 Ein Wort an die Legitimisten auch auf jene, die es noch nicht sind, in: Der Österreicher 8 (1933) 40, 1.
20 Vgl. Michael Kadgien: Das Habsburgergesetz. Frankfurt am Main 2005, 97 f.
21 Ingrid Mosser: Der Legitimismus und die Frage der Habsburger-Restauration in der innenpolitischen Zielsetzung des autoritären Regimes in Österreich (1933–1938). Wien (phil. Diss.) 1979, 313.
22 Ernst Karl Winter: Monarchie und Arbeiterschaft. Wien 1936, 72 f.
23 Richard Schober: Der österreichische »Ständestaat« und die europäischen Mächte. Von der Machtübernahme Hitlers zum Juliabkommen (1933–1936). Wien/Köln 2021, 603.
24 Gerald Stourzh: Die Außenpolitik der österreichischen Bundesregierung gegenüber der nationalsozialistischen Bedrohung, in: Ders. (Hg.): Der Umfang der österreichischen Geschichte. Ausgewählte Studien 1990–2010. Wien/Köln/Graz, 204.
25 Otto Bauer: Der Kampf gegen die Nazi in Österreich, in: Der Kampf (Brünn) 3 (1936) 9, 347.

26 Vgl. Der österreichische Legitimismus, in: Die Stunde, 10.11.1937, 3.
27 Vgl. Johannes Thaler: Legitimismus – Ein unterschätzter Baustein des autoritären Österreich, in: Florian Wenninger / Lucile Dreidemy (Hg.): Das Dollfuß / Schuschnigg-Regime 1933–1038. Vermessung eines Forschungsfeldes. Wien / Köln / Weimar 2013, 70.
28 Das Erbe der Donaumonarchie, in: NFP, 1.10.1937, 2.
29 Ausgestaltung des Traditionsreferates der Vaterländischen Front, in: NWT, 7.12.1937, 4.
30 Das Traditionsreferat der Vaterländischen Front, in: NWT, 10.12.1937, 4.
31 Zit. nach Helmut Wohnout: Das Traditionsreferat der Vaterländischen Front. Ein Beitrag über das Verhältnis der legitimistischen Bewegung zum autoritären Österreich 1933–1938, in: ÖGL 36 (1992) 2, 74.
32 Vgl. dazu: Elke Seefried: Reich und Stände. Ideen und Wirken des deutschen politischen Exils in Österreich 1933–1938. Berlin 2008.
33 Vgl. Werner Suppanz: Geschichtsbilder im Ständestaat, in: Ursula Prutscher / Manfred Lechner (Hg.): Das ist Österreich. Innensichten und Außensichten. Wien 1997, 62 f.; z.B.: Österreich und der Mitteleuropagedanke, in: Sturm über Österreich 5 (1937) 31.
34 Mosser: Legitimismus, 343.
35 Siehe dazu Wohnout: Traditionsreferat, 75, Fußnote 34; auch Mosser: Legitimismus, 344.
36 Staatssekretär Zernatto über politische Fragen, in: NFP, 27.1.1939, 4.
37 Vgl. Der Hochverratsprozess gegen Dr. Guido Schmidt vor dem Wiener Volksgericht. Die gerichtlichen Protokolle mit den Zeugenaussagen, unveröffentlichten Dokumenten und sämtlichen Geheimbriefen und Geheimakten. Wien 1947, Aussage Eduard Ludwig, 146–162.
38 Grundsätzliches zu einer wichtigen Frage, in: WZ, 10.2.1937, 1.
39 Randbemerkungen, in: WT, 11.2.1937, 3.
40 Wohnout: Traditionsreferat, 79.
41 Vgl. Ludwig Jedlicka, Aus dem politischen Tagebuch des Unterrichtsministers a. D. Emmerich Czermak 1937–1938 (2. Fortsetzung), in: ÖGL 8 (1964) 8, 359.
42 Vgl. Carlo Moos: Habsburg post mortem. Betrachtungen zum Weiterleben der Habsburgermonarchie. Wien / Köln / Weimar 2016, 230–235.
43 Vgl. Johannes Thaler: Ally and Opposition: The Legitimist Movement under the Dollfuß-Schuschnigg Dictatorship, in: AHY 45 (2014), 178.
44 Zulässigkeit einer Opposition, in: Sturm über Österreich 5 (1937) 13, 2.
45 Staatssekretär Zernatto über politische Fragen, in: NFP, 27.1.1939, 4.
46 Vgl. Der Putschplan, in: Otto Leichter, Ein Staat stirbt. Österreich 1934–38. Wien (Reprint) 2018, 138–143.
47 Aufruf für Volksabstimmung »Legitimisten heraus!«, in: NWT, 11.3.1938, 3.
48 Walter Schübler (Hg.): Anton Kuh, Jetzt können wir schlafen gehen! Zwischen Wien und Berlin. Wien 2012, 21.

3. August 1935: Eröffnung der Großglockner-Hochalpenstraße
Spielwiese für passionierte Automobilisten

1 Franz Karl Ginzkey: Österreichs schönste Straße, in: NFP, 20.7.1935, 7.
2 Ebda.
3 Felix Salten: Hochstraße und Kahlenberg, in: NFP, 16.10.1935, 3.
4 Georg Rigele: Die Wiener Höhenstraße. Autos, Landschaft und Politik in den dreißiger Jahren. Wien 1993, 39.
5 Erich Veidl: Elegante Straßen. Österreichs Autostraßen, in: die pause 2 (1936/37) 2, 36.
6 Christian Rapp: Die Rache der Provinz. Wie das Auto Wien aufs Land brachte, in: Technisches Museum Wien (Hg.): Spurwechsel. Wien lernt Auto fahren. Wien 2006, 21.
7 Thomas Karny: Der Glockner, die Straße und der Mythos. 1935 wurde die höchstgelegene Panoramastraße Österreichs eröffnet, in: Ders. / Matthias Marschik: Autos, Helden und Mythen. Eine Kulturgeschichte des Automobils in Österreich. Wien 2015, 66.
8 Arbeitsschlacht. Monatsbericht in Wort und Bild. Wien 1935–1936.
9 Franz Rehrl: Die Großglockner-Hochalpenstraße – ein neuer Weg ins Freie, in: Großglockner-Hochalpenstraße. Festschrift zur Eröffnung. Innsbruck 1935, 1 f.
10 Gustav Knoth: Zum Thema Straße und Fremdenverkehr, in: Das Straßenwesen. Österreichische Zeitschrift für neuzeitlichen Straßenbau und für Straßenwirtschaft 7 (1934) 5, 51.
11 Vgl. Ders.: Fremdenverkehr und Straßenbau, in: Der österreichische Volkswirt 28 (1936) 20, 388.
12 Vgl. Erich Boltenstern: Der Umbau des Kahlenberghotels, in: die pause 1 (1935) 5, 35.
13 Nach Wien im Auto! Wien 1936.
14 Rigele: Höhenstraße, 150.
15 Massenansturm auf die Höhenstraße, in: NFP, 2.12.1935, 1.
16 Alfred Fetzmann: Die Wiener Höhenstraße, in: die pause 1 (1935) 5, 34.
17 Rudolf Kalmar: Ein Ehrentag österreichischer Arbeit: Die Glocknerstraße wird heute eröffnet!, in: WT, 3.8.1935, 4.

18 Christian Maryška: Die Großglockner Hochalpenstraße wird propagiert. Werbung und Grafikdesign in alpinen Höhen, in: Johannes Hörl / Dietmar Schöndorfer (Hg.): Die Großglockner Hochalpenstraße. Erbe und Auftrag. Wien / Köln / Weimar 2015, 269.
19 Die Eröffnung der Großglocknerstraße, in: NWT, 4.8.1935, 6.
20 Die Kahlenbergstraße, in: Arbeiter-Zeitung (Brünn) 2 (1935) 44, 8.
21 Vgl. Sepp Knöpfelmacher: Die Großglockner-Hochalpenstraße und ihre Männer. Wien / München / Zürich 1978, 79.
22 Karny, Der Glockner, 69.
23 Streiks im Arbeitsdienstlager, in: Arbeiter-Zeitung (Brünn) 1 (1934) 41, 6.
24 Maria Limmer: Der neue Weg. Der Roman um den Großglockner. Wien 1937, 91.
25 Georg Rigele: Die Großglockner-Hochalpenstraße. Zur Geschichte eines österreichischen Monuments. Wien 1998, 337.
26 Siegfried Mattl: Architektur der feinen Unterschiede, in: Adolph Stiller / Oswald Haerdtl: Architekt und Designer. 1899–1959. Wien 2000, 73.
27 Vgl. Giftige Grubengase um die Gansgrube, in: RP, 7.4.1935, 7.
28 Die Großglockner-Hochalpenstraße als Rennstrecke, in: Großglockner-Hochalpenstraße. Festschrift zur Eröffnung. Innsbruck 1935, 37.
29 Ebda., 36.
30 Vgl. Wolfgang Gruber: Großglockner-Rennen. Österreichs Meilenstein im Bergrennsport, in: Johannes Hörl / Dietmar Schöndorfer (Hg.): Die Großglockner-Hochalpenstraße. Erbe und Auftrag. Wien / Köln / Weimar 2005, 301–321.
31 Richtiges Fahren auf der Glocknerstraße, in: NFP, 31.5.1936, 41.
32 Zweierlei Bergstraßen, in: NFP, 7.6.1936, 31.
33 Otto Kunz: Als Selbstfahrer auf die Edelweißspitze, in: Bergland. Illustrierte Alpenländische Monatsschrift 17 (1935) 5, 5.

12. September 1935: Premiere von Endstation
Die filmische Entproletarisierung eines Wiener Straßenbahners

1 Von ›Endstation‹ zu ›Endstation‹. Paul Hörbigers Lebensweg, in: Die Stunde, 12.9.1935, 5.
2 Endstation, in: Der gute Film. Mitteilungen des Instituts für Filmkultur, 143/1935, 5.
3 Episode. Ein Wiener Film mit Paula Wessely im Apollo, in: NWT, 15.9.1935, 14.
4 Umwälzungen durch den Farbenfilm, in: NFP (Abendblatt), 13.9.1935, 5.
5 Farbenfilm, in: NWT, 13.9.1935, 11.
6 Farbfilmsensation im Schweden-Kino, in: NWJ, 12.9.1935, 16.
7 Vgl. Paul Hörbiger: Ich habe für Euch gespielt. Erinnerungen. Berlin 1979, 210f.
8 Elisabeth Büttner / Christian Dewald: Das tägliche Brennen. Eine Geschichte des österreichischen Films von den Anfängen bis 1945. Wien / Salzburg 2002, 467.
9 Linie 59, www.strassenbahnjournal.at/wiki/index.php/Linie_59; (18.9.2023).
10 Ebda.
11 Endstation, in: Der gute Film. Mitteilungen des Instituts für Filmkultur, Folge 143, 13.9.1935, 5.
12 Paimanns Filmlisten, in: Wochenschrift für Lichtbildkritik, Nummer 1003, 28.6.1935, 5.
13 Oskar Maurus Fontana: Volkstheater Wien. Weg und Entwicklung 1889–1964. Wien 1964, 44.
14 Mitteilungen aus dem Publikum, in: NFP, 13.9.1935, 7.
15 Büttner / Dewald: Das tägliche Brennen, 467.
16 Endstation, in: WZ, 13.9.1935, 9.
17 Vgl. Kinoprogramm, in: Pilsner Tagblatt, 18.9.1935, 6.
18 Filme in Arbeit, in: Kino-Journal, 11.5.1935, 12.
19 Vgl. Paul Hörbiger: Ich hab für Euch gespielt. Erinnerungen. München / Berlin ²1979, 210f.
20 Der Film. »Endstation«, in: NWT, 16.9.1935, 6.
21 Der neue Film. Paul Hörbigers »Endstation«, in: NWJ, 17.9.1835, 11.
22 Dialogliste zu dem Film Endstation der Allgemeinen Filmaufnahme- und Vertriebs G.m.b.H. Algefa-Film, Berlin 1935 (Österreichisches Theatermuseum).
23 Verena Moritz / Karin Moser / Hannes Leidinger: Kampfzone Kino. Film in Österreich 1918–1938. Wien 2008, 365.
24 Endstation, in: WT, 15.9.1935, 11.
25 Endstation, in: Das Kino-Journal, 29.6.1935, 8.
26 Kleinbürgerlicher Milieufilm. Endstation, in: NFP, 17.9.1935, 7.
27 Béla Rásky: Endstation 1935, in: Christian Dewald / Michael Loebenstein / Werner Michael Schwarz (Hg.): Wien im Film. Stadtbilder aus 100 Jahren, Wien 2010, 136.
28 Franz Marksteiner: Endstation (1936). Ein Film mit Hans Moser, in: Gernot Heiss / Ivan Klimeš (Hg.): Obrazy Času. Český a rakouský film 30. let / Bilder der Zeit. Tschechischer und österreichischer Film der 30er Jahre. Prag / Brno 2003, 291.

29 Béla Rásky: »Verwirrende Hieroglyphen« vs. »Geniales Bezeichnungssystem«. Die Erschließung Wiens durch ein eigen(willig)es Straßenbahnlinienleitsystem im Jahr 1907, in: Habsburg bewegt. Topographien der Österreichisch-Ungarischen Monarchie, Frankfurt am Main 2014, 203–237.
30 Endstation, in: Der gute Film, Folge 143, 5.
31 Dialogliste zu dem Film Endstation.

17. Oktober 1935: Baubeginn des neuen RAVAG-Funkhauses
»Der Äther wich der Landluft«

1 Horst Jarka: Zur Literatur- und Theaterpolitik im »Ständestaat«, in: Franz Kadrnoska (Hg.): Aufbruch und Untergang. Österreichische Kultur zwischen 1918 und 1938. Wien / München / Zürich 1981, 527.
2 Vgl. G[ustav] A[dolf] Schwaiger: Die Grundlagen zum Funkhauswettbewerb, in: profil 3 (1935) 8, 394–407.
3 Vgl. Das Funkhaus in Wien, in: Zeitschrift des Österr. Ingenieur- und Architektenvereins 87 (1935) 29/30, 179.
4 Ute Woltron: Mehr Ort als Haus, in: Funkhaus Wien. Ein Juwel am Puls der Stadt. Salzburg / Wien 2015, 7.
5 Friedrich Achleitner: Österreichische Architektur im 20. Jahrhundert. Band III/1. Salzburg / Wien 1990, 149.
6 Ebda.
7 Vgl. Übersicht über die Rundspruchbewegung, in: RW 1 (1925) 34, 5.
8 Vgl. XI. Tätigkeitsbericht der Österr. Radioverkehrs A.G. 1936. Wien 1937, 5.
9 Der Bau des Wiener Funkhauses, in: NFP, 17.10.1935, 8.
10 Ernst Fischer: Erinnerungen und Reflexionen. Reinbek bei Hamburg 1969, 280.
11 Sturm in der Johannesgasse, in: Mikrophon. Das Magazin für den Rundfunkhörer 2 (1934) 1, 22f.
12 Schicksalstage in der RAVAG, in: RW 10 (1933/34) 22, 1.
13 Vgl. Abschaffung des Radiobeirates, in: NFP, 29.3.1935, 5.
14 Wolfgang Pensold: Zur Geschichte des Rundfunks in Österreich. Programm für die Nation. Wiesbaden 2018, 50.
15 Vgl. Austriacus: Ravag-Sendung und österreichische Sendung, in: 23. Eine Wiener Musikzeitschrift (1934) 15/16, 18f.
16 Oskar Czeija: Probleme des österreichischen Rundfunks, in: Auszüge aus den Vorträgen gehalten am 21. November 1933, Wien 1933, 5.
17 Siegmund Guggenberger: Geistliche Stunde, in: RW 9 (1932/33) 40, 1.
18 Vgl. Geistliche Stunde – Volksliturgische Feier, in: RW 10 (1933/34) 15, 1.
19 Rudolf Henz: Rundfunk und Vaterland, in: RW 9 (1932/33) 44, 1.
20 Vgl. Erich Kunsti: Heimat im Rundfunk, in: RW 9 (1932/33) 31, 1.
21 Siegmund Guggenberger: 500mal »Stunde der Frau«, in: RW 12 (1935/36) 22, 1.
22 Pensold: Geschichte des Rundfunks, 49.
23 Karin Moser: »Mit Rücksicht auf die Notwendigkeiten des Staates …« Autoritäre Propaganda und mediale Repression im austrofaschistischen »Ständestaat«, in: Matthias Karmasin / Christian Oggolder (Hg.): Österreichische Mediengeschichte. Band 2. Wiesbaden 2019, 42.
24 Radiogleichheit und Pressefreiheit, in: AZ, 23.1.1934, 1f.
25 Vgl. Pensold: Geschichte des Rundfunks, 58.
26 Vgl. Statistische Nachrichten. Wien 1937, 116.
27 Vgl. Siegmund Guggenberger: Die österreichischen Landessender. Entstehung und Entwicklung. Radio Wien Festschrift 1949, 40.
28 Hans Veigl: Sendung und Auftrag. Volkskultur zwischen Volksmusik und Volkstumsideologie in den Programmen der RAVAG und des Reichssenders Wien 1924 bis 1945. Wien (DA) 1995, 73.
29 Vgl. die regelmäßige Rubrik »Wir lernen Volkslieder« von Karl M. Klier.
30 Vgl. Raimund Zoder: Wir lernen Volkstänze, in: RW 11 (1934/35) 30, 10.
31 Veigl: Sendung und Auftrag, 76.
32 Ebda., 75.
33 Leopold Liegler: Erika Mitterer, in: RW 13 (1936/37) 40, 4.
34 Hans Herrdegen: Hertha Pauli, in: RW 14 (1937/38) 9, 3.
35 Fritz Grossmann: Ernst Plischke, in: RW 14 (1937) 13, 10.
36 Paul A. Pisk: Erich Zeisel, in: RW 10 (1933/34) 18, 2f.
37 Im neuen Gewand, in: RW 12 (1935/36) 1, 1.
38 Florian-Jan Ostrowski: Zwischen Information und Propaganda. Archäologie, Urgeschichte und Bodendenkmalpflege im österreichischen Rundfunk der 1920er- und 1930er-Jahre, in: Karin Moser (Hg.): Hearing is Believing. Radio(-Programme) als strategisches Propagandainstrument, Göttingen 2023, 65.
39 Z.B.: Annonce, in: Radio-Woche 13 (1936) 43, 9.
40 Z.B.: Kritischer Lautsprecher, in: Radio-Woche 14 (1937) 10, 29.
41 Immer wieder Ravag, in: Monatsschrift für Kultur und Politik 2 (1937) 1, 61f.
42 Vgl. Hallo, hier Radio …, in: die pause 2 (1936/37) 6, 4f.
43 Paul Hofmann: Rundfunk in Österreich, in: Monatsschrift für Kultur und Politik 2 (1937) 7, 660–663.
44 Österreichs Rundfunknotwendigkeiten 1937. II., in: Radiowelt 14 (1937) 2, 31.
45 Vgl. Desmond Mark: Paul F. Lazarsfelds Wiener RAVAG-Studie 1932. Der Beginn der modernen Rundfunkforschung. Wien / Mühlheim 1996.

46 Hofmann: Rundfunk in Österreich, 663.
47 Was Arbeiter und Angestellte zum Rundfunk zu sagen haben, in: Der Gewerkschafter, August 1937, 130–133.
48 Viktor Matejka: Beitrag oder Beirat?, in: NFP, 10.11.1937, 7.
49 Vgl. Ein Beirat für die Ravag, in: NFP (Abendblatt), 17.11.1937, 1.
50 Gerhard Botz: Gewalt in der Politik. Attentate, Zusammenstöße, Putschversuche, Unruhen in Österreich 1918–1938, München ²1983, 243 f.
51 Sozialpolitischer Dienst. Schriftenreihe des Sozialpolitischen Dienstes, 566 (18. November 1937), 2.
52 Der 11. Juli im Rundfunk, in: RW 12 (1935/36) 43, 1.
53 Vgl. 30. Jänner 1937, in: Radio-Woche 14 (1937) 6, 4.
54 Vgl. Rundfunkübertragung der Kanzlerreden, in: NFP (Abendblatt), 18.2.1938, 8.
55 Die Rede des Bundeskanzlers, in: NFP, 25.2.1938, 1.
56 Der Tag des Vaterlandes. Ein Rückblick und eine Betrachtung, in: RW 14 (1937/38) 23, 1.
57 Dieter Wagner / Gerhard Tomkowitz: Ein Volk, ein Reich, ein Führer! Der Anschluß Österreichs 1938. München 1968, 194.

6. März 1936: Präsentation des *Steyr-Babys*
Zögerliche Motorisierung

1 Steyr. Österreichs Kleinwagen, in: NFP, 8.3.1936, 23.
2 Debüt des neuen Steyr-Kleinautos, in: NFP, 7.3.1936, 6.
3 Georg Schmid / Peter Staudacher / Hans Lindenbaum: Das Automobil holt auf, in: Dies.: Bewegung und Beharrung. Eisenbahn, Automobil, Tramway. 1918–1938. Wien / Köln / Weimar 1994, 206.
4 Singende Steyr-Wägen, in: Bertolt Brecht. Gesammelte Gedichte. Band 1. Frankfurt am Main 1978, 318.
5 Anzeige für den Steyr 100, in: ÖTZ 35 (1934) 2, 48.
6 Anzeige für den Steyr 100, in: Die Bühne 371 (1934), 21.
7 Vgl. Christian Maryška: Das Steyr-Baby. Die patriotische Automarke, in: Österreichische Reklame-Praxis. Zeitschrift für Werbung, Wirtschaft und Verkauf – Feber / März 1936.
8 Vgl. Der kleine Steyr, in: ÖTZ 36 (1935) 11, 11.
9 Vgl. Michael John: ›Singende Steyrwägen‹. Zur Produktion und Vermarktung der Automobile aus Steyr, in: Ders. / Roman Sandgruber (Hg.): Tradition. Innovation. Industrie im Wandel. Vergangenheit. Gegenwart. Zukunft. Steyr 1998, 43–59.
10 Thomas Karny: Zwei Kleinwagen als automotiver Spiegel ihrer Zeit, in: Ders. / Matthias Marschik: Autos, Helden und Mythen. Eine Kulturgeschichte des Automobils in Österreich. Wien 2015, 74.
11 Wirtschaftsstatistisches Jahrbuch 1937. Wien 1937, 374 f.
12 Vgl. Béla Rásky: »Sportsmanlike«, Anmut und Disziplin. Unterschiede in der körperlichen Betätigung gesellschaftlicher Klassen in Österreich, www.kakanien-revisited.at/beitr/fallstudie/BRasky3.pdf; (28.8.2023).
13 Das Auto und seine Besitzer in Österreich. Wien [1936].
14 Vgl. Verena Pawlowsky: in: Luxury Item or Urgent Commercial Need. Occupational Position and Automobile Ownership in 1930s Austria, in: The Journal of Transport History 34 (2013) 2, 188.
15 Der Rolls-Royce des »Kleinen Mannes«, in: ÖTZ 35 (1934) 4, 38.
16 Vgl. Hans Seper / Helmut Krackowizer / Alois Brusatti: Österreichische Kraftfahrzeuge von Anbeginn bis heute. Wels 1982, 124.
17 Theodor Heinrich Mayer: Autoreisen in Österreich, in: ÖTZ 35 (1934) 7, 37.
18 Kraftwagenabgabe und Haftpflichtversicherung, in: ÖTZ 36 (1935) 5, 28.
19 Die große Wende im österreichischen Kraftfahrwesen, in: ÖTZ 36 (1936) 3, 5 f.
20 Vgl. Karl Reichenvater, Stand des außerordentlichen Strassenbauprogramms des Bundes, in: Das Strassenwesen. Österreichische Zeitschrift für neuzeitlichen Strassenbau und für Strassenwirtschaft 7 (1934) 6, 59–62.
21 Wir bauen auf, in: NFP, 13.7.1937, 7.
22 Vgl. Niko Wahl: Information als Allgemeingut, in: Wolfgang Kos (Hg.): Kampf um die Stadt. Politik, Kunst und Alltag um 1930. Wien 2010, 177–183.
23 Wiener »Arbeitsschlacht«, in: Der österreichische Volkswirt, 20.4.1935, 557.
24 Stadt der Radfahrer, in: NFP (Abendblatt), 29.4.1936, 3.
25 Vgl. Die Fahrräder werden nummeriert, in: NFP (Abendblatt), 15.5.1937, 6.
26 Radfahrwege in den Straßen Wiens, in: NFP, 16.4.1937, 6.
27 Vgl. Hochbetrieb im Wiener Verkehrsamt, in: NFP, 23.4.1937, 6.
28 Vgl. Steuer und Nummerntafeln für Fahrräder, in: NFP (Abendblatt), 14.5.1937, 5.
29 Erziehung zur Verkehrsdisziplin, in: NFP (Abendblatt), 1.6.1937, 3.
30 Vgl. Autounfälle in Wien, in: ÖTZ 37 (1936) 2, 8–10.
31 Vgl. Verkehrserziehung für die Wiener, in: NFP (Abendblatt), 21.5.1937, 1.
32 Vgl. Philipp Winter: Kurzfilm eines Wiener Autofahrers, in: NFP, 25.4.1937, 9.
33 Vgl. Ders.: Kurzfilm eines Wiener Autofahrers, in: NFP, 25.4.1937, 9.
34 Erziehungsarbeit im Verkehrsbereich, in: NFP, 1.5.1937, 38.
35 Heinrich Hauser: Du fährst, in: die pause 1 (1935) 12, 40.

36 Vgl. Ortstafeln des Oe.A.C. auf den Bundesstraßen, in: Der Motorfahrer. Auto- und Motorradzeitung 12 (1934) 3, 28.
37 Vgl. Numerierung sämtlicher Bundesstraßen, in: NFP, 28.10.1937, 5.
38 Ingrid Wolf: Die neue Opernkreuzung, in: Die Bühne 433 (1936), 29.
39 Die Ausgestaltung der Verkehrssignalanlagen, in: NFP (Abendblatt), 29.1.1937, 1.
40 Vgl. Reformen der Wiener Verkehrssignalgebung. Zur Errichtung der jüngsten Signalanlagen, in: ÖTZ 37 (1936) 12, 12.
41 Premiere des Hupverbots, in: NFP, 8.6.1937, 5.
42 Wenn die Autos blinken …, in: NFP, 16.1.1938, 12.
43 Erfolge im Kampf gegen den Großstadtlärm, in: NFP, 27.8.1937, 6.
44 Wienbibliothek im Rathaus: P-25053.
45 Lärmschutzverbände, in: ÖTZ 38 (1937) 10, 8.
46 Verstärkung der Lärmpatrouillen, in: NFP (Abendblatt), 16.6.1936, 8.
47 Ludwig Hirschfeld: Wiener Geräuschprogramm. Winke für die Lärmpatrouille, in: NFP, 3.5.1936, 10.
48 Vgl. Georg Rigele: Die Wiener Höhenstraße. Autos, Landschaft und Politik in den dreißiger Jahren. Wien 1993, 60.
49 Vgl. Ingrid Wolff: Meine Freundin hat chauffieren gelernt, in: Die Bühne 423 (1936), 22 f.
50 Vgl. Hilde Spiel: Fahrt nach Salzburg, in: ebda., 20 f.
51 Vgl. Imagno – Brandstätter Images / Austrian Achives, Inv. Nr. 00418542.
52 Vgl. Autos auf dem laufenden Band. Hörbericht aus den Steyr-Werken, in: RW 14 (1938) 24, 9.

6. Mai 1936: Uraufführung von Jura Soyfers *Der Weltuntergang*
Kleinbühnen mit beschränkter Freiheit

1 Jura Soyfer: Der Weltuntergang, in: Host Jarka (Hg.): Jura Soyfer. Das Gesamtwerk. Wien / München / Zürich 1980, 561.
2 Vgl. Horst Jarka: Jura Soyfer. Leben, Werk, Zeit. Wien 1987.
3 Vgl. Hermann Dorowin: »Spinnert oder hoffnungslos – alles auf einmal kann der Mensch nicht sein.« Satire und Narrentum bei Jura Soyfer und Georg Büchner, in: Ders.: »Mit dem scharfen Gehör für den Fall«. Aufsätze zur österreichischen Literatur im 20. Jahrhundert. Wien 2002, 92.
4 Herbert Nelson und Jimmy Berg zu Gast bei Camera 3, in: Veronika Zwerger (Hg.): »Ich will vom Leben 100 %«. Jimmy Berg. Komponist, Texter, Journalist. Wien 2023, 121.
5 Literarisches Kabarett, in: AZ, 9.2.1934, 7.
6 Jura Soyfer: Vom lebendigen Nestroy. Zum 75. Todestag (1937), in: Jarka (Hg.): Soyfer. Gesamtwerk, 469.
7 Bundes-Polizeidirektion in Wien, 22.9.1935 zit. nach Iris Fink: »Die Welt in 99 Jahren«. Jimmy Berg und die Wiener Kleinkunstbühnen der 1930er Jahre, in: Veronika Zwerger (Hg.): Jimmy Berg. Wien 2023, 130.
8 Hilde Spiel: Glanz und Untergang. Wien 1866 bis 1938, München 1995, 213.
9 Lili Körber: Eine Österreicherin erlebt den Anschluß. Wien / München 1988 (erstmals 1938), 15.
10 Vgl. Rudolf Weys: Cabaret und Kabarett in Wien. Wien / München 1970, 35–37.
11 Daten nach Jarka (Hg.): Soyfer. Gesamtwerk. Wien / München / Zürich 1980, 870.
12 Vgl. Weys: Cabaret und Kabarett, 25.
13 Vgl. Ölmagnat finanziert Kleinkunstbühne, in: Der Morgen, 5.8.1935, 11.
14 Vgl. Iris Fink: »Die Welt in 99 Jahren«, in: Veronika Zwerger (Hg.): Jimmy Berg. Wien 2023, 152.
15 Peter Hammerschlag: Klein-Skunks, das Stinktier, in: Walter Rösler (Hg.): Gehn ma halt a bisserl unter. Kabarett in Wien von den Anfängen bis heute. Berlin ²1993, 173.
16 Jura Soyfer und Hans Weigel: Schwejk-Conference, in: ebda., 221 f.
17 Gerhart Herrmann Mostar: Die Legende vom namenlosen Soldaten, in: ebda., 179.
18 Vgl. Ulrike Mayer: Theater für 49 in Wien 1934 bis 1938, in: Hilde Haider-Pregler / Beate Reiterer (Hg.): Verspielte Zeit. Österreichs Theater der dreißiger Jahre. Wien 1997, 138–147.
19 Ebda., 140.
20 Elisabeth Epp: Glück auf einer Insel. Leon Epp – Leben und Arbeit. Wien / Stuttgart 1974, 27.
21 Ebda.

6. Mai 1936: Sigmund Freuds 80. Geburtstag
Thomas Mann feiert Sigmund Freud und überlegt, Österreicher zu werden

1 Vgl. Peter Gay: Freud. Eine Biographie für unsere Zeit. Frankfurt am Main 1989, 667.
2 Vgl. Sigmund Freud: Nachschrift 1935. Nachtrag zur Selbstdarstellung, in: Almanach der Psychoanalyse 1936. Wien 1936, 9–14. Siehe auch: Sigmund Freud 80 Jahre alt, in: Die Stunde, 6.5.1936, 5.
3 Peter Gay: »Ein gottloser Jude«. Sigmund Freuds Atheismus und die Entwicklung der Psychoanalyse. Frankfurt am Main 1988.
4 Sigmund Freud: Die Zukunft einer Illusion, in: Ders.: Studienausgabe Band IX. Fragen der Gesellschaft. Ursprünge der Religion. Frankfurt am Main 2000, 172.

5 Vgl. Wolfgang Huber: Psychoanalyse in Österreich seit 1933. Wien 1977, 33-46.
6 Vgl. Brief Freuds an Arnold Zweig, in: ebda., 35.
7 Vgl. Sigmund Freud 80 Jahre. Jesuiten, Spießer, Bolschewiken über die Psychoanalyse, in: Berichte zur Kulturund Zeitgeschichte 13 (1936) 261-282, 297 f.
8 Vgl. Josef Donat: Über Psychoanalyse und Individualpsychologie. Innsbruck 1932.
9 Joseph Donat: Irrtum und Schaden der Freudschen Psychoanalyse, in: Schönere Zukunft 34 (1936), 893.
10 Vgl. Festfeier zu Ehren Professor Dr. Sigmund Freuds, in: NFP, 8.5.1936, 6.
11 Vgl. Ernst Klee: Das Personenlexikon zum Dritten Reich. Wer war was vor und nach 1945. Frankfurt am Main 2007, 467.
12 Vgl. Das geistige Wien feiert Professor Freud, in: NWJ, 8.5.1936, 5; Festfeier zu Ehren S. Freuds, in: NFP, 8.5.1936, 6.
13 Thomas Mann: Bekenntnis zu Sigmund Freud, in: NWJ, 6.5.1936, 5.
14 Thomas Mann: Tagebücher 1935-1936. Frankfurt am Main 1978, 399.
15 Zit. nach Peter Gay: Freud. Eine Biographie für unsere Zeit. Frankfurt am Main 1989, 692.
16 Ebda.
17 Gay: Freud, 667.
18 Sigmund Freud: Der Mann Moses und die monotheistische Religion, in: Sigmund Freud: Studienausgabe Band IX. Fragen der Gesellschaft. Ursprünge der Religion. Frankfurt am Main 2000, 503-505.
19 Zit. nach Gay: Freud, 693.
20 Zit. nach Huber: Psychoanalyse, 45.
21 Vgl. ebda., 42-44.
22 Ernst L. Freund / Oskar Pfister (Hg.): Sigmund Freud: Briefe 1908-1939. Frankfurt am Main 1963, 434.
23 Zit. nach Franz Zeder: Thomas Mann in Österreich. Siegen 2001, 165.
24 Vgl. ebda., 187.
25 Vgl. Friedrich Buchmayr: Exil in Österreich? Johannes Hollnsteiners Engagement für Thomas Mann, in: Thomas Mann Jahrbuch 13 (2000), 147-164.
26 Vgl. Zeder: Thomas Mann, 195 f.
27 Ebda., 210.
28 Ebda.

10. Mai 1936: Muttertag
Keine Kinder für den ›Ständestaat‹

1 Der Tag der Mutter, in: NFP, 8.4.1936, 8.
2 Vgl. Bundeskanzler Dr. v. Schuschnigg ehrt Österreichs Mütter, in: NFP, 9.5.1936, 6.
3 Vgl. Muttertagsfeiern in ganz Wien, in: NFP, 11.5.1936, 8.
4 Vgl. Muttertagsveranstaltungen in ganz Wien, in: NFP, 11.5.1933, 8; Irene Bandhauer-Schöffmann: Das große Mutteropfer. Muttertagsfeiern im ›christlichen Ständestaat‹, in: Alexander Boesch / Birgit Bolognese-Leuchtenmüller / Hartwig Knack (Hg.): Projekt Muttertag. Zur rituellen Inszenierung eines Festtages. Wien 2001, 61 f.
5 Vgl. Bandhauer-Schöffmann: Das große Mutteropfer, 64.
6 Vgl. Mina Wolfring: Mutter und Kind im Aufbau des Staates, in: NFP, 27.1.1935, 2.
7 Vgl. Gabriella Hauch: Vom Androzentrismus in der Geschichtsschreibung. Geschlecht und Politik im autoritären christlichen Ständestaat / »Austrofaschismus« (1933/34-1938), in Florian Wenninger / Lucile Dreidemy (Hg.): Das Dollfuß / Schuschnigg-Regime 1933-1938. Vermessung eines Forschungsfeldes. Wien 2013, 351-379.
8 Zit. nach Hauch: Vom Androzentrismus, 360.
9 Alma Motzko: Die Frau und der Neubau des Staates, in: NFP, 11.11.1934, 1 f.
10 Vgl. Berta List: Hausfrau und Mutter im öffentlichen Leben, in: NFP, 2.12.1934, 2.
11 Vgl. Das Stadtgesetz zum Schutz der Sittlichkeit, in: NFP (Abendblatt), 20.8.1936, 4.
12 Kardinal Innitzer gegen die Gefahr des Geburtenrückgangs, in: NFP, 25.9.1935, 5.
13 Geburtenrückgang in Wien, in: NFP, 27.8.1934, 3.
14 Vgl. Der Monsterprozeß wegen der Männeroperationen, in: NFP, 7.6.1933, 7.
15 Vgl. Befreiter Orient, in: NFP (Abendblatt), 5.3.1935, 3.
16 Marie Hoheisel: Die Frau im Lebenskampf, in: NFP, 5.5.1935, 3.
17 Vgl. Neue Erhebung über Frauenberufe, in: NFP (Abendblatt), 8.2.1936, 3.
18 Ludwig Hirschfeld: Was soll das Mädchen werden?, in: NFP, 26.1.1936, 9.
19 Ebda.
20 Maria Maresch: Sollen die Frauen studieren?, in: NFP, 14.4.1935, 3.
21 Gertrud Herzog-Hauser: Sollen die Mädchen studieren?, in: NFP, 18.4.1935, 11.
22 Vgl. Johanna Gehmacher: Jugend ohne Zukunft. Hitler-Jugend und Bund Deutscher Mädel in Österreich vor 1938. Wien 1994.
23 Vgl. Gisela Bock: Der Nationalsozialismus und die Frauen, in: Bernd Sösemann (Hg.): Der Nationalsozialismus und die deutsche Gesellschaft. Einführung und Überblick. Stuttgart 2002, 189.

24 Karin Berger: Zwischen Eintopf und Fließband. Frauenarbeit und Frauenbild im Faschismus. Österreich 1938–1945. Wien 1984, 116.
25 Vgl. Klaus-Dieter Mulley: Modernität oder Traditionalität?, in: Emmerich Tálos/Ernst Hanisch/Wolfgang Maderthaner (Hg.): NS-Herrschaft in Österreich 1938–1945. Wien 1988, 28 f.

Mai 1936: Schuschnigg oder Starhemberg
Anton Kuh als politischer Kommentator

1 Walter Schübler (Hg.): Anton Kuh. Werke. Sechs Bände. Göttingen 2016.
2 Walter Schübler (Hg.): Anton Kuh. Biographie. Göttingen 2018.
3 Anton Kuh: Der unsterbliche Österreicher. München 1931, 7.
4 Ebda., 6.
5 Ebda., 5.
6 Ebda.
7 Ebda., 8.
8 Näheres dazu im Kapitel »Als sich Karl Kraus Dollfuß zum Helden erkor«.
9 Anton Kuh: An einen Kraus-Jünger, in: Schübler (Hg.): Kuh. Werke. Band 6. 1933–1941. Göttingen 2016, 184.
10 Ebda., 183.
11 Ebda.
12 Anton Kuh: Das Ende von Wien, in: Schübler (Hg.): Kuh Werke. Band 6, 112–114.
13 Anton Kuh: Der fünfte Diktator, in: Schübler (Hg.): Kuh. Werke. Band 6, 118.
14 Ebda.
15 Anton Kuh: Ist Schuschnigg für Rom oder Berlin?, in: Schübler (Hg.): Kuh. Werke. Band 6, 253.
16 Ebda., 251.
17 Ebda., 254.
18 Anton Kuh: Flucht aus der Mausefalle, in: Schübler (Hg.): Kuh. Werke. Band 6, 387.
19 Vgl. Anton Kuh: Friedensangebote, in: Schübler (Hg.): Kuh. Werke. Band 6, 229–232.
20 Schübler (Hg.): Kuh. Werke. Band 6, 400.
21 Vgl. Gerd Baumgartner (Hg.): Walther Rode. Werkausgabe in vier Bänden. Wien 2007; Alfred Noll (Hg.): Walther Rode. Wien und die Republik und andere aufmerksame Beobachtungen. Wien 2011; Alfred Noll (Hg.): Walther Rode: Immer gegen die Justiz! Polemiken und Pamphlete. Wien 2013.
22 Vgl. Anton Kuh: Aufgedeckt: Herr Hitler stammt aus Böhmen!, in: Schübler (Hg.): Kuh. Werke. Band 6, 417–431.
23 Vgl. Anton Kuh: Flucht aus der Mausefalle, in: Schübler (Hg.): Kuh. Werke. Band 6, 396–399.

22. Juni 1936: Moritz Schlick wird erschossen
Mord an einem Philosophen

1 Vgl. etwa: Universitätsprofessor Dr. Schlick erschossen, in: NFP, 22.6.1936, 1.
2 Vgl. Peter Malina: Tatort: Philosophenstiege. Zur Ermordung von Moritz Schlick am 22. Juni 1936, in: Michael Benedikt/Rudolf Burger (Hg.): Bewußtsein, Sprache und die Kunst. Metamorphosen der Wahrheit. Wien 1988, 231–253; Friedrich Stadler: Antisemitismus an der Philosophischen Fakultät Wien – Am Beispiel von Moritz Schlick und seines Wiener Kreises, in: Oliver Rathkolb (Hg.): Der lange Schatten des Antisemitismus. Kritische Auseinandersetzungen mit der Geschichte der Universität Wien im 19. und 20. Jahrhundert. Göttingen 2013, 207–235; Michael Siegert: Der Mord an Professor Moritz Schlick, in: Leopold Spira (Hg.): Attentate, die Österreich erschütterten. Wien 1981, 123–131; Friedrich Stadler: Der Wiener Kreis. Ursprung, Entwicklung und Wirkung des Logischen Empirismus im Kontext. Überarb. Aufl. [o.O.] 2015, 615–646.
3 Minister Dr. Pernter über Forschung und Glaube, in: WZ, 24.5.1937, 3.
4 Karl Menger: Ein Nachruf für Moritz Schlick, in: NFP (Abendblatt), 23.6.1936, 3.
5 Ebda.
6 Ebda.; vgl. auch Viktor Kraft: Der große Philosoph, in: NWJ, 23.6.1936, 6.
7 Hilde Spiel: Moritz Schlick und die Studentenschaft, in: NFP, 24.6.1936, 7; Moritz Schlick in memoriam, in: NFP, 6.8.1936, 10.
8 Prof. Dr. Austriacus: Der Fall des Wiener Professors Schlick – eine Mahnung zur Gewissensforschung, in: Schönere Zukunft 11 (1936), 1080; Johann Sauter: Die Philosophie von Moritz Schlick, in: NFP, 26.7.1936, 126.
9 Verantwortliche Wissenschaft, in: RP, 22.7.1936, 2 f.
10 Ebda., 3.
11 Vgl. Stadler: Antisemitismus, 219; Klaus Taschwer: Hochburg des Antisemitismus. Der Niedergang der Universität Wien im 20. Jahrhundert. Wien 2015.
12 Vgl. David Edmonds: Die Ermordung des Professor Schlick. Der Wiener Kreis und die dunklen Jahre der Philosophie. München 2021.
13 Vgl. Friedrich Stadler: Wissenschaft ins Volk! – Popularisierungsbestrebungen im Wiener Kreis und »Verein Ernst Mach« von der Jahrhundertwende bis zum Ende der Republik, in: Helmut Konrad/Wolfgang Maderthaner (Hg.): Neue Studien zur Arbeitergeschichte. 3. Beiträge zur Kultur- und Geistesgeschichte. Wien 1984, 619–646.

14 Vgl. Günther Sandner: Otto Neurath. Eine politische Biographie. Wien 2014.
15 Vgl. Stadler: Der Wiener Kreis, 285-292.
16 Johannes Meßner: Monatsschrift für Kultur und Politik. Juni 1937, 542.
17 Vgl. Der Mordfall Nelböck vor dem Schwurgericht, in: NFP, 26.5.1937, 9f.; Renate Lotz: Zur Biografie Leo Gabriels, in: Zeitgeschichte 31 (2004) 6, 370-391.
18 Vgl. Hilde Spiel: Die hellen und die finsteren Zeiten. Erinnerungen. München 1989, 136; Hilde Spiel: Zentrum im Wiener Kreis. Gedenkblatt für Moritz Schlick, in: Hilde Spiel: Die Dämonie der Gemütlichkeit. Glossen zur Zeit und andere Prosa. München 1991, 273-276.

11. Juli 1936: Juliabkommen
Der erwartete Aufschwung will nicht kommen

1 Vgl. Franz von Papen: Der Wahrheit eine Gasse. Innsbruck 1952, 453.
2 Alfred Polgar: Begegnung mit Papen, in: Ders.: Kleine Schriften. Band 1. Musterung. Reinbek bei Hamburg 1982, 226.
3 Vgl. Papen: Wahrheit, 448 f.
4 Vgl. Kunstwerke vom Berliner Reichssportfeld in der Sezession, in: NFP, 7.4.1937, 8.
5 Vgl. Irene Nierhaus: Adoration und Selbstverherrlichung, in: Hans Seiger / Michael Lunardi / Peter Josef Populorum (Hg.): Im Reich der Kunst. Die Wiener Akademie der bildenden Künste und die faschistische Kunstpolitik. Wien 1990, 82.
6 Vgl. Die Antwort der 35.000!, in: Welser Zeitung, 30.7.1937, 1f.
7 Vgl. Manfred Flügge: Stadt ohne Seele. Wien 1938. Berlin 2018, 367.
8 Erich Hans Wolf: Katastrophenwirtschaft. Geburt und Ende Österreichs 1918-1938. Zürich 1939.
9 Vgl. Siegfried Mattl: Die Finanzdiktatur. Wirtschaftspolitik in Österreich 1933-1938, in: Emmerich Tálos / Wolfgang Neugebauer (Hg.): »Austrofaschismus«. Beiträge über Politik, Ökonomie und Kultur 1934-1938. Wien ⁷2014, 202-221.
10 Vgl. Dieter Stiefel: Arbeitslosigkeit: Soziale, politische und wirtschaftliche Auswirkungen – am Beispiel Österreichs 1918-1938. Berlin 1979, 29.
11 Vgl. »Jugend und Wirtschaft«, in: NFP, 4.3.1936, 5.
12 Vgl. Reorganisation der Arbeitslosenstatistik, in: NFP, 24.9.1935, 4.
13 Vgl. Zwei Drittel aller Arbeitslosen bedroht!, in: Arbeiter-Zeitung (Brünn) 2 (1935) 41, 5.
14 Vgl. Wiener Bettlerwesen, in: NFP (Abendblatt), 4.10.1935, 3.
15 Kampf gegen die Bettlerplage, in: NFP, 9.1.1935, 3.
16 Vgl. Arbeitszwangslager für Bettler in Oberösterreich, in: NFP, 6.7.1935, 6; Lebensschule für Landstreicher, in: NFP, 6.9.1935, 7; Die Bekämpfung des Bettlerwesens, in: NFP (Abendblatt), 10.9.1935, 3; Die Schande des ›Bettlerhaft‹, in: Arbeiter-Zeitung (Brünn) 2 (1935) 36, 5; Der Skandal der ›Bettlerhaft‹, in: Arbeiter-Zeitung (Brünn) 2 (1935) 37, 6.
17 Vgl. Wolf: Katastrophenwirtschaft, 127; Gerhard Senft: Im Vorfeld der Katastrophe. Die Wirtschaftspolitik des Ständestaates. Österreich 1934 bis 1938. Vergleichende Gesellschaftsgeschichte und politische Ideengeschichte. Wien 2002.
18 Der Bundeskanzler gegen Defaitismus und Raunzertum, in: NFP, 23.11.1936, 2.
19 Vgl. Sensationelle Äußerungen des Bundeskanzlers, in: Arbeiter-Zeitung (Brünn) 3 (1936) 15, 5.
20 Vgl. Musikerelend und Schallplattenkonjunktur, in: NFP, 21.11.1936, 10.
21 Vgl. Die Krise der österreichischen Musiker, in: NFP, 1.10.1937, 8.
22 Kleiner Musiker, was nun?, in: NFP (Abendblatt), 10.3.1933, 5.
23 Musikerelend und Schallplattenkonjunktur, in: NFP, 21.11.1936, 10.
24 Wilhelm Dessauer: Künstler und Publikum, in: NFP, 16.10.1936, 1.
25 Josef Hoffmann: Gefährdete Wohnkultur, in: NFP, 6.12.1926, 2; Josef Hoffmann: Gibt es heute noch Salons?, in: NFP, 11.1.1938, 6.
26 Minister Dr. Schuschnigg über deutsche Kultur, in: NFP, 5.9.1933, 4.
27 Rudolf Jeremias Kreutz: Sachwalter des Ewigen, in: NFP, 3.11.1934, 2.
28 Ebda.
29 Ebda.
30 Vgl. Verleihung der großen österreichischen Staatspreise, in: NFP (Abendblatt), 20.12.1934, 8.
31 Vgl. Wo bleibt das Geld für die Künstler?, in: Arbeiter-Zeitung (Brünn) 1 (1934) 43, 6.
32 Vgl. Murray G. Hall: Österreichische Verlagsgeschichte 1918-1938. Band 1. Geschichte des österreichischen Verlagswesens. Wien 1985, 200-242.
33 Vgl. Ernst Bettelheim: Die Neuordnung des Urheberrechtes, in: NFP, 13.12.1936, 2 f.; Presse, Rundfunk, Film und Künstler im Urheberrecht, in: NFP (Abendblatt), 10.12.1936, 8.
34 Vgl. Die Literarische Verwertungsgesellschaft, in: NFP, 5.9.1936, 6.
35 Minister Dr. Schuschnigg über die Errichtung einer Künstlerkammer, in: NFP, 14.12.1933, 6; Josef v. Müllner: Die Künstlerkammer, in: NFP (Abendblatt), 15.12.1933, 2.
36 Vgl. Die Engagements österreichischer Schauspieler in Deutschland, in: NFP, 11.4.1934, 8; Drohende Bühnensperre für Ausländer, in: NFP (Abendblatt), 6.4.1934, 8.

399

37 Vgl. Hall: Verlagsgeschichte, 146–174.
38 Vgl. ebda., 133.
39 Vgl. Klaus Amann: Der Anschluß österreichischer Schriftsteller an das Dritte Reich. Frankfurt am Main 1988, 164–167.
40 Bund deutscher Schriftsteller Österreich (Hg.): Bekenntnisbuch österreichischer Dichter. Wien 1938.

29. Juli 1936: Das olympische Feuer auf Zwischenstopp in Wien
Hitlers Spiele in Garmisch und Berlin 1936

1 Sport und Heimat, in: NFP, 29.8.1933, 21.
2 Vgl. Anton Rippon: Hitler's Olympics. The Story of the Nazi Games. London 2006, 69–84; Friedrich Fischer: Österreich und die Olympischen Spiele 1936. Wien (DA) 1994.
3 Vgl. Andreas Tröscher: Der mit dem Eis tanzte, in: Matthias Marschik / Georg Spitaler (Hg.): Helden und Idole. Sportstars in Österreich. Innsbruck 2006, 167–175.
4 Vgl. Sepp Bradl. Der Adler vom Hochkönig, in: ebda., 200–207.
5 Haben unsere Skiläuferinnen enttäuscht?, in: NFP, 9.2.1936, 18.
6 Vgl. Bei der oesterreichischen Olympia-Skimannschaft, in: NFP (Abendblatt), 7.2.1936, 7.
7 Vgl. Sport ohne Politik, in: NFP (Abendblatt), 19.2.1936, 3.
8 Vgl. Die Vorarbeiten für die F.I.S., in: NFP (Abendblatt), 20.2.1936, 7; Innsbruck ruft, in: NFP (Abendblatt), 21.12.1935, 7.
9 Vgl. Hohe Kunst auf den Skiern, in: NFP, 23.2.1933, 17.
10 Vgl. Sport ohne Politik, in: NFP (Abendblatt), 19.2.1936, 3.
11 Vgl. ebda.
12 Vgl. Sport soll Vergnügen sein …, in: NFP, 24.2.1936, 7.
13 Vgl. Der Vizekanzler für den Olympischen Sport, in: NFP, 19.1.1935, 10.
14 Vgl. Die Disqualifikation der Schwimmerin Deutsch, in: NFP (Abendblatt), 9.7.1936, 7.
15 Vgl. Matthias Marschik: »Wir boykottieren nicht Olympia, sondern Berlin.« Drei jüdische Schwimmerinnen schreiben Geschichte, in: Diethelm Blecking / Lorenz Peiffer (Hg.) Sportler im »Jahrhundert der Lager«. Profiteure, Widerständler und Opfer. Göttingen 2012, 188–193.
16 Vgl. Sandra Schmoliner: Boykott der Olympischen Spiele 1936 – Zu den Biographien von Judith Deutsch, Ruth Langer und Lucie Goldner vor dem Hintergrund antisemitischer Tendenzen gegen jüdische SportlerInnen. Wien (DA) 2005; John Bunzl (Hg.): Hoppauf Hakoah. Jüdischer Sport in Österreich. Von den Anfängen bis zur Gegenwart. Wien 1987, 117–119; Matthias Marschik: Judith Deutsch. Die große Abwesenheit, in: Helden und Idole, 186–191.
17 Vgl. Die Olympiade in Deutschland, in: NFP, 18.7.1936, 1f.
18 Vgl. Der Vizekanzler für den Olympischen Sport, 10.
19 Vgl. Ein John Olympia-Vorbereitung bei Leichtathleten, in: NFP, 8.12.1935, 21.
20 Vgl. Theodor Schmidt: Österreichs Olympia-Hoffnungen, in: NFP, 17.11.1935, 19.
21 Vgl. Olympische Symbole, in: NFP (Abendblatt), 26.6.1936, 7.
22 Vgl. Wiener Olympia-Aufnahmen, in: NFP, 16.7.1936, 12.
23 Vgl. Ernst Rüdiger Starhemberg: Memoiren. Wien 1971, 271–275.
24 Vgl. Oesterreichische Sportembleme, in: NFP, 21.7.1936, 11.
25 Vgl. Das Olympische Feuer: NFP, 30.7.1936, 1f.
26 Vgl. Der oesterreichische Olympiazug in Berlin, in: NFP, 30.7.1936, 7.
27 Vgl. Große Kundgebung der Vaterländischen Front, in: NFP, 1.8.1936, 1f.; Große vaterländische Kundgebung in Wien, in: NFP, 1.8.1936, 4.
28 Vgl. Oliver Hilmes: Berlin 1936. Sechzehn Tage im August. München 2016, 25.
29 Vgl. Armin Fuhrer: Hitlers Spiele. Olympia 1936 in Berlin. Berlin 2011, 23–41, 133–138.
30 Vgl. Österreichs Olympische Ehrentafel 1936, in: NFP, 27.8.1936, 10; Josef Metzger: Herma Bauma. Buche und Eiche, in: Helden und Idole, 215–221.

1. September 1936: Neueröffnung des Theaters an der Wien
Wie einst im Mai

1 Vgl. Wiedereröffnung des Theaters an der Wien, in: NFP, 2.9.1936, 7.
2 So die Genrebezeichnung des Komponisten Benatzky selbst, vgl. Marie-Theres Arnbom: War'n Sie schon mal in mich verliebt? Filmstars, Operettenlieblinge und Kabarettgrößen in Wien und Berlin. Wien / Köln / Weimar 2006, 14.
3 Diese Zahl führt Arnbom an: ebda., 227.
4 Fred Heller: Musikalisches Lustspiel im Theater an der Wien, in: WT, 2.9.1936, 7.
5 »Axel an der Himmelstür«. Festliche Eröffnung des Theaters an der Wien, in: Illustrierte Kronen Zeitung, 2.9.1936, 10.
6 Vor der Wiedereröffnung des neuen Theaters an der Wien, in: NFP, 12.8.1936, 6.

7 Vgl. Angela Eder: »Hast du heute deinen kulturhistorischen Tag, oder kann man mit dir über Revue reden?« Das Theater an der Wien 1936 bis 1938, in: Hilde Haider-Pregler / Beate Reiterer (Hg.): Verspielte Zeit. Österreichs Theater der dreißiger Jahre, Wien 1997, 125–135.
8 Heller: Musikalisches Lustspiel, 8.
9 Ebda.
10 »Axel an der Himmelstür«. Festliche Eröffnung des Theaters an der Wien, 11.
11 Vor der Wiedereröffnung des neuen Theaters an der Wien, 7.
12 Arnbom: War'n Sie schon mal in mich verliebt?, 20.
13 Klaus Völker: Kabarett der Komiker. Berlin 1924 bis 1950. München 2010.
14 Arnbom: War'n Sie schon mal in mich verliebt?, 143.
15 Vgl. ebda., 151.
16 Vgl. Luise Prasser / Rolf Kutschera: Stimmen der Erinnerung, in: Haider-Pregler / Reiterer (Hg.): Verspielte Zeit, 136f.
17 Wolfgang Straub: Die Netzwerke des Hans Weigel. Wien 2016, 60.
18 Vgl. https://de.wikipedia.org/wiki/Adolf_Sch%C3%BCtz_(Drehbuchautor); (23.8.2023).
19 Ralph Benatzky: Tagebucheintragung 7. Mai 1927 zit. nach Fritz Hennenberg: Ralph Benatzky. Operette auf dem Weg zum Musical. Lebensbericht und Werkverzeichnis. Wien 2009, 92.
20 Vgl. Hermann Schlösser: Die Wiener in Berlin. Ein Künstlermilieu der 20er Jahre. Wien 2011.
21 Vgl. Fritz Hennenberg: Zwischen Aufsässigkeit und Anpassung. Ralph Benatzky, in: http://operetta-research-center.org/zwischen-aufsassigkeit-und-anpassung-ralph-benatzky-zum-50-todestag/; (23.8.2023).
22 Moritz Föllmer: »Ein Leben wie im Traum«. Kultur im Dritten Reich. München 2016, 169.
23 Ebda.
24 Nachzuhören unter www.youtube.com/watch?v=RzoHVr58iy4; (23.8.2023).

19. September 1936: Beginn des Prozesses gegen Josefine Luner
Elias Canetti und die Psychopathologie des Austrofaschismus

1 Der Abschluß des Prozesses Luner, in: NFP, 7.10.1936, 3.
2 Ebda.
3 Ebda.
4 Vgl. Peter Hiess / Christian Lunzer: Die Sadistin. Der Fall Josefine Luner, in: Peter Hiess / Christian Lunzer: Mörderinnen und ihre Motive. Spektakuläre Fälle aus sechs Jahrhunderten. Erftstadt 2007, 149–154. Die Prozessberichte in den Tageszeitungen weichen allerdings in Details von der Skizze von Hiess / Lunzer ab.
5 Vgl. Heute Verhandlung gegen Grete Luner, in: NWT, 16.12.1936, 13.
6 Illustrierte Kronen Zeitung, 8.10.1936, 2.
7 Illustrierte Kronen Zeitung, 23.9.1936, 6.
8 Anton Kuh: Der Landesvater, in: Walter Schübler (Hg.): Anton Kuh. Werke. Band 6. 1933–1941. Göttingen 2016, 297.
9 Die Urteilsbegründung im Prozeß Luner, in: NFP (Abendblatt), 7.10.1936, 8.
10 Vgl. Schutz minderjähriger Hausgehilfinnen, in: NFP, 31.10.1936, 4.
11 Ist die ständische Ordnung verschleierter Kapitalismus? [Bericht über einen Artikel in der Zeitschrift Neue Ordnung XII/7–8], in: Berichte zur Kultur- und Zeitgeschichte XIII, Nr. 307–308, 617f.
12 Vgl. Sophie Reyer: Veza Canetti. Eine Biographie. Würzburg 2019.
13 Veza Canetti: Geduld bringt Rosen. Erzählungen. München 1992.
14 Johann Sonnleitner (Hg.): Maria Lazar: Die Eingeborenen von Maria Blut. Roman. Wien 2015.
15 Ruth von Mayenburg: Blaues Blut und rote Fahnen. Ein Leben unter vielen Namen. Wien 1969, 109.
16 Elias Canetti: Die Blendung. Roman. Frankfurt am Main 1990, 399.
17 Vgl. Sven Hanuschek: Elias Canetti. Biographie. München 2005, 200–203; Ernst Fischer: Erinnerungen und Reflexionen. Frankfurt am Main 1987, 268–270.
18 Elias Canetti: Das Augenspiel. Lebensgeschichte 1931–1937. München 1985, 267.

29. Oktober 1936: Errichtung der *Pressekammer*
Pressefreiheit – aber »geläutert«

1 Emil Löbl: Die Presse im Weltbild der Gegenwart, in: Der Zeitungsverleger 23 (1936) 4/5, 17 zit. nach Wolfgang Duchkowitsch (Hg.): Emil Löbl. Kultur und Presse. Baden-Baden 2017, 37.
2 Verordnungen der Bundesregierung, betreffend besondere Maßnahmen gegen den Mißbrauch der Preßfreiheit, 10. Juni 1933, BGBl. Nr. 217/1933.
3 Verordnung über die Veröffentlichung amtlicher Verlautbarungen, 30. Juni 1933, Nr. BGBl. 292/1933.
4 Verordnung, betreffend die Einschränkung des Straßenverkaufs von Zeitungen, 26. Jänner 1934, BGBl. Nr. 50/1934.
5 Verordnung zum Schutze der Sittlichkeit und der Volksgesundheit, 23. März 1934, BGBl. Nr. 171/1934.
6 Bundesgesetz, betreffend die Herausgabe von Zeitungen, 26. Oktober 1934, BGBl. Nr. 340/1934.

7 Friedrich Meister: Zusammenstellung der auf dem Gebiete des Pressewesens derzeit geltenden Vorschriften. Wien 1935.
8 Bundesgesetz vom 7. April 1922 über die Presse, BGBl. Nr. 218/1922.
9 Gerhard Jagschitz: Die Presse in Österreich von 1918 bis 1945, in: Manfred Bobrowsky / Wolfgang Duchkowitsch / Hannes Haas (Hg.): Medien- und Kommunikationsgeschichte. Ein Textbuch zur Einführung. Wien 1987, 122 f.
10 Pressefreiheit, in: Der Zeitungsverleger 20 (1933) 3, 1.
11 Wilhelm Steiner: Ziel- und Zweckgestaltung im österreichischen Pressewesen, in: Der Zeitungsverleger 21 (1934) 5/6, 3.
12 Z. B.: Fritz Lahr: Zensur. Die Erneuerungsarbeit im österreichischen Pressewesen, in: NWJ, 10.9.1936, 2.
13 Emil Löbl: Presse im Weltbild, 16.
14 Eduard Ludwig: Der ständische Aufbau der österreichischen Presse. Wien 1937, 17.
15 Die Eröffnung der Presseausstellung, in: NWT, 5.3.1938, 6 f.
16 Ein offenes Wort über die Presse, in: NFP, 13.1.1937, 6.
17 Eduard Ludwig: Staat und Presse, in: Der Zeitungsherausgeber 23 (1936) 4/5, 8.
18 Feierliche Eröffnung der Pressekammer, in: NWT, 30.10.1936, 4.
19 Ebda.
20 Pressepolitik und Staatspolitik, in: NWT, 12.12.1937, 5.
21 Bundeskommissär Adam über Pressepolitik, in: Die Stunde, 14.12.1937, 2.
22 Rochus Kohlbach: Die Presse im autoritären Staat, in: Monatsschrift für Kultur und Politik 1 (1936) 8, 679.
23 Ludwig: Der ständische Aufbau, 7.
24 Die Budgetdebatte im Bundestagsausschuss, in: NWT, 18.11.1936, 3.
25 Bundeskanzler Dr. Schuschnigg über preßpolitische Fragen, in: NWT, 18.11.1936, 4.
26 Vgl. Das Jubiläum der ›Amtlichen Nachrichtenstelle‹, in: NFP, 16.12.1934, 7.
27 Vgl. Übernahme der Leitung des Bundespressedienst[e]s durch Oberst Adam, in: NFP, 9.12.1936, 5.
28 Der österreichische Heimatdienst, in: Monatsschrift für Kultur und Politik 2 (1937) 8, 740.
29 Vgl. Der Hochverratsprozess gegen Dr. Guido Schmidt vor dem Wiener Volksgericht. Die gerichtlichen Protokolle mit den Zeugenaussagen, unveröffentlichten Dokumenten und sämtlichen Geheimbriefen und Geheimakten. Wien 1947, 147.
30 Vgl. Aussage Karl Wildmann, Büroleiter des Kommissärs für Heimatdienst, in: ebda., 108.
31 Vgl. Gerda Steinberger: Vernichtung, Vertreibung, Anpassung und Aufstieg von Journalisten im ›Ständestaat‹ und im ›Dritten Reich‹. Eine Analyse am Beispiel der ›Neuen Freien Presse‹ (1933–1939). Wien (DA) 1990.
32 Vgl. So stehen die Dinge, in: NFP, 30.5.1937, 8.
33 Vgl. Mehr Preßfreiheit!, in: Der österreichische Volkswirt, 2.2.1935, 335 f.
34 Aus der Woche, in: Der österreichische Volkswirt, 5.12.1936, 184.
35 Vgl. Walter Wisshaupt: Das Wiener Pressewesen von Dollfuß bis zum Zusammenbruch (1933–1945). Wien (phil. Diss.) 1950, 32.
36 Feierliche Eröffnung der Pressekammer, in: NFP, 29.10.1936, 4 f.
37 Kanzlerworte an die Presse, in: NFP, 30.10.1936, 1.
38 Feierliche Eröffnungssitzung der Pressekammer, in: RP, 30.10.1936, 3 f.
39 Feierliche Eröffnung der Pressekammer, in: NFP, 30.10.1936, 4.
40 Bundesgesetz über die Errichtung einer Pressekammer, 18. Juli 1936, BGBl. Nr. 228/1936.
41 Vgl. Die Eröffnung der Presseausstellung, in: NWT, 5.3.1938, 6 f.
42 Rudolf Henz zit. nach Stefan Dörfler: Wesen und Werden der österreichischen Pressekammer. Wien 1936, 10.
43 Vgl. Eine Akademie für Presse und Politik, in: NFP, 25.9.1937, 4.
44 Jagschitz: Presse in Österreich, 123 f.
45 Vgl. Die Wahlen in die Pressekammer, in: NFP, 28.9.1937, 4.
46 Feierliche Eröffnung der Pressekammer, in: NWT, 30.10.1936, 4.
47 Spielhofer: Pressefreiheit, 68.
48 Vgl. Die Strafen für Verbreitung der illegalen Presse, in: Arbeiter-Zeitung (Brünn) 3 (1936) 39, 5.
49 Die Aufgaben der österreichischen Presse, in: WT, 5.3.1938, 6.
50 Brief an Anton Mörl, 31. Mai 1946, Nachlass Rudolf Kalmar, K1 Mappe 1947, Literaturhaus Wien zit. nach Theodor Venus: ›Canisius-Boulevard‹. Liberale und radikale Journalistik bei der Vernay AG 1918–1938, in: Katharina Bergmann-Pfleger / Tano Bojankin / Nikolaus Futter (Hg.): Der Compass. 150 Jahre österreichische Wirtschaftsgeschichte. Wien 2017, 99.

---

2. Dezember 1936: *Fräulein Else* im Theater in der Josefstadt
Der Auftritt des Kaspar Brandhofer

1 Siegfried Geyer: »Fräulein Else« in der Josefstadt, in: Die Stunde, 4.12.1936, 4.
2 Schaubühne. Theater in der Josefstadt, in: Mein Film (1936) 572, 16.
3 »Fräulein Else« in der Josefstadt, in: RP, 4.12.1936, 7.
4 Ebda.

5　Ebda.
6　Foto im Rahmen einer Bildstrecke in: WT, 26.11.1936, 12.
7　Kaspar Brandhofers Weg zum Theater, in: NFP, 1.12.1936, 11.
8　Vgl. Ernst Lothar: Das Wunder des Überlebens. Erinnerungen. München 2012, 75.
9　Probe zu »Fräulein Else«, in: Die Stunde, 2.12.1936, 4.
10　Rudolf Holzer: Theater in der Josefstadt: »Fräulein Elsa« [sic], in: WZ, 4.12.1936, 8.
11　Geyer: »Fräulein Else«, 4.
12　Lothar: Wunder des Überlebens, 77.
13　Die Schreibung des Nachnamens schwankt in den Quellen zwischen »Reuss« und »Reuß«. In der neueren Sekundärliteratur hat sich »Reuss« durchgesetzt.
14　Lothar: Wunder des Überlebens, 78.
15　(Kaspar Brandhofer – Berufsschauspieler), in: NFP, 8.12.1936; 10; Dieselbe Meldung: Theater in der Josefstadt. Die Direktion teilt mit, in: RP, 8.12.1936, 12.
16　Vgl. Hilde Haider-Pregler: Überlebens-Theater. Der Schauspieler Reuss. Wien 1998.
17　Vgl. Hilde Haider-Pregler: Tarnungen und (Ent)-Täuschungen. Emigranten in Österreich, in: Dies./Beate Reiterer (Hg.): Verspielte Zeit. Österreichs Theater der dreißiger Jahre. Wien 1997, 269.
18　Ebda., 272.
19　»Fräulein Else« in den Kammerspielen, in: WT, 24.12.1936, 9.
20　»Kaspar Brandhofer« – der Schauspieler Leo Reuß, in: NWT, 8.12.1936, 12.
21　Ein Nachwort zu einem Wiener Theaterskandal, in: Wiener Montagblatt, 14.12.1936, 6.
22　Leo Reuß in den jüdischen Kammerspielen, in: Die Stimme, 23.4.1937, 3.
23　Wiener Künstler und Wiener Stoffe für Hollywood. Aus einem Gespräch mit Mr. Louis B. Mayer, in: Mein Film (1937) 609, 6.

14. Dezember 1936: Eröffnung des Auditorium Maximum
Die Trias von Staat, Kirche und Universität

1　Klerikale und monarchistische Pflichtvorlesungen, in: Arbeiter-Zeitung (Brünn) 2 (1935) 36, 6.
2　Bundesgesetz, betreffend die Erziehungsaufgaben der Hochschulen (Hochschulerziehungsgesetz), 1. Juli 1935, BGBl. Nr. 267/1935, 966–968.
3　Bundesgesetz über die Ermächtigung der zuständigen Bundesminister zur Regelung einiger Angelegenheiten der Hochschulen durch Verordnung, 1. Juli 1935, BGBl. Nr. 266/1935, 965f.
4　Markus Wurzer: Der autoritäre Griff nach den Hochschulen, in: Carlo Moos (Hg.): (K)ein Austrofaschismus? Studien zum Herrschaftssystem 1933–1938. Wien 2021, 397.
5　Hans Pernter: Grundfragen der Hochschulpolitik, in: Robert Krasser (Hg.): Der CV, der Träger des katholischen Farbstudententums und die neue Zeit. Schriften des OeCV 1 (1936), 45.
6　Hochschulerziehungsgesetz, 967.
7　Ebda., 46.
8　Vgl. Die neuen Vorlesungen an der Universität Wien, in: NFP, 1.10.1935, 6.
9　Hochschulerziehungsgesetz, 967.
10　Vgl. Umbenennung des Ringes des 12. November, in: WT, 28.4.1934, 4.
11　Vgl. Verena Pawlowsky: Totes Parlament, in: Bertrand Perz/Verena Pawlowsky/Ina Markova: Inbesitznahmen. Das Parlamentsgebäude in Wien. 1933–1956. Wien [2018], 35.
12　Linda Erker: Die Universität Wien im Austrofaschismus. Österreichische Hochschulpolitik 1933 bis 1938, ihre Vorbedingungen und langfristigen Nachwirkungen. Wien 2021, 10.
13　Vgl. Werner Hanak-Lettner/Danielle Spera (Hg.): Die Universität. Eine Kampfzone. Wien 2015, 75.
14　Vgl. Das Werden der Wiener Universität, in: RP, 8.11.1934, 3.
15　Vgl. Ein Riesenhörsaal an der Universität, in: NWT, 28.8.1935, 5.
16　Vgl. Geringes Interesse für einen Wettbewerb, in: profil 3 (1935) 10, 495.
17　Unterricht und Kunst im neuen Staate, in: RP, 27.4.1935, 2.
18　Das ›Auditorium Maximum‹ der Wiener Universität, in: RP, 9.6.1935, 15.
19　Vgl. Der Bau des Hörsaales der Tausend, in: NFP (Abendblatt), 19.2.1936, 1.
20　Eugen Ceipek/Robert Buchner: Der Bau des Auditorium Maximum an der Wiener Universität, in: Österreichische Kunst 7 (1936) 11, 23.
21　Erker: Universität Wien, 10.
22　Hier sei auf das Kapitel »Im Widerstreit der Zeichen« verwiesen.
23　Vgl. RW 13 (1936) 11, 16.
24　Die Eröffnung des Auditorium Maximum, in: NFP, 15.12.1936, 7.
25　Ebda.
26　Neuer Geist in der Alma mater, in: RP, 15.12.1936, 5.
27　Vgl. Die neuen Pflichtvorlesungen an den Hochschulen, in: Neues Wiener Abendblatt, 3.9.1935, 3.
28　Militarisierung der Hochschulen, in: Arbeiter-Zeitung (Brünn) 2 (1935) 27, 7.

22. Dezember 1936: Gründung des *Bundes der deutschen Schriftsteller Österreichs*
Der langsame Anschluss der österreichischen Literatur ans Deutsche Reich

1 Zit. nach Johannes Sachslehner: Führerwort und Führerblick. Mirko Jelusich. Zur Strategie eines Bestsellerautors in den Dreißiger Jahren. Königstein 1985, 36.
2 Zit. nach ebda.
3 Klaus Amann: Zahltag. Der Anschluß österreichischer Schriftsteller an das Dritte Reich. Institutionelle und bewußtseinsgeschichtliche Aspekte. Frankfurt am Main 1988, 33.
4 Franz Theodor Csokor: Briefe aus dem Exil. München 1964 zit. nach Klaus Amann: Die Dichter und die Politik. Essays zur österreichischen Literatur nach 1918. Wien 1992, 71.
5 Vgl. Murray G. Hall: Österreichische Verlagsgeschichte 1918–1938. 2 Bände. Wien 1985.
6 Zit. nach Amann: Zahltag, 85.
7 Vgl. Karl Müller: Karl Heinrich Waggerl. Eine Biographie mit Bildern, Texten und Dokumenten. Salzburg 1997.
8 Zit. nach Müller: Waggerl, 185.
9 Vgl. Friedrich Aspetsberger: Literarisches Leben im Austrofaschismus. Der Staatspreis. Königstein im Taunus 1980.
10 Vgl. Gerhard Renner: Österreichische Schriftsteller und der Nationalsozialismus (1933–1940). Der ›Bund deutscher Schriftsteller Österreichs‹ und der Aufbau der Reichsschrifttumskammer in der ›Ostmark‹. Frankfurt am Main 1986.
11 Amann: Zahltag, 114.
12 Ebda., 124 f.

14. Mai 1937: Eröffnung der Oskar-Kokoschka-Ausstellung in Wien
Ein Abgesang auf die österreichische Kunst

1 Vgl. Bernadette Reinhold: Oskar Kokoschka und Österreich. Facetten einer politischen Biografie. Wien 2023, 104.
2 Oskar Kokoschka zu seinem 50. Geburtstag, in: Österreichische Kunst 8 (1937) 6, 7.
3 Carl Moll: Oskar Kokoschka zu seinem fünfzigsten Geburtstag, in: Reinhold: Oskar Kokoschka und Österreich, 108.
4 Vgl. ebda., 104.
5 Alma Mahler-Werfel: Mein Leben. Frankfurt / Hamburg 1963, 220.
6 Eröffnung der Kokoschka-Ausstellung, in: WZ, 15.5.1937, 9.
7 Vgl. Reinhold: Oskar Kokoschka und Österreich, 47 f.
8 Neben Reinholds neuer Gesamtdarstellung sind hier zwei wichtige Vorarbeiten zu nennen: Sabine Forsthuber: Oskar Kokoschka und die Wiener Ausstellungspolitik vor dem Anschluß, in: Kunsthistoriker, Mitteilungen des Österreichischen Kunsthistorikerverbandes 5 (1988) 3/4, 33–41 sowie: Gloria Sultano / Patrick Werkner: Oskar Kokoschka. Kunst und Politik 1937–1950. Wien / Köln / Weimar 2003.
9 Vgl. Reinhold: Oskar Kokoschka und Österreich, 103.
10 Die Bauten der Olympiade, in: WZ, 8.4.1937, 7.
11 Vgl. Forsthuber: Oskar Kokoschka und die Wiener Ausstellungspolitik, 37.
12 Vgl. Eröffnung der Kokoschka-Ausstellung, 9.
13 Bac.: Der fünfzigjährige Kokoschka, in: Die Stunde, 1.3.1935, 4.
14 Oskar Kokoschka: Brief an Carl Moll, undatiert, in: Reinhold: Oskar Kokoschka und Österreich, 106.
15 Oskar Kokoschka: Mein Leben. Wien 2008, 229 f.
16 Vgl. Stiftung Deutsches Historisches Museum (Hg.): Die Ausstellung »Entartete Kunst«, www.dhm.de/lemo/kapitel/ns-regime/kunst-und-kultur/entartete-kunst.html; (11.1.2024).
17 Vgl. Reinhold: Oskar Kokoschka, 108.

10. Juni 1937: Oswald Haerdtls Österreich-Pavillons auf der Pariser Weltausstellung
»Unser schönes Österreich baut auf!«

1 »Pariser Weltausstellung 1937«, in: Ronald Leopoldi (Hg.): Leopoldiana. Gesammelte Werke von Hermann Leopoldi. Wien 2011, 474.
2 Österreichischer Pavillon in Paris eröffnet, in: WT, 11.6.1937, 5.
3 Vgl. Friedrich Achleitner: Gibt es eine austrofaschistische Architektur, in: Franz Kadrnoska (Hg.): Aufbruch und Untergang. Österreichische Kultur zwischen 1918 und 1938. Wien / München / Zürich 1981, 587–592.
4 Vgl. Barbara Feller: »Oh, du mein Österreich.« Aspekte der austrofaschistischen Kulturoffensive am Beispiel österreichischer Präsentationen im Ausland, in: Herbert Posch / Gottfried Fliedl (Hg.): Politik der Präsentation. Museum und Ausstellung in Österreich 1918–1945. Wien 1996, 56.
5 Vgl. Austria in London. Austrian National Exhibition of Industry. Art, Travel, Sports. Wien / London 1934, 43.
6 Vgl. Österreichs Pavillon in Venedig, in: profil 2 (1934) 2, 76 f.
7 Guido Zernatto: Die Wahrheit über Österreich. New York / Toronto 1938, 19.

8 Vgl. Jon Mathieu: Zwei Staaten, ein Gebirge. Schweizerische und österreichische Alpenperzeption im Vergleich, in: ÖZG 15 (2004) 2, 98.
9 G[eorge] E[ric] R[owe] Gedye: A Wayfarer in Austria. London 1928.
10 Georg Rigele: Die Großglockner-Hochalpenstraße. Zur Geschichte eines österreichischen Monuments. Wien 1998, 197.
11 Stefan Plischke: Wir freuen uns und sind stolz. Die österreichischen Pavillons in Brüssel 1935 und Paris 1937, in: Jan Tabor (Hg.): Kunst und Diktatur. Architektur, Bildhauerei und Malerei in Österreich, Deutschland, Italien und der Sowjetunion. Baden 1994, 314.
12 Vgl. Josef Ballacs: Österreich auf der Internationalen Ausstellung. Kunst und Technik im modernen Leben, Paris 1937, in: Österreichische Kunst 8 (1937) 5, 16–18.
13 Gedanken zur Pariser Weltausstellung 1937, in: Österreichische Kunst, 8 (1937) 11, 11.
14 Näheres dazu im Kapitel »Spielwiese für passionierte Automobilisten«.
15 Vgl. Die Eröffnung der Gesäusestraße, in: NFP, 2.6.1936, 8.
16 Österreich auf der Pariser Weltausstellung, in: Kärntner Zeitung, 25.8.1937, 2.
17 Vgl. Thomas Mitterecker: Großglockner Hochalpenstraße. Prestigebau des Ständestaates. Wien 2018, 146.
18 Vgl. Eine Photomontage wie noch nie. Österreichs Bergstrassen auf der Pariser Weltausstellung, in: Die Bühne (1937) 447, 32.
19 Vgl. Österreich schafft die größte Photomontage der Welt, in: Die Stunde, 9.4.1937, 3.
20 Anton Holzer: Künstler mit Kamera. Robert Haas – ein Fotograf zwischen Wien und New York, in: Anton Holzer/Frauke Kreutler (Hg.): Robert Haas. Der Blick auf zwei Welten. Wien 2016, 15.
21 Brief Robert Haas an Georg Haas, 19.4.1937, Nachlass Robert Haas im Wien Museum zit. nach Holzer: Künstler mit Kamera, 15.
22 Astrid Mahler: Souveräne Eleganz. Trude Fleischmanns Porträts 1920–1938, in: Anton Holzer/Frauke Kreutler (Hg.): Trude Fleischmann. Der selbstbewusste Blick. Wien/Ostfildern 2011, 55.
23 Vgl. Österreich auf der Pariser Weltausstellung, in: NFP (Abendblatt), 14.4.1937, 3.
24 Anton Kuh: Wien am Gebirge, in: Ulrike Lehner (Hg.): Anton Kuh. Zeitgeist im Literatur-Café. Feuilletons, Essays und Publizistik. Wien 1983, 108 f.
25 Pariser Weltausstellung 1937, in: Leopoldi (Hg.): Leopoldiana, 470–474; Betja Milskaja und Hermann Leopoldi: Pariser Weltausstellung, www.mediathek.at/katalogsuche/suche/detail/?pool=BWEB&uid=0C9CBCEA-08F-0011A-00003610-0C9C1D04&cHash=176c891e14f43cadccfb347f9bfad95f (15.12.2023).
26 Beautiful Austria, Verein für Geschichte der ArbeiterInnenbewegung, Illegale Flugschriften, Karton 3, Mappe 10.
27 Vgl. L'Autriche à l'exposition internationale de Paris 1937. Wien 1937.
28 Robert Haas: Schrift – Druck – Fotografie, in: Anna Auer: Fotografie im Gespräch. Passau 2001, 153.
29 Holzer: Künstler mit Kamera, 131.

August 1937: Krach bei den Salzburger Festspielen
Toscanini will eine Entscheidung

1 Vgl. Ausführlich dazu: Robert Kriechbaumer: Zwischen Österreich und Großdeutschland. Eine politische Geschichte der Salzburger Festspiele 1933–1944. Wien 2013.
2 Vgl. Harvey Sachs: Toscanini. Eine Biographie. München 1980; Samuel Chotzinoff: Arturo Toscanini. Ein intimes Porträt. Wiesbaden 1956.
3 Toscanini nach Jerusalem geflogen, in: NFP, 19.12.1936, 7.
4 NFP, 12.4.1936, 15.
5 Stefan Zweig: Einleitung, in: Paul Stefan (Hg.): Arturo Toscanini. Ein Lebensbild. Wien 1936, 8.
6 Vgl. Klaus Mann: Salzburger Sommer, in: Klaus Mann: Zahnärzte und Künstler. Aufsätze, Reden, Kritiken 1933–1936. Reinbek bei Hamburg 1993, 410–415.
7 Die Salzburger Festspiele 1936, in: NFP, 14.8.1936, 8.
8 Vgl. Die Filmfestspiele in Salzburg, in: NFP, 4.8.1936, 8; Welturaufführung in Salzburg, in: NFP, 11.8.1936, 19.
9 Vgl. Salzburger Saisonbeginn, in: NFP (Abendblatt), 30.6.1936, 2.
10 Vgl. Die Eröffnung des Spielkasinos in Salzburg, in: NFP (Abendblatt), 3.7.1934, 8.
11 Vgl. Erstes Salzburger Straßenrundrennen, in: NFP, 26.7.1936, 17.
12 Vgl. Salzburger Schaufenster, in: NFP, 8.8.1936, 21.
13 Minister Stockinger an die Auslandsösterreicher, in: NFP, 25.9.1935, 5.
14 Vgl. Der Künstler als Mäzen, in: NFP (Abendblatt), 26.9.1936, 3; Toscaninis Salzburger Festspielhausprojekt, in: NFP, 14.11.1936, 8; Stephen Gallup: Die Geschichte der Salzburger Festspiele. Wien 1989, 124–154.
15 Vgl. Salzburg neben den Festspielen, in: NFP (Abendblatt), 2.7.1936, 2.
16 Vgl. Hochzeit in St. Gilgen, in: NFP, 16.7.1936, 8; Das Hochzeitsfest in St. Gilgen, in: NFP, 10.8.1936, 3.
17 Vgl. Zwei Souveräne in Salzburg, in: Salzburger Chronik, 10.8.1936, 1.
18 Vgl. Kronprinz Umberto in Salzburg, in: NFP, 10.8.1936, 2; Zweistündiger Aufenthalt König Eduards, in: NFP, 28.8.1937, 8.
19 Vgl. 1000-Mark-Sperre und Ausreiseverbot aufgehoben, in: NFP, 28.8.1936, 1.
20 Vgl. Salzburger Festspiele, in: NFP, 28.8.1937, 9.

21 Zit. nach Anton Kuh: Der übernationale Dirigent, in: Walter Schübler (Hg.): Anton Kuh. Werke. Band 6. 1933–1941. Göttingen 2016, 347f.
22 Vgl. Joseph Goebbels: Tagebücher. Band 4. März–November 1937. 12. Oktober 1937. Reprint. Berlin 2021, 355.
23 Zit. nach Kuh: Der übernationale Dirigent, 346.

1. September 1937: Ausstellung der Entwürfe für ein Denkmal Kaiser Franz Josephs
»… zu ewigem Erinnern an Österreichs Kaiser«

1 Vereinigung zur Errichtung eines Kaiser Franz Joseph-Denkmales in Wien. [Wien 1937], [6].
2 Das Kaiser-Franz-Josef-Denkmal, in: NFP (Abendblatt), 1.9.1937, 3.
3 Näheres zu den Habsburgergesetzen im Kapitel »Eine schwärende Wunde wird geschlossen«.
4 Vgl. Verein der Museumsfreunde in Wien (Hg.): Kaiser Franz Joseph Ausstellung, Schönbrunn Mai–Oktober 1935. Wien 1935.
5 Vgl. Leopold Bauer: Kaiser Franz-Joseph Denkmal auf dem Votivkirchenplatz, in: Das ungebaute Wien. Projekte für die Metropole. 1800 bis 2000. Wien 2000, 214f.
6 Vgl. Anna Stuhlpfarrer: »Ein Denkmal des Dankes, der Ehre und der Treue«. Der zweistufige Wettbewerb zur Errichtung des Österreichischen Heldendenkmals 1933/34, in: Heidemarie Uhl / Richard Hufschmied / Dieter A. Binder (Hg.): Das Österreichische Heldendenkmal im Äußeren Burgtor der Wiener Hofburg. Geschichte – Kontroversen – Perspektiven. Wien / Köln / Weimar 2021, 135–189.
7 Österreichs Heldenfeier. 9. September 1934, 15.
8 Näheres zur RAVAG im Kapitel »Der Äther wich der Landluft«.
9 S.S.: O.R. Salvisberg. Städtebauliche Gestaltung des Dollfuß-Platzes, in: profil 4 (1936) 7, 327.
10 Vgl. Wettbewerb für ein Kaiser-Franz-Joseph-Denkmal, in: Zeitschrift des Österr. Ingenieur- und Architektenvereines 88 (1936) 29/30, 178.
11 Vgl. Planen unterm Kruckenkreuz, in: Das ungebaute Wien, 318f.
12 Vgl. »Bildhauer ohne Aufträge«, in: NFP (Abendblatt), 14.1.1937, 3.
13 S.S.: Salvisberg. 331.
14 Der Wettbewerb für das Kaiser Franz-Josef-Denkmal, in: WZ, 29.1.1936, 9.
15 Vgl. Die Ausstellung der Modelle und Entwürfe für das Kaiser-Franz-Joseph-Denkmal im Messepalast, in: RW 13 (1936) 12, 11.
16 Vgl. Ferdinand Andri / Peter Behrens: Das Kaiser-Franz-Joseph-Denkmal. Bericht der Beurteiler des Ideenwettbewerbs, in: profil 4 (1936) 12, 543.
17 Nur ein würdiges Franz-Joseph-Denkmal, in: Sturm über Österreich 3 (1936) 51, 5.
18 Wilhelm Dessauer: Das Kaiserdenkmal, in: NFP (Abendblatt), 15.1.1937, 1.
19 W.D.: Der neue Wettbewerb für das Kaiser-Franz-Josef-Denkmal, in: NFP, 28.1.1937, 7.
20 Vgl. Ursula Prokop: Rudolf Perco. Von der Architektur des Roten Wien zur NS-Megalomanie. 1884–1942. Wien / Köln / Weimar 2001, 313.
21 Der neue Wettbewerb für das Kaiserdenkmal, in: NFP, 18.2.1937, 5.
22 Vgl. Johannes Thaler: Legitimismus. Ein unterschätzter Baustein des autoritären Österreich, in: Florian Wenninger / Lucile Dreidemy (Hg.): Das Dollfuß / Schuschnigg-Regime 1933–1938. Vermessung eines Forschungsfeldes. Wien / Köln / Weimar 2013, 69–85.
23 Vgl. Gesellschaftsabend in der Hofburg. Zugunsten des Kaiser Franz Joseph-Denkmals, in: NWT, 30.11.1937, 8.
24 Vgl. Für das Kaiser Franz-Josephs-Denkmal. Der Männergesangverein und die Philharmoniker musizieren, in: NWJ, 26.3.1936, 6.
25 Vgl. Kaiser-Franz-Joseph-Stück im Raimund-Theater, in: NWJ, 8.5.1936, 10.
26 Vgl. Eine Franz-Joseph-Marke für das Franz-Joseph-Denkmal, in: NWJ, 4.2.1937, 4.
27 Rundschreiben »An Euer Hochwohlgeboren!«, Anlage I/15b, in: Rudolf Berdach: Die Geschichte der Vereinigung zur Errichtung eines Kaiser Franz Joseph Denkmales in Wien. Wien 1974.
28 Vgl. Berdach: Geschichte, 26 sowie Anlage I/20.
29 Vgl. Siegfried Theiß: Wettbewerbe auf dem Gebiete der Architektur und der bildenden Kunst, in: NFP (Abendblatt), 27.1.1937, 3.
30 Architekten und Wettbewerbe, in: NFP (Abendblatt), 20.1.1937, 2.
31 Berdach: Anlage I/30.
32 Gegen die Errichtung des Kaiser-Franz-Joseph-Denkmals vor der Neuen Burg, in: NFP, 14.4.1937, 7.
33 Carl Moll, Das Kaiserdenkmal, in: NFP, 9.3.1937, 13.
34 Diskussion über das Kaiserdenkmal, in: NFP 6.2.1937, 6.
35 Diskussion über das Kaiserdenkmal, in: NFP, 20.2.1937, 6.
36 Vgl. Das Kaiser Franz Josef-Denkmal, in: WZ, 21.4.1937, 5.
37 Dr. F.P.j.: Wünsche für das Wiener Stadtbild, in: NFP, 22.8.1937, 4.
38 Vereinigung zur Errichtung eines Kaiser Franz Joseph-Denkmals in Wien. Die preisgekrönten und mit belobenden Anerkennungen ausgezeichneten Entwürfe des zweiten Wettbewerbes für das Kaiser Franz Joseph-Denkmal in Wien. [o.O.] [o.J.], ohne Paginierung.
39 Berdach: Geschichte, 29.

40 Vgl. Barbara Feller: Sichtbarmachung der Vergangenheit. Kunst-am-Bau und neue Monumente in Österreich 1930–1938, in: Jan Tabor (Hg.): Kunst und Diktatur. Architektur, Bildhauerei und Malerei in Österreich, Deutschland, Italien und der Sowjetunion 1922–1956. Band 1. Baden 1994, 284.
41 Das Kaiser-Franz-Josef-Denkmal, in: NFP (Abendblatt), 1.9.1937, 3.
42 Vgl. Plebiszit um das Kaiser-Franz-Josef-Denkmal, in: NFP (Abendblatt), 17.11.1937, 8.
43 Der Denkmalstreit vor dem Volksgericht, in: RP, 22.11.1937, 3.
44 Das »Probedenkmal« für Kaiser Franz Josef, in: NFP (Abendblatt), 20.11.1937, 1.
45 Wege zum Kaiser-Franz-Josef-Denkmal, in: RP, 24. November 1937, 9.
46 Erklärung in Angelegenheit Kaiserdenkmal, in: NFP, 24.11.1937, 6.
47 Der Worte sind genug gewechselt!, in: NFP, 9.1.1938, 8.
48 Protokoll der Vorstandssitzung am 12. März 1938, in: Berdach: Geschichte, Anlage I/37.
49 Vgl. WZ, 13.5.1938, 18.
50 Die Denkmal-«Sorge« – endlich erledigt, in: Deutscher Telegraf am Mittag, 13.5.1938, 3.
51 Vgl. Vor einer Neugestaltung des Schottentores, in: NFP (Abendblatt), 23.9.1934, 1.

6. Oktober 1937: In einer Nacht von Franz Werfel wird im Theater in der Josefstadt uraufgeführt
Dichtung von der Hohen Warte

1 Vgl. Der neue Franz Werfel in der Josefstadt, in: Die Stunde, 21.9.1937, 4.
2 Vgl. Franz Werfel: In einer Nacht. Ein Schauspiel. Wien 1937.
3 Werfel kommt von der Probe, in: Die Stunde, 5.10.1937, 4.
4 Vgl. B.: Neues Werfel-Schauspiel in der Josefstadt. »In einer Nacht«, in: RP, 7.10.1937, 9.
5 Vgl. Helene Tuschak: »In einer Nacht«. Franz Werfels neues Schauspiel im »Josefstädter Theater«, in: NWT, 7.10.1937, 2.
6 Vgl. Sibylle Zehle: Max Reinhardt. Ein Leben als Festspiel. Wien 2020, 184f.
7 Siegfried Geyer: Großer Werfel-Abend der Josefstadt, in: Die Stunde, 7.10.1937, 4.
8 Rudolf Holzer: »In einer Nacht« von Franz Werfel. Theater in der Josefstadt, in: WZ, 7.10.1937, 9.
9 Ludwig Ullmann: Nachwort und Bekenntnis zur Werfel-Premiere, in: Der Morgen, 11.10.1937, 11.
10 Peter Stephan Jungk: Franz Werfel. Eine Lebensgeschichte. Frankfurt ²2006, 241.
11 Empfang in den Sträußelsälen, in: WT, 6.10.1937, 4.
12 Jungk: Franz Werfel, 239.
13 Vgl. Barbara Weidle / Ursula Seeber (Hg.): Anna Mahler. Ich bin in mir selbst zu Hause. Bonn 2004.
14 Oliver Hilmes: Witwe im Wahn. Das Leben der Alma Mahler-Werfel. München 2005, 121.
15 Klaus Mann: Der Wendepunkt. Ein Lebensbericht. Reinbek bei Hamburg 2019, 442f.
16 Vgl. zum Folgenden das Kapitel »Radikalisierung« in: Hilmes: Witwe im Wahn, 233–289.
17 Zit. nach Jungk: Franz Werfel, 225.
18 Alma Mahler-Werfel: Mein Leben. Frankfurt / Hamburg 1963, 201.
19 Ebda., 211.
20 Herwig Knaus / Wilhelm Sinkovicz: Alban Berg. Zeitumstände – Lebenslinien. St. Pölten / Salzburg 2008, 420.
21 Vgl. Volker Scherliess: Alban Berg mit Selbstzeugnissen und Bilddokumenten. Reinbek bei Hamburg 1975, 125.
22 Jungk: Franz Werfel, 173.
23 Alma Mahler-Werfel: Mein Leben, 312.

18. November 1937: Präsentation des Films Der Pfarrer von Kirchfeld
Ein letzter Anlauf für den unabhängigen österreichischen Film

1 ›Der Pfarrer von Kirchfeld‹ als Film, in: NWT, 24.9.1937, 12.
2 Elisabeth Büttner / Christian Dewald: Das tägliche Brennen. Eine Geschichte des österreichischen Films von den Anfängen bis 1945. Salzburg / Wien 2002, 388.
3 Vgl. Armin Loacker: Anschluß im 3/4-Takt. Filmproduktion und Filmpolitik in Österreich 1930–1938. Trier 1999, 134–137.
4 Hans Jaray: Was ich kaum erträumen konnte … Ein Lebensbericht. Wien / München 1990, 85.
5 Joseph Roth: Anschluß im Film?, in: Klaus Westermann (Hg.): Joseph Roth. Das neue Tagebuch (Paris), 23. Februar 1935. Joseph Roth, Werke. Band 3. Das journalistische Werk 1929–1939. Köln / Amsterdam 1991, 669.
6 Vgl. Armin Loacker: Unerwünschtes Kino. Deutschsprachige Emigrantenfilme 1934–1937. Wien 2019, 57.
7 Österreich-ungarischer Film, in: Österreichische Kunst 5 (1934) 9, 27.
8 Karin Moser: »Mit Rücksicht auf die Notwendigkeiten des Staates …« Autoritäre Propaganda und mediale Repression im austrofaschistischen ›Ständestaat‹, in: Matthias Karmasin / Christian Oggodler (Hg.): Österreichische Mediengeschichte. Band 2. Von Massenmedien zu sozialen Medien (1918 bis heute). Wiesbaden 2019, 55.
9 Vgl. [Institut für Filmkultur], in: NFP, 26.10.1934, 10.
10 Vgl. Die Neuordnung des Filmwesens, in: RP, 2.4.1935, 1; Filmzensur im Austrofaschismus, in: Thomas Ballhausen / Paolo Caneppele (Hg.): Die Filmzensur in der österreichischen Presse bis 1938. Wien 2005, 8–22.

11 Volkmar Fro: Das Problem des österreichischen Films, in: Berichte zur Kultur- und Zeitgeschichte, XIII. Band, Heft 309–311, 725.
12 Krise des österreichischen Films, in: Sturm über Österreich 3 (1936) 46, 3.
13 Arnulf Hasse: Nicht sehr erfolgreicher Filmwinter, in: Monatsschrift für Kultur und Politik 2 (1937) 4, 362.
14 Rudolf Kalmar: Trotzdem, unabhängiger Film!, in: WT, 23.5.1937, 7.
15 Nikolaus Hovorka: Kulturmacht Film, in: Monatsschrift für Kultur und Politik 1 (1936) 2, 173.
16 Gerhard Renner: Der Anschluß der österreichischen Filmindustrie seit 1934, in: Oliver Rathkolb / Wolfgang Duchkowitsch / Fritz Hausjell (Hg.): Die veruntreute Wahrheit. Hitlers Propagandisten in Österreich. Salzburg 1988, 2.
17 Schwierig, aber unvermeidlich: Der unabhängige Film! I., in: Der Wiener Film 2 (1937) 4, 3.
18 Vgl. Ist der unabhängige Film möglich, II?, in: Der Wiener Film 2 (1937) 8, 3; Ist der unabhängige Film möglich? Wie es die Ungarn machen III, in: Der Wiener Film 2 (1937) 9, 2; Filmkrise in Österreich und Vorschläge zu ihrer Lösung, in: Der Wiener Film 2 (1937) 16, 3 f.
19 Vgl. Der unabhängige Film, in: WT, 22.4.1937, 2.
20 Ein Kinderstar wird geboren, in: Der Morgen, 18.5.1936, 11.
21 Vgl. Der gleichgeschaltete Film, in: WT, 15.9.1935, 12; Arierparagraph als Vorwand für Vertragslösung, in: Das Echo, 25.1.1938, 3.
22 Enquete über den österreichischen Film, in: WT, 23.11.1937, 3.
23 Ebda.
24 Österreich für den österreichischen Film!, in: Mein Film (1937) 623, 6.
25 Vgl. Loacker: Unerwünschtes Kino, 239.
26 Vgl. ebda., 308.
27 Karl Philipp zeigt Hans Jaray in »Der Pfarrer von Kirchfeld« frei nach Ludwig Anzengruber (Manuskript / ÖNB-Theatersammlung). Wien [1937], 15.
28 Elisabeth Büttner / Christian Dewald: Anschluß an Morgen. Eine Geschichte des österreichischen Films von 1945 bis zur Gegenwart. Salzburg / Wien 1997, 92.
29 Vgl. Die Festvorstellung des Pfarrer von Kirchfeld, in: Die Stunde, 17.11.1937, 9.
30 Verena Moritz / Karin Moser / Hannes Leidinger: Kampfzone Kino. Film in Österreich 1918–1938. Wien 2008, 345.
31 Volksstück nach Anzengruber, in: NWT, 22.11.1937, 6.
32 Der Pfarrer von Kirchfeld, in: NWT, 21.11.1937, 15.
33 Der Pfarrer von Kirchfeld, in: WT, 20.11.1937, 8.
34 Grundsätzliches über Filmbegutachtung, in: Katholische Kirchenzeitung 77 (1937) 50, 1.
35 Filmzensur in Österreich 1937, in: Österreichische Filmzeitung, 1.1.1938, 3.
36 Der Pfarrer von Kirchfeld, in: Der gute Film (1937) 227, 13 f.
37 Probe aufs Exempel?, in: Der Wiener Film 2 (1937) 48, 3.
38 Ist eine ›unabhängige Filmproduktion‹ möglich? Ein Streifzug um ein heikles Thema, in: Der Wiener Film 3 (1938) 2, 3.
39 Ebda.
40 Die Stimme, 31.1.1938, 4.
41 Das Ende des österreichischen Films, in: Neue Zürcher Zeitung, 17.1.1938, 10.
42 Vgl. Eduard Heinl, Wir wollen den österreichischen Film. Minister Heinl zu den Angriffen auf den österreichischen Film, in: Der Wiener Film 3 (1938) 4, 1.
43 Vgl. Die österreichische Kulturfilmproduktion, in: Der Wiener Film 1 (1936) 16, 5.
44 Vgl. Michael Achenbach / Karin Moser (Hg.): Österreich in Bild und Ton. Die Filmwochenschau des österreichischen Ständestaates. Wien 2002.
45 Der Pfarrer von Kirchfeld als Film, in: Österreichische Zeitung, 11.3.1938, 6.

19. November 1937: Streik der Studierenden an der Wiener Universität
Ein kurzer Hoffnungsschimmer

1 Heinrich Mitteis: Der österreichische Student, in: NFP, 25.10.1936, 2.
2 Neuerliche Studentenkundgebungen an der Universität Wien, in: NFP (Abendblatt), 20.11.1937, 6.
3 Vgl. Studentenkundgebung an der Klinik Ranzi, in: Neues Wiener Abendblatt, 22.11.1937, 2.
4 Vgl. Werner Hanak-Lettner / Danielle Spera (Hg.): Die Universität. Eine Kampfzone. Wien 2015, 219.
5 Mitzi Hartmann: Austria still lives. London 1938, 241.
6 Vgl. Helene Maimann: Politik im Wartesaal. Österreichische Exilpolitik in Großbritannien 1938–1945. Wien / Köln / Graz 1975, 67.
7 Vgl. Wiener Universität – geschlossen, in: Wiener Neueste Nachrichten, 23.11.1937, 4.
8 Mitchell G. Ash: Die Universität Wien in den politischen Umbrüchen des 19. und 20. Jahrhunderts, in: Ders. / Josef Ehmer (Hg.): Universität – Politik – Gesellschaft. Wien 2015, 107.
9 Vgl. Linda Erker: Die Universität Wien im Austrofaschismus. Österreichische Hochschulpolitik 1933 bis 1938, ihre Vorbedingungen und langfristigen Nachwirkungen. Wien 2021, 219–221.

10 Egon Ranzi: Praktisch keine Studienverlängerung, in: NFP, 23.11.1937, 5.; mit ähnlichem Wortlaut: Ders.: Das praktische Jahr der Mediziner. Ein Wort der Aufklärung und Beruhigung, in: RP, 25.11.1937, 1 f.
11 Stenographisches Protokoll. 46. Sitzung des Bundestages. 24. November 1937, 628.
12 Studienreform und Elternschaft, in: NFP, 25.11.1937, 9.
13 Novellierung der medizinischen Studienordnung, in: NFP, 23.11.1937, 5.
14 Vgl. Verordnung: Medizinische Rigorosenordnung, BGBl. Nr. 412/1937.
15 Wolfgang Speiser: Die sozialistischen Studenten Wiens 1927–1938. Wien 1986, 158.
16 Vgl. 4. Durchführungserlaß zur Novelle der medizinischen Rigorosenordnung, BGBl. Nr. 412/1937, in: Verordnungsblatt für den Dienstbereich des Bundesministeriums für Unterricht, 15.1.1938, 1.
17 Vgl. Bundesgesetz mit dem das Bundesgesetz betreffend die Aufrechterhaltung der Disziplin unter den Studierenden an den Hochschulen, BGBl. II, Nr. 232/1934, in der Fassung des Bundesgesetzes, BGBl. Nr. 381/1935, abgeändert wird, 24.11.1937, BGBl. Nr. 388/1937.
18 Die gestrigen Studentendemonstrationen, in: NWT, 25.11.1937, 7.
19 Vgl. Hartmann: Austria, 240.
20 Neuerliche Studentendemonstrationen in Wien, in: WT, 25.11.1937, 5.
21 Die Studentendemonstrationen, in: Die Stunde, 27.11.1937, 10.
22 Interview Hans Friedmann, in: Marie Tidl: Die Roten Studenten. Dokumente und Erinnerungen 1938–1945. Wien 1976, 17.
23 Hartmann, 241.
24 Schließung der Wiener Universität, in: RP, 23.11.1937, 3.
25 Vgl. Der zweite Tag nach der Universitätsschließung, in: RP, 25.11.1937, 6.
26 Straßenkrawalle der Studenten, in: Das Kleine Blatt, 25.11.1937, 4.
27 Vgl. Hartmann: Austria, 243.
28 Gerhard Botz: Gewalt in der Politik. Attentate, Zusammenstöße, Putschversuche, Unruhen in Österreich 1918 bis 1938. München ²1983, 243.
29 Sammlung illegaler Flugblätter. Dokumentationsarchiv des österreichischen Widerstandes [DÖW], 4009c/138.
30 Ziel und Weg. Beiträge zur Theorie und Praxis der kommunistischen Bewegung 2 (1938) 1, 11 f., in: ebda., 4009a/18.
31 Vgl.: Hans Pfefferle / Roman Pfefferle: Die Entnazifizierung der Professorenschaft an der Universität Wien, 1945–1950, https://geschichte.univie.ac.at/de/artikel/die-entnazifizierung-der-professorenschaft-der-universitat-wien; (29.7.2023).

---

17. Dezember 1937: Rede von Jakob Ehrlich in der *Wiener Bürgerschaft*
Schleichender Antisemitismus

1 Sitzung vom 17. Dezember 1937, in: Amtsblatt der bundesunmittelbaren Stadt Wien 45 (1937) 52, 5.
2 »Die Juden sollen es wissen …«, in: Die neue Welt, 20.3.1936, 1.
3 Sylvia Maderegger: Die Juden im österreichischen Ständestaat 1934–1938. Wien 1973, 115.
4 Richard Schmitz: Praktischer Antisemitismus. Redeskizze 1919, in: Avshalom Hodik (Hg.): Juden in Österreich 1918–1938. Wien 1982, 65.
5 Bundesminister Dr. K. Schuschnigg über Ziele und Aufbau der Ostmärkischen Sturmscharen, 18.4.1932 zit. nach Johannes Thaler: Ostmärkische Sturmscharen. Keimzellen eines katholischen Faschismus, in: Carlo Moos (Hg.): (K)ein Austrofaschismus? Studien zum Herrschaftssystem 1933–1938. Wien 2021, 339.
6 Anton Staudinger: Katholischer Antisemitismus in der Ersten Republik, in: Gerhard Botz / Ivar Oxaal / Michael Pollak / Nina Scholz (Hg.): Eine zerstörte Kultur. Jüdisches Leben und Antisemitismus in Wien seit dem 19. Jahrhundert. Wien ²2002, 279.
7 Helmut Wohnout: Politischer Katholizismus und Antisemitismus. Die Haltung des autoritären Staates gegenüber den Juden, in: Gertrude Enderle-Burcel / Ilse Reiter-Zatloukal (Hg.): Antisemitismus in Österreich 1933–1938. Wien / Köln / Weimar 2018, 179.
8 Vgl. ebda., 182.
9 Vgl. Beiträge in: Enderle-Burcel / Reiter-Zaloukal: Antisemitismus in Österreich.
10 Vgl. Gertrude Enderle-Burcel: Antisemitismus am Beispiel des Spitzenbeamten, in: ebda., 584; Peter Melichar: Juden zählen. Über die Bedeutung der Zahl im Antisemitismus, in: ÖZG, 17 (2006) 1, 114–146.
11 Bruce F. Pauley: Eine Geschichte des österreichischen Antisemitismus. Von der Ausgrenzung zur Auslöschung. Wien 1993, 331.
12 Brief an das Generalsekretariat der Vaterländischen Front, 8. Jänner 1934; zit. nach Robert Kriechbaumer (Hg.): Österreich! und Front Heil! Aus den Akten des Generalsekretariats der Vaterländischen Front. Innenansichten eines Regimes. Wien / Köln / Weimar 2005, 104.
13 Bemerkungen zu einem Entwurf einer programmatischen Erklärung der Vaterländischen Front, 7. Jänner 1937 zit. nach ebda., 105.
14 Nachlass Emmerich Czermak, Institut für Zeitgeschichte der Universität Wien. DO-189, Mappe 2. Das politische Tagebuch. II. Teil, Eintrag 12. Oktober 1936, 76 zit. nach Christian Schweitzer: Volkstumsideologie und Volkstumspolitik im Austrofaschismus 1933–1938. Wien (DA) 1987, 95.

409

15 Vgl. Horst Jarka: Zur Literatur- und Theaterpolitik im ›Ständestaat‹, in: Franz Kadrnoska (Hg.): Aufbruch und Untergang. Österreichische Kultur zwischen 1918 und 1938. Wien / München / Zürich 1981, insbesondere 503–505.
16 Ludwig Jedlicka: Aus dem politischen Tagebuch des Unterrichtsministers a. D. Dr. Emmerich Czermak 1937–1938 (Eintrag 26. Jänner 1937), in: ÖGL 8 (1964) 6, 270.
17 Vgl. Klaus Taschwer: Hochburg des Antisemitismus. Der Niedergang der Universität Wien im 20. Jahrhundert. Wien 2005.
18 Vgl. Werner Hanak-Lettner / Danielle Spera (Hg.): Die Universität. Eine Kampfzone. Wien 2015.
19 Vgl. Kurt Bauer: Schlagring Nr. 1. Antisemitische Gewalt an der Universität Wien von den 1870er- bis in die 1930er-Jahre, in: Regina Fritz / Grzegorz Rossoliński-Liebe / Jana Starek (Hg.): Alma Mater Antisemitica. Akademisches Milieu, Juden und Antisemitismus an den Universitäten Europas zwischen 1918 und 1939. Wien 2016, 137–160.
20 Vgl. Linda Erker: Die Universität Wien im Austrofaschismus. Österreichische Hochschulpolitik 1933 bis 1938, ihre Vorbedingungen und langfristigen Nachwirkungen. Wien 2021.
21 Näheres dazu im Kapitel »Mord an einem Philosophen«.
22 Vgl. David Edmonds: Die Ermordung des Professor Schlick. Der Wiener Kreis und die dunklen Jahre der Philosophie. München 2021.
23 Kanzler Schuschnigg zur österreichischen Judenfrage, in: Die neue Welt, 5.3.1935, 2.
24 Kurt Schuschnigg: Ein Requiem in Rot-Weiß-Rot. Aufzeichnungen des Häftlings Dr. Auster. Zürich 1946, 24.
25 Ebda.
26 Friedrich Heer: Der Glaube des Adolf Hitler. Anatomie einer politischen Religiosität. München / Eßlingen 1968, 71.
27 Florian Wenninger: »Eine krankhafte Erscheinung [...] im Programm der sonst so tüchtigen und vortrefflichen Christlichsozialen Partei.« Antisemitismus im Politischen Katholizismus vom Fin de Siècle bis zum Austrofaschismus, in: Antisemitische und rechte Netzwerke in der Zwischenkriegszeit. Zur Bedeutung informeller Machtstrukturen für die politische Radikalisierung in Österreich. Wien [2023], 87.
28 Ebda., 100.
29 Pauley: Geschichte des Antisemitismus, 326.
30 Vgl. Wolfgang Rosar: Deutsche Gemeinschaft. Seyss-Inquart und der Anschluss. Wien / Frankfurt / Zürich 1971.
31 Vgl. Emmerich Czermak: Verständigung mit dem Judentum?, in: Ders. / Oskar Karbach (Hg.): Ordnung der Judenfrage. Wien / Leipzig 1932.
32 Béla Rásky: Ordnung in der Judenfrage, in: Wolfgang Benz (Hg.): Handbuch des Antisemitismus. Band 6. Publikationen. Berlin 2013.
33 Czermak: Verständigung, 31.
34 Ebda., 61.
35 Emmerich Czermak: Der CV und die Judenfrage, in: Robert Krasser (Hg.): Der CV, der Träger des katholischen Farbstudententums und die neue Zeit. Schriften des OeCV 1 (1936), 61.
36 Irene Harand: Ordnung in der Judenfrage, in: Gerechtigkeit, 3.11.1933, 1.
37 Irene Harand: Meine Antwort an die Antisemiten, in: Gerechtigkeit, 23.4.1936, 1f.
38 Stenographisches Protokoll der 78. Sitzung der Konstituierenden Nationalversammlung der Republik Österreich, 29. April 1920, 2383.
39 Vgl. Leopold Kunschak: Zur Judenfrage, in: Mitteilungen des Freiheitsbundes Wien 2 (1936) 3, 8.
40 Leopold Kunschen: Keine Vogel-Strauß-Politik in der Judenfrage, in: Deutsches Volksblatt, 21.3.1936, 1.
41 Ein alter Arbeiterführer, in: Berichte. XIII. Band. Nr. 292/293, 129.
42 Ebda.
43 Vgl. Walter Reich: Die Ostmärkischen Sturmscharen. Für Gott und Ständestaat. Frankfurt am Main 2000.
44 Besserer Antisemitismus, in: Sturm über Österreich, 23.9.1934, 1.
45 Bemerkenswerte Äußerungen!, in: Sturm über Österreich, 22.3.1936, 2.
46 Desider Friedmann: Die neue Verfassung und die Juden, in: Die Stimme, 8.5.1934 (23. Jjjar 5694), 2.
47 Kurt Schubert: Die Geschichte des österreichischen Judentums. Wien 2008, 111.
48 G[eorge] E[ric] R[owe] Gedye: Als die Bastionen fielen. Wie der Faschismus Wien und Prag überrannte. Wien [1947], 67.
49 Ein jüdischer Staatsrat, aber keine jüdischen Ärzte mehr bei der Gemeinde Wien und in den Krankenkassen, in: Arbeiter-Zeitung (Brünn) 1 (1934) 39, 4.
50 Eil: Die Judendiskussion in: Der Morgen. Wiener Montagblatt, 23.3.1936, 2.

---

21. Jänner 1938: Volksbegehren für die Rettung des alten Wien
»Fünf edle Häuser bitten um Gnade ...«

1 Viktor Schneider: Fünf edle Häuser bitten um Gnade, in: RP, 25.4.1937, 7f.
2 Volksbegehren für die Rettung des alten Wien. Eine Denkschrift mit 20.000 Unterschriften, in: WT, 21. Jänner 1938, 3.
3 Vgl. Ausführliche Beschreibung aller genannten Unternehmungen und Projekte in der mehrteiligen, vom Magistrat der Stadt Wien herausgegebenen Publikation Wien im Aufbau. Wien 1937.

4 Vgl. Brigitte Vallazza: »Wir bauen auf«. Propaganda und Gegenpropaganda zur Bautätigkeit im österreichischen Ständestaat (1934–1938). Wien (phil. Diss.) 1986.
5 Die Stadt ist schön, in: NFP (Abendblatt), 1.9.1936, 3.
6 Fort mit den Verkehrshindernissen in Wien. Ein Jahr Arbeit für 40.000 Arbeitslose, in: NWJ, 20.9.1934, 4.
7 An allen Ecken und Enden: Neuaufbau Wiens, in: NFP (Abendblatt) 14.10.1936, 3.
8 Die Straße frei der neuen Zeit, in: die pause 2 (1936) 6, 44–47.
9 Verordnung des Bürgermeisters der Stadt Wien vom 27. Juli 1934 betreffend die Errichtung eines Fonds zur Förderung der Bautätigkeit in Wien (Assanierungsfonds), BGBl. 43/1934.
10 Der Assanierungs- und der Hausreparaturfonds der Stadt Wien. Eine Großtat der Gemeinde zur Belebung der Bautätigkeit und Verschönerung des Stadtbildes, in: Das neue Wien und seine Bürgerschaft. Eine Darstellung des ständischen Aufbaues in der Stadt Wien. Wien 1935, 170.
11 Vgl. Der Wiener Assanierungsfonds. Wien 1937, 8.
12 Andreas Suttner: Das schwarze Wien. Bautätigkeit im Ständestaat 1934–1938. Wien / Köln / Weimar 2017, 44.
13 Inge Podbrecky: Unsichtbare Architektur. Bauen im Austrofaschismus: Wien 1933/34–1938. Innsbruck / Wien 2020, 215.
14 Barbara Feller: Vorwärts in die Vergangenheit. Stadtbilder und Baupolitik im austrofaschistischen Wien zwischen 1934 und 1938, in: Wolfgang Kos / Christian Rapp (Hg.): Alt-Wien. Die Stadt, die niemals war. Wien 2004, 273.
15 Ein neuer Wohnbau des Konvents der Elisabethinen Ecke Invalidenstraße Ungargasse, in: Österreichische Kunst 7 (1936) 9, 28.
16 Birgit Knauer: Gesunde Stadt. Die Assanierung der Stadt Wien (1934–1938). Basel 2022, 48.
17 Markus Mistelbauer: Architektur und Ideologie. Wohnbau im Austrofaschismus. Wien (DA) 2015, 58.
18 Friedrich Achleitner: Gibt es eine austrofaschistische Architektur?, in: Franz Kadrnoska (Hg.): Aufbruch und Untergang. Österreichische Kultur zwischen 1918 und 1938. Wien / München / Zürich 1981, 587–592.
19 Franz Musil: Der Assanierungsfonds, ein Weg zur Citybildung, in: Das neue Wien und seine Bürgerschaft. Eine Darstellung des ständischen Aufbaues in der Stadt Wien. Wien 1935, 150 f.
20 Vgl. Suttner: Schwarzes Wien, 60–63.
21 Vgl. O. R. Salvisberg: Der Umbau des Westbahnhofes, in: profil 4 (1936) 11, 513–518.
22 Vgl. Dr. F. P. j.: Wünsche für das Wiener Stadtbild, in: NFP, 22.8.1937, 4.
23 Neue Linien im Wiener Stadtbilde, in: RP, 25.12.1934, 9 f.
24 Knauer: Gesunde Stadt, 123.
25 Stefan Plischke: Ein Hauch des Großstädtischen. Das Assanierungsprojekt Operngasse, in: Jan Tabor (Hg.): Kunst und Diktatur. Architektur, Bildhauerei und Malerei in Österreich, Deutschland, Italien und der Sowjetunion 1922–1956. Band 1. Baden 1994, 224–229.
26 Die Neugestaltung der Freihausgründe, in: NWT, 9.4.1936, 7; Kampf um die Verbauung der Freihausgründe. Protestversammlung der Architekten, Städtebauer und Hygieniker, in: NWT, 9.4.1936, 6.
27 Karlsplatz und Freihausgründe, in: profil 4 (1936) 4, 146.
28 Ein Neubau auf den Freihausgründen, in: Österreichische Kunst 8 (1937) 4, 21.
29 Ein Neubau auf den Freihausgründen Ecke Operngasse. Eine Arbeit des Architekten Franz Gessner, in: Österreichische Kunst, 8 (1937) 3, 16.
30 Die neue Bärenmühle, in: NFP, 27.2.1938, 11.
31 Wiener Stadt- und Landesarchiv [WStLA], Filmarchiv der media wien, Sign. 50 zit. nach Knauer: Gesunde Stadt, 52.
32 Heinrich Pawlik: Wohnungsnot und Bevölkerungspolitik. Wien 1937, 5 f.
33 Die neue Bärenmühle, in: NFP, 27.2.1938, 11.
34 Ein Neubau auf den Freihausgründen Ecke Operngasse, 16.
35 WStLA, Filmarchiv der media wien, Sign. 001A1/2 und 001B1/2 zit. nach Knauer: Gesunde Stadt, 52.
36 Vgl. Hermine Cloeter: Das Starhermberg'sche Freihaus auf der Wieden, in: Monatsblatt des Vereines für Geschichte der Stadt Wien 54 (1937) 1/3, 109–117.
37 Vgl. Wettbewerb für Denkzeichen in Wien, in: profil 2 (1934) 11, 390.
38 Vgl. Wien im Aufbau 7. Kunstförderung durch die Stadt. Wien 1937.
39 Vgl. Denkzeichen zur Erklärung der Namen von Wiener Straßen und Plätzen, in: profil 2 (1934) 12, 447–449.
40 Vgl. Kündigungsprozeß gegen 26 Freihausmieter, in: NWT, 11.2.1936, 12.
41 Freihauselegie 25.3.1936, in: NFP (Abendblatt), 25.3.1936, 3.
42 Neuer Stadtteil anstelle des Freihauses, in: NFP (Abendblatt), 6.4.1935, 1.
43 Vgl. Roland Rainer: Karlsplatz und Freihaus, in: NFP (Abendblatt), 14.2.1936, 5.
44 Vgl. Hans Sedlmayr: Der Karlsplatz, die Karlskirche und Wien, in: NFP (Abendblatt?), 5.4.1936, 29.
45 Max Graf: Neues Wien entsteht. Abschied vom alten Freihaus, in: Die Bühne 449 (1937), 34–36 und 61.
46 Vgl. Die Wollzeile wird umgebaut, in: WT, 12.11.1937, 6.
47 Vgl. Erwin Ilz, Altstadt und Verkehr, in: NFP, 27.2.1938, 2 f.
48 Das bedrohte alte Wien, in: NWT, 22.1.1938, 5
49 Vgl. Nekrolog auf die Singerstraße, in: NFP (Abendblatt), 3.2.1938, 3.
50 Vgl. Joseph August Lux: Lasst uns noch ein paar alte Gassen …!, in: NWJ, 23.1.1938, 9.
51 Hans Sedlmayr, Die Gefahr für Alt-Wien, in: NWT, 6.3.1938, 9.

52 Müssen die letzten Reste zerstört werden?, in: WT (Der Sonntag), 6.2.1938, 24f.
53 Kleinanzeigen, in: NWT, 23.1.1938, 34.
54 Hans Sedlmayr: Wien. Stadtgestaltung und Denkmalschutz (I), in: Deutsche Kunst und Denkmalpflege 13 (1939/40) 3, 158, Fußnote 2.
55 Ebda., 160.

11. März 1938: Tragisches Finale
Drei (fast) zeitgenössische Wahrnehmungen

1 Eugen Lennhoff: The Last Five Hours of Austria. London 1938.
2 Mitzi Hartmann: Austria still lives. London 1938.
3 Vgl. ebda., 222.
4 Eva Schmidt-Kolmer: 11. März 1938, 20 Uhr. Auf der Suche nach einer provisorischen Regierung, in: Mitteilungen der Alfred Klahr Gesellschaft 15 (2008) 1, 4.
5 Georg Wieser [= Otto Leichter]: Ein Staat stirbt. Österreich 1934–1938. Paris 1938; Reprint: Wien 2018.
6 Vgl. ebda., 137.
7 In paradoxer Situation, in: RP, 25.1.1938, 3.
8 Leichter: Ein Staat stirbt, 141; Hartmann: Austria, 247.
9 Leichter: Ein Staat stirbt, 142.
10 Hartmann: Austria, 9.
11 Die Kanzlerbegegnung auf dem Obersalzberg, in: NFP, 13.2.1938, 1.
12 Die Times über Österreich, in: NFP (Abendblatt), 16.2.1938, 3.
13 Vgl. Ingeborg Polanz: Die Bedeutung der Boulevardzeitung als meinungsbildendes Instrument, nachgewiesen am ›Telegraf‹ (Nachtausgabe). Wien (phil. Diss.) 1964, 67.
14 Gerhard Urbanek: Realitätsverweigerung oder Panikreaktion? »Vaterländische« Kommunikationspolitik in Österreich zwischen Juliabkommen 1936, Berchtesgadener Protokoll und »Anschluss« 1938. Wien (DA) 2011, 47.
15 Vgl. Hartmann: Austria, 12.
16 Leichter: Ein Staat stirbt, 150.
17 Ebda., 157.
18 Lennhoff: Last Five Hours, 94.
19 Leichter: Ein Staat stirbt, 152f.
20 Ebda., 134.
21 Lennhoff: Last Five Hours, 100.
22 Hartmann: Austria, 12.
23 Lennhoff: Last Five Hours, 102.
24 Leichter: Ein Staat stirbt, 163.
25 Schmidt-Kolmer: 11. März 1938, 4.
26 Vgl. Leichter: Ein Staat stirbt, 164.
27 Vgl. Robert Kriechbaumer: Österreich! und Front Heil! Aus den Akten des Generalsekretariats der Vaterländischen Front. Innenansichten eines Regimes. Wien/Köln/Weimar 2005, 415.
28 Lennhoff: Last Five Hours, 104.
29 Die Rede des Bundeskanzlers, in: NFP, 25.2.1938, 4.
30 Lennhoff: Last Five Hours, 110.
31 Ebda., 120.
32 Ebda., 122.
33 Ebda., 117.
34 Leichter: Ein Staat stirbt, 187.
35 Vgl. Lennhoff: Last Five Hours, 51.
36 Vgl. Dieter Wagner/Gerhard Tomkowitz: Ein Volk, ein Reich, ein Führer! Der Anschluß Österreichs 1938. München 1968, 184.
37 Leichter: Ein Staat stirbt, 180.
38 Ebda., 171.
39 Ebda., 32.
40 Vgl. Lennhoff: Last Five Hours, 57.
41 Vgl. Erhard Stackl: Hans Becker 05. Widerstand gegen Hitler. Wien 2022, 169.
42 Gerhard Jelinek: »Es gab nie einen schöneren März«. 1938. Dreißig Tage bis zum Untergang. Wien 2017, 51.
43 Urbanek: Realitätsverweigerung, 16.
44 Lennhoff: Last Five Hours, 194.
45 Ebda., 195.
46 Hartmann: Austria, 32.
47 Vgl. Annonce, in: NFP, 11.3.1938, 8.
48 Programmvorschau für den 11. März 1938, in: RW 14 (1938) 23, 19.

Abkürzungen der in den Texten häufigsten Presseorgane und wissenschaftlichen Zeitschriften

AHY – Austrian History Yearbook
AZ – Arbeiter-Zeitung
NFP – Neue Freie Presse
NWJ – Neues Wiener Journal
NWT – Neues Wiener Tagblatt
ÖGL – Österreich in Geschichte und Literatur
ÖZG – Österreichische Zeitschrift für Geschichtswissenschaft
die pause – die pause. Kultur. Kunst. Bildung. Leben
profil – profil. Österreichische Monatsschrift für bildende Kunst
RP – Reichspost
RW – Radio Wien
WT – Der Wiener Tag
WZ – Wiener Zeitung

Danksagungen

Laura Angerer, Österreichische Nationalbibliothek – Digitalisierung
Christa Bader-Reim, Österreichische Nationalbibliothek – ANNO
Nicolas Barré, FIFA-Museum, Zürich
Linda Erker, Universität Wien
Ines Gadermaier, Architekturzentrum Wien
Franz J. Gangelmayer, Wienbibliothek im Rathaus
Petra Hahslinger, Landespolizeidirektion Wien, Bibliothek
David Herberstein
Amália Kerekes
Eva Maria Kronsteiner
Joachim Moser, Archiv des ÖAMTC
Manfred Mugrauer, Dokumentationsarchiv des österreichischen Widerstands
Michaela Pfundner, Österreichische Nationalbibliothek – Bildarchiv
Manon Rieser, Residenz Verlag
Michael Rohrwasser
Claudia Romeder, Residenz Verlag
Anneliese Schallmeiner, Bundesdenkmalamt
Johannes Schweitzer-Wünsch, Museum für angewandte Kunst
Andrea Traxler

sowie den Bibliothekar:innen der Österreichischen Nationalbibliothek und der Wienbibliothek im Rathaus

Personenregister

Abraham, Paul 60
Adam, Walter 288f.
Adorno, Theodor W. 58
Albers, Hans 60, 160
Altmann, Viktor 343, 345
Ambrosi, Gustinus 25f.
Améry, Jean 127
Andergast, Maria 210, 212
André, Hans 330
Andri, Ferdinand 324
Anzengruber, Ludwig 86, 341, 344
Aristophanes 232
Arzt, Leopold 302, 348 352
Askenazy, Leo [= Leon Askin] 230
Askin, Leon [= Leo Askenazy] 230
Aslan, Raoul 45, 84, 124, 157, 162
Ast, Eduard 337
Atatürk, Mustafa Kemal 244, 250
Auernheimer, Raoul 32f., 62, 68, 175f.

Baar-Baarenfels, Eduard 197
Bahr-Mildenburg, Anna 42
Balser, Ewald 84, 157f.
Barcata, Louis 192
Barlach, Ernst 232
Barnowsky, Victor 276
Bassermann, Albert 85, 161, 293
Baszel, Günther 320
Bauer, Leopold 328
Bauer, Otto 35, 52, 199f.
Bauma, Herma 272
Becker, Hans 370
Beer-Hofmann, Richard 89
Beethoven, Ludwig van 263
Behrens, Peter 216, 330
Békessy, Imre 121
Benatzky, Ralph 60, 274ff.
Benjamin, Walter 58
Berg, Alban 164f., 286, 339
Berg, Jimmy 228, 231
Berghof, Herbert 231
Bergner, Elisabeth 76, 183, 293
Bermann Fischer, Gottfried 238

Bichlmair, Georg 70
Billinger, Richard 87
Binswanger, Ludwig 235
Bittner, Julius 164
Bloch, Ernst 39, 58
Bloch, Karola 39
Blomberg, Werner von 88
Böhm, Karl 167
Bolváry, Géza von 144
Brandhofer, Kaspar [= Leo Reuss] 293ff.
Brecht, Bertolt 54, 60, 89, 117, 296
Brecka, Hans 63
Brehm, Bruno 304
Breitner, Hugo 33, 62
Broda, Christian 351, 369
Bruce, Harold Anson 270
Bruckner, Ferdinand 89
Brügel, Fritz 68
Brunngraber, Rudolf 177
Büchner, Georg 228
Buresch, Karl 24, 62
Burghauser, Hugo 55
Busch, Emil 216

Carnap, Rudolf 256ff.
Charell, Erik 48f.
Claudel, Paul 232
Cloeter, Hermine 362
Cocteau, Jean 181
Corrigan, Lloyd 210
Corti, Caesar Conte 304
Coudenhove-Kalergi, Richard 238
Cristofori, Carlo Domenico [= Marco d'Aviano] 186
Csokor, Franz Theodor 87, 89f., 304
Czeija, Oskar 217
Czermak, Emmerich 201, 354ff.
Czernin-Chudenitz, Vera 97
Czinner, Paul 293

d'Aviano, Marco 125, 185ff.
Deutsch, Ernst 85, 343
Deutsch, Judith 269

Dietrich, Marlene   276, 324
Dimai, Rudolf   206
Döblin, Alfred   70, 73
Doderer, Heimito von   155
Dohrn, Klaus   38f.
Dollfuß, Engelbert   9ff., 15ff., 21, 23f., 26, 33, 39f., 42ff., 48, 50, 52, 62, 68, 72, 80, 86, 93, 103, 106f., 116ff., 122ff., 128f., 147, 150ff., 162, 166, 168, 170, 183, 188f., 198, 204, 248, 250, 252, 258, 283, 285, 287, 306, 325, 330, 333, 354, 368
Donat, Joseph/Josef   235
Dorsch, Käthe   160
Dos Passos, John   70
Dostal, Alois   128
Drobil, Michael   331
Dvořák, Antonín   278

Eckhardt, Fritz   231
Edthofer, Anton   295, 335
Edward VIII.   179, 181ff., 325
Egger, Max   189
Ehrlich, Jakob   353
Einstein, Albert   19
Eisenschiml, Otto   231
Eisler, Hanns   296
Eklind, Ivan Henning Hjalmar   106
Elmayer-Vestenbrugg, Willy   172
Emo, Emmerich Walter   133, 210, 213
Ender, Otto   112
Engel, Moritz   175
Epp, Elisabeth   232
Epp, Leon   232
Ernst, Richard   312

Fall, Leo   60
Farkas, Karl   47
Fellerer, Max   216, 362f.
Fey, Emil   24, 52, 140, 166
Fier, Jan   130
Fincsus, Erich   269
Fleck, Jakob   341, 345
Fleck, Louise   341, 345
Fleischmann, Trude   177
Fleißer, Marieluise   89
Foerster, Friedrich Wilhelm   34
Forst, Willi   140ff.

Forzano, Giovacchino   21
Franckenstein, Georg Albert   77, 109
Frank, Hans   206
Frank, Josef   331
Frank, Leo   206
Frank, Philipp   256
Franz Joseph I.   47ff., 210, 328ff.
Freud, Sigmund   18ff., 34, 70, 233ff.
Frey, Max   150
Frick, Wilhelm   88, 266
Friedländer, Paul   191
Friedmann, Desider   137, 358
Frohn, Hubert [= Friedrich Torberg]   343
Furtwängler, Wilhelm   44, 164, 167, 322, 326f.

Ganzert, Albert (Halbert)   297
Garbo, Greta   276
Gedye, George Eric Rowe   103, 182, 316, 358
Gershwin, George   278
Gessner, Adrienne   339
Gessner, Franz   362
Geyer, Siegfried   295, 335
Gföllner, Johannes   355
Gide, André   191
Gilbert, Robert   60
Ginzkey, Franz Karl   195, 203, 304
Glaise-Horstenau, Edmund   26, 339, 333
Glöckel, Otto   138
Gluck, Christoph Willibald   43, 169
Gödel, Kurt   257
Goebbels, Joseph   22, 74, 90, 146, 164, 305, 314, 326
Goldmann, Gustl   230
Goldner, Lucie   269
Göring, Hermann   88, 167, 266, 279
Graf, Mirjam   35
Graf, Oskar Maria   34f., 37
Gregor, Joseph   190, 232
Grengg, Maria   307
Grillparzer, Franz   86, 88f., 203, 263
Grogger, Paula   69
Gropius, Manon   338f.
Gropius, Walter   337
Grossmann, Stefan   36f.
Grünbaum, Fritz   128, 276

Gründgens, Gustaf   22, 277
Guggenberger, Siegmund   217

Haas, Robert   41, 177, 318, 320, 323, 363
Habsburg, Otto   198
Hasenclever, Walter   89
Haerdtl, Oswald   111, 315ff., 363
Hahn, Hans   256
Halbert, Awrum Albert [= Morten Cederlund, Niels Dahlberg, Albert Ganzert]   297
Hammerschlag, Peter   177, 231
Hammerstein-Equord, Hans   310, 312, 336
Hamsun, Knut   306
Hansen, Max   275ff.
Harand, Irene   136, 356
Harrer, Heinrich   152
Hartlieb, Wladimir   304
Hartmann, Mitzi [= Eva Kolmer]   348, 350ff., 365ff.
Hartmann, Paul   84f.
Harvey, Lilian   48
Hatheyer, Heidemarie   231
Hauptmann, Gerhart   36, 70, 74, 81, 143, 159, 260
Haushofer, Karl   308
Haydn, Joseph   47, 104, 115f., 126, 162, 220, 271
Heer, Friedrich   355
Heller, Fred   274f.
Hellmer, Arthur   274, 276f.
Hennings, Fred   22, 84
Henz, Rudolf   87, 100f., 116, 124, 128f., 330
Herrmann-Neisse, Max   73
Herterich, Franz   85
Hildebrand, Dietrich von   38f.
Hilmes, Oliver   337
Hilpert, Heinz   160
Hindemith, Paul   164
Hirschfeld, Ludwig   17, 27ff., 33, 155, 172, 226, 245
Hirschfeld, Oscar   27
Hitler, Adolf   20f., 21, 26, 40, 46, 50, 59, 74, 82f., 117ff., 164, 166, 180, 183, 196, 220, 236, 250f., 260, 266, 269, 271f., 302, 303ff. 307, 321f., 326, 341, 355, 366ff.
Hochwälder, Fritz   232
Hodler, Ferdinand   295

Hoffmann, Josef   175, 263, 309, 316, 331, 337, 363
Hofmannsthal, Hugo von   46, 87, 303
Hohlbaum, Robert   304
Holey, Karl   150, 360
Hollitscher, Jakob Hans   260
Hollnsteiner, Johannes   238, 300, 338
Holzer, Rudolf   295, 335
Holzmeister, Clemens   43, 76, 84, 99, 113, 115, 150, 216, 312, 316, 330f., 360, 362
Hörbiger, Attila   335
Hörbiger, Paul   133, 144, 210ff.
Horthy, Miklós   211, 315
Horváth, Ödön von   89, 161f., 232, 343
Hovorka, Nikolaus   356
Hudal, Alois   355

Ilz, Erwin   363
Innitzer, Theodor   9, 24, 84, 86, 187, 189f., 243, 302, 328

Jaksch, Hans   330
Jannings, Emil   162
Janssen, Walter   142
Jaray, Hans   47, 343, 345
Jelusich, Mirko   64, 90, 303f., 308
Jeritza, Maria   96
Jessner, Leopold   296
Johannes Paul II.   190
Jubal, Elias   232
Jung, Carl Gustav   235
Jungk, Peter Stephan   336

Kadmon, Stella   230
Kainz, Josef   294
Kallir-Nirenstein, Otto   25, 311
Kálmán, Emmerich   60
Kalmar, Rudolf   207, 292
Karl I.   197
Karl V.   54
Kaspar, Felix   268
Kasparek, Fritz   152
Kastner, Eugen   216, 362
Kaufmann, Wilhelm   206
Keller, Hedwig   161
Kelsen, Hans   18ff.
Kerber, Erwin   53, 168f.

Kernstock, Ottokar   48, 107, 115f., 220, 271
Kienböck, Viktor   261
Kiepura, Jan   181, 324
Kippenberg, Anton   75
Kleiber, Erich   164, 167
Klein, Stefan   37
Klemperer, Otto   42, 322
Klöpfer, Eugen   160
Knappertsbusch, Hans   167
Knappl, Hans   274
Kneisl, Eberhard   268
Knoll, August Maria   300
Kokoschka, Oskar   286, 309ff., 337
Kolmer, Eva [= Mitzi Hartmann]   348, 352, 365f., 371
Kolowrat-Krakowsky, Alexander   145f.
Konetzni, Anny   183
König, Alfred   269
Königseder, Felix   66
Königsgarten, Hugo F.   231
Körber, Lili   12, 229, 365
Kosel, Hermann   206
Krahl, Carl Ernst   111
Krahl, Hilde   231
Kramer, Theodor   177
Kramreiter, Robert   148ff., 360
Kraus, Karl   16f., 57, 70, 101, 117ff., 247, 249, 284f., 296
Krauss, Clemens   43ff., 53ff., 76, 164ff.
Krauß, Werner   22, 85, 162, 295, 326
Kreisler, Fritz   47
Krenek, Ernst   39, 53ff., 165, 337
Kresse, Josef   355
Kretschmayr, Heinrich   300
Kreutz, Rudolf Jeremias   263
Kuh, Anton   12, 17, 48f., 202, 247ff., 282, 319, 326
Kulisch, Max   300
Kunschak, Leopold   333, 356f.

Lahr, Fritz   144f., 182
Langer, Ruth   269
Lazarsfeld, Paul   219
Leander, Zarah   275f., 279
Lehár, Franz   60
Lehmann, Lotte   45, 76, 167, 169, 183, 325
Leichter, Otto   365f., 368ff.

Leischner, Erich   206
Lemberger, Siegfried   345
Lennhoff, Eugen   365, 367ff.
Leopoldi, Hermann   116, 127f., 319f.
Liebenberg, Johann Andreas von   188
Limmer, Maria   208
Liszt, Franz   48
Löbl, Emil   287
Löhner-Beda, Fritz   128
Loos, Adolf   117, 309, 328
Lothar, Ernst   32, 61, 85f., 89, 140, 293ff., 334, 336, 339
Ludendorff, Erich   50
Ludwig, Eduard   288f.
Ludwig, Vinzenz Oskar   189
Lueger, Karl   119, 300, 330
Lugmayer, Karl   68

Mach, Ernst   257f.
Madách, Imre   86
Mahler, Anna   96f., 337f.
Mahler, Gustav   168f., 310, 337
Mahler-Werfel, Alma   39, 81, 96, 169, 238, 252, 286, 310f., 337ff.
Makart, Hans   48
Malraux, André   191
Mann, Erika   238
Mann, Heinrich   34, 70, 74, 305
Mann, Klaus   17, 51, 194, 337
Mann, Thomas   74, 233, 235ff.
March, Werner   312
Margulies, Hans   230f.
Maria Theresia   48, 329
Marinetti, Emilio Filippo Tommaso   25
Marischka, Ernst   47
Marischka, Hubert   10, 47, 61f., 64, 274
Matejka, Viktor   68f., 219, 259, 356
Matt, Rudi   268f.
Mauer, Hans   189f.
Mauriac, François   40
Mayenburg, Ruth von   286
Mayer, Hans   339
Mayer, Louis B.   298
Mehring, Walter   38f.
Meinrad, Josef   228
Meisl, Hugo   105ff., 110
Mell, Max   87, 89, 304, 308

Menger, Karl 254
Menzel, Gerhard 146
Messner, Johannes 258, 300
Miklas, Wilhelm 81, 86, 93, 169, 183, 186f., 269, 281, 328, 359
Mitteis, Heinrich 347
Mitterer, Erika 218
Mitzka, Franz 300
Moissi, Alexander 288
Mokre, Johann 294
Moll, Carl 309ff., 331, 333
Morgan, Paul 128, 274, 276f.
Morgenstern, Gustav 276
Moser, Hans 60, 143f., 210, 214f.
Mostar, Gerhart Herrmann 231
Mozart, Wolfgang Amadeus 43, 45, 165, 263
Mühlen, Hermynia Zur 36f., 177
Mühlrad, Ernst 345
Müllner, Josef 330
Münzenberg, Willi 191
Musil, Franz 360
Musil, Martha 191, 194
Musil, Robert 17f., 39, 50, 59, 154, 191ff., 286
Mussolini, Benito 21ff., 25, 26, 43, 86, 96, 106, 250, 303, 321f.
Mussorgski, Modest 165

Nelböck, Johann 253f., 258f.
Nestroy, Johann 62, 86, 228, 247
Neumann, Grete 269
Neumayer, Rudolf 336
Neurath, Konstantin von 201
Neurath, Otto 258
Nietzsche, Friedrich 70, 235
Nüchtern, Hans 102, 238

Oerley, Robert 331, 363
Ohmann, Friedrich 328
Ondra, Anny 181
Orth, Johann 88
Ortner, Heinz 87

Pallenberg, Max 43, 45
Papen, Franz von 153, 251, 260, 307f., 312, 326
Parsch, Pius 148
Paryla, Karl 343, 345

Pauli, Hertha 177, 218
Paulsen, Max 142
Paumgarten, Gerda 269
Pausin, Erik 266
Pausin, Ilse 266
Perco, Rudolf 331f.
Perkonig, Josef Friedrich 69, 307
Pernter, Hans 24, 86, 140, 185, 234, 254, 299, 301f., 310, 312, 325, 336
Perthen, Rudolf 331
Petersen, Peter 142
Pfitzner, Hans 42, 165
Piłsudski, Józef 250
Pilzer, Oskar 145f.
Pinching, Evelyn 268
Planck, Max 254
Planer, Franz 142, 146
Platzer, Peter 104f.
Plečnik, Jože (Pletschnik geschrieben) 149
Plischke, Ernst 218
Polgar, Alfred 18, 27, 260
Popp, Alexander 216, 310
Pötzl, Otto 235
Preminger, Otto 62
Preußler, Robert 72
Puthon, Heinrich 44

Rabofsky, Eduard 351
Radetzky, Josef Wenzel 48, 50, 52, 217
Raimund, Ferdinand 48, 86, 247
Rainer, Luise 144
Rainer, Roland 363
Ranzi, Egon 348, 352
Rathenau, Walter 50
Ravel, Maurice 165
Reger, Erik 161
Rehrl, Franz 130
Reinhardt, Max 10, 22, 40ff., 59ff., 76, 143, 162, 294, 303, 324, 326, 334ff.
Reinhold, Bernadette 311
Reisch, Franz 178
Reisch, Walter 140, 143ff., 210
Renner, Karl 198
Resch, Josef 348
Reuss, Leo [= Kaspar Brandhofer] 295ff.
Rezina, Ladislaus 108
Riefenstahl, Leni 270

Rinaldini, Joseph 54f.
Rintelen, Anton 338f.
Rob, Karl 177
Röbbeling, Hermann 22, 84ff., 157, 160, 295
Robitschek, Kurt 276
Roda Roda, Alexander 47
Rode, Walther 252
Rökk, Marika 278
Rollett, Edwin 57
Rößler, Carl 47
Roth, Joseph 17, 27, 47, 50ff., 74f., 80, 341
Royce, Lionel [= Leo Reuss] 298
Rübelt, Lothar 177, 179
Russell, Bertrand 255

Salten, Felix 17f., 43, 50, 73, 78ff., 154, 159, 163, 203
Salvisberg, Otto Rudolf 330
Saßmann, Hanns 88
Sauerbruch, Ferdinand 308
Sauter, Johann 256
Schaljapin, Fjodor 181
Schindler, Emil Jakob 310, 337
Schlick, Moritz 127, 253ff., 355
Schlösser, Rainer 161
Schmeling, Max 181
Schmidt, Theodor 269
Schmitz, Richard 19, 64, 69, 133, 259, 359
Schneider, Hannes 178
Schnitzler, Arthur 18, 70, 89, 159, 293, 295, 303
Schnitzler, Heinrich 295
Schönberg, Arnold 54, 338
Schönborn, Christoph 190
Schönherr, Karl 84, 86, 159, 304
Schreker, Franz 54
Schreyogl, Friedrich 88, 304, 320
Schubert, Franz 56, 185, 203
Schuschnigg, Artur 220
Schuschnigg, Herma 96, 224
Schuschnigg, Kurt 24ff., 39, 44, 52, 55, 77, 86, 96f., 123f., 126, 133, 135f., 140, 162, 164ff., 168ff., 177, 180, 183, 195, 198, 201, 220, 236, 240, 247, 250ff., 261f., 273, 283, 288, 290, 292, 306ff., 313, 325, 327, 336ff., 342, 353, 355, 358, 359, 365ff., 370
Schuster, Franz 363
Schütz, Adolf 274, 276, 278

Sedlmayr, Hans 333, 363f.
Seghers, Anna 298
Seipel, Ignaz 112, 121, 124, 130, 147, 242, 355
Seitz, Karl 81, 165, 237, 252
Serda, Julia 142
Servaes, Franz 75
Sever, Albert 92f., 95
Seyß-Inquart, Arthur 333, 369
Sima, Oskar 210
Simpson, Wallis 182f.
Sindelar, Matthias 106
Skrbensky, Otto 350, 352
Sobieski, Jan III. 186
Soyfer, Jura 227ff., 231
Spanner, Hans 300
Späth, Ernst 347f.
Spiel, Hilde 156, 177, 226, 229, 256, 259
Spunda, Franz 304
Srbik, Heinrich von 200, 307, 331
Stadler, Karl 351
Starhemberg, Ernst Rüdiger 11, 33, 46, 52, 77, 96, 119, 123, 151, 153, 240, 247, 250f., 269, 271
Stebich, Max 102
Steinboeck, Rudolf 228
Stenuf, Hedy 266
Stern, Josef Luitpold 35
Stiepl, Max 262
Stoessl, Otto 158
Stoitzner, Josef 206
Stolz, Hilde von 142
Stradner, Rose 293, 298
Straub, Agnes 296f.
Straus, Oscar 60
Strauß, Johann 48, 210
Strauss, Richard 42ff., 75, 77, 165ff., 338
Streicher, Julius 266
Strnad, Oskar 103, 142, 145
Suttner, Bertha von 70
Suvich, Fulvio 24
Szenes, Béla 211
Szenes, Hannah 211

Tamussino, Hermann 216
Tavs, Leopold 201, 366
Theiß, Siegfried 330f., 360
Thimig, Hans 293, 296

Thimig, Helene   *294, 296, 335, 339*
Thimig, Hermann   *85*
Thimig, Hugo   *296*
Thurn-Valassina, Georg   *138*
Tietze, Hans   *311*
Tietze-Conrat, Erica   *305*
Toller, Ernst   *73f.*
Torberg, Friedrich [= Hubert Frohn]   *156, 343, 345*
Toscanini, Arturo   *10, 42, 46, 76, 124, 130, 134, 166, 168f., 286, 321f., 324ff.*
Tremmel, Ludwig   *190*
Trenker, Luis   *69, 156*
Tschechowa, Olga   *142*
Tucholsky, Kurt   *34, 74*
Tuschak, Helene   *334*

Ucicky, Gustav   *146*
Uhland, Ludwig   *123*
Ullmann, Ludwig   *335*
Ullrich, Luise   *144*
Urbanitzky, Grete von   *82f.*
Ursuleac, Viorica   *167*

Verdi, Giuseppe   *124, 165, 168, 322, 337*
Vytiska, Josef   *149f.*

Waage, Fritz   *216, 361*
Wagener, Hilde   *84, 157f.*
Waggerl, Karl Heinrich   *69, 306f.*
Wagner, Otto   *149, 328, 333*
Wagner-Jauregg, Julius   *235*
Wagner, Richard   *43, 46, 165, 238, 334*
Wagner, Robert   *208*
Waismann, Friedrich   *257*
Waitz, Sigismund   *355*
Walde, Alfons   *181*
Wallerstein, Lothar   *53, 124, 165*
Walter, Bruno   *10, 42f., 45f., 76, 168f., 183, 238, 322*
Wandruszka, Adam   *153*
Waniek, Herbert   *85*
Wedekind, Frank   *89*
Weigel, Hans   *118, 231, 274, 276ff., 343, 345*
Weingartner, Felix   *77, 167f.*
Weinheber, Josef   *307*
Weißenhofer, Anselm   *148*

Wellesz, Egon   *165*
Wenter, Josef   *192*
Werfel, Franz   *17f., 81, 96, 118, 238, 249, 286, 334ff.*
Wessel, Horst   *126f.*
Wessely, Paula   *9, 43, 47, 85, 140, 143f., 146, 210*
Weys, Rudolf   *229*
Wilder, Billy   *230*
Wildgans, Anton   *84f., 192*
Winkler, Arnold   *300*
Winter, Ernst Karl   *36f., 67f., 198*
Winter, Max   *27, 68*
Wittgenstein, Ludwig   *127, 255*
Wohlbrück, Adolf   *142*
Wolf, Erich Hans   *260*
Wolf, Gusti   *231*
Wörle, Eugen   *216*
Wytrlik, Otto   *190*

Zeisel, Erich   *218*
Zernatto, Guido   *69, 176, 200f., 238, 306, 316, 336, 354*
Zeßner-Spitzenberg, Hans Karl   *200f., 300*
Ziak, Karl   *177*
Ziegler, Adolf   *314*
Zinnemann, Fred   *298*
Zsolnay, Paul von   *23, 286, 305, 334, 337*
Zuckmayer, Carl   *89, 157ff.*
Zweig, Arnold   *70, 74, 236, 298*
Zweig, Friderike   *72f.*
Zweig, Stefan   *17, 72ff., 162, 169, 236, 322*